최신 출제경향을 반영한 핵심이론과
기출문제를 담은 **효율적인 수험서!**

VOCATIONAL COUNSELOR

직업상담사 2급 필기 I권

이 책의 구성

PART 01 직업상담학 PART 02 직업심리학 PART 03 직업정보론

PREFACE

머리말

기존의 직업상담사 및 취업알선원의 업무가 일자리를 소개하는 수준에 그쳤다면 최근에는 이미지 컨설팅, 경력관리, 이력서 작성 및 면접관리 등 취업에 필요한 거의 모든 내용을 조언하고 설계하는 업무로 활동영역이 확장되며 역할이 전문화되고 있습니다.

특히, 평생직장의 개념이 사라지면서 은퇴인력 외에도 이직 · 전직을 원하는 중간관리자, 기술전문인력 등의 수요가 증가하고 있어 민간시장에서 일자리 창출이 더욱 증가할 것으로 보입니다.

본서는 오랫동안 강의해 오면서 마련한 노트를 기초로 하여 이론을 체계적으로 정립하였고, 직업상담사 시험에 실제 출제된 내용들을 알기 쉽게 정리하여 수험생 여러분이 자격증을 취득하는 데 도움이 되고자 하였습니다.

본서의 특징은 다음과 같습니다.

첫째, **변경된 출제기준** 적용, **기출문제 완벽 분석**으로 체계적 · 효율적 이론정리
둘째, 완벽한 시험 대비를 위한 **단원별 출제예상문제 제공**
셋째, 출제빈도가 높고 출제가능성이 있는 문제들은 **핵심포인트로 제시**
넷째, **최신 기출문제(2019~2022년) 해설 풀이**

직업상담사 자격증을 취득하려는 분들이 본서를 통하여 빠른 합격을 이루시길 바라며, 책에서 부족한 부분은 계속 노력하여 채워 나갈 것을 약속드립니다.

끝으로 출간할 수 있도록 도와주신 예문사와 주경야독, 기타 관계자분들께 진심으로 감사드립니다.

김미영

FEATURES

이 책의 특징

1. 짜임새 있게 구성한 핵심 이론

중요한 이론 내용을 본단에, 이론 관련 보충 내용을 보조단에 배치하여 심화학습은 물론 실기시험도 대비할 수 있게 구성하였습니다.

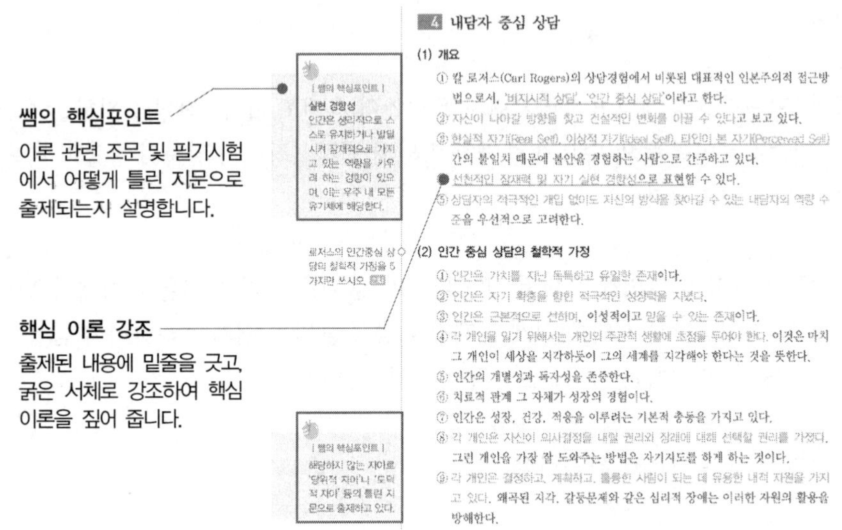

쌤의 핵심포인트

이론 관련 조문 및 필기시험에서 어떻게 틀린 지문으로 출제되는지 설명합니다.

핵심 이론 강조

출제된 내용에 밑줄을 긋고, 굵은 서체로 강조하여 핵심 이론을 짚어 줍니다.

2. 출제예상문제로 시험 완벽 대비

각 장마다 수록한 출제예상문제를 통해 이론 내용과 연계하여 유기적으로 학습하며 실력을 점검할 수 있습니다.

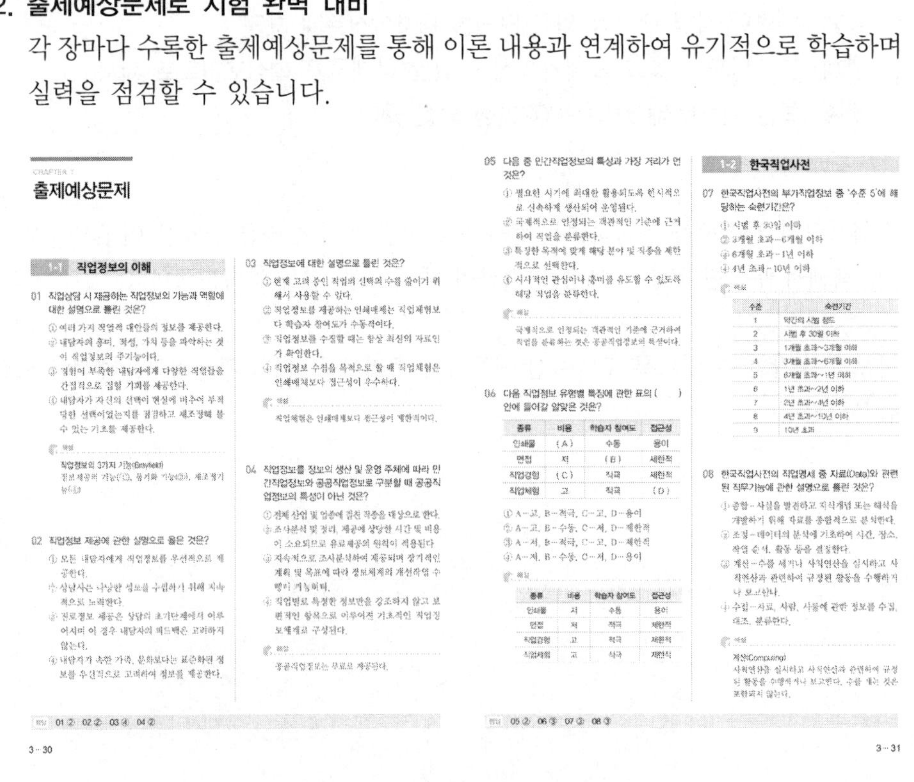

3. 최신 노동관계법규 수록

2022년 6월까지 공포된 노동관계법규에서 이론과 관련 있는 내용을 빠짐없이 정리 · 반영하여 개념을 정립하고, 특히 중요한 내용에 강조 표시를 하여 조문을 다시 한번 정리하였습니다.

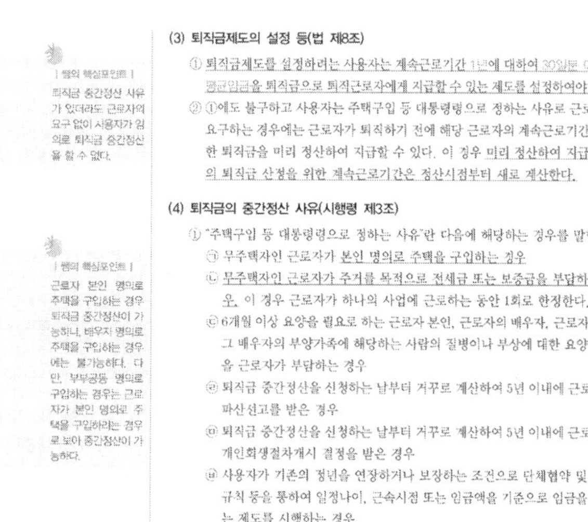

| 핵심포인트 |
퇴직금 중간정산 사유가 있더라도 근로자의 요구 없이 사용자가 임의로 퇴직금 중간정산을 할 수 없다.

(3) 퇴직금제도의 설정 등(법 제8조)

① 퇴직금제도를 설정하려는 사용자는 계속근로기간 1년에 대하여 30일분 이상의 평균임금을 퇴직금으로 퇴직근로자에게 지급할 수 있는 제도를 설정하여야 한다.

② ①에도 불구하고 사용자는 주택구입 등 대통령령으로 정하는 사유로 근로자가 요구하는 경우에는 근로자가 퇴직하기 전에 해당 근로자의 계속근로기간에 대한 퇴직금을 미리 정산하여 지급할 수 있다. 이 경우 미리 정산하여 지급한 후의 퇴직금 산정을 위한 계속근로기간은 정산시점부터 새로 계산한다.

| 핵심포인트 |
근로자 본인 명의로 주택을 구입하는 경우 퇴직금 중간정산이 가능하나, 배우자 명의로 주택을 구입하는 경우에는 불가능하다. 다만, 부부공동 명의로 구입하는 경우는 근로자가 본인 명의로 주택을 구입하려는 경우로 보아 중간정산이 가능하다.

(4) 퇴직금의 중간정산 사유(시행령 제3조)

① "주택구입 등 대통령령으로 정하는 사유"란 다음에 해당하는 경우를 말한다.

㉠ 무주택자인 근로자가 본인 명의로 주택을 구입하는 경우

㉡ 무주택자인 근로자가 주거를 목적으로 전세금 또는 보증금을 부담하는 경우. 이 경우 근로자가 하나의 사업에 근로하는 동안 1회로 한정한다.

㉢ 6개월 이상 요양을 필요로 하는 근로자 본인, 근로자의 배우자, 근로자 또는 그 배우자의 부양가족에 해당하는 사람의 질병이나 부상에 대한 요양 비용을 근로자가 부담하는 경우

㉣ 퇴직금 중간정산을 신청하는 날부터 거꾸로 계산하여 5년 이내에 근로자가 파산선고를 받은 경우

㉤ 퇴직금 중간정산을 신청하는 날부터 거꾸로 계산하여 5년 이내에 근로자가 개인회생절차개시 결정을 받은 경우

㉥ 사용자가 기존의 정년을 연장하거나 보장하는 조건으로 단체협약 및 취업규칙 등을 통하여 일정나이, 근속시점 또는 임금액을 기준으로 임금을 줄이는 제도를 시행하는 경우

4. 꼼꼼하고 상세한 기출문제 해설

2022년 마지막 PBT 시험 기출문제까지 수록하였고, 꼼꼼하고 상세한 해설로 혼자서도 학습하여 충분히 합격 실력을 쌓을 수 있습니다.

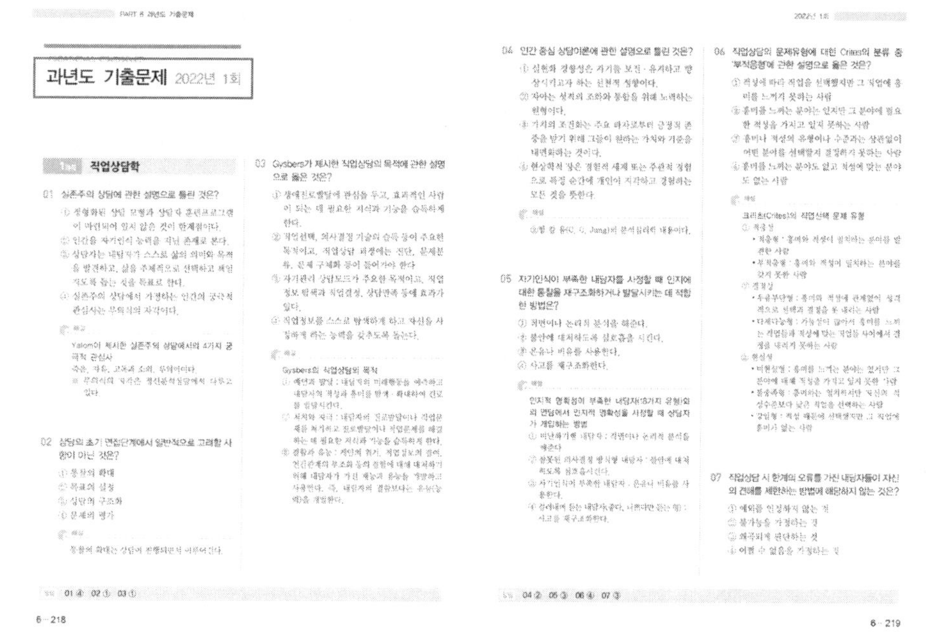

PART 6 과년도 기출문제 | 2022년 1회

과년도 기출문제 2022년 1회

1과목 직업상담학

01 실존주의 상담에 관한 설명으로 틀린 것은?
① 정형화된 상담 모형과 상담자 훈련프로그램이 마련되어 있지 않은 것이 한계점이다.
② 인간을 자기인식 능력을 지닌 존재로 본다.
③ 상담자는 내담자가 스스로 삶의 의미와 목적을 발견하고, 삶을 주체적으로 선택하고 책임지도록 돕는 것을 목표로 한다.
④ 실존주의 상담에서 가정하는 인간의 궁극적 관심사는 무의식의 자각이다.

해설
Yalom이 제시한 실존주의 상담에서의 4가지 궁극적 관심사
죽음, 자유, 고독과 소외, 무의미이다.
※ 무의식의 자각은 정신분석상담에서 다루고 있다.

02 상담의 초기 면접단계에서 일반적으로 고려할 사항이 아닌 것은?
① 통찰의 확대
② 목표의 설정
③ 상담의 구조화
④ 문제의 평가

해설
통찰의 확대는 상담이 진행되면서 이루어진다.

03 Gysbers가 제시한 직업상담의 목적에 관한 설명으로 옳은 것은?
① 생애진로발달에 관심을 두고, 효과적인 사람이 되는 데 필요한 지식과 기능을 습득하게 한다.
② 직업선택, 의사결정 기술의 습득 등이 주요한 목적이고, 직업상담 과정에는 진단, 문제분류, 문제 구체화 등이 들어가야 한다.
③ 자기관리 상담모드가 주요한 목적이고, 직업정보 탐색과 직업결정, 상담만족 등에 효과가 있다.
④ 직업정보를 스스로 탐색하게 하고 자신을 사정하게 하는 능력을 갖추도록 돕는다.

해설
Gysbers의 직업상담의 목적
① 예언과 발달 : 내담자의 미래행동을 예측하고 내담자의 적성과 흥미를 탐색 · 확대하여 진로를 발달시킨다.
② 처치와 자극 : 내담자의 진로발달이나 직업문제를 처치하고 진로발달이나 직업문제를 해결하는 데 필요한 지식과 기능을 습득하게 한다.
③ 결함과 유능 : 개인의 위기, 직업정보의 결여, 인간관계의 부조화 등의 결함에 대해 대처하기 위해 내담자가 가진 재능과 유능을 개발하고 사용한다. 즉, 내담자의 결함보다는 유능(능력)을 개발한다.

정답 01 ④ 02 ① 03 ①

6-218

04 인간 중심 상담이론에 관한 설명으로 틀린 것은?
① 실현화 경향성은 자기를 보전 · 유지하고 향상시키고자 하는 선천적 성향이다.
② 자아는 성격의 조화와 통합을 위해 노력하는 원형이다.
③ 가치의 조건화는 주요 타자로부터 긍정적 존중을 받기 위해 그들이 원하는 가치와 기준을 내면화하는 것이다.
④ 현상학적 장은 경험적 세계 또는 주관적 경험으로 특정 순간에 개인이 지각하고 경험하는 모든 것을 뜻한다.

해설
②항 칼 융(C. G. Jung)의 분석심리학 내용이다.

05 자기인식이 부족한 내담자를 사정할 때 인지에 대한 통찰을 재구조화하거나 발달시키는 데 적합한 방법은?
① 직면이나 논리적 분석을 해준다.
② 불안에 대처하도록 심호흡을 시킨다.
③ 은유나 비유를 사용한다.
④ 사고를 재구조화한다.

해설
인지적 명확성이 부족한 내담자(8가지 유형)와의 면담에서 인지적 명확성을 사정할 때 상담자가 개입하는 방법
① 비난하기형 내담자 : 직면이나 논리적 분석을 해준다.
② 잘못된 의사결정 방식형 내담자 : 불안에 대처하도록 심호흡을 시킨다.
③ 자기인식이 부족한 내담자 : 은유나 비유를 사용한다.
④ 걸러내어 듣는 내담자(좋다, 나쁘다만 듣는 형) : 사고를 재구조화한다.

06 직업상담의 문제유형에 대한 Crites의 분류 중 '부적응형'에 관한 설명으로 옳은 것은?
① 적성에 따라 직업을 선택했지만 그 직업에 흥미를 느끼지 못하는 사람
② 흥미를 느끼는 분야는 있지만 그 분야에 필요한 적성을 가지고 있지 못하는 사람
③ 흥미나 적성의 유형이나 수준과는 상관없이 어떤 분야를 선택할지 결정하지 못하는 사람
④ 흥미를 느끼는 분야도 없고 적성에 맞는 분야도 없는 사람

해설
크라이츠(Crites)의 직업선택 문제 유형
① 적응성
• 적응형 : 흥미와 적성이 일치하는 분야를 발견한 사람
• 부적응형 : 흥미와 적성이 일치하는 분야를 찾지 못한 사람
② 결정성
• 우유부단형 : 흥미와 적성에 관계없이 성격적으로 선택과 결정을 못 내리는 사람
• 다재다능형 : 가능성이 많아서 흥미를 느끼는 직업들과 적성에 맞는 직업들 사이에서 결정을 내리지 못하는 사람
③ 현실성
• 비현실형 : 흥미를 느끼는 분야는 있지만 그 분야에 대해 적성을 가지고 있지 못한 사람
• 불충족형 : 흥미와는 일치하지만 자신의 적성수준보다 낮은 직업을 선택하는 사람
• 강압형 : 적성 때문에 선택했지만 그 직업에 흥미가 없는 사람

07 직업상담 시 한계의 오류를 가진 내담자들이 자신의 견해를 제한하는 방법에 해당하지 않는 것은?
① 예외를 인정하지 않는 것
② 불가능을 가정하는 것
③ 왜곡되게 판단하는 것
④ 어쩔 수 없음을 가정하는 것

정답 04 ② 05 ③ 06 ④ 07 ③

6-219

출제기준

필 기

직무 분야	사회복지 · 종교	중직무 분야	사회복지 · 종교	자격 종목	직업상담사 2급	적용 기간	2023. 1. 1~ 2023. 12. 31
직무내용 : 노동시장 · 직업세계 등과 관련된 직업정보를 수집 · 제공하고, 직업탐색, 직업선택, 직업적응 등에서 발생하는 개인의 직업 관련 문제 및 기업의 인력채용을 상담 · 지원하는 직무이다.							

필기검정방법	객관식	문제수	100	시험시간	2시간 30분

필기 과목명	출제 문제수	주요항목	세부항목	세세항목
직업 상담학	20	1. 직업상담의 개념	1. 직업상담의 기초	1. 직업상담의 정의 2. 직업상담의 목적 3. 직업상담자의 역할 및 영역 4. 집단직업상담의 의미
			2. 직업상담의 문제 유형	1. 윌리엄슨의 분류 2. 보딘의 분류 3. 크리츠의 분류 4. 직업의사결정상태에 따른 분류
		2. 직업상담의 이론	1. 기초상담 이론의 종류	1. 정신분석적 상담 2. 아들러의 개인주의 상담 3. 실존주의 상담 4. 내담자중심상담 5. 형태주의 상담 6. 교류분석적 상담 7. 행동주의 상담 8. 인지적-정서적 상담
		3. 직업상담 접근방법	1. 특성-요인 직업상담	1. 특성-요인 직업상담 모형, 방법, 평가
			2. 내담자 중심 직업상담	1. 내담자 중심 직업상담 모형, 방법, 평가
			3. 정신역동적 직업상담	1. 정신역동적 직업상담 모형, 방법, 평가
			4. 발달적 직업상담	1. 발달적 직업상담 모형, 방법, 평가
			5. 행동주의 직업상담	1. 행동주의 직업상담 모형, 방법, 평가
			6. 포괄적 직업상담	1. 포괄적 직업상담 모형, 방법, 평가

필기 과목명	출제 문제수	주요항목	세부항목	세세항목
직업상담학	20	4. 직업상담의 기법	1. 초기면담의 의미	1. 초기면담의 유형과 요소 2. 초기면담의 단계
			2. 구조화된 면담법의 의미	1. 생애진로사정의 의미 2. 생애진로사정의 구조 3. 생애진로사정의 적용
			3. 내담자 사정의 의미	1. 동기, 역할 사정하기 2. 가치사정하기 3. 흥미사정하기 4. 성격사정하기
			4. 목표설정 및 진로시간 전망	1. 목표설정의 의미 및 특성 2. 진로시간 전망의 의미
			5. 내담자의 인지적 명확성 사정	1. 면담의존 사정과 사정 시의 가정 2. 사정과 가설발달의 의미
			6. 내담자의 정보 및 행동에 대한 이해	1. 내담자의 정보 및 행동에 대한 이해 기법
			7. 대안개발과 의사결정	1. 대안선택 및 문제해결
		5. 직업상담 행정	1. 취업지원 관련보고	1. 정기보고 2. 수시보고
			2. 직업상담사의 윤리	1. 직업상담 시 윤리적 문제
			3. 직업상담사의 보호	1. 건강장해 예방조치 (산업안전보건법령)
직업심리학	20	1. 직업발달 이론	1. 특성－요인 이론 제개념	1. 특성–요인이론의 특징 2. 특성–요인이론의 주요내용 3. 홀랜드의 직업선택이론
			2. 직업적응 이론 제개념	1. 롭퀴스트와 데이비스의 이론 2. 직업적응에 대한 제연구
			3. 발달적 이론	1. 긴즈버그의 발달이론 2. 슈퍼의 발달이론 3. 고트프레드슨 이론
			4. 욕구이론	1. 욕구이론의 특성 2. 욕구이론의의 주요내용
			5. 진로선택의 사회학습 이론	1. 진로발달과정의 특성과 내용 2. 사회학습모형과 진로선택
			6. 새로운 진로 발달이론	1. 인지적 정보처리 접근 2. 사회인지적 조망접근 3. 가치중심적 진로접근 모형

필 기 과목명	출 제 문제수	주요항목	세부항목	세세항목
직업 심리학	20	2. 직업심리 검사	1. 직업심리 검사의 이해	1. 심리검사의 특성 2. 심리검사의 용도 3. 심리검사의 분류
			2. 규준과 점수해석	1. 규준의 개념 및 필요성 2. 규준의 종류 3. 규준해석의 유의점
			3. 신뢰도와 타당도	1. 신뢰도의 개념 2. 타당도의 개념
			4. 주요 심리검사	1. 성인지능검사 2. 직업적성검사 3. 직업선호도검사 4. 진로성숙검사 5. 직업흥미검사
		3. 직무분석	1. 직무분석의 제개념	1. 직무분석의 의미 2. 직무분석의 방법 3. 직무분석의 원칙 4. 직무분석의 단계
		4. 경력개발과 직업전환	1. 경력개발	1. 경력개발의 정의 2. 경력개발 프로그램 3. 경력개발의 단계
			2. 직업전환	1. 직업전환과 직업상담
		5. 직업과 스트레스	1. 스트레스의 의미	1. 스트레스의 특성 2. 스트레스의 작용원리
			2. 스트레스의 원인	1. 직업관련 스트레스 요인
			3. 스트레스의 결과 및 예방	1. 개인적 결과 2. 조직의 결과 3. 대처를 위한 조건 4. 예방 및 대처전략
직업 정보론	20	1. 직업정보의 제공	1. 직업정보의 이해	1. 직업정보의 의의 2. 직업정보의 기능
			2. 직업정보의 종류	1. 민간직업정보 2. 공공직업정보
			3. 직업정보 제공 자료	1. 한국직업사전 2. 한국직업전망 3. 학과정보 4. 자격정보 5. 훈련정보 6. 직업정보시스템
		2. 직업 및 산업 분류의 활용	1. 직업분류의 이해	1. 직업분류의 개요 2. 직업분류의 기준과 원칙 3. 직업분류의 체계와 구조

필 기 과목명	출 제 문제수	주요항목	세부항목	세세항목
직업 정보론	20	2. 직업 및 산업 분류의 활용	2. 산업분류의 이해	1. 산업분류의 개요 2. 산업분류의 기준과 원칙 3. 산업분류의 체계와 구조
		3. 직업 관련 정보의 이해	1. 직업훈련 정보의 이해	1. 직업훈련제도의 개요 및 훈련기관
			2. 워크넷의 이해	1. 워크넷의 내용 및 활용 2. 기타 취업사이트 활용
			3. 자격제도의 이해	1. 국가자격종목의 이해
			4. 고용 서비스 정책의 이해	1. 고용 서비스 정책 및 제도
		4. 직업 정보의 수집, 분석	1. 고용정보의 수집	1. 정보수집방법 2. 정보수집활동 3. 정보수집 시 유의사항
			2. 고용정보의 분석	1. 정보의 분석 2. 분석 시 유의점 3. 고용정보의 주요 용어
노동 시장론	20	1. 노동시장의 이해	1. 노동의 수요	1. 노동수요의 의의와 특징 2. 노동수요의 결정요인 3. 노동의 수요곡선 4. 노동수요의 탄력성
			2. 노동의 공급	1. 노동공급의 의의와 특징 2. 노동공급의 결정요인 3. 노동의 공급곡선 4. 노동공급의 탄력성
			3. 노동시장의 균형	1. 노동시장의 의의와 특징 2. 노동시장의 균형분석 3. 한국의 노동시장의 구조와 특징
		2. 임금의 제개념	1. 임금의 의의와 결정이론	1. 임금의 의의와 법적 성격 2. 임금의 범위 3. 임금의 경제적 기능 4. 최저임금제도
			2. 임금체계	1. 임금체계의 의의 2. 임금체계의 결정 3. 임금체계의 유형
			3. 임금형태	1. 시간임금 2. 연공급 3. 직능급 4. 직무급 등
			4. 임금격차	1. 임금격차이론 2. 임금격차의 실태 및 특징

필 기 과목명	출 제 문제수	주요항목	세부항목	세세항목
노동 시장론	20	3. 실업의 제개념	1. 실업의 이론과 형태	1. 실업의 제이론 2. 자발적 실업 3. 비자발적 실업 4. 마찰적 실업 5. 구조적 실업 6. 경기적 실업 7. 잠재적 실업
			2. 실업의 원인과 대책	1. 한국의 실업률 추이와 실업구조 2. 실업대책
		4. 노사관계 이론	1. 노사관계의 의의와 특성	1. 노사관계의 의의 2. 노사관계의 유형
			2. 노동조합의 이해	1. 노동조합의 형태 2. 단체교섭 3. 노동조합의 운영
노동 관계 법규	20	1. 노동 기본권과 개별근로관계 법규, 고용 관련 법규	1. 노동기본권의 이해	1. 헌법상의 노동기본권
			2. 개별근로 관계법규의 이해	1. 근로기준법 및 시행령, 시행규칙 2. 남녀고용평등과 일·가정 양립 지원에 관한 법률 및 시행령, 시행규칙 3. 고용상 연령차별금지 및 고령자고용촉진에 관한 법률 및 시행령, 시행규칙 4. 파견근로자보호 등에 관한 법률 및 시행령, 시행규칙 5. 기간제 및 단시간 근로자 보호 등에 관한 법률 및 시행령, 시행규칙 6. 근로자 퇴직급여 보장법 및 시행령, 시행규칙
			3. 고용 관련 법규	1. 고용정책기본법 및 시행령, 시행규칙 2. 직업안정법 및 시행령, 시행규칙 3. 고용보험법 및 시행령, 시행규칙 4. 근로자직업능력개발법 및 시행령, 시행규칙
		2. 기타 직업 상담 관련 법규	1. 개인정보보호 관련 법규	1. 개인정보보호법 및 시행령, 시행규칙
			2. 채용 관련 법규	1. 채용절차의 공정화에 관한 법률, 시행령, 시행규칙

직무 분야	사회복지 · 종교	중직무 분야	사회복지 · 종교	자격 종목	직업상담사 2급	적용 기간	2023. 1. 1～ 2023. 12. 31

직무내용 : 노동시장 · 직업세계 등과 관련된 직업정보를 수집 · 제공하고, 직업탐색, 직업선택, 직업적응 등에서 발생하는 개인의 직업 관련 문제 및 기업의 인력채용을 상담 · 지원하는 직무이다.

수행준거 : 1. 구직자, 구인자 및 실업자를 위한 취업, 직업능력개발 상담을 할 수 있다.
2. 학생을 위한 진학지도, 취업상담을 할 수 있다.
3. 직업 관련 정보를 수집하여 제공할 수 있다.

필기검정방법	필답형	시험시간	2시간 30분

필 기 과목명	주요항목	세부항목	세세항목
직업 상담 실무	1. 직업심리검사	1. 검사 선택하기	1. 내담자에 따라 직업심리검사의 종류와 내용을 설명할 수 있다. 2. 내담자의 목표에 적합한 검사를 선택하기 위해 다양한 검사들의 가치와 제한점을 설명할 수 있다.
		2. 검사 실시하기	1. 표준화된 검사 매뉴얼에 따라 제시된 소요시간 내에 검사를 실시할 수 있다. 2. 표준화된 검사 매뉴얼에 따라 내담자의 수검태도를 관찰할 수 있다. 3. 정확한 검사결과를 도출하기 위해 채점기준에 따라 검사결과를 평정할 수 있다.
		3. 검사결과 해석하기	1. 검사 항목별 평정에 따라 내담자에게 의미있는 내용을 도출할 수 있다. 2. 내담자가 검사결과를 쉽게 이해할 수 있도록 전문적 용어, 평가적 말투, 애매한 표현 등을 자제하고 적절한 용어를 선택하여 검사점수의 의미를 설명할 수 있다. 3. 검사결과해석에 내담자 참여를 유도하기 위해 구조화된 질문을 사용할 수 있다. 4. 검사결과에 대한 내담자의 불안과 왜곡된 이해를 최소화하기 위해 검사결과해석 시 내담자의 반응을 고려할 수 있다. 5. 직업심리검사도구의 결과에 대한 한계점을 설명할 수 있다. 6. 각종 심리검사 결과를 활용할 수 있다.

필 기 과목명	주요항목	세부항목	세세항목
직업 상담 실무	2. 취업상담	1. 구직자 역량 파악하기	1. 구직자의 역량분석에 필요한 객관적 자료를 수집하기 위해 구직역량검사를 실시할 수 있다. 2. 구직자의 구직역량검사결과를 해석할 수 있다. 3. 개인적 및 사회적 여건을 고려하여 구직자에 대하여 종합적인 역량을 판단할 수 있다.
		2. 직업상담 기법 활용하기	1. 직업상담의 특성에 대해 설명할 수 있다. 2. 구직자의 특성에 적합한 상담이론을 선택할 수 있다. 3. 구직자 특성에 적합한 상담기법을 활용할 수 있다.
		3. 구직자 사정기법 활용하기	1. 초기면담을 할 수 있다. 2. 생애진로사정을 할 수 있다. 3. 동기, 역할 사정을 할 수 있다. 4. 가치사정을 할 수 있다. 5. 흥미사정을 할 수 있다. 6. 성격사정을 할 수 있다. 7. 목표설정을 할 수 있다. 8. 진로시간을 전망할 수 있다. 9. 내담자의 정보 및 행동 이해할 수 있다. 10. 대안선택 및 문제해결을 할 수 있다.
		4. 직업정보 분석하기	1. 노동시장 현황을 분석할 수 있다. 2. 직업분류를 활용할 수 있다. 3. 산업분류를 활용할 수 있다. 4. 각종 직업관련 자료 활용할 수 있다. 5. 직업정보를 분석 및 해석할 수 있다.

CONTENTS

차 례

1권

PART 1
직업상담학

PART 2
직업심리학

2권

PART 4
노동시장론

PART 5
노동관계법규

직업상담사 2급 필기시험이 2022년 3회 시험부터 전면 CBT(Computer Based Test)로 시행됩니다.

VOCATIONAL COUNSELOR

1

직업상담학

CHAPTER

1 직업상담의 개념

1-1 직업상담의 기초

1 직업상담의 이해

(1) 용어의 정의

① 진로(Career) : 직업이라는 용어보다 폭넓은 개념
② 직업(Vocation) : 직업생활 준비에서부터 은퇴까지 포함
③ 진로상담(Career Counseling) : 대상은 어린아이부터 은퇴한 70세 이상의 노인까지 해당
④ 직업상담(Vocational Counseling) : 진로상담에 비해 좁은 의미를 내포

(2) 직업상담의 영역과 유형

① 직업상담의 영역
㉠ 직업일반상담
㉡ 취업상담
㉢ 직업(정신)건강 상담

| 쌤의 핵심포인트 |
실존문제 상담은 일반 상담 영역이다.

② 직업상담의 주요 유형

유형	내용
구인 · 구직 상담	구직자의 진로경로 개척을 위해 생애설계를 하도록 조언하며, 진로경로 및 구직자에 관한 정보들을 체계화하여 구인처와 구직자의 연결을 돕는다.
직업적응 상담	신규 입직자나 직업인을 대상으로 조직문화, 인간관계, 직업예절, 직업의식과 직업관 등에 관한 정보를 제공하고 필요시 직업지도 프로그램에 참여하도록 한다.
직업전환 상담	실업 · 실직 위기상황에 있거나 전직의 의도가 있는 직업인을 대상으로 직업경로 사항, 요구되는 전문지식, 직업전환을 위한 준비상태 등에 관한 정보를 수집 및 제공한다.
경력개발 상담	경력사다리를 제시하며 구체적인 경력개발 계획을 작성하고 이를 실천할 수 있도록 하며, 현장훈련, 위탁훈련, 향상훈련 등을 실시하는 기관 및 교육일정, 참여방법 등에 관한 정보를 제공한다.

③ 직업상담의 문제 유형에 따른 3가지 상담 유형

유형	내용
진학상담	상급학교의 진학을 목표로 하는 학생들을 대상으로 졸업 후의 취업 문제를 다룬다.
취업상담	최초 취업을 준비하는 학생들과 재취업이 요구되는 사람들을 대상으로 내담자 자기 자신과 직업세계에 대한 이해를 확장시키도록 돕는다.
직업적응 상담	직업선택의 문제라기보다는 취업 후 발생하는 적응 과정상의 문제들을 다룬다.

(3) 직업상담의 기본 원리

① 비스텍(Biestek)의 상담 기본 원리

㉠ 개별화의 원리 : 상담자는 내담자의 특성과 개인차를 인정하는 범위 내에서 상담을 전개해야 한다. 특히 상담자의 고정관념이나 주관적인 가치 판단을 기준으로 내담자의 이야기를 판단해서는 안 된다.

㉡ 의도적 감정표현의 원리 : 상담자는 내담자가 자유롭게 표현할 수 있도록 온화한 분위기를 조성해야 한다. 또한 내담자에게 최대한 편안한 자세를 유지시켜 우호적인 분위기를 만들어야 한다.

㉢ 통제된 정서관여의 원리 : 상담자는 내담자의 정서 변화에 민감하게 반응하고, 적절한 대응책을 마련할 태세를 갖추며 적극적으로 관여하는 자세를 갖는다. 즉, 내담자의 정서 변화, 감정의 고저에 동승해야 한다.

㉣ 수용의 원리 : 상담자는 내담자를 따뜻하게 대하고 수용적이어야 하며, 내담자의 인격을 존중한다는 의사를 분명히 해야 한다. 어떤 대화에서도 상대방을 무시하거나 얕잡아보는 듯한 태도는 좋은 결과를 얻지 못한다.

㉤ 비판단적 태도의 원리 : 상담자가 내담자의 행동과 태도, 가치관 등을 평가할 때는 객관적이고 중립적인 자세를 유지해야 한다. 특히 '나쁘다', '잘못이다'와 같은 감정적인 판단은 좋지 않다.

㉥ 자기결정의 원리 : 상담자는 내담자 개인의 가치와 존엄성을 존중하고 내담자 스스로 문제를 해결할 수 있다는 자신감을 심어주어야 한다. 상담자는 내담자 스스로 의사결정을 할 수 있도록 돕는 조력자이다.

㉦ 비밀보장의 원리 : 상담자는 내담자와의 대화내용을 타인에게 발설해서는 안 되며 철저히 비밀을 유지해야 한다. 이 원리는 내담자와 상담자의 신뢰를 형성하는 중요한 요인이 된다.

| 쌤의 핵심포인트 |

'개인의 의사결정보다는 직업세계의 이해에 대한 상담이 우선되어야 한다'란 틀린 지문으로 출제하고 있다.

② 직업상담의 기본 원리

㉠ 윤리적인 범위 내에서 상담을 전개하여야 한다.

㉡ 산업구조의 변화, 직업정보, 훈련정보 등 변화하는 직업세계에 대한 이해를 토대로 이루어져야 한다.

㉢ 각종 심리검사 결과를 기초로 합리적인 판단을 이끌어 낼 수 있어야 한다. 하지만 심리검사를 과잉의존해서는 안 된다.
㉣ 상담자와 내담자가 신뢰관계(Rapport)를 형성한 후 인간의 특성과 재능에 대한 이해를 토대로 진행되어야 한다.
㉤ 내담자의 의사결정에 초점을 맞추어 전개한다.
㉥ 상담윤리강령에 따라 전개하여야 한다.
㉦ 내담자의 전 생애적 발달과정을 반영할 수 있어야 한다.

(4) 상담에서 라포(Rapport) 형성

① 라포의 의미

"상담자와 내담자 사이에 서로 믿고 존경하는 감정의 교류에서 이루어지는 조화적 인간관계이며 상호적인 책임이다."라고 정의할 수 있다. 즉, 라포는 상담자와 내담자 간의 친근감을 의미한다.

② 라포 형성 방법

㉠ 상담자는 친절하고 따뜻하며 부드러운 태도를 취한다.
㉡ 내담자의 현실과 감정을 거부하지 않고 받아들인다.
㉢ 내담자로 하여금 자유스럽게 표현하고 행동할 수 있도록 허용적인 분위기를 조성한나.
㉣ 모든 개인은 가치가 있다는 견지에서 내담자를 존중해야 한다.
㉤ 내담자의 표현이나 행동에 대해 면박을 주거나 비판하지 않는다.
㉥ 내담자의 문제를 도덕적인 문제와 결부하거나 가치 판단적 태도를 취하지 않는다.
㉦ 시종일관 성의를 가지고 대함으로써 내담자에게 신뢰감과 책임감을 주는 상담자의 태도를 취한다.
㉧ 내담자에게 은혜를 베푼다는 인상을 주지 않는다.

(5) 직업상담의 목적

① 직업문제를 인식한다.
② 개인의 직업목표를 명백히 해준다.
③ 직업선택에 대한 책임감을 가진다.
④ 협동적인 사회행동을 추구한다.
⑤ 실업과 같은 직업에 대한 위기관리능력을 배양한다.
⑥ 복잡하고 다양한 일의 세계를 이해시키고 순응하도록 한다.
⑦ 내담자가 자기 자신과 직업세계에 대해 미처 알지 못했던 사실을 발견하도록 돕는다.

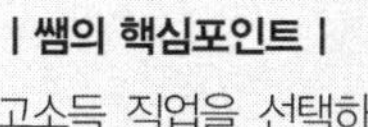

| 쌤의 핵심포인트 |

고소득 직업을 선택하도록 돕는 것은 아니다.

⑧ 내담자가 이미 잠정적으로 선택한 진로결정을 확고하게 해준다.

(6) 직업상담의 일반적인 목표

① 상담의 목표

쉐르처(Shertzer)와 스톤(Stone)이 제시하는 상담의 목표를 적으시오. 2차

㉠ **행동** 변화의 촉진 : 내담자가 생산적이고 행복한 생활을 영위하기 위하여 만족한 삶을 누리는 데 도움이 되는 행동을 형성하거나 증진시키는 데 있다.

㉡ **정신건강**의 증진 : 부정적 정서, 경험 등은 건전한 성장과 발달에 해가 되므로 적절하고 합리적인 지도를 통하여 정신건강을 유지하도록 돕는다.

㉢ **문제**의 해결 : 상담목표는 내담자의 문제해결에 있다.

| 쌤의 핵심포인트 |

'알맞은 직업을 골라준다', '새로운 노동시장의 영역을 개척한다' 등의 틀린 지문으로 출제하고 있다.

㉣ **의사결정능력** 함양 : 상담을 통해 스스로 정보를 수집하고 평가하여 어떤 결정을 내릴 수 있게 한다.

㉤ **개인적 효율성 향상** : 내담자가 상담을 통하여 생산적 사고를 할 수 있고, 적극적인 인간관계를 형성하며, 다양한 문제 상황에 효과적으로 대처하는 능력을 습득하게 한다.

② 직업상담의 목표(Gysbers)

기스버스(Gysbers)의 직업상담 목표를 적으시오. 2차

㉠ 예언과 발달 : 전 생애에 걸쳐 발달 가능한 개인의 적성과 흥미를 탐색하고 확대한다.

㉡ 처치와 자극 : 내담자의 진로발달이나 직업문제에 대해 처치하고 내담자에게 필요한 지식과 기능습득을 자극한다.

㉢ 결함과 유능 : 개인의 위기, 훈련 및 직업에 대한 직업정보의 결여, 배우자 · 자녀 · 동료 · 상사와의 인간관계 부조화 등의 문제에 대처하도록 하는 예방적 관점에서 내담자의 결함보다는 유능에 초점을 맞춘다.

③ 직업상담에서 목표설정의 특징

크롬볼츠(J. D. Krumboltz) 등의 상담목표(Goal) 설정 시 고려사항 4가지를 설명하시오. 2차

㉠ 목표는 구체적이고 실현 가능해야 한다.

㉡ 내담자가 원하고 바라는 것이어야 한다.

㉢ 상담자의 기술과 양립이 가능해야 한다.

㉣ 상담자의 능력 이상의 도움이 필요할 경우 다른 곳으로 의뢰한다.

(7) 진로 및 직업발달의 영향 요인

① 개인의 진로발달에 영향을 미치는 요인(Tolbert)

㉠ 직업 흥미

㉡ 가정 · 성별 · 인종

㉢ 교육 정도

② 청소년의 직업발달에 영향을 미치는 요인

㉠ 가정적 배경 : 부모의 직업, 가정의 구조, 부모의 사회적 · 경제적 지위

㉡ 학교와 친구집단 : 학교와 교사의 관계, 또래집단

㉢ 성역할의 사회화 : 진로의식화와 직업결정에 영향

㉣ 일(근로) : 아르바이트, 실습체험, 시간제 취업 등

| 쌤의 핵심포인트 |
직업선택에서 진로교사는 영향을 미치지 않는다.

2 직업상담사의 전문지식

(1) 직업상담사에게 요구되는 기술영역(NVGA)

① 관리능력
② 실행능력
③ 조언능력
④ 일반상담영역
⑤ 정보분석과 적응능력
⑥ 개인, 집단 검사 실시능력

| 쌤의 핵심포인트 |
타협능력, 평가능력은 포함되지 않는다.

(2) 직업상담사가 갖추어야 할 지식 및 능력

① 직업문제를 갖고 있는 내담자에 대한 심리치료 능력

② 국가정책, 인구구조 변화, 인력수급 추계, 산업발전 추세, 미래사회 특징 등에 관한 지식

③ 직업상담의 연구 및 평가 능력

| 쌤의 핵심포인트 |
'동료를 이끄는 리더십을 발휘할 수 있는 기술'이란 틀린 지문으로 출제하고 있다.

3 직업상담사의 자질과 역할

(1) 직업상담사의 자질

○ 직업상담사가 갖추어야 할(일반적인) 자질에 대해서 작성하시오. 2차

① 통일된 동일시
② 건설적인 냉철함
③ 정서성에서 분리된 지나치지 않은 동정심
④ 순수한 이해심을 가진 신중한 태도
⑤ 도덕적 판단
⑥ 두려움 및 충격 등에 대한 뜻깊은 이해성

(2) 직업상담사의 역할(한국직업상담협회)

① 상담자 : 노동 관련 법규나 고용보험법과 관련된 정보, 직업세계정보, 미래사회정보, 구인구직정보, 직업적응, 경력개발 등 직업 관련 상담과 이를 통합하여 내담자가 의사결정을 하는 데 도움을 주는 일련의 상담활동을 수행한다.

② (직업문제) 처치자 : 직업문제를 가지고 있는 내담자에게 문제를 인식토록 하고 문제를 진단 · 처치한다.

| 쌤의 핵심포인트 |
'직무분석 수행'이나 '직업 관련 이론의 개발과 강의' 등의 틀린 지문으로 출제하고 있다.

③ 조언자 : 노동 관련 법규와 관련된 정보, 직업세계정보, 미래사회정보, 구인정보 등을 제공하면서 모호한 의사결정을 하는 내담자에게 조언한다.
④ (직업지도프로그램) 개발자 : 청소년, 여성, 중 · 고령자, 실업자, 장애인 등을 대상으로 직업의식을 촉구하고, 직업생활에 대한 이해를 높이기 위한 프로그램을 개발한다.
⑤ 지원자 : 개발된 직업상담프로그램을 실제로 적용하고 평가하며 지원한다.
⑥ (검사도구) 해석자 : 직업상담의 도구인 내담자의 정신적 특질인 성격, 흥미, 적성, 진로성숙도, 지능 등에 관한 검사를 실시하고 결과를 분석 · 해석하여 내담자가 보다 자신을 잘 이해하도록 촉구한다.
⑦ 정보분석가 : 직업상담원은 직업정보를 수집하고 이를 분석 · 가공 · 관리하며, 피드백(Feedback)을 통해 정보를 축적하는 임무를 수행하고 내담자에게 적합한 정보를 제공한다.
⑧ 협의자 : 직업정보제공원, 구인처와 연계 구축하여 협의한다.
⑨ 관리자 : 상담과정에서 일어나는 일련의 업무를 관리하고 통제하는 역할을 한다.

4 직업상담의 과정

(1) 직업상담의 일반단계

직업상담 5단계(과정)를 구분하여 설명하시오. 2차

① 관계 형성(Rapport) : 내담자와 상담자의 상호존중에 기초한 개방적이고 신뢰가 있는 관계를 형성한다.
② 진단 및 측정 : 표준화된 심리검사를 이용하여 내담자들이 자신의 흥미, 가치, 적성, 개인적 특성, 의사결정방식 등을 자각할 수 있도록 돕는 단계이다.
③ 목표설정 : 직업상담의 목적이 문제해결이 아니라 자기발전과 개발이라는 내용을 분명히 밝히고 내담자들의 목표가 명백해지면 잠재적 목표를 밝혀서 우선순위를 정한다.
④ 개입(중재) : 내담자가 목표를 달성하는 데 도움이 될 수 있는 중재를 제안하며 개입한다. 직업정보 수집, 보유기술 파악, 의사결정 촉진, 과제물 부여 등의 기법이 주로 이용된다.
⑤ 평가 : 직업상담자와 내담자는 그동안의 중재가 얼마나 효과적으로 적용되었는지를 평가한다.

훈습

상담자 개입 과정의 연장으로서, 내담자로 하여금 자기 이해를 더욱 공고히 하고 진로탐색 및 준비과정을 효율적으로 실천할 수 있도록 재확인 및 재점검하는 것이다.

(2) 직업상담의 2단계

① 제1단계 : 내담자의 목적 또는 문제 확인, 문제 명료화 및 상세화(알아보는 단계)
  ㉠ 들어가기(직업 관련 맺기)
  ㉡ 내담자 정보 수집하기
  ㉢ 내담자 행동 이해 및 가정하기

② 제2단계 : 내담자의 목적 또는 문제 해결
  ㉠ **행동(조치) 취하기** → 직접적으로
  ㉡ 직업목표 및 행동(진로)계획 발전시키기
  ㉢ 사용된 개입의 영향 평가하기

(3) 상담 단계별 활동

① 초기 단계 : 내담자와 상담자 간의 **상담관계 형성**, 내담자의 심리상태 평가, 상담목표 및 전략 수립, **상담의 구조화** 등
② 중기 단계 : 문제해결을 위한 구체적인 시도, **내담자의 자기탐색과 통찰**, 내담자의 변화를 통한 상담과정 평가 등
③ 종결 단계 : 합의한 목표 달성, **이별감정 다루기** 등

구조화(초기 면담)

- 상담에 대한 기본적인 기대를 맞추어가는 과정
- 상담이 얼마 동안 진행되는지, 얼마나 자주 만날 것인지, 상담시간에는 무엇을 하는 것인지, 비밀보장은 어떻게 해 주는지 등을 설명(상담목표, 시간 · 장소 등 포함)
- **검사 사용 목적에 대해 명확히 설명**함으로써 제한을 설정할 필요가 있음
- 상담자는 내담자에게 검사나 과제를 잘 이행하리라 기대하고 있다는 것을 분명히 밝힘

① 상담목표 ② 시간/장소
③ 상담자의 역할과 한계 ④ 내담자의 역할과 한계

5 집단상담(집단직업상담)

(1) 집단상담의 의의

생활과정상의 문제를 해결하고 보다 바람직한 성장 · 발달을 위하여 전문적으로 훈련된 상담자의 지도와 동료들과의 역동적인 상호교류를 통해 각자의 감정, 태도, 생각 및 행동양식 등을 탐색, 이해하고 보다 성숙된 수준으로 향상시키는 과정을 말한다.

① 어느 정도의 책임의식이 있는 구성원을 선발한다.
② 비슷한 수준의 발달단계에 있는 구성원으로 한다.
③ 탐색 · 전환 · 행동의 3단계를 겪는다(Butcher의 3단계).
④ 성별에 따라 집단에 대한 기대감, 집단경험의 차이가 있다.
⑤ 집단직업상담은 직업성숙도가 낮은 사람들에게 더 효과적이다.

(2) 집단상담의 목적

① 자기이해, 자기수용, 자기관리의 향상을 통한 인격적 성장 및 성숙
② 개인적 관심사와 생활상의 문제에 대한 객관적인 검토와 그 해결책을 위한 실천적 행동의 습득
③ 다른 사람들과 더불어 살아가는 집단생활 능력과 대인관계 기술의 습득

집단상담을 할 때 집단의 적정 인원(집단의 인원)을 쓰고, 집단의 크기가 너무 큰 경우와 작은 경우를 비교 설명하시오. 2차

(3) 집단상담의 준비 및 구성

① 집단구성원 선정 : 성별, 연령, 과거 경력, 성격에 따라 선정한다.
② 집단 크기 : 6~10명이 적당하다.
㉠ 집단의 크기가 너무 크면 각 내담자가 자신의 개인적 문제를 제대로 탐색할 기회를 갖지 못하게 되고 상담자가 각 내담자에게 적절한 주의를 기울이기 어렵다.
㉡ 집단의 크기가 너무 작으면 집단구성원 개개인이 받는 압력이 너무 커져 비효율적이다.

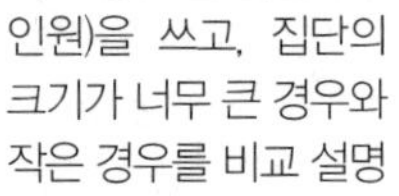

| 쌤의 핵심포인트 |
모임 횟수가 많아지면 시간과 경제적인 측면의 효율성이 떨어진다.

③ 모임 시간 및 빈도 : 모임의 횟수를 최소화해야 한다(1주일에 1~2회 정도).
④ 물리적 장치
㉠ 외부로부터 방해를 받지 않아야 한다.
㉡ 상담 장소는 신체활동이 자유로운 크기로 원형이 좋다. 의자는 골라 앉도록 한다.

(4) 집단상담의 장단점

집단상담의 장단점을 3~5가지씩 쓰시오. 2차

① 집단상담의 장점
㉠ **새**로운 시도나 도전도 가능하다.
㉡ 자신과 타인에 대한 **책**임감도 높아진다.
㉢ **타**인과 **상**호교류를 **할** 수 있는 **능**력이 개발된다.
㉣ 시간과 **경**제적인 **측**면에서 **효**율적이다.
㉤ **사**회성과 **지**도성을 기를 수 있다.

② 집단상담의 단점
㉠ 심층적인 내면의 심리를 다룰 수 없다.
㉡ 내담자 개개인의 문제해결을 하기에는 개인 상담이 더 효과적이다.

㉢ 구성원 모두에게 만족을 주기 어렵다.

㉣ 비밀보장이 어렵다.

㉤ 시간적으로나 문제별로 집단을 구성하기 어렵다.

㉥ 모든 학생에게 적합한 방법이 아니다.

㉦ 참여자들이 심리적으로 준비가 되기 전에 자기의 속마음을 털어 놓아야 한다는 집단압력을 받을 수 있다.

㉧ 집단의 리더는 집단상담과 직업정보에 대해 잘 알고 있어야 한다.

㉨ 집단경험의 일시적 경험에 도취되어 그 자체를 목적으로 삼을 수도 있다.

(5) 효과적인 집단상담을 위한 고려사항

① 집단발달과정 자체를 촉진시키기 위해 의도적으로 게임을 활용할 수 있다.

② 매 회기가 끝난 후 각 집단구성원에게 경험보고서를 쓰게 할 수 있다.

③ 집단 내 집단상담자가 반드시 1인일 필요는 없으며, 복수일 때 효율적인 경우도 있다.

④ 상담의 종결시기는 상담이 시작되기 전에 결정한다.

(6) 집단상담자의 자질

① 집단상담자에게 반드시 요구되는 자질로 '자기(자아)수용'이 있다. 이는 개인이 자신의 긍정적 · 부정적 특성들과 이에 따른 정적 · 부적 감정들까지도 있는 그대로 솔직히 인정하고 받아들이는 태도를 말한다.

② 로저스(Rogers, Carl R.)가 주창한 '무조건적 긍정적 수용'을 상담자 자신에게 적용하는 것으로, 어떤 조건이나 전제 없이 자신의 존재 자체를 있는 그대로 수용할 수 있어야 한다.

③ 자신의 능력이나 처해 있는 상황을 잘 인식하여 자신의 요구나 결점 · 감정 충돌 등을 받아들인다. 이것은 정서적으로 성숙되고 안정된 사람의 특징으로 스스로를 학대하거나 거부하지 않으며 자기애(自己愛)나 자기 중심성에도 빠지지 않고, 자신에 대해서 객관적으로 반응하는 태도이다.

④ 자기수용은 내면에 대한 깊이 있는 반성 혹은 성찰이 먼저 선행된다. 자신을 있는 그대로 수용하는 상담자는 사소한 실수에 낙담하지 않는다.

⑤ 때로 필요하다면, 집단원들에게 자신의 약한 부분과 한계를 기꺼이 드러내기도 한다(자기노출, 자기개방). 이러한 태도는 집단원들과 직접적이고 솔직한 관계를 형성하게 하며, 집단원들이 느끼는 두려움이나 기대를 직접 표현할 수 있게 한다.

(7) 톨버트(Tolbert)가 제시한 집단직업상담의 활동 유형 5가지

톨버트가 제시한 것으로 집단직업상담 과정에서 나타나는 5가지 활동유형을 제시하시오. 2차

① 자기탐색 : 수용적 분위기 속에서 감정, 태도, 가치 등을 탐색

② 상호작용 : 개개인의 개인적인 직업계획과 목표에 대한 집단구성원들의 피드백

③ 개인적 정보의 검토 및 목표와의 연결
④ 직업적 및 교육적 정보의 획득과 검토
⑤ 의사결정

(8) 부처(Butcher)의 집단직업상담 3단계

부처의 집단직업상담을 위한 3단계 모델에 대해서 쓰고 설명하시오. 2차

① 탐색단계 : 자기개방, 흥미와 적성에 대한 측정, 측정결과에 대한 피드백, 불일치의 해결 등이 이루어진다.
② 전환단계 : 자아상과 피드백 간의 일치가 이루어지면, 집단구성원들은 자기의 지식을 직업세계와 연결하고 일과 삶의 가치를 조사한다. 또한 자신의 가치에 대한 피드백을 갖고 가치명료화를 위해 또다시 자신의 가치와 피드백 간의 불일치를 해결한다.
③ 행동단계 : 목표설정, 목표달성을 촉진하기 위한 정보 수집과 공유, 의사결정이 이루어진다.

(9) 집단상담의 형태

집단상담은 형태와 접근 방식에 따라 여러 가지로 나눌 수 있다. 집단상담의 형태를 3가지 쓰고 각각에 대해 설명하시오. 2차

① **상담집단** : 상담집단은 자신을 좀 더 알기를 원하는 사람들을 대상으로 한다.
② **치료집단** : 치료집단은 심리치료를 목적으로 한다. 상담보다 시간이 많이 소요되며, 상담자는 많은 훈련을 받은 전문가여야 한다.
③ **자조집단** : 자조집단은 같은 문제를 가진 사람들이 공통된 목표를 가지고 자발적으로 문제를 해결하려는 모임이다.
예 '알코올 중독 치료모임' 등

6 전화상담

전화상담의 장단점을 2가지씩 쓰시오. 2차

(1) 전화상담의 장단점

① 장점
㉠ 익명성 : 자신의 정보를 공개하지 않아도 된다.
㉡ 접근성 : 전화는 어디에나 있기 때문에 접근이 용이하다.
㉢ 용이성(신속성) : 필요시 언제나 이용이 가능하다.
※ 사람들이 고통받는 시간을 스스로 선택할 수 없으므로 시간 제약이 없는 전화상담이 필요하다.
㉣ 친밀성 : 전화상담은 양손과 양어깨, 얼굴과 몸 전체를 사용하지 못하는 제한성이 있음에도 불구하고 '전화'라는 자체가 주는 친밀감이 있다.
㉤ 경제성 : 경제적 형편이 어려운 사람도 이용 가능하다.
㉥ 편의성 : 거리나 시간의 제약을 받지 않는다.

② 단점

㉠ 1회적인 경우가 많다.
㉡ 내담자로부터 얻는 정보가 제한적이다.
㉢ 전화상담의 침묵은 면접상담의 침묵보다 지루하고 위협적이다.
㉣ 상담관계가 안정적이지 못하다.
㉤ 익명성으로 무책임할 수 있다.
㉥ 내담자가 자기중심적 언어표현을 한다.

(2) 전화상담의 주요 특징

① 응급상황에 있는 내담자에게 도움이 된다.
② 청소년의 성문제 같은 사적인 문제를 상담하는 데 좋다.
③ 익명성이 보장되어 신분 노출을 꺼리는 내담자에게 적합하다.
④ 단일매체로서 내담자의 음성에 의존하므로 상담관계가 안정적이지 못하다.
⑤ 내담자에 대한 시각적 · 비언어적인 정보를 얻을 수 없다.
⑥ 전화상담의 침묵은 면접상담의 침묵보다 더욱 지루하고 위협적이다.

7 사이버 직업상담

(1) 사이버 직업상담의 필요성

① 경제성과 효율성 : 인터넷 보급이 확대되어 언제, 어디에서나 즉각적으로 저렴한 비용으로 간편하게 상담을 받을 수 있다.
② 익명성과 편안함 : 얼굴을 마주보지 않고 자신의 이름을 밝히지 않아도 되기 때문에(익명성 보장) 위축감이나 망설임 없이 자신의 문제를 솔직하게 이야기할 수 있다.
③ 내담자의 주도성 : 전통적 대면 상담실에는 부모나 교사 또는 친지의 권유로 마지못해 방문하는 내담자들이 많이 있다. 그러나 사이버 상담은 내담자들이 스스로 신청하므로 내담자들이 자신의 행동을 변화시키거나 문제를 해결하려는 동기가 높기 때문에 상담의 진척 속도가 빠르고 효과적이다(청소년, 젊은층의 내담자에게는 보다 친밀하며 상담의 대중화 가능).
④ 글을 써 내려가면서 내담자는 감정의 정화 효과를 거둘 수 있고, 자신의 문제를 스스로 정리해 볼 수 있는 기회를 갖게 된다.
⑤ 기록의 저장, 유통, 가공의 용이성

인터넷을 이용한 사이버 상담이 필요한 이유를 쓰시오. 2차

(2) 사이버 직업상담의 특징

① 단회성
② 신속성

③ 문자 중심의 상호작용
④ 익명성
⑤ 자발성 · 주도성
⑥ 시공간의 초월성
⑦ 개방성
⑧ 경제성
⑨ 자기성찰의 기회 제공

(3) 사이버 직업상담의 기법

| 쌤의 핵심포인트 |
'답변내용 구상하기'를 '질문내용 구상하기'로 바꾸어 출제하고 있다.

① 자기노출 및 주요 진로논점 파악하기
② 핵심 진로논점 분석하기
③ 진로논점 유형 정하기
④ 답변내용 구상하기
⑤ 직업정보 가공하기
⑥ 답변 작성하기
㉠ 청소년이라 할지라도 존칭을 사용한다.
㉡ 적절한 길이와 단락이 이루어져야 한다. 특수기호를 사용하여 시각적 지루함을 예방한다.
㉢ 가급적 신속하게 답변한다.
㉣ 사이버상에서도 상담실과 동일한 효과를 내도록 한다.
㉤ 내담자가 의사결정을 스스로 할 수 있도록 도움을 주는 내용으로 하되, 스스로 할 수 있음에 대한 격려를 잊지 않는다.
㉥ 추수상담의 가능성과 전문기관에 대한 안내를 한다.

(4) 사이버 직업상담의 장단점

① 장점
㉠ 개인의 지위, 연령, 신분, 권력 등을 짐작할 수 있는 사회적 단서가 제공되지 않으므로 전달되는 내용 자체에 많은 주의를 기울이고 의미를 부여할 수 있다(사이버의 익명성).
㉡ 내담자의 자발적 참여로 상담이 진행되는 경우가 대면상담에 비해 압도적으로 많다는 점에서 내담자들이 문제해결에 대한 동기가 높다고 할 수 있다.
㉢ 내담자가 직업상담가와 직접 얼굴을 마주하지 않기 때문에 자신의 행동이나 감정에 대한 즉각적인 비판을 염려하지 않아도 된다.
㉣ 비용 면에서 효율적이다.

㉤ 사이버 공간에서의 상담 내용은 통신상 저장, 유통 및 가공이 용이하며 영구적으로 보관이 가능하다.

② 단점

㉠ 자신과 반대되는 성(性)을 선택할 수도 있으며 연령을 낮추어 어린 시절 경험한 부정적인 경험이나 상처를 현재 상황의 문제처럼 상담받아 해결 혹은 해소할 수도 있다.

㉡ 여러 개의 아이디를 사용해서 여러 가지 역할을 시험하면서 내담자 자신의 다양한 정체성을 시험해 볼 수 있다.

㉢ 책임감을 상실하고 비이성적 태도를 취하거나, 자구적인 노력 없이 습관적인 상담 요청 의도를 보일 수 있다.

㉣ 내담자는 자신에 대한 정보를 선택적으로 공개할 수 있고 언제든지 상담을 중단해 버릴 수도 있다.

㉤ 익명성이 보장되어도 공개성으로 인하여 일정 한계까지만 노출하는 경향이 있다.

1-2 직업상담의 문제 유형

1 내담자의 직업선택 문제

(1) 내담자의 의사결정 수준에 따른 분류

진로결정자, 진로미결정자, 우유부단형, 회피형

(2) 직업선택 시 내담자가 갖는 결정성 문제의 일반적인 이유

① 실패에 대한 두려움

② 중요한 타인들의 영향 : 부정적인 결과에 대해 두려움과 죄의식을 가짐

③ 완벽추구의 욕구 : 융통성 없고 완벽하려는 욕구가 우유부단함을 야기함

④ 성급한 결정 내리기

⑤ 우유부단에 대한 강화

⑥ 다재다능함

⑦ 원하는 직업의 부재 : 자신이 선택하려는 직업 중에 좋은 직업이 없는 경우

2 문제 유형의 분류

월리엄슨의 변별진단의 4가지 범주를 적으시오. 2차

1) 윌리엄슨(Williamson)의 직업선택 문제 유형 분류

(1) 무선택(선택하지 않음)

직업선택을 전혀 하지 못한 학생들은 통상 자신이 아직 결정을 하지 못했다고 이야기하거나 미래의 진로에 대해 잘 모른다고 말하는데, 이들은 진로선택과 관계없는 흥밋거리에 주로 관심을 쏟고 있는 경우가 많다.

| 쌤의 핵심포인트 |

'직업선택 문제 유형 분류'는 '직업문제 분류범주', '진로선택 유형진단', '직업상담 변별진단의 결과' 등으로 시험에 출제될 수 있다. 여기서 '변별진단'은 일련의 관련 있는 또는 관련 없는 사실들로부터 일관된 의미를 논리적으로 파악하여 문제를 하나씩 해결하는 과정을 의미한다.

(2) 불확실한 선택(진로선택 불확실, 직업선택에 대한 확신 부족)

진로선택이 불확실한 것은 섣부른 선택, 교육수준의 부족, 자기 이해의 부족, 직업세계에 대한 이해 부족, 실패에 대한 두려움, 친구와 가족에 대한 걱정, 자신의 적성에 대한 불안 등의 요인 때문이다.

(3) 현명하지 못한 선택(우둔한 선택, 어리석은 선택)

동기나 능력이 부족한 사람이 고도의 능력이나 특수한 재능을 요구하는 직업을 선택하거나, 흥미가 없고 자신의 성격에 맞지 않는 직업을 선택하는 경우 또는 자신의 능력보다 훨씬 낮은 능력을 요구하는 직업을 선택하거나 안정된 직업을 추구하는 경우이다.

| 쌤의 핵심포인트 |

'가치와 흥미의 불일치'로 출제하고 있다.

(4) 흥미와 적성의 차이(모순)

내담자의 적성이 보다 덜 요구되는 직업 또는 내담자의 능력 수준 이하의 직업에 관심을 보이며, 단지 다른 분야들에 있어서의 똑같은 수준의 능력과 흥미를 의미한다.

보딘은 직업문제를 진단할 때 심리적인 문제가 드러나도록 해야 한다고 주장했다. 보딘이 제시한 직업문제의 심리적 원인을 3가지만 쓰시오. 2차

2) 보딘(Bordin)의 직업선택 문제 유형 분류

(1) 의존성

자신에게 부여된 진로 및 직업 문제의 해결 과제를 다른 사람에게 의존함으로써 자신을 억누르는 책임감에서 벗어나고자 한다.

예 자신의 문제에 대한 해결이나 생애발달 과제의 달성을 스스로 주도하기 어려워하는 경우

(2) 정보의 부족

자신의 진로선택 및 직업결정과 관련된 정보를 충분히 얻지 못함으로써 직업적 문제를 해결하는 데 어려움을 겪는다.

예 경제적 결핍 및 교육적 기회의 결여로 적당한 정보를 접할 기회가 없었거나, 현재 직업결정에 대한 정보를 얻지 못하는 경우

(3) 내적 갈등(자아 갈등)

둘 혹은 그 이상의 자아개념과 관련된 반응기능 사이의 갈등으로 인해 자신의 진로 및 직업의 선택, 결혼 등 삶의 중요한 결정을 내려야 하는 상황에서 갈등을 경험한다.

예 둘 이상의 자아개념과 관련된 반응기능 사이에서 갈등하거나, 하나의 자아개념과 다른 자아개념 사이에서 갈등하는 경우

(4) 선택에 대한 불안

자신이 하고자 희망하는 일이 사회적인 요구나 중요한 타인의 기대에서 벗어나는 경우 선택의 문제에 따른 불안을 경험한다.

예 한 개인이 어떤 일을 하고 싶은데 중요한 타인이 다른 일을 해주기를 원하거나, 직업들과 관련된 긍정적 유인가와 부정적 유인가 사이에서 내적 갈등을 경험함으로써 불안을 느끼는 경우

(5) 문제 없음(확신의 결여)

자신의 진로선택 및 직업결정에 대한 확신이 부족한 경우, 이미 스스로 타당한 선택을 내린 이후에도 단지 확인을 위한 절차로서 상담자를 찾기도 한다.

예 내담자가 현실적인 직업선택을 하고도 자신의 선택에 대한 확신이 부족하여 상담자를 찾는 경우

3) 크리츠(Crites)의 직업선택 문제 유형 분류

크리츠는 문제 유형 분류에서 흥미와 적성을 3가지 변인들과 관련지어 분류하였다. 3가지 변인을 쓰고, 각각에 대해 설명하시오. 2차

(1) 적응성(적응 문제)

적응형	흥미와 적성이 일치하는 분야를 발견한 유형 (흥미를 느끼는 분야와 적성에 맞는 분야가 일치하는 사람)
부적응형	흥미와 적성이 일치하는 분야를 찾지 못한 유형 (흥미를 느끼는 분야도 없고 적성에 맞는 분야도 없는 사람)

(2) 결정성(우유부단 문제)

다재다능형	재능(가능성)이 많아 흥미와 적성에 맞는 직업 사이에서 결정을 내리지 못하는 유형
우유부단형	흥미와 적성에 관계없이 어떤 직업을 선택할지 결정을 내리지 못하는 유형

(3) 현실성(비현실성 문제)

비현실형	자신의 적성수준보다 높은 적성을 요구하는 직업을 선택하거나, 흥미를 느끼는 분야가 있지만 그 분야에 적성이 없는 유형
강압형	적성 때문에 직업을 선택했지만 그 직업에 흥미가 없는 유형
불충족형	흥미와 일치하지만 자신의 적성수준보다 낮은 적성을 요구하는 직업을 선택하는 유형

4) 필립스(Phillips)의 상담목표에 따른 진로문제의 분류 범주

① 자기탐색과 발견 : 내담자가 자기의 능력이 어느 정도인지, 어떤 분야의 직업을 원하는지, 왜 일하는 것이 싫은지 등의 고민을 하는 경우이다.

② 선택을 위한 준비

③ 의사결정 과정

④ 선택과 결정

⑤ 실천

CHAPTER 1

출제예상문제

1-1 직업상담의 기초

01 신규 입직자나 직업인을 대상으로 조직문화, 인간관계, 직업예절, 직업의식과 직업관 등에 관한 정보를 제공하고 필요시 직업지도 프로그램에 참여하게 하는 상담은?

① 직업전환 상담 ② 직업적응 상담
③ 구인 · 구직 상담 ④ 경력개발 상담

해설

직업적응을 도와주는 상담이다.

02 직업상담의 기본 원리에 관한 설명으로 틀린 것은?

① 직업상담은 변화하는 직업세계에 대한 이해를 토대로 이루어져야 한다.
② 직업상담은 신뢰관계를 형성한 후 인간의 성격 특성과 재능에 대한 이해를 토대로 진행되어야 한다.
③ 직업상담은 내담자의 전 생애적 발달과정을 반영할 수 있어야 한다.
④ 가장 핵심적인 요소는 진로 혹은 직업의 결정이므로 개인의 의사결정보다는 직업세계의 이해에 대한 상담이 우선되어야 한다.

해설

직업지도의 원리는 직업세계에 대한 이해, 개인의 특성과 재능에 대한 이해를 바탕으로 직업에 대한 의사결정을 하는 과정이다. 상담 시 무엇보다 개인의 의사결정을 우선으로 한다.

03 직업상담에서 내담자가 검사 도구에 대해 비현실적 기대를 가지고 있을 때 상담사가 취할 수 있는 행동으로 가장 적합한 것은?

① 즉시 검사를 실시한다.
② 검사 사용 목적에 대하여 내담자에게 설명한다.
③ 추천되는 검사를 상담사가 정해준다.
④ 심리검사는 상담관계를 방해하므로 실시하지 않는다.

해설

검사 사용 목적을 설명해 줌으로써 내담자로 하여금 검사 도구에 대한 비현실적이거나 과도한 기대를 줄이게 하는 것이 필요하다.

04 Gysbers가 제시한 직업상담의 목적에 관한 설명으로 옳은 것은?

① 생애진로발달에 관심을 두고, 효과적인 사람이 되는 데 필요한 지식과 기능을 습득하게 한다.
② 직업선택, 의사결정 기술의 습득 등이 주요한 목적이고, 직업상담 과정에는 진단, 문제분류, 문제 구체화 등이 들어가야 한다.
③ 자기관리 상담 모드가 주요한 목적이고, 직업정보 탐색과 직업결정, 상담만족 등에 효과가 있다.
④ 직업정보를 스스로 탐색하게 하고 자신을 사정하게 하는 능력을 갖추도록 돕는다.

정답 01 ② 02 ④ 03 ② 04 ①

해설

직업상담의 목적(Gysbers)
① 예언과 발달 : 내담자의 미래 행동을 예측하고 내담자의 적성과 흥미를 탐색 · 확대하여 진로를 발달시킨다.
② 처치와 자극 : 내담자의 진로발달이나 직업문제를 처치하고 진로발달이나 직업문제를 해결하는 데 필요한 지식과 기능을 습득하게 한다.
③ 결함과 유능 : 개인의 위기, 직업정보의 결여, 인간관계의 부조화 등의 결함에 대해 대처하기 위해 내담자가 가진 재능과 유능을 개발하고 사용한다. 즉, 내담자의 결함보다는 유능(능력)을 개발한다.

05 직업상담 영역과 가장 거리가 먼 것은?

① 직업일반상담 ② 직업정신건강상담
③ 취업상담 ④ 실존문제상담

해설

실존문제상담은 직업상담의 영역과는 거리가 멀다.

06 직업상담의 목적과 가장 거리가 먼 것은?

① 내담자가 이미 잠정적으로 선택한 진로결정을 확고하게 해주는 것이다.
② 개인의 직업목표를 명백히 해주는 과정이다.
③ 내담자가 자기 자신과 직업세계에 대해 알지 못했던 사실을 발견하도록 도와주는 것이다.
④ 내담자가 최대한 고소득 직업을 선택하도록 돕는 것이다.

해설

직업상담의 목적
① 다양한 일의 세계를 이해시킨다.
② 자기 자신에 대한 이해와 직업문제를 인식하게 한다.
③ 실업 등 직업에 관한 위기관리능력을 배양한다.
④ 직업선택에 대한 책임의식과 의사결정능력을 배양한다.
⑤ 직업윤리 형성과 협동적 사회행동을 추구한다.

07 일반적인 진로상담의 과정을 바르게 나열한 것은?

ㄱ. 상담목표의 설정
ㄴ. 관계 수립 및 문제의 평가
ㄷ. 문제해결을 위한 개입
ㄹ. 훈습
ㅁ. 종결

① ㄱ → ㄴ → ㄷ → ㄹ → ㅁ
② ㄴ → ㄱ → ㄷ → ㄹ → ㅁ
③ ㄱ → ㄴ → ㄹ → ㄷ → ㅁ
④ ㄴ → ㄹ → ㄱ → ㄷ → ㅁ

해설

직업상담의 일반적인 5단계
① 제1단계 : 관계 수립 및 문제의 평가
상담자는 내담자에 대한 수용, 공감적 반영, 진실성을 통해 허용적인 분위기를 형성함으로써 내담자와 촉진적인 상담관계를 수립한다.
② 제2단계 : 상담목표의 설정
내담자의 진로 및 직업선택과 관련된 문제들이 규정되는 경우, 상담자는 내담자와 함께 상담목표를 설정한다.
③ 제3단계 : 문제해결을 위한 개입
상담자는 직업정보 수집, 보유기술 파악, 의사결정 촉진, 과제물 부여 등의 방법들을 동원하여 내담자의 목표달성을 도와준다.
④ 제4단계 : 훈습
상담자의 개입 과정의 연장으로서, 내담자로 하여금 자기 이해를 더욱 공고히 하고 진로탐색 및 준비과정을 효율적으로 실천할 수 있도록 재확인 및 재점검한다.
⑤ 제5단계 : 종결 및 추수지도
상담자는 내담자와 함께 합의한 목표에 충분히 도달했는지 확인하며, 앞으로 부딪힐 문제들을 예측하고 준비한다. 또한 추수지도를 통해 내담자의 진로선택 및 의사결정에 대한 만족도를 파악하여 필요한 조치를 취한다.

정답 05 ④ 06 ④ 07 ②

08 직업상담의 과정을 순서대로 바르게 나열한 것은?

① 관계 형성－진단 및 측정－개입－목표 설정－평가
② 관계 형성－목표 설정－진단 및 측정－개입－평가
③ 관계 형성－진단 및 측정－목표 설정－개입－평가
④ 관계 형성－목표 설정－개입－진단 및 측정－평가

해설

직업상담의 과정에는 다음 유형이 있다.

① 제1유형 : 관계 수립 및 문제의 평가－상담 목표의 설정－문제해결을 위한 개입－훈습－종결
② 제2유형 : 관계 형성－진단 및 측정－목표 설정－개입(중재)－평가
③ 제3유형 : 문제 제시 및 상담의 필요성 인식－촉진성 관계 형성－목표 설정과 구조화－자각과 합리적 사고의 촉진－평가와 종결

09 직업상담의 목표와 거리가 가장 먼 것은?

① 적성과 흥미를 탐색하고 확대한다.
② 진로발달이나 직업문제에 대한 처치를 한다.
③ 새로운 노동시장의 영역을 개척한다.
④ 직업과 관련된 문제해결에 관심을 갖는다.

10 직업상담사에게 요구되는 역할과 가장 거리가 먼 것은?

① 직업정보를 분석하고 구인 · 구직 정보 제공
② 구직자의 직업적 문제를 진단하고 해결 및 지원
③ 노동통계를 분석하여 새로운 직업전망을 예견하여 미래의 취업정보를 제공
④ 직업상담실을 관리하며 구직자의 행동을 조정 및 통제

해설

직업상담사는 직업상담실을 관리하지만 구직자의 행동을 조정하고 통제하지는 않는다.

11 직업상담사의 역할과 가장 거리가 먼 것은?

① 진학상담　② 직무분석 수행
③ 직업적응상담　④ 은퇴 후 상담

해설

직무분석은 직업상담사의 역할이 아니다.

12 미국의 국립직업지도협회(National Vocational Guidance Association)에서 제시한 직업상담자에게 요구되는 6가지 기술영역에 해당되지 않는 것은?

① 관리능력　② 실행능력
③ 조언능력　④ 타협능력

해설

미국의 국립직업지도협회에서는 직업상담자에게 다음의 6가지 기술영역을 요구하고 있다.

- 일반상담능력
- 정보분석과 적응능력
- 개인 · 집단검사 실시능력
- 관리능력
- 실행능력
- 조언능력

13 직업상담사가 갖추어야 하는 지식이나 능력과 가장 거리가 먼 것은?

① 직업문제를 갖고 있는 내담자에 대한 심리치료 능력
② 직업상담의 연구 및 평가능력
③ 국가정책, 인구구조 변화, 미래사회 특징에 관한 지식
④ 동료를 이끄는 리더십을 발휘할 수 있는 기술

정답 08 ③ 09 ③ 10 ④ 11 ② 12 ④ 13 ④

해설

동료에 대한 리더십 기술은 직업상담사에게 꼭 필요한 능력은 아니다.

14 직업상담에서 상담자가 고려해야 할 사항으로 틀린 것은?

① 정보 제공 시기가 적절해야 한다.
② 검사결과에 대한 평가와 해석을 한 뒤 직업정보를 제공한다.
③ 상담종료 시 직업 및 진로결정도 완료되어야 한다.
④ 상담종료 시 진로계획 및 검사결과 기록을 내담자가 가지고 가야 책임감도 커진다.

해설

직업상담의 목적은 내담자의 직업적 목표를 명백히 해주고, 직업세계에 대한 이해를 도와 진로의사 결정능력을 길러 주며 직업선택과 직업생활에서의 능동적인 태도를 함양하기 위함이다. 상담종료 시 직업결정이 완료되어야 하는 것은 아니다.

15 집단직업상담에 관한 설명으로 가장 적합하지 않은 것은?

① 집단직업상담은 개인직업상담보다 일반적으로 직업성숙도가 높은 사람들에게 더 효과적이다.
② 가능한 한 모임의 횟수를 최소화해야 한다.
③ 남성과 여성은 집단직업상담에 임할 때의 목표가 서로 다를 수 있으므로 성별을 고려해야 한다.
④ Butcher는 집단직업상담의 3단계로 탐색단계, 전환단계, 행동단계를 제시하였다.

해설

집단직업상담은 일반적으로 직업성숙도가 낮은 사람들에게 더 효과적이다.

16 다음 행동 특성을 모두 포함하는 집단상담자의 자질은?

- 내면에 대한 깊이 있는 반성
- 사소한 실수에도 낙심하지 않음
- 집단구성원들에게 자신의 약한 부분과 한계를 기꺼이 드러냄

① 타인 복지에 대한 관심
② 자기 수용
③ 개방적 소양
④ 공감적 이해 능력

해설

자기 수용에 대한 내용이다.

17 집단상담에 대한 설명으로 틀린 것은?

① 집단상담의 최대 장점은 한 상담자가 동시에 많은 내담자를 도울 수 있다는 효율적인 점이다.
② 집단상담에서는 특정 개인의 문제가 충분히 다루어지지 않을 가능성이 높은 제한점이 있다.
③ 집단상담 구성원들은 개인적인 조언보다 주변 사람들의 공통 의견을 더 잘 받아들이는 경향이 있다.
④ 다양한 발달단계의 이질집단이 동질집단에 비해 자극이 되고 새로운 것을 받아들이는 데 더 효과적이다.

해설

④에서 '다양한 발달단계'라는 데 문제가 있다. 청소년기에는 동질집단이, 성인의 경우에는 이질집단이 새로운 것을 받아들이는 데 더 효과적이다.

정답 14 ③ 15 ① 16 ② 17 ④

18 Butcher가 제시한 집단직업상담을 위한 3단계 모델에 해당하지 않는 것은?

① 탐색단계 ② 전환단계
③ 실행단계 ④ 행동단계

해설

부처의 집단직업상담 3단계 모델
탐색 → 전환 → 행동

19 다음 중 집단직업상담에 관한 설명으로 틀린 것은?

① 각 구성원은 집단직업상담 과정에서 이루어진 토의내용에 대한 비밀을 유지해야 한다.
② 집단의 리더는 집단상담과 직업정보에 대해 잘 알고 있는 사람이어야 한다.
③ 6명에서 10명 정도의 인원이 이상적이다.
④ 가능한 한 모임의 횟수를 최대화하여야 한다.

20 전화상담의 장점이 아닌 것은?

① 상담관계가 안정적이다.
② 응급상황에 있는 내담자에게 도움이 된다.
③ 청소년의 성문제 같은 사적인 문제를 상담하는 데 좋다.
④ 익명성이 보장되어 신분 노출을 꺼리는 내담자에게 적합하다.

해설

전화상담의 경우 비대면이기 때문에 내담자의 반응을 알 수가 없어 상담관계가 불안정하다.

21 사이버 직업상담 기법으로 적합하지 않은 것은?

① 질문내용 구상하기
② 핵심 진로논점 분석하기
③ 진로논점 유형 정하기
④ 직업정보 수집 및 제공

해설

사이버 직업상담 기법
핵심 진로논점 분석하기, 진로논점 유형 정하기, 직업정보 가공하기(수집 및 제공), 답변내용 구상하기, 답변 작성하기, 자기노출 및 주요 진로논점 파악하기

22 다음 중 사이버 직업상담의 장점과 가장 거리가 먼 것은?

① 개인의 지위, 연령, 신분, 권력 등을 짐작할 수 있는 사회적 단서가 제공되지 않으므로 전달되는 내용 자체에 많은 주의를 기울이고 의미를 부여할 수 있다.
② 내담자의 자발적 참여로 상담이 진행되는 경우가 대면 상담에 비해 압도적으로 많으므로 내담자들이 문제해결에 대한 동기가 높다고 할 수 있다.
③ 내담자 자신의 정보를 선택적으로 공개할 수 있고 언제든지 상담을 중단할 수 있어 매우 편리하다.
④ 상담자와 직접 얼굴을 마주하지 않기 때문에 자신의 행동이나 감정에 대한 즉각적인 판단이나 비판을 염려하지 않아도 된다.

해설

③ 사이버 직업상담의 단점이다.

정답 18 ③ 19 ④ 20 ① 21 ① 22 ③

1-2 직업상담의 문제 유형

23 Williamson의 변별진단에서 4가지 결과에 해당하지 않는 것은?

① 직업선택에 대한 확신 부족
② 직업 무선택
③ 정보의 부족
④ 흥미와 적성의 모순

해설

윌리엄슨(Williamson)의 직업문제 분류 범주
① 무선택(선택하지 않음) : 자신이 무엇을 원하는지 모름
② 불확실한 선택 : 결정에 대해서 의심
③ 흥미와 적성의 불일치
④ 현명하지 못한 선택 : 불충분한 능력에 의한 직업선택

24 직업상담의 문제 유형에서 Williamson의 분류 중 '직업 무선택'에 해당하는 것은?

① 직업을 선택하기는 하였으나, 자신의 선택에 대해 자신감이 없고 타인으로부터 자기가 성공하리라는 위안을 받고자 추구하는 경우
② 내담자가 직접 직업을 결정한 경험이 없거나, 선호하는 몇 가지의 직업이 있음에도 불구하고 어느 것을 선택할지 결정하지 못하는 경우
③ 흥미를 느끼는 직업에 대해서 수행능력이 부족하거나, 적성에 맞는 직업에 대해서 흥미를 느끼지 못하는 경우
④ 자신의 능력보다 훨씬 낮은 능력이 요구되는 직업을 선택하거나 안정된 직업만을 추구하는 경우

25 정신역동적 직업상담에서 보딘(Bordin)이 제시한 진단범주에 포함되지 않는 것은?

① 독립성
② 자아 갈등
③ 정보의 부족
④ 진로선택에 따르는 불안

해설

보딘(Bordin)이 제시한 직업문제의 심리적 원인
① 의존성 : 내담자 자신이 주도하지 못하고 다른 사람에게 지나치게 의존하여 직업문제를 해결하려고 한다.
② 정보 부족 : 내담자가 경제적 결핍이나 교육기회의 결여로 직업선택 및 직업결정과 관련된 정보가 부족하여 직업문제를 해결하는 데 어려움을 겪는다.
③ 자아 갈등(내적 갈등) : 내담자가 둘 또는 그 이상의 자아개념과 관련된 반응 사이의 갈등으로 인해 자신의 직업선택, 결혼 등 삶의 중요한 결정을 내려야 하는 상황에서 갈등을 경험한다.
④ 직업선택에 대한 불안 : 내담자가 직업을 선택할 때 불안이 발생한다. 특히 내담자 자신이 원하는 직업과 중요한 타인이 기대하는 직업이 다를 경우 심한 불안이 발생한다.
⑤ 확신 부족(또는 문제 없음) : 내담자가 현실적으로 직업을 선택하였으나 확신을 가지지 못하거나 문제가 없는 경우이다.

26 Bordin의 분류에서 다음에 해당하는 직업문제의 심리적 원인은?

> 한 개인이 어떤 일을 하고 싶은데 중요한 타인이 다른 일을 해 주기를 원하거나 직업들과 관련된 긍정적 유인가와 부정적인 유인가 사이에서 내적 갈등을 경험하고 있다.

① 직업선택에 대한 불안
② 정보의 부족
③ 의존성
④ 자아 갈등

정답 23 ③ 24 ② 25 ① 26 ①

27 Crites는 흥미와 적성을 3가지 변인과 관련지어 포괄적 진단체계를 개발하였다. 다음 중 3가지 변인에 해당하지 않는 것은?

① 충족성 ② 적응성
③ 결정성 ④ 현실성

해설

크리츠(Crites)의 직업선택 문제 유형
① 적응문제(적응성)
- 적응형 : 흥미와 적성이 일치하는 분야를 발견한 유형(흥미를 느끼는 분야와 적성에 맞는 분야가 일치하는 유형)
- 부적응형 : 흥미와 적성이 일치하는 분야를 찾지 못한 유형(흥미를 느끼는 분야도 없고 적성에 맞는 분야도 없는 유형)

② 우유부단 문제(결정성)
- 다재다능형 : 재능 또는 가능성이 많아서 흥미를 느끼는 직업들과 적성에 맞는 직업들 사이에서 결정을 내리지 못하는 유형
- 우유부단형 : 흥미와 적성에 관계없이 어떤 직업을 선택할지 결정을 내리지 못하는 유형

③ 비현실성 문제(현실성)
- 비현실형 : 자신의 적성수준보다 높은 적성을 요구하는 직업을 선택하는 유형 또는 흥미를 느끼는 분야는 있지만 그 분야에 적성이 없는 유형
- 강압형 : 적성 때문에 직업을 선택하였지만 그 직업에 대해 흥미가 없는 유형
- 불충족형 : 흥미와는 일치하지만 자신의 적성 수준보다 낮은 적성을 요구하는 직업을 선택하는 유형

28 직업상담의 문제 유형에 관한 Crites의 분류에 해당하지 않는 것은?

① 현실형 ② 다재다능형
③ 적응형 ④ 불충족형

29 Crites의 직업선택 분류 유형에서 비현실형에 해당하는 것은?

① 흥미를 느끼는 분야도 없고 적성에 맞는 분야도 없는 사람
② 흥미를 느끼는 분야는 있지만, 그 분야에 대한 적성을 가지고 있지 못한 사람
③ 흥미나 적성 유형에 상관없이 어떤 분야를 선택할지 결정을 못한 사람
④ 적성에 따라 직업을 선택했지만 그 직업에 대해 흥미를 못 느끼는 사람

정답 27 ① 28 ① 29 ②

CHAPTER

2 직업상담의 이론 및 접근방법

2-1 기초상담 이론

1 정신분석적 상담

1) 개요

① 프로이트(Freud)의 정신분석이론은 인간을 비합리적이고 결정론적이며, 생물학적 충동과 본능을 만족시키려는 욕망에 의해 동기화된 존재로 가정하였다.

② 어린 시절의 경험과 무의식을 강조하며, 인간의 적응을 방해하는 요소를 무의식 속에서 동기로 작용하고 있는 억압된 충동으로 보았다.

③ 상담의 목적은 각 개인으로 하여금 이러한 무의식적인 욕구나 갈등을 의식적으로 인식하게 하거나 통찰력을 갖게 함으로써 정서적인 긴장감을 해소하고 궁극적으로 이들에 대한 통제력을 갖게 하는 것이다.

2) 주요 개념

(1) 인간관

① 프로이트에 의하면 인간행동은 생후 5년간의 비합리적인 힘, 무의식적인 동기, 생물적이고 본능적인 동기, 그리고 심리적이고 성(性)적인 사건에 의해 결정된다고 한다(심리 · 성적 결정론).

㉠ 인간의 본성 : 인간의 사고, 감정, 행동하는 모든 것에는 의미와 목적이 있다.

㉡ 무의식 : 충동이나 억압된 감정(무의식의 내용들이 인간 행동의 동기)

㉢ 모든 행동에는 목적이 있는데, 이는 무의식적 동기에 크게 좌우된다.

㉣ 5세 이전의 초기 경험에서 만들어진다.

② 본능은 프로이트 접근법의 주요 개념이다. 그는 자기 자신과 환자들을 관찰한 결과 모든 행위는 두 개의 기본적인 충동, 즉 '생의 본능(Eros)과 죽음의 본능(Thanatos)'에 지배된다고 본다.

㉠ 생의 본능 : 성충동이라고도 하는데, 이 성충동은 단순한 성충동 이상의 모든 창조적 욕구를 말한다.

㉡ 죽음의 본능 : 공격충동이라고도 하며, 이는 자기파괴나 질서, 규범 등을 파괴하려는 욕구들을 포함한다.

ⓒ 신체적 활동과 마찬가지로 심리적 활동에도 에너지를 필요로 하고, 이러한 창조적 충동, 즉 생의 본능 에너지를 리비도(Libido)라고 불렀다.

(2) 정신의 3요소

프로이트는 인간의 정신적 과정을 의식 · 전의식 · 무의식의 3가지로 분류하였다.

① 의식(Consciousness) : 한 개인이 현재 각성하고 있는 모든 행위와 감정들을 포함하고 있다. 이러한 의식수준은 인간생활의 극히 일부분에 지나지 않는다.
② 전의식(Preconsciousness) : 흔히 이용 가능한 기억이라고 불리기도 한다. 즉, 전의식은 의식의 한 부분은 아니지만 조금만 노력하면 의식 속으로 떠올릴 수 있는 생각이나 감정들을 포함하고 있다.
③ 무의식(Unconsciousness) : 프로이트는 가장 중요한 의식수준을 무의식으로 보았다. 무의식 개인이 자신의 힘으로는 의식상에 떠올릴 수 없는 생각이나 감정들을 포함한다. 무의식 속에는 자신이나 사회에 의하여 용납될 수 없는 감정이나 생각 혹은 충동이 억압되어 있다. 결국 무의식의 내용들이 인간행동의 동기로서 작용한다.

(3) 성격 구조

① 성격은 세 가지 구조, 즉 본능(Id), 자아(ego), 초자아(Superego)로 구성된다.
② 성격의 역동성은 심적 에너지가 본능, 자아, 초자아에 분포되는 방식에 따라 구성되고 행동은 이 심적 에너지에 의해 결정된다.

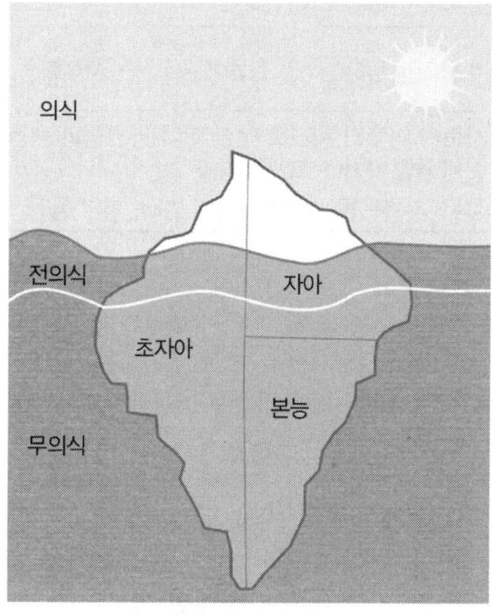

프로이트 이론의 성격 구조

구분	내용
원초아 (본능, Id)	• 쾌락의 원칙에 지배를 받으며, 조직도 없고 분별력도 없다. • 비논리적이며, 충동만을 내세우며 무의식 세계에 속한다. • 인격구조의 근본이며, 본능적인 힘이 솟는다.
자아 (Ego)	• 원초아의 본능과 외부 현실세계를 중재하는 조정역할을 담당한다. • 현실원칙에 입각하여 욕구충족을 위한 현실적 · 논리적 계획을 세운다. • 현실적이고 논리적인 사고를 가진다.
초자아 (Superego)	• 사람의 도덕규범 : 양심, 도덕적 원리의 지배를 받는다. • 부모와 사회기준을 내면화하여 심리적인 보상(자존심과 자기애)과 처벌(죄의식과 열등감)을 가진다. • 비도덕적 충동을 억제한다.

(4) 성격 발달

고전적인 정신분석 이론에서는 생후 5년간의 생활경험 속에 인간이 겪는 여러 가지 문제에 근원이 있다고 본다.

구분	내용
구강기 (0~1세)	입과 입술로 만족을 얻는 시기, 신뢰, 의존, 독립의 태도를 결정
항문기 (2~3세)	• 배변훈련과 관련된 시기로 부모의 감정, 태도, 반응은 성격 형성에 지대한 영향을 미침 • 지나치게 엄격한 배변훈련을 시킬 경우에는 강박적이거나 의존적인 성격으로 고착
남근기 (3~5세)	부모와 동일시 과정을 통해 초자아(양심)가 발달하는 단계 → 오이디푸스 컴플렉스, 엘렉트라컴플렉스
잠복기 (6~11세)	리비도가 비(非)성적인 활동에 투입 → 지적활동, 운동, 친구관계에 관심
성기기 (11세~)	• 사춘기 이후의 시기로 이성에 대한 관심과 충동이 다시 증가 • 쉽게 분노하거나 적개심 표출 • 정치, 사회운동에 참가하거나 범죄, 혁명 등에 에너지 투입

(5) 불안

프로이트가 제시한 불안의 종류 3가지를 쓰고 각각 설명하시오. 2차

| 쌤의 핵심포인트 |

'심리적 불안'이란 틀린 지문으로 출제하고 있다.

불안은 무엇을 하기 위한 동기를 유발하게 하는 긴장상태로, 심적 에너지를 통제할 수 없을 때 발달하며, 본능과 자아 그리고 초자아 간의 갈등에서 비롯된다.

① 현실적 불안(Reality Anxiety) : 외부 세계로부터 오는 위협에 대한 두려움으로 현실 세계의 위험에 대한 불안

② 신경증적 불안(Neurotic Anxiety) : 자아가 본능적 충동을 통제하지 못함으로써 어떤 일이 일어날 것 같은 위협에 대한 불안

③ 도덕적 불안(Moral Anxiety) : 자신의 양심에 대한 두려움으로 자신의 도덕적 기준에 위배되는 일을 할 때 느끼는 죄의식

(6) 방어기제(자아방어기제)

① 방어기제는 이성적이고 직접적인 방법으로 불안을 통제할 수 없을 때, 자아를 붕괴의 위험에서 보호하기 위해 무의식적으로 사용하는 사고 및 행동수단이다.
② 방어기제는 성격발달의 수준이나 불안의 정도에 따라 여러 형태로 나타나지만 두 가지 공통된 특성을 보인다. 그것은 사실을 거부하거나 왜곡시킨다는 점과 무의식적으로 작용한다는 점이다.

정신분석적 상담은 내담자의 자각을 증진시키고 직접적인 방법으로 불안을 통제할 수 없을 때 무의식적으로 방어기제를 사용한다. 방어기제의 종류를 5가지만 쓰고 설명하시오. 2차

구분	내용
억압	다른 방어기제의 기초가 되는 것으로, 괴롭히는 요구나 생각 또는 경험을 의식 밖으로 몰아냄으로써 감정적 갈등이나 내외적 스트레스를 처리하는 것 예 너무나 어렵고 고통스럽고 힘든 과거 사건(성폭력, 가정폭력 등)을 전혀 기억하지 못하는 경우
거부(부인)	가장 원시적인 방어기제로 고통스러운 현실을 인정하지 않음으로써 불안을 방어해 보려는 수단 예 사랑하는 사람의 죽음이나 배신을 인정하려 들지 않고 사실이 아닌 것으로 여기는 것
투사	자신의 심리적 속성이 타인에게 있는 것처럼 생각하고 행동하는 것으로서, 다른 사람들도 나와 똑같은 감정·태도를 가졌다고 단정짓는 것 예 자기가 화나 있는 것은 의식하지 못하고 상대방이 자기에게 화를 냈다고 생각하는 것
고착 (병적 집착)	다음 단계로 발달하지 않음으로써 다음 단계가 주는 불안에서 벗어나려는 것 예 성인이 되어도 부모로부터 독립하지 못하는 사람
퇴행	비교적 단순한 초기의 발달단계로 후퇴하는 행동 예 배변훈련이 끝난 첫 아이가 동생이 태어나자 다시 옷에 용변을 보는 행동이다.
합리화	실망을 주는 현실에서 도피하기 위해 그럴듯한 구실을 붙이는 것 예 여우가 담장 너머의 포도를 먹고 싶지만 먹지 못하자 "저 포도는 너무 시어서 못 먹는 거야"라고 자신을 위로하는 경우
승화	사회적으로 용납되는 형태와 방법을 통해 충동과 갈등을 발산하는 것으로 정육점 주인, 외과의사는 직업선택 시 공격적 충동이 승화로 작용한 것 예 공격적인 충동을 실제로 표출하는 대신 격렬한 음악을 연주한다.
전위(치환)	욕구충족 대상에 접근할 수 없을 때 다른 대상에게 에너지를 돌리는 것 예 직장상사에게 야단 맞은 사람이 부하직원이나 식구들에게 트집을 잡아 화풀이를 하거나, 어머니에게 화난 감정으로 동생을 때리는 것
반동형성	때때로 반대행동을 함으로써 오히려 금지된 충동이 표출되는 것을 방어 예 미운 놈 떡 하나 더 주기

(7) 상담의 기법

① 자유연상(Free Association)

통찰을 촉진하기 위해 마음속에 떠오르는 것을 모두 이야기하게 하는 것으로 무의식을 끌어내기 위한 방법이다.

② 해석(Interpretation)

내담자가 직접 진술하지 않은 내용이나 개념을 그의 과거 경험이나 진술을 토대로 추론해서 말하는 것이다. 자유연상이나 꿈, 저항, 전이 등을 분석하여 그 의미를 설명해 주는 것이다.

③ 전이의 분석(Analysis of Transference)

내담자가 상담과정에 대해 가지고 있는 일종의 왜곡으로 과거의 중요한 인물에게 느꼈던 감정이나 생각을 현재의 상담자에게서도 느끼는 것을 말한다.

역전이(Counter Transference)

① 상담자가 이전에 다른 사람에게 가졌던 동일한 감정을 내담자에게 갖게 되는 현상을 말한다.
② 상담자는 **자기분석(Self analysis)**을 통해 과거 경험이 현재에 미치는 영향을 분석하고, **교육분석(Training Analysis)**을 통해 자기분석 결과 및 경험 내용을 지속적으로 축적해야 한다. 이러한 자기분석과 교육분석을 받을 수 없는 경우에는 **슈퍼바이저의 지도 · 감독**을 받아야 한다.

④ 저항의 분석(Analysis of Resistance)

상담자는 내담자의 저항을 분석 · 해석함으로써 그가 무의식적으로 숨기고자 하는 것, 피하고자 하는 것, 불안해하거나 두려워하는 대상 등에 대한 정보를 얻고 그러한 저항과 무의식적인 갈등의 의미를 파악하여 내담자로 하여금 통찰을 얻게 한다.

⑤ 꿈의 분석(Analysis of Dream)

상담자에게 내담자는 꿈을 얘기하고 꿈의 내용 속에 잠재된 상징적 의미를 찾아낸다. **현재몽에 대한 자유연상을 통해 잠재몽을 더 쉽게 이해할 수 있으므로,** 이를 통해 꿈의 내용 속에 잠재된 상징적 의미를 찾아낸다.

⑥ 통찰(Insight)

내담자가 행동의 원인과 해결방법을 깨닫고 수용하는 과정으로 무의식 속에 있던 것들의 진정한 의미를 깨닫는 것이다.

⑦ 훈습(Working – through)

통찰 후 자신의 심리적 갈등을 깨달아 실생활에서 자신의 사고와 행동을 수정하고 적응방법을 실행해 나가는 과정으로 내담자의 갈등과 방어를 탐색하고 이를 해석해 나가는 과정이라 할 수 있다.

※ 훈습의 단계 : 환자의 저항 → 분석자의 저항에 대한 해석 → 환자의 해석에 대한 반응

⑧ 버텨주기(Holding)

내담자에게 의지가 되어주고 따뜻한 배려로 마음을 녹여준다.

⑨ 간직하기(Containing)

즉각적으로 반응하는 대신 이를 마음속에 간직하며 적절히 통제하고, 위험하지 않도록 변화시키는 것이다.

2 개인주의 상담

1) 개요

① 개인심리학을 창시한 아들러(Adler)는 사회적 충동이나 의식적 사고가 더 중요하다고 주장하였다.
② 인간의 성장 가능성과 잠재력을 중시하였다.
③ 아들러의 개인심리학은 사회심리학적 토대에 기초를 두었다.(배려, 공감)
④ 개인의 행동은 무의식에 지배되는 것이 아닌 개인의 가치, 신념, 태도, 목표, 현실지각 등에 의해 결정되는 의식적 · 목표지향적인 것이다.
⑤ 아들러는 무의식보다는 의식 속에 인간을 움직이는 힘이 있다고 주장하였다.

2) 개인주의 상담의 특징

① 사회적 관계를 강조, 행동수정보다는 동기수정에 관심을 둔다.
② 열등감의 극복과 우월성의 추구가 개인의 목표이다.
③ 상담은 내담자의 잘못된 가치와 목표를 수정하는 데 초점을 둔다.
④ 건전한 사회적 관심을 갖도록 도움을 준다.
⑤ 상담과정은 사건의 객관성보다는 주관적 지각과 해석을 중시한다.
⑥ 개인의 선택과 책임, 삶의 의미, 성공 추구 등을 강조한다.
⑦ 상담자는 내담자에 대한 광범위한 격려의 사용을 권장한다.

3) 주요 개념

(1) 초기 기억(Early Recollections)

① 생후 6개월부터 9세까지의 선별된 기억이다.

② 중요한 기억은 내담자가 '마치 지금 일어나고 있는 것처럼' 기술할 수 있다.

③ 초기 기억은 삶, 자기, 타인에 대한 내담자의 현재 세계관과 일치하는 경향이 있다.

④ 초기 기억을 통해 상담자는 내담자의 삶의 목표를 파악하는 데 도움을 받을 수 있다.

아들러의 개인주의 상담이론에서 열등감 콤플렉스의 원인을 3가지 쓰시오. 2차

(2) 열등감(Inferiority)

① 자기완성을 위한 필수요인이다.

② 과도한 열등감에 사로잡힐 경우 **열등감 콤플렉스**에 빠진다.

③ 열등감 콤플렉스의 주요 원인

㉠ 신체적 특성에 따른 **기관 열등감** : 개인의 **신체와 관련된 것**으로 부모로부터 물려받은 자신의 신체에 대하여 어떻게 생각하는가와 관련된다.

㉡ **과잉보호** : 부모의 **자녀 교육과 관련된 것**으로 자녀를 독립적 또는 의존적으로 키우느냐는 부모의 교육방식에 따라 달라진다.

㉢ **양육 태만** : 부모가 자녀에 대한 최소한의 도리를 하지 않는 것과 관련된 것으로 부모의 사랑과 관심은 매우 중요한 요소이다.

(3) 우월성의 추구(Striving for Superiority)

모든 사람의 선천적 경향성이다.

(4) 사회적 관심(Social Interest, 상상 속의 청중)

한 개인의 심리적 건강을 측정하는 유용한 척도이다.

아들러의 생활양식 4가지 유형을 쓰고 설명하시오. 2차

(5) 생활양식(Life style)

① 인생에 대한 기본 태도

② **사회적 관심**과 **활동 수준**을 기준으로 유형을 구분하였다.

구분	내용
지배형	독선적이고 공격적이며 활동적이지만 사회적 관심이 거의 없음
획득형(기생형)	다른 사람에게 의존하여 자신의 욕구를 충족(캥거루족)
회피형(도피형)	성공하고 싶은 욕구보다 실패에 대한 두려움이 더 강하기 때문에 도피하려는 행동을 자주 함
사회적으로 유용한 형	사회적 관심과 활동 수준이 모두 높은 유형, 인생과업을 완수하기 위해 다른 사람과 협력(가장 이상적인 유형)

4) 인생과제(생애과제)

세계와 개인의 관계에 관한 세 가지 과제로서 **일, 사회, 성**을 제시하였다.

5) 허구적 최종목적론(Fictional Finalism)

인간의 행동은 과거 경험이 아닌 미래에 대한 기대에 더 좌우된다.

| 쌤의 핵심포인트 |

'미래에 대한 기대'를 '과거의 경험'이라고 출제하고 있다.

6) 출생순위(가족구도)

한 가정에서 태어난 두 아이라도 서로 동일한 상황에서 자라는 아이로 볼 수 없다.

7) 개인주의 상담과정의 목표(Mosak)

아들러의 개인주의 상담과정의 목표 5가지를 쓰시오. **2차**

① 사회적 관심을 갖도록 돕는다.
② 패배감을 극복하고 열등감을 감소시킬 수 있도록 돕는다.
③ 내담자의 잘못된 가치와 목표를 수정하도록 돕는다.
④ 잘못된 동기를 바꾸도록 돕는다.
⑤ 내담자가 타인과 동질감을 갖도록 돕는다.
⑥ 사회의 구성원으로 기여하도록 돕는다.

8) 개인주의 상담기법

① 단추(초인종) 누르기 : '행복단추', '우울단추'
② 내담자의 수프에 침 뱉기 : 잘못된 생각이나 행동에 '침' 뱉기(충고하기)
③ 마치~인 것처럼 행동하기
④ 격려하기 : **내담자를 존중하고 내담자에게 믿음을 보여줌**
⑤ 타인을 즐겁게 하기

| 쌤의 핵심포인트 |

'반대행동하기' 등 형태주의 상담기법을 섞어서 출제하고 있다.

9) 개인주의 상담의 치료과정 4단계

① 상담관계 형성 : 내담자가 스스로를 우월하지도 열등하지도 않은 활동적 주체자로서 자신의 장점이나 강점을 자각하도록 돕는다.
② 개인 역동성 탐색 : 내담자가 자신의 생활양식을 이해하고, 그것이 현재 생활의 모든 문제에서 어떻게 기능하는지 이해하는 것을 말한다.
③ 통합과 요약 : 가족 내에서 개인의 위치와 우선과제 등에 대한 자료들이 수집되면 각 영역을 분리해서 요약하고, 전반적인 생활양식 질문지에 근거해서 자료를 통합 · 요약하고 해석한다.
④ 재교육 : 해석을 통해 획득한 내담자의 통찰이 실제 행동으로 전환되도록 재교육한다.

3 실존주의 상담

1) 개요

| 쌤의 핵심포인트 |

역설적 의도란 강박증이나 공포증을 가지고 있는 사람들이 불안을 다루기 위하여 자신이 두려워하는 일을 일부러 더 하도록 격려하는 상담기법이다.

① 실존주의에서는 불안을 가장 중요한 인간존재의 문제로 보고, 그 원인을 인간존재의 본질적인 시간적 제한과 죽음 혹은 비존재에 대한 불안에서 찾으며, 해결방법을 인간존재의 의미를 찾는 것에서 얻고자 한다.

② 상담자는 내담자가 효과적이고 책임질 수 있는 방법으로 행동하여 자신의 욕구를 충족시킬 수 있도록 조력한다.

③ 내담자가 자신의 실존에 근거하여 자유 본능을 충족하고 자신의 행위에 책임질 수 있도록 지도하는 것이 실존주의 상담의 과정이다.

④ 인간의 부적응 행동의 원인을 삶에서 의미를 찾을 수 없는 실존적 신경증이나 패배적 정체감에서 비롯된다고 보았다.

⑤ 대면적 관계를 중요시하며, 내담자들로 하여금 자신의 현재 상태에 대해 인식하고 피해자적 역할로부터 벗어날 수 있도록 돕는 것이다.

2) 상담의 목표

① 치료가 상담목표가 아니라 내담자로 하여금 자신의 현재 상태에 대해 인식하고 피해자적 역할로부터 벗어날 수 있도록 돕는 것이다.

② 인간이 의식적으로 자신에 대한 책임감을 수용하고 보다 나은 삶을 보유하며 행복과 개인의 성취를 이루도록 하는 데 있다.

3) 궁극적 관심사와 관련하여 중요하게 생각하는 주제

실존주의적 상담은 실존적 존재로서의 인간이 갖는 긍정적 관심사에 대한 자각이 불안을 야기한다고 본다. 실존주의 상담자들이 내담자의 궁극적 관심사와 관련하여 중요하게 생각하는 주제를 3가지만 제시하고 각각에 대해 간략히 설명하시오. 2차

① 자유와 책임 : 인간은 선택의 자유를 갖고, 자기 결정에 책임을 져야 한다.

② 삶의 의미 : 삶 그 자체가 의미 있는 것이 아니라, 개인이 의미를 창조하고 발견하려고 노력해야 한다.

③ 죽음과 비존재 : 죽음이라는 비존재에 대한 인식을 할수록 존재의 의미를 찾게 된다.

④ 진실성 : 자기 자신이 어떻게 인식하는지에 대한 인식능력을 확대하여 통찰과 선택을 높이도록 한다.

4) 실존주의 상담에서 내담자의 자기인식능력 증진을 위한 상담자의 치료원리

실존주의 상담에서 내담자의 자기인식능력 향상을 위한 치료원리 3가지를 쓰시오. 2차

① 삶에 대한 자유와 책임을 자각하도록 돕는다.

② 삶의 의미를 발견하고 창조하도록 돕는다.

③ 죽음의 실존적 상황에 직면하도록 돕는다.

④ 자신의 인간관계 양식을 점검하도록 돕는다.

5) 실존주의 상담의 인간본성에 대한 철학적 기본 가정(Patterson & Mischel)

① 인간은 자각하는 능력을 가지고 있다.
② 인간은 정적인 존재가 아닌 항상 변화하는 상태에 있는 존재이다.
③ 인간은 자유로운 존재인 동시에 자기 자신을 스스로 만들어가는 존재이다.
④ 인간은 즉각적인 상황과 과거 및 자기 자신을 초월할 수 있는 능력을 가지고 있다.
⑤ 인간은 장래의 어느 시점에서 무존재가 될 운명을 지니고 있으며, 자기 스스로 그와 같은 사실을 자각하고 있는 존재이다.

실존주의 상담에서의 인간 본성에 대한 기본 가정 4가지를 쓰시오. 2차

6) 실존주의 상담에서 상담관계의 기본 원리

① 비도구성의 원리 : 상담자는 수단이나 도구가 아니며, 기술적, 지시적, 형식적이어서도 안 된다.
② 만남의 원리 : 상담자와 내담자의 인간관계, 즉 전이관계를 '만남'으로 규정한다. 상담자는 내담자의 시간적 · 공간적 사고, 감정, 판단 등에 직면하게 됨으로써 새로운 인간관계를 형성하게 된다. 만남이란 지금까지 알지 못했던 것을 알게 되는 것을 의미한다.
③ 자아중심성의 원리 : 자아중심성은 개인의 자아세계와 내면의 실체를 의미한다. 자아는 주관적이고 내면화된 것으로 실존주의에서는 내담자의 자아에 초점을 맞춘다.
④ 치료할 수 없는 위기의 원리 : 실존주의 상담의 목표는 적응이나, 치료, 위기극복이 아니라 인간의 순정성 회복이다.

실존주의 상담에서 상담관계의 기본 원리 3가지를 쓰시오. 2차

7) 양식세계 4가지

① 물리적 세계(주변 세계) : 인간이 접하며 살아가는 환경 혹은 생물학적 세계를 의미
② 사회적 세계(공존 세계) : 사회적 존재로서 인간만이 갖는 대인관계를 의미
③ 내면적 세계(고유 세계) : 자신의 세계이며 개인이 자신에게 가지는 관계를 의미
④ 영적 세계 : 각자가 갖는 믿음이나 신념 세계로 영적 혹은 종교적 가치와의 관계를 의미

실존주의 상담의 양식세계를 3가지만 쓰시오. 2차

8) 평가

① 공헌점
㉠ 개인의 개별성과 자아의 발달을 강조하고 철학적인 배경으로 삶의 의미와 방향성을 제시하였다.
㉡ 자유와 책임을 강조하였으며, 보다 능동적인 삶을 살도록 하였다.

㉢ 개인의 독창성과 주관성을 강조하였다. 이는 실존주의 상담이 인본주의적이라는 사실을 시사한다.

㉣ 창조적인 삶을 추구하는 긍정적 측면에서 인간을 이해하였다.

② 한계점

㉠ 철학에 근접한 접근으로 구체적인 기법이 부족하다.

㉡ 학자들이 통합적으로 접근한 상담이어서 체계적이지 못하고, 추상적인 면이 많다.

4 내담자 중심 상담

(1) 개요

| 쌤의 핵심포인트 |

실현 경향성

인간은 생리적으로 스스로 유지하거나 발달시켜 잠재적으로 가지고 있는 역량을 키우려 하는 경향이 있으며, 이는 우주 내 모든 유기체에 해당한다.

① 칼 로저스(Carl Rogers)의 상담경험에서 비롯된 대표적인 인본주의적 접근방법으로서, '비지시적 상담', '인간 중심 상담'이라고 한다.

② 자신이 나아갈 방향을 찾고 건설적인 변화를 이끌 수 있다고 보고 있다.

③ 현실적 자기(Real Self), 이상적 자기(Ideal Self), 타인이 본 자기(Perceived Self) 간의 불일치 때문에 불안을 경험하는 사람으로 간주하고 있다.

④ 선천적인 잠재력 및 자기 실현 경향성으로 표현할 수 있다.

⑤ 상담자의 적극적인 개입 없이도 자신의 방식을 찾아갈 수 있는 내담자의 역량 수준을 우선적으로 고려한다.

로저스의 인간중심 상담의 철학적 가정을 5가지만 쓰시오. 2차

(2) 인간 중심 상담의 철학적 가정

① 인간은 가치를 지닌 독특하고 유일한 존재이다.

② 인간은 자기 확충을 향한 적극적인 성장력을 지녔다.

③ 인간은 근본적으로 선하며, 이성적이고 믿을 수 있는 존재이다.

④ 각 개인을 알기 위해서는 개인의 주관적 생활에 초점을 두어야 한다. 이것은 마치 그 개인이 세상을 지각하듯이 그의 세계를 지각해야 한다는 것을 뜻한다.

⑤ 인간의 개별성과 독자성을 존중한다.

⑥ 치료적 관계 그 자체가 성장의 경험이다.

⑦ 인간은 성장, 건강, 적응을 이루려는 기본적 충동을 가지고 있다.

⑧ 각 개인은 자신이 의사결정을 내릴 권리와 장래에 대해 선택할 권리를 가졌다. 그런 개인을 가장 잘 도와주는 방법은 자기지도를 하게 하는 것이다.

| 쌤의 핵심포인트 |

해당하지 않는 자아로 '당위적 자아'나 '도덕적 자아' 등의 틀린 지문으로 출제하고 있다.

⑨ 각 개인은 결정하고, 계획하고, 훌륭한 사람이 되는 데 유용한 내적 자원을 가지고 있다. 왜곡된 지각, 갈등문제와 같은 심리적 장애는 이러한 자원의 활용을 방해한다.

⑩ 상담의 목표는 각 개인으로 하여금 자기를 수용하고, 심리적 장애를 제거하려는 자기통찰을 통하여 전인적인 기능을 발휘하도록 하는 것이다.

(3) 상담의 목표

개인이 일관된 자아개념을 가지고 자신의 기능을 최대로 발휘하는 사람이 되도록 도울 수 있는 환경을 제공하는 것이다.

(4) 상담 기법

① 내담자와 상담자 간의 안전하고 허용적인 '나와 너'의 관계를 중시한다.

② 적극적 경청, 감정의 반영, 명료화, 공감적 이해 등이 사용되는 반면, 내담자 정보 탐색, 조언, 설득, 가르치기 등은 사용되지 않고 있다.

(5) 상담의 특징

① 자아와 일에 대한 정보 부족 또는 왜곡에 초점을 맞춘 상담이다.

② 내담자는 현실에 완전하게 대처할 수 있는 방법을 발견하는 능력을 가지고 있다고 본다.

③ 동일한 상담원리를 정상적인 상태에 있는 사람이나 정신적으로 부적응 상태에 있는 사람 모두에게 적용한다.

④ 상담은 모든 건설적인 대인관계의 실례 중 하나에 불과하다고 본다.

⑤ 내담자 중심 상담이론은 상담의 과정과 그 결과에 대한 연구조사를 통하여 개발되어 왔다.

(6) 상담자가 갖추어야 할 기본 태도

① 일치성(진실성과 진솔성) : 상담자가 내담자와의 관계에서 순간순간 경험하는 감정이나 태도를 있는 그대로 솔직하게 인정하고 표현하는 태도이다.

※ 내담자로 하여금 개방적 자기탐색을 촉진하여 그가 지금－여기에서 경험하는 감정을 자각하도록 하는 요인이다.

② 무조건적인 긍정적 수용(존중과 관심) : 상담자가 내담자를 평가 · 판단하지 않고, 내담자가 나타내는 어떤 감정이나 행동 특성들도 있는 그대로 수용하여, 소중히 여기고 존중하는 상담자의 태도이다.

③ 공감적 이해 : 공감은 동정이나 동일시와는 다르며, 상담자가 '내담자의 입장이 되어' 내담자를 깊이 있게 주관적으로 이해하면서도 자기 본연의 자세는 버리지 않는 것이다.

내담자 중심 상담을 성공적으로 이끌기 위해 직업상담사가 갖춰야 할 3가지 기본 태도를 쓰시오. **2차**

(7) 완전히(충분히) 기능하는 사람

① 경험에 대해 개방적이다 : 감정에 민감하되 충분하게 합리적으로 자신의 감정을 인식하고 사리 판단을 하며 상황에 적절하게 반응한다.

인간 중심 상담에서 완전히 기능하는 사람의 특성 3가지를 쓰시오. 2차

② **실**존적인 삶을 사는 사람이다 : 존재의 매 순간을 충분히 만끽하며 사는 것을 뜻하며, 삶을 살아가는 과정에서 자신의 경험구조를 발견하는 것이다.

③ 자기의 **유**기체에 대한 신뢰를 가진다 : 신뢰적 실재로부터 오는 단서들에도 열려 있다. 그들은 자신의 유기체적 경험을 신뢰하며 자신의 본능과 직감, 육감을 인식하고 신뢰하며 소중히 여긴다. 또한 경험을 통해 자신이 해야 할 것과 하지 말아야 할 것을 결정한다.

④ 선택에 대한 **자**유의식을 갖는다.

⑤ 자기실존영역에서 **창**조적인 삶을 영위해 나간다.

(8) 상담 결과

| 쌤의 핵심포인트 |

'이상적 자아개념을 갖는다'란 틀린 지문으로 출제하고 있다.

① 내담자는 불일치의 경험이 감소한다.

② 내담자는 문제해결에서 보다 더 능률적이 된다.

③ 이상적 자아개념이 좀 더 현실적인 것이 된다.

④ 내담자는 근본적 자아지각의 정도가 높아진다.

⑤ 타인을 좀 더 잘 수용할 수 있게 된다.

5 형태주의 상담

(1) 개요

① 게슈탈트(Gestalt)는 전체 또는 형태를 의미하는 독일어이다. 우리나라에서는 게슈탈트 상담을 형태상담이라고도 부른다.

② 형태주의 상담은 펄스(Perls)가 창안하였다. 경험의 즉시성, 비언어적 표현, 말보다는 행동을 강조하는 상담기법으로서, 인간의 행동은 행동이 일어난 상황과 관련해서 의미있게 이해될 수 있다.

③ 형태주의 상담은 형태주의 심리학에서 강조하는 전체성이나 완성에 대해 관심을 가지며, 전체로서의 유기체를 다루고 '여기 그리고 지금'에 초점을 둔다.

④ 지금-여기서 무엇을 어떻게 경험하느냐와 각성을 중요시한다.

⑤ 인간은 신체, 정서, 사고, 감각 등 모든 부분이 서로 관련을 갖고 있는 전체로 완성되려는 경향이 있다.

(2) 인간관

① 인간은 스스로 선택할 수 있는 자유의지를 갖고 있고 자기의 행동에 대해 책임질 수 있다고 본다.

② 과거의 삶에 구속받기보다는 현재의 삶에 책임을 지고 충실한 삶을 살게 해야 한다.

③ <u>인간은 과거와 환경에 의해 결정되는 존재가 아니라 현재의 사고, 감정, 행동의 전체성과 통합을 추구하는 존재로 본다</u>(미완성된 상태에서 완성의 상태로 나아가는 하나의 형태를 형성하려고 한다.).

④ <u>개인의 발달 초기에서의 문제들을 중요시한다는 점에서 정신분석적 상담과 유사하다.</u>

⑤ <u>자신의 내부와 주변에서 일어나는 일들을 충분히 자각할 수 있다면 자신이 당면하는 삶의 문제들을 개인 스스로가 효과적으로 다룰 수 있다고 가정한다.</u>

(3) 주요 개념

① 여기－지금(Here and Now) 또는 지금－여기(Now and here) : "과거는 지나가버린 것이며, 미래는 아직 오지 않았다. '현재'만이 존재한다"고 보며 현재의 중요성을 강조하였다.
내담자가 자기 과거에 대해 이야기할 때 상담자는 과거를 지금 다시 재현함으로써 과거의 현재화를 요구한다. 즉, 상담자는 내담자에게 상상 속에서 '거기 머무세요'라고 제시하여 과거에 경험했던 감정들을 재생시키고 재경험하게 함으로써 성숙한 인간으로 성장하도록 돕는다.

② 게슈탈트 : 게슈탈트는 개인에 의해 지각된 자신의 행동동기를 의미한다. 인간이 자신의 욕구나 감정을 하나의 의미 있는 행동동기로 조직화하여 지각하는 것을 말한다.

③ 전경과 배경(Figure－Ground) : 개인이 전경으로 떠올랐던 게슈탈트를 해소하고 나면 전경은 배경으로 물러나고 새로운 게슈탈트가 형성되어 다시 전경으로 떠오른다. 건강한 개인은 매 순간 자신에게 중요한 게슈탈트를 분명하게 전경으로 떠올릴 수 있는 데 비해, 그렇지 못한 개인은 전경을 배경과 명확하게 구별하지 못한다.

④ <u>미해결 과제</u>(Unfinished Business) : 완결되지 않은 게슈탈트를 미해결 과제라고 한다. <u>**인간의 분노, 격분, 증오, 고통, 불안, 슬픔, 죄의식, 포기 등과 같은 표현되지 못한 감정을 포함한다.**</u>

⑤ 회피 : 미해결 과제나 상황에 연관된 불안정한 정서의 경험으로부터 그들 자신을 지키기 위해 사람들이 사용하는 심리적 대처방법이다.

(4) 신경증의 층(Neurotic Layers)

펄스는 성인의 성격을 벗기는 것을 양파 껍질을 까는 데 비유하였다. 개인이 심리적으로 성숙하기 위해서는 다섯 단계의 신경증 층을 벗겨야 한다.

① 제1층－허위층 : 사람들은 형식적이고 의례적인 규범에 따라 피상적, 상투적, 거짓된 반응을 하는 층이다.

펄스의 게슈탈트 상담 이론에서 인간의 인격은 양파 껍질을 까는 것과 같다고 했다. 인간이 심리적 성숙을 얻기 위해 벗어야 한다고 가정한 신경증 층 3가지를 설명하시오. 2차

② 제2층－공포층 : 자신의 고유한 모습으로 살아가지 않고 부모나 주위 환경의 기대역할에 따라 행동하며 살아가는 층이다.

③ 제3층－난국층 : 자신의 욕구를 나타내고자 하나 불안상태에서 어쩔 줄 모르는 상태에 있게 된다. 이제껏 해왔던 역할연기를 포기하지만 아직 스스로 자립할 수 있는 능력이 생기지 않은 상태이므로 오도 가도 못하는 실존적 딜레마에 빠지게 되어 심한 허탈감과 공포감을 체험하게 된다. 상담장면에서 앞으로 무엇을 해야 좋을지 모르겠다거나, 갑자기 모든 게 혼란스럽다는 표현을 하는 현상이다.

④ 제4층－내적 파열층 : 자신의 욕구를 인식하지만 겉으로 나타내지 못하고 안으로 억압하는 상태에 있게 된다. 자신이 억압하고 차단해왔던 욕구와 감정을 알아차리게 된다. 펄스는 진실한 자기가 되기 위해서는 내적 파열의 층을 통과해야 한다고 말한다.

⑤ 제5층－외적 파열층 : 감정이나 욕구를 더 이상 억압하지 않고 표출하는 상태이다. 자신의 욕구와 감정을 분명하게 알아차리고 강한 게슈탈트를 형성하여 환경과의 접촉을 통해 해결한다. 외적 파열의 층과 접하게 되면 가짜 역할과 가장된 모습은 사라지고 우리가 우리 자신이 아닌 것처럼 가장하기 위해 잡아 두었던 거대한 에너지를 해방시킬 수 있다. 생기 있고 진실해지기 위해서는 이 외적 파열을 성취해야 하는데, 이 파열은 고통과 즐거움으로 우리를 인도한다.

(5) 개인과 환경 간의 접촉장애 유형

① 내사(Introjection) : 부모나 사회의 영향을 받거나 스스로의 경험에 의해 형성되는 것으로 외부로부터 무비판적으로 받아들임으로써 발생한다.

② 투사(Projection) : 개인이 자신의 생각이나 욕구, 감정을 타인의 것으로 왜곡하여 지각하는 현상이다.

③ 반전(Retroflection) : 외부의 타인에게 표출할 행동을 자신을 대상으로 행하는 것이다.

④ 융합(Confluence) : 중요한 타인과 자신과의 경계를 짓지 못하고 의존적인 관계를 형성한다.

⑤ 편향(Deflection) : 감당하기 힘든 환경에 노출될 때 압도당하지 않으려고 자신의 감각을 둔화시켜 접촉을 피하거나 약화시키는 것이다.

형태주의 상담의 주요 목표를 3가지 쓰시오. 2차

(6) 상담의 목표

① 자각에 의한 성숙과 통합의 성취 : 감정, 지각, 사고 신체가 모두 하나의 전체로서 통합된 기능을 발휘한다.

② 자신에 대한 책임감 증진 : 상담자는 외부 환경에 의존하던 내담자로 하여금 책임의 방향을 내담자 자신에게 돌리도록 함으로써 자신이 한 행동의 결과를 수용

하고 책임감을 가지도록 도와야 함(내 탓으로 돌리는 것)

③ 잠재력의 실현에 따른 변화와 성장 : 상담자는 내담자로 하여금 자신에 대한 각성과 함께 외부 지지에서 자기 지지(Self-support)로 전환하도록 함으로써 삶을 더욱 풍요롭게 하고 변화와 성장을 향해 나아가도록 도와야 함(스스로 지지)

(7) 상담 기법

게슈탈트 상담의 상담 기법을 3가지만 쓰고 설명하시오. 2차

① 빈 의자(Empty Chair) 기법 : 빈 의자에 상대방이 앉아 있다고 상상하고 대화하는 기법이다.

② 뜨거운 자리(Hot Seat) : 문제 있는 구성원을 상담자와 마주보이는 빈 자리에 앉게 하는 기법이다.

③ 역전(반전) 기법(Reverse Technique) : 내담자가 이제까지 회피하고 있는 행동과 감정들, 반대되는 행동들을 해보게 함으로써 억압하고 통제해온 자신의 다른 측면을 접촉하고 통합할 수 있게 도와준다.

④ 꿈 작업(Dream Work) : 꿈은 내담자의 소외된 자기부분들이 투사되어 상징적으로 나타난 것으로 본다. 내담자로 하여금 투사된 것들을 동일시함으로써 이제까지 억압하고 회피해왔던 자신의 욕구와 충동, 감정들을 다시 접촉하고 통합하도록 해주는 것이다.

⑤ 차례로 돌아가기(Making Rounds) : 뜨거운 자리에 있는 구성원에게 다른 구성원들이 차례로 돌아가며 해주고 싶은 말을 한다.

⑥ 감정에 머무르기(Staying with the Feelings) : 미해결 과제를 회피하지 않고 그 감정을 그대로 받아들이고 동일시함으로써 해소하도록 돕는다.

⑦ 자기 표현에 대해 책임지기 : 감정, 행동에 대해 스스로 책임지게 하기 위해 어떤 말이나 행동을 한 후 '나에게 책임이 있다'라고 말하게 하는 기법이다.

⑧ 과장하기 : 내담자가 무심코 또는 습관적으로 보여주는 행동이나 언어를 반복 또는 과장되게 표현하게 함으로써 내담자가 감정을 자각할 수 있게 도와준다.

⑨ 신체언어(Body Language) : 집단구성원이 문제를 표출하기 위해 사용한 신체적 언어나 몸짓을 상담자가 주의 관찰하여 지적해준다.

(8) 평가

① 공헌점 : 비교적 단시간에 자기 각성을 시킬 수 있는 방법으로, 과거의 감정을 현재 중심의 관점에서 재경험하도록 도와준다.

② 한계점 : 인지적 요소를 무시하고 감정과 신체를 강조하면 최적의 균형을 이룰 수 없다.

6 교류분석적 상담

교류분석 상담에서 내담자를 조력하기 위해서 사용하는 분석 유형 3가지를 쓰고 설명하시오. 2차

(1) 개요

① 교류분석적(TA ; Transactional Analysis) 상담이론은 에릭번(Eric Berne)이 주장한 것으로 '의사거래분석적 상담'이라고도 한다.

② 어릴 적 부모로부터 부정적 명령 혹은 금지명령을 받고 자란 아이들은 그와 같은 부정적 메시지를 토대로 **잘못된 초기 결정**을 내리게 되며, **타인과의 진실하지 못한 상호작용 방식**을 형성하게 된다.

(2) 인간관

① 인간은 자율적인 존재

② 인간은 선택할 수 있는 존재

③ 인간은 책임질 수 있는 존재

④ 인간은 자유로운 존재

(3) 기본 가정

① 모든 사람은 긍정적이다 : 가장 기본적인 가정으로 '당신과 나는 모두 인간으로서 살만한 가치가 있으므로 존엄성을 지닌다'는 의미이다. 현재 주어진 삶의 방법을 올바르게 바라보며 현재 삶의 방법을 문제로 삼는다.

② 모든 사람은 사고 능력을 갖는다 : 심하게 두뇌를 손상당한 사람을 제외하고 모든 사람은 사고를 갖는다. 일상생활에서 요구되는 결정에 대한 책임은 각자에게 있다.

③ 사람들은 자신의 운명을 결단하며 이들 결단은 변화를 가능하게 한다 : 인간은 자율적이고 가변적인 존재로서 자신의 행동 유형에서 벗어나서 새로운 목표와 행동을 선택할 수 있다는 믿음에 기반한다.

④ 환경이나 과거, 타인은 바꿀 수 없다 : 의사 교류 분석에서는 치료자와 내담자의 능력을 동등하게 취급하며, 내담자가 스스로 자신의 어떤 부분을 변화시킬 것인지 결정을 내리고 변화를 일으키기 위해 치료과정에 능동적으로 참여해야 하며 그런 능력을 지니고 있다고 본다.

(4) 상담의 목표

① 자각(Awareness) : 자신과 타인과 세상을 왜곡하지 않은 채 있는 그대로 순수하게 지각하는 것을 말한다.

② 자발성(Spontaneity) : 문제에 대처할 때 자신이 취할 수 있는 모든 대안을 놓고 선택할 수 있는 능력을 말한다.

③ 친밀성(Intimacy) : 라켓 감정(어린 시절 가족의 부추김으로 학습된 것)이나 게임에 의존하지 않고 자신의 진정한 감정을 표현하는 것을 말한다.

(5) 성격 구조(3가지 자아 상태)

교류분석적 상담에서 주장하는 자아의 3가지 형태를 쓰고 각각에 대해 간략히 설명하시오. 2차

① 어버이 자아(P ; Parent ego)

㉠ 어릴(5세 이전) 때 부모로부터 받은 영향을 그대로 재현시키는 상태[도덕적]

㉡ 비판적 어버이 자아(CP)와 양육적 어버이 자아(NP)로 나뉜다. 학습된 생활개념이라 할 수 있다.

② 어른 자아(A ; Adult ego) : 상황을 판단하고 객관적인 정보를 근거로 하여 이치에 맞게 처신하는 상태[합리적]

③ 어린이 자아(C ; Child ego)

㉠ 어린아이처럼 행동하거나 어린아이 감정을 그대로 표현[아동]

㉡ 자유분방한 어린이 자아(FC)와 순응하는 어린이 자아(AC), 어린이교수 자아(LP)로 나뉜다. 유아 감정적 생활개념이라 할 수 있다.

| 쌤의 핵심포인트 |

'청년자아'란 틀린 지문으로 출제하고 있다.

PAC의 대표적 직업군

P	CP	교장, 군인, 경찰관, 스포츠맨, 행정가 → 명령형
	NP	미술교사, 보모, 의사, 카운슬러, 간호사 → 돌봄형
A		기사, 물리학자, 통계학자, 화학자, 세일즈맨, 세무서원 → 계산원
C	FC	배우, 가수, 무용가, 음악가, 예술가 → 자유분방형
	AC	비서, 타이피스트, 가정부, 도서관원, 웨이트리스 → 순응형

(6) 교류분석 또는 의사교류분석(TA ; Transactional Analysis)

구분	내용
상보교류 (대화가 잘 이루어짐)	두 자아상태가 상호 지지하고 있는 교류로서, 발신자가 기대하는 대로 수신자가 반응 P A C ⇄ P A C (1, 2) 1. 엄마! 저 친구하고 영화 보러 갔다 올게요. 2. 그래. 그렇게 하렴.
교차교류	두 사람 사이에 복수의 자아상태가 개입되어 상호 충돌함으로써 서로 기대하고 있는 발신과 수신이 이루어지지 않음 P A C → P A C (1, 2) 1. 철수야. 우리 눈썰매 타러 갈래? 2. 나이에 맞는 행동 좀 해라. 난 그런 쓸데없는 짓으로 낭비할 시간이 없어!

구분	내용
이면교류 (숨은 뜻이 있음)	현재적 교류와 잠재적 교류가 동시에 작용하는 것으로서, 대화 속에 숨어 있는 의사를 교류 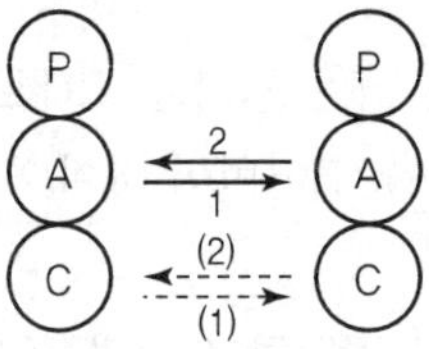 P, A, C ⇄ P, A, C (2, 1, (2), (1)) **현재적 교류** 1. 엄마! 저 도서관에 가서 공부하고 올게요. 2. 그래. 늦지 않게 집으로 오거라. **잠재적 교류** 1. 엄마! 저 친구하고 놀다 올게요. 2. 도서관에서 친구들하고 놀 생각하지 말고 집에 일찍 들어와!

(7) 구조분석

① 내담자 자신의 부모(어버이) 자아, 성인(어른) 자아, 아동(어린이) 자아의 내용이나 기능을 이해하는 방법

② '오염'과 '배제'의 문제가 제기됨

㉠ 오염(Contamination) : 특정 자아상태가 다른 자아상태의 경계를 침범함으로써 침범된 자아상태가 본래의 기능을 발휘하지 못하는 것
→ 나오지 말아야 할 자아가 나오는 상태

㉡ 배제(Exclusion) : 세 가지 자아상태 간의 경계가 경직적 · 폐쇄적이어서 하나 또는 두 가지 자아상태를 제대로 사용하지 못하는 것
→ 같이 섞어서 나오는 상태

(8) 라켓 및 게임 분석

① '라켓(Racket)'은 라켓 감정에 이르는 조작된 행동을 의미하며, '라켓 감정(Racket Feelings)'은 자신의 진정한 감정 대신 부모가 허용한 감정을 표현하는 것(새로운 감정을 만들어줌)을 말한다.

② 사람들은 애정이나 인정 자극을 얻기 위해 게임을 하나, 반복적이고 무의식적으로 이루어지는 게임이 교류 당사자들 간에 좋지 않은 결과를 초래한다.

(9) 각본 분석 또는 생활각본 분석

생활각본(인생각본)은 생의 초기에 개인이 경험하는 외적 사태들에 대해 자신의 해석을 토대로 결정 · 형성된 반응 양식으로, 보통 어린 시절 부모의 금지명령에 대한 반응에서 비롯된 초기 결정을 토대로 한다.

(10) 생활 자세 = OK 그램

I ok / you ok 긍정	I ok / you not 불신
I not / you ok 의존	I not / you not 혐오

① 자기긍정 – 타인긍정(상호존중형) : 나는 괜찮다 – 너도 괜찮다.

㉠ 대체로 자신이나 타인에게 만족하며 모든 느낌을 인식하고 표현하는 데 문제가 없다.
→ 가장 이상적이고 건설적이며 신뢰성 있는 인간관계에 대한 인생태도

㉡ 개인의 성장 동기가 높다. 가장 건강한 생활자세로서 이 자세를 갖는 사람은 스스로 유능하며 인생은 살아갈 만한 가치가 있는 것이라고 생각한다.

② 자기긍정 – 타인부정(자기애형) : 나는 괜찮다 – 너는 괜찮지 않다.

㉠ 다른 사람을 부족하고 가치 없다고 생각하는 입장이다. 다른 사람에 대해 불안해하며 불신하지만 기본 태도는 다른 사람 위에 서고자 하는 것이다.
→ 독선적이고, 우월적이고 자기중심적인 태도

㉡ 쉽게 화를 내고 다른 사람을 무시한다. 편집증적 자세라고도 하며 극단적인 불신, 비난, 증오 등의 행동 특징들을 보인다.

③ 자기부정 – 타인긍정(의존형) : 나는 괜찮지 않다 – 너는 괜찮다.

㉠ 자신에 대한 부정적 감정을 가지고 있고 타인에 대한 열등감을 느끼며 자신에 대한 느낌은 다른 사람(또는 부모)의 손에 달려 있다고 생각한다.
→ 의존적인 태도

㉡ 이 자세를 계속 견지하면 타인과 친밀한 관계를 맺기 어렵고 열등감이나 죄의식이 심하여 우울증에 걸리기 쉽기 때문에 우울증적 자세라고 한다.

④ 자기부정 – 타인부정(상호부정형) : 나는 괜찮지 않다 – 너도 괜찮지 않다.

㉠ 자신과 다른 사람 모두를 믿지 못하며 인생을 무가치한 것으로 생각한다.
→ 세상낙심, 무의미, 염세주의적인 태도

㉡ 걸음마기의 배변훈련 때 지나친 통제나 지시를 하면 아이는 자신에 대해 수치심과 무능력감을 느끼고 자신에 대한 부정적 감정을 가지게 되며 타인에 대한 긍정적 감정이 부정적 감정으로 변한다.

> 교류분석적 상담에서 개인의 생활각본을 구성하는 주요 요소인 기본적인 생활자세를 4가지 쓰고 각각 설명하시오. 2차

(11) 인정 자극 또는 스트로크

피부접촉, 표정, 태도, 감정, 언어, 기타 여러 형태의 행동을 통해 상대방에 대한 반응을 알리는 인간의식 기본 단위를 말한다. '스트로크 경제'를 제시하고 있다.

① 스트로크를 줄 수 있다고 해도 무작정 주지 마라.
② 스트로크가 필요하다고 해서 함부로 요구하지 마라.
③ 스트로크를 원해도 쉽게 받아들이지 마라.
④ 스트로크를 원하지 않더라도 애써 거절하지 마라.
⑤ 자기 자신에게 스트로크를 주지 마라.

의사교류분석(TA) 상담의 제한점 3가지를 설명하시오. 2차

(12) 평가(제한점 3가지)

① TA의 주요 개념들이 인지적이므로 지적 능력이 낮은 내담자의 경우 부적절할 수도 있다.
② TA의 주요 개념이 창의적인 면도 있지만 추상적이어서 실제 적용에 어려움이 많다. 용어가 많고 그 의미가 모호하며 설명이 다양하다.
③ TA의 주요 개념에 대한 실증적 연구도 있었지만 과학적인 증거로 제시되었다고 보기는 어렵다.

7 행동주의 상담

(1) 개요

① 행동주의 상담은 여러 학습이론들을 기초로 한 다양한 기술과 절차를 상담에 적용한 것으로, 행동을 변화시키는 학습원리들을 체계적으로 적용한다.
② 행동심리학의 학습이론은 파블로프(Pavlov)의 고전적 조건형성 이론과 스키너(Skinner)의 조작적 조건형성 이론에 바탕을 두고 있다.
③ 종래의 심리요법은 보이지 않는 마음을 대상으로 삼았기 때문에 내면적 동기를 변화시키면 행동은 변한다는 추론적 전제를 가지고 있다. 그러나 과학은 추론이 아니라 사실에 입각해야 한다는 것이 행동주의 상담이론의 주장이다.
④ 인간의 행동은 자연현상과 마찬가지로 일정한 법칙성을 지니고 있다.
⑤ 행동주의 상담에서는 내담자의 바람직하지 못한 행동도 바람직한 행동과 같이 학습된 것으로 보기 때문에 상담자의 목적은 잘못된 학습행동을 소거하고 보다 효과적이고 바람직한 행동을 새로이 학습하도록 도와주는 것이다.

(2) 행동주의 상담의 특징

① 실험에 기초한 귀납적인 접근방법 '자극－반응'으로 설명하고 있다.
② 학습원리를 적용하고, 학습경험들을 확인하며 이를 수정할 수 있다.
③ 상담자의 능동적이고 지시적인 역할을 강조하고 있다.

(3) 행동주의 상담의 기본 가정

① 인간행동은 일정한 법칙성을 지니고 있다.
② 인간행동은 사회문화적 환경 등에 의해 구성되고 결정된다.
③ 인간행동은 학습된 것이기 때문에 행동수정의 기법을 통해 부적응적으로 학습된 행동을 수정할 수 있다.

행동주의적 상담이론의 기본 가정 3가지를 제시하시오. 2차

(4) 행동주의 상담의 목표

내담자의 문제를 학습과정을 통해 습득된 부적응 행동으로 보고 상담과정을 통해 부적절한 행동을 밝혀서 제거하고 보다 적절한 행동을 학습하도록 하는 것이다.

(5) 고전적 조건 형성

① 무조건 반응(행동)을 발생시키는 무조건 자극과 연합된 중성 자극이 반복적인 노출을 통해 조건 자극이 되어 무조건 반응(행동)과 유사한 조건 반응(행동)을 일으키는 원리를 고전적 조건 형성이라 한다.

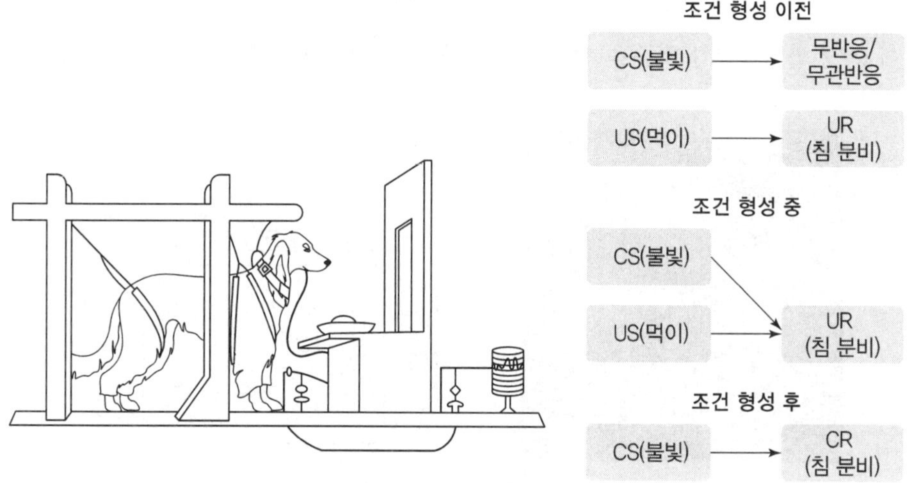

파블로프의 개 실험(좌)과 고전적 조건 형성 절차(우)

② 인간을 포함한 유기체의 행동은 경험을 통해 발생하고 변화한다. 예를 들어, 어머니의 사랑을 받으며 자라난 아이들은 어머니를 좋아하고 그에 맞는 친근한 행동을 하며, 집 근처 골목에서 개에게 물려본 사람은 그 개에 대한 공포반응과 회피행동을 습득한다. 이처럼 특정 대상이나 사건, 자극에 대한 직접적인 경험은 우리의 행동에 결정적인 영향을 미친다. 이와 더불어 그 직접적인 대상과 연합된 중성적인 대상, 즉 간접적인 형태의 경험 또한 인간의 행동에 중요한 영향을 미친다.

③ 자극 일반화 : 특정 조건 자극에 대해 조건 반응이 성립되었을 때 그와 유사한 조건 자극에 대해서도 똑같은 조건 반응을 보인다.

④ 자극 변별 : 특정 자극에 대한 조건화가 완전해지는 경우 다른 유사한 자극에 반응을 일으키지 않는데, 이는 둘 이상의 자극을 서로 구별하는 것이다.

⑤ 소거 : 주어지던 강화를 제거함으로써 그 강화에 의한 행동이 약화되거나 없어지는 것이다.

(6) 조작적 · 작동적 조건 형성

① 스키너가 고전적 조건 형성을 확장한 것으로, 자신이 고안한 '스키너 상자'를 이용한 쥐 실험을 통해 구체화되었다.

행동주의에서 말하는 '강화'가 무엇인지 설명하시오. 2차

② 강화 : 행동이 증가되도록 하는 행동의 귀결

㉠ 정적 강화(보상, 칭찬, 좋은 평점 등) : 어떤 자극이나 결과를 제공함으로써 그 자극을 받은 행동의 빈도와 강도가 늘어나는 것

㉡ 부적 강화 : 어떤 행동의 발생을 억제 · 감소시키던 자극이나 결과를 제거함으로써 그 행동의 발생이나 형성을 촉진시키는 것

③ 처벌 : 특정한 행동을 제거하거나 하지 않도록 하는 것

| 쌤의 핵심포인트 |

타임아웃기법
내담자가 긍정적 강화를 받을 기회를 박탈하는 것으로 부적강화 기법이다.

스키너(좌)와 스키너 상자(우)

④ 강화계획

㉠ 연속강화 : 바람직한 행동이 발생할 때마다 강화요인을 제공

㉡ 단속강화

- 고정간격계획 : 일정한 시간을 두고 강화요인을 제공
  예 매월 지급되는 급여나 3개월마다 지급되는 보너스
- 변동간격계획 : 불규칙한 시간 간격에 따라 강화요인을 제공
  예 1년에 3번 보너스를 주되 월은 정하지 않는 경우

- 고정비율계획 : 일정한 빈도(수)의 바람직한 행동이 나타났을 때 강화요인을 제공
  예 성과급 제도
- 변동비율계획 : 불예측적인 횟수의 바람직한 행동 후 강화요인을 제공
  예 2회 1번, 4회 1번, 이런 식으로 강화를 주는 것－강력하고 지속적인 행동을 낳으며 강화요인이 소거되어도 지속되는 성향이 강함

반응이 높은 강화계획 순서

변동비율계획(횟수) > 고정비율계획(횟수) > 변동간격계획(시간) > 고정간격계획(시간)

(7) 사회학습이론(모델링, 모방학습, 대리학습)

반두라(Bandura, 1977)는 사회학습이론을 관찰학습(Observational Learning)으로 정의하고, 관찰학습에 모방의 범주까지 포함하였다. 관찰학습에는 관찰한 모델의 행동을 모방하는 모방학습뿐 아니라, 어떤 상황을 관찰했지만 모방은 하지 않은 학습까지 포함된다. 따라서 사회학습이론에서는 밖으로 드러나는 인간의 외현적인 행동에만 초점을 맞추는 행동주의 강화학습이론과 달리, 학습을 하는 네 인간의 내면에서 일어나는 인지적 과정을 더 중요시한다.

보보 인형(Bobo Doll)

반두라의 보보 인형 실험은 이러한 공격성의 학습 효과를 단적으로 보여 주는 대표적인 예이다. 이 실험에서 보보 인형을 망치로 때리고 발로 차는 등 공격적 행동을 보이는 어른의 모습을 아이들로 하여금 관찰하게 한 후에, 아이들을 자유롭게 놀도록 했다. 그 결과 아이들은 자신들이 관찰했던 어른의 행동과 유사한 공격적인 행동을 나타냈다.

① 모델링 : 다른 사람의 행동을 보고 들으면서 그 행동을 따라하는 것
② 자기조절 : 자신의 행동을 스스로 평가 · 감독하는 것
③ 자기강화 : 자신이 통제할 수 있는 보상을 스스로에게 주어서 자신의 행동을 유지하거나 변화시키는 과정
④ 자기효능감 : 어떤 행동을 성공적으로 수행할 수 있다는 신념

(8) 상담기법

행동주의 직업상담 기법 중 체계적 둔감법에 대해 설명하시오. 2차

① 내적 행동 변화 촉진기법

㉠ 체계적 둔감법(단계적 둔감법)

- 불안을 일으키는 자극을 가장 약한 정도에서 출발하여 가장 강한 자극으로 점차적으로 자극력을 감소해나가는 방법이다.
- 불안이 원인이 되는 부적응 행동이나 회피행동을 치료하는 데 가장 효과적인 방법이다.
- 근육이완훈련은 이완 상태와 불안이 서로 양립할 수 없다는 이론에 근거를 두고 있다.

| 쌤의 핵심포인트 |

체계적 둔감법은 심리적 불안과 신체적 이완은 병존할 수 없다를 상호제지의 원리를 이용한 기법이다.

체계적 둔감법 제3단계

① 근육이완훈련 : 근육이완훈련을 통해 근육이완을 하여 **몸의 긴장을 풀어준다.**
② 불안위계표 작성 : **낮은 자극부터 높은 자극까지 순서적으로 불안위계목록을 작성한다.**
③ 감각둔감화 : 근육이 이완된 상태에서 불안의 정도가 낮은 자극부터 점차적으로 높은 자극을 제시한다. 이때 내담자는 불안자극을 상상하는데 내담자가 불안해하면 상상을 중단시키고 이완을 시킨 후 다시 점차 높은 자극을 상상하는 반복적 절차를 수행한다. **가장 높은 불안 자극에도 내담자의 근육이 이완되어 있으면 상담을 종결한다.**

행동주의 상담에서 내적인 행동 변화를 촉진시키는 방법과 외적인 행동 변화를 촉진시키는 방법을 각각 3가지 쓰시오. 2차

㉡ 내적 모델링 및 인지적 모델링

- 내적 모델링 : 상담자가 내담자에게 상상해야 할 것을 말해주어 내담자로 하여금 그 지시에 따라 행동을 수행하는 모델을 상상하도록 한다.
- 인지적 모델링 : 상담자가 모델링 장면에서 먼저 시범을 보이면서 무엇을 하고 어떻게 느낄지에 대해 내담자에게 설명하며, 내담자는 그것을 듣고 목표행동을 반복적으로 수행한다.

㉢ 사고 정지 : 사고 정지는 내담자가 부정적인 인지를 억압하거나 제거함으로써 비생산적이고 자기 패배적인 사고와 심상을 통제하도록 도와주기 위해 사용된다.

㉣ 인지적 재구조화
- 내담자가 자신의 인지를 확인하고 평가하는 과정
- 스트레스 상황에서 내담자의 자기 패배적 사고를 자기 진보적 사고로 바꾸기 위해 사용

㉤ 스트레스 접종 : 예상되는 신체적, 정신적인 긴장을 약화시켜 내담자가 충분히 자신의 문제를 다룰 수 있도록 준비시키는 데 사용되는 기법이다.

② 외적 행동 변화 촉진기법

㉠ 토큰법
- 토큰법은 스키너의 강화원리를 포함한 조작적 조건 형성의 원리를 적용시킨 것으로 직접적으로 강화인자를 쓰는 대신 후에 내담자가 원하는 다양한 물건과 교환할 수 있는 강화물로 토큰이 주어지는 체계적인 기법
- 물리적 강화물(토큰)과 사회적 강화물(칭찬)을 연합함으로써 내적 동기의 가치를 학습하도록 한다.

㉡ 모델링 : 내담자에게 가능한 한 적절한 행동 대안을 공개적으로 보여주는 것(관찰학습, 모방, 대리학습)

㉢ 자기주장훈련 : 불안을 역제지하는 방법(대인관계에서 오는 불안 제지 효과)

㉣ 자기관리프로그램 : 자기 관리와 자기 지시적인 삶을 영위하고 상담자에게 의존적이지 않게 하기 위해 상담자가 내담자와 지식을 공유하며 자기강화기법을 적극적으로 활용하는 것

㉤ 행동계약 : 각자가 해야 할 행동을 분명하게 정해놓은 후 그 내용을 서로가 지키기로 계약을 맺는 것

㉥ 역할연기 : 현실적인 장면이나 극적인 장면을 시연시킴으로써 이상행동을 적응행동으로 바꾼다.

㉦ 혐오치료 : 바람직하지 않은 행동이 제거될 때까지 증상적인 행동과 고통스러운 자극을 연관시키는 것을 말한다. 대표적인 혐오자극으로 전기쇼크 혹은 구토를 일으키는 혼합물에 의한 벌 등이 있다.

자기주장훈련의 절차

① 주장훈련이란 무엇인지 구체적으로 설명한다.
② 자신을 소개하고 자기주장의 구체적 목표를 설정한다.
③ 목표설정에 따라 주장훈련이 가능한 행동과제를 부여한다.
④ 적절하고 솔직하게 감정이 담긴 대화를 주고 받는 연습을 실시한다.
⑤ 요청하기와 거절하기를 연습한다.
⑥ 역할연기를 통해 행동시연을 실시한다.

행동주의 상담에서 외적인 행동 변화를 촉진시키는 방법 중 자기주장훈련의 절차를 설명하시오. 2차

(9) 평가

① 공헌점 : 내담자의 행동 변화를 위한 활동계획 수립을 돕기 위해 구체적인 행동 기법 제공

② 제한점 : 감정과 정서의 역할을 상대적으로 경시, 문제해결을 지나치게 강조

8 인지적 - 정서적 상담(REBT, Ellis 이론)

(1) 개요

① 인간은 합리적일 수도 비합리적일 수도 있다.

② 인간의 비합리적이고 비현실적인 사고방식은 어린 시절 가족과 사회의 영향을 받는다.

③ 인간은 지각, 생각, 느낌, 행동을 동시에 할 수 있는 인지적 · 정의적 · 행동적 존재이다.

④ 비합리적이거나 비논리적인 사고체계를 지닌 내담자에게 가장 효율적인 상담 기법이다.

⑤ 합리적 · 정서적 상담은 내담자의 비합리적인 생각을 합리적 생각으로 대치시키거나 최소화하여 내담자가 보다 합리적이고 융통성 있는 인생관을 갖도록 한다.

⑥ 상담자는 능동적이고 수용적인 태도로 논리적 분석가, 교육자 역할을 한다.

(2) 인지적 - 정서적 상담원리

인지 · 정서 · 행동적 상담(REBT)의 기본 원리 중 6가지만 쓰시오. 2차

① REBT는 과거의 영향보다 **현재에 초점**을 둔다.

② 인간의 심리구조인 **인지, 정서, 행동은 상호작용**하며, 그중 **인지는 가장 중요**한 핵심적 요소이다.

③ 인간의 비합리적 사고는 **유전과 환경 모두의 영향**을 받는다.

④ 비합리적 신념은 **정서장애와 행동장애에 중요 결정요인**으로 작용한다.

⑤ 비합리적 신념은 **계속적인 노력으로 변화**될 수 있다.

⑥ 정서적인 문제해결은 사고를 분석하는 데서 시작해야 한다.

⑦ 인간의 내적인 사건, 사고가 정서적 반응에 직접적 영향을 미친다.

(3) 엘리스의 비합리적 신념 11가지

① 나는 내가 아는 중요한 사람들 모두에게서 사랑이나 인정을 받아야 한다.

② 나는 모든 면에서 유능하고 적합하며 성취적이어야 한다.

③ 어떤 사람이 악랄하고 정당하지 못하다면 우리는 그를 비난하고 처벌해야 한다.

④ 내가 바라는 대로 일이 되지 않는다면 이것은 무시무시한 파멸이다.

⑤ 불행은 외부의 환경과 사건에 의해서 생기며, 그것은 사람의 힘으로 어쩔 수 없다.
⑥ 위험하고 두려운 일은 언제나 일어날 수 있으며 그것은 항상 걱정의 원인이 된다.
⑦ 어떤 어려움이나 책임을 직면하는 것보다 회피하는 것이 더 쉬운 일이다.
⑧ 사람은 누군가에게 의지해야 하고 내가 의지할 만한 강한 누군가가 있어야 한다.
⑨ 과거의 경험이나 사건이 현재 행동에 영향을 주며, 사람은 과거의 영향을 벗어날 수 없다.
⑩ 사람은 다른 사람이 곤경과 어려움에 처하면 당황하게 된다.
⑪ 모든 문제에는 적절하고 완벽한 해결책이 있으며 그 해결책을 찾지 못하면 불행해진다.

(4) 엘리스의 비합리적 신념의 뿌리인 당위성 3가지

① 자신에 대한 당위성 : 나는 반드시 훌륭하게 수행해내야 하며 중요한 타인들로부터 인정을 받아야만 한다. 만약 그렇지 못하면 이는 끔찍하고 참을 수 없는 일이며 나는 썩어빠진 하찮은 인간이다.
② 타인에 대한 당위성 : 타인은 반드시 나를 공정하게 대우해야 하며, 만약 그렇지 못하다면 그것은 끔찍하며 나는 그러한 상황을 참아낼 수 없다.
③ 세상에 대한 당위성 : 세상의 조건들은 내가 원하는 방향으로 돌아가야만 한다. 만약 그렇지 못하면 그것은 끔찍하며 나는 그런 끔찍한 세상에서 살아갈 수 없다.

인지적-정서적 상담이론에서 개인을 파멸로 몰아 넣은 근본적인 문제는 개인이 갖고 있는 비합리적 신념 때문이라고 한다. 대체적으로 비합리적인 신념의 뿌리를 이루고 있는 것은 3가지 당위성과 관련되어 있다. 3가지 당위성을 각각의 예를 들어 설명하시오. 2차

(5) 엘리스의 합리적 정서치료(ABCDEF 모형)

실업이라는 선행사건(A ; Antecedents)을 통해 비합리적 신념 체계(B ; Beliefs)를 형성하게 되어 우울증과 무기력감과 같은 증세를 나타나게 된다[정서적-행동적 결과(C ; Consequences)]. 실업자의 이러한 비합리적인 신념 체계에 대해 논박(D ; Disputes)하고 자신이 무가치한 존재가 아니라는 것을 일깨워 주며 자신에 대한 긍정적인 태도와 감정을 갖게 만든다[효과(E ; Effects), 새로운 감정(F ; New Feelings)].

인지·정서·행동적상담(REBT)에서 ABCDEF 모델의 의미를 기술하시오. 2차

ABCDEF 모형

구분	내용
A 선행사건	어떤 감정의 동요나 행동에 영향을 끼치는 사건 예 실직을 당함
B 비합리적 신념	A에서 발생한 사건에 대해서 개인이 갖게 되는 태도 또는 신념 체계 예 실직한다는 것은 인간으로서 가치가 없음을 의미한다고 생각

구분	내용
C 결과	선행사건을 경험한 후 자신의 신념 체계를 통해 그 사건을 해석함으로써 느끼게 되는 정서적 · 행동적 결과 예 우울증, 무기력감
D 논박	내담자의 비합리적인 신념을 수정하기 위한 방법 예 실직했다고 해서 나의 가치가 떨어지는 것은 아니라는 대안적 사고
E 효과	내담자가 가진 비합리적 신념을 논박함으로써 합리적인 신념으로 대치 예 가벼운 정도의 우울증을 경험하거나 보다 건설적인 행동을 계획할 수 있음
F 새로운 감정	합리적인 신념에서 비롯된 긍정적인 감정

(6) 인지행동적 접근의 주요 상담기법

① 인지적 재구성 : 비합리적인 사고와 신념을 인지적 방법과 행동적 방법을 사용하여 합리적인 사고와 신념으로 수정 · 개선하는 기법

② 대처기술훈련 : 문제 장면에서의 구체적인 대처기술을 집중적으로 훈련시킴으로써 내담자로 하여금 상황에 적절하게 대응할 수 있도록 하기 위한 기법

③ 문제해결 접근 : 내담자들이 겪는 부적응의 문제를 해결하기 위해 인지적 재구성과 대처기술훈련을 복합적으로 적용

9 인지적 상담이론(Beck 인지치료법)

(1) 개요

① 벡(Beck)에 의한 인지행동 상담기술로 심리교육적 접근을 한다.

② 특히 내담자의 역기능적이고 자동적인 사고 및 스키마, 신념, 가정의 대인관계 행동에서의 영향력을 강조하며, 이를 수정하여 내담자의 정서나 행동을 변화시키는 데 역점[역기능적, (부정)자동사고]을 둔다.

③ 치료 과정은 보통 단기적, 한시적이고 구조화되어 있으며, 상담자(치료자)는 내담자에 대한 보다 적극적이고 교육적인 치료를 수행한다.

④ 엘리스가 개인이 가진 비합리적 사고나 신념에 문제의 초점을 두었다면, 벡은 개인이 가지고 있는 정보처리 과정상의 인지적 왜곡에 초점을 두고 있다.

벡의 인지적 오류 3가지를 제시하고 각각 간략히 설명하시오. 2차

(2) 인지적 오류의 주요 유형

① 흑백사고 : 사건의 의미를 이분법적인 범주의 둘 중 하나로 해석하는 오류이다.

예 타인의 자신에 대한 반응을 '자신을 좋아한다'가 아니면 '자신을 싫어한다' 두 가지 경우로만 생각하는 것

② <u>선택적 추상</u> : 상황의 긍정적인 양상을 여과하는 데 초점이 맞추어져 있고, 극단적으로 부정적인 세부사항에 머무르는 것이다.
③ <u>임의적(자의적) 추론</u> : 충분하고 적절한 증거가 없는데도 부정적인 결론을 내리는 것이다.
④ 과잉일반화 : 한두 건의 사건에 근거하여 일반적인 결론을 내리고 무관한 상황에도 그 결론을 적용시키는 오류이다.
예 <u>첫 시험인 영어시험을 망쳤으니 이번 시험은 다 망칠 거야.</u>
⑤ 개인화 오류(귀인) : 실제로는 자기와 관련이 없는 문제임에도 불구하고 자기가 직접적인 원인을 제공했다고 여기는 오류이다.
⑥ 의미 확대 및 의미 축소 : 사건의 중요성이나 의미를 지나치게 확대하거나 축소하는 오류이다.
⑦ 정서적 추론 : 정서적 감정이 현실과 진실의 반영으로 여겨지는 것
⑧ 긍정 격하 : 긍정적인 경험을 격하시켜 평가하는 것

(3) <u>인지치료적 접근의 주요 상담기법</u>

① <u>정서적 기법</u>
㉠ 정서도식의 활성화를 통해 자동적 사고를 끌어낸다.
㉡ 최근의 정서 경험을 구체적으로 이야기하기, 심상기법, 역할연기, 상담 중 정서 변화에 주목하기

② <u>언어적 기법</u>
㉠ 소크라테스식 질문을 이용한다.
㉡ 생각의 근거, 대안적 사고 찾기, 실제 그 일이 일어난다면 어떨 것인가(내담자 스스로 답을 찾을 수 있게)

③ <u>행동적 기법</u>
㉠ 내담자가 가진 부정적 사고의 현실적 타당성을 검증하기 위해 실험형태로 어떤 행동을 해 보이게 하는 것이다.
㉡ 행동실험은 인지의 변화를 목적으로 수행되며, 이는 상담 중에 이루어질 수 있도록 과제로 부과될 수도 있다.

| 쌤의 핵심포인트 |
빈응적 기법을 상담기법에 섞어서 출제하고 있다.

(4) 상담의 방법과 진행과정

벡의 인지치료에서 상담자는 크게 두 가지 과제를 달성해야 한다.
① 내담자의 부정적인 자동적 사고를 찾아내어 이를 보다 적절한 적응적 사고로 대치하는 것
② 부정적인 자동적 사고의 기저를 이루는 근원적인 역기능적 인지도식을 찾아내어 그 내용을 보다 현실적으로 바꾸어 나가는 것

(5) 상담의 체계적 절차

① 내담자가 호소하는 심리적 문제를 구체화하여 내담자와 상의하여 상담목표로 정한다.
② 심리적 문제에 인지적 요인이 관련되어 있음을 내담자가 납득할 수 있도록 인지치료의 기본원리를 설득력 있게 설명한다.
③ 내담자의 현재 삶 속에서 심리적 문제를 불러일으키는 환경적 자극과 자동적 사고를 내담자와 함께 탐색하고 조사한다.
④ 환경적 자극에 대한 내담자의 해석 내용, 즉 자동적 사고의 현실적 타당성을 따져본다.
⑤ 환경적 자극에 대한 보다 객관적이고 타당한 대안적 해석을 탐색해보고 이를 기존의 부정적인 자동적 사고와 대치한다.
⑥ 환경적 자극을 왜곡되게 지각하도록 만드는 보다 근원적인 역기능적 인지도식의 내용들을 탐색하여 확인한다.
⑦ 역기능적 인지도식의 내용을 현실성, 합리성, 유용성 측면에서 검토한다.
⑧ 보다 현실적이고 합리적인 대안적 인지를 탐색하여 이를 내면화할 수 있도록 유도한다.

10 현실치료적 상담(Glasser)

(1) 현실치료적 상담의 기본 개념

① 인간의 행동은 목적 지향적이며, 외부의 힘에 의해서보다 각 개인은 자신이 행동하고 있는 것을 선택하는 것이므로 각 개인은 상담자의 도움을 받아서 더 나은 선택을 하도록 학습할 수 있다.
② 현실치료적 상담의 주요 목표는 사람들에게 그들 자신의 욕구를 충족시키고 인생에서 그들이 원하는 것을 얻는 데 더 좋은 방법을 가르치는 것이다.
③ 인간의 중요한 다섯 가지 욕구
㉠ 소속과 사랑의 욕구
㉡ 통제력(힘)에 대한 욕구
㉢ 자유의 욕구
㉣ 즐거움(재미)의 욕구
㉤ 생존에 대한 욕구

| 쌤의 핵심포인트 |
'자존 욕구'를 틀린 지문으로 출제하고 있다.

④ 전체행동을 바꾸고자 한다면 우리가 행동하고 사고하는 것을 바꿀 필요가 있다.
⑤ 현실치료체계는 패배적인 정체감을 불러일으키는 행동을 변화시키고 성공적인 정체감을 이끄는 행동을 발전시키는 방법을 사람들에게 가르친다.

⑥ 현실치료적 상담이론은 '행동이 지각을 통제한다'는 통제이론에 기초하고 있다.

(2) 상담의 기본 전제

① 감정과 태도보다는 현재의 행동에 초점을 둔다.
② 상담의 초점을 과거가 아니라 현재에 둔다.
③ 가치관을 강조한다.
④ 전이를 강조하지 않으며, 전통적인 전이 개념을 중요한 것으로 보지 않는다(전이의 부정).
⑤ 무의식적 갈등이나 그 원인들에 관심을 두지 않고 의식적인 면을 강조한다.
⑥ 처벌을 배제한다(패배적 정체감을 강화시키므로 상담관계 악화 → 스스로 경험할 수 있도록 함).
⑦ 자기욕구 선택 시 책임감을 강조한다(타인의 욕구를 방해하지 않는 방법으로 자신의 욕구를 충족).

(3) 상담의 목표

상담의 목표는 개인적인 자율성(자기 결정)을 갖도록－성공적인 자아 정체감을 갖도록－자신의 욕구를 충족시키고 자기의 삶의 문제를 해결할 수 있는 더 좋은 방법을 찾도록 지원하며, 고치고 싶은 더 좋은 행동을 찾아내어 개인의 책임하에 개선된 행동으로 바꾸어 가는 것이다.

(4) 상담의 과정

상담자는 내담자에게 자기 자신을 명확히 볼 것, 현실을 직면할 것, 자기 자신의 욕구를 실현할 것 등을 요구하되, 자신과 타인에게 피해를 주지 않고 실행하도록 돕는다. 내담자 자신이 주위 환경을 통제하여 장기간·단기간의 인생목표를 세우도록 한다.

(5) 상담자의 역할

상담자의 역할은 내담자에게 그들이 선택한 것보다 더 나은 행동방법을 선택하도록 조언하는 것이다.

(6) 상담기법

WDEP 체제는 변화를 이끄는 절차로 현실, 현재 행동을 변화시키는 가장 좋은 방법이다.

WDEP 체제

- W : 바람(Wants)
- D : 지시와 행동(Direction and Doing)
- E : 평가(Evaluation)
- P : 계획(Planning)

① 바람, 욕구, 지각의 탐색(W)

㉠ 상담자는 '당신은 무엇을 원하는가'라고 질문한다.

㉡ 내담자는 그가 원하는 것, 가지고 있는 것, 얻지 못하고 있는 것을 탐색한다.

② 현재 행동에 초점 맞추기(D)

㉠ 상담자는 내담자로 하여금 그의 바람과 욕구를 탐색하게 한 후 그가 원하는 것을 가질 수 있는지 여부를 결정하는 현재 행동에 초점을 두도록 시도한다.

㉡ 상담자는 내담자의 감정이나 신체적 증상을 그의 현재 행동 및 사고와 관련시킨다.

㉢ 현재 행동에 중점을 두는 목적은 내담자가 그들의 감정에 대한 책임감을 이해하도록 돕는 데 있다.

③ 내담자로 하여금 자신의 행동을 평가하도록 하기(E)

㉠ 내담자가 자신의 행동결과에 직면하도록 하고, 그로 하여금 행동의 질을 판단하도록 한다.

㉡ 상담자는 내담자의 행동에 대해 판단적이어서는 안 되며, 가치판단을 할 때 내담자에게 책임을 강요해서는 안 된다.

㉢ 상담자가 할 수 있는 일은 변화하기 위해 필요한 것을 내담자가 스스로 결정하도록 도와주고 그가 변화를 필요로 하는 이유를 결정하는 데 도움을 주는 것이다.

④ 계획과 행동(P)

현실치료의 주요 과제는 내담자가 자신의 실패행동을 성공적인 것으로 바꾸는 구체적인 방법을 확립하도록 도와주는 것이다.

⑤ 계획에 따른 실행(P)

일단 내담자가 계획을 세우고 그것을 알리면, 상담자는 내담자로 하여금 계획을 평가하고 검토하는 것을 도울 수 있고 필요할 때 지원과 격려를 할 수 있다.

(7) 현실치료적 상담의 특징

① 현실치료적 상담의 특징은 내담자의 책임감에 중점을 두고 있다는 점이다. 즉, 내담자 스스로 계획수립 및 수행평가를 해야 한다. 또한 자율적이고 합리적인 모습을 강조한다.

② 현실치료는 중요한 문제도 무가치한 극단으로 몰고가는 경향이 있다.

2-2 직업상담 이론

1 특성－요인 직업상담

특성－요인 상담은 본질적으로 직업적 관점에서 비롯된 것으로 합리적인 자료를 제공하여 개인이 장래의 계획을 세울 때 현명한 결정을 내리도록 하는 데 초점을 두고 있다. 많은 부분이 학생들에 대한 직업상담의 기초가 되고 있으며, 의사결정적 접근, 미네소타 접근, 이성적 · 지시적 상담이라고도 한다.

(1) 개요

① 내담자에 대한 자료를 과학적으로 수집하고, 분석하기 위해 흥미, 지능, 적성, 성격 등 표준화 검사의 실시와 결과의 해석을 중요시함(진단과정을 매우 중요시함)

② "직업과 사람을 연결시키기"라는 심리학적 관점을 대표한다.

③ 특성－요인 직업상담 시 상담자 역할은 교육자 역할이다(＝상담자 중심, 교육자 역할).

④ 미네소타대학의 직업심리학자들이 이 이론에 근거한 각종 심리검사를 제작하였다.

⑤ 내담자에게 정보를 제공하고 학습기술과 사회적 적응기술을 알려주는 것을 중요시한다.

⑥ 사례연구를 상담의 중요한 자료로 삼는다.

⑦ 개개인은 신뢰할 만하고 타당하게 측정될 수 있는 고유한 특성의 집합체이다.

⑧ 직업선택을 일회적인 행위로 간주한다.

⑨ 모든 사람에게는 자신에게 옳은 하나의 직업이 존재한다는 가정에서 출발한 이론이다.

⑩ 심리검사이론과 개인차 심리학에 그 기초를 두고 있다.

(2) 특성－요인 직업상담의 기본적인 가설(Klein & Weiner)

① 개개인은 신뢰할 만하고 타당하게 측정될 수 있는 고유한 특성을 갖는다.

② 모든 직업은 그 직업에서 성공을 하는 데 필요한 특성을 지닌 근로자를 요구한다.

③ 직업의 선택은 직선적인 과정이며 특성과의 연결이 가능하다.

이성적 · 지시적(특성요인) 상담의 3가지 기본 원리에 대해서 기술하시오. 2차

④ 개인의 특성과 직업의 요구 간의 연결(매칭)이 잘 될수록 성공 또는 만족의 가능성은 커진다.

(3) 특성-요인 직업상담의 인간본성에 대한 기본 가정

윌리엄슨의 특성-요인 이론 중 인간본성에 대한 기본 가정을 3(5)가지만 쓰시오. 2차

① 인간은 선과 악의 잠재력을 모두 지니고 있다.
② 인간은 선을 실현하는 과정에서 타인의 도움을 필요로 하는 존재이다.
③ 그러나 인간의 선한 생활을 결정하는 것은 바로 자기 자신이다.
④ 선의 본질은 자아의 완전한 실현이다.
⑤ 인간은 누구나 그 자신의 독특한 세계관을 지닌다.

(4) 특성-요인 이론에 의한 직업상담 3요인설(Parsons)

파슨스의 특성 요인 이론에서 직업상담사가 해야 할 핵심적인 역할 3가지를 쓰고 설명하시오. 또한 파슨스의 직업상담 3요인설(직업선택의 원리)을 쓰시오. 2차

① 자신에 대한 이해(자기분석) : 심리검사를 통한 내담자 자신의 특성(적성, 흥미, 성격 등)을 이해
② 직업에 대한 이해(직무분석) : 직업정보를 통한 직업의 특성(보수, 승진제도, 직무환경, 작업자의 특성 등)을 이해
③ 자신과 직업의 합리적 연결(직업분석) : 내담자의 고유한 특성과 직업에서 요구하는 요인이 일치될 때 가장 조화로운 연결이 이루어진다(매칭).
⇨ 각 개인들은 객관적으로 측정될 수 있는 독특한 능력을 지니고 있으며, 이를 직업에서 요구하는 요인과 합리적인 추론을 통하여 매칭시키면 가장 좋은 선택이 된다.

(5) 윌리엄슨의 진로상담 과정

직업상담 6단계 '분석-(ㄱ)-(ㄴ)-(ㄷ)-상담-추후지도' 중 ㄱ, ㄴ, ㄷ을 쓰고 설명하시오. 2차

윌리엄슨은 상담과정을 '분석-종합-진단-처방-상담-추후지도'의 여섯 단계로 구분하였다.

구분	내용
분석	• 분석은 내담자의 현재 상태 및 미래의 가능성을 종합적으로 이해하기 위해 적절한 측정기술을 선택, 활용하여 신뢰할 수 있고 타당성이 있는 정보와 자료를 모으는 데 초점을 둔다. • 개인에 관한 자료수집(누가기록, 면접, 시간할당표, 자서전, 일화기록), 적성·흥미·동기 등의 요소들과 관련된 심리검사가 주로 사용된다.
종합	일단 자료가 수집되면 상담자는 내담자의 강점과 약점을 확인할 수 있도록 자료를 요약하고 종합해야 한다.
진단	• 종합단계에서 얻어신 문제를 해결할 수 있는 다양한 방법을 검토하고 문제의 원인을 탐색하는 단계 • 진단의 주요 단계는 첫째는 문제 확인, 둘째는 원인 발견이다. 진단할 때 주의할 점은 성급한 결론을 내려서는 안 된다는 것이다.

구분	내용
처방 (예후, 처치)	• 선택한 대안들을 평가하고 앞으로의 성공 여부를 예측한다. • 진단은 과거와 현재의 상태에 관련된 것인 반면, 예후는 미래와 관련된 것으로 일정의 예언을 시도하는 것이다.
상담	내담자가 능동적으로 참여하는 단계로, 분석, 종합, 진단, 처방 과정을 통하여 얻은 자료를 기본으로 미래 혹은 현재에 해결해야 할 대안에 대해 우선순위를 정하고 무엇을 해야 하는가를 함께 논의하는 단계이다.
추후지도 (추수지도)	결과과정의 적합성을 확인하고, 새로운 문제가 발생되었을 때 위의 단계를 반복하여 바람직한 행동을 수행하도록 돕는 단계이다.

(6) 특성-요인 직업상담의 기술 및 기법

① 상담기법

구분	내용
촉진적 관계 (라포) 형성	상담자는 상담의 성공적인 진행을 위하여 내담자로 하여금 신뢰하고 문제를 맡길 수 있는 관계를 형성한다.
자기 이해의 신장	• 상담자는 내담자가 자신의 장점이나 특징들에 대하여 개방된 평가를 하도록 돕는다. • 장점이나 특징들이 문제해결에 어떻게 관련되는지에 대한 통찰력을 갖도록 격려한다. • 상담자는 내담자로 하여금 그의 장점을 최대한으로 이용하여 진로 면에서 성공과 만족을 얻도록 조력한다.
행동계획의 권고나 설계	• 상담자는 내담자가 이해하는 관점에서 상담이나 조언을 하여야 한다. • 내담자가 표현한 학문적 · 직업적 선택 또는 감정, 습관, 행동, 태도에 일치하거나 반대되는 것을 언어로 정리해준다. • 실제적인 행동을 계획하고 설계하도록 조력한다.
계획의 수행	상담자는 진로선택을 하는 데 있어 직접적인 도움이 되는 여러 가지 제안을 함으로써 내담자가 직업을 선택하는 것을 도와주어야 한다.
위임(다른 전문가에게 의뢰)	모든 상담자가 시간적 제한으로 내담자를 전부 상담할 수는 없으므로 경우에 따라서는 내담자에게 다른 상담자를 만나보도록 권유하여야 한다.

② 검사의 해석단계에서 사용할 수 있는 상담기법

내담자의 특성에 대한 객관적이고 합리적인 의사결정을 하도록 조력하는 면을 강조하기 때문에 검사의 결과를 해석 · 평가하여 그것에 따라 충고, 설득, 설명, 조언을 하는 과정은 매우 중요하다.

윌리엄슨이 제시한 특성-요인 직업상담에서 검사의 해석 단계에서 이용할 수 있는 상담기법 3가지를 제시하고 설명하시오. 2차

구분	내용
직접 충고	내담자들이 따를 수 있는 가장 만족할 만한 선택, 행동, 또는 계획에 관해 자신의 견해를 솔직하게 표명한다.
설득	상담자는 내담자에게 합리적 · 논리적인 방법으로 검사자료를 제공하고 내담자로 하여금 다음 단계의 진단과 결과의 암시를 이해하도록 설득하여야 한다.
설명	상담자는 진단과 검사자료들을 해석하여 내담자가 의미를 이해하고 가능한 선택을 하며, 선택한 결과에 대한 이해를 할 수 있도록 해석하고 설명한다.

(7) 특성-요인 직업상담에서 상담자가 지켜야 할 면담(상담) 원칙(Darley)

달리의 특성-요인 직업상담에서 상담자가 지켜야 할 면담(상담) 원칙 3가지를 쓰고 설명하시오. 2차

① 내담자에게 강의하려 하거나 거만한 자세로 말하지 않는다.
② 간단한 어휘를 사용하고, 상담 초기에는 내담자에게 필요한 정보만 제공한다.
③ 어떤 정보나 해답을 제공하기 전에 내담자가 정말로 그것을 알고 싶어 하는지 확인한다.
④ 상담자는 자신이 내담자가 지니고 있는 여러 가지 태도를 제대로 파악하고 있는지 확인한다.

(8) 직업정보의 제공-브레이필드(Brayfield)의 분류

특성-요인 상담이론에서 브레이필드가 제시한 직업정보의 기능 3가지를 쓰고 각각 설명하시오. 2차

구분	내용
정보 제공 기능	• 이미 선택한 바를 확인시켜 주거나 두 가지 선택이 똑같이 매력적일 때 망설임을 해결해 준다. • 내담자가 진로선택에 관한 지식을 증가시키기 위한 기능이다.
재조정 기능	• 내담자가 현실에 비추어 부적당한 선택을 점검해보는 기초를 마련해 준다. • 내담자가 냉철하게 현실검증을 할 수 있도록 직업정보를 제공한다.
동기화 기능	내담자에게 직업정보를 제공하는 이유는 의사결정과정에 적극적으로 참여시키기 위해서이다.

(9) 평가

① 직업선택 시 개인의 특성을 고려하도록 한 것이 가장 큰 공헌점이다.
② 표준화 검사도구와 직업세계의 분석과정은 직업상담에 매우 유용하다.
③ 검사의 결과가 어떤 직업에서의 성공 여부를 정확하게 예언해주지 못한다는 예언타당도의 문제가 제기되었다.
④ 일회적인 상담으로 직업선택을 할 수 있나고 보아 장기적인 진로발달을 도외시할 수 있다.
⑤ 개인이 갖고 있는 특성의 역동성을 고려하지 못하고 있다. 개인의 특성 요인들 중 어느 요인을 우선시하느냐에 따라 직업선택이 달라질 수 있다.

⑥ 개인의 특성이 어떻게 발달하였는지 왜 개인이 그런 특성을 가지게 되었는지에 대한 설명을 할 수 없다.
⑦ 이론이 그 자체적으로 효율적인 직업상담의 지침을 제공하지 못하고 있다.

2 내담자 중심 직업상담(인간 중심 직업상담)

(1) 내담자 중심 직업상담의 의의

① 자아실현의 경향을 지닌 존재이며, 각 개인이 구체적이고 현상적인 경험의 세계를 중시한다. 개인의 행동양식은 외적 현실에 의하여 결정되는 것이 아니라 오히려 주관적 현실, 즉 '**현상학적 장**'에 의하여 좌우된다. 여기서 눈에 보이는 객관적 세계가 아니라 어떻게 받아들이는가의 주관적 세계가 행동의 원천이 된다고 보는 견해를 현상학이라 하고, 그런 주관적 세계가 '현상학적 장'이다.
② 내담자 중심 직업상담은 각 개인이 현실을 지각·구성하는 방법에 있어서 표의적이고 현상학적인 방법에 따른다. 반면에 특성－요인 직업상담은 각 개인의 특성과 요인의 집합체로서 정의하며, 개인을 법칙화하고 비교하고 외적으로 규정한다.
③ 내담자 중심 직업상담의 직접적인 목적은 상담과정에서의 내담자의 성장이지만 궁극적인 목적은 자아실현에 있다.

(2) 로저스(Rogers)가 제시한 상담관계의 필수조건

① 접촉(만남) : 두 사람이 접촉해야 한다.
② 내담자의 부조화 상태 : 내담자는 불일치 상태에 있으며, 불안정한 상태에 있다.
③ 상담자의 일치 상태 : 상담자는 관계성에 있어서 균형과 일치 상태에 있어야 한다.
④ 무조건적인 긍정적 관심 : 상담자는 내담자에게 무조건적인 긍정적 지각을 하여야 한다.
⑤ 공감적 이해 : 상담자는 내담자의 내적 준거에 대하여 공감적 이해를 경험하여야 한다.
⑥ 내담자도 최소한의 긍정적 지각과 공감적 이해의 상태를 갖추어야 한다.

| 쌤의 핵심포인트 |
내담자 변화의 필요충분조건이라고도 한다.

(3) 성공적 상담을 위한 직업상담사의 기본 태도 3가지

① 일치성(진실성) : 상담자는 진솔하고 개방적인 존재여야 하며, 내담자에게 있는 그대로의 자신을 제시한다.
② 공감적 이해 : 상담자가 내담자의 입장이 되어 내담자를 깊이 있게 주관적으로 이해하면서도 자기 본연의 자세를 버리지 않는 것이다.

③ 무조건적인 수용 : 상담자가 내담자를 평가, 판단하지 않고 내담자가 나타내는 어떤 감정이나 행동 특성들도 있는 그대로 수용하여 소중히 여기고 존중하는 상담자의 태도를 말한다.

내담자 중심 직업상담에서 '직업정보' 활용의 원리는 검사해석의 원리와 같다. 이를 패터슨은 어떻게 설명하고 있는지 4가지를 기술하시오. 2차

(4) '직업정보' 활용의 원리 = 검사해석의 원리(Patterson)

① 상담자는 직업정보를 자진해서 제공하지는 않는다.
② 내담자에게 그 정보의 출처를 알려준 뒤 직접 정보를 찾도록 격려한다.
③ 직업과 일에 대한 내담자의 감정과 태도가 자유롭게 표현되어야 한다.
④ 내담자에게 영향을 주거나 조작하기 위해 평가적인 방법으로 직업정보를 사용하면 안 된다.

(5) 검사의 사용 및 해석

객관적인 이해의 목적이 아닌 내담자의 자기 명료화를 위해 검사의 사용이 필요하다고 제안한다.

① 내담자가 알고자 하는 정보와 관련된 검사의 가치와 제한점을 설명한다.
② 검사결과를 입증하기 위한 더 많은 자료가 수집될 때까지는 시험적인 태도로 조심스럽게 제시되어야 한다.
③ 평가적인 말투를 사용해서는 안 되며, 항상 중립성을 지켜야 한다.
④ 의미 있고 명확한 해석을 해야 한다.
⑤ 검사결과의 해석에 내담자가 참여하도록 한다.

| 쌤의 핵심포인트 |

검사결과를 전달할 때에는 평가적인 언어보다는 내담자가 이해할 수 있는 언어를 사용해야 한다.

(6) 상담자가 보일 수 있는 반응범주 4가지(Snyder)

① 안내를 수반하는 범주 : 내담자가 무엇을 이야기해야 하는지에 대해 상담자가 제시해 주는 것이다.
② 지시적 상담범주 : 상담자가 내담자의 생각을 변화시키려 시도하거나 내담자의 생각에 상담자의 가치를 주입하는 범주이다.
③ 감정에 대한 비지시적 상담범주 : 해석이나 충고, 비평이나 제안 없이 내담자가 표현하는 감정을 재진술하는 것이다.
④ 감정에 대한 준지시적 상담범주 : 내담자의 감정에 대해 해석하는 범주로서 내담자의 정서나 반응에 대한 상담자의 의미 부여 또는 해석 등의 반응이 포함된다.

상담자 중심 상담	내담자 중심 상담
지시적 상담	비지시적 상담
문제 중시	문제보다는 개인 그 자체를 중시
지적인 요소 중시	정의적인 면을 강조

상담자 중심 상담	내담자 중심 상담
라포를 중요하게 취급하나 반드시 그런 것은 아님	공감이 기본이 되며, 라포는 필수 조건
심리검사가 문제의 근원을 찾아내는 데 매우 중요	내담자가 상담자보다 문제의 해결방법을 잘 알 수 있다고 보며 심리검사를 문제해결의 방해요소로 여김
진단 중시	진단 배제

3 정신역동적 직업상담

1) 개요

① 진로상담에 대한 정신역학적 접근법은 그 뿌리를 정신분석학적 전통에 두고 있지만 그 전통에서 더 나아가 특성-요인 진로상담과 내담자 중심 진로상담의 개념과 기법을 통합하였다.

② 정신역학적 접근법은 사람과 직업을 연결시키는 것을 기초로 삼고 있지만 그 기초 위에 어떻게 그와 같은 선택이 이루어지는가(과정)에 관한 복잡한 개념들을 설명하려고 한다.

③ 내적인 동기유발상태와 외부에 대처하는 방어기제에 대해 명료하고 복합적인 초점을 두고 특성-요인 진로상담이론과 내담자 중심 진로상담이론을 첨가시켰다.

④ 보딘은 정신역동적 상담의 대표로 진단을 통해 문제의 심리적 원인을 밝혀야 한다고 강조하고 있다.

2) 정신역동적 이론의 기본 가정

① 인간의 발달은 지속적이다. 유아기의 발달과정은 성인이 된 후 복잡한 지적활동과 깊은 관련이 있다.

② 개인이 선호하는 직업은 생후 6년 동안 만들어지는 욕구에 의해 결정적으로 선택된다.

③ 만족을 추구하는 본능은 유아기의 단순행동에서처럼 성인기의 복잡한 행동에서도 나타난다.

④ 광의로 보면, 일이란 유아적인 행동을 사회적으로 수용될 수 있는 행동으로 승화시킨 것이다.

⑤ 모든 직업은 욕구충족의 일환으로 기술된다.

3) 보딘의 정신역동적 직업상담 과정과 기법

정신역동적 직업상담 모형을 구체화시킨 보딘(Bordin)은 직업상담 과정을 3단계로 구분하였다. 3단계를 쓰고 설명하시오. 2차

(1) 보딘의 직업상담 과정

① 탐색과 계약체결 단계 : 상담자는 내담자가 자신의 욕구 및 정신역동적 상태를 탐색할 수 있도록 돕고, 앞으로의 상담전략을 합의한다.
→ 내담자 방어기제 탐색

② 중대한 결정(핵심적 결정)의 단계 : 내담자로 하여금 자신의 성격적 제한을 받아들여, 그 성격에 맞게 직업을 선택할지 아니면 직업선택에 제한을 두는 성격을 변화시켜 직업을 선택할지 결정할 수 있도록 한다.
→ 현재에 머무를지 개선할지 고민

③ 변화를 위한 노력의 단계 : 자기가 하고자 하는 직업과 관련하여 자신의 성격, 욕구, 흥미 등에서 변화가 필요하면 그 부분에 대해 변화하려는 노력이 이루어져야 한다.
→ 자아의 인식과 이해를 점점 확대하도록 추진

(2) 보딘의 상담기법

구분	내용
명료화	• 현재의 문제점들과 관련된 요소에 관한 내담자의 생각과 언어표현을 집중시키는 데 초점을 맞추고 있다. • 대화의 새로운 영역을 여는 데 기여하며, 다른 것들을 요약해준다. • 전형적으로 명료화는 질문, 부드러운 명령, 단순화된 진술의 형태를 취한다.
비교	내담자가 가지고 있는 문제와 역동적 현상들 사이의 유사점이나 차이점들을 보다 더 뚜렷하게 제시하기 위하여 두 가지 이상의 주제들을 나란히 놓는 방법이다.
소망－방어체계에 관한 해석	• 상담자는 내담자의 내적 동기상태와 진로 의사결정 사이의 연관성을 내담자가 자각하도록 시도한다. • 내담자의 욕구나 소망, 방어체계를 상담자가 해석해 주는 방법이다.

(3) 검사결과의 활용

보딘은 일단 내담자가 검사를 실시한 후에 내담자들에게 사용될 수 있도록 네 가지 방법에 대해 기술하고 있다.

① 상담자를 위한 진단적인 정보를 제공한다.
② 내담자의 상담에 대한 현실적인 기대를 더욱 발전시키는 것을 돕는다.
③ 상담자는 평가자료를 내담자에게 이용하도록 해야 한다.
④ 검사가 가능하다면 내담자로 하여금 자기탐색을 보다 깊이 할 수 있는 자극을 주는 것이다.

(4) 평가

① 정신역학적 직업상담 모형은 내적인 것을 지나치게 강조한 나머지 외적 요인의 영향에 대해서는 충분하게 고려하고 있지 못하다.

② 행동주의적 관점에서 볼 때 관찰 불가능한 동기부여적 구성개념을 지나치게 강조한다.

4 발달적 직업상담

1) 개요

(1) 발달적 직업상담의 의의

① 발달의 의사결정적 측면을 강조한 정신역동적 직업상담과 달리, 내담자의 직업 의사결정 문제와 직업성숙도(진로성숙도) 사이의 일치성에 초점을 둔다.

② 내담자의 개인적 및 사회적 발달이 촉진될 수 있도록 조력한다.

(2) 발달적 직업상담의 특징

슈퍼의 발달적 직업상담에서 진단을 위한 3가지 평가유형을 설명하시오. 2차

개인의 과거와 현재뿐만 아니라 미래까지도 동시에 고려한다.

① 슈퍼(Super)는 '진단(Diagnosis)'이라는 표현 대신 '평가(Appraisal)'라는 용어를 사용하였다.

② 평가유형 3가지

㉠ <u>문제의 평가 : 내담자가 경험하고 있는 어려움을 평가한다.</u>

㉡ <u>개인의 평가</u> : 심리검사, 임상적 방법 등을 통해 내담자 개인에 대해 평가한다.

㉢ <u>예언평가(사후평가)</u> : 문제의 평가와 개인의 평가를 바탕으로, 내담자가 어떤 직종에서 성공할 수 있을지를 예측한다.

2) 발달적 직업상담의 과정 및 방법

(1) 발달적 직업상담의 과정

내담자의 생애발달단계와 직업성숙도(진로성숙도)를 측정하여 그 결과에 따라 직업상담 전력을 수립하여야 한다.

① 내담자의 직업성숙도가 상대적으로 낮은 경우 : 직업준비에 중점을 둔다.

② 내담자의 직업성숙도가 상대적으로 높은 경우 : 내담자와 함께 관련 직업정보를 수집 · 분석, 내면화하도록 하여 직업의사결정에 이를 수 있도록 돕는다.

(2) 발달적 직업상담의 결과

① 발달적 직업상담의 보다 직접적인 목표는 일의 세계에 대한 인식을 증진시키는

것, 직업목표를 선정하고 실행하는 진로발달과제를 완수해내고 진로발달을 촉진하는 것이다.

② 발달적 직업상담은 개인적 발달과 진로발달을 모두 도와준다.

슈퍼의 발달적 직업상담의 6단계를 순서대로 쓰시오. 2차

(3) 발달적 직업상담의 6단계(Super)

① 문제탐색 : 비지시적인 방법에 의한 문제탐색과 자아 개념 표출

② 심층적 탐색 : 심층적 탐색을 위한 지시적 방법으로 주제 설정

③ 자아수용 : 자아수용과 통찰을 위해 비지시적 방법으로 사고와 감정의 명료화

④ 현실검증 : 현실검증을 위해 심리검사, 직업정보 등을 통해 수집된 사실적 자료들을 지시적으로 탐색

⑤ 태도와 감정의 탐색과 처리 : 현실검증으로 얻은 태도와 감정을 비지시적으로 탐색하고 처리

⑥ 의사결정 : 대안적 행위들에 대한 비지시적 고찰을 통해 자신의 직업을 결정

발달적 직업상담에서 직업상담사가 사용할 수 있는 기법으로 진로자서전과 의사결정일기를 설명하시오. 2차

(4) 발달적 직업상담의 주요 기법

① 진로자서전 : 내담자가 과거에 학과 선택 등 어떻게 진로의사결정을 했는가에 대해 스스로 적어보게 하는 방법

② 의사결정일기 : 내담자가 현재 어떻게 의사결정을 하고 있는지 알기 위해 내담자의 일상적인 의사결정을 어떤 방식으로 내리고 있는지 적어보게 한다.
→ '진로자서전'의 보충역할

| 쌤의 핵심포인트 |
직업 이동의 일반적인 양상에 관한 것이지 근로자의 이직 양상에 관한 것이 아니다.

(5) 발달적 직업상담에서 직업정보가 갖추어야 할 조건

① 사회경제적 측면에서 수준별 직업의 유형 및 그러한 직업들이 갖는 직업적 특성에 대한 정보

② 직업의 이동 방향과 비율을 결정하는 요인에는 어떤 것들이 있는지에 대한 정보

③ 특정 직업분야나 산업분야에의 접근 가능성과 개인의 적성, 가치관, 성격 특성 등의 요인들 간의 관계에 대한 정보

④ 부모와 개인의 직업적 수준과 그 차이, 그리고 그들의 적성, 흥미, 가치, 개인적 특성들 간의 관계에 대한 정보

(6) 발달적 직업상담의 평가

① 발달적 직업상담 모형은 진로의식 성숙과정을 가장 체계적으로 기술하고 있다.

② 이 모형은 실증적 자료를 많이 활용한다.

③ 상담의 과정이 너무 광범위하고 자아개념을 지나치게 강조한다는 비판을 받는다.

5 행동주의 직업상담

1) 개요

(1) 행동주의 직업상담의 의의

① 문제행동을 학습된 부적응 행동으로 보고, 다양한 방법을 통해 **내담자의 부적응 행동을 바람직한 새로운 적응행동으로 대치시키는 데 초점을 둔다.**

② **불안을 감소 또는 제거하고 새로운 적응행동을 학습, 직업결정기술을 습득시키**는 것을 목표로 한다.

(2) 행동주의 직업상담의 특징

굿스타인(Goodstein)은 우유부단, 무결단성을 구분하였다.

① **우유부단 : 정보, 학습, 적응기회의 부족**으로 적절한 의사결정을 하지 못하고 사회적인 압력과 갈등이 생겨 불안을 느낀다.

② **무결단성** : 의사결정을 할 때 주위환경의 변화를 고려해서 불안을 느끼며, 학습**한 정보를 제대로 이용하지 못하고 적절한 의사결정을 할 수 없는** 입장으로 사회적인 압력과 갈등이 생겨 불안을 느낀다. 내담자가 직업선택에 무력감을 느끼게 되고, 그로 인해 발생된 불안 때문에 직업결정을 못하는 경우이다.

직업상담의 문제 유형 중 청소년들이 진로나 직업선택 시 의사결정을 미루는 2가지 유형을 쓰고 설명하시오. 2차

2) 행동주의 직업상담의 과정 및 방법

(1) 행동주의 직업상담의 과정

① 우유부단의 경우 : **불안 제거 과정을 생략한 채 도구적 학습 단계에서 시작한다.**

② 무결단성의 경우 : **불안을 반조건형성 등의 방법으로 제거한 후 도구적 학습을** 통해 내담자로 하여금 직업선택에 요구되는 반응을 획득할 수 있도록 한다.

(2) 행동주의 직업상담의 불안감소기법

① 체계적 둔감법(체계적 둔감화) : 고전적 조건형성의 원리를 반영한 것으로 특정 대상에 대한 공포증상을 치료하는 데 효과적이다.

② 금지조건 형성(내적 금지) : 불안을 감소시키기 위해 내담자에게 어떠한 추가적인 강화 없이 충분히 불안을 일으킬 만한 단서를 반복적으로 제시함으로써 결국 불안반응을 제거하는 기법이다.

③ 반조건 형성(역조건 형성) : 조건자극과 새로운 자극(조건자극과 조건반응과의 연합을 방해하는 자극)을 함께 제시함으로써 불안을 감소시키는 기법이다.

④ 홍수법 : 불안이나 두려움을 발생시키는 자극들을 **계획된 현실이나 상상 속에**서 지속적으로 제시하는 기법이다. 혐오스런 느낌이나 불안한 자극에 대해 미리 준비를 갖추도록 한 후 가장 높은 수준의 자극에 오랫동안 지속적으로 노출시킴으로써 시간이 경과함에 따라 혐오나 불안을 극복하도록 한다.

⑤ 혐오치료 : 바람직하지 못한 행동에 혐오자극을 제시함으로써 부적응적인 행동을 제거하는 기법이다. 예를 들어, 술을 끊고자 하는 사람에게 술을 맛보도록 하는 동시에 전기 쇼크나 구토유발제를 부여함으로써 점차적으로 술에 대해 혐오적인 반응을 보이도록 한다.

⑥ 주장훈련/주장적 훈련 : 내담자의 대인관계에 있어서의 불안과 공포를 해소하기 위한 효과적인 기법이다.

⑦ 자기표현훈련 : 자기표현을 통해 다른 사람과 상호작용하는 방법을 습득하도록 하는 기법이다.

(3) 행동주의 직업상담의 학습촉진기법 = 행동촉진기법 = 행동증진기법

행동주의 직업상담의 상담기법은 크게 불안감소기법과 학습촉진기법 유형으로 구분할 수 있다. 각 유형별 대표방법을 각각 3가지만 쓰시오. 2차

① 강화 : 상담자가 내담자의 진로선택이나 결정에 대해 긍정적 또는 부정적인 반응을 보임으로써 내담자의 진로결정을 촉진시킨다.

② 변별학습 : 진로선택이나 결정능력을 검사도구나 기타 다른 것을 사용하여 변별하고 비교하게 된다.

③ 사회적 모델링과 대리학습 : 타인의 직업결정 행동에 대한 관찰 및 모방에 의한 학습을 촉진시킨다.

④ 행동조성/조형 : 행동을 구체적으로 세분화하여 단계별로 구분한 후 각 단계마다 강화를 제공함으로써 내담자가 단번에 수행하기 어렵거나 그 반응을 촉진하기 어려운 행동 또는 복잡한 행동 등을 학습하도록 한다. 점진적 접근방법이다.

⑤ 과잉교정 : 문제행동에 대한 대안행동이 거의 없거나 효과적인 강화인자가 없을 때 유용한 기법으로서 파괴적이고 폭력적인 행동을 수정하는 데 효과적이다.

(4) 행동주의 상담에서 노출치료법(Exposure Therapy)

행동주의 상담에서 노출치료법 3가지를 쓰고 설명하시오. 2차

노출치료법은 무서워하거나 위험을 느끼는 장면에 내담자를 실제로 노출시켜 보는 방법이다. 내담자가 상상 속에서 생각했던 만큼 실제로 두렵지 않음을 직접 경험하게 해 내담자의 잘못된 인지를 교정하도록 하는 치료방법이다.

① 심상적 노출법(Imaginal Exposure) : 공포 자극을 상상하게 하여 노출하는 치료기법

② 실제적 노출법(In Vivo Exposure) : 실제 공포 자극에 노출하는 치료기법

③ 점신적 노출법(Graded Exposure) : 공포자극의 수위를 낮은 쪽부터 높은 쪽으로 점차 강도를 높이는 치료기법

④ 집중적 노출법(홍수법) : 단번에 강한 공포 자극에 직면시키는 치료기법

(5) 행동수정 프로그램의 절차

① 제1단계(목표 행동의 정의) : 눈으로 관찰할 수 있는 객관적 행동으로서, 두 명 이상의 독립된 관찰자에 의해 동일한 하나의 행동으로 관찰, 기록될 수 있어야 한다.

② 제2단계(행동의 기초선 측정) : 행동수정에 들어가기 직전까지 목표 행동이 얼마나 빈번하게 혹은 오랫동안 일어나는지를 측정한다.

③ 제3단계(기법의 적용) : 다양한 강화 및 처벌 훈련을 통해 적응행동을 강화하는 한편, 부적응 행동을 약화시킨다.

④ 제4단계[행동수정 결과(효과)의 검증] : 행동수정의 효과는 기법의 철회를 통한 반전을 함으로써 검증할 수 있다.

⑤ 제5단계(행동의 일반화) : 추수강화나 부분강화 등을 통해 습득된 행동을 고착시킨다.

(6) 평가

① 행동주의 직업상담의 큰 장점은 내담자의 불안을 감소시키고 바람직한 행동을 촉진하는 데 있다.

② 불안의 해소는 내담자의 정보획득 부족으로 인한 우유부단함을 치료하는 데 효과적이다.

③ 직업결정 문제의 원인으로 불안에 대한 이해와 불안을 규명하는 방법이 결여되어 있다.

6 포괄적 직업상담

1) 개요

① 특성요인이론, 정신분석이론, 행동주의이론, 인간중심이론 등 다양한 상담이론을 절충 통합한 것으로서, 크리츠(Crites)가 제시하였다.

② 직업상담의 과정에 '진단 → 문제분류 → 문제구체화 → 문제해결'의 단계가 포함된다고 보았다.

③ 직업상담의 목적에 '진로선택, 의사결정기술의 습득, 일반적 적응의 고양' 등이 포함된다고 보았다.

| 쌤의 핵심포인트 |

직업상담 과정에 '정보제공'을 포함하여 틀린 지문으로 출제하고 있다.

2) 포괄적 직업상담의 특징

① 논리적인 것과 경험적인 것을 의미 있게 절충시킨 모형이다.

② 진단은 변별적이고 역동적인 성격을 가지고 있다.

③ 검사의 역할을 중시하여 검사를 효율적으로 사용한다.

④ 진로성숙도검사(CMI ; Career Maturity Inventory)와 같은 도구를 이용하여 내담자의 직업선택에 대한 태도와 능력이 얼마나 성숙되어 있는지, 그것이 내담자의 직업문제와 어떻게 연관되어 있는지를 결정한다.

3) 포괄적 직업상담의 단계 및 방법

(1) 포괄적 직업상담의 단계

크리츠가 제시한 포괄적 직업상담의 3단계를 설명하시오. 2차

1단계	진단의 단계	내담자에 대한 태도, 능력, 의사결정 유형, 성격, 흥미 등 검사자료와 상담을 통한 자료가 수집되는 단계
2단계	명료화 또는 해석의 단계	• 문제를 명료화하거나 해석하는 단계 • 내담자와 상담자는 서로 협력해서 의사결정의 과정을 방해하는 태도와 행동을 확인하며, 같이 대안을 탐색하는 단계
3단계	문제해결의 단계	내담자가 문제를 확인하고 적극적으로 참여하여 문제해결을 위해 어떤 행동을 취해야 하는가를 결정하는 단계

(2) 포괄적 직업상담의 기법(단계별 주요 접근법)

포괄적 직업상담은 여러 가지 다양한 기법들을 절충하고 있다.

① 상담 초기 단계 : 발달적 접근법과 내담자 중심 접근법을 통해 내담자에 대한 탐색 및 문제의 원인에 대한 토론을 촉진시킨다.

② 상담 중기 단계 : 정신역동적 접근법을 통해 내담자의 문제에서 원인이 되는 요인을 명료히 밝혀 이를 제거한다.

③ 상담 마지막 단계 : 특성-요인 접근법과 행동주의적 접근법을 통해 상담자가 보다 능동적, 지시적인 태도로 내담자의 문제해결에 개입하게 된다.

4) 포괄적 직업상담의 유형

| 쌤의 핵심포인트 |

변별적 진단에서 '경력개발검사'는 없다.

① 변별적 진단 : 내담자가 지닌 진로상의 문제를 가려내기 위해 실시하는 변별적 진단에는 진로성숙검사, 직업적성검사, 직업흥미검사 등이 사용된다.

② 역동적 진단 : 내담자와의 상호작용을 통해 직업상담자의 주관적 오류를 보완하고 상담을 통해 얻어진 자료로 심리측정자료가 가질 수 있는 통계적 오류를 보완한다.

③ 결정적 진단 : 진로선택이나 의사결정과정에서 나타나는 내담자의 문제를 체계적으로 분석한다.

5) 평가

① 긍정적 평가 : 포괄적 직업상담은 여러 직업상담 접근방법들의 장점을 부각시키고 단점을 보완함로써 상남사로 하여금 다양한 상담장면에서 다양한 내담자들의 문제에 대해 폭넓게 적용할 수 있는 가능성을 확대시켰다.

② 부정적 평가 : 포괄적 직업상담도 직업상담이론들과 마찬가지로 진학상담과 취업상담에 적합할 뿐 취업 후 직업적응 문제들을 깊이 있게 다루지 못하고 있다.

CHAPTER 2

출제예상문제

2-1 기초상담 이론

01 정신분석상담에서 Freud가 제시한 불안의 유형에 해당하지 않는 것은?

① 현실적 불안
② 심리적 불안
③ 신경증적 불안
④ 도덕적 불안

해설

정신분석상담에서 불안의 유형은 현실적 불안, 신경증적 불안, 도덕적 불안이다.

02 정신분석적 상담에서 내담자의 갈등과 방어를 탐색하고 이를 해석해 나가는 과정은?

① 논박 ② 훈습
③ 통찰 ④ 조정

해설

훈습
① 정신분석상담이 성공적으로 되려면 전이관계를 훈습(Working-through)해야 한다.
② 훈습과정은 유아기에 기인된 무의식의 자료와 방어를 탐색하는 것이다.
③ 훈습은 해석의 반복과 저항의 형태를 탐색함으로써 달성된다.
④ 훈습을 통해 내담자는 과거의 행동유형을 해결하게 되고 새로운 선택을 할 수 있게 된다.

03 진로선택과 관련된 이론으로 인생 초기의 발달과정을 중시하는 이론은?

① 인지적 정보처리이론
② 정신분석이론
③ 사회학습이론
④ 진로발달이론

해설

직업발달이론 중 정신분석이론은 보딘 등이 제시한 것으로 개인이 선호하는 직업은 인생 초기(생후 5~6년)에 만들어지는 욕구에 의해 결정적으로 선택된다고 보고 있다. 유아기의 단순한 심리, 생리적인 발달과정이 성인기의 복잡한 지적활동과 깊은 관련을 가진다고 보는 이론이다.

04 정신분석적 상담에서 내담자가 과거의 중요한 인물에게서 느꼈던 감정이나 생각을 상담자에게 투사하는 현상은?

① 증상형성 ② 전이
③ 저항 ④ 자유연상

해설

전이
내담자가 상담과정에 대해 가지고 있는 일종의 왜곡으로 과거에 중요한 인물에게 느꼈던 감정을 현재의 상담자에게 옮기는 것을 의미한다.

정답 01 ② 02 ② 03 ② 04 ②

05 프로이트(Freud)의 정신분석과 아들러(Adler)의 개인심리학의 특징을 순서대로 나열한 것으로 가장 적합한 것은?

① 생물학적 토대 – 사회심리학적 토대
② 목적론 강조 – 인과론 강조
③ 총체주의 – 환원주의
④ 꿈의 분석 – 각본(Script) 분석

해설

프로이트	아들러
결정론적 관점	전체적, 사회적, 목적론적 관점
인간은 생물학적 본능과 성충동에 의해 동기화되는 존재	인간은 사회 및 대인관계에 의해 동기화되는 존재
인간의 성격은 본능, 자아, 초자아로 분류	인간의 성격은 통합적이고 분리 불가능
무의식을 강조	무의식보다 의식을 강조

06 다음과 같은 상담과정의 목표를 제시한 상담이론은?

- 사회적 관심을 갖도록 돕는다.
- 패배감을 극복하고 열등감을 감소시킬 수 있도록 돕는다.
- 잘못된 동기를 바꾸도록 돕는다.

① 교류분석 상담 ② 개인주의 상담
③ 실존주의 상담 ④ 형태주의 상담

해설

아들러의 개인심리이론에 의한 개인주의 상담
① 무의식이 아닌 의식을 성격의 중심으로 보며, 인간을 전체적 통합적으로 본다.
② 생애 초기 5~6년 동안의 경험이 성인의 삶을 크게 좌우한다.
③ 인간은 창조적이고 책임감 있는 존재이며 인간 행동은 목적적이고 목표지향적이다.
④ 인간은 성적 동기보다 사회적 동기에 의해 동기화된다.
⑤ 열등감과 보상이 개인의 발달 동기가 된다.
⑥ 사회적 관심은 한 개인의 심리적 건강을 측정하는 유용한 척도이다.
⑦ 동일한 가정에서 태어난 자녀들이라도 출생순위에 따라 그 행동방식이 달라지며 이는 어른이 되었을 때 사회와 상호작용을 하는 데 영향을 미치게 된다.

07 개인주의 상담에서 허구적 최종목적론에 관한 설명으로 틀린 것은?

① 인간의 행동을 유도하는 상상된 중심목표를 설명하기 위한 것이다.
② 허구나 이상이 현실을 보다 더 효과적으로 움직인다.
③ 인간은 현실적으로 전혀 실현 불가능한 많은 가공적인 생각에 의해서 살아가고 있다.
④ 인간의 행동은 미래에 대한 기대에 의해 좌우되기보다는 과거 경험에 의해서 더 좌우된다.

해설

아들러의 허구적 최종목적론
① 인간의 행동을 유도하는 상상된 중심목표를 설명하기 위한 것이다.
예 '앞으로 더 잘 살게 될 것이다.' '지금보다 나은 삶을 살아갈 것이다.'
② 허구나 이상이 현실을 보다 더 효과적으로 움직인다.
③ 인간은 현실적으로 전혀 실현 불가능한 많은 가공적인 생각에 의해서 살아가고 있다.
④ 인간의 행동은 과거의 경험보다는 미래에 대한 기대에 더 좌우된다고 본다.

08 개인주의 상담의 상담기법이 아닌 것은?

① 격려하기
② 초인종 누르기
③ 반대 행동하기
④ 타인을 즐겁게 하기

정답 05 ① 06 ② 07 ④ 08 ③

해설

① 격려하기(불행, 우울, 분노, 불안의 심리상태에 있는 사람들에게 내적 자원의 개발을 촉진하고 긍정적인 방향으로 나아갈 수 있는 용기를 북돋아 주는 것)
② 상상하기(바람직한 자신의 모습을 상상하는 것)
③ 가상행동('마치~인 것처럼' 해보게 하는 것)
④ 초인종(단추) 누르기(유쾌한 행동-행복단추, 불유쾌한 행동-우울단추로 자신의 행동을 통제하도록 하는 것)
⑤ 그 외에 역할연기, 시범 보이기, 역설적 의도, 타인을 즐겁게 하기 등이 있다.

09 Adler 이론의 주요 개념인 초기 기억에 관한 설명을 모두 고른 것은?

ㄱ. 중요한 기억은 내담자가 '마치 지금 일어나고 있는 것'처럼 기술할 수 있다.
ㄴ. 초기 기억에 대한 내담자의 지각보다는 경험을 객관적으로 파악하는 것이 중요하다.
ㄷ. 초기 기억은 삶, 자기, 타인에 대한 내담자의 현재 세계관과 일치하는 경향이 있다.
ㄹ. 초기 기억을 통해 상담자는 내담자의 삶의 목표를 파악하는 데 도움을 받을 수 있다.

① ㄱ, ㄴ　② ㄴ, ㄷ
③ ㄱ, ㄷ, ㄹ　④ ㄴ, ㄷ, ㄹ

해설

초기 기억은 내담자가 구체적으로 명확하게 기억할 수 있는 것들에 한한다.
초기 기억 중 중요한 신념이나 기본적 오류들에 대해 과거 경험했던 그 순간에서 어떻게 느끼고 있는가? 어떻게 반응하고 있는가?를 기술한다.

10 Adler의 개인주의 상담에 관한 설명으로 옳은 것은?

① 내담자의 잘못된 가치보다는 잘못된 행동을 수정하는 데 초점을 둔다.
② 상담자는 조력자의 역할을 하며 내담자가 상담을 주도적으로 이끈다.
③ 상담과정은 사건의 객관성보다는 주관적 지각과 해석을 중시한다.
④ 내담자의 사회적 관심보다는 개인적 열등감의 극복을 궁극적 목표로 삼는다.

해설

아들러의 개인주의 상담
① 행동수정보다는 동기수정에 초점
② 기본목표는 사회적 관심, 즉 잘못된 사회적 가치를 바꾸는 것
③ 열등감 극복과 우월성 추구
④ 사건의 객관성보다는 주관적 지각과 해석을 중시

11 실존주의 상담에 관한 설명으로 틀린 것은?

① 실존주의 상담의 궁극적 목적은 치료이다.
② 실존주의 상담은 대면적 관계를 중시한다.
③ 인간에게 자기지각의 능력이 있다고 가정한다.
④ 자유와 책임의 양면성에 대한 지각을 중시한다.

해설

실존주의 상담
치료가 상담목표가 아니라 내담자로 하여금 자신의 현재 상태에 대해 인식하고 피해자적 역할로부터 벗어날 수 있도록 돕는 것이다. 대면적 관계(인간과의 만남)를 중시하고 인간에게 자기지각의 능력이 있다고 보며 자유와 책임을 강조한다.

정답 09 ③ 10 ③ 11 ①

12 직업상담 중 대면적 관계를 중요시하며, 내담자들로 하여금 자신의 현재 상황에 대해 인식하고 피해자적 역할로부터 벗어날 수 있도록 돕는 것은?

① 개인주의 상담
② 실존주의 상담
③ 교류분석적 상담
④ 형태주의 상담

해설

실존주의 상담
치료가 상담목표가 아니라 내담자로 하여금 자신의 현재 상태에 대해 인식하고 피해자적 역할로부터 벗어날 수 있도록 돕는 것이다. 실존주의 상담은 내담자 스스로 책임지게 하고 스스로의 현실에 직면하여 그 현실 속에서 자신의 욕구를 충족시킬 수 있는 바람직한 행동방식을 터득하도록 하여 각 개인의 성취를 찾도록 해준다. 즉, 자유와 책임, 개인의 자기인식능력을 강조하고 개인이 겪는 불안은 삶의 조건 중 하나로 본다.

13 다음 중 실존주의 상담에 관한 설명으로 옳은 것은?

① 인간은 과거와 환경에 의해 결정되는 것이 아니라 현재의 사고, 감정, 느낌, 행동의 전체성과 통합을 추구하는 존재이다.
② 인간은 자신의 삶 속에서 스스로를 불행하게 만드는 요인이 무엇인가를 이해할 수 있을 뿐만 아니라 자신의 나아갈 방향을 찾고 건설적인 변화를 이끌 수 있다.
③ 치료가 상담목표가 아니라 내담자로 하여금 자신의 현재 상태에 대해 인식하고 피해자적 역할로부터 벗어날 수 있도록 돕는 것이다.
④ 과거 사건에 대한 개인의 지각과 해석이 현재의 행동에 어떠한 영향을 미치는가에 중점을 두고 개인의 선택과 책임, 삶의 의미, 성공 추구 등을 강조한다.

해설

①항 형태주의 상담
②항 내담자 중심 상담
④항 개인주의 상담

실존주의 상담은 상담을 치료적 수단으로서가 아니라 진정한 인간이해의 과정으로 보고, 상담기법 제시보다 삶의 진정한 의미 이해에 초점을 둔다.

14 다음은 어떤 상담이론에 관한 설명인가?

- 상담자는 내담자가 효과적이고 책임질 수 있는 방법으로 행동하여 자신의 욕구를 충족시킬 수 있도록 조력한다.
- 내담자가 자신의 행동들의 가치를 검토 · 판단하게 돕고, 행동 변화를 위한 계획을 세우도록 도와준다.

① 실존주의 상담 ② 행동주의 상담
③ 내담자 중심 상담 ④ 형태주의 상담

해설

실존주의 상담은 내담자 스스로 책임을 지게 하고 스스로의 현실에 직면하여 그 현실 속에서 자신의 욕구를 충족시킬 수 있는 바람직한 행동방식을 터득하도록 하여 각 개인의 성취를 찾도록 해주는 데 있다.

15 다음 중 실존주의 상담 혹은 실존치료에 관한 설명으로 틀린 것은?

① 인간본질에 대한 결정론적인 입장을 취한다.
② 자유와 책임을 강조한다.
③ 개인이 겪는 불안은 하나의 삶의 조건이라고 본다.
④ 개인의 자기인식 능력을 강조한다.

해설

①은 프로이트의 정신분석상담에 대한 내용이다.

정답 12 ② 13 ③ 14 ① 15 ①

16 Rogers가 제시한 내담자 변화의 필요충분조건은?

① 공감, 수용, 일치
② 의식, 전의식, 무의식
③ 감각, 알아차림, 접촉
④ 비합리적 신념, 논박, 결과

해설

로저스(Rogers)의 내담자 중심 상담이론에서 내담자를 변화시킬 수 있는 상담자의 기본적 태도 3가지는 다음과 같다.

① 공감적 이해
② 무조건적인 긍정적 관심(수용)
③ 일치성(또는 진실성)

17 내담자 중심 상담이론의 특징이 아닌 것은?

① 동일한 상담원리를 정상적 상태에 있는 사람이나 정신적으로 부적응 상태에 있는 사람 모두에게 적용한다.
② 상담은 모든 건설적인 대인관계의 실제 사례 중 단지 하나에 불과하다.
③ 실험에 기초한 귀납적인 접근방법이며, 실험적 방법을 상담과정에 적용한다.
④ 상담의 과정과 그 결과에 대한 연구조사를 통하여 개발되어 왔다.

해설

실험에 기초한 귀납적인 접근방법이며 실험적 방법을 상담과정에 적용하는 것은 행동주의 상담이론의 특징이다.

18 인간 중심 상담이론에서 상담자의 역할로 가장 거리가 먼 것은?

① 조력관계를 통해 성장을 촉진한다.
② 내담자 문제를 진단하여 분류한다.
③ 내담자가 자신의 깊은 감정을 깨닫게 돕는다.
④ 내담자로 하여금 존중받고 있음을 느끼게 한다.

해설

②는 특성-요인 상담이론에서 상담자의 역할이다.

19 상담중심상담의 실현화 경향성에 관한 설명으로 틀린 것은?

① 유기체의 성장과 향상, 즉 발달을 촉진하고 지지한다.
② 성숙의 단계에 포함된 성장의 모든 국면에 영향을 준다.
③ 동물을 제외한 살아 있는 모든 사람에게서 볼 수 있다.
④ 유기체를 향상시키는 활동으로부터 도출된 기쁨과 만족을 강조한다.

해설

실현화 경향성

인간은 생리적으로 스스로를 유지하거나 발달시켜 잠재적으로 가지고 있는 역량을 키우려 하는 경향성을 지니고 있는데, 이를 실현화 경향성이라고 한다.

로저스는 실현화 경향성은 사람뿐 아니라 살아 있는 모든 유기체에서 공통적으로 드러난다고 했다. 특히, 실현화 경향성 중 자아를 유지하고 발전하며 잠재력을 발휘하려는 경향성을 자아 실현 경향성이라 일컬었다.

20 불안을 경험할 때 내담자 중심 상담에서 불일치를 가정하는 3가지 자아에 해당하지 않는 것은?

① 현실적 자아　② 이상적 자아
③ 당위적 자아　④ 타인이 본 자아

해설

현실적 자아(현재 자신에 대한 모습에 대한 인식), 이상적 자아(자신이 앞으로 어떤 존재가 되기를 원하는지에 대한 인식), 타인이 본 자아(객체로서의 나에 대한 인식)를 말한다.

정답 16 ① 17 ③ 18 ② 19 ③ 20 ③

21 인간을 과거나 환경에 의해 결정되는 존재가 아니라 현재의 사고, 감정, 행동의 전체성과 통합을 추구하는 존재로 보는 상담접근법은?

① 정신분석적 상담
② 형태주의 상담
③ 개인주의 상담
④ 교류분석적 상담

해설

게슈탈트 이론(형태주의 상담이론)
① Here and Now(지금 여기서 무엇을 어떻게 경험하고 각성하느냐가 중요)
② 자아실현 경향성(인간은 자기의 잠재력을 실현하려는 방향으로 나아감. 인간은 끊임없이 되어가는(Becoming) 존재)
③ 전체로서 완성되려는 경향(인간은 신체, 정서, 사고, 감각, 지각 등 모든 부분이 서로 관련을 갖고 있는 전체로서 완성되려는 경향－형태(Gestalt)를 형성하는 방향)
④ 인간은 환경에 대한 주도자(환경에 대한 단순한 반응자가 아니라 주도자이다. 따라서 외부 환경에 좌우되지 않고 자기의 반응을 스스로 결정할 수 있다.)

22 게슈탈트 상담에서 인간의 분노, 격분, 증오, 고통, 불안, 슬픔, 죄의식, 포기 등과 같은 표현되지 못한 감정을 포함하는 개념은?

① 미해결과제　② 미성숙과제
③ 정서결핍과제　④ 구조적 과제

해설

형태요법(게슈탈트) 상담이론에서 인간의 모든 측면들은 하나의 형태(Gestalt)를 형성하는 방향(미완성 상태에서 완성의 상태)으로 진행하는데 이것이 실패할 경우 부적응이 일어난다고 본다.

23 게슈탈트 이론에 관한 설명으로 옳은 것을 모두 고른 것은?

> ㄱ. 지금 여기서 무엇을 어떻게 경험하느냐와 각성을 중요시한다.
> ㄴ. 성격은 생물학적 요구 및 충동에 의해 결정된다.
> ㄷ. 인간은 신체, 정서, 사고, 감각, 지각 등 모든 부분이 서로 관련을 갖고 있는 전체로서 완성되려는 경향이 있다.
> ㄹ. 인간의 행동은 외부의 환경조건에 의해 좌우된다.

① ㄱ, ㄴ　② ㄱ, ㄷ
③ ㄱ, ㄴ, ㄷ　④ ㄱ, ㄷ, ㄹ

24 게슈탈트 상담의 상담기법으로 적절하지 않은 것은?

① 꿈을 이용한 작업
② 자기 부분들과의 대화를 통한 자각
③ 자각을 증가시키기 위한 숙제의 사용
④ 상담사－내담자 사이에 드러나는 전이의 분석

해설

전이의 분석은 정신분석적 상담기법에 해당한다.

25 다음 중 형태주의 상담기법과 가장 거리가 먼 것은?

① 꿈 작업
② 빈 의자 기법
③ 과장하기
④ 탈중심화

해설

탈중심화는 다른 사람들의 관심이 자신에게 집중되어 있다고 믿는 내담자의 부적절한 신념을 수정하기 위한 것으로서, 주로 인지치료나 인지행동상담에서 사용하는 인지적 치료기술에 해당한다.

정답 21 ② 22 ① 23 ② 24 ④ 25 ④

26 교류분석(TA)에 대한 설명으로 가장 적합한 것은?

① 어린 시절의 결단에 기초한 삶의 계획을 생활양식이라 한다.
② 의사교류에서 교차적 의사교류가 가장 건강하다고 할 수 있다.
③ 사람들은 애정이나 인정 자극(Stroke)을 얻기 위해 게임을 한다.
④ 개인 내부에서 이루어지는 다양한 자아들 간의 상호작용을 의사교류라 한다.

해설

①항 어린 시절의 결단에 기초한 삶의 계획을 생활각본이라 한다.
②항 의사교류에서 상보적 의사교류가 가장 건강하다고 할 수 있다.
④항 두 사람 혹은 그 이상의 사람들의 관계상황에서 일어나는 상호교섭을 의사교류라 한다.

스트로크(Stroke, 어루만짐)
인정과 관심을 전달하는 신체적 혹은 언어적인 상호작용(자극)을 말한다.
인간의 상호작용의 기본 동기 중 하나는 어루만짐을 받고자 하는 데서 출발하는데 이는 "당신을 좋아합니다"와 같은 직접적인 방식으로 이루어지기도 하지만 이것이 가능하지 않을 때 사람들은 어루만짐을 받기 위해 간접적인 방식을 동원하거나 게임(Game)을 유발하게 된다고 본다.

27 성격에 대한 자아 상태를 부모(P), 성인(A), 아동(C)으로 구분하여 타인들과의 상호작용을 통해 자아 상태를 분석하는 상담접근법은?

① 행동주의 상담
② 교류분석적 상담
③ 인지－정서적 상담
④ 특성－요인 상담

해설

교류분석적 상담(TA ; Transactional Analysis)
성격에 대한 자아상태를 부모(P), 성인(A), 아동(C)으로 구분하여 타인들과의 상호작용을 통해 자아 상태를 분석하는 상담기법. 4가지 생활자세분석(각본분석), 사회적 상호교섭의 유형에 대한 교류분석(상보적 교류, 교차적 교류, 암시적 교류) 및 게임분석 등으로 이루어진다.

28 교류분석적 상담에서 피부접촉, 표정, 태도, 감정, 언어, 기타 여러 형태의 행동을 통해 상대방에 대한 반응을 알리는 인간 인식의 기본 단위는?

① 스트로크(Stroke)
② 교류(Transaction)
③ 각본(Script)
④ 라켓(Racket)

해설

스트로크(Stroke)
사람이 피부접촉, 표정, 태도, 감정, 언어, 기타 여러 형태의 행동을 통해 상대방에 대한 반응을 알리는 인간 인식의 기본 단위를 스트로크라 한다.
스트로크의 종류에는 언어적 스트로크와 비언어적 스트로크, 긍정적 스트로크와 부정적 스트로크, 조건적 스트로크와 무조건적 스트로크, 복합적 스트로크 등이 있다.

29 교류분석에서 사용하는 대표적인 성격 자아 상태가 아닌 것은?

① 부모 자아(Parent Ego)
② 성인 자아(Adult Ego)
③ 청년 자아(Youth Ego)
④ 아동 자아(Child Ego)

해설

교류분석의 3가지 자아 상태
부모 자아, 어른 자아, 어린이 자아

정답 26 ③ 27 ② 28 ① 29 ③

30 상호제지(Reciprocal Inhibition)의 원리를 사용한 행동치료기법은?

① 행동계약법　② 체계적 둔감법
③ 자기교시법　④ 자기통제법

해설

상호제지의 원리를 사용한 행동치료기법은 불안을 체계적으로 감소시키는 체계적 둔감법(체계적 둔감화)이다.

예 고양이에게 전기충격을 가하여 전기충격에 대한 불안함을 학습하게 하였다. 그러다가 배가 고플 때, 음식을 주면서 전기충격을 가했더니 불안해하지 않았다. 이것은 전기충격에 의해 학습된 불안이 음식을 먹는 것에 의하여 제지된 것으로 본다. 이처럼 음식을 먹는 행동처럼 기분 좋은 행동이 불안 반응을 억제하는 것을 상호제지라고 한다.

31 행동치료에서 문제 행동에 대한 대안 행동이 거의 없거나 효과적인 강화 인자가 없을 때 유용한 기법으로서 파괴적이고 폭력적인 행동을 치료하는데 효과적인 것은?

① 과잉교정　② 모델링
③ 반응가　④ 자기 지시기법

해설

과잉교정기법
부적절한 행동이 과도하게 일어날 경우 별다른 강화방법이 없을 때 사용하는 방법이다.

32 내담자가 자기 지시적인 삶을 영위하고 상담자에게 의존하지 않게 하기 위해 상담자가 내담자와 지식을 공유하며 자기강화기법을 적극적으로 활용하는 행동주의 상담기법은?

① 모델링
② 내현적 가감법
③ 자기관리프로그램
④ 과잉교정

해설

①항 모델링 기법 : 타인의 행동을 관찰함으로써 행동을 학습하는 것이다.
②항 내현적 가감법 : 혐오기법의 일종으로, 불쾌감을 연상시켜서 바람직하지 못한 행동을 소거하는 방법이다.
④항 과잉교정기법 : 부적절한 행동이 과도하게 일어날 경우 별다른 강화방법이 없을 때 사용하는 방법이다.

33 행동주의 상담에서 내적인 행동 변화를 촉진시키는 방법이 아닌 것은?

① 체계적 둔감법
② 근육이완훈련
③ 인지적 모델링과 사고정지
④ 상표제도

해설

상표제도(토큰경제)는 외적인 행동 변화를 촉진시키는 기법이다.

34 행동주의 상담에서 외적인 행동 변화를 촉진시키는 방법이 아닌 것은?

① 주장훈련
② 자기관리프로그램
③ 행동계약
④ 인지적 재구조화

해설

인지적 재구조화는 체계적 둔감법, 근육이완훈련, 인지적 모델링 및 사고정지 등과 함께 내적인 행동 변화를 촉진시키는 방법이다.

정답 30 ② 31 ① 32 ③ 33 ④ 34 ④

35 REBT 상담의 ABCDE 원리에 비추어 볼 때 〈보기〉에서 "B"에 해당하는 것은?

〈보기〉
가. 현실적으로 부모와 선배에게 상의를 함
나. 직업상담사 시험에 실패하여 실망한 우울한 상태임
다. 불안, 자기혐오, 분노 등을 느끼게 되어 어떤 대처를 함
라. 일이 뜻대로 진행되지 않는다면 끔찍할 것이라는 생각을 함

① 가 ② 나
③ 다 ④ 라

해설

ABCDE 원리
① A : 내담자가 노출되었던 문제장면이나 선행사건(Antecedents)
② B : 문제 장면에 대한 내담자의 신념(Beliefs)
③ C : B에 대한 정서적 또는 행동적 결과(Consequences)
④ D : 비합리적 신념에 대한 자극적인 논박(Disputes)
⑤ E : 비합리적 신념을 논박하여 획득하는 효과(Effects)

36 비합리적 신념에 대한 논박을 통해 사고와 감정의 변화를 도모하는 상담이론은?

① 인지행동적 상담
② 현실치료
③ 교류분석 상담
④ 합리적 정서적 상담

해설

합리적 정서적 상담(RET ; Rational－Emotive Therapy)은 비합리적, 비논리적 사고체계를 가진 내담자를 논박하여 합리적, 논리적 사고체계로 바꾸어 주는 데 효율적이다.

37 직업상담과정과 상담사의 역할을 잘못 짝지은 것은?

① 인지상담－수동적이고 수용적인 태도
② 정신분석적 상담－텅 빈 스크린
③ 내담자 중심의 상담－촉진적인 관계 형성 분위기 조성
④ 행동주의 상담－능동적이고 지시적인 역할

해설

엘리스의 인지적 상담에서 상담자는 내담자의 비합리적 신념을 논박하여 합리적 신념으로 변화시키는 적극적이고 능동적인 태도를 지닌다. 수용적인 태도는 내담자 중심의 상담에서 상담사의 역할이다.

38 인지행동적 접근에 해당하는 주된 상담기법을 바르게 짝지은 것은?

A. 인지적 재구성
B. 대처기술 훈련
C. 역설적 의도
D. 자각 촉진기법

① A, B ② A, C
③ C, D ④ B, D

해설

인지행동적 상담기법에서는 내담자들이 겪는 부적응을 해소하는 데 인지적 재구성과 대처기술 훈련을 복합적으로 사용한다. 즉, 문제를 스스로 해결할 수 있도록 인지의 내용과 방식을 변화시키는 과정을 거치며 다른 한편으로는 문제 장면에서 보다 적절한 행동을 할 수 있도록 구체적인 대처 행동을 훈련시키는 과정을 포함한다.

정답 35 ④ 36 ④ 37 ① 38 ①

39 Ellis의 합리적 정서치료의 정신건강 기준에 관한 설명으로 옳은 것은?

① 사회적 관심 : 자신의 삶에 책임감이 있고 독립적이다.
② 관용 : 변화에 대해 수긍하고 타인에게 편협한 견해를 갖지 않는다.
③ 몰입 : 실수하는 사람들을 비난하지 않는다.
④ 과학적 사고 : 깊게 느끼고 구체적으로 행동할 수 있다.

해설

합리적 정서치료의 정신건강 기준
① 사회적 관심 : 인간은 집단 속에서 타인과 관계를 맺으며 살고자 한다.
② 관용 : 성숙한 사람은 타인의 실수에 대해 관용적이며, 실수하는 사람들을 비난하지도 않는다.
③ 몰입 : 건강한 사람은 자신의 외부세계에 대해 중대하게 몰입할 수 있는 능력이 있다.
④ 과학적 사고 : 성숙한 사람은 깊게 느끼고 구체적으로 행동할 수 있다.

40 Beck의 인지치료 이론에 관한 설명으로 옳은 것은?

① ABCDE 모형에 기초하여 문제를 해결해 나간다.
② 인간의 사고와 행동은 서로 밀접한 연관이 있다.
③ 인지적 오류에는 억압, 합리화, 퇴행, 투사 등이 있다.
④ 인간의 행동은 환경적 조건에 따라 결정된다.

해설

벡(Beck)은 인간의 행동은 환경적 조건에 따라 결정되는 것이 아니라 환경적 조건을 어떻게 인지(사고)하느냐에 따라 심리적 문제가 발생하고 그 결과 행동이 달라진다고 한다.
인지치료는 인간이 생활사건에 접할 때 일으키는 역기능적 인지도식, 인지적 오류, 부정적 자동적 사고를 찾아내어 적절한 적응적 사고로 대처하는 것이 핵심이다.

41 인지치료에서 다루는 인지적 오류와 그 예를 바르게 짝지은 것은?

① 선택적 추론 – 90%의 성공도 나에게는 실패
② 양분법적 논리 – 지레 짐작하기
③ 과잉일반화 – 영어시험을 망쳤으니 이번 시험은 완전히 망칠 거야.
④ 과소평가 – 요리도 못하니 난 엄마로서 자격이 없어.

해설

과잉일반화
한두 번의 사건에 근거하여 일반적인 결론을 내리는 오류
예 한두 번의 실연으로 '항상', '누구에게나' 실연당할 것이라고 생각하는 오류

42 Beck의 인지행동 상담에서 사용하는 주된 상담 기법이 아닌 것은?

① 정서적 기법　　② 반응적 기법
③ 언어적 기법　　④ 행동적 기법

해설

①항 정서적 기법 : 최근의 정서 경험을 구체적으로 이야기하기, 심상기법, 역할연기, 상담 중의 정서 변화, 내담자와 함께 현장에 참여하기 등을 통해 내담자의 자동적 사고를 파악한다.
③항 언어적 기법 : 소크라테스식 질문을 통해 내담자가 자신의 자동적 사고가 현실적으로 타당한가를 평가하게 만들고 현실적 사고를 하게 한다. 질문의 내용은 생각의 근거, 대안적 사고 찾기, 실제 그 일이 일어난다면 어떨 것인가 등이다.
④항 행동적 기법 : 행동실험의 형태로 적용하는 것이 바람직하다. 행동실험은 내담자가 지닌 부정적 사고의 현실적 타당성을 검증하기 위해서 실험 형태로 어떤 행동을 해 보게 하는 것을 말한다.

정답 39 ④ 40 ② 41 ③ 42 ②

43 인지치료적 직업상담에 관한 설명으로 틀린 것은?

① 심리교육적 접근을 한다.
② 아동기 경험을 중요시한다.
③ 잘못된 생각과 신념을 수정한다.
④ 사람의 생각이 직업행동을 결정하는 데 중요한 영향을 미친다고 가정한다.

해설

아동기의 경험을 중시하는 것은 정신분석 상담이다.

44 인지적 왜곡의 유형 중 상황의 긍정적인 양상을 여과하는 데 초점이 맞추어져 있고 극단적으로 부정적인 세부사항에 머무르는 것은?

① 자의적 추론 ② 선택적 추상
③ 긍정 격하 ④ 잘못된 명명

해설

선택적 추상(정신적 여과)
부정적인 일부 세부 사항(실패 또는 부족한 점)만을 기초로 결론을 내리고, 전체 맥락 중의 중요한 부분을 무시하는 것이다. 부정적 측면에 초점을 맞추고 긍정적 측면을 무시한다.

45 다음 중 현실치료의 특징으로만 짝지어진 것은?

A. 책임감에 대한 강조 B. 과거 경험에 대한 체계적인 탐색 C. 자율적이고 합리적인 모습 강조 D. 내담자 스스로 계획수립 및 수행평가

① A, B, C ② B, C, D
③ A, C, D ④ A, B, D

해설

B는 정신분석 상담의 특징에 해당된다.

46 다음 중 Glasser의 현실요법 상담이론에서 제시한 기본적인 욕구에 해당하지 않는 것은?

① 생존의 욕구 ② 힘에 대한 욕구
③ 자존의 욕구 ④ 재미에 대한 욕구

해설

현실치료요법의 5가지 욕구
소속과 사랑, 통제력(Power), 자유, 즐거움, 생존에 대한 욕구

2-2 직업상담 이론

47 특성 – 요인 상담에서 Strong과 Schmidt가 중요하게 생각한 상담사의 특성과 거리가 가장 먼 것은?

① 신뢰 ② 전문성
③ 매력 ④ 공감

해설

공감은 내담자 중심 상담에서 상담자의 태도이다. 특성 – 요인 상담에서 스트롱(Strong)과 슈미트(Schmidt)가 중요하게 생각한 상담자의 특성 또는 자질은 다음과 같다.

① 전문성 : 상담자는 개인에 대한 분석과 직업세계에 대한 이해에 있어서 전문가이어야 한다.
② 신뢰 : 상담자는 내담자에게 신뢰감을 줄 수 있어야 한다.
③ 매력 : 상담자는 내담자가 믿고 따를 수 있을 만큼 매력이 있어야 한다.

48 특성 – 요인 이론에 관한 설명으로 옳은 것은?

① 행동주의의 영향을 많이 받았다.
② 특성은 특정 상황에 대해서만 타당한 것으로 여겨진다.
③ 특성은 학습되는 것이다.
④ 개개인의 신뢰할 만하고 타당하게 측정될 수 있는 고유한 특성의 집합이다.

정답 43 ② 44 ② 45 ③ 46 ③ 47 ④ 48 ④

해설

특성－요인 이론의 철학적 가정(인간관)
인간은 각자 독특한 심리적 특성이 있고 누구나 자신만의 독특한 세계관을 지닌다고 본다.

49 특성－요인 직업상담에서 일련의 관련 있는 또는 관련 없는 사실들로부터 일관된 의미를 논리적으로 파악하여 문제를 하나씩 해결하는 과정은?

① 다중진단 ② 선택진단
③ 변별진단 ④ 범주진단

해설

특성－요인 직업상담에서 변별진단은 일련의 관련이 있거나 관련 없는 사실들로부터 일관된 형식의 의미를 논리적으로 사고하는 과정 또는 하나씩 해결하는 과정이다.

50 윌리엄슨(Williamson)이 구분한 특성－요인 직업상담과정 중 (A)에 해당하는 것은?

분석 － 종합 －（ A ）－ 예후 － 상담 － 추수지도

① 진단 ② 계획의 수행
③ 설명 ④ 정보 제공

51 특성－요인 직업상담에서 Williamson이 검사의 해석 단계에서 이용할 수 있다고 제시한 상담기법은?

① 가정 ② 해석
③ 변명 ④ 설명

해설

특성－요인 직업상담에서 윌리엄슨(Williamson)이 검사의 해석 단계에서 이용할 수 있다고 제시한 상담기법은 직접 충고, 설득, 설명이다. 해석은 주로 정신분석 상담에서 쓰이는 기법으로 내담자 행동의 의미를 상담자가 지적하여 설명하고 가르치는 절차이다.

52 비지시적 상담을 원칙으로 자아와 일에 대한 정보 부족 혹은 왜곡에 초점을 맞춘 직업상담은?

① 특성－요인 직업상담
② 행동주의 직업상담
③ 내담자 중심 직업상담
④ 정신분석적 직업상담

해설

내담자 중심 직업상담은 내담자의 자아와 일에 대한 정보가 부족, 왜곡됨이 없도록 하고 이들 두 경험이 보다 많이 일치하도록 돕는 과정이다. 비지시적 상담 또는 민주적 상담, 인간 중심적 상담이라고도 한다. 혹은 현상학적 접근이라고도 하며 자아개념을 중시하는 심리학에 기초를 두고 있기 때문에 자아이론적 접근이라고도 한다.

53 내담자 중심의 상담과정에서 직업정보 제공 시의 유의사항으로 틀린 것은?

① 내담자 스스로 얻도록 격려한다.
② 내담자의 입장에서 필요할 때 제공되어야 한다.
③ 직업과 일에 대한 내담자의 감정과 태도가 자유롭게 표현되어야 한다.
④ 내담자에게 직접적인 영향을 주거나 조작을 위하여 사용되어야 한다.

정답 49 ③ 50 ① 51 ④ 52 ③ 53 ④

해설

패터슨의 직업정보 활용방법 4가지
① 내담자가 필요로 할 때 제공한다.
② 내담자가 정보를 받을 준비가 될 때까지 기다린다.
③ 내담자에게 영향을 주기 위해 사용되어서는 안 된다.
④ 내담자가 직접적인 접촉을 통하여 직업정보를 얻도록 격려한다.

54 다음 중 내담자 중심적 상담자가 심리검사를 사용할 때의 활동원칙과 가장 거리가 먼 것은?

① 검사결과의 해석에 내담자가 참여하도록 한다.
② 검사결과를 전할 때는 명확하게 하기 위해 평가적인 언어를 사용한다.
③ 내담자가 알고자 하는 정보와 관련된 검사의 가치와 제한점을 설명한다.
④ 검사결과를 입증하기 위한 더 많은 자료가 수집될 때까지는 시험적인 태도로 조심스럽게 제시되어야 한다.

해설

평가적인 언어를 쓰기보다는 내담자가 이해할 수 있는 말로 바꾸어 설명해야 한다.

55 정신역동적 집단상담의 장점이 아닌 것은?

① 자신의 방어와 저항에 대해 좀 더 극적인 통찰을 얻을 수 있다.
② 다른 집단원이나 상담자에게 전이감정을 느끼며 훈습할 기회가 많아 자기 이해를 증진할 수 있다.
③ 다른 집단원의 작업을 관찰함으로써 자신이 의식하지 못했던 감정을 가지고 있음을 이해하게 된다.
④ 집단상담자의 분석은 상담자와 집단원의 독점적 관계에서 전이적 소망을 충족시켜 주므로 치료를 촉진시킨다.

해설

집단상담자와 집단원의 관계는 독점적인 관계가 아니다. 따라서 특정개인의 문제가 충분히 다루어지지 않을 가능성이 많다.

56 정신역동 상담이론에 관한 설명으로 옳은 것은?

① 정신분석에서 해석은 목적지향적으로 이루어진다.
② 개인심리학에서는 내담자의 심리 내적인 갈등이 가장 중시된다.
③ 정신분석에서 내담자가 상담자에게 느끼는 모든 감정은 전이의 표현이다.
④ 개인심리학에서 상담자는 내담자에 대한 광범위한 격려의 사용을 권장한다.

해설

개인심리학에서는 인간은 창조적이고 책임감 있는 존재로 보며 열등감의 극복과 우월성의 추구가 개인의 목표라고 본다. 이러한 관점에서 상담자는 내담자에 대한 광범위한 격려의 사용을 권장한다.

57 정신역동적 상담의 주요 기술이 아닌 것은?

① 전이 ② 훈습
③ 해석 ④ 선택

해설

정신역동적 상담은 정신분석 상담이론을 기반으로 하며, 저항분석, 꿈의 분석, 해석, 훈습, 자유연상, 전이의 분석이 주요 기술이다.

정답 54 ② 55 ④ 56 ④ 57 ④

58 Bordin의 정신역동적 직업상담에서 사용하는 기법이 아닌 것은?

① 명료화 ② 비교
③ 소망－방어체계 ④ 반응범주화

해설

보딘(Bordin)의 정신역동적 직업상담기법
① 명료화 : 진로문제와 관련된 내담자의 문제를 명료하게 재인식시킨다(개방형 질문, 부드러운 명령, 단순화된 진술의 형태를 취한다).
② 비교 : 두 가지 이상 주제들 사이의 유사성, 차이점을 분명하게 부각하기 위해 비교하는 방법을 쓴다.
③ 소망－방어체계 해석 : 내담자의 내적 동기와 직업결정과정 간의 관계를 인식하게 한다.

59 Super의 발달적 직업상담에서 의사결정에 이르는 단계를 바르게 나열한 것은?

ㄱ. 문제탐색
ㄴ. 태도와 감정의 탐색과 처리
ㄷ. 심층탐색
ㄹ. 현실검증
ㅁ. 자아수용
ㅂ. 의사결정

① ㄱ → ㄴ → ㄷ → ㄹ → ㅁ → ㅂ
② ㄱ → ㄷ → ㄴ → ㄹ → ㅁ → ㅂ
③ ㄱ → ㄷ → ㅁ → ㄹ → ㄴ → ㅂ
④ ㄱ → ㄷ → ㄹ → ㅁ → ㄴ → ㅂ

해설

슈퍼(Super)의 발달적 직업상담 단계
문제탐색－심층탐색－자아수용 및 자아통찰－현실검증－태도와 감정의 탐색과 처리－의사결정

60 발달적 직업상담에서 Super가 제시한 평가의 종류 중 내담자가 겪고 있는 어려움이나 직업상담에 대한 내담자의 기대를 평가하는 것은?

① 문제평가 ② 현실평가
③ 일차평가 ④ 내용평가

해설

① 문제평가 : 내담자가 경험하고 있는 어려움을 평가한다.
② 개인의 평가 : 심리검사, 임상적 방법 등을 통해 내담자 개인에 대해 평가한다.
③ 예언평가(사후평가) : 문제의 평가와 개인의 평가를 바탕으로, 내담자가 어떤 직종에서 성공할 수 있을지를 예측한다.

61 행동적 상담기법 중 불안을 감소시키는 방법으로 이완법과 함께 쓰이는 방법은?

① 강화
② 변별학습
③ 사회적 모델링
④ 체계적 둔감화

해설

체계적 둔감화법(3단계)
① 근육이완훈련
② 불안위계목록 작성
③ 상상과 이완

불안위계목록에 따라 상상과 이완을 반복하여 불안을 체계적으로 둔감화시킨다.

62 행동주의적 상담기법 중 학습촉진 기법이 아닌 것은?

① 강화 ② 변별학습
③ 대리학습 ④ 체계적 둔감화

정답 58 ④ 59 ③ 60 ① 61 ④ 62 ④

해설

체계적 둔감화법은 불안감소기법이다.
불안감소기법에는 체계적 둔감법, 금지조건 형성, 역조건 형성, 홍수법, 혐오치료, 주장훈련, 자기표현훈련 등이 있다.

63 상담이론과 심리적 문제의 의미가 잘못 짝지어진 것은?

① 정신분석적 접근–무의식적인 충동에 대처하기 위한 증상 형성
② 내담자 중심 접근–자기와 경험의 불일치
③ 행동주의적 접근–충동적인 욕구에 의한 부적응적인 행동
④ 인지적 접근–비합리적이고 부적응적인 사고방식

해설

행동주의적 접근은 인간은 어떤 충동적인 욕구에 의해 부적응 행동이 나타나는 게 아니라 인간의 행동은 학습된 것이라는 점에 의견을 같이한다. 인간의 행동은 학습조건의 변화와 조작에 따라 수정이 가능한 것으로 생각한다.

64 행동주의 직업상담에서 내담자가 직업선택에 대해서 무력감을 느끼게 되고, 그로 인해 발생된 불안 때문에 직업결정을 못하게 되는 것을 무엇이라고 하는가?

① 무결단성 ② 우유부단
③ 미결정성 ④ 부적응성

해설

행동주의 직업상담모형에서 구스타인(Goodstein)은 내담자가 의사결정을 내리지 못하는 원인으로 불안을 강조하였으며, 의사결정을 내리지 못하는 유형을 우유부단함과 무결단성으로 구분하여 불안을 설명하였다.
우유부단형에게는 불안이 우유부단의 선행요인이 아닌 결과에 해당하는 것이고 무결단형에게는 불안이 무결정의 선행요인이자 결과로서 작용한다고 하였다.
즉, 무결단성은 불안이 오래 지속되었을 때 일어나는데 이로 인해 내담자들은 직업선택문제에서 무력하게 되고 직업선택결정을 못하게 된다고 하였다.

65 다음과 같은 직업상담에 대한 견해를 제시한 학자는?

- 직업상담의 과정에는 진단, 문제분류, 문제구체화, 문제해결의 단계 등이 포함되어야 한다.
- 직업상담의 목적에는 직업선택, 의사결정 기술의 습득, 일반적 적응의 고양 등이 포함되어야 한다.

① Maola ② Gysbers
③ Crites ④ Krivatsy

66 포괄적 직업상담 프로그램의 단점으로 가장 적합한 것은?

① 직업결정 문제의 원인으로 불안에 대한 이해와 불안을 규명하는 방법이 결여되어 있다.
② 직업상담의 문제 중 진학상담과 취업상담에 적합할 뿐 취업 후 직업적응문제들을 깊이 있게 다루지 못하고 있다.
③ 직업선택에 미치는 내적 요인의 영향을 지나치게 강조한 나머지 외적 요인의 영향에 대해서는 충분하게 고려하고 있지 못하다.
④ 직업상담사가 교훈적 역할이나 내담자의 자아를 명료화하고 자아실현을 시킬 수 있는 적극적 태도를 취하지 않는다면 내담자에게 직업에 대한 정보를 효과적으로 알려 줄 수 없다.

정답 63 ③ 64 ① 65 ③ 66 ②

67 포괄적 직업상담에 관한 설명으로 틀린 것은?

① 논리적인 것과 경험적인 것을 의미 있게 절충시킨 모형이다.
② 진단은 변별적이고 역동적인 성격을 가지고 있다.
③ 상담의 전반적인 진행에서 특성-요인 이론과 행동주의 이론으로 접근한다.
④ 검사의 역할을 중시하며 검사를 효율적으로 사용한다.

해설

크리츠(Crites)가 제시한 포괄적 직업상담이론은 특성-요인 상담, 인간 중심 상담, 발달적 이론, 정신역동적 직업상담 등 5가지 상담의 장점을 선택하고 단점을 보완하여 통합시킨 이론이다.

68 포괄적 직업상담에서 내담자가 지닌 직업상의 문제를 가려내기 위해 실시하는 변별적 진단검사와 가장 거리가 먼 것은?

① 직업성숙도검사
② 직업적성검사
③ 직업흥미검사
④ 경력개발검사

해설

포괄적 직업상담에서 변별적 진단검사로 사용하는 것은 진로성숙검사, 직업적성검사, 직업흥미검사이다.

69 포괄적 직업상담에서 초기, 중간, 마지막 단계 중 중간 단계에서 주로 사용하는 접근법은?

① 발달적 접근법
② 정신역동적 접근법
③ 내담자 중심 접근법
④ 행동주의적 접근법

해설

포괄적 직업상담의 기법
① 초기 : 발달적 접근법, 내담자 중심 접근법
② 중기 : 정신역동적 접근법
③ 마지막 : 특성-요인 접근법, 행동주의적 접근법

정답 67 ③ 68 ④ 69 ②

CHAPTER 3 직업상담의 기법

3-1 초기 면담의 의미

1 초기 면담의 유형과 요소

(1) 초기 면담의 의의

① 직업상담 초기 과정으로 가장 중요한 면담이다.
② 초기 면담은 내담자에 대한 필요한 정보를 수집하고, 관계의 시작을 알리는 것을 말한다.
③ 초기 면담에서 상담자는 정직하고 개방적이며 적절한 관계를 통하여 내담자의 문제를 신속하게 파악하고 다룰 수 있는가를 판단하여야 한다.

| 쌤의 핵심포인트 |
상담에 적극적으로 참여할 의사가 없는 '방문자 유형'의 내담자에게는 해결 중심의 대화부터 하는 것은 적절하지 않다.

(2) 초기 면담의 유형

① 내담자 대 상담자의 솔선수범 면담

초기 면담의 성공을 위해서 상담자와 내담자는 솔선수범하여야 한다.

구분	내용
상담자에 의한 초기 면담	대부분 내담자는 초기 면담에 대한 두려움과 불확실성을 가지므로 상담자는 먼저 상담을 실시하는 이유를 설명하여 내담자의 긴장을 완화시켜야 한다.
내담자에 의한 초기 면담	상담자는 내담자의 목적을 확신하지 못하기 때문에 불안감을 가지게 된다. 이를 극복하기 위해서 가능한 한 내담자의 말에 귀를 기울이며 불안감을 극복하여야 한다.

② <u>정보지향적 면담</u>

구분	내용
<u>탐색해 보기</u>	• 내담자에게 질문을 하여 정보를 수집하는 단계 • 누가, 무엇을, 어디서, 어떻게로 시작하는 질문이며 한두 마디 이상의 단어 응답을 요구한다. • "왜"라는 단어는 불만을 표시하고 방어적인 위치에 두기 때문에 "왜"라는 단어 없이 질문을 한다.
<u>폐쇄형 질문</u>	• "예", "아니오"와 같은 단답형으로 대답할 수 있도록 하는 질문이다. • 짧은 시간에 많은 정보를 추출해 낼 수 있지만 정교화된 정보는 아니다.
<u>개방형 질문</u>	"무엇을", "어떻게", "가능하였다" 등과 같은 단어를 사용하여 내담자에게 많은 시간을 할애하는 것이다.

| 쌤의 핵심포인트 |
정보지향적 면담에서는 '감정이입하기'는 하지 않는다.

③ 관계지향적 면담

구분	내용
재진술	• 내담자가 전달하는 이야기의 표면적 의미를 상담자가 다른 말로 바꾸어 서 말하는 것이다. • 내담자에게 상담자가 적극적으로 상담에 참여하고 있다는 것을 증명해 주는 것으로 내담자의 입장을 이해하려고 노력하고 있음을 알려준다.
감정의 반영	언어적 · 비언어적 표현을 다른 참신한 말을 사용하여 부연해주는 것으로 내담자로 하여금 이해하고 있다는 느낌을 받게 한다.

(3) 초기 면담의 요소

① 감정이입(Empathy)

㉠ 감정이입은 길을 전혀 잃어버리지 않고 마치 자신이 내담자의 세계 속에 들어가 경험을 갖도록 시도하는 능력을 뜻한다.

㉡ 지각과 의사소통이 감정이입의 기법이다.

② 언어적 행동과 비언어적 행동

상담자가 내담자에게 좋은 영향을 줄 수 있는 언어적 행동과 비언어적 행동을 3가지씩 쓰시오. 2차

㉠ 언어적 행동은 내담자에게 중요한 것이 무엇인가를 논의하거나 이해시키려는 열망을 보여주는 의사소통을 포함한다.

예 이해 가능한 언어 사용, 적절한 호칭의 사용, 긴장을 줄이기 위한 유머 사용, 개방적 질문의 사용 등

㉡ 비언어 행동인 미소, 몸짓, 기울임, 눈맞춤, 끄덕임 등은 상담자가 관심을 갖고 열린 상태가 되어 내담자를 끌어들이는 데 효과가 있다. 면접 시 충고, 타이름, 과도한 질문, 하품 등은 도움이 되지 않는 면담행동이다. 또한, 분석하고 충고하는 태도, 단호한 결단력 등은 효과적인 상담 진행에 장애가 되는 면담 태도에 해당한다.

③ 직업상담자 노출하기

자신의 사적인 정보를 드러내 보임으로써 자기 자신에 대해서 다른 사람이 알 수 있도록 하는 것을 의미한다. 내담자의 측면에서 볼 때 자기노출은 성공적인 상담을 위해 필요한 것으로 볼 수 있으나 상담자에게 자기노출이 항상 필요한 것은 아니다.

④ 즉시성

상담자가 상담자 자신의 바람은 물론 내담자의 느낌, 인상, 기대 등에 대해 깨닫고 대화를 나누는 것을 의미한다.

㉠ 관계 즉시성 : 상담자와 내담자 관계의 질에 대하여 그것이 긴장되어 있는지, 지루한 것인지 혹은 생산적인 것인지 내담자와 이야기를 나누는 상담자의 능력을 뜻하는 것이며, 여기서 상담자의 실력이 드러난다.

ⓛ '지금－여기'에서의 즉시성 : 발생하고 있는 어느 특정교류에 대해서 의논하는 것을 말한다. 예컨대, 내담자는 상담자가 특정 사실을 공개하거나 숨기고 있는 자기 자신을 어떻게 생각하고 있는지에 대해서 알기를 원할 수도 있다. 상담자는 그 순간에 내담자가 어떻게 느끼고 생각하는지를 탐색한다.

즉시성 상담기법의 유용성(즉시성이 유용한 경우)

① 방향성이 없는 관계일 경우
② 긴장감이 감돌고 있을 때
③ 신뢰성에 의문이 제기될 경우
④ 상담자와 내담자 사이에 상당한 정도의 사회적 거리가 있을 경우
⑤ 내담자가 의존성이 있을 때
⑥ 역의존성이 있을 경우
⑦ 상담자와 내담자 사이에 친화력이 있을 경우

⑤ 유머(Humor)

유머는 상담자의 입장에서 볼 경우 민감성과 시간성을 동시에 요구할 수 있다. 상담 장면에서 적절하게 활용된다면, 여러 가지 치료적 시사를 갖는 임상적 도구로 사용될 수 있다. 유머를 통해 내담자 저항을 우회할 수 있고, 긴장을 없앨 수 있을 뿐만 아니라 내담자를 심리적 고통에서 벗어나도록 도울 수 있으며, 상황을 보다 분명하게 지각할 수도 있다.

⑥ 직면(Confrontation)

내담자로 하여금 행동의 특정 측면을 검토 · 수정하게 하며 통제하도록 도전하는 것이다. 즉, 직면은 사람들이 무엇이 일어나고 있고 그 결과를 분명하게 알도록 하여 보다 효율적인 생활과 더불어 타인과의 훌륭한 관계를 맺을 수 있도록 변화를 모색하는 행동에 대해서 어떻게 책임을 져야 하는가를 알 수 있도록 한다. 주의 깊고 적절한 직면은 성장을 유도하고 용기를 주나, 때로는 상담자가 직면에 실패할 수 있으므로 실제로 내담자에게 해로울 수 있다.

⑦ 계약(Contracting)

계약은 목표 달성에 포함된 과정과 최종 결과에 초점을 두는 것으로, 상담자는 계약의 초점이 변화에 있음을 강조해야 한다. 따라서 내담자의 행동, 사고 등의 변화를 촉진하는 계약이 강조된다.

⑧ 리허설(Rehearsal)

일단 계약이 설정되면 상담자는 내담자에게 선정된 행동을 연습하거나 실천토록 함으로써 내담자가 계약을 실행할 기회를 최대화할 수 있도록 도와주는 것이다. 내담자가 하고자 하는 것을 말로 표현하거나 행위로 보이는 명시적 리허설과 원하는 것을 상상해 보는 암시적 리허설이 있다.

2 초기 면담의 종결

| 쌤의 핵심포인트 |

여기서 말하는 '종결'은 직업 상담 전체 과정의 종결단계에서 수행해야 할 내용이 아닌 초기 면담의 종결과정에서 수행해야 할 내용에 관한 것이다. 즉, 초기 면담의 종결을 거친 이후 상담자가 본격적인 개입을 시도하게 되는 것이다.

(1) 초기 면담을 종결할 때 수행해야 할 활동 및 유의사항

① 상담과정에서 필요한 과제물을 부여한다.

② 조급하게 내담자에 대한 결론을 내리지 않는다.

③ 내면적 가정이 외면적 가정을 논박하지 못하도록 수행한다.

(2) 초기 면담을 마친 후 면담정리를 위해 검토해야 할 사항

① 사전자료를 토대로 내렸던 내담자에 대한 결론은 얼마나 정확했는가?

② 상담에 대한 내담자의 기대와 상담자의 기대는 얼마나 일치했는가?

③ 내담자에 대하여 어떤 점들을 추가적으로 평가해야 할 것인가?

④ 다음 상담회기를 어떻게 시작할 것인가?

3-2 구조화된 면담법

1 생애진로사정

(1) 의미

① 생애진로사정(Life Career Assessment)은 초기 면담 시 이용할 수 있는 구조화된 면담기법으로서, 내담자에 관한 가장 기초적인 직업상담정보를 얻는 질적 평가절차이다.

| 쌤의 핵심포인트 |

구조화된 면담기법이기는 하나, 도구를 사용하지는 않는다.

② 생애진로사정은 부분적으로 아들러(Adler)의 개인심리학에 기반을 둔 것으로서, 내담자와 환경의 관계를 이해하는 데 도움을 준다.

③ 생애진로사정은 내담자가 인생의 가치관이 무엇인지, 또 그런 가치관이 어떻게 자신의 행동을 지배하는지를 확인하고 명확하게 인식하도록 돕기 위한 과정이다.

④ 생애진로사정은 비판단적, 비위협적이고 대화적인 분위기로 전개될 수 있다. 여기서는 내담자가 간혹 학교나 훈련기관에서 평가받을 때 느꼈던 부정적인 선입관과 연관되는 인쇄물이나 소책자 그리고 지필도구 등을 사용하지 않는다.

⑤ 생애진로사정은 내담자의 진로계획을 향상시킨다. 보다 나은 평가가 요구되는 표준화검사 같은 진로사정도구를 이용할 수도 있지만 표준심리검사라도 필수적이지는 않다.

(2) 생애진로사정의 구조

생애진로사정의 구조는 진로사정, 전형적인 하루, 강점과 장애, 요약의 네 가지로 이루어진다.

① 진로사정

㉠ 일의 경험 : 수행한 직무, 가장 좋았던 것과 가장 싫었던 것을 알아본다.

㉡ 교육 또는 훈련과정 및 관심사 : 학교와 학습에 관해서 가장 좋았던 것과 싫었던 것에 대해 알아본다.

㉢ 오락(여가) : 여가시간의 활용, 사랑과 우정관계를 알아본다.

② 전형적인 하루

내담자가 자신의 생활을 어떻게 조직하는가를 발견하는 것이 주목적으로 내담자에게 자신의 전형적인 하루를 차근차근 설명하게 한다.

내담자가 의존적인지 또는 독립적인지, 즉흥적(임의적)인지 또는 체계적인지 자신의 성격차원을 파악하도록 돕는다.

예 당신은 아침에 스스로 일어납니까?
당신은 혼자서 일을 해 나갑니까?

③ 강점과 장애

내담자가 스스로 생각하는 강점 3가지, 약점 3가지를 말하게 한다. 이때 내담자가 직면하고 있는 문제들, 내담자에게 있을 법한 환경적 장애들, 내담자가 갖고 있는 대처자원 등에 관한 정보를 얻을 수 있다.

④ 요약

생애진로사정의 마지막 부분으로 면접 동안 얻은 정보를 재차 강조하는 것이다. 인생경력의 가치관들, 강점과 장애 등을 반복 확인할 수 있다. 요약의 또 다른 목적은 진로계획을 향상시키기 위해 상담을 통해 목표를 성취하도록 자극하는 정보와 관련된다.

(3) 생애진로사정을 통해 얻고자 하는 정보

① 내담자의 직업경험과 교육수준을 나타내는 객관적인 사실
② 내담자 자신의 기술과 능력에 대한 자기평가 및 상담자의 평가 정보
③ 내담자 자신의 가치와 자기인식

직업상담의 구조화된 면담법으로 생애진로사정의 구조 4가지에 대하여 설명하시오. 2차

| 쌤의 핵심포인트 |

과거 직업에 대한 전문지식을 분석하지는 않는다.

생애진로사정(LCA)이 무엇인지 그 의미를 쓰고, 생애진로사정을 통해 얻을 수 있는 정보를 3가지 쓰시오. 2차

2 직업가계도(Genogram)

(1) 직업가계도의 의의

① 직업가계도는 내담자의 가족이나 선조들의 직업 특징에 대한 시각적 표상을 얻기 위해 도표를 만드는 방식이다. 내담자의 양친, 숙모와 삼촌, 형제자매 등과 직업들을 도해로 표시하는 것으로 직업, 경력포부, 직업선택 등에 관해 내담자에게 영향을 주었던 다른 사람들도 포함시킨다(Gysbers & Moore, Okiishi).

② 직업가계도는 직업상의 지각에 영향을 끼쳤을지 모르는 모형들을 찾는 데 사용될 뿐 아니라 작업자로서 자기지각(Self-perception)의 근거를 밝히는데도 사용된다.

③ 내담자를 도와 가족의 핵심구성원인 부모들과 상호작용들을 체계적으로 탐색해 보게 함으로써 내담자 자신에 대한 관점과 그들이 직업을 선택하고자 하는 이유를 인식할 수 있게 한 것이다.

(2) 직업가계도의 활용

생애진로사정 시 사용되는 직업가계도(Genogram, 제노그램)의 의미와 활용에 대해 설명하시오. 2차

직업가계도를 생애진로사정에 추가하게 되면 상담자는 가족구조 역할이라는 보다 폭넓은 시각에서 내담자에 관한 정보를 이해하는 데 도움을 받게 된다. 예를 들면 상담자는 작업자들이 좋아하는 근로환경뿐만 아니라 그들이 겪을 수 있는 일의 적응 문제와 기능훈련 학습문제를 더 잘 이해할 수 있게 될 것이다.

(3) 직업가계도를 그릴 때 관심을 가져야 할 요인(Dagley)

① 3~4세대 가계에 있어서 대표적인 직업

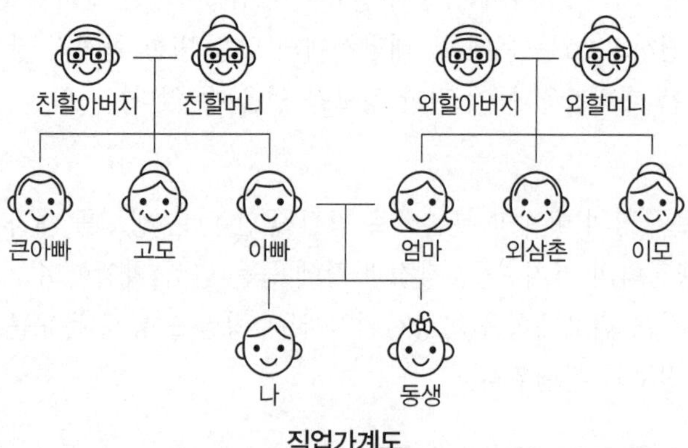

직업가계도

② 여러 가족구성원들이 직업을 선택했거나 바꾸었을 때 나타난 진로선택 형태와 방법

③ 가족의 경제적 기대 또는 압력

④ 가족의 일의 가치

⑤ 내담자가 성장할 때의 또래집단 상황

3 생애진로주제를 이해하기 위한 3가지 차원

생애진로사정의 역할모형을 확인하는 주된 이유는 내담자의 사고과정을 이해하고 행동을 통찰하도록 도와주기 때문이다. 내담자의 생애진로주제(Life Career Themes)에 대한 확인 및 분석은 과정을 안내할 구조를 갖춰야 하는데 생애역할, 특히 작업자, 학습자, 개인의 역할 등이 고려되어야 한다.

① 작업자 역할 : 자료－관념－사람－사물(프레디저), 직업적 성격 및 작업환경(홀랜드), 기술 확인(볼레스)

② 학습자 역할 : 학습자 형태(콜브), 학습 형태(캔필드)

③ 개인적 역할 : 생애 형태(아들러), 대뇌반구의 기능

(1) 작업자 역할

작업자 역할은 내담자가 일 환경에서 보다 적응력이 높은 부분에 대한 정보들로 구성된다. 이 정보들은 직업사전에 기초자료로 제시됨으로써 내담자의 작업자 역할을 분석하여 내담자가 성공할 가능성이 있는 직업을 찾아내는 데 유용한 자료가 된다.

① 자료－관념－사람－사물 : 프레디저(Prediger)

가장 광범위하게 사용되고 영향력이 있는 직업분류 체계는 미국 직업사전(DOT)이다. 프레디저는 관념을 포함한 자료－관념－사람－사물 등의 기능등급을 확대하여 해석하였으며, 다음과 같이 정의하였다.

구분	정의	직업능력(과제)	관련 직업
자료	사람이 소비하는 서비스·물건을 용이하도록 체계적인 과정	자료과제는 비인격적인 과정으로, 자료의 기록, 변환, 전환, 그리고 사실성이나 물건 및 봉사 등을 표현한 자료의 구성 등을 포함한다.	• 매매알선인 • 계리사 • 항공통제사 • 비서
관념	요약, 이론, 지식, 통찰, 언어, 방정식, 음악 등을 표현하는 새로운 방법	관념과제는 내부적 성격과정으로, 추상개념을 창조, 발견, 해석, 종합하거나 또는 추상개념의 실제적인 적용 등을 포함한다.	• 과학자 • 음악인 • 철학자
사람	내부적 성격과정	사람과제는 돕는 것, 봉사하는 것, 설득하는 것, 위안하는 것, 동기화하는 것, 감독하는 것 등과 일반적으로 인간 행동의 변화를 추구하는 것 등을 포함한다.	• 교사 • 세일즈맨 • 간호사
사물	기계, 기계장치, 물질, 장비, 신체적·생리적 과정	사물과제는 비인격적 과정으로 생산, 운수, 점검, 수선 등을 포함한다.	• 제빵사 • 농부 • 기술자

② 직업적 성격 및 작업환경 : 홀랜드(Holland)

㉠ 현실적 성격 및 환경　　㉡ 탐구적 성격 및 환경
㉢ 예술적 성격 및 환경　　㉣ 사회적 성격 및 환경
㉤ 진취적 성격 및 환경　　㉥ 관습적 성격 및 환경

③ 기술 확인 : 볼레스(Bolles)

『생애의 3개 상자』라는 저서에서 기술의 3가지 중요한 범주로 자기관리 기술, 기능적 · 전환적 기술, 일의 내용 기술을 제시하였다.

구분	내용
자기관리 기술	한 개인이 타인과 함께 진행하기 위하여 그리고 권위, 시간, 공간, 물질세계 등과 관련짓기 위해 사용된다.
기능적 · 전환적 기술	사람이 정보, 사람, 사물에 대하여 어떻게 행동하는가에 대한 기술이다.
일의 내용 기술	어휘, 일 관련 기법, 과정, 주제 등을 숙달하는 데 필요한 기술이다.

④ 작업자 역할모형 결합

작업자 역할과 관련하여 내담자의 주제를 확인 또는 서술하는 것을 도울 수 있는 이 모형은 한 가지 또는 여러 가지를 혼합하여 사용한다.

예 • 프레디저(Prediger)는 『일의 세계 안내』를 저술할 때 '자료－관념－사람－사물'을 가지고 홀랜드의 직업적 분류체계인 현실적, 관습적, 진취적, 사회적, 심미적, 탐구적 등을 혼합

• 볼레스는 기술분류과정에서 홀랜드의 직업분류로부터 성격형태를 혼합

(2) 학습자 역할

내담자를 예견하기 위하여 학습적인 행동과 이를 측정하기 위한 검사들이 있다. 직업상담가는 내담자의 직업적 예언을 위하여 다양한 측면에서 분석할 필요가 있다. 콜브(Kolb)는 개인의 지배적인 학습과정인 학습형은 유전의 결과, 과거생활경험, 가족, 학교, 직업 등과 현재 환경의 요구에 의하여 결정된다고 보았다.

① 학습자 형태 : 콜브(Kolb)

	확고한 경험(감각 · 느낌)		
(하는 것)	활동적	사려 깊은	(바라봄)
	실험	관찰	
	추상적 개념화(사고)		

콜브의 학습모형

이 모형은 개인이 어떻게 지각하고 어떤 학습과정을 하는가에 기초한 학습형태를 설명해주는 모형으로 콜브는 학습의 태도를 집중적 사고형, 확산적 사고형, 동화적 사고형, 적응적 사고형으로 분류하고 이 유형에 따른 직업군을 다음과 같이 제시한다.

구분	정의	직업능력	관련 직업
집중적 사고형	• 추상적인 개념화와 활동적인 실험 • 강점 : 생각을 실제적으로 적용	지식은 추론적이고 전체적이며, 구조화되어 있음. 특별한 문제에 집중할 수 있고, 사물을 다루기 좋아함	기술자
확산적 사고형	• 집중적인 것과 반대의 학습장점을 가지며, 확고한 경험과 사려 깊은 관찰 • 강점 : 상상력	사람에게 관심이 많고 상상적임. 정서적인 경향이 있으며, 문학적 예술배경을 갖고 있음	• 상담자 • 관리자 • 조직개발 협의자
동화적 사고형	• 추상적인 개념화와 사려 깊은 관찰 • 강점 : 확고한 이론적 모형에 대한 능력	사람에 대해 덜 관심 있는 반면, 추상적인 개념에 더 관계하고 있으며, 논리적으로 건전하거나 정확함을 중시함	• 연구 • 기획
적응적 사고형	• 동화하는 자와 반대의 경험으로 확고한 경험과 활동적 실험에 가장 좋음 • 강점 : 새로운 경험을 가지고 실험과 계획을 이끌어 내는 것	사물과 일을 좋아하며, 자신의 분석적인 능력보다 시행착오적이며 직관에 의해 문제를 해결. 사람을 안심시키며, 인내심이 없고 자신만만함	• 기업가 • 판매사

② 학습 형태 : 캔필드(Canfield)

캔필드는 영향이 있는 학습에 대한 효과적인 연구 그리고 교수상황에서 만족하고 유효하게 적용될 수 있도록 기여하는 변수를 측정하는 학습형태모형에 기저한 학습형태검사라 불리는 도구를 개발하였다. 캔필드는 학습형태의 분류에서 네 개의 효과적인 변인으로서 조건, 내용, 양식, 기대 등을 제시하였다.

㉠ 조건 : 학습상황에서 존재하는 동기를 네 가지 원천으로 분류하였는데, 동기의 네 가지 영역은 제휴, 구조, 성취, 탁월 등이다.

㉡ 내용 : 개인이 깊은 흥미를 가지고 자료를 공부할 때에 최고의 수행이라고 여겨지는 것을 지표로 삼는 경향이 많다.

㉢ 양식 : 다른 사람보다 감각적 체계를 가지고 더 효과적으로 학습하는 유형이며 학습형태검사는 학생의 선호를 평가하는 항목으로 구성되어 있다.

㉣ 기대 : 캔필드에 의해서 기대의 중요성으로 개인이 성공할 기회를 나타낸다는 연구결과가 제시되었다.

③ 학습형태검사의 수행

학습형태검사를 사용하여 공부환경에 대한 개인의 선호를 평가할 수 있는데, 이 검사는 조건, 내용, 양식, 기대의 수행을 확인하는 것이다.

(3) 개인적 역할

아들러(Adler)는 개인은 일, 사회, 성(性) 등 주요 인생과제에 반응하여야 한다고 하였다. 가족 내에서의 개인의 경험, 즉 기회와 장애, 도전과 기대, 열망과 좌절 등은 가족 내에서 태어난 순서에 의한 개인의 위치에 큰 영향을 받는다.

① 생애 형태

㉠ 아들러 심리학에 의하면, 개인은 사회적 환경에 관하여만 이해할 수 있고 모든 행동은 목적적이다. 따라서 개인은 사회적 환경에서 자신의 위치를 발견하기 위해 노력해야 하는데, 저마다 주위환경을 다루기 위하여 독특한 개인적 논리를 가지고 있다.

㉡ 아들러는 개인이 일, 사회, 성(性) 3개의 주요 생애과제에 반응하여야 한다고 하였다.

㉢ 아들러 심리학의 기본적 내용은 성격과 특정요인이 가족집단 내에서의 운동의 표현이라는 것이다.

㉣ 성격과 특성요인은 가족집단 내에서의 운동의 표현이다. 특히 한 가정에서 태어난 두 아이는 결코 동일한 상황에서 자라는 아이로 볼 수 없다.

㉤ 가족 내에서의 개인의 경험, 즉 기회와 장애, 도전과 기대, 열망과 좌절 등은 태어난 순서에 따른 가족 내 개인의 위치에 큰 영향을 받는다.

② 태어난 순서에 따른 개인의 위치

㉠ 외동 : 능숙한 사람들 속에서 어린 시절을 보내기 때문에 외동은 확실히 인생에 있어서 어려운 출발을 한다. 외동은 어른들의 동정심을 얻기 위해서 조르거나 어른 세계에서 인정받을 수 있는 영역에서 기술을 개발하려고 노력한다.

㉡ 첫째 아이 : 첫째 아이는 인생에서 위협적 위치에 있으며 가장 나이가 들었다는 점에서 붙는 칭호이다. 첫째 아이는 둘째 아이가 태어남으로써 용기를 잃을 수 있으며, 책임을 받아들이길 거부할지도 모른다.

| 쌤의 핵심포인트 |

쌍둥이라도 태어난 순서에 따라 성격이 다르게 형성된다.

㉢ 둘째 아이 : 둘째 아이는 생애에 있어 불만족스러운 점을 가지며 항상 원기왕성한 태도를 지니고, 첫째 아이를 간파하려고 하며, 끊임없는 압력이 있음을 느낀다.

㉣ 막내 : 막내는 가족 중 특별히 낮은 위치에 있어 '행운아'가 되며, 그렇기 때문에 가장 성공할 수 있으나, 용기를 잃게 되면 열등감을 느낀다.

㉤ 셋째 중 가운데 아이 : 가족 전체에서 셋째 중에 가운데 아이는 불확실한 위치이며 무시당한다고 느낄 수 있다. 가운데 아이는 막내 아이의 특권이나 첫째 아이의 권리에 반해 아무것도 가질 수 없다.

③ 대뇌반구의 기능

직업상담의 결과로서 상담자가 내담자의 심상을 형성하여 주제를 추출할 수 있는 하나의 방법은 대뇌반구 기능모형을 이용하는 것이다. 보통 좌반구는 언어를 구성하고 언어정보를 저장하며, 가치를 배우고 사회적 역량의 근원을 준비하는 것 등과 연결된다. 반면 우반구는 공간과 지각형태, 방향적 지향성, 시각적 묘사 등을 포함한 비언어적 통합기능과 연결된다.

3-3 내담자 사정하기

내담자의 직업능력은 동기, 역할, 흥미, 가치, 성격 등으로 측정할 수 있다. 이러한 것들은 내담자가 직업에 잘 적응할 것인가를 예측할 수 있게 하는 영역들이다.

1 동기(Motivation) · 역할(Role) 사정하기

1) 개요

동기와 역할을 사정하는 데에는 <u>자기보고법</u>이 가장 많이 사용된다. 자기보고방법은 내담자가 스스로 자기를 탐색하여 보고하게 하는 것으로, 인지적 명확성이 있는 내담자에게 효과적인 반면, 그렇지 못한 내담자에게는 부적합하다. 따라서 내담자가 인지적 명확성이 낮은 경우 우선적으로 **개인상담**을 시행한 후 자기보고를 통해 직업상담으로 전환하는 것이 바람직하다.

(1) 인지적 명확성 결여 사정

① 의의

동기의 결여는 여러 요인에 따를 수 있으며, 인지적 명확성 결여도 포함된다.

예 너무 높은 목표를 잡아서 낮은 자긍심으로 힘들어하는 사람은 목표달성의 동기가 높지 않을 수 있다.

"의대를 못 가면 인생은 실패작이다"라면서 양극적으로 사고하는 사람에 대해 의대 진로를 제외하면 직업상담을 계속 할 수가 없게 된다.

② 인지적 명확성 결여에 대한 사정

동기를 사정하는 것은 상황에 대한 인지적 명확성을 가장 중심적으로 보아야 한다. 이러한 동기에 대한 인지적 명확성을 사정하기 위해서는 다음과 같은 사정이 수행되어야 한다.

㉠ 지금 시점에서 진로를 선택하거나 현 진로를 바꾸는 것이 얼마나 중요한가? (상황의 중요성 사정)

㉡ 진로를 선택하거나 현재의 진로를 바꾸는 것을 성공적으로 했는지에 대해 내담자가 어느 정도 확신하고 있는가? (자기효능감 기대)

㉢ 내담자가 자신의 상황이 나아질 거라고 어느 정도 확신하는가? 내담자는 자신의 상황이 현재보다 더 악화될 가능성이 있다고 느끼는가? (결과 기대)

㉣ 진로를 선택하거나 바꾸는 데 있어 일을 잘한다는 것이 내담자에게 얼마나 중요한가? (수행에 대한 기준)

(2) 동기 사정하기에서 내담자가 성공에 대해 낮은 동기를 가지고 있을 때의 대처방안

직업상담 시 저항적이고 동기화되지 않은 내담자들을 동기화시키기 위한 효과적인 전략 3가지를 쓰고 설명하시오. 2차

낮은 동기는 직업상담 과정에 위협이 되며, 내담자의 동기를 유발시키지 않으면 불완전한 종결 또는 부적절한 선택을 초래할 수 있다. 따라서 동기사정자료를 사용하여 동기를 높일 수 있는 방안을 검토하여야 한다. 다음은 낮은 동기에 대처하는 방법이다.

① 진로선택에 대한 중요성 증가시키기

② 좋은 선택이나 전환을 할 수 있는 자기효능감 증가시키기

③ 기대한 결과를 이끌어낼 수 있는지에 대한 확신 증가시키기

④ 직업상담의 결과를 최대화하기 위해 내담자가 충분한 노력을 기울였는지를 확인하는 기준 증가시키기

2) 상호역할관계(Inter-role Assessment) 사정하기

(1) 상호역할관계 사정의 목표 및 용도

① 상호역할관계 사정의 목표

역할사정의 일반적인 목표는 어떤 역할들이 상호보완적이며 보상적인지 또는 상충적인지를 확인하는 데 있다.

㉠ 현재나 미래의 어느 시점에서 작업역할을 방해하는 역할들을 결정하는 것

㉡ 개인이 불운한 작업역할에 빠져 있을 때 이 부정적인 작업결과를 보상하는 역할들을 찾아내는 것

㉢ 지금이나 앞으로 보완될 역할들을 결정하는 것

② 상호역할관계 사정의 용도

상호역할관계 사정의 주요 용도 3가지를 쓰시오. 2차

㉠ 직업계획에서 상호역할 사정은 집대성한 생애역할들 중에서 하나의 역할에 해당하는 작업(일)의 인식을 높여주는 자극제로 쓰인다.

㉡ 직업적응상담에서는 상호역할 사정이 삶의 다른 역할들에 부정적인 영향을 주는 직업전환을 피해갈 수 있도록 내담자를 돕는 수단으로 쓰인다.

㉢ 생애를 윤택하게 하는 계획에서 상호역할 사정은 잠재적으로 보완적인 역할들을 찾아내는 수단으로 쓰인다.

(2) 상호역할관계의 사정방법

상호역할관계의 사정방법으로는 질문을 통해 역할관계 사정하기, 동그라미로 역할관계 그리기, 생애-계획연습으로 전환시키기 등이 있다.

상호역할관계의 사정방법 3가지를 쓰시오. 2차

① 질문을 통해 역할관계 사정하기

㉠ 내담자가 개입하고 있는 생애역할들 나열하기

㉡ 개개 역할에 소요되는 시간의 양 추정하기

㉢ 내담자의 가치들을 이용해서 순위 정하기

㉣ 상충적 · 보상적 · 보완적 역할들 찾아내기

② 동그라미로 역할관계 그리기

㉠ 내담자에게 동그라미로 역할관계를 그리도록 하는 것으로 그 원에는 상충적인 역할들, 보상적인 역할들, 보완적인 역할들이 표시된다.

㉡ 내담자가 시간을 많이 쓸수록 원의 크기를 더 크게 그리도록 하며, 각 원마다 명칭을 부여하게 한다. 또한 원의 크기는 역할에 부여된 가치의 크기에 따라서 달라진다.

③ 생애-계획연습으로 전환시키기

㉠ 생애역할의 목록을 작성한다.

㉡ 자신의 미래의 삶을 생각해 본다.

㉢ 자신의 개인가치를 지침으로 삼아 각 생애단계에서 이 역할들에 대한 상대적인 중요성을 나타내 주는 원을 그린다.

㉣ 시간을 한 변인으로 잡고, 생의 각 단계에서 내담자가 실제로 어떻게 시간을 보낼 것으로 기대하는지를 묘사해 주는 원을 그리게 한다.

㉤ 내담자의 생애를 25, 35, 45, 55세에서 비춰 보면서, 이렇게 살아갈 때 내담자의 가치들과 시간요구 간에 갈등이 생기는지, 이 갈등의 속성은 무엇인지 등을 탐색한다.

2 가치 사정하기

(1) 개요

① 가치란 사람의 기본 신념에 해당한다. 신념이란 사람들이 가장 신성하게 간직하고 있는 것으로 삶에서 무엇을 지향할 것인가에 관한 생각이다.

② 가치는 동기의 원천이자 개인적인 충족의 근거가 되고 일정 영역에서의 개인적인 수행기준, 개인의 전반적인 달성목표의 원천 등이 되기도 한다.
③ 개인적인 가치들이 인간의 행동을 결정하는 중요한 역할을 한다.

(2) 가치 사정의 용도

가치 사정의 용도 3가지를 쓰시오. 2차

① 자기인식(Self-awareness)의 발전
② 현재의 직업불만족의 근거 확인
③ 역할갈등(예 작업역할과 가족역할)의 근거 확인
④ 저수준의 동기 · 성취의 근거 확인
⑤ 개인의 다른 측면들(예 흥미나 성격 등)을 사정할 수 있는 예비단계
⑥ 직업선택이나 직업전환의 전략

(3) 자기보고식 가치 사정법

'자기보고식 가치 사정하기'에서 가치 사정법을 6가지만 쓰시오. 2차

일반적으로 가치 사정은 자기보고식 사정법을 이용한다. 자기보고식 사정법에는 다음의 6가지가 있다.

① 체크목록의 가치에 순위 매기기 : 목록 중 중요한 가치, 중요하지 않은 가치를 +, -로 표시하고 5위까지 순위를 매긴다.
② 과거의 선택 회상하기 : 과거에 선택한 가치들을 조사한다.
③ 절정경험 알아보기 : 가장 희열을 느꼈던 시기를 설명하게 한다.
④ 자유시간과 금전의 사용 계획 알아보기 : 자유시간이 주어진다면 어떻게 보낼 것인가? 복권에 당첨된다면? 등의 질문을 한다.
⑤ 백일몽 말하기 : 백일몽을 통해 환상을 밝혀 낸다.
⑥ 존경하는 사람 기술하기 : 존경하는 유명인물을 이용한 가치조사표를 작성하게 한다.

3 흥미 사정하기

(1) 개요

① 흥미는 그 사람의 관심이나 호기심을 자극하거나 일으키는 어떤 것이라고 정의 내릴 수 있다. 즉, 흥미는 개인이 하고 싶어 하는 것이나, 즐기거나 좋아하는 것의 지표이다.
② 개인의 흥미, 좋아하고 싫어하는 것, 선호활동에 대한 정보는 다양한 방법을 통해 수집할 수 있다.

③ 슈퍼는 흥미를 사정하는 방법(기법)을 다음과 같이 분류하였다.

구분	내용
표현된 흥미	어떤 활동이나 직업에 대해서 '좋다', '싫다'라고 간단하게 말하도록 요청하는 것이다.
조작된 흥미	활동에 대해 질문을 하거나 활동에 참여하는 사람들이 어떻게 시간을 보내는지 관찰하는 것이다.
조사된 흥미	가장 빈번히 사용되는 흥미사정기법으로 각 개인은 다양한 활동에 대해 좋고 싫음을 묻는 표준화된 검사를 완성하는데, 대부분의 검사에서 개인의 반응은 특정 직업에 종사하는 사람들의 흥미와 유사점이 있는지 비교된다.

(2) 흥미 사정의 목적

① 자기인식 발전시키기
② 직업대안 규명하기
③ 여가선호와 직업선호 구별하기
④ 직업 · 교육상 불만족 원인 규명하기
⑤ 직업탐색을 조장하기

흥미를 사정하는 목적을 5가지 쓰시오. 2차

(3) 흥미사정방법(흥미사정기법)

① 표현된 흥미와 조작된 흥미 유발하기 : 표현된 흥미는 어떤 활동이나 직업에 대해 '좋다', '싫다'를 간략하게 말하도록 요청하며, 조작된 흥미는 특정 활동이나 직업에서의 시간 사용 양상 또는 참여 수준 등을 관찰한다.

② 작업경험분석 : 이 기법은 흥미에 관한 사정뿐만 아니라 내담자의 가치, 기술, 생활방식 선호도, 인생의 진로주제들, 그 밖의 직업 관련 선호도 등을 규명하는 데 광범위하게 사용될 수 있다.

③ 직업카드분류전략 : 홀랜드의 6각형 이론과 관련된 일련의 직업카드를 주고 직업을 선호군, 혐오군, 미결정 중성군으로 분류하도록 하는 방법이다. 직업카드분류의 주요 목적은 내담자의 주제 체제를 탐색하는 것이다.

㉠ 미국심리협회 상담심리분과에서 연설한 타일러(Tyler)가 제안하였다.
㉡ 1차적으로 직업흥미를 알 수 있다.
㉢ 2차적으로 진로선택의 가치, 동기도 알아볼 수 있다.

④ 직업선호도검사 실시 : 우리나라 직업안전기관에서 사용하고 있는 직업선호도검사는 홀랜드의 성격검사를 표준화한 것이다.

⑤ 로(Roe)의 분류체계 이용 : 로는 2차원 분류체계를 개발하였는데, 수평차원은 활동에 초점을 둔 것이고, 수직차원은 기능수준(책임감, 능력, 기술 정도)에 초점을 둔 것이다.

개인의 관심이나 호기심을 자극하거나 일으키는 어떤 것을 흥미라고 한다. 내담자가 흥미를 사정하려고 할 때 사용할 수 있는 사정기법을 3가지만 쓰고 각각에 대해서 설명하시오. 2차

⑥ 흥미평가기법 : 내담자는 종이에 알파벳을 쓰고, 그 알파벳에 맞추어 흥밋거리를 기입한다. 그런 다음 과거에 중요했던 주제와 흥미에 대해 생각해 보도록 지시한다.

4 성격 사정하기

(1) 개요

① 성격은 직업선택과 직업적응에서 핵심적인 설명변인에 해당된다. "판매직 사원은 외향적이어야 한다. 상담자는 영향력을 끼치는 사람이어야 한다. 주식중개인은 위험을 감수하는 사람이어야 한다." 등의 주장들은 어느 정도 진실이면서도 또 허구적인 측면들이 있다.
② 그동안의 연구에서 어떤 특정한 성격 특성이 특정 직업에 꼭 필수적이라는 생각은 검증된 바가 없으나 비표준화된 성격 사정도구를 통한 탐색은 상당히 보편성을 가지고 있다.

(2) 성격 사정의 목표

내담자의 성격 사정의 목표 3가지를 설명하시오. 2차

① 자기인식을 증진시킬 수 있다.
② 좋아하는 일 · 역할, 작업기능, 작업환경 등을 확인할 수 있다.
③ 작업불만족의 근원을 확인할 수 있다.

(3) 홀랜드 유형

① 홀랜드 모형을 바탕으로 한 흥미 항목표를 통해 내담자의 유형을 분류할 수 있다.
② 홀랜드는 개인이 지속적이고 비교적 영구적인 성격 혹은 행동유형을 발전시키면서 직업을 선택할 때 자신의 성격을 표출한다고 제안하였다.
③ 홀랜드가 제시한 6가지 기본적인 성격유형, 즉 6가지 흥미유형은 다음의 형용사들과 연관된다.
㉠ 현실형(Realistic) : 순응적인, 솔직한, 겸손한, 꾸밈없이 순수한, 실용적인
㉡ 탐구형(Investgative) : 호기심이 많은, 분석적인, 비판적인, 지적인, 신중한
㉢ 예술형(Artistic) : 표현이 풍부한, 독창적인, 비순응적인, 이상적인, 직관적인
㉣ 사회형(Social) : 설득력 있는, 협조적인, 관대한, 남을 도와주는, 사교석인
㉤ 진취형(Enterprising) : 모험적인, 야망이 있는, 지배적인, 낙관적인, 충동적인
㉥ 관습형(Conventional) : 순응적인, 양심적인, 보수적인, 질서정연한, 지구력 있는

(4) 마이어스 – 브리그스 유형지표(MBTI ; Myers – Briggs Type Indicator)

① 개요

㉠ 매우 보편적으로 사용되는 성격유형검사이다.
㉡ 내담자가 선호하는 작업역할, 기능, 환경을 찾는 데 유용하다.
㉢ 칼 융(C. C. Jung)의 심리유형이론을 바탕으로 고안된 자기보고식의 강제선택 검사이다.

② 마이어스 – 브리그스 유형지표(MBTI)의 네 가지 양극차원

㉠ 에너지 방향 – 세상에 대한 일반적인 태도(힘의 근원에 대한 선호경향)
- 외향형(E ; Extroversion) : 외부로부터 에너지를 끌어오는 선호경향
- 내향형(I ; Introversion) : 내부로부터 에너지를 끌어오는 선호경향

㉡ 정보수집 – 인식기능(사물을 보는 관점에 대한 선호경향)
- 감각형(S ; Sensing) : 오감(五感)을 통해 정보를 수집하는 선호경향
- 직관형(N ; Intuition) : 육감(肉感)을 통해 정보를 수집하는 선호경향

㉢ 판단기능 – 정보의 사정 또는 판단 과정(의사결정의 근거에 대한 선호경향)
- 사고형(T ; Thinking) : 논리적 · 객관적 방식으로 정보를 평가하는 선호경향
- 감정형(F ; Feeling) : 개인적 · 가치지향적 방식으로 정보를 평가하는 선호경향

㉣ 생활양식 – 이행양식
- 판단형(J ; Judging) : 예정된 계획, 조직화된 생활의 선호경향
- 지각형(P ; Perceiving) : 자율적, 융통성 있는 생활의 선호경향

3-4 목표설정 및 진로시간전망

1 목표설정의 의미 및 특성

(1) 목표설정의 의미

① 목표는 자신이 달성하려고 하는 일, 즉 욕구에 따라 결정된다.
② 목표설정이란 추상적인 목표를 자신이 추구하는 사항에 맞추어 명확하고 구체적이며, 적극적으로 세우는 것이다.
③ 목표설정은 내담자와 상담자 간의 협조적 과정으로, 상담자의 개입이 필요한 이유는 내담자가 명확하고 구체적인 목표를 설정하도록 돕기 위해서이다.

| 쌤의 핵심포인트 |
인격성장을 도와주는 것은 아니다.

(2) 크롬볼츠(J. D. Krumboltz)의 바람직한 목표설정의 방향

① 목표는 구체적이어야 한다.
② 목표는 실현 가능해야 한다.
③ 목표는 내담자가 바라고 원하는 것이어야 한다.
④ 내담자의 목표는 상담자의 기술과 양립 가능해야 한다.

(3) 목표설정의 용도

① 상담의 방향을 제시해 준다.
② 상담전략의 선택 및 개입에 관한 기초를 제공해 준다.
③ 상담결과를 평가하는 기초를 제공해 준다.

(4) 내담자의 목표 확인

① 일단 현존하는 문제를 평가하고 나서 목표설정 과정으로 들어간다.
② 내담자의 목표를 끌어내기 위한 기법으로 '면접안내'가 있다.
③ 전반적인 목표가 설정되면 내담자와 함께 **목표의 실현 가능성을 탐색한다.**
④ 전반적인 목표가 설정되면 **하위목표**를 확인함으로써 그 목표에 대한 안내지도를 확립한다.
⑤ 내담자가 목표추구에 필요한 시간과 에너지를 투자할 마음이 있는지 목표에 대한 내담자의 몰입도를 평가한다.

면접안내를 위한 질문

① 상담의 결과물로 무엇을 원하는가?
② 상담의 결과로 무엇을 달성하고자 하는가?
③ 상담의 끝이라 가정할 때 지금과 어떻게 달라져 있을까?

2 진로시간전망의 의미

(1) 의미

미래에 대한 내담자의 관심을 증가시키고 현재의 행동을 미래의 목표와 연결시킨다. 또한 내담자에게 미래를 설계할 수 있도록 가르치며 진로선택에 대한 태도와 기술을 발달시킨다.
따라서 진로시간전망은 개인의 가치관 형성에 영향을 미친다. 즉, 높은 가치를 요구하는 진로를 원하는 경우에는 미래지향적인 가치관을 갖게 되고, 낮은 가치를 요구하는 진로인 경우에는 현재지향적인 가치관이 성립된다.

(2) 진로시간전망 검사지의 사용 목적

> 진로시간전망 조사의 용도 5가지를 쓰시오. 2차

① 미래 방향성을 이끌어내기 위해
② 미래에 대한 희망을 주기 위해
③ 진로계획에 대한 긍정적인 태도를 강화하기 위해
④ 목표설정을 촉구하기 위해
⑤ 진로계획 기술의 연습
⑥ 진로의식을 함양하기 위해
⑦ 미래가 실제인 것처럼 느끼도록 하기 위해
⑧ 현재의 행동을 미래의 결과와 연계시키기 위해

| 쌤의 핵심포인트 |

진로계획을 수정하거나 미래직업에 대한 지식을 확장하기 위해서는 아니다.

(3) 진로시간전망에 대한 검사 – 코틀(Cottle)의 원형검사

> 진로시간전망 검사 중 원형검사(The Circles Test)에서 시간전망 개입의 3가지 차원을 쓰고 각각에 대해 설명하시오. 2차

① 과거, 현재, 미래를 의미하는 세 가지 원을 사람들에게 그리게 한다.
② 원의 크기는 시간차원에 대한 상대적 친밀감을 나타내고, 원의 배치는 시간차원들이 어떻게 연관되어 있는지를 나타낸다.
③ 원형검사에 기초한 시간전망 개입은 시간에 대한 심리적 경험의 세 가지 측면에 반응하는 방향성, 변별성, 통합성의 세 가지 국면으로 나뉜다.

구분	내용
방향성	• 미래에 대한 낙관적인 입장을 구성하여 미래지향성을 증진시킨다. • 진로계획을 위한 시간조망은 미래지향적인 것이다.
변별성	미래를 현실처럼 느끼게 하고, 미래계획에 대한 긍정적인 태도를 강화시키며 목표 설정을 신속하게 하는 것이다.
통합성	현재 행동과 미래의 결과를 연결시키고, 진로에 대한 인식을 증진시킨다.

④ 원의 상대적 배치에 따른 시간관계성

> 코틀의 원형검사(The Circles Test) 중 시간전망 개입에서 원의 의미, 원의 크기, 원의 배치를 설명하시오. 2차

• 어떤 것도 접해 있지 않은 원 : 시간차원의 고립

• 중복되지 않고 경계선에 접해 있는 원 : 시간차원의 연결

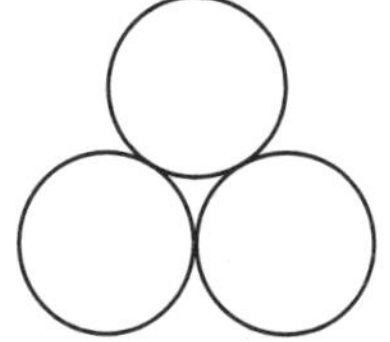

• 부분적으로 중첩된 원 : 시간차원의 연합

• 완전히 중첩된 원 : 시간차원의 통합

코틀의 원형검사의 핵심개념

① 세 가지 원의 의미 → 과거, 현재, 미래
② 원의 크기 → 시간차원에 대한 상대적 친밀감
③ 원의 배치 → 시간차원의 연결 구조
④ 시간전망 개입의 국면 → 방향성, 변별성, 통합성

3-5 내담자의 인지적 명확성 사정

1) 인지적 명확성의 의미

인지적 명확성이란 자신의 강함과 약함을 객관적으로 평가하고 그 평가를 환경 상황에 연관시킬 수 있는 능력을 의미한다.

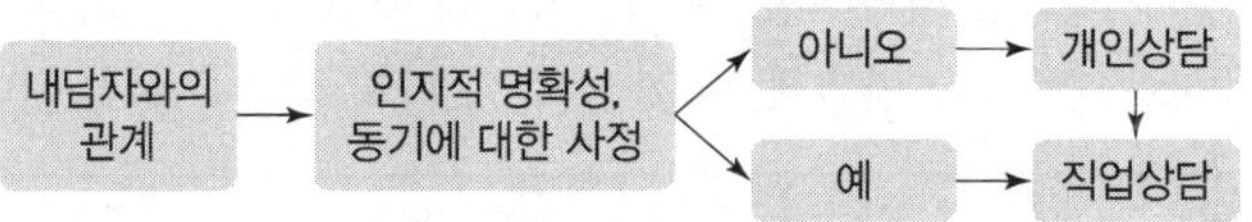

내담자가 인지적 명확성이 없으면 개인상담을 먼저 진행한 후 직업상담을 실시하고, 인지적 명확성이 있으면 바로 직업상담을 실시한다. 개인상담도 직업상담에 포함되어야 한다.

2) 인지적 명확성 문제의 원인과 직업상담 과정

① 정보결핍(직업상담 실시) : 왜곡된 정보에 집착, 정보분석능력이 보통 이하인 경우, 변별력이 낮은 경우
② 고정관념(직업상담 실시) : 경험부족에서 오는 관념, 편협된 가치관, 낮은 자기효능감, 의무감에 대한 집착성
③ 경미한 정신건강문제(다른 치료 후 직업상담 실시) : 잘못된 결정방법이 진지한 결정방법을 방해하는 경우, 낮은 자기효능감, 비논리적 사고
④ 심각한 정신건강(다른 치료 후 직업상담 실시) : 직업선택능력이 심각하게 손상된 정신증, 심각한 약물남용 장애
⑤ 외적 요인(개인상담 후 직업상담 실시) : 일시적 위기(사별, 이혼, 불화), 일시적 또는 장기적 스트레스로 인한 직업문제에 집중 곤란(실업충격) 등

인지적 명확성을 위한 직업상담 과정

① 내담자와의 관계 형성
② 인지적 명확성 사정
③ 동기에 대한 사정
④ (인지적 명확성과 동기가 있을 경우) 내담자의 자기 진단
⑤ 자기진단의 심층 탐색

3) 인지적 명확성을 사정하는 경우 고려사항

① 심리적 문제로 인지적 명확성이 부족한 경우 진로문제에 대한 결정을 당분간 보류하는 것이 좋다.

② 직장을 처음 구하는 사람 또는 자신의 진로를 처음 선택하는 사람과 직업전환 또는 직업적응 중에 있는 사람에 대해서는 직업상담의 사정 과정이 다르다.

4) 인지적 명확성이 부족한 내담자의 주요 유형 및 개입방법

인지적 명확성의 부족을 나타내는 내담자 유형 7가지를 쓰시오. 2차

(1) 단순 오정보(개입 : 정보 제공)

내담자 그 대학은 부자들만 갈 수 있어요. 그러니까 어쨌든 난 거기 가고 싶지 않아요. 거긴 속물들만 있어요. 그들 대부분이 서울에서도 강남 출신이고, 나는 그 대학엔 갈 수가 없어요.

개입 : 정보 제공

상담자 학생은 ○○대학에 대해 아주 부정적인 감정을 가지고 있군요. 그런데 그 대학은 학교운영을 매우 잘 하고 있지요. 과거엔 강남출신 학생들이 많았는데, 점차 바뀌고 있어요. ○○대학의 학생을 보면, 서울 출신이 전체의 23%인데 이 중에 강남 출신은 1.1%밖에 안 되는데요.

(2) 복잡한 오정보(개입 : 논리적 분석)

내담자 (단순 오정보 면담 예에 이어) 난 아직도 결정을 못했어요. ○○대학에 다니는 4명의 학생들을 아는데 그들은 모두가 똑같아요.

개입 : 논리적 분석

A. 논리적으로 문제를 분석한다.
B. 분석을 제공한다.
C. 잘못된 논리체계를 재구성한다.

상담자 학생이 말한 것을 논리적인 입장에서 생각해 봅시다. 첫째로, ○○대학에는 5,000명 이상의 학생들이 있어요. 학생은 그들 중 단지 네 명만 만났어요. 그 정도만으로 결론을 내리는 데는 문제가 있는 것 같군요. 전체를 다 생각해보세요. 당신은 시험이 끝난 후에 ○○대학을 좋아하지 않을 수도 있어요. 하지만 고정관념보다는 사실에 근거해서 결정을 내리는 것이 중요합니다.

(3) 구체성의 결여(개입 : 구체화시키기)

내담자 사람들이 요즘은 취직하기가 어렵다고들 해요.

개입 : 구체화시키기

상담자 어떠한 사람들을 이야기하시는지 짐작이 안 되네요.
내담자 모두 다예요. 제가 상의할 수 있는 상담사, 담당 교수님들, 심지어는 친척들까지도요. 정말 그런가요?
상담자 그래요? 그럼 사실이 어떤지 알아보도록 하죠.

(4) 가정된 불가능/불가피성(개입 : 논리적 분석, 격려)

| 쌤의 핵심포인트 |
가정된 불가능성에 대해서는 지시적 상상보다는 논리적 분석과 격려로 개입해야 한다.

내담자 전 의대를 졸업할 수 없을 것 같아요.
상담자 학생의 성적은 상당히 우수한 걸로 아는데요.
내담자 하지만 단념했어요. 내 친구 상철이는 의대 상급생인데 성적 때문에 그만 뒀어요.

개입 : 논리적 분석, 격려

상담자 학생은 의대 졸업이 불가능할 거라고 확신하고 있군요. 그 이유 중 하나는 학생친구 상철이가 그랬었기 때문이고요. 그러면 학생과 상철이의 공통점을 알아보기로 하죠.

(5) 원인과 결과 착오(개입 : 논리적 분석)

내담자 전 사업을 할까 생각 중이에요. 그런데 그 분야에서 일하는 여성들은 대부분 이혼을 한대요.

개입 : 논리적 분석

상담자 선생님이 사업을 하면, 이혼하게 될까 봐 두려워하시는군요. 직장 여성들의 이혼율과 다른 분야에 종사하는 여성들에 대한 통계를 알아보도록 하죠.

(6) 파행적 의사소통(아직 그러나)(개입 : 저항에 다시 초점 맞추기)

상담자 제가 내준 과제를 하는 데 많은 어려움이 있다고 하셨지요. 선생님이 하시는 일을 조절하는 데 제가 전화를 하면 도움이 될지 모르겠네요.
내담자 그거 괜찮은 생각인 것 같네요. 제가 작업하는 데 어떤 문제가 있을 수 있다는 걸 아셨어요? 그리고 오늘 저는 새 차를 하나 보아둔 것이 있어요. 그 생각만 하면 즐거워져요.

개입 : 저항에 다시 초점 맞추기

상담자 직업문제가 선생님의 주요 관심사인 것 같은데요. 제가 제안을 할 때마다 선생님은 그걸 거부하시는 것 같아요. 선생님은 문제가 해결됐다고 생각할 때 어떤 느낌이 드는지 말씀해 보시겠어요.

(7) 강박적 사고(개입 : REBT 기법)

내담자　전 의사가 될 거예요. 저희 집안사람은 모두 의사거든요.
상담자　학생은 의사가 될 것으로 확신하고 있네요.
내담자　예, 물론이지요.
상담자　의사가 되지 못한다면 어떻게 되나요?
내담자　한번도 그런 경우를 생각해 보지 못했습니다. 의사가 안 된다면 내 인생은 매우 끔찍할 것입니다.

개입 : REBT 기법

상담자　다시 말해서, 학생은 학생이 하길 바라는 것을 하지 못했을 때 끔찍하게 느끼는군요. 그럼 ABC 기법에 맞춰서 얘길해 보도록 하죠.

(8) 양면적 사고(개입 : 역설적 사고, 증상 기술하기)

내담자　나는 기계공학 전공 말고는 아무것도 생각할 수 없어요. 난 그 외의 일을 한다는 걸 상상할 수도 없어요.
상담자　학생이 기술자가 되지 못한다면, 큰 재앙이라도 일어날 것처럼 들리는군요. 그런데 학생은 기계공학을 하기에는 그다지 성적이 좋지 않군요.
내담자　그래서 미칠 것 같아요. 꼭 낙제할 것 같아요.
상담자　학생 인생에서 다른 대안을 생각해보지 않는다면 정말 문제가 되겠네요.
상담자　학생이 기계공학에 대해 갖고 있는 생각을 바꾸는 데 동의할 거라고 생각합니다.
내담자　예, 그렇지만 잘할 수 없을 것 같아요.

개입 : 역설적 사고, 증상 기술하기

1. 바꿔야 할 사고를 인식시키기
2. 사고 전환에 대해 계약을 맺기
3. 그러고나서 그 사고를 지속시키도록 하기

상담자　제안을 하나 하지요. 학생 마음속에 있는 "기계공학이 아니면 안 돼"라는 생각을 계속 하고 있는 겁니다. 다음 주까지 매일 깨어 있을 때, 학생은 반복해서 계속 그 생각을 하고 있어야 합니다. 생각을 바꿀 필요가 있다고 동의했지만, 그렇게 하지 않도록 해보세요. 전 학생이 그 생각을 계속 하고 있을 수 있다고 봅니다.

(9) 걸러내기－좋다, 나쁘다만 듣는 경우(개입 : 재구조화, 역설적 기법 쓰기)

내담자　제 상관은 나한테 잘했다는 말을 한 적이 한 번도 없어요. 그 여자는 항상 내 흉을 봐요. 지난번에도 제가 왼손잡이라고 불평을 하는 거예요. 내 책상이 깨끗하다고 말하면서요. 정말 난 아무것도 하지 않았는데요.
상담자　선생님의 상관은 항상 선생님께만 관심이 있는 것처럼 보이는군요.

개입 : 재구조화, 역설적 기법 쓰기

- 재구조화 : 지각을 바꾸기
- 역설적 기법 쓰기 : 긍정적인 측면을 강조함으로써, 그 사람이나 그 사람의 활동에 대한 지각을 바꾸기 위한 노력을 재구성한다.

상담자 자, 그럼 대안을 찾아볼까요? 아마 선생님의 상관은 그 상관의 의도가 어떻든 간에 선생님이 일하는 데 영향을 주는군요. 상관의 행동이 유쾌하지 않지만, 선생님은 그것에 대해 꽤 많이 신경을 쓰고 있는 것 같아요. 남들도 알고 있을 거라고 생각되는데요.

(10) 하늘은 스스로 돕는 자를 돕는다(순교자형)(개입 : 논리적 분석)

내담자 지금 내 인생은 중요하지 않아요. 만약 내가 계획한 것을 한다면, 앞으로 그 일들이 잘 될 것이라는 걸 알고 있어요. 가끔 힘들기도 하지만, 거기에 매달려야만 해요.

상담자 선생님은 사는 방식에 대하여 긍정적인 것처럼 보이네요. 만일 선생님이 계획한 것을 한다면 선생님의 인생은 더 나아질 겁니다.

개입 : 논리적 분석

상담자 그럼, 선생님의 논리를 살펴보도록 하죠. 선생님은 자신의 진로에 대해 지금과 똑같은 방식으로 접근한다면, 모든 일이 다 잘 풀릴 거라고 말하고 있습니다. 그리고 일에서의 상황 역시 마찬가지라고 말하고 있네요.

(11) 비난하기(개입 : 직면, 논리적 분석)

내담자 난 꼭 우리 아버지 같아요. 아버진 직장에서 술을 드세요. 사람들은 항상 저보고 아버지랑 똑같다고들 해요. 그리고 저도 하루하루 지날 때마다 그게 사실이라는 걸 알게 돼요.

개입 : 직면, 논리적 분석

상담자 선생님이 술을 마시는 문제가 아버지 때문이라고 생각하는 것으로 들리는군요. 그 말이 정말 사실인지 한번 생각해보죠. 알코올 중독은 유전요인을 가지고 있어서, 선생님의 부친은 의도적이진 않지만 일조를 하신 게 사실입니다. 그렇지만 당신은 어떻게 했죠?

(12) 잘못된 의사결정방식(개입 : 심호흡 실시, 의사결정 도움 사용)

내담자 난 어떻게 해야 할지 모르겠어요. 난 중요한 결정을 할 때, 그것을 해내고 극복하고 싶어요. 선생님은 이 학교가 제가 처음 지원서를 낸 학교이기 때문에 택한 걸 알고 계세요?

상담자 선생님은 의사결정을 하는 데 불안을 많이 느끼는 것 같네요. 그런 불안감을 계속 가지고 있지 말고 선택을 하세요.

개입 : 불안에 대처하기 위해 심호흡을 한다. 의사결정 도움을 사용한다.

상담자 어떤 결정을 할 때 불안을 느끼고, 불안을 어떻게 다루는지를 먼저 보도록 하죠. 그런 후에 결정을 할 때의 체계적인 방법을 살펴보도록 합시다.

(13) 자기인식의 부족(개입 : 은유나 비유 쓰기)

내담자 난 호의를 가지고 있는데 왜 사람들이 그렇게 반응하는지 이해할 수가 없어요. 난 항상 남의 보조만 맞추고 있는 것 같아요.
상담자 사람들이 선생님의 기대에 맞게 반응하지 않을 때 좀 화가 나시겠네요.
내담자 곧 우울해져요. 난 사무실에서 왕따예요.

개입 : 은유나 비유 쓰기
그 사람의 인지에 대한 통찰을 재구조화하거나 발달시키는 이야기로 한다.

상담자 사람들이 선생님을 어떻게 보는지에 대해서 어떤 이야기나 속담, 동화를 비유해서 얘기해보세요.
내담자 그건 좀 이상하게 들릴 텐데요. 난 미운 오리새끼 같아요. 매번 난 뭔가에 대해 벌 받을 짓을 하거든요.
상담자 그 얘기가 어떻게 끝나는지 기억하세요?
내담자 아니요.
상담자 음, 미운 오리새끼는 나중에 아름다운 백조가 되잖아요. 그리고 모두에게 환영받고요.
내담자 그런 일은 내겐 안 일어날 거예요.
상담자 동화 얘기 중에, "할 수 없다."고 말하는 작은 기차에 대한 얘기도 알고 계세요?
내담자 물론 알고 있어요. 기차가 "난 할 수 있어."라고 말하니까 언덕을 올라갔지요.
상담자 제가 보기에 당신은 "난 할 수 없어."라고 항상 스스로에게 말하고 있는 것 같아요.

(14) 높고 도달할 수 없는 기준에 기인한 낮은 자긍심(개입 : 비합리적 신념 논박하기, 역설적 기법/상상)

내담자 난 잘하고는 있지만, 충분한 것 같지 않아서 항상 기분이 안 좋아요. 난 더 잘할 수 있다고 생각해요. 사람들은 내가 잘했다고 말하지만, 난 내가 한 일이 정말 잘한 것은 아니라는 걸 알아요.

개입 : 비합리적 신념 논박하기, 역설적 기법/상상

상담자 선생님 말은 선생님이 완전해지길 바라는 것처럼 들리네요. 완벽하지 않다면 정말 끔찍한 일인 것처럼 말이에요.
내담자 무슨 뜻인가요?
상담자 음, 선생님은 만족하지 못한다는 거예요. 완벽하길 바라는 것이 합리적일까요? 선생님의 성취에 대해서 자기 자신을 믿을 필요가 있다는 것에 동의하시나요?
내담자 예, 정말 일을 잘 한다면요.
상담자 좋아요, 우리가 다시 만날 때까지 이 생각을 계속 하고 계세요. "난 내가 하는 모든 일에서 완벽해야 한다."
내담자 그건 좀 선생님께서 이야기한 것과 반대되는 것 같은데요.
상담자 다음 시간에 그 이유에 대해 얘기해보죠. 지금은 그냥 그 생각만 하시면 됩니다. 명심하세요. "난 완벽해야만 한다."

(15) 무력감(개입 : 지시적 상상)

내담자 난 이 모든 것을 어떻게 할 수가 없어요. 난 가족도 있고, 직장도 구해야 해요. 난 이 모든 상황이 주는 문제에 대처할 수가 없기 때문에 너무 좌절감을 느껴요.

개입 : 지시적 상상

상담자 선생님은 좌절하고 있고 당황하고 있는 것 같군요. 그렇다면 선생님의 무력감을 다루는 데 도움이 되는 방법으로 지시적 상상 기법을 쓰는 게 좋을 것 같네요.
내담자 좋아요.
상담자 긴장을 푸시고, 선생님의 능력이 뛰어나다고 상상해 보세요.

(16) 고정성(개입 : 정보 제공, 가정에 도전하기)

내담자 어떤 사람들은 나보고 간호사를 해보는 게 어떻겠느냐고 권해요. 하지만 전 여성 간호사들과 함께 일할 수 있을 것 같지가 않아요.

개입 : 정보 제공, 가정에 도전하기

상담자 선생님은 여성만이 간호사가 된다고 생각하고 있군요.
내담자 그게 맞잖아요. 전 남자 간호사는 본 적이 없어요. 병원에서 남자들을 보긴 했지만.
상담자 간호사에 대해 좀 더 자세히 알아보고 남자들이 이 분야에서 얼마나 일하고 있는지 알아보도록 하죠.(정보 제공)
내담자 하지만 그런 남자들은 어떤 사람들이죠? 전 그들을 좋아할 것 같지 않아요.
상담자 간호사를 하는 남자들은 당신과 똑같은 사람들이에요. 선생님이 그런 사람들을 어떻게 보는지 좀 더 자세히 말씀해 주시고, 선생님 자신에 대해 어떻게 보고 있는지와 비교해 보세요.

(17) 미래시간에 대한 미계획(개입 : 정보 제공, 실업충격 완화하기)

상담자 현재 우리나라 여성의 평균수명은 몇 세라고 생각하세요?
내담자 글쎄요. 한 80세 정도 아닐까요?
상담자 잘 아시네요. 그럼 지금 선생님께서 실업한 기간이 4개월이라 하셨죠.
내담자 4개월이 지났습니다.
상담자 선생님께서는 몇 세에 사망할 것으로 생각하고 계십니까?
내담자 음, 80세가 넘지 않을까요?
상담자 인간의 80년 인생 중에서 선생님의 실업기간은 단지 4개월 정도입니다.

개입 : 정보 제공, 실업충격 완화하기

상담자 지금부터 신생님께서는 진로계획을 세우시는 것이 좋겠군요. 직업을 전환하기 위해서는 최소한 2년 이상 취직준비를 하여야 합니다. 또 일생 동안 7~8번 직업을 바꾸게 되므로 이러한 내용을 참작하여 진로계획을 세우는 것이 좋겠군요. 다음 저와 만날 때 진로계획을 보여 주세요. 그것을 갖고 같이 이야기합시다.

(18) 실업충격 완화하기(개입 : 실업충격 완화 프로그램 제공하기)

내담자　저는 회비로 운영되는 협회의 전무로 있었습니다. 하루는 회장이 와서 협회 운영상 어려움이 있으니, 이제 우리처럼 나이든 사람들이 젊은 사람들을 위하여 자리를 양보하는 것이 좋다고 생각한다며, 사표 쓰기를 권유했습니다. 그래서 저는 젊은이들을 위하여 의협심을 가지고 사표를 쓰고 나왔는데, 알고 보니 저만 그만두었고 그 협회는 아직도 건재하게 잘 있었습니다. 그 생각을 하면 저는 밤마다 괴로움에 잠을 못 이룹니다.

상담자　선생님은 매우 충격이 크셨겠군요. 저도 그러한 충격을 이해할 수 있을 것 같습니다. 이제 마음을 잘 다스리는 것이 선생님께 도움이 된다고 생각합니다. 그래서 이에 관한 프로그램에 참여하시는 게 좋을 것 같은데 어떠신지요?

개입 : 실업충격 완화 프로그램 제공하기

내담자　저는 이 분야 경력이 있어 월 5백만 원의 임금을 받는 것이 마땅하나 지금 아무런 준비 없이 다른 직업을 갖는다면 초보자 월급을 받는 것이 당연하다고 생각합니다.

상담자　선생님께서는 그런 일자리가 생기면 취업하시겠습니까?

내담자　네, 기꺼이 초보자 월급을 받고 열심히 일하겠습니다.

3-6 내담자의 정보 및 행동에 대한 이해

직업상담과정에서는 내담자 행동의 이해와 해석을 통하여 정보를 수집하게 된다. 내담자를 이해하는 데 있어서 "방어적이고 도피적인 것은 어떤 것인가? 근거 없는 믿음과 왜곡된 사고의 결과는 어떤 것인가? 그러한 정보와 행동에 대처하는 데는 어떤 기술이 필요한가?"라는 문제에 직면하게 된다.

1 내담자의 정보 및 행동을 이해하기 위한 기법

> 내담자와 관련된 정보를 수집하고 내담자의 행동을 이해하고 해석하는 데 기본이 되는 상담기법을 6가지 쓰시오. 2차

(1) 가정 사용하기

상담자는 내담자에게 그러한 행동이 이미 존재했다는 것을 가정하는 것으로, 그 이유는 내담자가 대답할 필요 없이 관련된 행동이 이미 구체적으로 표현되었기 때문이다.

① 가정의 사용법은 가설에 의해 결정되며, 이를 통해 내담자의 행동을 추측할 수 있다.

② 상담자가 내담자에게 어떠한 특정 행동이 이미 존재했다고 가정하여 질문을 한다.

③ 가정에는 단순한 지시가 적절하다.

예 당신은 계획이 있나요?

⇨ 당신의 계획은 어떤 것이죠?(이미 계획을 가진 상태임을 가정함)

(2) 의미 있는 질문 및 지시 사용

의미 있는 질문 및 지시는 ① 공손한 명령의 의미를 담거나, ② 대답을 원하면서도 내담자의 주의를 요하는 질문이거나, ③ 언제 어떻게 반응할지 대답할 범위를 광범위하게 열어놓은 것으로 내담자는 이러한 질문에 대답하는 것이 아니라 변호할 수 있기 때문에 명령하거나 강제적인 것보다 대답하기에 편리함을 느낀다.

내담자의 정보 및 행동 이해기법 중 직업상담 과정의 전이된 오류 유형 3가지를 쓰고 설명하시오. 2차

(3) 전이된 오류의 정정

① 정보의 오류 : 내담자가 직업세계에 대한 정보를 충분히 알고 있다고 잘못 생각하는 것을 정보의 오류라 하며, 이러한 경우 보충질문을 하거나 되물음으로써 잘못을 인식시켜 주어야 한다.

㉠ 삭제 : 내담자가 경험을 이야기할 때 중요한 부분이 빠졌을 경우이다.

예 내담자 : 내 상사가 그러는데 나는 책임감이 없대요.
상담자 : 무엇에 대한 책임감을 말하는 거죠?

㉡ 불확실한 인물의 인용 : 명사나 대명사를 잘못 사용했을 경우이다.

예 내담자 : 나는 대응할 수가 없어요.
상담자 : 누구에게 대응한단 말인가요?

㉢ 불명확한 동사의 사용 : 내담자가 모호한 동사를 사용하였을 경우이다.

예 내담자 : 내 상관은 나를 무시하려 들죠.
상담자 : 당신의 상관이 특히 어떤 점에서 당신을 무시한다는 생각이 드나요?

㉣ 참고자료 : 어떤 사람이나 장소, 사건을 이야기할 때 구체적으로 말하지 않는 경우 일어난다.

㉤ 제한된 어투의 사용 : 내담자가 자신의 세계를 제한하려 드는 어투를 사용하는 경우이다.

| 쌤의 핵심포인트 |

한계의 오류에 '왜곡되게 판단하는 것'은 포함되지 않는다.

② 한계의 오류 : 경험을 통한 관점만을 보기 때문에 제한된 기회 및 선택에 대한 견해를 갖고 있는 내담자가 겪는 것을 한계의 오류라 한다.

㉠ 예외를 인정하지 않는 것 : 항상, 절대로, 모두, 아무도 등과 같은 언어를 자주 사용하는 경우에는 그릇된 생각임을 상기시켜 준다.

㉡ 불가능을 가정하는 것 : 할 수 없다, 안 된다, 해서는 안 된다 등과 같은 용어를 사용해 자신의 능력에 한계를 짓는 경우에는 말을 긍정적으로 전환시켜 준다.

㉢ 어쩔 수 없음을 가정하는 것 : 해야만 한다, 필요하다, 된다, 선택의 여지가 없다, 강요되다, 하지 않으면 안 된다 등의 용어를 사용하는 경우에는 개방적 · 긍정적인 사고를 하도록 독려해준다.

③ 논리적 오류 : 내담자가 논리적으로 맞지 않는 진술을 함으로써 의사소통까지 방해하는 것을 논리적 오류라 말한다.

㉠ 잘못된 인간관계의 오류 : 자신의 선택이나 통제에 대해 전혀 상관치 않고 책임이 없다는 식으로 생각하는 경우이다.

예 내담자 : 사장님이 나를 엉망진창으로 만들었어요.
상담자 : 사장님이 어떤 식으로 당신의 기분을 상하게 했죠?

㉡ 마음의 해석 : 다른 사람의 경험에 대해 직접 의사소통을 해보지 않고도 그 사람의 마음을 읽을 수 있다고 자신하는 사람의 경우이다.

예 내담자 : 나의 상사는 나와 함께 일하는 데 불편을 느끼죠.
상담자 : 그 사실을 어떻게 그렇게 잘 아시죠?

㉢ 제한된 일반화 : 한 사람의 견해가 모든 사람에게 공유된다는 개인 생각에서 비롯되는 경우이다.

예 내담자 : 그 느낌에 대해서 이야기하는 것은 아주 좋은 생각입니다.
상담자 : 누구에게 좋은 생각이란 말입니까?

(4) 분류 및 재구성

① 내담자의 표현을 분류하고 재구성해 주면 내담자가 자신의 세계를 다른 각도에서 바라볼 수 있는 기회를 갖게 해주는 것이다.

② 분류 및 재구성하기 기법에는 저항하기, 시간 제한하기, 변화 꾀하기 등이 있다.

③ 분류 및 재구성하기의 효과적인 기법은 예기된 불안이 있는 행동을 상담할 때 도움이 되는 역설적 의도이며 이는 파괴적 행동 형태를 없애는 데 사용된다.

| 쌤의 핵심포인트 |

'재구성 계획하기'를 틀린 지문으로 출제하고 있다.

(5) 저항감의 재인식 및 다루기

① 직설, 불신, 상담자의 능력과 방법 헐뜯기, 함축에 대한 도전, 책임에 대한 도전 등 의사소통을 고의로 방해한다.

② 변형된 오류 수정하기, 내담자와 친숙해지기, 은유 사용하기, 또는 내담자의 고통에 공감하기 등의 전략으로 내담자의 저항감을 다루며 상담관계는 재점검한다.

③ 내담자가 고의로 의사소통을 방해하는 방식 중 이른바 '불신의 전술'은 변화의 과정이 너무 빠르거나 너무 멀리 나아가는 것에 대한 저항감의 표현이다. 내담자는 책임이 없는 위치에서 '험담'의 언어로 주어진 조건을 공격 또는 부인한다.

예 내담자 : 다른 회사들이 써 본 결과 많은 효과가 입증된 해결방법을 써 보도록 하지요.
상담자 : 매우 흥미로운 일이군요. 그러나 그 방법은 K 주식회사에서는 효과가 있었는지 몰라도 우리 회사에서는 안 될 것입니다.

(6) 근거 없는 믿음의 확인

① 근거 없는 믿음에 바탕을 둔 직업발달과정에 대한 내담자의 사고를 직업신화라고 하는데 이는 어떤 일을 해보지도 않고 그렇게 될 것이라고 확신하는 것을 말한다.

② 예를 들어 취업에 실패했다면, 직업적 거절에 대하여 두려워할 필요가 없고, 모든 사람이 원하는 직업을 다 갖는 것이 아니며, 거절당한다는 것은 단지 특별한 직업을 갖지 못한다는 것임을 깨닫도록 한다.

(7) 왜곡된 사고 확인하기

왜곡된 사고란 재능에 대한 지각, 결론도출, 정보 및 지적의 부적절하거나 부분적인 일반화, 관념 등에서 정보의 특정한 부분만 보는 경우이다. 이러한 내담자는 다음과 같은 유형을 갖는다.

① 여과하기 : 상황의 긍정적인 면을 여과시키고 나머지 부정적인 측면만 강조하는 것

② 극단적인 생각 : 모든 것을 이분론적 사고로 생각하는 것, 즉 흑과 백, 선과 악, 성공과 실패 등으로 판단하는 것

③ 과도한 일반화 : 사건의 일부분이나 한 가지 사실을 보고서 급하게 일반화시키는 것

④ 마음 읽기 : 말을 하지 않더라도 상대방의 마음을 자기 마음대로 읽고 해석하는 것

⑤ 파국 : 불행을 기대하는 것

⑥ 인격화 : 다른 사람의 모든 말이나 행동이 자신과 관련되어 있다고 생각하는 것

⑦ 오류의 통제 : 내적인 사람들은 자신의 고통을 다른 사람의 탓으로 돌리나, 외적인 사람들은 자신을 운명의 희생물이라고 생각하는 것

⑧ 공정성의 오류 : 자신은 어떤 것이 올바른지 잘 알고 있는데, 다른 사람들이 이에 동조하지 않을 때 느끼는 감정

⑨ 비난 : 자신의 고통은 타인 때문이라고 믿고 생각하는 것, 모든 문제나 반전의 이유를 자신에게 돌리는 경우

⑩ 의무 : 사람들이 지켜야 할 규칙이 있는데, 이 규칙을 지키지 못한 경우에는 속상하거나 자신이 그 규칙을 지키지 못해서 부끄러움을 느끼는 경우

⑪ 정서적 이성 : 진실이라고 믿는 것은 반드시 진실이고, 거짓이라고 생각하면 반드시 거짓이어야 한다는 것

⑫ 변화의 오류 : 압력을 넣거나 꾀어서 사람들이 자신에게 맞추어 변화된다고 생각하는 것

⑬ 정당화하기 : 자신의 행동이나 의견이 옳다고 믿거나 계속적으로 밝히려고 노력하며 주장하는 것
⑭ 인과응보의 오류 : 자기의 희생이나 자기 부정에 대한 대가가 반드시 돌아올 것이라고 믿는 것

(8) 변명에 초점 맞추기

스나이더(Snyder)는 변명을 "타인이나 자신의 행동의 부정적인 면을 줄이려는 행동이나 설명으로서 자신의 긍정적인 면을 계속 유지하려는 것"이라고 정의하였다.

① 책임 회피하기 – "내가 하지 않았어요" : 부정, 알리바이, 비난
② 결과 재구성하기 – "그렇게 나쁘다고 할 수는 없어요" : 축소, 정당화, 훼손
③ 책임 변형하기 – "그렇게 할 수밖에 없었어요", "그걸 의미한 것은 아니었어요.", "이건 정말 제가 아니에요."

(9) 반성의 장 마련하기

내담자 자신, 타인 그리고 내담자가 살고 있는 세상 등에 대해 판단을 내릴 수 있는 상황을 만들어 주는 것이다. 웰펠(Welfel)이 제안한 7단계 모형이 있다.

웰펠의 7단계 모형

- 1단계 : 독단적인 사고를 밝히는 단계
- 2단계 : 현실의 대안적인 개념에 대해 어느 정도 알기 시작하는 단계
- 3단계 : 지식의 확실성을 의심하는 단계
- 4단계 : 주위 모든 지식의 불확실성을 깨닫는 단계
- 5단계 : 존재의 법칙에 따라서 논쟁을 숙고하고 평가하며 법칙을 배우는 단계
- 6단계 : 자신의 가치판단체계를 벗어나 일반화된 지식을 비교 · 대조하는 단계
- 7단계 : 전반적인 반성적 판단이 이루어지는 단계

3-7 상담면접의 주요 방법

1 효과적인 직업상담을 위한 방법

(1) 상담장면에서 대화의 의미

직업상담은 일상적인 대화가 아닌 내담자의 적응을 돕기 위한 목적 있는 대화이므로, 상담자와 내담자 간의 일대일 관계를 통해 내담자를 심리적으로 돕는 생산적인 관계가 되도록 해야 한다.

(2) 상담장면에서 상담자와 내담자의 대화를 가로막는 상담자의 반응

① 너무 이른 조언 : 상담 초기에 상담자는 내담자의 특성에 대해 충분히 알고 있지 못하므로, 상담자의 조언은 부적합하다.

② 가르치기 : 상담자의 가르치기는 내담자의 의존적 태도와 방어적 태도를 유발한다.

③ 지나친 질문 : 질문은 내담자를 수동적인 위치에 두게 하므로 가능한 한 줄이는 것이 좋다. 그리고 가급적 개방적인 질문을 사용하는 것이 효과적이다.

④ 상담자 경험의 진술 : 상담자와 내담자가 똑같은 상황에서 똑같은 경험을 하고 똑같은 감정을 느끼기란 거의 불가능하다.

2 상담장면에서 사용되는 주요 상담기법

(1) 반영

① 반영은 내담자가 표현한 기본적인 태도나 감정을 상담자가 다른 참신한 말로 부연해주는 기법이다.

② 내담자가 표현한 태도를 통해서 그 밑바탕에 흐르는 감정을 파악하도록 한다.

③ 내담자의 감정이나 태도 중에 가장 중요하고 강한 것을 선택하여 반영하는 것이 효과적이다.

④ 내담자로 하여금 무엇을 말하는가를 잘 알 수 있게 돕는 것이다.

⑤ 내담자의 말의 내용과 감정을 이해하고 있음을 알리며 의사소통을 시도하는 것이다.

(2) 수용

① 상담자가 내담자의 이야기에 주의를 집중하고 있고, 내담자를 인격적으로 존중하고 있음을 보여주는 기법으로 내담자의 말을 주의 깊게 듣고 있는 상담자의 태도와 반응을 말한다.

② 수용적 존중 : 상담에서 기본적으로 내담자의 감정, 경험 및 잠재력에 대해 긍정적인 존중과 관심을 전달하는 것이고, 궁극적으로는 내담자가 지닌 한 인간으로서의 가치와 자유인으로서의 잠재력에 대해 매우 깊은 긍정적 존중을 전달하는 것이다.

③ 수용적 존중의 5가지 수준

㉠ 수준 1 : 상대방에 대한 존중이 결여되어 있으며, 부정적인 배려만 이뤄짐

예 또 조퇴니? 일하기 싫으니 별 핑계를 다 대는구나.

㉡ 수준 2 : 상대방의 감정, 경험에 대한 존중과 관심이 부족함

예 몸이 조금 아프다고 자꾸 조퇴하면 안 되지.

㉢ 수준 3 : 기본적인 수준에서의 긍정적 존중과 관심의 전달이 이뤄짐

예 몸이 아프면 힘들지. 그동안 좀 무리했지.

㉣ 수준 4 : 상대방에 대한 깊은 긍정적 존중과 관심

예 아플 땐 쉬어야지. 건강해야 일도 잘 할 수 있지.

㉤ 수준 5 : 상대방의 가치와 잠재력에 대해 깊이 있는 존중을 전달

예 그래. 자네니깐 그만큼이나 참았지. 자네 웬만하면 조퇴하지 않는 거 알지.

(3) 구조화

① 상담과정의 초기단계에서 상담과정의 본질, 제한조건 및 방향에 대하여 상담자가 정의를 내려주는 것이다. 상담자는 내담자에게 상담과정에 대해 의도적으로 설명하거나 제약을 가하는 상담기법에 해당한다.

② 직업상담 시 상담자와 내담자가 상담에 대한 기본적인 기대를 맞추어 가는 과정으로 이를 통해 내담자는 상담에 대한 모호함과 불안감을 경감시킬 수 있다.

③ 상담이 얼마 동안 진행되는지, 얼마나 자주 만나는 것인지, 상담시간에는 무엇을 하는 것인지, 비밀보장은 어떻게 해 주는지 등이 포함된다.

(4) 환언(재진술)

① 재진술은 내담자가 전달하는 이야기의 표면적 의미를 상담자가 다른 말로 바꾸어서 말하는 것으로, 내담자의 입장을 이해하려고 상담자가 노력하고 있음을 알려준다.

② 내담자의 생각을 구체화시키며, 내담자가 말하고 있는 바를 상담자가 올바르게 이해하고 있는지 확인해 볼 수 있다.

(5) 경청

① 경청은 내담자의 말과 행동에 상담자가 **선택적으로 주목**하는 것을 말한다.

② **상담자가 경청을 할 때, 적극적으로 선택하여 듣는 것만이 중요한 것은 아니다.**

③ **'반영적 경청'** 내담자가 한 말에 대해 상담자가 적절히 반응하는 것이다.

④ **'적극적 경청'** 언어적인 의미 외에 비언어적인 의미까지 이해하는 것이다.

⑤ **내담자의 음조**와 함께 내담자가 보이는 **일반화, 빠뜨린 내용, 왜곡**을 경청함으로써 **내담자의 표현의 불일치**를 인식한다.

| 쌤의 핵심포인트 |

효과적인 적극적 경청을 위한 지침(Brems)에 의하면 경청의 장애물인 부적한 경청, 평가적 경청, 선별적 경청, 사실 중심적 경청, 동정적 경청을 피해야 한다는 것으로 사실 중심보다는 감정 중심으로 들어야 한다.

(6) 요약

① 요약은 내담자가 표현했던 주요한 주제를 상담자가 정리해서 말로 나타내는 것이다.

② 이미 언급된 사항들을 상담이 끝날 무렵 한데 묶어 요약해 준다. 요약의 기본은 대화의 내용과 감정들의 요체, 그리고 일반적인 줄거리를 잡아내는 것이다.

(7) 명료화

① 내담자의 말 속에 있는 불분명한 측면을 상담자가 분명하게 밝히는 기법이다.

② 어떤 문제의 밑바닥에 깔려 있는 혼란스러운 감정과 갈등을 가려내어 분명히 해 주는 것이다.

(8) 해석

① 내담자가 자기의 문제를 새로운 각도에서 이해하도록 그의 생활경험과 행동의 의미를 설명하는 것이다.

② 내담자가 직접 진술하지 않은 내용이나 개념을 그의 과거 경험이나 진술을 토대로 추론해서 말하는 것이다.

(9) 공감

① 내담자가 전달하려는 내용에서 한걸음 더 나아가 그 내면적 감정에 대해 반영하는 것이다.

② 내담자의 세계를 상담자 자신의 세계인 것처럼 경험하지만 **객관적인 위치**에서 벗어나지 않는다.

③ 공감적 이해는 지금－여기에서의 내담자의 감정과 경험을 정확하게 이해하는 것이다.

④ 공감적 이해는 내담자의 자기 탐색과 수용을 촉진시킨다.

공감적 이해의 5가지 수준

"우리집은 왜 그리도 시끄러운지 모르겠어요. 집에선 영 공부할 마음이 없어요."
"일단 저에게 맡겨주신 업무에 대해서는 너무 간섭하지 마세요. 제 소신껏 창의적으로 일하고 싶습니다."

① 수준 1 : 상대방의 언어 및 행동 표현의 내용으로부터 벗어나거나 내용에 주의를 기울이지 않기 때문에 감정 및 의사소통에 있어서 상대방이 표현한 것보다는 훨씬 못 미치게 소통하는 수준

예 "뭐가 시끄럽다고 그러니? 공부하기 싫으니까 핑계도 많구나"
"자네가 지난번에 처리했던 일이 아마 잘못됐었지?"

② 수준 2 : 상대방이 표현한 감정에 반응은 하지만 상대방이 표현한 것 중에서 주목할 만한 감정을 제외시키고 의사소통하는 수준

예 "좀 시끄러워도 참고 하면 되잖니?"
"기분이 나쁘더라도 상사의 지시대로 해야지."

③ 수준 3 : 상대방이 표현한 것과 본질적으로 같은 정서와 의미를 표현하여 상호교류적인 의사소통을 하는 수준

예 "그래, 우리집이 시끄러우니까 공부하기 힘들지?"
"자네가 알아서 할 일을 내가 부당하게 간섭한다고 생각하지 말게."

④ 수준 4 : 상대방이 스스로 표현할 수 있었던 것보다 더 내면적인 감정을 표현하면서 의사소통하는 수준. 수준 4부터는 의사소통이 촉진된다.

예 "네가 공부할 때는 식구들이 좀 조용히 해 주었으면 좋겠단 말이지?"
"자네 업무에 대해서 이야기하는 것이 간섭받는다고 생각이 되어서 기분이 상했군."

⑤ 수준 5 : 상대방이 표현할 수 있었던 감정의 내면적 의미들을 정확하게 표현하거나, 상대방의 내면적 자기 탐색과 완전히 같은 몰입 수준에서 상대방이 표현한 감정과 의미에 첨가하여 의사소통하는 수준. 상대방의 적극적인 성장 동기를 이해하여 표현한다.

예 "식구들이 좀 더 조용히 해주면 공부를 더 잘 할 수 있을 것 같단 말이지?"
"믿고 맡겨 주면 잘 할 수 있을 것 같은데, 간섭받는다는 기분이 들어 불쾌한 거로군."

(10) 탐색적 질문

내담자로 하여금 자신과 자신의 문제를 자유롭게 탐색하도록 허용함으로써 내담자의 이해를 증진시키는 개방적 질문기법이다.

① 상담대화에서 탐색적 질문방법

㉠ 질문은 "예/아니요"로 답할 수 없는 **개방형 질문이어야** 한다.

㉡ 질문은 내담자로부터 정보를 얻기 위한 것이기보다는 **내담자의 감정을 이끌어내기 위한 것이어야** 한다.

㉢ 질문은 내담자로 하여금 자기 **자신과 자신의 문제를 더욱 명료화하는 데 도움이 될 수 있는 것이어야** 한다.

② 상담에서 질문의 종류

㉠ 개방형 질문

- 보통 '무엇을 어떻게'로 질문하며, 질문의 범위가 포괄적이다.
  예 지난주에 무슨 일이 있었습니까?
- 내담자에게 답할 수 있는 충분한 시간을 부여하며, 가능한 한 많은 대답을 할 기회를 제공한다.
- 이같은 질문에 익숙지 않은 내담자에게는 답변에 부담감을 줄 수도 있다.
- 바람직한 촉진관계를 열어놓는다.

㉡ 폐쇄형 질문

- '예/아니오'와 같이 제한된 응답을 요구한다.
  예 당신은 학교를 좋아하지요?
- 짧은 시간에 상당한 양의 정보를 추출해 내는 데 효과적이다.
- 내담자가 대답할 수 있는 범위를 제한하여 정교한 정보입수가 어렵다.
- 바람직한 촉진관계를 닫아놓는다.

③ 상담면접 시 피해야 할 질문

㉠ 유도질문　　㉡ 모호한 질문

㉢ 이중질문　　㉣ 폭탄형 질문

㉤ "왜"라는 질문

(11) 직면

① 내담자가 모르고 있거나 인정하기를 거부하는 생각과 느낌에 대해 주목하도록 하는 것이다.

② 내담자로 하여금 행동의 특정 측면을 검토해 보고 수정하게 하며 통제하도록 도전하게 하는 것이다.

예 집단모임에서 여러 명의 집단원들로부터 부정적인 피드백을 받은 한 집단원에게 다른 집단원이 그의 느낌을 묻자 아무렇지도 않다고 하지만 그의 얼굴표정이 몹시 굳어 있을 때, 지도자가 이를 직면하고자 한다.

"ㅇㅇ씨는 아무렇지도 않다고 말하지만, 지금 얼굴이 아주 굳어 있고 목소리가 떨리는군요. 내적으로 지금 어떤 불편한 감정이 있는 것 같은데, ㅇㅇ씨의 반응이 궁금하군요."

(12) 저항의 처리

① 저항은 일종의 자기보호를 위한 노력이므로, 상담자는 내담자의 저항을 자연스럽게 나타나는 반응으로 이해하고 존중하도록 한다.

② 상담자는 내담자로 하여금 위협을 느끼지 않도록 하며, 고통을 공감해 주도록 한다.

③ 상담자는 내담자가 지속적인 저항을 보이는 경우 내담자와의 상담관계를 재점검하도록 한다.

상담에서 대화의 중단 또는 내담자의 침묵은 자주 일어나는 일이다. 내담자의 침묵이 발생하는 원인을 3가지만 쓰시오. 2차

(13) 침묵의 처리

① 상담자 개인에 대한 적대감에서 오는 저항이나 불안이 침묵의 원인일 수 있다.

② 내담자가 이전에 표현했던 감정 상태에서 생긴 피로를 회복하고 있다는 뜻이기도 하다.

③ 상담자에게서 재확인을 바라거나 상담자의 해석 등을 기대하며 침묵에 들어갈 수도 있다.

④ 내담자가 침묵할 때는 선불리 말하지 말고 침묵의 의미를 이해한 후 말을 꺼낸다.

3-8 대안개발과 의사결정

1 직업정보 수집 및 대안개발

(1) 직업정보 수집 및 대안개발의 4단계

① 제1단계 – 직업분류 제시하기
② 제2단계 – 대안 만들기
③ 제3단계 – 목록 줄이기
④ 제4단계 – 직업정보 수집하기

| 쌤의 핵심포인트 |
'내담자가 그 직업들을 시도하여 어려움을 겪을 때 개입한다'를 문제의 틀린 지문으로 제시 – 내담자가 그 직업을 시도하여 어려움을 겪을 때의 개입은 너무 늦은 경우이다.

(2) 내담자가 수집한 대안목록의 직업들이 실현 불가능할 때 사용하는 상담전략

① 브레인스토밍 가정을 통해 내담자의 대안직업 대다수가 부적절한 것임을 명확히 한다.
② 내담자로 하여금 그와 같은 직업들에 정서적 열정을 소모하기 전에 신속히 개입하는 것이 중요하다.
③ 객관적인 증거나 논리에서 추출한 것에 대해서만 대화하여야 한다.

(3) 대안 선택과정에서 내담자가 달성해야 하는 과제

○ 직업대안 선택 단계에서 내담자가 달성해야 하는 과제 4가지를 쓰시오. 2차

① 한 가지 선택을 하도록 준비하기
② 직업들을 평가하기
③ 직업들 가운데서 한 가지를 선택하기
④ 선택의 조건을 고려하기

(4) 선택할 직업에 대한 평가과정으로서 요스트(Yost)가 제시한 방법

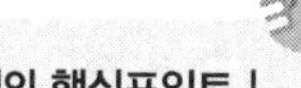

| 쌤의 핵심포인트 |
확률추정연습을 동기추정연습으로 바꾸어 출제하기도 한다.

① 원하는 성과연습 : 원하는 성과를 얼마나 제공할 수 있는지 평가한다.
② 찬반연습 : 각 직업들의 장단기적 장단점을 생각해 볼 수 있도록 계획하고 특정 직업에 대해 장단기적 관점에서 찬성의 이유와 반대의 이유를 생각해보고 적도록 한다.
③ 대차대조표 연습 : 직업선택에 가장 영향을 받게 될 영역이나 사람에게 초점을 맞추는 것이다. 특정 직업에 대해 부정적 효과와 긍정적 효과를 내담자와 관련된 사람이나 생활의 여러 단면과 관련하여 구분해 보게 한다.
④ 확률추정연습 : 특정 직업을 선택했을 경우 그 결과로 일어날 수 있는 여러 사항에 대한 확률을 추정해 보도록 하는 것이다.
⑤ 미래를 내다보는 연습 : 미래를 내다보는 연습은 특히 앞으로 다른 위치에 있는 어느 한 직업의 결과를 짐작해 보는 방법이다.

(5) 대안개발과 의사결정 시 내담자의 부정적 인지에 대한 인지치료 과정

① 제1단계 – 내담자가 느끼는 감정의 속성이 무엇인지 확인

② 제2단계 – 내담자의 감정과 연합된 사고, 신념, 태도 등을 확인

③ 제3단계 – 내담자의 사고들을 한두 가지의 문장으로 요약 · 정리

④ 제4단계 – 내담자를 도와 현실과 사고를 조사해 보도록 개입

⑤ 제5단계 – 내담자에게 과제를 부여하여 사고와 신념들의 적절성을 검증

4단계에서 상담자는 두 부분의 개입을 하게 된다. 첫 번째는 낡은 사고에 대한 평가이며, 두 번째는 낡은 사고나 새로운 사고의 적절성을 검증하는 실험을 해보는 것이다. 의문문 형태의 개입은 상담자가 정답을 제시하기보다는 내담자 스스로 해결 방법에 다가가도록 유도한다.

2 직업선택 결정모형

(1) 기술적 직업결정 모형

사람들의 일반적인 직업결정방식을 나타내고자 시도한 이론

① 타이드만과 오하라(Tiedeman & O'Hara)의 모형

㉠ 자기정체감을 지속적으로 구별해 내고 발달과제를 처리하는 과정으로 진로발달단계를 설명하며, 이를 시간의 틀 내에서 개념화하였다.

㉡ 기대의 기간(예상기) : 직업선택을 결정하기 이전의 단계(탐색기 – 구체화기 – 선택기 – 명료화기)

㉢ 실행과 조정의 기간(실천기) : 직업선택을 결정하고 난 후의 행위단계(순응기 – 개혁기 – 통합기)

② 힐튼(Hilton)의 모형

㉠ 복잡한 직업정보에 접근하게 되는 구조에 근거를 둔 이론. 직업결정 과정은 자신이 세운 계획과 전제 간의 불일치점을 조사 · 시험해보고, 이들 사이에 부조화가 없다면 현재의 계획을 행위화시키는 과정

㉡ 전제단계 – 직업선택하기 이전의 조사 시기

㉢ 계획단계 – 특정 직업에서 요구하고 있는 행동을 상상하는 시기

㉣ 인지부조화 단계 – 자신이 가지고 있는 특성과 반대되는 직업을 갖게 됨으로써 생겨나는 행동을 시험해보는 시기

③ 브룸(Vroom)의 모형

㉠ 직업결정 요인을 균형, 기대, 힘의 원리로 설명하였다.

㉡ 균형은 직업선택 결정자가 직업에 대한 실제 만족과 달리 기대된 만족

㉢ 기대는 직업선택 결정자가 자신이 선택한 직업이 실현 가능하다고 믿는 정도

㉣ 힘은 행위를 통제하는 가설적 인지요인

④ 수(Hsu)의 모형

㉠ 브룸의 모형과 비슷하나 힘의 개념을 다르게 표현하였다.

㉡ 힘은 직업결정자의 독특한 직업목표를 성취하기 위해 최대한도의 기회를 가진 것

㉢ 직업결정자가 선택과 목표 사이의 불균형을 극소화시키려고 시도한다는 것

⑤ 플레처(Fletcher)의 모형

㉠ 개념학습에 대한 생각에 근거를 둔 것 : 개념(기본적 인간욕구와 관련된 경험에 토대를 둔 미래에 대한 개념)

㉡ 하나의 직업은 여러 가지 요인들, 즉 자아개념, 흥미, 태도, 가치관 등의 조합이다.

㉢ 직업개념은 특수성 대 일반성, 구체성 대 추상성 등의 두 차원이 있다,

(2) 처방적 직업결정 모형

사람으로 하여금 직업을 결정하는 데 있어 실수를 감소시키고 보다 나은 직업선택을 하도록 도와주려는 의도에서 시도되는 이론

① 카츠(Katz)의 모형(구조)

㉠ 직업결정자를 돕는 특수한 기술에 사용될 수 있는 구조를 강조

㉡ 직업결정자는 자신의 특성 요인을 가치와 중요도에 따라 비교하여 그 특성에 맞는 대안을 선택하고, 그 대안이 제공하는 보수에 따라 평가해야 한다고 한다.

② 겔라트(Gelatt)의 모형

㉠ 직업선택의 결과보다 그 선택과정을 중시

㉡ 직업정보를 예언적 체계, 가치체계, 결정준거의 3차원으로 나누었다.

㉢ 겔라트의 직업의사결정 과정

- 제1단계 : 목적(목표)의식
- 제2단계 : 정보수집
- 제3단계 : 대안열거
- 제4단계 : 대안의 결과 예측
- 제5단계 : 대안의 실현 가능성 예측
- 제6단계 : 가치평가
- 제7단계 : 의사결정
- 제8단계 : 평가 및 재투입

겔라트의 의사결정 8단계 중 2~7단계를 쓰시오. 2차

③ 칼도와 쥐토우스키(Kaldor & Zytowski)

칼도와 쥐토우스키는 직업선택과 입력의 가치를 평가하는 것을 직업적 유용도 함수로 설명하였다.

3 의사결정의 유형 및 의사결정의 촉진방법

진로의사결정(Career Decision Making)이란 "개인이 정보를 조직하고, 여러 가지 대안들을 신중하게 검토하여, 진로선택을 위한 행동과정에 전념하는 심리적인 과정"으로 정의된다. 진로의사결정 유형이란 어떤 개인이 결정을 내릴 때 선호하는 접근방식을 일컫는 것으로, "의사결정이 필요한 과제를 인식하고 그에 반응하는 개인의 특징적 유형, 개인이 의사결정을 내리는 방식"이라 정의하겠다.

(1) 진로의사결정의 유형(Harren)

① 합리적 유형(Rational Style) : 의사결정 과업에 대해서 논리적이고 체계적으로 접근하는 유형을 말한다. 즉, 자신과 상황에 대하여 정확하게 정보를 수집하고, 신중하고 논리적으로 의사결정을 수행하며, 의사결정에 대한 책임을 자신이 진다.

② 직관적 유형(Intuitive Style) : 의사결정의 기초로 상상을 사용, 현재 감정에 주의를 기울인다. 또한, 정서적 자각을 사용하는 유형이다. 이 유형은 선택에 대한 확신은 비교적 빨리 내리지만 그 결정의 적절성은 내적으로만 느낄 뿐 설명하지 못하는 경우가 있다.

③ 의존적 유형(Dependent Style) : 의사결정에 대한 개인적 책임을 부정, 그 책임을 외부로 돌리는 유형이다. 즉, 의사결정과정에서 타인의 영향을 많이 받고 수동적이고 순종적이며 사회적인 인정에 대한 욕구가 높은 유형이다.

(2) 6개의 생각하는 모자(Six Thinking Hats)

① 영국의 심리학자인 드 보노(Edward de Bono)가 고안

② 사고과정에서 일반적으로 부딪치는 문제점에 대하여 각 색의 모자를 쓰고, 각각의 색에 해당하는 역할을 생각해 본 후 의사결정을 촉진하는 기법이다.

| 쌤의 핵심포인트 |

6개의 생각하는 모자에서 갈색을 틀린 지문으로 제시하고 있다.

모자	설명
적색	• 붉은색은 분노나 감정을 상징 → 직관에 의존하고 직감에 따라 행동한다. • 사과, 설명 또는 정당화할 필요 없이 자신의 감정을 표현하도록 허용한다. • "내가 느끼는 것은~입니다", "내 속마음은~야"
청색	• 냉정한 이미지 → 문제를 정의하고, 사고를 조직화한다. • 파란 모자의 역할은 회의 주제자, 의장, 리더이다. • 파란 모자는 요약과 결론 및 판단을 요구한다. • "여기에 너무 많은 시간을 투자하는 것 같아요, 당신의 견해를 요약해 주시겠어요?, 제 생각으로는 우선순위를 고려해야 해요, 새 아이디어를 얻기 위해 초록모자사고를 시도합시다." • "지금까지 무엇을 해 왔는가", "다음 단계는 무엇을 해야 하는가"

모자	설명
백색	• 흰색은 중립적이고 객관적인 색 → 본인과 직업들에 대한 사실들만을 고려한다. • 빠뜨린 정보는 없는지, 획득된 정보가 정말 필요한 것인지를 확인하고 필요한 정보를 획득하기 위한 방법을 찾아내는 것을 포함한다. • "우리가 갖고 있는 정보는 무엇인가?", "우리는 어떤 정보를 필요로 하는가?", "우리는 어떻게 필요한 정보를 얻을 것인가?"
녹색	• 채소, 풀, 풍성함, 싱그러운 이미지 → 새로운 대안을 찾으려 노력하고, 문제들을 다른 각도에서 바라본다. • "전혀 다른 방법으로 해볼까요?", "새로운 대안을 찾아봅시다."
흑색	• 우울하고 부정적인 이미지 → 부정적 · 비판적 측면에 대한 사고와 연관된다. • 실수나 어리석은 행동에 주의를 주는 모자이다. • 가장 유용하고 가치 있는 모자이나 한정적으로 사용된다(처리나 평가단계). • "단점은 무엇인가?", "실천할 수 있는가?", "무엇이 잘못되었나?"
황색	• 태양 빛처럼 밝고 긍정적인 이미지 → 낙관적이며 모든 일이 잘될 것이라고 생각한다. • 논리적 근거를 갖고 실행성, 긍정적 측면을 찾는다. • 모든 창의적 아이디어는 노란 모자사고에 의한 주목을 받을 수 있다. • "이것이 어떤 점에서 도움이 되는가", "왜 필요한가", "왜 이것을 실천해야 하는가"

CHAPTER 3

출제예상문제

3-1 초기 면담의 의미

01 초기 면담의 주요 요소 중 내담자에게 선정된 행동을 연습하거나 실천토록 함으로써 내담자가 계약을 실행하는 기회를 최대로 도울 수 있는 요소는?

① 리허설 ② 계약
③ 감정이입 ④ 유머

해설

리허설
내담자에게 선정된 행동을 연습하거나 실천토록 함으로써 내담자가 계약을 실행하는 기회를 최대화할 수 있도록 도와주는 것

02 원하는 목표를 상상하거나 숙고해 보도록 하는 상담기법은?

① 직면
② 계약
③ 즉시성
④ 암시적 리허설

해설

리허설에는 말이나 행위로 표현하는 명시적 리허설과 상상해 보는 암시적 리허설이 있다.

03 직업상담을 위한 면담에 대한 설명으로 옳은 것은?

① 내담자의 모든 행동은 이유와 목적이 있음을 분명하게 인지한다.
② 상담과정의 원만한 전개를 위해 내담자에게 태도 변화를 요구한다.
③ 침묵에 빠지지 않도록 상담자는 항상 먼저 이야기를 해야 한다.
④ 초기 면담에서 내담자에 대한 기준을 부여한다.

해설

내담자 스스로 변화할 수 있도록 도와주고 침묵에 빠지지 않도록 내담자가 이야기할 수 있는 환경을 조성해 주어야 하며, 상담 초기에 내담자에 대한 기준을 부여해서는 안 된다.

04 초기 면담의 유형인 정보지향적 면담에서 주로 사용하는 기법이 아닌 것은?

① 폐쇄형 질문 ② 개방형 질문
③ 탐색하기 ④ 감정이입하기

해설

정보지향적 면담에서는 상담의 틀은 상담자에게 초점을 두며 주요 기법은 탐색해보기, 폐쇄형 질문, 개방형 질문을 사용한다.

정답 01 ① 02 ④ 03 ① 04 ④

05 다음의 내담자를 상담할 경우 가장 먼저 해야 할 것은?

> 갑자기 구조조정 대상이 되어 직장을 떠난 40대 후반의 남성이 상담을 받으러 왔다. 전혀 눈 마주침도 못하며, 상당히 위축되어 있는 상태이고 미래에 대한 불안감을 호소하고 있다.

① 관계 형성
② 상담자의 전문성 소개
③ 상담 구조 설명
④ 과제 부여

해설

내담자는 구조조정으로 인한 실직을 당한 상태로 심리적 위축과 불안감을 나타내고 있으므로 관계 형성이 무엇보다 중요하다.

3-2 구조화된 면담법

06 다음에서 설명하고 있는 생애진로사정의 주요 부분은?

> 개인이 자신의 생활을 어떻게 조직하는지를 발견하는 것이다. 내담자가 그들 자신의 생활을 체계적으로 조직하는지 아니면 매일 자발적으로 반응하는지 결정하는 데 도움을 준다.

① 진로사정 ② 전형적인 하루
③ 강점과 장애 ④ 요약

해설

전형적 하루
① 의존적-독립적 하루
② 자발적-체계적 하루

07 생애진로사정의 과정에 해당하지 않는 것은?

① 내담자의 과거 직업에 대한 전문지식 분석
② 내담자의 과거 직업경력에 대한 정보수집
③ 내담자의 가계도(Genogram) 작성
④ 내담자가 가진 자원과 장애물에 대한 평가

해설

내담자에 대한 가장 기초적인 직업상담 정보를 얻는 질적인 평가 절차이다.

08 다음 중 생애진로사정(Life Career Assessment)과 관련이 없는 것은?

① 생애진로사정은 아들러(Adler)의 개인 심리학에 이론적 기초를 두고 있다.
② 생애진로사정의 구조는 진로사정, 전형적인 하루, 강점과 장애 및 요약으로 이루어진다.
③ 생애진로사정은 직업상담의 마무리 단계로서 최종결론을 도출하기 위한 시도이다.
④ 생애진로사정은 구조화된 면담기술로서 짧은 시간에 체계적인 정보를 수집할 수 있다.

해설

생애진로사정은 상담 초기 단계에 사용하는 기법이다.

09 직업상담 시 내담자의 가족이나 선조들(부모, 조부모 및 친인척)의 직업 특징에 대한 시각적 표상을 얻기 위해 만드는 도표는?

① 기대표 ② 생활사
③ 제노그램 ④ 프로파일

해설

직업상담 시 내담자의 가족이나 선조들(부모, 조부모 및 친인척)의 직업 특징에 대한 시각적 표상을 얻기 위해 만드는 도표를 직업가계도(제노그램)라 한다.

정답 05 ① 06 ② 07 ① 08 ③ 09 ③

10 다음 (　　) 안에 알맞은 것은?

생애진로사정은 진로사정, (　　), 강점과 장애, 그리고 (　　)으로 이루어진다.

① 진로요약, 하루에 대한 묘사
② 일의 경험, 요약
③ 전형적인 하루, 요약
④ 훈련과정과 관심사, 내담자 자신의 용어 사용

3-3 내담자 사정하기

11 내담자의 동기와 역할을 사정(Assessment)하는 데 일반적으로 가장 많이 사용되는 방법은?

① 개인상담　　② 자기보고
③ 직업상담　　④ 심리치료

해설

일반적으로 동기와 역할을 사정하는 데는 자기 보고식 사정법을 가장 많이 이용하고 있다.

12 직업상담에서 내담자가 "삶에서 무엇을 지향할 것인가에 관하여 가지고 있는 생각"을 무엇이라고 하는가?

① 동기 및 역할　　② 욕구
③ 흥미　　④ 가치

13 낮은 동기를 가진 내담자에게 자기효능감을 증진시키기 위한 방법에 포함되지 않는 것은?

① 내담자의 장점을 강조하며 격려하기
② 긍정적인 단계를 강화하기
③ 내담자와 비슷한 인물이나 비디오테이프 보여주기
④ 직업대안을 규명하기

해설

직업대안 규명하기는 흥미사정의 용도이다.

14 직업카드분류법은 직업상담에서 많이 사용하는 기법 중 하나이다. 직업카드분류법은 무엇을 알아보기 위한 것인가?

① 직업선택 시 사용 가능한 기술
② 가족 내 서열 및 직업가계도
③ 직업세계와 고용시장의 변화
④ 직업선택의 동기와 가치

해설

직업카드분류법은 내담자에 대한 직업선택의 동기와 가치를 알려보려는 것이다.

15 과거에 했던 선택의 회상, 절정경험, 자유시간과 금전 사용계획 등을 조사하고 존경하는 사람을 쓰게 하는 등의 상담행위는 다음 중 무엇을 위한 것인가?

① 내담자의 동기사정을 위해서
② 내담자의 역할관계사정을 위해서
③ 내담자의 가치사정을 위해서
④ 내담자의 흥미사정을 위해서

16 마이어스-브리그스의 유형 지표에 대한 설명으로 옳지 않은 것은?

① 자기보고식의 강제선택검사이다.
② 판단형과 지각형의 성격 차원은 지각적 또는 정보 수집적 과정과 관계가 있다.
③ 외향형과 내향형의 성격 차원은 세상에 대한 일반적인 태도와 관련이 있다.
④ 내담자가 선호하는 직업역할, 기능, 환경을 찾아내는 데 유용하다.

해설

판단형(J) · 지각형(P) – 생활양식에 대한 선호경향

정답 10 ③　11 ②　12 ④　13 ④　14 ④　15 ③　16 ②

3-4 목표설정 및 진로시간전망

17 내담자에 대한 상담목표의 특성이 아닌 것은?

① 구체적이어야 한다.
② 내담자가 원하고 바라는 것이어야 한다.
③ 실현 가능해야 한다.
④ 인격성장을 도와야 한다.

해설

상담목표를 설정할 때 고려하여야 할 특성(내담자가 가져야 할 목표의 특성)
① 목표는 구체적이어야 한다(내담자가 바라는 구체적이고 긍정적인 변화를 상담목표로 삼는다.).
② 목표는 실현 가능해야 한다.
③ 목표는 내담자가 원하고 바라는 것이어야 한다.
④ 내담자의 목표는 상담자의 기술과 양립 가능해야 한다.

18 직업상담의 상담목표 설정에 관한 설명으로 가장 적합한 것은?

① 상담목표의 설정은 상담전략 및 개입의 선택과 관련이 없다.
② 하위목표들은 명확히 하여 가능한 한 구체적으로 설정되어야 한다.
③ 내담자 기대나 가치와 어긋나더라도 상담자의 전문가적인 식견에 따라 설정되어야 한다.
④ 현실적이기보다 가능한 한 긍정적인 변화를 가져올 수 있는 원대한 목표여야 하며, 현실적 이고 계측화할 수 있다면 더 좋다.

해설

①항 상담목표의 설정은 상담전략 및 개입의 선택과 밀접한 관련이 있다.
③항 상담목표는 기본적으로 내담자의 기대나 가치와 부합되도록 설정되어야 한다.
④항 상담목표는 현실적이어야 한다.

19 다음 중 진로시간 전망검사지의 사용목적과 가장 거리가 먼 것은?

① 목표설정 촉구하기
② 계획기술 연습하기
③ 진로의식 높이기
④ 미래직업에 대한 지식 확장하기

해설

진로시간 전망검사의 목적
① 미래 방향성 증대
② 미래 희망 주기
③ 계획에 의한 긍정적 태도 강화
④ 목표설정 촉구
⑤ 시간계획 기술연습
⑥ 진로의식 함양

20 생애주기에 관한 연구들의 결과가 주는 시사점과 가장 거리가 먼 것은?

① 모든 연령수준별로 일에 대한 이해, 일을 수행하기 위한 훈련과 자격, 원하는 직업을 얻는 방법, 생활과 직업의 관계를 인식해야 한다.
② 특히 10대에게는 직업에 필요한 적당한 기술과 훈련이 필요하다.
③ 한 번 얻은 직업정보는 시간과 상황에 관계없이 계속 유지되어야 한다.
④ 여성과 노인들을 위한 취업정보체계가 필요하다.

해설

직업정보는 시간과 상황에 따라 적절히 변화되어야 한다.

21 진로시간 전망검사 중 Cottle의 원형검사에 기초한 시간전망 개입은 3가지 국면으로 구분할 수 있다. 이들 중 미래를 현실처럼 느끼게 하고, 미래 계획에 대한 정적인 태도를 강화시키며 목표설정을 신속하게 하는 것을 목표로 하는 것은?

① 방향성　② 변별성
③ 통합성　④ 개별성

정답 17 ④ 18 ② 19 ④ 20 ③ 21 ②

해설

① 방향성 : 미래에 대한 낙관적인 입장을 구성하여 미래지향성을 증진시킨다.
② 변별성 : 미래를 현실처럼 느끼게 하고, 미래계획에 대한 정적인 태도를 강화시키며 목표 설정을 신속하게 하는 것이다.
③ 통합성 : 현재 행동과 미래의 결과를 연결시키고, 진로에 대한 인식을 증진시킨다.

22 진로시간 전망검사 중 코틀(Cottle)이 제시한 원형검사에서 원의 크기가 나타내는 것은?

① 과거, 현재, 미래
② 방향성, 변별성, 통합성
③ 시간차원에 대한 상대적 친밀감
④ 시간차원의 연결 구조

해설

① 원의 크기 : 시간차원에 대한 상대적 친밀감을 나타낸다.
② 원의 배치 : 시간차원들이 어떻게 연관되어 있는지를 나타낸다.

3-5 내담자의 인지적 명확성 사정

23 다음의 면담에서 직업상담자가 택한 개입의 방법은?

- 내담자 : 난 사업을 할까 생각 중이에요. 그런데 그 분야에서 일하는 여성들은 대부분 이혼한다고 합니다.
- 상담자 : 선생님이 사업을 하면 이혼할까 두려워하시는군요. 직장여성들의 이혼율과 다른 분야에 종사하는 여성들에 대한 통계를 알아보도록 하죠.

① 구체화시키기 ② 논리적 분석
③ 격려 ④ 재구조화

24 다음 면담에서 인지적 명확성이 부족한 내담자의 유형 중 상담자의 개입방법이 올바르게 짝지워진 것은?

- 내담자 : 나는 기계공학 전공 말고는 아무것도 생각할 수 없어요. 그 외의 일을 한다는 것을 생각해 본 적도 없어요.
- 상담자 : 학생이 기술자가 되지 못한다면 재앙이라도 일어날 것처럼 들리는군요. 그런데 학생은 기계공학을 하기에는 성적이 좋지 않군요.
- 내담자 : 그래서 미칠 것 같아요. 난 낙제할 것 같아요.
- 상담자 : 학생 인생에서 다른 대안을 생각해 보지 않는다면 정말 문제가 되겠네요.

① 양면적 사고－역설적 사고(증상을 기술한다)
② 파행적 의사소통－저항에 다시 초점 맞추기
③ 강박적 사고－RET 기법
④ 원인과 결과 착오－논리적 분석

25 다음의 상담과정에서 필요한 상담기법은?

- 내담자 : 전 의사가 될 거예요, 저희 집안은 모두 의사들이거든요.
- 상담자 : 학생은 의사가 될 것으로 확신하고 있네요.
- 내담자 : 예. 물론이지요.
- 상담자 : 의사가 되지 못한다면 어떻게 되나요?
- 내담자 : 한번도 그런 경우를 생각해 보지 못했습니다. 의사가 안 된다면 내 일생은 매우 끔찍할 것입니다.

① 재구조화 ② 합리적 논박
③ 정보 제공 ④ 직면

정답 22 ③ 23 ② 24 ① 25 ②

26 다음 상담의 인지적 명확성이 부족한 내담자의 유형과 상담자의 개입방법이 옳은 것은?

> • 내담자 : 난 자격시험에 합격할 수 없을 것 같아요.
> • 상담자 : 그동안 선생님은 자격시험 공부를 매우 열심히 하신 걸로 아는데요.
> • 내담자 : 하지만 단념했어요. 내 친구는 자격시험이 어렵다고 했어요.
> • 상담자 : 선생님은 자격시험에 불합격할 것이라고 생각하고 있군요. 그 이유는 친구분이 어렵다고 했기 때문이고요. 그러면 선생님과 친구분의 공통점을 알아보기로 하죠.

① 단순오정보－정보 제공
② 구체성의 결여－구체화시키기
③ 자기인식의 부족－은유나 비유 쓰기
④ 가정된 불가능－논리적 분석, 격려

27 직업상담에 대한 설명으로 틀린 것은?

① 직업상담에서는 내담자의 안전이나 사회적 적응방법으로 직업문제를 인식하는 것이므로 일반상담에서 사용되는 심리치료를 포함하고 있다.
② 직업상담은 개인의 내적 · 외적 문제를 다루므로 개인의 내적 문제를 다루는 심리치료보다 더 필요하다.
③ 직업상담은 생애역할과 다른 생애역할과의 통합의 부적절과 불만족을 포함한 것이다.
④ 직업상담은 잘못된 논리체계에 의한 인지적 명확성이 부족한 내담자에게는 일반상담을 실시토록 의뢰한다.

해설

인지적 명확성이 부족한 내담자는 개인상담을 실시한 후 직업상담을 실시한다.

28 다음 설명은 인지적 명확성의 원인과 관련하여 어떤 직업상담과정이 필요한가?

> • 자기가 경험한 역할 이외에 대해선 생각하지 못하는 데서 오는 낮은 자기효능감으로 인하여 다른 선택사항에 대한 고려를 방해
> • 비논리적 사고나 다른 배제적 사고유형에서 나오는 의사결정 방해
> • 잘못된 결정방식이 진지한 결정을 방해

① 고정관념이 그 원인이므로 직업상담 실시
② 경미한 정신건강이 그 원인이므로 다른 치료 후에 직업상담을 실시
③ 자신과 직업에 대한 정보결핍이 그 원인이므로 직업상담 실시
④ 직업문제에 대해 집중하는 데 어려움이 있는 것이 그 원인이므로 개인상담 후 직업상담 실시

3-6 내담자의 정보 및 행동에 대한 이해

29 다음 내담자와 상담자의 대화 중 내담자가 범하고 있는 한계의 오류와 이에 대한 상담자의 개입이라 볼 수 있는 것은?

① "나는 사장님께 말을 할 수 없어요."－"사장님과 대화할 수 있는 방법을 모르시는 것이겠지요."
② "우리 상사는 나와 일하는 것을 불편하게 생각해요."－"그 사실을 어떻게 그렇게 잘 알지요?"
③ "그 사람들은 나를 이해하지 못해요."－"누가 당신을 이해하지 못한다는 거지요?"
④ "우리 상관은 나를 무시하려 들지요."－"당신의 상관께서 특별히 어떤 점에서 무시한다는 생각이 드나요?"

정답 26 ④ 27 ④ 28 ② 29 ①

해설

②항 논리의 오류(마음에 대한 해석)
③항 정보의 오류(삭제)
④항 정보의 오류(구체적 진술의 부족)

30 다음의 상담내용을 읽고 인지적 명확성을 위하여 사용되는 기법은?

- 상담자 : 제가 내준 과제인 진로일기를 하는 데 많은 어려움이 있다고 하셨지요. 지금 하는 일을 조절하도록 도와드리면 도움이 될 것 같네요.
- 내담자 : 그거 괜찮은 생각 같으네요. 제가 왜 진로일기를 작성하는 데 힘든지 아셨죠. 그런데 오늘 제가 멋진 영화를 보려고 해요. 그 생각만 해도 즐거워요.
- 상담자 : 진로문제가 선생님이 당면한 주요 관심사 같네요. 제가 그러한 것을 제안할 때마다 선생님께서는 회피하시는군요. 진로일기를 작성하고 나서 선생님의 진로문제를 해결하면 어떤 느낌을 갖게 될까요?

① 구체화시키기
② 역설적 사고
③ 재구조화
④ 저항에 다시 초점 맞추기

31 직업상담을 진행함에 있어 내담자들은 자신의 직업세계에 대해서 충분한 정보를 알고 있다고 잘못 생각하는 경우가 많은데 내담자가 "내 상사가 그러는데 나는 책임감이 없대요."라고 진술한 경우는 어떤 오류가 발생한 경우인가?

① 삭제
② 참고자료
③ 불분명한 동사 사용
④ 어투의 사용

32 내담자의 행동과 정보를 수집하고 이해하며 상담하는 기법에 대한 설명으로 틀린 것은?

① 의미 있는 질문은 언제든지 반응하도록 범위를 열어 놓는 것이다.
② 전이된 오류 정정하기는 정보의 오류, 한계의 오류, 논리적 오류 등으로 구별된다.
③ 근거 없는 믿음 확인하기는 내담자의 결론도출, 재능, 지각, 지적 및 정보의 부적절하거나 부분적인 일반화, 관념 등 정보의 일부분만을 보는 것이다.
④ 변명에 초점 맞추기는 자신의 행동에 부정적인 면을 줄이려는 행동이나 설명으로서 자신의 긍정적인 면을 계속 유지하려는 것이다.

해설

③은 왜곡된 사고 확인하기에 대한 설명이다.

33 직업상담에서 저항을 다루는 방법으로 적절하지 않은 것은?

① 내담자와의 상담관계를 재점검한다.
② 내담자의 고통을 공감해준다.
③ 내담자가 위협을 느끼지 않도록 한다.
④ 긴장이완법을 사용한다.

해설

④는 불안을 제거하거나 감소시키기 위한 방법이다.

정답 30 ④ 31 ① 32 ③ 33 ④

3-7 상담면접의 주요 방법

34 다음 내담자의 진술에 대해 가장 수준이 높은 수용적 존중 반응은 어떤 것인가?

> 저 오늘 몸이 아파서 조퇴를 했어요. 좀 더 견뎌보려고 했는데 참을 수가 없었어요.

① 아플 땐 쉬어야지 건강해야 일도 잘 할 수 있지.
② 그래, 자네니깐 그만큼이나 참았지. 자네 웬만하면 조퇴하지 않는 거 알지.
③ 몸이 조금 아프다고 자꾸 조퇴하면 안 되지.
④ 몸이 아프면 힘들지. 그동안 좀 무리했지.

35 다음에 대해 가장 수준이 높은 공감적 이해와 관련된 반응은?

> 우리집은 왜 그리 시끄러운지 모르겠어요. 집에서 영 공부할 맘이 없어요.

① 시끄러워도 좀 참고 하지 그러니.
② 그래, 집이 시끄러우니까 공부하는 데 많이 힘들지?
③ 식구들이 좀 더 조용히 해주면 공부를 더 잘 할 수 있을 것 같단 말이지.
④ 공부하기 싫으니까 핑계도 많구나.

해설

공감은 내담자의 세계를 상담자 자신의 세계인 것처럼 경험하지만 객관적인 위치에서 벗어나지 않는 것으로써 내담자가 전달하려는 내용에서 한 걸음 더 나아가 그 내면적 감정에 반영하는 것이다.

36 다음은 상담기법 중 무엇에 관한 설명인가?

> 문제를 있는 그대로 확인시켜 주어 내담자가 문제와 맞닥뜨리도록 함으로써, 내담자로 하여금 현실적인 대처방안을 찾을 수 있도록 도전시키는 과정

① 자유연상 ② 반영
③ 직면 ④ 명료화

해설

직면은 내담자로 하여금 행동의 특정 측면을 검토해보고 수정하게 하며 통제하도록 도전하게 하는 것이다.

37 상담기법 중 내담자가 전달하는 이야기의 표면적 의미를 상담자가 다른 말로 바꾸어서 말하는 것을 무엇이라고 하는가?

① 탐색적 질문
② 요약과 재진술
③ 명료화
④ 적극적 경청

해설

요약과 재진술은 상담기법 중 내담자가 전달하는 이야기의 표면적 의미를 상담자가 다른 말로 바꾸어서 말하는 것이다.

38 일반적으로 상담자가 갖추어야 할 다음의 기본기술들 중 "내담자가 전달하려는 내용에서 한 걸음 더 나아가 그 내면적 감정에 대해 반영하는 것"을 무엇이라 하는가?

① 해석 ② 공감
③ 직면 ④ 명료화

정답 34 ② 35 ③ 36 ③ 37 ② 38 ②

3-8 대안개발과 의사결정

39 내담자가 수집한 대안목록의 직업들이 실현 불가능할 때의 상담전략으로 틀린 것은?

① 브레인스토밍과정을 통해 내담자의 대안 직업 대다수가 부적절한 것을 명확히 한다.
② 최종 의사결정은 내담자가 해야 함을 확실히 한다.
③ 내담자가 그 직업들을 시도하여 어려움을 겪을 때 개입한다.
④ 객관적인 증거나 논리에서 추출한 것에 대해서만 대화하여야 한다.

해설

내담자가 그 직업을 시도하여 어려움을 겪을 때의 개입은 너무 늦은 경우이다.

40 대인 개발과 의사결정 시 사용하는 인지적 기법으로 다음 설명에 해당하는 인지치료과정의 단계는?

> 상담자는 두 부분의 개입을 하게 된다. 첫 번째는 낡은 사고에 대한 평가이며, 두 번째는 낡은 사고나 새로운 사고의 적절성을 검증하는 실험을 해보는 것이다. 의문문형태의 개입은 상담자가 정답을 제시하기보다는 내담자 스스로 해결방법을 다가가도록 유도한다.

① 2단계 ② 3단계
③ 4단계 ④ 5단계

해설

인지치료과정의 의미
내담지의 부정 자동적 사고를 찾아내어 보다 적절한 적응적인 사고로 대치하고 부정 자동적 사고의 기저를 이루는 근원적인 역기능적 인지도식을 찾아내어 보다 현실적인 것으로 바꾸는 과정이다.

① 1단계 : 내담자가 느끼는 감정의 속성이 무엇인지 확인한다.
② 2단계 : 감정과 연합된 사고, 신념, 태도들을 확인한다.
③ 3단계 : 내담자의 사고들을 1~2개의 문장으로 요약 정리한다.
④ 4단계 : 내담자를 도와 현실과 이성적 사고를 조사해 보도록 개입한다(의문문 형태로 개입).
⑤ 5단계 : 과제를 부여하여 새로운 사고나 신념들의 적절성을 검증하게 한다.

41 6개의 생각하는 모자(Six Thinking Hats)는 직업상담의 중재와 관련된 단계들 중 무엇을 위한 것인가?

① 직업정보의 수집
② 의사결정의 촉진
③ 보유기술의 파악
④ 시간관의 개선

해설

1985년에 에드워드(Edward)는 사람들에게 다른 색깔의 생각하는 모자를 써보도록 하여 의사결정을 용이하게 하였다(의사결정 촉진기법).

6개의 생각하는 모자의 색깔별 사고유형
① 흰색 : 사실에만 초점을 둔 사고, 중립적, 객관적 사고 반영(흰색은 순수한 색)
② 빨강 : 직관에 의한 감정이나 느낌 반영(빨강은 정열을 상징)
③ 검정 : 논리적, 부정적, 비판적 사고 반영(어두운 이미지, 긴장감 유발)
④ 노랑 : 낙관적 긍정적 시각 반영(노랑은 밝고 적극적인 색)
⑤ 초록 : 새로운 아이디어 생성, 창조적 사고 반영(초록은 자연과 식물 상징)
⑥ 파랑 : 다른 모자의 사용법을 조절하는 사회자로서의 역할, 방향결정을 반영

정답 39 ③ 40 ③ 41 ②

42 6개의 생각하는 모자(Six Thinking Hats) 기법에서 사용하는 모자 색깔이 아닌 것은?

① 갈색 ② 녹색
③ 청색 ④ 흑색

43 직업선택을 위한 마지막 과정으로 선택할 직업에 대한 평가과정 중 Yost가 제시한 방법이 아닌 것은?

① 원하는 성과 연습
② 확률추정연습
③ 대차대조표 연습
④ 동기추정연습

해설

요스트(Yost)가 제시한 5가지 직업평가 연습
① 원하는 성과 연습(해당 직업이 원하는 성과를 얼마나 제공할 수 있는가?)
② 찬반연습(해당 직업에 대해 찬성의 이유와 반대의 이유를 생각해본다.)
③ 대차대조표 연습(해당 직업에 대해 부정적 효과와 긍정적 효과를 구분해본다.)
④ 확률추정연습(예상한 결과들이 얼마나 일어날 수 있는지를 추정해본다.)
⑤ 미래를 내다보는 연습(앞으로 다른 위치에 있을 어느 한 직업의 결과를 짐작해본다.)

44 인간이 복잡한 정보에 접근하게 되는 구조에 근거를 둔 이론으로 직업선택 결정단계를 전제단계, 계획단계, 인지부조화단계로 구분한 직업결정모형은?

① 타이드만과 오하라(Tiedman & O'Hara)의 모형
② 힐튼(Hilton)의 모형
③ 브룸(Vroom)의 모형
④ 수(Hsu)의 모형

해설

직업결정과정은 자신이 세운 계획과 전제 간의 불일치점을 조사 · 시험해보고, 이들 사이에 부조화가 없다면 현재의 계획을 행위화시키는 과정

45 직업선택결정모형 중 처방적 직업결정모형은?

① 타이드만과 오하라(Tideeman & O'Hara)의 모형
② 힐튼(Hilton)의 모형
③ 브룸(Vroom)의 모형
④ 카츠(Katz)의 모형

해설

처방적 직업결정모형
카츠(Katz), 겔라트(Gelate), 칼도와 쥐토우스키(Kaldor & Zytowski)

46 정보체계를 예언적 체계, 가치체계, 결정준거 등으로 설명한 모형은?

① Kaldor & Zytowski의 모형
② Vroom의 모형
③ Fletcher의 모형
④ Gelatt의 모형

해설

겔라트 모형
① 직업선택의 결과보다 그 선택과정을 중시
② 직업정보를 예언적 체계, 가치체계, 결정준거의 3차원으로 나눔
③ 겔라트의 모형은 적절한 정보입력을 중시

정답 42 ① 43 ④ 44 ② 45 ④ 46 ④

CHAPTER

4 직업상담 행정

4-1 취업지원 관련 보고

1 개요

① 국가와 지방자치단체에서는 국민들의 취업을 지원하기 위해 기본적인 취업지원계획의 수립과 고용에 관한 정보를 제공하기 위해 정보를 수집하고 취업 관련단체에 취업지원에 관련된 정보 및 취업현황에 관한 보고를 요구한다.

② 국가는 구인, 구직을 지원하기 위해서 고용안전센터, 워크넷 등을 설치하여 취업지원 및 구인, 구직에 관한 정보 등을 제공하고 있다.

2 정기보고

일정한 시기를 정하여 그 시기에 보고하는 것으로 보통 6개월이나 1년을 주기로 시기를 정하여 보고하는 것을 의미한다.

3 수시보고

정기보고와 달리 보고시기를 정하지 않고 보고사항이 발생할 때마다 그에 대한 정보를 수시로 보고하는 것을 말하며, 정기보고의 경우보다 정보의 양과 범위가 좁다.

4-2 직업상담사의 윤리(상담 윤리강령)

1 상담 윤리강령의 이해

(1) 상담 윤리강령의 필요성

① 정부로부터 상담자로서의 직업을 보호받는다.

② 내부의 불일치와 다툼을 조정하도록 도우며, 직업 내부의 안정성을 증진시킨다.

(2) 상담 윤리강령의 역할과 기능

① 직무수행 중의 갈등 해결 지침 제공
② 내담자의 복리 증진
③ 전문직으로서의 상담기능 보장
④ 지역사회의 도덕적 기대 존중
⑤ 상담자 자신의 사생활과 인격 보호(내담자의 과도한 상담요구로 인해 고통받지 않도록 한다는 것이다.)

(3) 직업상담사의 반윤리적 행동(Levensen & Swanson)

① 비밀누설
② 자신의 전문적 능력 초월
③ 자신이 갖지 않은 전문성의 주장
④ 내담자에게 자신의 가치를 속이거나 내담자에게 의존성을 심기
⑤ 내담자와의 성적 행위
⑥ 과중한 요금
⑦ 의심스러운 계약
⑧ 부당한 광고

2 직업상담 시 윤리적 문제

1) 직업상담사의 윤리강령 (한국카운슬러협회)

(1) 일반원칙

상담자는 내담자가 자기 및 타인에 대한 이해를 통하여 보다 바람직한 사회생활을 할 수 있도록 돕는다. 이러한 역할을 수행하는 과정에서, 상담자는 자기에게 도움을 청하는 내담자의 복지를 보호한다. 내담자를 돕는 과정에서 상담자는 문의 및 의사소통의 자유를 갖되, 그에 대한 책임을 지며 동료의 관심 및 사회공익을 위하여 최선을 다한다.

(2) 개별원칙

① 사회관계

㉠ 상담자는 자기가 속한 기관의 목적 및 방침에 모순되지 않는 활동을 할 책임이 있다. 만일 그의 전문적 활동이 소속기관의 목적과 모순되고, 윤리적 행동 기준에 관하여 직무수행과정에서의 갈등을 해소할 수 없을 경우에는 그 소속기관과의 관계를 종결하여야 한다.

ⓒ 상담자는 사회 윤리 및 자기가 속한 지역사회의 도덕적 기준을 존중하며, 사회공익과 자기가 종사하는 전문직의 바람직한 이익을 위하여 최선을 다한다.

ⓓ 상담자는 자기가 실제로 갖추고 있는 자격 및 경험의 수준을 벗어나는 인상을 타인에게 주어서는 안 되며, 타인이 실제와 다른 인식을 가지고 있을 경우 이를 시정해 줄 책임이 있다.

② 전문적 태도

ⓐ 상담자는 상담에 대한 이론적 · 경험적 훈련과 지식을 갖추는 것을 전제로 하며, 내담자를 보다 효과적으로 도울 수 있는 방법에 관하여 꾸준히 연구 노력하는 것을 의무로 삼는다.

ⓑ 상담자는 내담자의 성장 촉진 및 문제의 해결 및 예방을 위하여 시간과 노력상의 최선을 다한다.

ⓒ 상담자는 자기의 개인 문제 및 능력의 한계 때문에 도움을 주지 못하리라고 판단될 경우에는, 다른 전문적 동료 및 관련 기관에 의뢰한다.

ⓓ 상담사는 취업알선과 관련된 결과에 대하여 그 정확성을 최대한 유지하고 취업알선 결과를 즉시 전산망에 입력 · 삭제 · 보완하여 그 결과를 유지한다.

③ 개인정보의 보호

ⓐ 상담자는 내담자의 개인 및 사회에 임박한 위험이 있다고 판단될 때, 극히 조심스럽게 고려한 뒤, 내담자의 사회생활 정보를 적정한 전문인 혹은 사회 당국에 공개한다.

ⓑ 상담에서 얻은 임상 및 평가 자료에 관한 토의는 사례 당사자와의 경우 및 전문적 목적에 한하여 할 수 있다.

ⓒ 내담자에 관한 정보를 교육장면이나 연구용으로 사용할 경우에는, 내담자와 합의한 후 그의 정체가 전혀 노출되지 않도록 해야 한다.

④ 내담자의 복지

ⓐ 상담자는 상담활동 과정에서 소속기관 및 비전문인과의 갈등이 있을 경우, 내담자의 복지를 우선적으로 고려하고 자신의 전문적 집단의 이익을 부차적인 것으로 간주한다.

ⓑ 상담자는 내담자가 자기로부터 도움을 받지 못하고 있음이 분명할 경우에는 상담을 종결하려고 노력한다.

ⓒ 상담자는 상담의 목적에 위배되지 않는 경우에 한하여, 검사를 실시하거나 내담자 이외의 관련 인물을 면접한다.

ⓓ 상담자는 상담 전에 상담의 절차 및 있을 수 있는 주요 국면에 관하여 내담자에게 설명한다.

ⓜ 상담자는 자신의 주관적 판단에만 의존하지 않고, 내담자와의 협의하에 상담 관계의 형식 · 방법 및 목적을 설정하고 결과를 토의한다.

ⓑ 상담자는 내담자가 이해 수용할 수 있는 한도에서 상담의 기법을 활용한다.

⑤ 타 전문직과의 관계

㉠ 상담자는 상호 합의한 경우를 제외하고는 타 전문인으로부터 도움을 받고 있는 내담자에게 상담을 하지 않는다. 공동으로 도움을 줄 경우에는 타 전문인과의 관계와 조건에 관하여 분명히 할 필요가 있다.

㉡ 상담자는 자기가 아는 비전문인의 윤리적 행동에 관하여 중대한 의문을 발견했을 경우, 그러한 상황을 시정하는 노력을 할 책임이 있다.

㉢ 상담자는 자신의 전문적 자격이 타 전문직을 손상시키는 언어 및 행동을 삼간다.

2) 상담심리사 윤리강령 (한국상담심리학회)

(1) 전문가로서의 태도

① 전문적 능력

㉠ 상담심리사는 자신의 능력의 한계를 인정하고 교육과 수련, 경험 등에 의해 준비된 역량의 범위 안에서 전문적인 서비스와 교육을 제공한다.

㉡ 상담심리사는 자신이 가진 능력 이상의 것을 주상하거나 암시해서는 안 되며, 타인에 의해 능력이나 자격이 오도되었을 때에는 수정해야 할 의무가 있다.

㉢ 상담심리사는 문화, 신념, 종교, 인종, 성적 지향, 성별 정체성, 신체적 또는 정신적 특성에 대한 자신의 편견을 자각하고, 이를 극복하기 위해 노력해야 한다. 특히 위와 같은 편견이 상담 과정을 방해할 우려가 있을 경우 자문, 사례지도 및 상담을 요청해야 한다.

㉣ 상담심리사는 자신의 활동분야에 있어서 최신의 과학적이고 전문적인 정보와 지식을 유지하기 위해 지속적인 교육과 연수의 필요성을 인식하고 참여한다.

㉤ 상담심리사는 자신의 전문적 능력에 대해 정확히 인식하고 정기적으로 전문인으로서의 능력과 효율성에 대해 자기점검 및 평가를 해야 한다. 상담자로서 직무를 수행하는 데 방해가 되는 개인적 문제나 능력의 한계를 인식하게 될 경우 지도감독이나 전문적 자문을 받을 책무가 있다.

② 성실성

㉠ 상담심리사는 자신의 신념체계, 가치, 제한점 등이 상담에 미칠 영향력을 자각해야 한다.

ⓑ 상담심리사는 내담자에게 상담의 목표와 이점, 한계와 위험성, 상담료 지불 방법 등을 명확히 알린다.

ⓒ 상담심리사는 능력의 한계나 개인적인 문제로 내담자를 적절하게 도와줄 수 없을 때, 전문적 자문과 지원을 받는 등의 적절한 조치를 취한 뒤, 직무수행을 제한할지 아니면 완전히 중단할지 여부를 결정해야 한다.

ⓓ 상담심리사는 자신의 질병, 죽음, 이동, 퇴직으로 인한 상담의 갑작스런 중단 가능성에 대비하고 있어야 하며, 또한 내담자의 이동이나 재정적 한계 등과 같은 요인에 의해 상담이 중단될 경우, 이에 대해 적절한 조치를 취해야 한다.

ⓔ 상담심리사는 내담자가 더 이상 도움을 필요로 하지 않거나, 상담을 지속하는 것이 더 이상 내담자에게 도움이 될 가능성이 없거나, 오히려 내담자에게 해가 될 것이 분명하다면 상담 관계를 종결해야 한다. 내담자가 다른 전문가를 필요로 할 경우에는 적절한 과정을 거쳐 의뢰하거나 관련 정보를 제공한다.

ⓕ 상담심리사는 개인의 이익을 위해 상담전문직의 가치와 품위를 훼손하는 행동을 해서는 안 된다.

ⓖ 상담심리사는 자신이 지도감독 내지 평가하거나 기타의 권위를 행사하는 대상, 즉 내담자, 학생, 수련생, 연구 참여자 및 피고용인을 물질적, 신체적, 업무상으로 착취하지 않는다.

ⓗ 상담심리사는 자신의 기술이나 자료가 다른 사람들에 의해 오용될 가능성이 있는 활동에 참여해서는 안 되며, 이런 일이 일어난 경우에는 이를 바로잡거나 최소화하는 조치를 취한다.

(2) 사회적 책임

① 사회와의 관계

ⓐ 상담심리사는 사회의 윤리와 도덕기준을 존중하고, 사회공익과 상담분야의 발전을 위해 최선을 다한다.

ⓑ 상담심리사는 필요시 무료 혹은 저가의 보수로 자신의 전문성을 제공하는 사회적 공헌 활동에 참여한다.

ⓒ 상담비용을 책정할 때 상담심리사들은 내담자의 재정상태를 고려하여야 한다. 책정된 상담료가 내담자에게 적절하지 않을 때에는, 대안적 서비스를 받을 수 있도록 돕는다.

ⓓ 상담심리사는 상담자 양성에 도움이 되는 다양한 전문적 활동에 참여한다.

② 고용기관과의 관계

㉠ 상담심리사는 자신이 종사하는 기관의 목적과 방침에 공헌할 수 있는 활동을 할 책임이 있다. 기관의 목적과 방침이 상담자 윤리와 상충될 때에는 이를 해결하기 위해 노력해야 한다.

㉡ 상담심리사는 근무기관의 관리자 및 동료들과 상담업무, 비밀보장, 직무에 대한 책임, 공적 자료와 개인자료의 구별, 기록된 정보의 보관과 처분에 관하여 상호 협의해야 한다. 상호 협의한 관계자들은 협의 내용을 문서화하고 공유한다.

㉢ 상담심리사는 자신이 속한 기관의 효율성에 제한을 줄 수 있는 상황에 대해 미리 알려주어야 한다.

③ 상담기관 운영자

㉠ 상담기관 운영자는 기관 내에서 이루어지는 제반 상담활동을 관리 감독함에 있어, 내담자의 권리와 복지를 최우선으로 고려해야 한다.

㉡ 상담기관 운영자는 방음, 편안함, 주의집중 등을 고려하여 상담 및 심리평가에 적합한 독립된 공간을 제공해야 한다.

㉢ 상담기관 운영자는 상담심리사를 포함한 피고용인의 권리와 복지 보장 및 전문성 제고를 위해 최선의 노력을 다할 책임이 있다.

④ 다른 전문직과의 관계

㉠ 상담심리사는 함께 일하는 다른 전문적 집단의 특성을 존중하고, 상호 협력적 관계를 도모한다.

㉡ 공적인 자리에서 개인 의견을 말할 경우, 상담심리사는 그것이 개인적 의견에 불과하며 상담심리사 전체의 견해나 입장이 아님을 분명히 해야 한다.

㉢ 상담심리사는 내담자가 다른 정신건강 전문가의 서비스를 받고 있음을 알게 되면, 내담자로 하여금 상담 사실을 그 전문가에게 알리도록 권유하고, 긍정적이고 협력적인 치료관계를 맺도록 노력한다.

㉣ 상담심리사는 내담자 의뢰나 소개와 관련한 비용을 수취하거나 요구하지 않는다.

(3) 내담자의 복지와 권리에 대한 존중

① 내담자 복지

㉠ 상담심리사의 일차적 책임은 내담자의 복지를 증진하고 존엄성을 존중하는 것이다.

㉡ 상담심리사는 내담자의 잠재력을 개발하여 건강한 삶을 영위하도록 도움을 주며, 어떤 방식으로도 해를 끼치지 않는다.

㉢ 상담심리사는 상담관계에서 오는 친밀성과 책임감을 인식해야 한다. 상담심리사의 개인적 욕구충족을 위해서 내담자를 희생시켜서는 안 되며, 내담자로 하여금 의존적인 상담관계를 형성하지 않도록 노력해야 한다.

㉣ 상담심리사는 직업 문제와 관련하여 내담자의 능력, 일반적인 기질, 흥미, 적성, 욕구, 환경 등을 고려하면서 내담자와 함께 노력하지만, 내담자의 일자리를 찾아주거나 근무처를 정해줄 의무가 있는 것은 아니다.

② 내담자의 권리와 사전 동의

㉠ 내담자는 상담 계획에 참여할 권리, 상담을 거부하거나 상담 개입방식의 변화를 거부할 권리, 그러한 거부에 따른 결과에 대해 고지받을 권리, 자신의 상담 관련 정보를 요청할 권리 등이 있다.

㉡ 상담심리사는 상담을 시작할 때 내담자가 충분한 설명을 듣고 선택할 수 있도록 적절한 정보를 제공해야 하고, 상담자와 내담자 모두의 권리와 책임에 대해서 알려줄 의무가 있다. 이러한 사전 동의 절차는 상담과정의 중요한 부분이며, 내담자와 논의하고 합의된 내용을 적절하게 문서화한다.

㉢ 상담심리사가 내담자에게 설명해야 할 사전 동의 항목으로는 상담자의 자격과 경력, 상담 비용과 지불 방식, 치료기간과 종결시기, 비밀보호 및 한계 등이 있다.

㉣ 상담심리사는 내담자에게 상담 과정의 녹음과 녹화 가능성, 사례지도 및 교육에의 활용 가능성에 대해 설명하고, 내담자에게 동의 또는 거부할 권리가 있음을 알려야 한다.

㉤ 내담자가 미성년자 혹은 자발적인 동의를 할 수 없는 경우, 상담심리사는 내담자의 최상의 복지를 고려하여, 보호자 또는 법정 대리인의 사전 동의를 구해야 한다.

㉥ 상담심리사는 미성년인 내담자를 상담할 때, 필요하면 부모나 보호자가 상담에 참여할 수 있음을 내담자에게 알린다. 이 경우, 상담자는 부모 혹은 보호자의 참여에 앞서 그 영향을 고려하고 내담자의 권익을 보호하도록 한다.

(4) 상담관계

① 다중관계

㉠ 상담심리사는 객관성과 전문적인 판단에 영향을 미칠 수 있는 다중관계는 피해야 한다. 가까운 친구나 친인척, 지인 등 사적인 관계가 있는 사람을 내담자로 받아들이면 다중관계가 되므로, 다른 전문가에게 의뢰하여 도움을 준다. 의도하지 않게 다중관계가 시작된 경우에도 적절한 조치를 취해야 한다.

㉡ 상담심리사는 상담할 때에 내담자와 상담 이외의 다른 관계가 있다면, 특히 자신이 내담자의 상사이거나 지도교수 혹은 평가를 해야 하는 입장에 놓인 경우라면 그 내담자를 다른 전문가에게 의뢰한다.

㉢ 상담심리사는 내담자와 상담실 밖에서 연애 관계나 기타 사적인 관계(소셜 미디어나 다른 매체를 통한 관계 포함)를 맺거나 유지하지 않는다.

㉣ 상담심리사는 내담자와의 관계에서 상담료 이외의 어떠한 금전적, 물질적 거래를 해서는 안 된다.

㉤ 상담심리사는 내담자의 선물로 인해 발생할 수 있는 문제를 숙고해야 한다. 선물의 수령 여부를 결정함에 있어서 상담 관계에 미치는 영향, 선물의 의미, 내담자와 상담자의 동기, 현행법 위반 여부 등을 신중하게 고려해야 한다.

② 성적 관계

㉠ 상담심리사는 내담자 및 내담자의 보호자, 친척 또는 중요한 타인에게 자신의 지위를 이용하여 성희롱 또는 성추행을 포함한 성적 접촉을 해서는 안 된다.

㉡ <u>상담심리사는 내담자 및 내담자의 보호자, 친척, 또는 중요한 타인과 성적 관계를 가져서는 안 된다.</u>

㉢ <u>상담심리사는 이전에 연애 관계 또는 성적인 관계를 가졌던 사람을 내담자로 받아들이지 않는다.</u>

㉣ 상담심리사는 상담관계가 종결된 이후 적어도 3년 동안은 내담자와 성적 관계를 맺지 않아야 한다. 그 후에라도 가능하면 내담자와 성적인 관계는 갖지 않는다.

(5) 정보의 보호 및 관리

① 사생활과 비밀보호

㉠ 상담심리사는 상담과정에서 알게 된 내담자의 민감 정보를 다룰 때 특별히 주의해야 하고, 상담과 관련된 모든 정보의 관리에 있어 개인정보 보호와 관련된 법을 준수해야 한다.

㉡ 상담심리사는 사생활과 비밀유지에 대한 내담자의 권리를 최대한 존중해야 할 의무가 있다.

㉢ 내담자의 사생활 보호에 대한 권리는 존중되어야 하나, 때로 내담자나 내담자가 위임한 법정 대리인의 요청에 의해 제한될 수 있다.

㉣ 내담자의 사생활 보호가 제한되는 경우라 하더라도, 상담심리사는 내담자의 사생활 침해를 최소화하기 위해 노력해야 하고, 문서 및 구두 보고 시 사생활에 관한 정보를 포함시켜야 할 경우 그 목적과 밀접한 관련이 있는 정보만을 포함시킨다.

ⓜ 상담심리사는 강의, 저술, 동료자문, 대중매체 인터뷰, 사적 대화 등의 상황에서 내담자의 신원 확인이 가능한 정보나 비밀 정보를 공개하지 않는다.

ⓑ 상담심리사는 상담 기관에 소속된 모든 구성원과 관계자들에게도 내담자의 사생활과 비밀이 보호되도록 주지시켜야 한다.

② 기록

| 쌤의 핵심포인트 |

내담자의 사생활과 비밀보호를 위해 상담 종결 즉시 상담기록을 폐기하지는 않는다.

㉠ 상담기관이나 상담심리사는 상담의 기록, 보관 및 폐기에 관한 규정을 마련하고 준수해야 한다.

㉡ 상담심리사는 법, 규정 혹은 제도적 절차에 따라, 상담기록을 일정기간 보관한다. 보관기간이 경과된 기록은 파기해야 한다.

㉢ 공공기관이나 교육기관 등은 각 기관에서 정한 기록 보관 연한을 따르고, 이에 해당하지 않는 경우에는 3년 이내 보관을 원칙으로 한다.

㉣ 상담심리사는 상담의 녹음 및 기록에 관해 내담자의 동의를 구한다.

㉤ 상담심리사는 면접기록, 심리검사자료, 편지, 녹음 파일, 동영상, 기타 기록 등 상담과 관련된 기록들이 내담자를 위해 보존된다는 것을 인식하며, 상담기록의 안전과 비밀보호에 책임을 진다.

㉥ 상담심리사는 내담자가 합당한 선에서 기록물에 대한 열람을 요청할 경우, 열람할 수 있도록 한다. 단, 상담심리사는 기록물에 대한 열람이 내담자에게 해악을 끼친다고 사료될 경우 내담자의 기록 열람을 제한한다.

㉦ 상담심리사는 내담자의 기록 열람에 대한 요청을 문서화하며, 기록의 열람을 제한할 경우, 그 이유를 명기한다.

㉧ 복수의 내담자의 경우, 상담심리사는 각 개별 내담자에게 직접 해당되는 부분만을 공개하며, 다른 내담자의 정보에 관련된 부분은 노출되지 않도록 한다.

㉨ 상담심리사는 기록과 자료에 대한 비밀보호가 자신의 죽음, 능력상실, 자격박탈 등의 경우에도 보호될 수 있도록 미리 계획을 세운다.

㉩ 상담심리사는 상담과 관련된 기록을 보관하고 처리하는 데 있어서 비밀을 보호해야 하며, 이를 타인에게 공개할 때에는 내담자의 직접적인 동의를 받아야 한다.

③ 비밀보호의 한계

| 쌤의 핵심포인트 |

내담자의 법적보호자, 담임교사가 내담자의 정보를 요구할 때에도 비밀보장의 원칙을 지켜야 한다. 슈퍼바이저가 효과적이라고 말하는 경우도 포함된다.

㉠ 내담자의 생명이나 타인 및 사회의 안전을 위협하는 경우, 내담자의 동의 없이도 내담자에 대한 정보를 관련 전문인이나 사회에 알릴 수 있다.

㉡ 내담자가 감염성이 있는 치명적인 질병이 있다는 확실한 정보를 가졌을 때, 상담심리사는, 그 질병에 위험한 수준으로 노출되어 있는 제삼자(내담자와 관계 맺고 있는)에게 그러한 정보를 공개할 수 있다. 상담심리사는 제삼자에게 이러한 정보를 공개하기 전에, 내담자가 자신의 질병에 대해서 그 사람에게 알렸는지, 아니면 스스로 알릴 의도가 있는지를 확인한다.

ⓒ 법원이 내담자의 동의 없이 상담심리사에게 상담 관련 정보를 요구할 경우, 상담심리사는 내담자의 권익이 침해되지 않도록 법원과 조율하여야 한다.

ⓔ 상담심리사는 내담자 정보를 공개할 경우, 정보 공개 사실을 내담자에게 알려야 한다. 정보 공개가 불가피할 경우라도 최소한의 정보만을 공개한다.

ⓜ 여러 전문가로 구성된 팀이 개입하는 상담의 경우, 상담심리사는 팀의 존재와 구성을 내담자에게 알린다.

ⓗ 비밀보호의 예외 및 한계에 관한 타당성이 의심될 때에 상담심리사는 동료 전문가 및 학회의 자문을 구한다.

④ 상담 외 목적을 위한 내담자 정보의 사용

ⓐ 교육이나 연구 또는 출판을 목적으로 상담관계로부터 얻은 자료를 사용할 때에는 내담자의 동의를 구해야 하며, 각 개인의 익명성이 보장되도록 자료 변형 및 신상 정보의 삭제와 같은 적절한 조치를 취하여 내담자에게 피해를 주지 않도록 한다.

ⓑ 다른 전문가의 자문을 구할 경우, 상담심리사는 사전에 내담자의 동의를 구해야 하며, 적절한 조치를 통해 내담자의 사생활과 비밀을 보호하도록 노력한다.

4-3 직업상담사의 보호

1 감정노동 종사자의 보호 필요성

(1) 감정노동

감정노동이란 말투나 표정, 몸짓 등 드러나는 감정 표현을 직무의 한 부분으로 연기하기 위해 자신의 감정을 억누르고 통제하는 일이 수반되는 노동을 말한다.

(2) 감정노동에 대한 사회적 관심 증가

항공사, 백화점, 콜센터 등 감정노동을 수행하는 노동자가 신체적, 정신적 피해를 겪은 사건이 언론을 통해 보도되면서 감정노동 종사자의 보호 필요성에 대한 사회적인 관심이 높아지고 있다.

(3) 언론보도 사례

① 2013년 4월 기내 라면 서비스에 대한 불만으로 승무원에게 폭언 및 폭행

② 2014년 10월 아파트 경비원이 주민의 심한 욕설과 질책을 견디지 못하고 자살

③ 2015년 10월 백화점의 귀금속 매장에서 무상 수리 여부를 놓고 고객이 매장 직원을 무릎 꿇게 하고 사과 강요

④ 2017년 1월 통신사 콜센터 해지방어팀에서 근무하던 현장실습 고등학생이 자살

(4) 감정노동 종사자 수 증가

우리나라 산업구조가 서비스업 중심으로 변화되면서 감정노동에 종사하는 노동자는 560~740만 명으로 전체 임금노동자(18,296천 명)의 31~41% 수준으로 추정하고 있다.

(5) 감정노동 직업군의 분류

구분	주요 직업
직접 대면	백화점 · 마트의 판매원, 호텔 직원, 음식업 종사원, 항공사 승무원, 골프장 경기보조원, 미용사, 택시 및 버스기사, 금융기관 종사원 등
간접 대면	콜센터 상담원 등
돌봄 서비스	요양보호사, 간호사, 보육교사, 특수교사 등
공공서비스 및 민원처리	구청(민원실), 주민센터 직원, 공단 직원, 사회복지사, 일선 경찰 등

2 감정노동 종사자 건강보호 조치

(1) 감정노동 종사자 보호를 경영방침으로 설정

① 가장 중요한 점은 사업주가 감정노동 종사자의 정신적 · 신체적 건강보호의 필요성을 인식하고 적극적인 관심을 갖는 것이다.

② 사업주는 고객에게 무조건 친절하게 대해야 한다는 생각을 바꾸고, 직원을 보호하는 것이 중요하다고 인식하는 것이 필요하다.

③ 감정노동 종사자의 직무스트레스 관리 등 건강보호를 회사 경영방침으로 설정하는 것이 필요하다.

(2) 감정노동 실태 파악 후 스트레스 완화방안 마련

① 우리 회사에서 수행하고 있는 감정노동의 수행실태, 고객의 유형, 노동자의 건강문제 등에 대한 기초적인 현황을 파악하는 것이 필요하다.

② 이를 통해 감정노동 종사자의 스트레스 완화 등을 위한 건강보호 방안을 마련할 필요가 있다.

(3) 부당한 요구 시 서비스가 중단될 수 있음을 안내

① 정상적이지 않고, 비합리적인 방법으로 무리한 요구를 하는 고객의 행동을 통제하고, 이로 인해 직원들이 피해를 보지 않도록 하는 것이 필요하다.

② 부당한 요구를 하는 고객을 통제할 수 있음을 사전에 고객에게 알려 무리한 요구를 하지 않도록 예방하는 것이 필요하다.

③ 고객에게 사전 안내 : 전화로 고객을 상대하는 경우에는 고객이 무리한 요구나 욕설 시 직원이 먼저 전화를 종료할 수 있음을 고객에게 알린다.

④ 상습적으로 폭력을 행사하는 고객에게 사전에 안내하여 법적인 문제가 될 수 있음을 알린다.

⑤ 관할지역 내 경찰서와 함께 감정노동 종사자를 보호하고 있음을 공지하면 좋은 효과를 얻을 수 있다.

⑥ 욕설, 폭언, 성희롱을 방지하기 위한 회사의 적극적인 노력과 의지를 보여주는 캠페인을 전개할 수도 있다.

⑦ 문제유발 고객의 출입제한 안내문 게시 : 회사 내에서 욕설, 폭언, 성희롱을 행하는 고객에 대하여 출입제한 등을 할 수 있음을 규정에 명시하고, 이를 고객들의 눈에 잘 띄는 곳에 게시한다.

(4) 고객과의 갈등을 최소화하기 위한 업무처리 재량권 부여

① 문제유발 고객의 비이성적인 행위를 권한이 없는 담당자가 개인적인 차원에서 방어하는 것은 한계가 있다.

② 현장에서 발생하는 문제에 대해 즉각적으로 대응하거나 처리하여 고객이 과잉 행동에 이르지 않도록 업무 담당자에게 공식적인 재량권을 부여해주는 것이 필요하다.

③ 노동자의 업무 중단권 : 지나친 요구나 부적절한 언어를 사용하는 고객과 통화하는 경우 사전 경고를 한 후 전화를 끊을 수 있도록 하는 등 업무를 중단할 수 있는 권한을 주는 것으로 고객의 부당한 요구와 폭행 등에 대해 방문노동자를 포함한 감정노동 종사자 스스로 대처하고 자기를 보호할 수 있도록 하기 위하여 권한을 준다.

④ 노동자의 재량권 : 고객의 요구를 신속하게 해결해 줄 수 있는 권한이나 재량권을 감정노동 종사자에게 부여한다.

(5) 감정노동 종사자 지원체계 마련 등 협력적 직장문화 조성

① 고객으로부터 부당한 대우를 받고 이를 회사에 알렸음에도 회사로부터 도움을 받지 못하고, 오히려 회사로부터 고객에게 사과하라는 지시를 듣거나, 인사상 불이익을 받는 일이 생기지 않아야 한다.

② 감정노동으로 인해 발생하는 문제를 노동자 개인의 문제로 국한시키거나 개인의 자질로 한정지어서는 문제를 해결해 나갈 수 없으므로 조직적인 개선방안을 모색할 수 있는 직장문화 조성이 중요하다.

(6) 휴식시간 제공 및 휴게시설 설치

① 노동자들의 정신적 스트레스를 해소하고 신체적 피로를 감소시킬 수 있도록 휴식시간을 제공하고, 적정한 휴게시설을 마련하는 것이 필요하다.

② 특히 문제가 되는 상황에 처해 있거나 고객과 심한 다툼이 있었을 때 잠시 휴식을 취할 수 있도록 해 주는 것이 필요하다.

(7) 사업장 특성에 맞는 고객응대업무 매뉴얼 마련

① 매뉴얼을 만들어 감정노동 종사자를 보호하기 위한 조치를 자체적으로 시행하는 것이 필요하다.

② 고객응대업무 매뉴얼은 문제고객에게 어떻게 대응할 것인지 그 원칙과 기준을 미리 정해 놓음으로써 노동자를 보호하기 위한 것이다.

(8) 폭력 등 발생 시 업무 중단권 부여 및 상담 · 치료 지원

① 폭력, 폭언 등 문제 상황 발생 시 피해 노동자의 신체적 안전과 심리적 안정을 도모하기 위해 신속하고 적절한 대응이 필요하다.

② 업무의 일시적 중단(긴급상황 발생 시 대피) : 폭력, 폭언 등 문제 상황 발생 시 피해 노동자의 신체적 안전과 심리적 안정을 도모하기 위해 해당 고객으로부터 분리하고, 업무를 일시적으로 중단시킨다.

③ 피해 노동자에게 적정한 휴식 또는 근무장소 변경, 휴가 등에 준하는 조치를 시행한다.

④ 문제유발 고객에 대한 무조건적인 사과 금지

⑤ 부당한 요구를 하는 고객에게 무조건적으로 사과하는 것보다는 사실 관계를 파악하여 처리하는 것이 바람직하다.

⑥ 2차 처리부서나 전담 대응팀 이관 및 업무 매뉴얼 실행

⑦ 신속하게 2차 처리부서나 전담 대응팀으로 이관하고, 직장 내에 마련된 업무 매뉴얼을 실행한다.

⑧ 심리상담 및 치료기회 제공

⑨ 고객응대 과정에서 발생된 스트레스를 해소하거나 완화하기 위한 기회를 제공한다.

⑩ 자신의 감정을 표현하거나 위로받을 수 있는 심리상담실이나 건강관리실을 마련한다.

⑪ 증거자료 확보

⑫ 과격한 언행이나 폭력을 행사하는 고객의 증거자료를 확보한다.

⑬ 증거자료는 피해 노동자가 요청할 경우 반드시 제공한다.

⑭ 법적 · 행정적 조치 지원

⑮ 노동자가 직접 폭언 등의 행위를 한 고객에 대해 고소, 고발, 손해배상 청구 등 민・형사상 조치를 하는 경우 필요한 행정적, 절차적 지원을 한다.

(9) 고객응대업무 매뉴얼 및 직무스트레스 예방교육 실시

고객의 의식을 왜곡시키는 친절 위주의 서비스 교육을 지양하고, 상품이나 서비스에 대한 정확한 지식이나 정보 또는 고객 응대 기술 등 직무교육을 확대하는 것이 필요하다.

3 고객응대업무 종사자 건강보호 매뉴얼의 구성요소

(1) 상황별 응대 멘트

① 문제가 발생할 수 있는 구체적인 상황을 제시하고, 상황별로 근로자가 대응해야 할 멘트를 기재한다.

② 문제고객에 대한 대응절차는 사업장의 특성에 따라 달라질 수 있지만 일반적인 절차는 고객의 요구를 경청하고(경청단계), 고객의 요구사항에 대한 원인분석을 하며(원인분석단계), 고객의 요구를 해결할 수 있는 해결책을 강구하고(해결책 강구단계), 대안을 제시하며(대안제시단계), 요구사항에 대한 처리결과를 확인하여 만족 여부를 파악하는 단계(사후관리단계)로 추진한다.

③ 상황별 응대멘트는 대면 업무와 비대면 업무를 구분하여 제시한다.

(2) 폭언, 폭력 발생 시 대응절차

① 폭언, 폭력 등이 발생했을 때 신속하게 대응할 수 있는 절차를 제시한다.

② 법률적 대응을 할 수 있는 기준을 제시한다.

③ 피해 근로자의 업무를 일시적으로 중단하고, 2차 처리부서나 전담 대응팀에서 대응할 수 있는 절차를 마련한다.

④ 문제고객에 대한 대응을 위한 CCTV나 녹음 등의 증거자료를 확보할 수 있도록 하고, 피해 근로자가 요청 시 이를 제공해 줄 수 있음을 규정한다.

⑤ 피해 근로자가 폭언, 폭력 등의 행위를 한 고객에 대해 고소, 고발, 손해배상 청구 등의 법률적 조치를 하는 경우 필요한 행정적, 절차적 지원을 할 수 있음을 명시한다.

(3) 고객응대업무 종사자의 권리 보장

① <u>고객응대업무 종사자가 부당한 애용이나 무리한 요구를 하는 고객을 통제하거나 업무를 중단할 수 있는 권리가 있음을 매뉴얼에 제시한다.</u>

② 부당한 요구를 통제하거나 업무를 중단할 수 있는 권리가 고객응대업무 종사자에게 있음을 사전에 고객에게 안내하는 내용을 매뉴얼에 제시한다.

③ 고객으로부터 부당한 대우를 받은 경우 이를 신속하게 회사에 알려 근로자가 보호받을 수 있는 권리가 있음을 명시한다.
④ 업무의 일시적 중단이나 전환을 할 수 있는 기준이나 상황을 제시하여 고객응대업무 종사자가 신속하게 위험상황에서 벗어날 수 있도록 한다.
⑤ 현장에서 발생하는 문제에 대응하기 위하여 고객응대업무 종사자에게 적절한 재량권을 부여할 수 있음을 명시한다.
⑥ 고객으로부터 부당한 대우를 받은 근로자를 보호하기 위하여 휴게시간을 연장하여 제공할 수 있음을 명시한다.
⑦ 고객응대업무 종사자가 문제유발 고객에 대한 조치의견을 제시한 경우 근로자의 의견을 최대한 반영하여 조치하여야 한다.
⑧ 근로자의 개인정보를 보장하며, 근로자에게 어떠한 불이익 처분도 하지 않는 내용을 명시한다.
⑨ 문제유발 고객에 대해 매뉴얼에 제시된 응대 멘트 내용대로 대응한 근로자에게 해고, 징계 등의 불이익 처분을 하지 않는다는 내용을 매뉴얼에 제시한다.

(4) 직장 내 지원체계

① 고객응대업무를 관리할 부서와 고객응대업무를 관리할 관리자를 지정하고, 그 내용을 매뉴얼에 제시한다.
② 문제 발생 시 이를 처리할 2차 대응부서나 전담팀을 설치하고 그 내용을 매뉴얼에 제시한다.
③ 문제 발생 시 문제를 해결하고 도와주는 직장 내의 제도와 절차를 제시한다.
④ 문제유발 고객에 대해 근로자가 요구한 경우 법적인 대응을 지원해 주는 근거와 절차를 제시한다.
⑤ 고객응대업무에 대해 보상할 수 있는 방안을 제시한다.

(5) 고객응대업무로 인한 감정손상 예방 대책

① 고객응대업무 종사자의 정신적 스트레스를 해소하고 신체적 피로를 감소시킬 수 있는 대책을 제시한다.
② 고객응대업무 종사자가 휴식을 취할 수 있는 휴게시설을 설치하고, 휴게시설을 이용할 수 있는 휴게시간을 제공하는 내용을 명시한다.
③ 고객응대업무 종사자가 자신의 감정을 표현하거나 위로받을 수 있는 심리상담실이나 건강관리실을 마련하고, 치료 및 상담을 지원할 수 있는 방안을 명시한다.
④ 고객응대업무 종사자의 애로 및 고충의 해소와 의사소통을 위한 창구 마련의 필요성을 제시한다.

⑤ 고객에게 폭언 등을 하지 않도록 요청하는 문구를 제시하거나, 음성을 안내하는 등의 건강장해 예방조치를 명시한다.
⑥ 고객응대업무의 전문성을 인정하고, 근로자의 처우를 보장하는 내용을 명시한다.
⑦ 근로자들이 자신을 보호할 수 있는 방법을 정기적으로 교육하여 사전에 예방할 수 있도록 한다.

(6) 도움 요청기관

① 문제 발생 시 도움을 요청할 수 있는 기관명을 제시한다.
② 근로자가 해당 기관에 도움을 요청할 수 있는 방법을 구체적으로 제시한다.
③ 필요시 외부 전문가 또는 전문기관에서 자문을 받을 수 있는 체계를 갖추고 이 내용을 명시한다.

CHAPTER 4

출제예상문제

4-1 취업지원 관련 보고

01 레빈슨(Levenson)이 제시한 직업상담사의 반윤리적 행동에 해당하는 것은?

① 상담사의 능력 내에서 내담자의 문제를 다룬다.
② 내담자에게 부당한 광고를 하지 않는다.
③ 적절한 상담비용을 청구한다.
④ 직업상담사에 대한 내담자의 의존성을 최대화한다.

해설

내담자의 의존성을 키우는 것은 반윤리적 행동이다.

02 상담 윤리강령의 역할과 기능을 모두 고른 것은?

ㄱ. 내담자의 복리 증진 ㄴ. 지역사회의 도덕적 기대 존중 ㄷ. 전문직으로서의 상담기능 보장 ㄹ. 상담자 자신의 사생활과 인격 보호 ㅁ. 직무수행 중의 갈등 해결 지침 제공

① ㄱ, ㄴ, ㄷ
② ㄴ, ㄷ, ㄹ
③ ㄱ, ㄴ, ㄹ, ㅁ
④ ㄱ, ㄴ, ㄷ, ㄹ, ㅁ

해설

모두가 상담 윤리강령의 역할과 기능에 해당한다.

4-2 직업상담사의 윤리(상담 윤리강령)

03 직업상담사가 지켜야 할 윤리강령에 해당되지 않는 것은?

① 내담자에 관한 정보를 교육과 연구를 위해 임의로 적극 활용한다.
② 내담자를 보다 효율적으로 도울 수 있는 방법을 꾸준히 연구 개발한다.
③ 내담자와의 협의하에 상담관계의 형식, 방법, 목적을 설정하고 토의한다.
④ 자신이 종사하는 전문직의 바람직한 이익을 위하여 최선을 다한다.

해설

내담자에 관한 정보를 교육장면이나 연구용으로 사용할 경우에는, 내담자와 합의한 후 그의 정체가 전혀 노출되지 않도록 해야 한다.

04 직업상담사의 윤리강령에 대한 설명으로 틀린 것은?

① 상담자는 상담에 대한 이론적 · 경험적 훈련과 지식을 갖춘 것을 전제로 한다.
② 상담자는 내담자의 성장 · 촉진과 문제 해결 및 방안을 위해 시간과 노력상의 최선을 다한다.
③ 상담자는 자신의 능력 및 기법의 한계에도 불구하고 최선을 다하여 끝까지 내담자를 책임지도록 한다.
④ 상담자는 내담자가 이해, 수용할 수 있는 한도 내에서 기법을 활용한다.

정답 01 ④ 02 ④ 03 ① 04 ③

해설

상담자는 자신의 능력 및 한계에 봉착했을 때에는 다른 전문가에게 의뢰하여야 한다.

05 다음 중 직업상담자 윤리로 알맞은 것은?

① 직업상담자는 내담자 개인 및 사회에 임박한 위험이 있다고 판단되더라도 개인정보와 상담내용에 대한 비밀을 유지해야 한다.
② 직업상담자는 자신이 실제로 갖추고 있는 자격 및 경험의 수준을 벗어나는 인상을 주어서는 안 된다.
③ 직업상담은 심층적인 심리상담이 아니므로 비밀유지의무가 없다.
④ 직업상담자는 내담자가 상담을 통해 도움을 받지 못하더라도 먼저 종결하려고 해서는 안 된다.

해설

①항 직업상담자는 내담자 개인 및 사회에 임박한 위험이 있다고 판단되면 신중히 고려하여 관계전문인 또는 사회당국에 보고한다.
③항 직업상담은 비밀유지의무가 있다.
④항 직업상담자는 내담자가 상담을 통해 도움을 받지 못한다는 사실이 확인되면 먼저 종결하려고 노력한다.

06 직업상담자가 지켜야 할 윤리사항으로 가장 적합한 것은?

① 습득된 직업정보를 가지고 다니면서 직업을 찾아준다.
② 습득된 직업정보를 먼저 가까운 사람들에 알려준다.
③ 상담에 대한 이론적 지식보다는 경험적 훈련과 직관을 앞세워 구직활동을 도와준다.
④ 취업알선 관련 전산망의 구인·구직결과를 즉시 처리한다.

해설

직업상담자는 취업알선과 관련된 정보에 대하여 그 정확성을 최대한 유지하고 취업알선결과를 즉시 전산망에 입력, 삭제, 보완하여 그 정확성을 유지한다.

07 상담자의 윤리강령으로 맞지 않는 내용은?

① 상담자의 상담활동 과정에서 소속기관 및 비전문인과 갈등이 있을 때 내담자의 복지를 우선적으로 고려한다.
② 상담자는 타 전문인과 상호합의가 없었지만 내담자가 간절히 원하면 타 전문인으로부터 도움을 받고 있는 내담자라도 카운슬링한다.
③ 상담자 자신의 개인 문제 및 능력의 한계 때문에 도움을 주지 못하리라고 판단될 경우 다른 전문가 동료 및 관련 기관에 의뢰한다.
④ 상담자는 사회공익과 자기가 종사하는 전문직의 바람직한 이익을 위하여 최선을 다한다.

08 상담내용에 대한 비밀을 지키지 않아도 되는 상황을 모두 고른 것은?

ㄱ. 내담자가 자신이나 다른 사람을 위험에 빠뜨릴 가능성이 클 때
ㄴ. 내담자의 법적 보호자가 내담자의 정보를 구할 때
ㄷ. 법적으로 정보의 공개가 요구되는 경우
ㄹ. 내담자가 감염성이 있는 치명적인 질병에 걸린 경우

① ㄱ, ㄷ ② ㄱ, ㄴ, ㄹ
③ ㄴ, ㄹ ④ ㄱ, ㄷ, ㄹ

정답 05 ② 06 ④ 07 ② 08 ④

해설

비밀보장의 예외
① 내담자의 생명이나 사회의 안전을 위협하는 경우
② 내담자가 감염성이 있는 치명적인 질병이 있다는 확실한 정보를 가졌을 경우
③ 내담자가 심각한 학대를 당하고 있을 경우
④ 내담자가 범죄실행의 가능성이 있을 경우
⑤ 법적으로 정보의 공개가 요구되는 경우

09 상담자는 내담자와 상담한 내용에 대해 비밀을 보장해야 하지만 상담자가 보고를 해야 하는 상황도 있다. 다음 중 상담자가 보고할 의무가 없는 상황은?

① 내담자가 적개심이 강할 때
② 가족을 폭행할 때
③ 내담자가 범법 행위를 했을 때
④ 미성년자로 성적인 학대를 당한 희생자일 때

10 비밀보장 예외의 원칙과 가장 거리가 먼 것은?

① 상담자가 슈퍼비전을 받아야 하는 경우
② 심각한 범죄실행의 가능성이 있는 경우
③ 내담자가 자살을 실행할 가능성이 있는 경우
④ 청소년 내담자를 의뢰한 교사가 요청하는 경우

11 상담사의 윤리적 태도와 행동으로 가장 적합한 것은?

① 내담자와 상담관계 외에도 사적으로 친밀한 관계를 형성한다.
② 과거 상담사와 성적관계가 있었던 내담자라도 상담관계를 맺을 수 있다.
③ 내담자의 사생활과 비밀보호를 위해 상담 종결 즉시 상담기록을 폐기한다.
④ 비밀 보호의 예외 및 한계에 관한 갈등상황에서는 동료전문가의 자문을 구한다.

해설

상담자는 비밀보장의 예외 및 한계에 관한 타당성이 의심될 때에는 다른 전문가나 지도감독자 및 학회 윤리위원회의 자문을 구한다.

①항 상담자는 특별한 경우를 제외하고는 내담자와 상담실 밖에서 사적인 관계를 맺지 않는다.
②항 상담자는 내담자와 어떤 형태의 성적 관계를 갖지 않는다. 상담자는 내담자와 성적 관계를 맺었거나 유지하는 경우 상담관계를 형성하지 않는다.
③항 상담자는 내담자에 대한 상담기록 및 보관을 윤리 규준에 따라 시행한다. 또한 상담자는 상담내용의 녹음 및 기록에 관해 내담자의 동의를 구해야 한다.

12 다음 중 산업안전보건법령상 고객응대업무 종사자의 권리 보장 내용이 아닌 것은?

① 현장에서 발생하는 문제에 대응하기 위하여 고객응대업무 종사자에게 적절한 재량권을 부여할 수 있음을 명시한다.
② 고객으로부터 부당한 대우를 받은 경우 이를 신속하게 회사에 알려 근로자가 보호받을 수 있는 권리가 있음을 명시한다.
③ 업무의 일시적 중단이나 전환을 할 수 있는 기준이나 상황을 제시하여 고객응대업무 종사자가 신속하게 위험상황에서 벗어날 수 있도록 한다.
④ 문제유발 고객에 대해 매뉴얼에 제시된 응대멘트 내용대로 대응한 근로자에게 해고, 징계 등의 불이익 처분을 한다.

해설

문제유발 고객에 대해 매뉴얼에 제시된 응대 멘트 내용대로 대응한 근로자에게 해고, 징계 등의 불이익 처분을 하지 않는다는 내용을 매뉴얼에 제시하여야 한다. 또한 산업안전보건법 제170조 제1호에 의거하여 고객응대 근로자의 요구를 이유로 해고 또는 그 밖의 불리한 처우를 한 자는 1년 이하의 징역 또는 1천만 원 이하의 벌금에 처해진다.

정답 09 ① 10 ④ 11 ④ 12 ④

13 다음 중 고객응대업무 중 부당한 요구 시 조치로 옳지 않은 것은?

① 고객에게 사전 안내
② 관할지역 내 경찰서와 함께 감정노동 종사자를 보호하고 있음을 공지
③ 욕설, 폭언, 성희롱을 방지하기 위해 고객에게 사과
④ 문제유발 고객의 출입제한 안내문 게시

해설

욕설, 폭언, 성희롱을 방지하기 위해 고객에게 사과하는 것이 아니라 회사의 적극적인 노력과 의지를 보여주는 캠페인을 전개할 수도 있다.

정답 13 ③

2

직업심리학

1. 직업발달이론
2. 직업심리검사 개론
3. 직업심리검사
4. 직무분석
5. 경력개발과 직업전환
6. 직업과 스트레스

CHAPTER **1 직업발달이론**

1-1 특성-요인 이론 제개념

1 특성-요인 이론의 특징

① 특성-요인 이론을 대표하는 학자로는 파슨스(Parsons), 윌리엄슨(Williamson), 헐(Hull) 등이 있다.

② 파슨스가 주장한 특성-요인 이론의 핵심개념은 사람과 직업을 짝지어주는 '매칭(Matching)'이다. 즉, 개인분석(자기분석), 직업분석, 과학적 조언을 통한 매칭이다.

③ 개인이 가진 모든 특성을 심리검사 등의 객관적인 수단을 통해 밝혀내고, 각각의 직업이 요구하는 요인들을 분석하여 개인의 특성에 적합한 직업을 선택하게 하는 것이다.

④ 인간은 다양한 잠재적 가능성을 가진 존재이고 잠재적 가능성은 심리테스트와 같은 객관적인 도구에 의해서 발견할 수 있다는 가설을 설정할 수 있다.

⑤ 흥미, 지능, 적성, 성격 등 표준화 검사의 실시와 결과의 해석을 강조하는 직업상담이다.

| 쌤의 핵심포인트 |

특성-요인을 대표하는 학자는 파슨스, 윌리엄슨, 헐 등이다.
로나 슈퍼를 틀린 지문으로 출제하고 있다.

2 특성-요인 이론의 주요 내용

(1) 특성-요인 이론의 특징

① 개개인은 신뢰할 만하고 타당하게 측정될 수 있는 고유한 특성의 집합이다.

② 모든 직업은 그 직업에서 성공을 하는 데 필요한 특성을 지닌 근로자를 요구한다.

③ 직업의 선택은 직선적인 과정이며 매칭이 가능하다.

④ 개인의 특성과 직업의 요구 간에 매칭이 잘 될수록 성공의 가능성은 커진다.

⑤ '직업과 사람을 연결시키기'라는 심리학적 관심을 대표한다.

⑥ 특성-요인 직업상담에서 상담자의 역할은 교육자의 역할이다.

⑦ 미네소타 대학의 직업심리학자들이 이 이론에 근거한 각종 심리검사를 제작하였다.

⑧ 내담자에게 정보를 제공하고 학습기술과 사회적 적응기술을 알려주는 것을 중요시한다.
⑨ 사례연구를 상담의 중요한 자료로 삼는다.
⑩ 직업선택을 일회적인 행위로 간주한다.
⑪ 모든 사람에게는 자신에게 옳은 하나의 직업이 존재한다는 가정에서 출발한 이론이다.
⑫ 심리검사이론과 개인차 심리학에 그 기초를 두고 있다.

(2) 특성-요인 직업상담 시 상담자가 지켜야 할 상담원칙

① 내담자에게 강의하려 하거나 거만한 자세로 말하지 않는다.
② 간단한 어휘를 사용하고 내담자에게 필요한 정보만 제공한다.
③ 어떤 정보나 해답을 제공하기 전에 내담자가 정말로 그것을 알고 싶어 하는지 확인한다.
④ 상담사는 자신이 내담자가 지니고 있는 여러 가지 태도를 제대로 파악하고 있는지 확인한다.

(3) 특성-요인 이론에 관한 쟁점

① 특성은 안정적이고 지속적인가?

트라이온과 아나스타시(Tryon & Anastasi)는 특성-요인 이론이 가정하는 특성의 안정성과 지속성에 대해 의문을 제기하였다. 그들은 특성이 학습된 것이며, 특정 상황에 대해서만 타당한 것으로 간주하였다.

② 특성이 연구를 통해 정확한 활용가치를 측정할 수 있는가?

헤어와 크래머(Herr & Crammer)는 특성-요인적 접근이 통계적인 정교함과 검사의 세련화에도 불구하고 특정 직업에서의 개인의 성공을 예언하는 데 있어서 부정확하다고 주장하였다.

1-2 홀랜드의 성격(인성)이론

1 개요

① 홀랜드(Holland)의 이론에서는 개인의 성격 유형이나 행동 양식이 직업선택에 중요한 영향을 미친다고 보고 있다.
② 개인은 성장과정을 통해 환경에 대처할 때 즐겨 사용하는 습관적인 방식을 형성하게 된다.

③ 직업적 흥미는 일반적으로 성격이라고 불리는 것의 일부분이기 때문에 개인의 직업적 흥미에 대한 설명은 개인의 성격에 대한 설명이다.

④ 개인이 직업을 선택할 때에 자신의 성격을 만족시켜 줄 수 있는 직업 환경을 선택하게 된다는 것이며, 직업에의 만족, 안정성, 업적 등은 개인의 성격과 직업 환경 간의 일치성에 달려 있다고 본다.

2 홀랜드 이론의 4가지 가정

① 사람들의 성격은 6가지 유형 중 하나로 분류될 수 있다.

㉠ 현실형 R	㉡ 탐구형 I	㉢ 예술형 A
㉣ 사회형 S	㉤ 진취형 E	㉥ 관습형 C

② 직업 환경은 6가지 유형의 하나로 분류될 수 있다.

㉠ 현실적 환경	㉡ 탐구적 환경	㉢ 예술가적 환경
㉣ 사회적 환경	㉤ 진취적 환경	㉥ 관습적 환경

③ 사람들은 자신의 능력을 발휘하고 태도와 가치를 표현할 수 있는 환경을 찾는다.

④ 개인의 행동은 성격과 환경의 상호작용에 의해 결정된다.

| 쌤의 핵심포인트 |
개인의 행동은 성격에 의해서만 결정되는 것이 아니라 성격과 환경의 상호작용에 의해 결정된다.

3 홀랜드의 6가지 성격 유형

홀랜드의 이론은 개인의 성격과 진로선택의 관계를 기초로 한 모델로서, 사람들은 능력을 발휘하며 자신의 가치관에 따라 일할 수 있는 직업환경을 찾는다는 것이다.

○ 홀랜드의 인성이론의 6가지 성격유형을 설명하시오. 2차

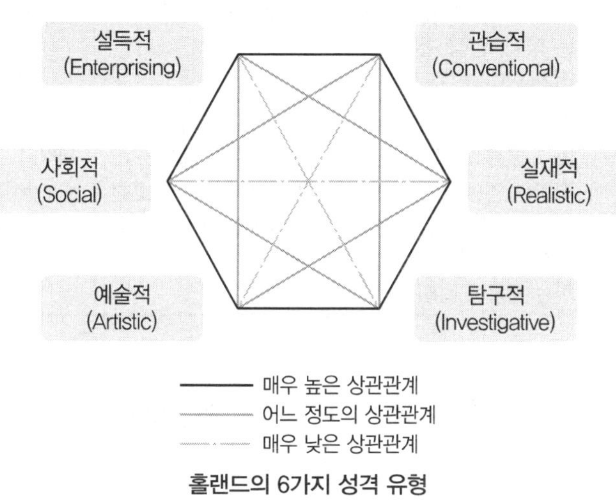

홀랜드의 6가지 성격 유형

홀랜드의 6가지 직업적 성격의 특성

직업적 성격 유형	흥미 특성	선호하는/싫어하는 직업적 활동	대표적인 직업
실재적 유형 (Realistic Type)	분명하고 질서정연하고 체계적인 것을 좋아하고 연장이나 기계를 조작하는 활동 내지 기술에 흥미가 있다.	기계나 도구 등의 조작을 좋아하는 반면, 타인과의 상호작용 활동은 좋아하지 않는다.	기술자, 자동기계 및 항공기 조종사, 정비사, 농부, 엔지니어, 전기 · 기계기사, 군인, 경찰, 소방관, 운동선수 등
탐구적 유형 (Investigative Type)	관찰적, 상징적, 체계적이며 물리적, 생물학적, 문화적 현상의 창조적인 탐구를 수반하는 활동에 흥미가 있다.	자연 및 사회현상의 탐구, 이해, 예측 및 통제 활동에는 흥미를 보이지만, 설득 및 영업활동들에는 관심이 부족한 면이 있다.	언어학자, 심리학자, 시장조사분석가, 과학자, 생물학자, 화학자, 물리학자, 인류학자, 지질학자, 경영분석가 등
예술적 유형 (Artistic Type)	예술적 창조와 표현, 변화와 다양성을 선호하고 틀에 박힌 것을 싫어하며 모호하고, 자유롭고, 상징적인 활동에 흥미가 있다.	문학, 음악, 미술활동을 좋아하고, 틀에 박힌 것이나 규칙을 싫어한다.	예술가, 작곡가, 음악가, 무대감독, 작가, 배우, 소설가, 미술가, 무용가, 디자이너, 광고기획자 등
사회적 유형 (Social Type)	친절하고 정이 많고 다른 사람과 함께 일하는 것을 즐기며, 대인관계가 뛰어나며 남을 가르치거나 서비스를 수반하는 활동에 흥미가 있다.	상담, 교육, 봉사활동에는 흥미를 보이지만, 기계 · 기술적 활동에는 흥미가 없다.	사회복지사, 교육자, 간호사, 유치원 교사, 종교지도자, 상담가, 임상치료가, 언어치료사 등
설득적 유형 (Enterprising Type)	조직의 목적과 경제적인 이익을 얻기 위해 타인을 지도, 계획, 통제, 관리하는 일과 그 결과로 얻어지는 명예, 인정, 권위에 흥미가 있다.	설득, 지시, 지도활동을 좋아하지만 과학적, 지적, 추상적 주제 활동에는 흥미가 없다.	기업경영인, 정치가, 판사, 영업사원, 상품구매인, 보험회사원, 판매원, 연출가, 변호사 등
관습적 유형 (Conventional Type)	정해진 원칙과 계획에 따라 자료를 기록, 정리, 조직하는 일을 좋아하고 체계적인 작업환경에서 사무적, 계산적 능력을 발휘하는 활동에 흥미가 있다.	규칙을 만들거나 따르는 활동을 좋아하고, 명확하지 않은 모호한 과제에 대하여는 매우 혼란을 느낀다.	공인회계사, 경제분석가, 세무사, 경리사원, 감사원, 안전관리사, 사서, 법무사, 의무기록사, 은행 사무원 등

| 쌤의 핵심포인트 |

각 성격유형의 특성은 물론 대표적인 직업도 눈여겨보아야 한다.

홀랜드의 개인과 개인 간의 관계, 개인과 환경 간의 관계, 환경과 환경 간의 관계를 설명하는 개념 3가지를 쓰고 설명하시오. 2차

4 홀랜드의 육각형 모델의 5가지 주요 개념

(1) 일관성

① 6가지 유형에는 공통점이 더 많은 쌍이 있는데 예술적 – 사회적 유형은 탐구적 – 진취적 유형보다 공통점이 많다.

② 홀랜드 코드의 두 개의 첫 문자가 육각형에 인접할 때 일관성이 높게 나타난다.
③ 어떤 쌍은 다른 유형의 쌍보다 공통점을 더 많이 가지고 있다.

(2) 차별성

① 하나의 유형에는 유사성이 많지만 다른 유형과는 별로 유사성이 없다.
② 차별성은 자가 흥미탐색검사 또는 직업전환도검사 프로필로 측정된다.

(3) 정체성

① 개인의 정체성이란 목표, 흥미, 재능에 대한 명확하고 견고한 청사진을 말하고, 환경정체성이란 조직의 투명성, 안정성, 목표 · 일 · 보상의 통합으로 규정된다.
② 자기직업상황의 직업정체성 척도는 개인의 정체성 요인을 측정하는 데 사용된다.

(4) 일치성

① 개인의 흥미 유형과 개인이 몸담고 있거나 소속되고자 하는 환경의 유형이 서로 부합하는 정도를 뜻한다.
② 사람은 자신의 유형과 비슷하거나 정체성이 있는 환경에서 일하거나 생활할 때 일치성이 높아진다.
③ 가장 완벽한 적합은 현실적 환경에 현실적 유형이며, 다음은 탐구적 환경에 현실적 유형이다.

(5) 계측성

① 육각형 모형에서 유형 간의 거리는 그 사이의 이론적 관계에 반비례한다.
② 육각형은 개인 간 또는 개인 내 일관성의 정도를 나타내며 본질적 관계를 설명해준다.

5 홀랜드 인성이론의 검사도구

(1) 직업선호도 검사(VPI)

내담자가 160개의 직업목록에 흥미 정도를 표시하는 것이며, 각종 직업에 대한 좋고 싫음을 표시할 수 있다.

(2) 자기방향탐색검사 또는 자가흥미탐색검사(SDS)

내담자가 점수를 기록하는 1시간용 측정워크북과 소책자가 있으며, 워크북은 직업공상에 관한 부분으로 시작되어 활동, 능력, 구체적 직업에 대한 태도, 자아평가능력을 다룬다.

(3) 직업탐색검사(VEIK)

'미래 진로문제에 대해 다소 또는 매우 스트레스를 받는' 내담자들에게 사용하며, 직업탐색검사의 4가지 목표는 다음과 같다.

| 쌤의 핵심포인트 |

홀랜드의 유형학에 기초한 진로 관련 검사에는 스트롱-캠벨 흥미검사(SCII)가 있다.

① 미래 진로로 생각하고 있는 직업의 수를 증가시키도록 돕는다.
② 직업과 진로에서 원하는 것을 이해하도록 돕는다.
③ 과거 경험과 현재 직업의 목표가 어떻게 관련되는지를 알도록 돕는다.
④ 지금 어디에 있고, 다음 단계가 무엇인지를 알도록 돕는다.

(4) 자기직업상황(MVS)

간단하며 스스로 실시할 수 있다. 20개의 질문으로 구성되어 있으며, 직업정체성, 직업정보에 대한 필요, 선택된 직업목표에 대한 장애 등을 측정하는 것이 목적이다.

(5) 경력의사결정 검사(CDM)

홀랜드의 육각형 모델에 따라 6가지 흥미점수가 도출되며, 그중 원점수가 가장 높은 두세 가지 흥미척도가 탐색대상 직업군이 된다. 능력, 근로가치, 미래계획, 선호하는 교과목 등을 자가평정한 결과를 직업 관련 의사결정 시스템 전반에 통합시킨다.

6 평가

홀랜드의 육각형 모형 이론에 대한 비판점을 2가지만 쓰시오. 2차

① **진로상담에 적용할 수 있는 구체적 절차**, 특히 상담자가 내담자와의 대면관계에서 사용할 수 있는 과정과 기법에 관한 **절차를 제시해 주지 못한다.**
② 성격만이 강조되어 **개인적, 사회적, 환경적 요인**이 **도외시되었다.**
③ 홀랜드의 일반적인 모형, 특히 SDS(Self Direted Search)에서는 **남녀를 차별**하고 있다.
④ 인성 요인을 중요시하면서도, 인성 발달 과정에 대한 설명이 다소 결여되어 있다.
⑤ 사람들이 어떻게 그러한 유형이 되는지에 대해 충분한 설명을 제공해 주지 못한다.
⑥ 특성-요인 이론에 내재해 있는 것과 유사한 문제로, 특히 젊은이들은 자신의 환경 및 자기 자신을 변화시킬 수 있는 능력을 가지고 있음에도 불구하고 이 점을 고려하지 않았다.

1-3 롭퀴스트와 데이비스(Lofquist & Dawis)의 직업적응이론

1 개요

① 미네소타 대학의 직업적응계획의 일환으로 연구되었으며, 심리학적인 직업분류체계인 'Minnesota Occupational Classification System Ⅲ'와 관련되어 발전된 이론이다.

② 개인과 환경 사이의 일치라는 개념에 기초를 두고 있으므로 개인과 환경 사이의 조화로운 적합성, 개인과 환경의 상호보완적인 관계성이라 할 수 있으며 일치라는 개념은 개인과 환경이 공동으로 반응하는 것이다.

③ 보다 발전된 특성지향이고, 만족, 효과, 직무유지 등과 같은 진로사건을 예측하기 위해 고안되었다.

④ 개인의 욕구와 능력을 환경의 요구사항과 관련시켜 진로행동을 설명하고, 개인과 환경 간의 상호작용을 통한 욕구충족을 강조하는 이론으로, 최근에는 '개인-환경 조화이론(Person-Environment Correspondence Counseling)으로도 불리고 있다.

2 롭퀴스트와 데이비스 이론의 주요 내용

① 이 이론은 특성-요인 이론의 성격을 지니는 복잡한 이론으로, 개인의 특성에 해당하는 욕구와 능력을 환경에서의 요구사항과 연관지어 직무만족이나 직무유지 등의 진로행동을 설명하려는 이론이다.

② 개인적 요구와 직업을 통한 성취의 조화를 유지하도록 노력하는 것을 직업적응이라고 하는데, 직업적응이론의 근간을 이루는 기본가정은 '인간은 생존과 안녕을 위한 요구조건, 즉 욕구를 지니고 있으며, 이러한 욕구를 만족시키기 위해 행동을 한다'는 것이다.

③ 개인의 욕구를 충족시켜 주는 것이 강화요인인데, 강화요인은 대체적으로 개인을 둘러싸고 있는 환경으로부터 제공받으며, 이러한 기본가정은 환경에도 똑같이 적용되어 환경도 나름대로 욕구, 즉 요구조건을 지니고 있다고 보고 있다.

직업적응 관련 주요 개념으로서 만족과 충족

구분	내용
만족 (Satisfaction)	조화의 내적 지표로, 직업환경이 개인의 욕구를 얼마나 채워주고 있는지에 대한 개인의 평가를 뜻한다.
충족 (Satisfactoriness)	조화의 외적 지표로, 직업에서 요구하는 과제와 이를 수행할 수 있는 개인의 능력과 관련된 개념이다.

3 롭퀴스트와 데이비스의 직업적응이론

직업적응이론에서는 개인이 환경과 상호작용하는 특성을 나타내 주는 4가지 성격유형 요소를 가정한다. 이 성격유형 요소들 중 3가지만 제시하고 각각에 대해 간략히 설명하시오. 2차

(1) 성격양식 차원(직업성격적 측면)

① 민첩성(Celerity) : 과제를 얼마나 빨리 완성하는가에 대한 측면으로, 정확성보다는 반응속도를 중시하는 측면이다.

② 역량(Pace) : 총에너지소비량과 연관되며, 근로자의 활동수준이 높거나 낮은 정도를 의미한다.

③ 리듬(Rhythm) : 활동에 대한 다양성을 의미한다.

④ 지구력(Endurance) : 개인이 환경과 상호작용하는 다양한 활동수준의 기간을 의미한다.

롭퀴스트와 데이비스의 직업적응 방식 측면(작업환경) 3가지를 쓰시오. 2차

(2) 적응방식 차원(적응방식적 측면)

① 융통성 또는 유연성(Flexibility) : 개인의 작업환경과 개인적 환경 간의 부조화를 참아내는 정도로서 작업과 개인의 부조화가 크더라도 잘 참아낼 수 있는 사람은 융통적인 사람을 의미한다.

② 끈기 또는 인내(Perseverance) : 환경이 자신에게 맞지 않아도 개인이 얼마나 오랫동안 견뎌낼 수 있는가 하는 것을 의미하는 것으로 개인이 환경과의 상호작용에서 반응을 계속하는 시간의 길이라고도 한다.

③ 적극성(Activeness) : 개인이 작업환경을 개인적 방식과 좀 더 조화롭게 만들어 가려고 노력하는 정도를 의미한다.

④ 반응성(Reactiveness) : 개인이 작업성격의 변화로 인해 작업환경에 반응하는 정도를 의미한다.

4 직업적응이론과 관련된 검사도구

롭퀴스트와 데이비스의 직업적응이론에 기초하여 개발된 직업적응과 관련된 검사도구 3가지를 쓰시오. 2차

| 쌤의 핵심포인트 |

직업적응이론과 관련하여 CMI를 틀린 검사도구로 출제하고 있다.

(1) MIQ(Minnesota Importance Questionaries) : 미네소타 중요도 질문지

개인이 일의 환경에 대하여 지니는 20개의 욕구와 6개의 가치관을 측정하는 도구로 190개 문항으로 구성되어 있다. 개인의 가치와 일의 환경의 강화인 간의 조화를 측정하는 데 사용되는 것으로, 주 대상은 16세 이상의 남녀이며, 초등학교 고학년 수준 이상의 독해력이 필요하다. 왜냐하면, 16세 이전까지는 일에 대한 요구나 가치가 잘 성립되어 있지 않기 때문이다.

(2) MJDQ(Minnesota Job Description Questionaries) : 미네소타 직업기술 질문지

일의 환경이 MIQ에서 정의한 20개의 욕구를 만족시켜 주는 정도를 측정하는 도구, 하위측도는 MIQ와 동일하다.

(3) MSQ(Minnesota Satisfaction Questionaries) : 미네소타 만족 질문지

직무만족의 원인이 되는 일의 강화요인을 측정하는 도구로 능력의 사용, 성취, 승진, 활동, 다양성, 작업조건, 회사의 명성, 인간자원의 관리체계 등의 척도로 구성되어 있다.

(4) MSS(Minnesota Satisfactoriness Scales) : 미네소타 충족 척도

환경의 충족 정도를 측정한다.

5 직업적응이론(TWA)에 대한 연구를 통해 발견한 6가지 직업가치

직업적응이론(TWA)에서 중요하게 다루는 6가지 직업가치를 쓰시오. 2차

① 안정성(Safety) : 예측 가능하고 안정된 환경
② 성취(Achievement) : 자신의 능력을 발휘하여 성취감을 가짐
③ 이타심(Altruism) : 타인과 조화를 이루며 봉사하는 환경
④ 자율성(Autonomy) : 창조성, 독립성, 자기통제력 유지
⑤ 편안함(Comfort) : 편안한 느낌과 보상적인 환경
⑥ 지위(Status) : 타인으로부터의 인정, 중요한 지위에 있는 것

1-4 로(Roe)의 욕구이론

1 개요

① 개인의 진로발달 과정에서 사회나 환경의 영향을 상대적으로 많이 고려하는 이론이다.
② 직업선택에서 개인의 욕구와 함께 초기 아동기의 경험을 중시하였다.
③ 매슬로의 욕구위계이론을 바탕으로 할 때 가장 효율적이라고 보았다.
④ 욕구의 차이는 어린 시절(12세 이전의 유아기 내지 아동기)의 부모-자녀 관계에 기인한다고 주장하였다. 개인의 진로방향을 결정하는 것은 가족과의 초기 관계와 그 효과에 있다고 보았다. 특히 발달 초기 부모의 유형 혹은 양육방식이 진로선택에 미치는 영향에 주목하였다.
⑤ 직업을 흥미에 기초하여 8개의 군집으로 나누고, 각 군집에 해당하는 직업들의 목록을 작성하였다.

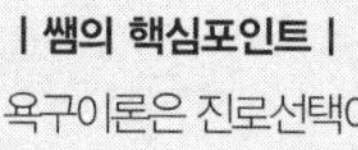

| 쌤의 핵심포인트 |
욕구이론은 진로선택이론 중 하나이다.

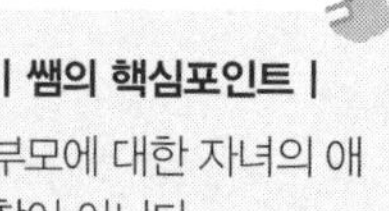

| 쌤의 핵심포인트 |
부모에 대한 자녀의 애착이 아니다.

2 로의 욕구이론에 따른 5가지 가설

직업발달이론을 이해하려면 먼저 매슬로(Maslow)의 욕구 위계이론을 염두에 두어야 한다고 주장하면서 유아기의 경험과 직업선택에 관한 5가지의 가설을 수립하였다.

① 개인의 잠재적 특성 발달에는 한계가 있다.
② 개인의 유전적 특성 발달은 특수한 경험에 영향을 받으며, 가정의 사회경제적 배경과 속한 사회의 문화배경에 의해서도 영향을 받는다.
③ 개인의 흥미나 태도는 유전보다는 개인의 경험에 의해 결정된다.
④ 심리적 에너지는 흥미를 결정하는 중요한 요소이다.
⑤ 개인의 욕구와 만족, 그 강도는 성취동기의 유발 정도에 따라 결정된다.

3 직업분류체계

진로선택이론 중 로의 욕구이론은 성격이론과 직업분류라는 두 가지 영역을 통합한 데 의미가 있다. 로의 욕구이론에 영향을 미친 성격이론과 직업분류체계를 쓰시오. 2차

(1) 직업분류체계의 구조

로는 미네소타 직업평가척도(Minnesota Occupational Rating Scales)에서 힌트를 얻어 일의 세계를 8가지 장(Field)과 6가지 수준(Level)으로 구성된 2차원의 세계로 조직화했다.

| 쌤의 핵심포인트 |

6가지 수준(Level)은 근로자의 직업과 관련된 정교화와 책임, 보수, 훈련의 정도를 묘사하며 〈수준 1〉이 가장 높고, 〈수준 6〉이 가장 낮다.

일의 세계(비인간지향적)

단계 \ 군집		흥미		
		비인간지향적		
		옥외 활동직	기술직	과학직
업무의 곤란도와 책무성	〈수준 1〉 고급전문관리	• 전문조언가	• 발명가 • 기사 • 선장	• 연구원 • 대학교수 • 의학전문가 • 박물관장
	〈수준 2〉 중급전문관리	• 응용과학자 • 지주와 수작인 • 조경가	• 응용과학자 • 공장장 • 함선의 장교	• 과학자(반독립적) • 간호사 • 약사 • 수의사
	〈수준 3〉 준전문관리	• 농사고문 • 농장소유주 • 삼림감시원 • 낚시감시원	• 비행사 • 중개업자 • 현장주임 • 방송기술자	• 엑스레이 기술자 • 박물관 기술자 • 기상관측자 • 지압사
	〈수준 4〉 숙련직	• 낙농제품 검증인 • 광부 • 석유굴착 기술자	• 전기기사 • 정비사	• 기술보조원
	〈수준 5〉 반숙련직	• 정원사 • 농장소작인 • 카우보이 • 광부보조자	• 불도저 기사 • 배달부 • 제련소 노동자 • 트럭기사	• 수의보조원 • 과학기구의 비전문 조무사
	〈수준 6〉 비숙련직	• 농장노동자 • 벌목원	• 조수 • 노동자 • 포장인	

일의 세계(인간지향적)

단계 \ 군집		흥미				
		인간지향적				
		예능직	일반 문화직	서비스직	비즈니스직	단체직
업무의 곤란도와 책무성	〈수준 1〉 고급전문관리	• 예술가 • 대학교수 • 도서관장	• 대법원 판사 • 대학교수 • 학자	• 개인치료사 • 사회사업 슈퍼바이저 • 전문 카운슬러	• 프로모터	• 대통령과 각료 • 국제은행가
	〈수준 2〉 중급전문관리	• 운동선수 • 예술비평가 • 디자이너 • 음악 편곡자	• 편집자 • 초 · 중등 학교교사	• 사회사업가 • 직업상담원	• 공익기관의 상담원	• 공인회계사 • 기업과 정부의 행정관 • 노조 직원 • 중개인
	〈수준 3〉 준전문관리	• 광고전문가 • 디자이너 • 실내장식가	• 치안판사 • 라디오 아나운서 • 리포터 • 사서	• YMCA 직원 • 복지사업가 • 경위	• 자동차보험 판매원 • 도매인	• 회계사 • 고용관리인 • 식당 및 세탁소 주인
	〈수준 4〉 숙련직	• 광고예술가 • 장식가 • 사진사 • 자동차 경주자	• 법률서기	• 이용사 • 주방장 • 보조간호사 • 순경	• 경매인 • 구매원 • 호텔방문자 • 투표면접자	• 출납원 • 은행직원 • 도매점 주인 • 판매원
	〈수준 5〉 반숙련직	• 삽화가 • 광고전단 작성자 • 무대담당원	• 도서관 종사자	• 택시기사 • 소방수	• 행상원	• 문서정리원 • 주식판매원 • 공증인
	〈수준 6〉 비숙련직	• 무대장치원	• 서류복사 종사자	• 가사도우미 • 경비원	• 신문배달원	• 배달원

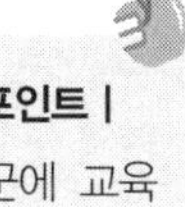

| 쌤의 핵심포인트 |

8가지 직업군에 교육은 들어가지 않는다.

(2) 8가지 직업군(흥미에 기초)

① 서비스직(Service) : 이 군집에서는 다른 사람의 취향 · 욕구 · 복지에 관심을 가지고 봉사하며, 사회사업, 가이던스 등이 이에 속한다.

② 비즈니스직(Business Contact) : 이 군집에서는 타인에 대한 봉사보다는 어떤 행동을 취하도록 상대방을 설득하는 데 초점을 두고 있으며, 공산품, 투자상품, 부동산 등의 매매 등이 이에 속한다.

③ 단체직(Organization) : 이 군집에서의 인간관계는 형식화되어 있으며, 사업, 제조업, 행정에 종사하는 관리직 등이 이에 속한다.

④ 기술직(Technology) : 이 군집의 특징으로는 대인관계보다는 사물을 다루는 데 더 관심을 가지며, 운송, 정보통신, 공학, 기계무역 등이 이에 속한다.

⑤ 옥외 활동직(Outdoor) : 이 군집에서 대인관계는 별로 중요하지 않으며, 농산물, 수산자원, 임산물, 축산업 등이 이에 속한다.

⑥ 과학직(Science) : 이 군집에서는 심리학, 인류학뿐만 아니라 물리학에서도 인간관계가 필요하며, 의학직이 포함된다.

⑦ 일반 문화직(General Culture) : 이 군집은 개인보다는 인류의 활동에 관심이 많으며, 보편적인 문화유산의 보존과 전수에 관련된 직업이 속한다.

⑧ 예능직 : 창조적인 예술과 연예에 관련된 특별한 기술을 사용하는 것과 관련된 직업이 속한다.

(3) 6가지 직업수준(수직차원) 업무의 곤란도와 책무성

구분	내용
고급전문관리 (전문적, 관리적 단계 1)	**중요하고 독립적이며 다양한 책임**을 진다. 정책을 만들며, 박사나 그에 준하는 정도의 교육 수준이 요구된다.
중급전문관리 (전문적, 관리적 단계 2)	• 중요성 및 다양성의 측면에서 자신과 타인에 대한 **중간 수준의 책임**을 진다. • 정책을 해석하며, 석사학위 이상 또는 박사보다 낮은 교육 수준이 요구된다.
준전문관리	타인에 대한 **낮은 수준의 책임**을 진다. 정책을 적용하거나 자신만을 위한 의사결정을 하며, 고등학교나 기술학교 또는 그에 준하는 정도의 교육 수준이 요구된다.
숙련	견습이나 다른 **특수한 훈련 및 경험**이 요구된다.
반숙련	**약간의 훈련 및 경험**이 요구되나, 숙련직보다는 낮은 수준이다.
비숙련	특수한 훈련 및 교육을 필요로 하지 않으며, **단순 반복적인 활동**에 종사하기 위해 필요한 능력 이상이 요구되지 않는다.

4 부모-자녀 관계와 직업선택

(1) 부모-자녀 관계 유형

로는 가정의 정서적 분위기, 즉 부모와 자녀 간의 상호작용 유형에 따라 자녀의 욕구 유형이 달라진다고 보았다.

부모-자녀 관계 유형 및 특징

부모-자녀 상호작용 유형		특징
정서집중형	과보호적 분위기	부모가 자녀를 지나치게 보호하려 하며, 사식도 부모에게 의존하기를 기대한다. 훗날 타인에게 의존적이며 일반적으로 동조적인 행동을 나타내게 된다.
	과요구적 분위기	자식이 부모의 요구를 받아들이거나 이에 부합하는 행동을 한 경우에는 자녀를 사랑하고 귀히 여긴다. 또한 남보다 뛰어나길 바라며 자식에게 엄격한 훈련을 시키게 된다.

부모-자녀 상호작용 유형		특징
회피형	무시적 분위기	자녀와의 접촉 및 부모로서의 책임을 회피하려는 경향이 있으며, 자녀의 욕구 충족을 위해서 별로 노력하지 않는다. 자녀에 대한 관심이 적으나 감정적으로 거부하지는 않는다.
	거부적 분위기	자녀의 행복을 전적으로 무시하고 자녀들의 신체적, 심리적 필요를 충족시켜 주려는 노력을 거의 하지 않는다.
수용형	무관심한 분위기	부모가 자식을 수용하기는 하나 부모와 자녀 관계가 별로 밀착되어 있지 않다. 그러나 자녀들의 필요나 욕구에 대해서는 비교적 민감하다.
	애정적 분위기	무관심한 분위기와 유사하나 그보다는 부모-자녀 관계가 더 튼튼하고, 부모는 자녀가 어떠한 것을 요구하든 들어주려고 노력하며 무관심한 분위기에 비하여 부모는 자녀에게 더욱 사려 깊은 격려를 한다.

(2) 부모의 양육 방식이 자녀의 직업선택에 미치는 영향

부모의 양육 방식에 따라 자녀는 사람지향적이거나 사람회피적인 직업을 갖게 된다.

① '따뜻한 부모-자녀'의 관계에서 성장한 사람

어릴 때부터 어떤 욕구나 필요가 있을 경우 사람들과의 접촉을 통해 충족시키는 방식을 습득했으며, 인간지향적인 직업(서비스, 비즈니스, 단체직, 예능직, 일반 문화직)을 선택하려는 경향을 보이게 된다.

② '차가운 부모-자녀'의 관계에서 성장한 사람

어릴 때부터 자신의 문제를 부모나 주위 사람의 도움을 청하지 않고 사람과의 접촉이 개입되지 않은 다른 수단을 통해 해결하여 이후 비인간적인 직업(기술직, 옥외 활동직, 과학직)을 선택하게 된다.

5 평가

(1) 공헌점

① 로의 이론은 **성격과 직업분류를 통합**하는 업적을 남겼다.
② 부모-자녀 관계를 측정하기 위한 도구로서 **부모-자녀 관계 질문지**(PCRQ ; Parent-Child Relations Questionnarie)를 개발하였다.

(2) 문제점

① 실증적인 근거의 결여로 자신 또한 본인의 이론이 추리적이며, 직접적인 증거가 거의 없음을 인정하였다.

② 검증하기가 어렵다. 부모－자녀 관계는 이론처럼 단순히 획일적이지 않다. 자녀의 발달과정 동안 일관되지 않으며, 자녀에 대한 아버지와 어머니의 태도가 각기 다를 수 있다.

③ 진로상담을 위한 구체적인 절차를 제공하지 못하고 있다. 이론의 공식화에만 집중하였다.

1-5 발달적 이론

1 긴즈버그(Ginzberg)의 발달이론

(1) 개요

① 직업행동에 관한 최초의 종합이론으로 직업선택을 발달적 과정이라는 결론을 내리며 초기 선택의 중요성을 강조했다.

② 긴즈버그 이론의 핵심은 직업에 대한 지식, 태도, 기능은 어려서부터 발달하기 시작하여 일련의 단계를 거치면서 발달한다는 것이다.

③ 직업선택이란 일생의 과정으로서 한 번에 걸쳐서 이루어지는 것이 아니라 장기간에 걸쳐서 이루어지는 결정이다. 나중에 이루어지는 결정은 그 이전 결정의 영향을 받는다.

④ 직업선택은 가치관, 정서적 요인, 교육의 양과 종류, 환경 영향 등의 상호작용에 의해 결정된다.

⑤ 직업선택의 과정은 바람(Wishes)과 가능성(Possibility) 간의 타협(Compromise)이다. 즉, 개인은 자신의 욕구, 능력, 가치관, 흥미 등의 내적 요인과 가정환경, 부모의 영향, 직업조건 등의 외적 요인 간의 타협으로 직업을 선택한다.

(2) 긴즈버그의 진로발달 3단계

긴즈버그 진로발달이론 중 현실기 하위 3단계를 쓰고 설명하시오. 2차

기간	연령	특징
환상기 (Fantasy Period)	유년기 (11세 이전)	초기는 놀이중심단계이며, 이 단계의 마지막에서는 놀이가 일 중심으로 변화되기 시작한다. ※ 현실, 여건, 능력, 가능성을 고려하지 않고 놀이를 통해 표출, 직업세계에 대한 최초의 가치 판단을 반영
잠정기 (Tentative Period)	초기 청소년기 (11~17세)	일이 요구하는 조건에 대하여 점차적으로 인식하는 단계, 흥미, 능력, 일의 보상, 가치, 시간적 측면에 대한 인식이 이루어진다. ① 흥미단계 : 좋아하는 것과 그렇지 않은 것에 따라 직업을 선택하려고 한다. ② 능력단계 : 자신이 흥미를 느끼는 분야에서 성공을 거둘 수 있는지를 시험해 보기 시작한다.

기간	연령	특징
잠정기 (Tentative Period)	초기 청소년기 (11~17세)	③ **가치**단계 : 직업을 선택할 때 고려해야 하는 다양한 요인들을 인정하고 특수한 직업선호와 관련된 모든 요인들을 알아보고, 그러한 직업선호를 자신의 가치관 및 생애목표에 비추어 평가한다. ④ **전환**단계 : 직업선택에 대한 주관적 요소에서 현실적 외부요인으로 관심이 전환되며, 직업에 대한 결정과 진로선택에 수반되는 책임의식을 깨닫게 된다.
현실기 (Realistic Period)	청소년 중기 (17세~ 청장년기)	능력과 흥미의 통합단계, 가치의 발달, 직업적 선택의 구체화, 직업적 패턴의 명료화 등이 가능해진다. ① **탐색**단계 : 진로선택을 위해 필요하다고 판단되는 교육이나 경험을 쌓으려고 노력한다. ② **구체화** 단계 : 자신의 직업목표를 정하고 직업선택과 관련된 내·외적 요소들을 종합하여 특정직업 분야에 몰두하게 된다. ③ **특수화** 단계 : 자신의 결정을 더욱 구체화하고 보다 세밀한 계획을 세우며 고도로 세분화된 의사결정을 한다. 특정의 진로에 맞는 직업훈련을 받는 단계이다.

| 쌤의 핵심포인트 |

특수화 단계는 정교화 단계라고 번역되기도 한다.

(3) 평가

① 직업선택의 과정이 개인의 아동기부터 초기 성인기까지의 사회·문화적 환경에 따라 주관적으로 평가·발달되었다는 점이 독특하다.

② 초기의 연구에서 긴즈버그는 직업적 결정과정이 불가역적이라고 보았는데, 초기의 입장이 수정된 후로도 진로선택과정에서 초기 선택의 중요성을 계속 강조하였다.

③ 긴즈버그에 의하면 직업적 선택은 일생 동안의 의사결정과정이며, 진로목표와 현실의 직업세계 간의 조정에 대한 평가방법이라고 보았다.

2 슈퍼(Super)의 생애발달이론

1) 개요

① 긴즈버그의 진로발달이론을 비판하고 보완하면서 발전된 이론이다.

② 진로발달(직업발달)은 '성장기－탐색기－확립기－유지기－쇠퇴기'의 순환과 재순환 단계를 거친다.

③ '전 생애(Life-span)', '생애역할(Life Role)', '자아개념(Self-concept)'의 세 가지 개념을 통해 개인의 진로발달 및 직업선택을 설명한다.

④ 개인의 역할, 상황, 사건 간의 상호작용에 대한 개념이다.

⑤ 개인의 생활양식에 따라 다양하게 표현된다.

2) 자아개념 또는 자기개념(Self-concept)

슈퍼의 이론에 기저를 이루고 있는 것은 자아개념이다. "나는 이런 사람이다"라고 느끼고 생각하던 것을 살릴 수 있는 직업을 택한다는 것으로 인간은 자아 이미지와 일치하는 직업을 선택한다고 한다. 즉, 어떤 역할, 상황, 직위에서 특정한 기능을 수행하고 있으며, 일련의 복잡한 관계 속에서 자신에 대한 상을 제공하는 것이다.

3) 슈퍼 진로발달이론의 10가지 명제

① 사람들은 그들의 능력, 성격, 가치관 등 여러 측면에서 서로 다르다.
② 각 직업도 필요로 하는 능력과 성격적 특성이 있고 서로 다르다.
③ 개인차는 직업의 다양성과 얼마나 잘 맞는지로도 표현되는데, 어떤 사람은 보다 많은 직업에 적합한 특성을 가지고 있을 수 있다. 따라서 한 사람에게 적합한 직업이 하나만 존재하는 것도 아니고, 어떤 직업에 맞는 사람이 한 사람만 존재하는 것도 아니다.
④ 개인의 직업선호성, 능력, 자아개념은 시간흐름에 따라 변한다.
⑤ 직업선택적응은 일생에 걸친 계속적인 과정이다.
⑥ 발달단계는 성장기-탐색기-확립기-유지기-쇠퇴기로 나눈다.
⑦ 개인의 진로는 부모의 사회경제적 수준, 개인의 지적 능력, 인성적 특성, 직업계획 등에 의해 결정된다.
⑧ 개인의 진로발달은 능력, 흥미, 성숙과정의 촉진, 자아개념의 발달을 도와줌으로써 이루어질 수 있다.
⑨ 직업발달과정은 자아개념으로 발달, 실천해나가는 과정이다.
⑩ 자아개념과 현실 간의 타협은 직업발달상 역할수행의 과정이다.
⑪ 직업, 인생의 만족도는 개인의 능력, 적성, 성격 특성, 가치관에 맞는 진로를 찾아 종사했는지 여부에 있다.

| 쌤의 핵심포인트 |
직업발달은 주로 대인관계를 발달시키고 실천해 나가는 과정이라고 틀린 지문으로 출제되고 있다.

슈퍼의 경력개발 5단계를 적으시오. 2차

4) 슈퍼의 직업발달 5단계

(1) 성장기(출생~14세)

① 자신에 대한 지각과 직업세계에 대한 이해가 생김. 가정과 학교에서 주요 인물과 자신을 동일시한다.
② 욕구와 환상이 지배적이었다가, 사회참여와 현실검증을 통해 흥미와 능력을 중시하게 된다.

구분	내용
환상기(4~10세)	**욕구**가 지배적이며, 환상적인 역할수행이 중시된다.
흥미기(11~12세)	진로를 결정하는 데 **흥미**가 중요 요인이다.
능력기(13~14세)	**능력**을 더욱 중시하고, 직업의 요구조건을 고려한다.

(2) 탐색기(15~24세)

학교생활, 여가활동, 아르바이트 등을 통해 자아를 검증하고, 역할을 수행하며 직업탐색을 시도한다.

구분	내용
잠정기(15~17세)	자신의 욕구, 흥미, 능력, 가치와 취업기회 등을 고려하면서 **잠정적으로 진로를 선택한다.**
전환기(18~21세)	직업을 위해 **교육이나 훈련**을 받으며, 현실적인 요인을 중시하게 된다.
시행기(22~24세)	적합하다고 판단되는 직업을 선택하여 **종사**하고, 적합 여부를 시험하게 된다.

(3) 확립기(25~44세)

자신에게 적합한 분야에서 종사하며 생활의 터전을 잡기 위해 노력한다.

구분	내용
시행기(25~30세)	자신이 선택한 일이 적합하지 않은 경우, 한두 차례 전환을 시도한다.
안정기(31~44세)	진로가 안정되는 시기로서, 직업을 통해 소속감, 만족감, 지위 등을 갖게 된다.

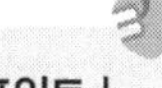

| 쌤의 핵심포인트 |

시행기가 탐색기와 확립기 두 차례에 걸쳐 나타나는데, 확립기에서의 시행기는 수정기로 번역되기도 한다. 쇠퇴기는 해체기나 은퇴기라고 한다.

(4) 유지기(45~64세)

직업세계에서 자신의 위치가 확고해지고, 자리를 유지하기 위해 노력하며 안정된 삶을 살아간다.

(5) 쇠퇴기(65세 이후)

정신적, 육체적 기능이 쇠퇴함에 따라 직업전선에서 은퇴하게 되며, 다른 새로운 역할과 활동을 찾게 된다.

5) 슈퍼의 진로발달 과제

직업발달과업	연령	일반적인 특징
구체화 (Crystallization)	14~17	자신과 직업에 대한 정보가 쌓이면 진로에 대한 선호가 점차 분명하게 나타나는 시기이다. 이 단계의 과업은 선호하는 진로에 대하여 계획하고 그 계획을 어떻게 실행할 것인가를 고려하는 것이다.
특수화 (Specification)	18~21	몇 가지 선호하는 직업 중에서 특정한 직업을 선호하는 시기이다. 이 단계의 과업은 직업선택을 객관적이고 명백히 하고, 선택된 직업에 대해서 더욱 구체적으로 이해하여 진로계획을 특수화하는 것이다.

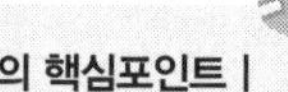

| 쌤의 핵심포인트 |

발달단계별 특징 및 과제를 강조한 사람은 슈퍼이다.

직업발달과업	연령	일반적인 특징
실행화 (Implementation)	22~24	선호하는 직업을 위한 교육훈련을 끝마치고 특정직업에 노력을 기울여 취업하는 것이 이 단계의 과업이다.
안정화 (Stabilization)	25~35	입직과 함께 업무를 정확히 수행하기 위하여 무엇을 해야 할지 배우고 조직이 요구하는 수준으로 수행하여 자신의 직업지위를 안정화하는 것이 이 단계의 과업이다.
공고화 (Consolidation)	36~	개인이 직무에서 기술을 제대로 갖추었다는 점에서 편안함을 느끼고 상사나 동료로부터 일을 잘하고 있다는 평가를 받으며 직업인으로서 직업정체감을 공고히 하는 것이 이 단계의 과업이다.

6) 슈퍼의 아치문 모델(Archway Model)

슈퍼는 인간발달의 생물학적, 심리학적, 사회경제적 결정인자로 직업발달론을 설명하고 있다.

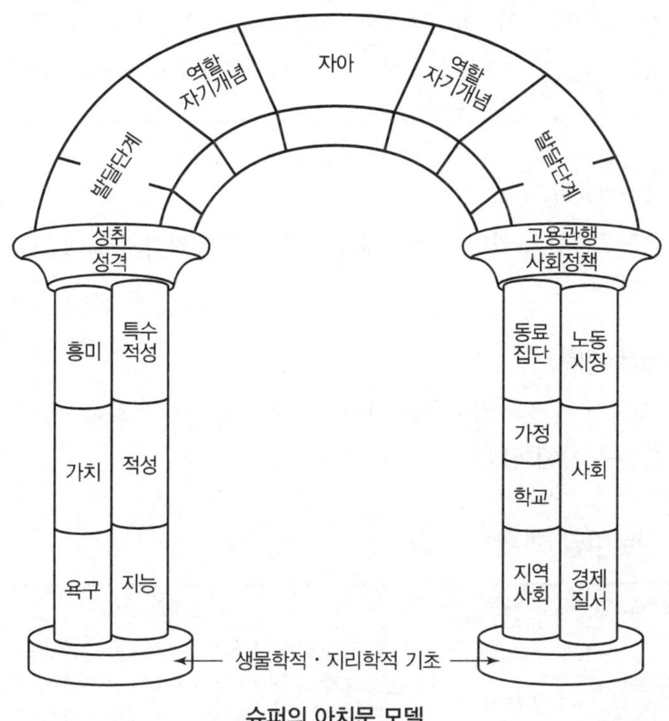

슈퍼의 아치문 모델

| 쌤의 핵심포인트 |

개인심리적 특성을 왼쪽 기둥으로, 사회경제적 제도를 오른쪽 기둥으로 직업발달을 설명하였다.

① <u>왼쪽 기둥(개인의 심리적 특징) : 개인의 욕구, 지능, 가치, 태도, 관심</u>

② <u>오른쪽 기둥(사회구조)</u> : 경제자원, 경제구조, 사회제도, 노동시장

③ 사회는 개인에게 영향을 주고, 개인은 사회단위로 성장하고 기능하면서 사회에서 자신의 교육적, 가족적, 직업적, 시민적, 여가적 생애를 추구하고 있다.

④ <u>바닥(생물학적 · 지리학적인 기초 측면)</u> : 발달단계와 역할에 대한 자아개념으로 이루어진 상호작용적 측면을 나타낸다.

7) 슈퍼의 생애진로 무지개 개념(Life-career Rainbow)

슈퍼는 개인의 진로발달과정을 자기실현 및 생애발달의 과정으로 보고 여러 가지 생활영역에 있어서의 진로발달을 나타내는 생애진로 무지개를 제시하였다.

① 사람은 동시에 여러 가지 역할을 함께 수행하며 발달단계마다 다른 역할에 비해 중요한 역할이 있다.
② 인생에서 진로발달과정은 전 생애에 걸쳐 계속되며 성장, 탐색, 정착, 유지, 쇠퇴 등의 대주기(Maxi Cycle)를 거친다.
③ 진로발달에는 대주기 외에 각 단계마다 같은 성장, 탐색, 정착, 유지, 쇠퇴로 구성된 소주기(Mini Cycle)가 있다.
④ 진로성숙과 역할의 중요성을 강조하였으며, 진로성숙은 생애단계 내에서 성공적으로 수행된 발달과업을 통해 획득된다.

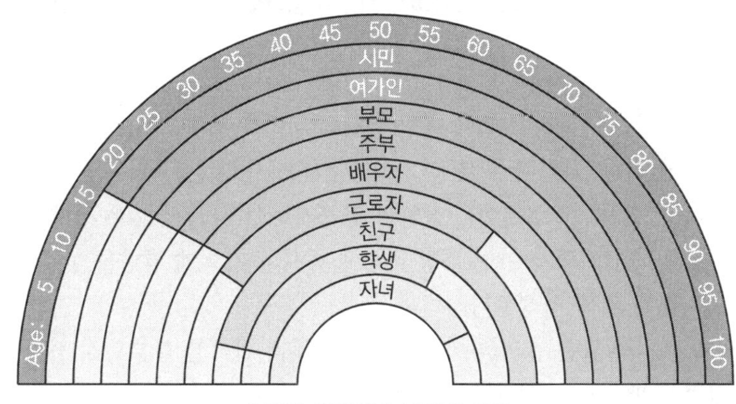

슈퍼의 생애진로 무지개 개념

8) 생애공간이론(Life-space Theory)

① 간접적으로 직업과 연관을 맺고 있는 다양한 삶의 역할에 초점을 둔다.
② 다양한 역할이 생활양식을 구성하고, 나아가 진로양식을 구성하게 된다.
③ 개인은 동시에 여러 가지 역할을 함께 수행하며, 발달단계마다 다른 역할에 비해 중요한 역할이 있다.
④ 특정한 생애역할에 우선권이 주어질 필요가 있는데 서로 조화를 이룰 때 행복감을 느끼는 반면, 생애역할들이 서로 어긋나고 자신의 삶의 가치를 표현할 기회가 적을 때 불행을 느낀다.

⑤ 생애역할(자녀, 학생, 여가인, 시민, 근로자, 배우자, 주부, 부모, 은퇴자)과 개인극장(가정, 학교, 직장, 지역사회)

9) 평가

(1) 공헌점

① 직업적 성숙 과정을 가장 체계적으로 기술한 이론이다.
② 내담자의 생애역할 정체감과 표현하고자 하는 가치를 명확히 하도록 돕는 데 유용한 이론적 틀을 제공한다.

(2) 제한점

① 이론이 매우 광범위하며 자아개념을 지나치게 강조한다는 비판을 받고 있다.
② 슈퍼의 전 생애적 관점은 한 개인의 변인들 간 관계가 모두 동일하다는 가정에 근거하고 있다.
③ 개인의 발달이 다양하고, 상호연결된 맥락들 간에 작용하고 있음을 간과하고 있다.

3 고트프레드슨(Gottfredson)의 직업포부이론(제한-타협 이론)

1) 개요

직업포부란 개인이 특정 직업에 대한 자신의 마음속에 품고 있는 계획이나 희망을 의미한다. 이러한 '직업적 포부'는 자아개념(성, 사회계층, 지능, 흥미, 가치), 직업이미지(성, 명예, 직업분야), 직업의 접근가능성(사회적 혹은 경제적 환경에서 나타나는 장애나 기회가 어떤 특정 직업에 종사할 기회에 영향을 미치는 것) 등과 같은 요소들에 의해 형성된다.
직업적 포부의 발달은 슈퍼와 마찬가지로 발달적 단계를 다루면서 사람이 어떻게 특정 직업에 매력을 느끼게 되는가를 기술한다.
발달단계에 근거한 직업적 포부의 형성 및 변화과정을 설명하기 위해 '한계(Circumscription)'와 '절충(Compromise)'의 원리가 제시되고 이것은 직업에 대한접근 가능성, 달성 가능성과 관련 있는 개념이다.
또한 고트프레드슨은 아동기와 청소년기를 중심으로 직업포부가 어떻게 발달(또는 변화)하는지에 대한 직업발달 단계를 제시하였는데, 이를 진로포부라고도 한다.

2) 직업포부이론의 특징

이 이론은 그 사람이 속한 사회계층이 직업포부의 발달에서 중요한 요소라고 주장한다. 따라서 성 역할이나 사회적 명성과 같은 사회적 요인과 추론능력이나 언어능력과 같은 인지적 요인을 통합시켜 직업적 포부의 발달에 관한 체계적인 설명을 시도하였다.

3) 제한과 타협(절충)의 개념

(1) 제한

자아개념과 일치하지 않는 직업을 배제하는 과정이다. 즉, 아동들이 초기에는 원하는 것은 무엇이든 될 수 있다는 환상적 생각을 하나 성장하면서 신체의 크기와 힘, 성 역할, 사회적 명성, 내적 가치 등으로 자신의 직업포부를 스스로 제한시켜 나가는 것을 말한다.

> 직업포부 발달이론의 제한과 절충에 대하여 쓰시오. 2차

(2) 타협(절충)

제한과정을 통해 선택된 선호하는 직업 대안들 중 자신이 극복할 수 없는 문제를 가진 직업을 어쩔 수 없이 포기하는 과정이다. 즉, 아동들이 자신의 실제 능력과 이상 간의 절충으로 끊임없이 모색하며 여러 가지 직업 대안 중 적합한 직업포부를 구체화시켜 나가는 것을 말한다.
타협과정의 중요도는 1. 성 유형, 2. 권위, 3. 흥미의 순서로 제시되고 있다.

4) 고트프레드슨의 직업포부 발달단계

① 힘과 크기의 지향성(3~5세) : 사고과정이 구체화되며 어른이 된다는 것의 의미를 알게 된다.
② 성역할 지향성(6~8세) : 자아개념이 성의 발달에 의해서 영향을 받게 된다.
③ 사회적 가치 지향성(9~13세) : 사회계층에 대한 개념이 생기면서 상황 속에서 자아를 인식하게 되고, 일의 수준에 대한 이해를 확장시킨다.
④ 내적 고유한 자아 지향성(14세 이후) : 내적인 사고를 통하여 자아인식이 발달되며 타인에 대한 개념이 생겨난다. 또한 자아성찰과 사회계층의 맥락에서 직업적 포부가 더욱 발달하게 된다.

> 고트프레드슨의 직업과 관련된 개인발달의 4단계를 쓰고 각각 설명하시오. 2차

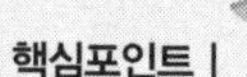

| 쌤의 핵심포인트 |
타인에 대한 개념은 내적 고유한 자아지향성 단계에서 생긴다.

4 타이드만과 오하라(Tiedman & O'Hara)의 진로발달이론

1) 개요

① 진로발달단계를 개인이 자아정체감을 지속적으로 구별해 내고 발달과제를 처리하는 과정으로 설명하며, 시간의 틀 내에서 개념화하였다.
② 진로발달을 직업정체감을 형성해 가는 과정으로 보았으며, 새로운 경험을 쌓을수록 개인의 정체감은 발달한다고 하였다.
③ 에릭슨의 심리사회적 발달단계를 토대로 하여, 개인이 심리사회적 위기를 해결하는 과정을 통해 자아가 성숙되는 동시에 일에 대한 태도가 발달된다고 보았다.
④ 계속적으로 분화하고 통합하는 과정이라고 보았다.

에릭슨의 심리사회적 발달단계와 위기

구분	특징	내용
제1단계 (0~1세)	기본적 신뢰감 대 불안감	이 시기는 세상을 안전하고 믿을 수 있는 곳이라 생각하는 기본적인 신뢰감이 형성된다. 그러나 보호를 부적절하고 부정적으로 하면 아기는 세상에 대해 공포와 불신감을 가진다.
제2단계 (1~3세)	자율성 대 수치심과 회의(의심)	자기의 요구에 따른 자율과 독립의 기초가 마련된다. 어린이는 세계에 대해 적극적이고 능동적인 신체활동과 언어 사용이 증가되고, 그렇지 못하면 심한 회의와 수치심을 갖게 된다. 질문과 탐색활동이 잦아진다.
제3단계 (3~5세)	주도성 대 죄책감	적당한 감독과 제재하에 자신의 욕구를 스스로 해결할 수 있는 것을 허용하고 격려하면 자율성을 형성하게 된다. 그러나 감독과 제재가 지나치면 죄책감을 갖게 된다.
제4단계 (5~12세)	근면성 대 열등감	성취기회와 성취과업의 인정과 격려가 있다면 성취감이 길러진다. 그러나 그렇지 못하면 좌절감과 열등감을 갖게 된다.
제5단계 (청년기)	정체감 대 정체감 혼미	끊임없는 자아성찰과 자아상을 찾아 자아 정체성을 확립하는데, 이것이 형성되지 못하고 방황하게 되면 역할 혼란 또는 자아 정체성 혼미가 온다.
제6단계 (성인기)	친밀감 대 고립감	청소년기에 자아 정체성이 확립되면 배우자, 부모, 동료 등 타인들과 친밀감이 형성되지만 그렇지 못하면 고립된 인생을 영위하게 된다.
제7단계 (중년기)	생산성 대 침체성	자신에게 몰두하기보다 생산적인 일에 몰두하고 자녀와 직업에 몰두하여 생산적인 활동에 참여하지만, 원만하지 못하면 자신에게만 몰두하고 사회적, 발달적 정체를 면하지 못한다.
제8단계 (노년기)	통합성 대 절망감	인생에 대한 통찰과 관조로 자신의 유한성을 인정하고 죽음까지도 수용하지만 그렇지 못하면 공허, 초조와 절망감을 느낀다.

2) 분화(Differentiation)와 통합(Integration)

① '분화'는 개인의 인지구조 발달에 따라 내적으로 일어나는 것으로, 다양한 직업을 구체적으로 학습함으로써 나타나는 자아의 복잡한 발달과정에 해당한다.

② '통합'은 개인이 사회의 일원이자 직업세계의 일원으로서 자신의 고유성과 직업세계의 고유성을 일치시키는 과정

3) 직업정체감 형성과정(의사결정과정)

의사결정은 인지적 구조의 분화와 통합에 의한 것으로서, 크게 예상기와 실천기로 나누며 다시 7단계의 하위단계로 분류된다.

(1) 예상기(전직업기)

구분	내용
탐색기	• 자신의 진로목표 및 대안 탐색 • 진로목표를 성취할 수 있는 능력과 여건 평가
구체화기	• 구체적으로 자신의 진로를 준비 • 대안적 진로들의 보수나 보상을 고려하여 방향 구체화
선택기	• 구체적인 의사결정에 임하게 되는 시기 • 하고 싶은 일과 하기 싫은 일을 구분하며, 적합하지 않은 진로는 탈락
명료화기	• 선택에 대해 신중히 분석하고 검토 • 미흡한 점이나 의심스러운 점을 확인하고 명확히 하는 시기

(2) 실천기(적응기)

구분	내용
순응기	• 새로운 상황에 들어가면 인정을 받고자 수용적인 자세로 업무에 임함 • 집단의 풍토에 적응하고자 자신의 일부분을 수정하거나 버림
개혁기	• 수용적이던 역할을 버리고, 강경하고 주장적인 태도를 보이기 시작 • 조직 내에서 자신의 의지를 펼쳐 조직을 개혁하고자 하는 마음을 가짐
통합기	• 집단원으로서 자신에 대한 새로운 자아개념을 형성함 • 개인의 욕구와 조직의 욕구를 균형 있게 조절하며 타협과 통합을 이룸

5 레빈슨(Levinson)의 발달이론

1) 개요

① 연령의 증가에 따라 일정한 계열(Sequence)을 형성한다고 보았다.

② 출생에서 죽음에 이르는 과정으로서 '인생주기', '인생구조'는 마치 자연의 사계절과 같은 진행과정을 나타내 보이는데, 이는 사계절의 질적인 특징이 인간발달의 양상과 유사하기 때문이다.

③ 성인은 연령에 따라 안정과 변화의 계속적인 과정을 거쳐 발달하게 되며, 이러한 과정단계는 남녀와 문화에 상관없이 적용 가능하다.

2) 레빈슨의 인생구조

① 인생구조는 크게 성인 이전 시기(0~22세), 성인 초기(17~45세), 성인 중기(40~65세), 성인 후기(60세 이후)의 사계절로 구분된다.

② 각 시대는 대략 5년 정도 지속되는 몇 개의 시기들로 이루어진다.

③ 각 시기들의 계열은 안정과 변화의 순환원리에 의해 진행, 혼돈과 갈등의 변화요인에 의한 전환기, 새로운 삶의 구조를 형성하는 안정기가 서로 교차되어 나타난다.

④ 특히, 성인 중기는 생물학적 능력은 감소하지만, 사회적 책임이 증가하며 정력적으로 일에 몰두하는 시기이다.

3) 레빈슨의 인생주기 모형

(1) 성인발달단계

① 성인 초기 전환기(17~22세) : 성인으로 변화하기 위한 단계이다.

② 성인 초기 입문기(22~28세) : 성인 생활양식을 형성하는 시기이다.

③ 30세 전환기(28~33) : 초기의 생활양식을 재평가 및 수정하는 기회를 가지며, 다음의 인생구조를 계획하는 단계이다.

④ 정착단계(33~40세) : 초기 성인단계가 완성되고 안정되는 시기이다.

⑤ 중년 전환기(40~45) : 교량 역할 시기로 양 시대의 일부분, 젊음과 늙음의 균형을 이루는 방법 모색, 이전 10~15년 동안 의미 있는 삶의 변화가 없을 경우 이 시기가 위기일 수 있다.

⑥ 중년 입문기(45~50) : 중년기를 시작할 첫 인생구조를 만든다. 새로운 세대에서 설 자리를 마련하는 단계이다.

⑦ 50세 전환기(50~55) : 처음의 계획을 수정 및 향상시키는 단계이다.

⑧ 중년 절정기(55~60) : 중년기의 중요한 야망과 목표를 실현하기 위한 인생구조 형성 시기이다.

⑨ 성인 후기 전환기(60~65) : 중기와 말기를 연결하는 단계이다.

⑩ 말기 성인단계(65세 이상) : 인생의 마지막 단계로서 다시 한 번 새로운 시대에 적합한 생활양식을 형성하는 시기이다.

| 쌤의 핵심포인트 |

초기 성인단계가 완성되는 시기는 정착단계이고, 중기 성인단계는 새로운 시대에 적합한 생활양식을 형성하는 시기이다.

(2) 성인발달단계의 특징

① 연령에 따라 안정과 변화의 계속적인 과정을 거쳐 발달하게 된다.

② 변화단계는 인생의 목표를 재평가하고 새로운 변화 가능성을 탐색하는 시기이다.

③ 구조형성의 시기는 인생의 목표를 설정하는데, 구조형성과 변화가 계속 반복적으로 나타난다.

(3) 성인발달단계의 시사점

① 경력개발 프로그램 설계 시 각 시기에 적합한 프로그램을 만들어야 하며, 변화단계에 초점을 맞추어야 한다는 것이다.

② 게디와 스트릭랜드(Geddie & Strickland)는 이를 적용하여 목표와 장애물을 파악하고 적합한 경력개발 프로그램을 제시한 바 있다.

1-6 크롬볼츠(Krumboltz)의 사회학습이론

1 개요

① 크롬볼츠는 학습이론의 원리를 직업선택의 문제에 적용하여 행동주의 방법을 통해 진로선택을 해야 한다고 주장하였다.
② 진로결정에 영향을 미치는 사건과 개인의 신념을 중시하였으며, 특히 학과 전환 등 진로의사결정과 관련된 개인의 특수한 행위들에 관심을 두었다.
③ 개인의 독특한 학습경험과 긍정적 또는 부정적으로 강화된 사건들에 대한 인지적 분석으로 이루어진다고 강조하였다.
④ 이는 기존의 강화이론, 고전적 행동주의이론, 인지적 정보처리이론에 영향을 많이 받았다고 말할 수 있다.
⑤ 특정한 직업을 갖게 되는 것은 단순한 선호나 선택의 기능이 아니고 개인이 통제할 수 없는 복잡한 환경적 요인의 결과이다.

2 진로결정

1) 진로결정에 영향을 미치는 요인

진로결정에 영향을 주는 요인을 미첼(Mitchell)과 크롬볼츠(Krumboltz)는 다음과 같은 4가지로 분류하였다.

진로선택이론 중 사회학습이론에서 크롬볼츠가 제시한 진로선택에 영향을 주는 요인을 3가지만 쓰시오. 2차

(1) 유전적 요인과 특별한 능력

개인의 진로기회를 제한하는 타고난 특질을 포함하는 요인이다. 즉, 교육적 · 직업적인 선호나 기술, 인종, 성별, 신체적인 모습과 특징, 지능, 예술적 재능, 근육의 기능에 제한을 줄 수 있는 자질을 말한다.

(2) 환경적 조건과 사건

종종 개인의 통제를 넘어서는 요인으로, 여기서 강조하는 것은 개인 환경에서의 특정한 사건이 기술발달, 활동, 진로선호 등에 영향을 미친다는 것이다. 예를 들어 개인 환경에서 어떤 천연자원의 이용이나 어떤 직업을 규제하는 정부의 정책은 고용기회와 경험을 상당 정도 결정할 수도 있다.

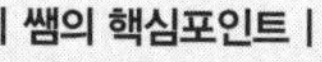

| 쌤의 핵심포인트 |

진로결정에 영향을 미치는 요인으로 '인간관계기술', '부모특성'을 틀린 지문으로 제시하고 있다.

(3) 학습경험

과거에 학습한 경험은 현재 또는 미래의 교육적 · 직업적 의사결정에 영향을 미치는데, 크롬볼츠는 도구적 학습경험과 연상적 학습경험을 포함하고 있다.

① 도구적 학습경험

결과에 대한 개인의 반응을 통해 학습하는 것, 행동의 직접적이고 관찰 가능한 결과, 다른 사람의 반응을 통해 학습하는 것 등이다.

② 연상적 학습경험

이전의 중립적 상황에 대한 부정적 · 긍정적 반응을 통해 이루어지며, 이러한 연상은 관찰, 출판물, 영화 등을 통해 학습될 수 있다.

(4) 과제접근기술

문제해결기술, 작업습관 등과 같이 개인이 개발시켜 온 기술 일체를 말한다. 이 기술 일체는 개인이 직면한 문제와 과업의 결과를 상당 정도 결정한다.

예 고등학교 3학년인 A양은 가끔 수업노트를 가지고 공부하는데 비록 고등학교에서는 그녀가 좋은 성적을 받더라도 대학에서는 이런 방법이 실패하게 되어 그녀의 노트기록 습관과 학습습관을 수정하게 될지도 모른다.

진로결정에 영향을 주는 요인

① **환경적 요인** : 유전적 요인과 특별한 능력, 환경조건과 사건/**개인이 통제할 수 없는 영역**
예 인종, 성별, 신체적 특징, 지능, 예술적 재능 등

② **심리적 요인** : 학습경험, 과제접근기술/**상담을 통해 변화 가능**
예 취업 가능 직종의 내용, 교육훈련 가능 분야, 정책, 법, 기술의 발달 정도 등

2) 진로결정 요인들의 상호작용 결과

① 자기관찰 일반화 : 자신의 수행이나 흥미, 가치를 평가하는 진술로서 선행 학습경험에 영향을 받고 새로운 학습경험에도 영향을 미친다.

② 세계관 일반화 : 자기가 속한 환경을 관찰하고 이를 일반화하여 또 다른 환경에서 일어날 일을 예측할 수 있다.

③ 과제접근기술 : 중요한 의사결정 상황의 인식, 과제에 대한 현실적인 파악, 자기관찰 일반화와 세계관 일반화에 대한 검토와 평가, 다양한 대안의 도출, 대안에 대한 정보수집, 매력적이지 못한 대안의 제거 등의 능력을 포함한다.

④ 행위의 산출 : 특정 교육훈련에의 지원, 전공의 변경 등

3) 진로결정에 영향을 미치는 기술

① 개인의 커리어는 의지나 의도와 상관없이 발생하는 우연에 영향을 받는데 사람마다 그 우연을 기회로 활용하는 능력에 차이가 있다는 것이다. 인생에서 우리는 계획과 달리 우연한 사건들과 만나게 된다.

② 어떤 계기로 평소에 관심 있었던 것을 배워서 현재의 일을 유지한다든지 어떤 사람과의 우연한 만남을 계기로 새로운 분야의 일을 하게 되었다든지 우연히 알게 된 장소, 우연히 참석한 자리 등 무언가의 계기, 즉 <u>우연은 인생에 큰 영향을 미친다. 그러나 그 우연도 계획이 되어 있어야만 찾아온 기회를 잡을 수 있다. 그런 의미에서 '계획된 우연'이라고 한다.</u>

③ 우연을 기회로 만들어 나가는 데 필요한 5가지 기술

㉠ 새로운 것에 대한 <u>호기심</u>(Curiosity)

㉡ 실패를 해도 도전하는 지속하려는 <u>인내심</u>(Ersistence)

㉢ 상황이나 태도에 따른 <u>유연한 융통성</u>(Flexibility)

㉣ 기회는 반드시 온다는 <u>낙관성</u>(Optimism)

㉤ 결과가 불확실해도 행동하는 <u>위험감수</u>(Risk Taking)

3 시사점

(1) 사회학습 모형에서 상담자의 유의사항

① 개인은 해결할 수 있는 문제가 존재한다는 것을 인식하지 않을지도 모른다.

② 개인은 결정하거나 문제를 해결하는 데 필요한 노력을 기울이지 않을지도 모른다.

③ 개인은 부적절한 이유로 잠재적 만족을 주는 대안을 제거할지도 모른다.

④ 개인은 부적절한 이유로 부적절한 대안을 선택할지도 모른다.

⑤ 스스로 무능력하다는 생각으로 불안과 분노를 겪을지도 모른다.

(2) 사회학습 모형 접근에 의한 주요 발견점

① 진로결정은 학습된 기술이다.

② 진로선택을 했다고 주장하는 사람들 또한 도움이 필요하다.

③ 상담의 성공 여부는 진로결정 시 내담자의 기술에 의해 평가된다.

④ 내담자는 다양한 집단으로부터 나온다.

⑤ 내담자가 진입한 진로가 확실하지 않다고 해서 죄책감을 느낄 필요는 없다.

⑥ 어떠한 직업도 개인에게 가장 좋은 것이 될 순 없다.

1-7 새로운 진로발달이론

1 인지적 정보처리 접근

(1) 개요

① 인지적 정보처리(CIP ; The Cognitive Information Processing)이론은 패터슨(Peterson), 샘프슨(Sampson), 리어던(Reardon)이 개발한 것이다.

② 정보와 관련된 인간의 내적 처리과정을 컴퓨터의 처리과정에 비유하여 새로운 정보가 투입, 저장, 기억으로부터 인출되는 방식을 연구, 학습자 내부에서 학습이 발생하는 기제를 설명하는 이론이다.

③ 개인이 어떻게 진로결정을 하고 진로문제 해결과 의사결정을 할 때 어떻게 정보를 이용하는지의 측면에서 인지적 정보처리이론을 진로발달에 적용한 것이다.

(2) 인지적 정보처리의 주요 전제

인지적 정보처리의 10개의 가정들은 진로개입의 주요 책략들이 학습기회를 제공함으로써 개인의 처리능력을 발전시킬 수 있다는 데 있다. 이러한 방법에 따라 내담자는 미래의 문제들은 물론 현실의 문제들을 충족시킬 수 있는 진로문제 해결자로서의 잠재력을 개발할 수 있게 되는데, 그 주요한 전제는 다음과 같다.

① 진로선택은 인지적 및 정의적 과정들이 상호작용한 결과이다.

② 진로를 선택한다는 것은 하나의 문제해결 활동이다.

③ 진로문제 해결자의 잠재력은 지식은 물론이고 인지적 조작의 가용성에 의존한다.

④ 진로문제 해결은 고도의 기억력을 요하는 과제이다.

⑤ 진로문제를 보다 잘 해결하고자 하는 욕구는 곧 자신과 직업세계를 보다 잘 이해함으로써 직업선택에 만족을 얻고자 하는 것이다.

⑥ 진로발달은 자신과 직업에 대한 정보를 가지고 일련의 구조화된 기억구조를 형성함으로써 이루어진다.

⑦ 진로정체성은 자기를 얼마나 아느냐에 달려 있다.

⑧ 진로성숙은 진로문제를 해결할 수 있는 자신의 능력에 의존한다.

⑨ 진로상담의 최종 목표는 정보처리 기술들의 신장을 촉진시킴으로써 달성된다.

⑩ 진로상담의 궁극적 목표는 내담자로 하여금 진로문제를 잘 해결하고 의사결정을 할 수 있도록 하는 것이다.

(3) 인지적 정보처리 과정

진로문제의 해결은 일차적으로 인지적 과정이며, 다음의 일련의 절차(CASVE)를 통해 증진시킬 수 있는 것이다.

① 의사소통(Communication) : 질문들을 받아들여 부호화하며 송출하는 과정이다.
② 분석(Analysis) : 한 개념적 틀 안에서 문제를 찾고 분류하는 것이다.
③ 통합(Synthesis) : 일련의 행위를 형성시키는 과정이다.
④ 가치 부여(Valuing) : 성공과 실패의 확률에 관한 각각의 행위를 판단하고 다른 사람에게 미칠 여파를 판단하는 과정이다.
⑤ 집행(Execution) : 책략을 통해 계획을 실행시키는 과정이다.

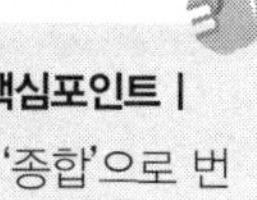

| 쌤의 핵심포인트 |
'통합'은 '종합'으로 번역되기도 한다.

2 헥케트와 베츠의 자기효능감 이론

(1) 특성

① 성별의 차이에 따라 각기 다른 성역할 사회화 과정의 결과로 진로 행동의 성차 발생에 대한 설명이 시도되고 있다.
② 여성은 남성보다 약한 자기효능감을 기대한다.

(2) 반두라의 견해

① 성차(性差)를 설명한 가장 유명한 이론은 반두라(Bandura)의 사회인지이론을 토대로 한 헥케트와 베츠(Hackett & Betz, 1981)의 자기효능감 이론이다.
② 반두라의 사회학습이론에서는 자기효능감이 심리적 기능에 영향을 미치는 개인의 사고와 심상(Image)을 포함한다는 점을 강조한다.
③ 자기효능감은 개인 노력의 강도를 결정하는데, 반두라에 따르면 높은 효능감을 지닌 사람들은 수행을 긍정적으로 이끌어가는 과정을 시각화하고 또 문제에 대한 좋은 해결방안을 인지적으로 제시한다고 한다.

(3) 헥케트와 베츠의 견해

① 과제를 수행할 수 없다(저수준의 효능)고 믿는 여성들은 진로이동뿐만 아니라 진로선택권에서도 제약을 받으며, 성취에 대한 보상을 남성과 동등하게 받지 못하는 작업환경에 있을 때 여성들은 자기효능감 개발에 방해를 받게 된다.
② 낮은 수준의 효능감을 갖고 있는 여성들은 진로결정을 포기하거나, 지연 · 회피하는 경향이 있다.

3 사회인지적 진로이론

(1) 의의 및 특징

① 사회인지적 진로이론(SCCT ; Social Cognitive Career Theory)은 반두라의 사회학습이론(사회인지이론)을 토대로 하며 렌트, 브라운, 헥케트(Lent, Brown & Hackett)에 의해 확장되었다.

② 개인의 사고와 인지는 기억과 신념, 선호, 자기지각에 영향을 미치며 이는 진로 발달과정의 일부로 볼 수 있다.
③ 개인의 특성과 환경적 요인 등을 진로결정과 만족도 등의 결과 변인들과 어떤 관계인지 파악하고자 하였다.
④ 자기효능감의 개념을 도입함으로써 진로와 관련된 자신의 평가에 대한 믿음의 인지적 측면을 강조한다.
⑤ 결과기대(성과기대)와 개인적 목표가 자기효능감과 상호작용하여 개인의 진로 방향을 결정한다.
⑥ 학습경험을 형성하고 진로행동에 단계적으로 영향을 주는 구체적인 매개변인을 찾는 데 목표를 두고 있다.
⑦ 성(Gender)과 문화적 이슈에 대해서도 민감하게 다루는 반면 상대적으로 흥미를 중요하게 다루지 않는다.

(2) 진로발달의 결정요인

사회인지이론(SCCT)에서 반두라의 진로발달결정에 영향을 주는 개인적 요인 3가지를 쓰고 설명하시오. 2차

① 자기효능감/자아효능감(Self-efficacy) : 목표한 과업을 완성시키기 위한 자신의 능력과 계획 및 수행에 대한 신념을 말한다.
② 결과기대/성과기대(Outcome Expectations) : **특정 과업을 수행했을** 때 자기 자신 및 주변에서 일어날 일에 대한 평가를 말하는 것으로서, 어떤 과업을 수행했을 때 자신 및 타인에게 일어날 일에 대한 믿음을 의미한다.
③ 개인적 목표(Personal Goals) : 특정 활동의 참여 또는 특정 결과를 성취하기 위한 개인의 의도를 말하는 것으로서, 개인은 특정한 목표를 세워 그에 필요한 행동을 실행하고 어떤 성취를 추구하게 된다.

(3) 자기효능감에 영향을 미치는 요인

자기효능감은 다음 4가지 종류의 학습경험을 거쳐서 발전하게 된다(Lent, Brown & Hackett).

| 쌤의 핵심포인트 |
자기효능감에 영향을 미치는 요인에 사회경제적 여건을 틀린 지문으로 출제하고 있다.

① 개인적 수행성취(성취경험)
② 간접경험(대리경험)
③ 사회적 설득
④ 생리적 상태와 반응

(4) 3축 호혜성 인과적 모형

다음 세 가지가 서로 영향을 주면서 상호작용을 한다고 본다.
즉, 개인과 환경은 행동에 영향을 주고, 행동 역시 개인과 환경에 영향을 준다는 것이다.

① P(Person) : 개인적, 신체적 속성(신체적 특성, 인지적 능력, 성격, 신념 등)
② E(Environment) : 외부 환경 요인(가족과 친구, 사회정책, 물리적 환경 등)
③ B(Behavior) : 외형적 행동(정서적 반응, 언어반응, 운동반응 등)

(5) 3가지 영역모형

사회인지이론(SCCT)의 3가지 영역모델을 쓰고 설명하시오. 2차

① 흥미모형
㉠ 자기효능감은 개인의 흥미발달에 직접적인 영향을 미친다.
㉡ 어떤 분야에 흥미를 느끼면, 그 활동을 수행하기 위해 지속적인 열의를 가지고 노력하게 된다.

② 선택모형
㉠ 학습경험이 개인적 혹은 환경적 배경에 의해 제한을 받는 것과 같이 흥미는 단순히 자기효능감으로 형성되는 것이 아니다.
㉡ 주변 상황이나 맥락은 흥미를 제한하기도 하지만 개인은 가능한 대안, 자신의 결과기대와 자기효능감은 어느 정도인지, 주변에서 얻을 수 있는 지지나 자원 또는 장애가 어떤지에 따라 진로를 선택한다.

③ 수행모형
㉠ 개인의 수행수준과 지속성을 설명하기 위해 개인의 능력, 자기효능감, 결과기대, 수행목표를 요인으로 제시한다.
㉡ 수행수준은 개인의 직업적 과제에 대한 성공 정도나 숙련도를 의미하며, 지속성은 특정과제를 선택하기 위해 행동을 유지해 나아가는 정도를 말한다.

4 가치중심적 진로접근 모형

(1) 의의 및 특징

브라운(Brown)이 개발한 가치중심적 진로접근법은 인간행동이 개인의 가치에 상당 부분 영향을 받고 있다는 가정에서 출발한다.
다른 이론과는 달리 가치기반 모형에서는 흥미가 의사결정과정에서 상대적으로 작은 역할을 담당하며, 가치가 목표를 세우고 방향을 잡는 데 더욱 중요한 역할을 한다고 가정한다.

(2) 기본 명제

① 개인이 우선권을 부여하는 가치들은 얼마 되지 않는다.
② 우선순위가 높은 가치들은 다음과 같은 조건들을 만족시킬 경우 생애역할 선택에서 가장 중요한 결정요인이 된다.
㉠ 생애역할 가치를 만족시키려면 한 가지의 선택권만 이용할 수 있어야 한다.

㉡ 생애역할 가치를 실행하기 위한 선택권은 명확하게 그려져야 한다.

㉢ 각 선택권을 실행에 옮기는 난이도는 동일하다.

| 쌤의 핵심포인트 |

생애역할에서의 성공은 학습된 기술과 인지적, 창의적, 신체적 적성에 의해 결정되는 것으로 외적 요인이 아니다.

③ 가치는 환경 속에서 가치를 담은 정보를 획득함으로써 학습된다.

④ 생애만족은 중요한 모든 가치들을 만족시키는 생애역할들에 의존한다.

⑤ 한 역할의 현저성은 역할 내에 있는 필수적인 가치들의 만족 정도와 직접 관련된다.

⑥ 생애역할에서의 성공은 여러 요인들의 조합으로 결정되며, 개인적 요인인 학습된 기술과 인지적 · 정의적 · 신체적 적성에 의해 결정된다.

5 맥락주의(Contextualism)

(1) 의의 및 특징

① 구성주의의 철학적 입장을 토대로 진로연구와 진로상담에 대한 맥락상의 행위 설명을 확립하기 위해 고안된다.

② 현재의 행위와 후속적인 경험으로부터 개인적인 의미를 구성하는지를 파악하고자 한다.

③ '진로환경'에 관심을 기울이면서 개인의 진로에 영향을 미치는 환경적 요소를 고려한다. 산업화, 세계화, 기술의 발전, 노동시장, 조직 내부의 리엔지니어링 등의 관심요소를 포함한다.

④ 진로발달의 맥락주의적 관점은 개인과 환경을 별개로 간주하는 것이 아닌 하나의 맥락(Context Web) 안에서 그들 간의 상호작용과 다각적인 관계에 연구하는 새로운 흐름이다.

⑤ 따라서 기존의 분화된 이론들과 달리 총체적인 동시에 거시적인 접근을 펼친다.

(2) 주요 개념

① 개인과 환경의 상호작용

㉠ 맥락적 그물 안에서 이들 간의 관계와 상호작용에 초점을 두어 개인과 환경을 분리할 수 없는 하나의 단위로 본다.

㉡ 발달은 개인과 환경이 서로 어떻게 영향을 미치는지에 따라 여러 개의 이질적인 경로로 진행된다.

② 행위

행위란 인지적, 사회적으로 방향 지어지는 것이며, 일상의 경험을 반영하는 것이다.

③ 행위체계

복잡한 행위들이 더 큰 사회적 의미를 포함하게 됨으로써 '직업(Vocation)'의 관념에 근접하게 된다.

㉠ 투사(Project) : 사람들 간의 행위에 대한 일종의 합의를 말하는 것

㉡ 진로(Career)

- 행위들 간의 연결을 통한 계획, 목표, 정서 및 인지의 결과로서 평가를 위한 도구로 활용되는 요소이다.
- 진로는 투사에 비해 더욱 많은 행위를 포함하며 장기적인 시간에 걸쳐 확장된다.

1-8 작업동기 및 직무만족 관련 이론

1 인간관계이론

(1) 메이요(Mayo)의 호손연구와 인간관계이론

① 메이요 등 하버드 대학의 경영학과 교수들이 미국의 웨스턴일렉트릭사의 호손 공장에서 수행한 일련의 실험을 통해 이론적 틀이 마련되었다.

② 사회적 · 심리적 요인에 크게 영향을 받는다고 주장한다. 작업장면의 사회적 환경과 조직성원의 사회적 · 심리적 욕구 및 조직 내 비공식집단을 중시한다.

③ 민주적 · 참여적 관리방식을 지향한다.

(2) 맥그리거(McGregor)의 X · Y 이론

① X 이론 : 인간은 일하기 싫어하고, 지시받기를 좋아하며, 지속적인 처벌이나 보상이 필요하다. 또한 통제가 있어야 작업의 동기부여가 된다고 가정하며 생리적 욕구와 안전에 대한 욕구 수준에 머문다.

② Y 이론 : 인간은 창의적이고 지지를 받고 싶어하므로 근로자를 의사결정에 참여시키고 규제와 통제는 최소화해야 한다는 관점이다. 일은 놀이나 휴식과도 같다고 생각하며, 스스로를 통제할 수 있고, 고차원의 욕구, 즉 자아실현의 욕구 수준에 이른다.

2 동기부여이론

(1) 매슬로(Maslow)의 욕구위계이론

① 욕구위계이론의 두 가지 기본 가정

㉠ 인간은 특정한 형태의 충족되지 못한 욕구들을 만족시키기 위하여 동기화되어 있는 동물이다.

㉡ 대부분의 사람들이 추구하는 욕구들은 사람에 따라 서로 다르기는 하지만, 이를 분류하면 몇 가지 공통된 범주로 구분할 수 있다.

② 인간욕구의 위계 5단계 : 인간욕구를 계층별로 구분

㉠ 결핍 욕구 : 제1~4단계

㉡ 성장 욕구 : 제5단계

매슬로의 욕구위계 5단계

단계		내용
5단계	자아실현의 욕구	자신의 잠재력을 인식하고 그것을 성취하고자 하는 욕구
4단계	자아존중	타인에게 인정받으려는 욕구
3단계	소속감과 사랑에 대한 욕구	가족, 친구, 사회집단에 소속되고 수용받고 싶은 욕구
2단계	안전욕구	주변의 위험으로부터 자신을 보호하고자 하는 욕구
1단계	생리욕구	배고픔, 갈증, 고통 회피, 피로 회복, 성적 욕구 등 가장 기본이 되는 욕구

③ 인간욕구의 특성

㉠ 매슬로의 기본가정

- 인간은 특수한 형태의 충족되지 못한 욕구들을 만족시키기 위하여 동기화되어 있다.
- 하위 욕구로부터 상위의 욕구로 발달한다.
- 하위에 있는 욕구일수록 강하고 우선순위가 높다.
- 상위로 올라갈수록 각 욕구의 만족비율이 낮아진다.

인본주의 심리학자인 매슬로가 말하는 자기실현한 사람 특성 중 자신에 대한 관점과 행동 특성을 기술하시오. 2차

㉡ 매슬로가 제시한 자아실현자(자기실현한 사람)의 주요 특징

- 현실을 왜곡하지 않고 객관적으로 지각한다.
- 사회적 관심과 함께 인간미를 가지고 있으며, 인간적인 관계를 깊이 한다.
- 자신이 하는 일에 몰두하고 만족스러워 한다.
- 즐거움과 아름다움을 느낄 수 있는 감상능력이 있다.
- 창의적이며, 감성이 풍부하다.
- 형식적 · 외면적으로 꾸미기보다는 있는 그대로 자연스럽게 표현하는 것을 더 좋아한다.
- 최대한 많은 것을 알고 경험하려 한다.
- 환경과 문화에 영향을 받지 않으며, 사회적인 압력에 굴하지 않는다.

| 쌤의 핵심포인트 |

자아실현자는 부정적인 감정표현을 억제하지 않은 채 자신의 감정을 자연스럽게 표현하는 경향이 있다.

(2) 알더퍼(Alderfer)의 ERG 이론

① 매슬로의 욕구위계이론과 유사한 직무동기이론으로서, '좌절 - 퇴행'의 욕구 전개를 주장한다.

② 다음의 세 가지 범주로 구분한다.

㉠ **존재욕구** : 생리적 욕구+안전(안정)에 대한 욕구

㉡ **(인간)관계욕구** : 애정과 소속에 대한 욕구+자기존중/존경의 욕구(일부)

㉢ **성장욕구** : 자기존중/존경의 욕구+자아실현의 욕구

③ 고차원 욕구가 좌절되었을 때 오히려 저차원 욕구의 중요성이 커진다고 주장하였다.

(3) 맥클리랜드(McClelland)의 성취동기이론

높은 성취욕구를 가진 사람은 일을 더 잘하려는 희망에 의해 다른 사람들과 구별된다. 개인적인 책임을 부여하는 상황을 선호하고, 신속하고 명확한 피드백을 받을 수 있는 상황을 원한다.

① 맥클리랜드의 3가지 욕구

맥클리랜드는 다음 3가지 욕구 중에서 특히 기업가 정신과 밀접한 관계가 있는 **성취동기에 대해 집중 연구했다.**

㉠ **성취욕구(Need for Achivevemant) : 높은 기준을 설정하고 이를 달성하고자 하는 욕구**

㉡ 권력욕구(Need for Power) : 다른 사람에게 영향을 미치고 통제하려는 욕구

㉢ 친화욕구(Need for Affiliation) : 대인관계에서 밀접하고 친밀한 관계를 맺고자 하는 욕구

| 쌤의 핵심포인트 |

맥클리랜드의 성취동기 이론에서 성취욕구는 매슬로의 욕구단계 이론 중 자아실현과 존중의 욕구 수준에 상응하는 내용이다.

② 성취동기가 높은 사람의 특징

㉠ 과업 지향적 : 보상이나 지위보다는 목표의 달성을 통한 성취에 더 가치를 둔다.

㉡ 미래 지향적 : 늘 계획을 수립하고 점검하며 목표를 향해 추진해 나가는 특징을 가진다.

㉢ 적당히 어려운 목표를 설정하여 성공의 기회를 가지기를 원한다.

㉣ 성과에 대하여 즉각적이고 구체적인 피드백을 원한다.

㉤ 일의 수행에 대하여 강한 책임감을 가지고 타인의 개입을 싫어한다.

(4) 허즈버그(Herzberg)의 2요인 이론(동기-위생이론)

① 동기요인 : 직무만족과 관련된 보다 직접적인 요인으로서 동기요인이 충족되지 않아도 불만족은 생기지 않으나, 이 요인을 좋게 하면 일에 대해 만족하게 되어 직무성과가 올라간다.

예 직무 그 자체, 직무상 성취, 직무 성취에 대한 인정, 승진, 책임, 성장 및 발달 등

| 쌤의 핵심포인트 |

직무만족과 관련된 직접적인 요인은 위생요인이 아닌 동기요인에 해당한다.

② **위생요인(환경)** : 일과 관련된 환경요인으로서 위생요인을 좋게 하는 것은 불만족을 감소시킬 수는 있으나, 만족감을 산출할 힘은 갖고 있지 못하다.

예 조직(회사)의 정책과 관리, 감독, 봉급, 개인 상호 간의 관계, 지위 및 안전, 근무환경 등

(5) 아담스(Adams)의 공정성(형평성) 이론

작업동기와 관련된 이론 중 집단의 영향을 강조하고 타인에 대한 지각을 중시하며, 행동이 활성화되고 유지되는 과정을 이해하는 데 초점을 둔 이론이다. 공정성을 유지하는 방향으로 동기부여가 되며, 업무에서 공평하게 취급받으려고 하는 욕망이 개인으로 하여금 동기를 가지게 한다.

분배 공정성의 3가지 법칙

구분	내용
형평분배 법칙	조직구성원이 어떠한 성과나 결과에 기여한 정도에 따라 보상을 받아야 한다는 것이다.
평등분배 법칙	능력과 같은 어떠한 특성에 의해 구별하지 않고 보상의 기회를 모든 조직구성원들에게 동일하게 주어야 한다는 것이다.
필요분배 법칙	조직구성원 개인의 필요에 의해 보상을 분배해야 한다는 것이다.

(6) 브룸(Vroom)의 기대이론

노력과 성과 그리고 그에 대한 보상적 결과에 대한 믿음으로 작업동기를 설명한다.

① 균형 : 직업선택 결정자의 직업에 대한 실제 만족과 달리 기대된 만족을 의미

② 기대 : 직업선택 결정자가 자신이 선택한 직업이 실현 가능하다고 믿는 정도를 의미

③ 힘 : 행위를 통제하는 가설적인 인지요인을 의미

| 쌤의 핵심포인트 |

로크는 "자신의 직무나 직무경험에 대한 평가로부터 비롯되는 유쾌하거나 정적인 감정상태"를 직무만족이라고 정의하였다.

(7) 로크와 래섬(Locke & Latham)의 목표설정이론

① 설정된 목표가 일반적일 때보다 **구체적으로 설정될 때** 근로자들의 직무수행이 보다 높아진다.

② 설정된 목표가 어려울수록 직무수행의 정도는 보다 높아짐. 즉, 목표에 대한 몰입이 목표의 난이도에 비례한다.

③ 피드백을 받게 될 때 더 높은 수준의 직무수행을 보여준다.

④ 목표설정 시 참여하게 되는 경우 결정사항에 대해 더욱 애착을 가지게 되며, 이는 어려운 목표에 대한 수용 가능성을 높인다.

(8) 데시(Deci)의 내재적 동기이론(인지평가이론)

① 사람들은 외적인 보상보다는 즐거움 때문에 일을 하는 경향이 있다.

② 금전적 보상이 오히려 직무동기를 낮추는 요인이 될 수 있다는 것이다.

CHAPTER 1
출제예상문제

1-1 특성-요인 이론 제개념

01 다음 중 특성-요인 이론에 관한 설명으로 가장 적합한 것은?

① 자신이 선택한 투자에 최대한의 보상을 받을 수 있는 직업을 선택한다.
② 개인적 흥미나 능력 등을 심리검사나 객관적 수단을 통해 밝혀낸다.
③ 사회 · 문화적 환경 또는 사회구조와 같은 요인이 직업선택에 영향을 준다.
④ 동기, 인성, 욕구와 같은 개인의 심리적 수단에 의해 직업을 선택한다.

해설

개인이 가진 모든 특성을 심리검사 등의 객관적인 수단에 의해 밝혀내고, 각각의 직업이 요구하는 요인들을 분석하여 개인의 특성에 적합한 직업을 선택하게 하는 것이다.

02 다음 중 특성-요인 이론에 관한 설명으로 틀린 것은?

① "직업과 사람을 연결시키기"라는 심리학적 관점을 대표한다.
② 직업선택 과정이 개인의 아동기부터 초기 성인기까지의 사회-문화적 환경에 따라 주관적으로 발달된다고 본다.
③ 특성-요인 직업상담에 있어서 상담자 역할은 교육자의 역할이다.
④ 미네소타대학의 직업심리학자들이 이 이론에 근거한 각종 심리검사를 제작하였다.

해설

특성-요인 이론의 특징
① 개개인은 신뢰할 만하고 타당하게 측정될 수 있는 고유한 특성의 집합이다.
② 모든 직업은 그 직업에서 성공을 하는 데 필요한 특성을 지닌 근로자를 요구한다.
③ 직업의 선택은 직선적인 과정이며 매칭이 가능하다.
④ 개인의 특성과 직업의 요구 간에 매칭이 잘 될수록 성공의 가능성은 커진다.

03 직업발달이론에서 파슨스가 제안한 특성-요인 이론의 핵심적인 가정은?

① 각 개인들은 객관적으로 측정될 수 있는 독특한 능력을 지니고 있으며, 이를 직업에서 요구하는 요인과 합리적인 추론을 통하여 매칭시키면 가장 좋은 선택이 된다.
② 분화와 통합의 과정을 거치면서 개인은 자아정체감을 형성해가며 이러한 자아정체감은 직업정체감의 형성에 중요한 기초요인이 된다.
③ 진로발달 과정은 유전요인과 특별한 능력, 환경조건과 사건, 학습경험, 과제접근기술 등의 네 가지 요인과 관계가 있다.
④ 초기의 경험이 개인이 선택한 직업에 대한 만족에 매우 중요한 요인이라고 강조하면서 개인의 성격유형과 직무환경의 성격을 여섯 가지 유형으로 구분하고 있다.

해설

②항 타이드만과 오하라의 직업발달이론
③항 크롬볼츠, 미첼의 진로선택의 사회학습이론
④항 로의 욕구이론

정답 01 ② 02 ② 03 ①

04 다음 중 특성-요인 직업발달이론에 대한 설명으로 틀린 것은?

① 모든 사람에게는 자신에게 맞는 하나의 직업이 존재한다는 가정에서 출발한 이론이다.
② 특성-요인 이론을 따르는 경우에는 진단 과정을 매우 중요시한다.
③ 개인의 직업선택은 전 생애 과정을 통해 이루어지는 것이다.
④ 심리검사이론과 개인차 심리학에 그 기초를 두고 있다.

해설

직업선택을 일회적인 행위로 간주하여 장기간에 걸친 인간의 직업적 발달을 도외시하고 있다.

05 직업선택에서 특성-요인 이론이 가정하고 있는 기본적인 전제가 아닌 것은?

① 인간 개개인은 신뢰할 만하고 타당하게 측정될 수 있는 고유한 특성의 집합체이다.
② 각 직업의 성공적인 수행을 위해서는 직업마다 요구되는 고유한 인간의 특성을 필요로 한다.
③ 직업과 관계하는 가치나 흥미, 능력은 인간 발달에 따라 변화하게 된다.
④ 개인이 지닌 특성과 직업이 요구하는 특성이 서로 잘 부합될수록 개인의 만족과 조직의 효율성이 증진된다.

해설

③은 발달이론에 관한 설명이다.

1-2 홀랜드의 성격(인성)이론

06 직업성격이론의 6가지 성격유형에 해당되는 것은?

① 진취적 유형　② 직관적 유형
③ 판단적 유형　④ 외향적 유형

해설

홀랜드 직업성격 유형
현실형(R), 탐구형(I), 예술형(A), 사회형(S), 진취형(E), 관습형(C)

07 다음 중 개인의 특성과 직업세계의 특징과의 최적의 조화(Person-environment Fit)를 가장 강조한 이론은?

① 슈퍼의 생애주기 이론
② 홀랜드의 이론
③ 베츠의 자기효능감 이론
④ 사회적 인지학습이론

해설

홀랜드 이론은 개인이 직업을 선택할 때에 자신의 성격을 만족시켜 줄 수 있는 직업 환경을 선택하게 된다는 것이며, 직업에의 만족, 안정성, 업적 등은 개인의 성격과 직업 환경 간의 일치성에 달려 있다고 본다.

08 Holland의 성격 유형에 관한 설명으로 틀린 것은?

① 현실적인 사람들은 대인관계에 뛰어나며 외부활동을 선호한다.
② 예술적인 사람들은 창의적이고 심미적이며 예술을 통해 자신을 표현한다.
③ 관습적인 사람들은 다소 보수적이며 사무적이고 조직적인 환경을 선호한다.
④ 탐구적인 사람들은 추상적이고 분석적이며 과제 지향적이다.

해설

실재적 유형의 사람들은 과거나 미래보다는 현재를 중요시하고 사람보다는 사물 지향적인 작업을 선호한다.

정답 04 ③ 05 ③ 06 ① 07 ② 08 ①

09 Holland 이론의 6각형 모형에서 서로 간의 거리가 가장 가깝고, 유사한 직업성격끼리 짝지은 것은?

① 사회적(S) – 진취적(E) – 예술적(A)
② 현실적(R) – 관습적(C) – 사회적(S)
③ 관습적(C) – 사회적(S) – 탐구적(I)
④ 탐구적(I) – 진취적(E) – 사회적(S)

해설

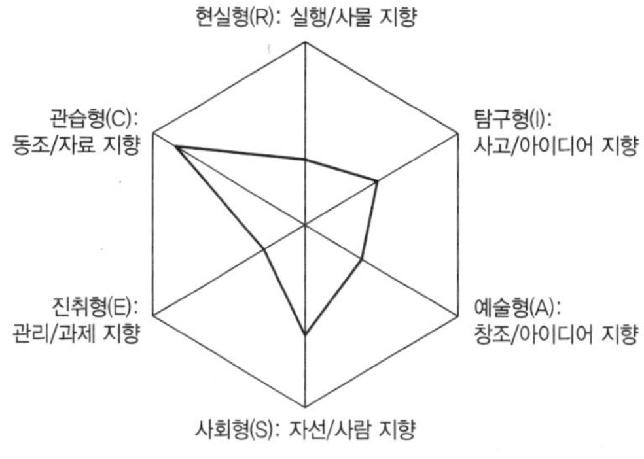

10 Holland가 제시한 직업 유형과 그 특징을 짝지은 것으로 틀린 것은?

① 현실적 유형 – 실용적, 실제적
② 탐구적 유형 – 추상적, 과학적
③ 관습적 유형 – 논리적, 체계적
④ 예술적 유형 – 후원적, 양육적

해설

후원적, 양육적 특징은 사회적 유형이다.

11 진로발달에 관한 Holland의 이론이 기초하고 있는 4가지 가정에 포함되지 않는 것은?

① 사람들의 성격은 6가지 유형 중의 하나로 분류될 수 있다.
② 직업환경은 6가지 유형의 하나로 분류될 수 있다.
③ 개인의 행동은 성격에 의해 결정된다.
④ 사람들은 자신의 능력을 발휘하고 태도와 가치를 표현할 수 있는 환경을 찾는다.

해설

개인의 행동은 성격과 환경의 상호작용에 의해서 결정된다.

12 다음이 설명하는 홀랜드가 제시한 직업흥미 유형은?

> • 현장에서 몸으로 부대끼는 활동을 좋아한다.
> • 사교적이지 못하며, 대인관계가 요구되는 상황에서 어려움을 느낀다.
> • 일반적으로 6가지 유형 중에서 사회경제적으로 가장 낮은 위치에 속하는 편이고, 사물지향적이다.

① 현실적 유형(Realistic)
② 사회적 유형(Social)
③ 탐구적 유형(Investigative)
④ 예술적 유형(Artistic)

해설

현실적 유형의 대표적인 직업으로 기술자, 정비사, 엔지니어, 운동선수 등이 있다.

13 다음 중 Holland의 모델에 근거한 검사가 아닌 것은?

① 자가흥미탐색검사(SDS)
② 스트롱 – 캠벨 흥미검사(SVIB – SC Ⅱ)
③ 경력의사결정검사(CDM)
④ 경력개발검사(CDI)

정답 09 ① 10 ④ 11 ③ 12 ① 13 ④

14 Holland의 모형에서 "어떤 쌍들은 다른 유형의 쌍들보다 공통점을 더 많이 가지고 있다"는 것을 나타내는 것은?

① 정체성 ② 일관성
③ 차별성 ④ 일치성

해설

① 정체성 : 개인적 측면의 정체성이란 개인의 목표, 흥미, 재능에 대한 명확하고 견고한 청사진을 말한다(개인의 흥미가 직업목표와 반대인 경우보다 동일한 경우가 더 정체성이 있다).
② 일관성 : 육각형의 근처에 인접한 유형. "어떤 쌍들은 다른 유형의 쌍들보다 공통점을 더 많이 가지고 있다"
예 RIC의 사람이 RES의 사람보다 더 일관성이 있다고 본다.
③ 차별성(변별성) : 찌그러진 유형이 더 차별성 있다. 모든 유형에 똑같은 유사성을 나타내는 사람은 특징이 없거나 잘 규정되지 않았다고 생각할 수 있다(차별성이 없다).
④ 일치성 : 개인의 흥미 유형과 개인이 몸담고 있거나 소속되고자 하는 환경의 유형이 서로 부합하는 정도(개인선호가 현재 일하고 있는 환경과 일치하는 정도)

1-3 롭퀴스트와 데이비스의 직업적응이론

15 Lofquist & Dawis의 직업적응이론에서 직업적응방식에 관한 설명으로 틀린 것은?

① 융통성 – 개인이 작업환경과 작업성격 간의 부조화를 참아내는 정도
② 끈기 – 환경이 자신에게 맞지 않아도 개인이 얼마나 오랫동안 견뎌낼 수 있는지의 정도
③ 적극성 – 개인이 작업환경을 개인적 방식과 좀 더 조화롭게 만들어가려고 노력하는 정도
④ 반응성 – 개인이 작업성격의 변화로 인해 작업환경에 반응하는 정도

해설

융통성
개인이 작업환경과 개인적 환경 간의 부조화를 참아내는 정도로서 작업과 개인의 부조화가 크더라도 잘 참아낼 수 있는 사람은 융통적인 사람을 의미한다.

16 Lofquist와 Dawis의 직업적응이론에서 직업성격적 측면의 성격양식 차원에 대한 설명으로 틀린 것은?

① 민첩성 – 정확성보다는 속도를 중시한다.
② 역량 – 근로자의 평균활동수준을 의미한다.
③ 리듬 – 활동에 대한 단일성을 의미한다.
④ 지구력 – 다양한 활동수준의 기간을 의미한다.

해설

리듬은 활동에 대한 다양성을 의미한다.

17 다음 중 미네소타 직업분류체계 Ⅲ와 관련되어 발전된 이론은?

① Ginzberg의 발달이론
② Super의 평생발달이론
③ Lofquist와 Dawis의 직업적응이론
④ Roe의 욕구이론

해설

롭퀴스트와 데이비스의 직업적응이론은 미네소타 대학의 직업적응계획의 일환으로 연구되었으며, 심리학적 직업분류체계인 'Minnesota Occupational Classification System Ⅲ'와 관련되어 발전된 이론이다.
개인과 환경 사이의 일치라는 개념에 기초를 두고 있으므로 개인과 환경 사이의 조화로운 적합성, 개인과 환경의 상호보완적인 관계성이라 할 수 있으며 일치라는 개념은 개인과 환경이 공동으로 반응하는 것이다.

정답 14 ② 15 ① 16 ③ 17 ③

18 개인의 욕구와 능력을 환경의 요구사항과 관련시켜 진로행동을 설명하는 이론으로, 개인과 환경 간의 상호작용을 통한 욕구충족을 강조하는 이론은?

① 욕구이론
② 특성요인이론
③ 사회학습이론
④ 직업적응이론

19 직업적응이론과 관련하여 개발된 검사도구가 아닌 것은?

① MIQ(Minnesota Importance Questionnaire)
② JDQ(Job Description Questionnaire)
③ MSQ(Minnesota Satisfaction Questionnaire)
④ CMI(Career Maturity Inventory)

해설

CMI(Career Maturity Inventory)는 크리츠가 개발한 진로성숙도 검사이다.

1-4 로의 욕구이론

20 Roe의 욕구이론에 관한 설명으로 옳은 것은?

① 심리적 에너지가 흥미를 결정하는 중요한 요소라고 본다.
② 청소년기 부모-자녀 간의 관계에서 생긴 욕구가 직업선택에 영향을 미친다는 이론이다.
③ 부모의 사랑을 제대로 받지 못하고 거부적인 분위기에서 성장한 사람은 다른 사람들과 함께 일하고 접촉하는 서비스 직종의 직업을 선호한다.
④ Roe는 직업군을 10가지로 분류했다.

해설

②항 아동기의 부모-자녀 간의 관계에서 생긴 욕구가 직업선택에 영향을 미친다고 보았다.
③항 부모의 아동에 대한 회피는 공격적이며 방어적인 성격으로 나타나 사람과의 접촉이 적은 직업을 선택하게 된다.
④항 로는 흥미에 기초하여 직업군을 8가지로 분류하였다.

21 진로발달이론 중 개인의 진로발달과정에 사회나 환경의 영향을 상대적으로 많이 고려하고 있는 이론은?

① Parsons의 특성요인이론(Trait-factor Theory)
② 의사결정이론(Decision Making Theory)
③ Roe의 욕구이론(Need Theory)
④ Super의 발달이론(Developmental Theory)

해설

Roe의 욕구이론
① 개인의 직업선호는 부모의 양육환경 특성에 의해 좌우된다.
② 심리적 에너지가 흥미를 결정하는 중요한 요소라고 본다.
③ 매슬로(Maslow)의 욕구의 위계(Hierarchy of Needs)이론을 머리에 두어야 한다며, 유아기의 경험과 직업선택에 관계되는 5가지의 가설을 수립하였다.

22 Roe의 직업분류체계에 관한 설명으로 틀린 것은?

① 일의 세계를 8가지 장(Field)과 6가지 수준(Level)으로 구성된 2차원의 체계로 조직화했다.
② 원주상의 순서대로 8가지 장(Field)은 서비스, 사업상 접촉, 조직, 기술, 옥외, 과학, 예술과 연예, 일반문화이다.
③ 서비스 장(Field)들은 사람지향적이며 교육, 사회봉사, 임상심리 및 의술이 포함된다.
④ 6가지 수준(Level)은 근로자의 직업과 관련된 정교화 책임, 보수, 훈련의 정도를 묘사하며 수준 1이 가장 낮고, 수준 6이 가장 높다.

정답 18 ④ 19 ④ 20 ① 21 ③ 22 ④

해설

수준 1이 가장 높고, 수준 6이 가장 낮다.

23 로(Roe)의 욕구이론에 대한 설명으로 틀린 것은?

① 부모에 대한 애착이 개인의 진로성숙과 유의미한 상관이 있다.
② 비인간지향적 직업군에는 기술직, 과학직, 옥외 활동직이 해당된다.
③ Roe의 이론은 진로발달이론이라기보다는 진로선택이론에 해당된다.
④ 부모의 양육방식에 따라 자녀는 사람지향적이거나 사람회피적인 직업을 갖게 된다.

해설

'부모에 대한 애착'이 아니라 유아기 · 아동기의 부모자녀 관계 경험이 직업적 욕구에 영향을 미친다고 본다.

24 다음은 Roe가 제안한 8가지 직업 군집 중 어디에 해당하는가?

- 상품과 재화의 생산, 유지, 운송과 관련된 직업을 포함하는 군집이다.
- 운송과 정보통신에 관련된 직업뿐만 아니라 공학, 기능, 기계무역에 관계된 직업들도 이 영역에 속한다.
- 대인관계는 상대적으로 덜 중요하며 사물을 다루는 데 관심을 둔다.

① 기술직(Technology)
② 서비스직(Service)
③ 비즈니스직(Business Coontact)
④ 옥외활동직(Outdoor)

해설

로(Roe)의 직업분류체계 8가지 군집 중 기술직(Technology)에 해당하는 내용이다.

1-5 발달적 이론

25 다음 중 긴즈버그의 진로발달단계를 바르게 나열한 것은?

① 놀이지향기 → 탐색기 → 흥미기
② 환상기 → 잠정기 → 현실기
③ 탐색기 → 구체화기 → 특수효과
④ 흥미기 → 전환기 → 가치기

26 Ginzberg의 진로발달단계 중 현실기에 관한 설명으로 옳은 것은?

① 놀이 중심의 단계이다.
② 일이 요구하는 조건에 대하여 점차로 인식하는 단계이다.
③ 능력과 흥미의 통합단계이다.
④ 현실에 적응하고 직업적 안정을 이루는 단계이다.

해설

기간	연령	특징
환상기 (Fantasy Period)	유년기 (11세 이전)	초기는 놀이중심단계이며, 이 단계의 마지막에서는 놀이가 일 중심으로 변화되기 시작한다. ※ 현실, 여건, 능력, 가능성을 고려하지 않고 놀이를 통해 표출, 직업세계에 대한 최초의 가치 판단을 반영
잠정기 (Tentative Period)	초기 청소년기 (11~17세)	일이 요구하는 조건에 대하여 점차적으로 인식하는 단계, 흥미, 능력, 일의 보상, 가치, 시간적 측면에 대한 인식이 이루어진다. • 흥미단계 : 좋아하는 것과 그렇지 않은 것에 따라 직업을 선택하려고 한다. • 능력단계 : 자신이 흥미를 느끼는 분야에서 성공을 거둘 수 있는지를 시험해 보기 시작한다.

정답 23 ① 24 ① 25 ② 26 ③

기간	연령	특징
잠정기 (Tentative Period)	초기 청소년기 (11~17세)	• 가치단계 : 직업을 선택할 때 고려해야 하는 다양한 요인들을 인정하고 특수한 직업선호와 관련된 모든 요인들을 알아보고, 그러한 직업선호를 자신의 가치관 및 생애목표에 비추어 평가한다. • 전환단계 : 직업선택에 대한 주관적 요소에서 현실적 외부요인으로 관심이 전환되며, 직업에 대한 결정과 진로선택에 수반되는 책임의식을 깨닫게 된다.
현실기 (Realistic Period)	청소년 중기 (17세~청장년기)	능력과 흥미의 통합단계, 가치의 발달, 직업적 선택의 구체화, 직업적 패턴의 명료화 등이 가능해진다. • 탐색단계 : 진로선택을 위해 필요하다고 판단되는 교육이나 경험을 쌓으려고 노력한다. • 구체화 단계 : 자신의 직업목표를 정하고 직업선택과 관련된 내·외적 요소들을 종합하여 특정직업 분야에 몰두하게 된다. • 특수화 단계 : 자신의 결정을 더욱 구체화하고, 보다 세밀한 계획을 세우며 고도로 세분화된 의사결정을 한다. 특정의 진로에 맞는 직업훈련을 받는 단계이다.

27 긴즈버그(Ginzberg)의 진로발달이론에 관한 설명으로 틀린 것은?

① 직업선택 과정은 바람(Wishes)과 가능성(Possibility) 간의 타협이다.
② 직업선택은 일련의 결정들이 계속적으로 이루어지는 과정이다.
③ 나중에 이루어지는 결정은 이전 결정의 영향을 받지 않는다.
④ 직업선택은 가치관, 정서적 요인, 교육의 양과 종류, 환경 영향 등의 상호작용으로 결정된다.

해설

긴즈버그 이론의 특성
긴즈버그는 직업의 선택은 발달적 과정이라고 보고 그 과정을 환상기, 잠정기, 현실기(현실기는 다시 탐색단계, 구체화 단계, 특수화 단계로 세분) 3단계로 구분하였다.
직업선택은 일생 동안에 계속적으로 이루어지는 의사결정과정으로 보았고, 진로선택과정에서 초기 선택이 매우 중요하고 일생 동안 병존한다고 보았으며, 직업선택과정이 아동기부터 초기 성인기까지의 사회·문화적 환경에 따라 주관적으로 평가 발달된다고 보았다.

28 긴즈버그가 제시한 진로발달단계의 현실기에서 특정직업분야에 몰두하게 되는 세분단계는?

① 능력단계 ② 탐색단계
③ 특수화 단계 ④ 구체화 단계

29 다음 사례에서 A군은 긴즈버그의 발달이론의 단계 중 어디에 해당하는가?

> A군은 직업을 선택할 때 고려해야 하는 다양한 요인들을 인정하고 있으며 특수한 직업선호와 관련된 모든 요인들을 알아보고, 그러한 직업선호를 자신의 가치관 및 생애목표에 비추어 평가하고 있다.

① 가치단계 ② 전환단계
③ 구체화 단계 ④ 특수화 단계

해설

긴즈버그의 직업선택 발달과정은 환상기, 잠정기, 현실기 3단계로 나뉘는데, 잠정기는 다시 흥미단계, 능력단계, 가치단계, 전환단계로 구분하고 또 현실기는 탐색단계, 구체화 단계, 특수화 단계로 세분된다.

정답 27 ③ 28 ④ 29 ①

30 직업발달이론에 관한 설명으로 틀린 것은?

① 특성－요인 이론은 Parsons의 직업지도 모델에 기초하여 형성되었다.
② Super의 생애발달단계는 환상적－잠정기－현실기로 구분한다.
③ 일을 승화의 개념으로 설명하는 이론은 정신분석이론이다.
④ Holland의 직업적 성격유형론에서 중요시하는 개념은 일관도, 일치도, 분화도 등이다.

해설

슈퍼의 직업발달 5단계
성장기－탐색기－확립기－유지기－쇠퇴기

31 다음과 같은 특징을 가지는 슈퍼의 진로발달단계는?

> • 잠정기 : 욕구, 흥미, 능력, 가치가 잠정적인 진로의 기초가 된다.
> • 전환기 : 현실이 점차 직업의식과 직업활동의 기초가 된다.
> • 시행기 : 자신이 적합하다고 본 직업을 최초로 가지게 된다.

① 성장기　② 탐색기
③ 확립기　④ 유지기

해설

탐색기
개인이 학교생활, 여가활동, 시간제 일 등과 같은 활동을 통해서 자아를 검증하고 역할을 수행하며 직업탐색을 시도하는 단계로서 잠정기, 전환기, 시행기가 있다.

32 슈퍼(Super)의 직업발달이론의 기본가정이 아닌 것은?

① 개인은 능력, 흥미, 성격에 있어서 각기 차이점을 가지고 있다.
② 개인은 각각에 적합한 직업적 능력을 가지고 있다.
③ 직업발달은 주로 대인관계를 발달시키고 실천해 나가는 과정이다.
④ 각 직업군에는 그 직업에 요구되는 능력, 흥미, 성격 특성이 있다.

해설

직업발달이론에서 직업발달은 자아개념을 발달시킨다.

33 슈퍼의 평생발달이론에서 아치문 모델의 왼쪽 기둥을 이루고 있는 것은?

① 생리학적－지리학적인 기초 측면
② 경제자원, 사회제도, 노동시장 등으로 이루어진 사회 정책 측면
③ 욕구나 지능, 가치, 흥미 등으로 이루어진 개인의 성격적 측면
④ 발달단계와 역할에 대한 자아개념으로 이루어진 상호작용적 측면

해설

① 왼쪽 기둥(개인의 심리적 특징) : 개인의 욕구, 지능, 가치, 태도, 관심
② 오른쪽 기둥(사회구조) : 경제자원, 경제구조, 사회제도
③ 사회는 개인에게 영향을 주고, 개인은 사회단위로 성장하고 기능하면서 사회에서 자신의 교육적, 가족적, 직업적, 시민적, 여가적 생애를 추구

정답　30 ②　31 ②　32 ③　33 ③

34 다음 중 생애직업발달에 대한 설명으로 틀린 것은?

① 개인의 역할, 상황, 사건 간의 상호작용에 대한 개념이다.
② 개인의 생활양식에 따라 다양하게 표현된다.
③ 단일 시점의 특정한 사건을 해결하는 방안에 대한 개념이다.
④ 자아발달을 강조하는 개념이다.

해설

전 생애에 걸친 사건을 해결하는 방안에 대한 개념이다.

35 슈퍼(Super)의 진로발달단계에서 자신에게 적합한 분야를 발견해서 종사하고 생활의 터전을 잡으려고 노력하는 시기는?

① 확립기 ② 유지기
③ 탐색기 ④ 쇠퇴기

해설

슈퍼의 진로발달단계
① 성장기(출생~14세) : 아동은 가정과 학교에서 중요한 타인에 대한 동일시를 통하여 자아개념을 발달시킨다.
② 탐색기(15~24세) : 개인이 학교생활, 여가활동, 시간제 일 등과 같은 활동을 통해서 자아를 검증하고 역할을 수행하며 직업탐색을 시도하는 단계이다.
③ 확립기(25~44세) : 개인이 자신에게 적합한 분야를 발견해서 종사하고 생활의 터전을 잡으려고 노력하는 시기이다.
④ 유지기(45~64세) : 개인이 비교적 안정된 생활 속에서 만족스런 삶을 살아가는 시기이다.
⑤ 쇠퇴기(65세 이후) : 개인이 정신적 · 육체적으로 그 기능이 쇠퇴함에 따라 직업전선에서 은퇴하게 되는 시기로, 다른 새로운 역할과 활동을 찾게 된다.

36 슈퍼(Super)의 직업발달 5단계를 바르게 나열한 것은?

① 성장기 → 유지기 → 탐색기 → 확립기 → 쇠퇴기
② 성장기 → 탐색기 → 확립기 → 유지기 → 쇠퇴기
③ 성장기 → 탐색기 → 유지기 → 확립기 → 쇠퇴기
④ 성장기 → 확립기 → 유지기 → 탐색기 → 쇠퇴기

37 다음 진로발달 이론가들 중에서 발달 단계별 특징 및 과제에 대하여 강조한 사람은?

① 파슨스(Parsons)
② 홀랜드(Holland)
③ 크롬볼츠(Krumboltz)
④ 슈퍼(Super)

해설

발달 단계별 특징 및 과제에 대하여 강조한 사람은 슈퍼이다.

38 다음은 어떤 이론에 관한 설명인가?

- 크게는 진로발달이론의 범주에 속한다.
- 자아개념을 진로선택의 중요한 요인으로 본다.
- 한계와 절충이라는 개념을 중시한다.
- 사람이 어떻게 특정 직업에 매력을 느끼게 되는가를 기술한다.

① 사회학습이론
② 직업포부발달이론
③ 가치중심적 진로이론
④ 사회인지적 진로이론

정답 34 ③ 35 ① 36 ② 37 ④ 38 ②

해설

고트프레드슨의 직업적 포부발달이론
① 자아개념이 진로발달(선택)의 핵심요인이다.
② 자아개념의 발달을 힘과 크기의 지향성, 성역할 지향성, 사회적 가치 지향성, 내적 고유한 자아 지향성 네 가지 단계로 구분하고 있다.

39 Gottfredson이 제시한 직업포부의 발달단계가 아닌 것은?

① 성역할 지향성
② 힘과 크기 지향성
③ 사회적 가치 지향성
④ 직업 지향성

해설

① 힘과 크기의 지향성(3~5세) : 사고과정이 구체화되며 어른이 된다는 것의 의미를 알게 된다.
② 성역할 지향성(6~8세) : 자아개념이 성의 발달에 의해서 영향을 받게 된다.
③ 사회적 가치 지향성(9~13세) : 사회계층에 대한 개념이 생기면서 상황 속에서 자아를 인식하게 되고, 일의 수준에 대한 이해를 확장시킨다.
④ 내적 고유한 자아 지향성(14세 이후) : 내성적인 사고를 통하여 자아인식이 발달되며 타인에 대한 개념이 생겨난다. 또한 자아성찰과 사회계층의 맥락에서 직업적 포부가 더욱 발달하게 된다.

40 고트프레드슨이 제시한 직업포부의 발달단계에 대한 설명으로 틀린 것은?

① 힘과 크기 지향성－사고과정이 구체화되며 어른이 된다는 것의 의미를 알게 된다.
② 성역할 지향성－자아개념이 성의 발달에 의해서 영향을 받게 된다.
③ 사회적 가치 지향성－사회계층에 대한 개념이 생기면서 타인에 대한 개념이 생겨난다.
④ 내적 고유한 자아 지향성－자아성찰과 사회계층의 맥락에서 직업적 포부가 더욱 발달하게 된다.

해설

사회적 가치 지향성(9~13세)
사회계층에 대한 개념이 생기면서 상황 속에서 자아를 인식하게 되고, 일의 수준에 대한 이해를 확장시킨다.

41 Gottfredson은 9~13세 시기에 개인에게서 어떤 직업적 포부가 발달한다고 보았는가?

① 힘과 크기 지향
② 성역할 지향
③ 사회적 가치 지향
④ 고유한 자기 지향

42 에릭슨의 심리사회적 발달이론에서 청년기에 해당하는 것은?

① 근면감 대 열등감－능력
② 자아정체감 대 역할 혼란－충성심
③ 친밀감 대 고립감－사랑
④ 생산성 대 정체성－배려

해설

① 유아기(0~18개월) : 기본적 신뢰감 대 불신감
② 초기 아동기(18개월~3세) : 자율성 대 수치심·회의
③ 학령전기/유희기(3~5세) : 주도성 대 죄의식
④ 청소년기(12~20세) : 자아정체감 대 정체감(역할) 혼란
⑤ 성인 초기(20~24세) : 친밀감 대 고립감
⑥ 성인기(24~65세) : 생산성(생성감) 대 침체감
⑦ 노년기(65세 이후) : 자아통합 대 절망

정답 39 ④ 40 ③ 41 ③ 42 ②

43 자기정체감을 지속적으로 구별해 내고 발달과제를 처리하는 과정으로 진로발달단계를 설명하며, 이를 시간의 틀 내에서 개념화한 학자는?

① Super ② Holland
③ Tideman ④ Gottfredson

해설

타이드만과 오하라(Tiedeman & O'Hara)는 자아의 분화와 통합을 중심으로 직업적 자아정체감을 형성하는 과정을 통해 직업적 의사결정이 촉진된다고 보았다. 또한 의사결정단계는 예상기(탐색기, 구체화기, 선택기, 명료화기)와 실행기(순응기, 개혁기, 통합기)의 단계를 거치게 되는데 이러한 단계는 선택의 어느 한 시기에 한 번만 거치는 것이 아니라 진로를 선택할 때마다 각 단계를 연속적으로 거치게 된다고 하였다.

44 직업발달을 탐색 – 구체화 – 선택 – 명료화 – 순응 – 개혁 – 통합의 직업정체감 형성 과정으로 설명한 학자는?

① Super
② Crites
③ Tiedeman & O'Hara
④ Gottfredson

45 다음 ( ) 안에 알맞은 것은?

> Levinson의 발달이론에서 성인은 연령에 따라 ( )의 계속적인 과정을 거쳐 발달하게 되며, 이러한 과정단계는 남녀나 문화에 상관없이 적용 가능하다.

① 안정과 변화 ② 주요 사건
③ 과제와 도전 ④ 위기

46 진로발달을 직업정체감의 형성과정으로 본 학자는?

① Ginzberg ② Persons
③ Tiedeman ④ Strong

1-6 크롬볼츠의 사회학습이론

47 Mitchell과 Krumboltz가 제시한 진로선택의 사회학습이론에서 개인의 진로발달 과정과 관련이 없는 것은?

① 유전요인과 특별한 능력
② 환경조건과 사건
③ 과제접근기술
④ 인간관계

해설

진로결정에 영향을 주는 요인으로는 유전적 요인과 특별한 능력, 환경적 조건과 사건, 학습경험, 과제접근기술이 있다.

48 다음은 진로선택의 사회학습이론에서 진로발달 과정에 영향을 미치는 어떤 요인과 밀접한 관계를 가지는가?

> 고등학교 3학년의 A양은 가끔 수업노트를 가지고 공부하는데, 비록 고등학교에서는 그녀가 좋은 성적을 받더라도, 대학에서는 이런 방법이 실패하게 되어 그녀의 노트기록 습관과 학습습관을 수정하게 할지도 모른다.

① 유전적 요인과 특별한 능력
② 환경조건과 사건
③ 학습경험
④ 과제접근기술

정답 43 ③ 44 ③ 45 ① 46 ③ 47 ④ 48 ④

49 다음의 내용을 주장한 학자는?

> 특정한 직업을 갖게 되는 것은 단순한 선호나 선택의 기능이 아니고 개인이 통제할 수 없는 복잡한 환경적 요인의 결과이다.

① Krumboltz ② Dawis
③ Gelatt ④ Peterson

50 Krumboltz의 사회학습이론에 관한 설명으로 틀린 것은?

① 진로결정에 영향을 미치는 요인으로 유전적 요인, 환경적 조건, 학습경험, 과제접근기술 등 4가지를 제시하고 있다.
② 강화이론, 고전적 행동주의이론, 인지적 정보처리 이론에 기원을 두고 있다.
③ 진로결정 요인들이 상호작용하여 자기관찰 일반화와 세계관 일반화를 형성한다.
④ 학과 전환 등 진로의사결정과 관련된 개인의 행동에 대해서는 관심을 두지 않고 있다.

해설

진로결정에 영향을 미치는 요인으로 유전적 요인, 환경적 조건, 학습경험, 과제접근기술 등 4가지를 제시하고 있다. 이 중에서 유전적 요인과 환경적 조건을 환경적 요인이라 하였고 이것은 개인의 통제영역 밖에 있는 것으로 상담을 통해 변화시키기는 어렵다.
학습경험과 과제접근기술은 심리적 요인이라 하였으며 이 심리적 요인은 개인의 생각과 감정과 행동을 결정하게 된다고 보았다. 상담자는 내담자가 이러한 요인들의 영향을 이해하고 변화시키도록 도와주어야 한다.

51 Krumboltz의 사회학습이론에서 개인의 진로에 영향을 미치는 요인이 아닌 것은?

① 유전적 요인 : 물려받거나 생득적인 개인의 특성들
② 부모 특성 : 부모의 성격, 자녀에 대한 기대 및 양육방식을 포함한 부모의 특성들
③ 환경조건과 사건 : 보통 개인의 통제를 벗어나는 사회적 · 문화적 · 정치적 · 경제적 사항들
④ 과제접근기술 : 목표설정, 가치 명료화, 대안 형성, 직업적 정보 획득 등을 포함하는 기술

1-7 새로운 진로발달이론

52 다음 중 인지적 정보처리의 주요 전제에 해당하지 않는 것은?

① 진로선택은 인지적 및 정의적 과정들의 상호작용의 결과이다.
② 진로를 선택한다는 것은 하나의 문제해결 활동이다.
③ 진로성숙은 진로문제를 해결할 수 있는 자신의 능력에 의존하지 않는다.
④ 진로문제 해결은 고도의 기억력을 요하는 과제이다.

해설

진로성숙은 진로문제를 해결할 수 있는 자신의 능력에 의존한다.

정답 49 ① 50 ④ 51 ② 52 ③

53 다음은 진로발달에 관한 어떤 이론의 주장인가?

> 진로선택은 하나의 문제해결 활동이며, 진로발달은 지식구조의 끊임없는 성장과 변화를 포함한다.
> 진로상담의 최종목표는 진로문제의 해결자이고 의사결정자인 내담자의 잠재력을 증진시키는 것이다.

① 사회인지적 진로이론
② 인지적 정보처리적 진로이론
③ 가치중심적 진로이론
④ 자기효능감 중심의 진로이론

54 다음의 진로발달 이론 중 인지적 정보처리관점을 의미하는 것은?

① 개인에게 학습기회를 제공함으로써 개인의 처리능력을 발전시킨다.
② 개인의 삶은 외부 환경 요인, 개인과 신체적 속성 및 외형적 행동이 3변수 간의 상호작용이다.
③ 인간의 기능은 개인의 가치에 의해 상당 부분 영향을 받는다.
④ 인간은 특성과 환경, 성격 등의 요인에 의하여 진로를 발전시킨다.

55 어떤 과제를 수행하는 데 있어서 자신의 능력에 대한 믿음이 과제 시도의 여부와 과제를 어떻게 수행하는지를 결정한다는 Bandura의 이론은?

① 자기통제 이론
② 자기판단 이론
③ 자기개념 이론
④ 자기효능감 이론

56 인지적 정보처리 이론에서 제시하는 진로문제 해결의 절차를 바르게 나열한 것은?

A. 분석단계	B. 통합단계
C. 집행단계	D. 가치부여단계
E. 의사소통단계	

① A → B → C → D → E
② B → D → A → C → E
③ C → A → B → E → D
④ E → A → B → D → C

해설

CASVE의 인지적 과정
• C : Communication. 의사소통 – 욕구를 밝혀 냄
• A : Analysis. 분석 – 문제요소들을 상호작용시킴
• S : Synthesis. 종합 – 대안들을 만들어 냄
• V : Valuing. 가치 판단 – 대안들에 대한 우선 순위 매김
• E : Execution. 집행 – 계획 수행

57 자기효능감에 영향을 미치는 요인과 가장 거리가 먼 것은?

① 대리경험
② 설득
③ 성취경험
④ 사회경제적 여건

해설

자기효능감에 영향을 미치는 요인
① 성공경험(성취경험)
② 대리경험(다른 사람의 성취에서 얻는 경험)
③ 언어적인 설득(주변 사람들에게 듣는)
④ 생리적이고 정서적인 상태(자신의 능력과 기능에 대한 판단과 관련)

정답 53 ② 54 ① 55 ④ 56 ④ 57 ④

58 반두라(Bandura)의 사회인지적 진로발달이론에 대한 설명으로 틀린 것은?

① 직업행동을 이해하는 데 흥미를 중요하게 다룬다.
② 개인, 환경, 외형적 행동 간에 상호작용을 강조한다.
③ 성과기대나 개인목표와 같은 인지적 과정을 주로 다룬다.
④ 자기효능감을 진로발달의 중요한 개인적 결정요인으로 가정한다.

해설

①은 홀랜드의 흥미유형이론이다.

59 Bandura가 제시한 사회인지이론의 3축 호혜성 인과적 모형에 속하지 않는 변인은?

① 외형적 행동 ② 자기효능감
③ 외부 환경 요인 ④ 개인과 신체적 속성

해설

개인과 환경 간에 상호작용하는 인과적 영향을 분류하고 개념화하기 위한 이론이다. 3개의 변인인(개인과 신체적 속성, 외부 환경 요인, 외형적 행동)이 있다. 즉, 개인－행동－상황의 상호작용이다.

60 사회인지진로이론(SCCT ; Social Cognitive Career Theory)에 대한 설명으로 옳지 않은 것은?

① Bandura의 사회학습이론에 토대를 두며 환경, 개인적 요인, 행동 사이의 상호작용을 중시한다.
② 개인의 진로선택과 수행에 영향을 미치는 성(Gender)과 문화적 이슈 등에 민감하다.
③ 개인의 사고와 인지는 기억과 신념, 선호, 자기지각에 영향을 미치며, 이는 진로발달 과정의 일부이다.
④ 진로발달의 기본이 되는 핵심개념으로 자아효능감과 수행결과, 개인적 목표를 들고 있다.

해설

진로발달의 기본이 되는 핵심개념으로 자아효능감과 결과기대(성과기대), 개인적 목표를 들고 있다.

61 가치중립적 진로접근모형에 대한 설명으로 틀린 것은?

① 개인이 우선권을 부여하는 가치들은 얼마 되지 않는다.
② 가치는 환경 속에서 가치를 담은 정보를 획득함으로써 학습된다.
③ 생애만족은 긴요한 모든 가치들을 만족시키는 생애역할들에 의존한다.
④ 생애역할에서의 성공은 학습된 기술과 인지적·정의적·신체적 적성을 제외한 요인들에 의해 결정된다.

해설

생애역할에서의 성공은 외적 요인보다는 개인적 요인에 의해 주로 결정된다.

62 직업발달이론에 관한 설명으로 틀린 것은?

① 사회학습이론에서는 진로발달과정이 유전요인과 특별한 능력, 환경조건과 사건, 학습경험, 과제접근기술 등의 4가지 요인과 관련된다고 본다.
② 진로선택에 대한 정신분석적 접근에서는 초기의 발달과정을 중시하며, 기본적인 욕구는 6세까지 형성된다고 가정하였다.
③ 인지적 정보이론은 환경적 요인, 개인적 요인, 그리고 실제 행동 간의 상호작용을 연구한다.
④ 가치중심적 진로접근 모형은 가치, 흥미, 환경 등과의 관계에서 가치 중심 모형의 명제를 제시하였다.

정답 58 ① 59 ② 60 ④ 61 ④ 62 ③

해설

인지적 정보이론은 개인이 진로문제해결과 의사결정과정에서 정보를 어떻게 사용하는가에 초점을 두고 있다. 또 진로선택은 인지과정과 감정과정 간 상호작용의 결과라고 가정한다.

63 진로발달에서 맥락주의(Contextualism)에 관한 설명으로 틀린 것은?

① 행위는 맥락주의의 주요 관심대상이다.
② 맥락주의에서는 개인보다는 환경의 영향을 강조한다.
③ 행위는 인지적, 사회적으로 결정되며 일상의 경험을 반영하는 것이다.
④ 진로연구와 진로상담에 대한 맥락상의 행위 설명을 확립하기 위하여 고안된 방법이다.

해설

맥락주의에서는 개인과 환경의 상호작용을 강조한다.

1-8 작업동기 및 직무만족 관련 이론

64 Maslow 욕구위계이론의 기본가정으로 옳은 것은?

① 한 위계의 욕구가 충족된 후 인접한 상위 욕구로 진전될 뿐만 아니라 충족되지 못한 경우에는 하위위계로 퇴행하기도 한다.
② 모든 동기는 학습된다.
③ 직무만족을 결정하는 요인들과 직무 불만족을 결정하는 요인들은 질적으로 서로 다른 독립된 내용이다.
④ 인간은 특수한 형태의 충족되지 못한 욕구들을 만족시키기 위하여 동기화되어 있다.

해설

인간은 특수한 형태의 충족되지 못한 욕구들을 만족시키기 위하여 동기화되어 있으며, 대부분의 사람들이 추구하는 욕구들이 사람에 따라서 서로 다르기는 하지만 몇 개의 공통된 범주로 나눌 수 있다고 가정한다.

65 Maslow가 제시한 자기실현한 사람의 특징이 아닌 것은?

① 부정적인 감정표현을 억제한다.
② 현실을 왜곡하지 않고 객관적으로 지각한다.
③ 자신이 하는 일에 몰두하고 만족스러워 한다.
④ 즐거움과 아름다움을 느낄 수 있는 감상능력이 있다.

해설

자기실현한 사람의 특징은 행동선택이 자유롭고, 유기체적인 신뢰가 있으며, 부정적인 감정표현을 억제하지 않은 채 자신의 감정을 자연스럽게 표현한다는 것이다.

66 다음 중 Maslow의 욕구위계이론과 가장 유사성이 많은 직무동기이론은?

① 기대－유인가 이론
② Adams의 형평이론
③ Locke의 목표설정이론
④ Alderfer의 존재－성장이론

해설

매슬로의 욕구위계이론이 가지고 있는 한계를 수정하여 조직환경에서 개인의 욕구동기를 보다 현실적으로 제한한 이론이 알더퍼의 ERG 이론이다.

정답 63 ② 64 ④ 65 ① 66 ④

67 Maslow의 욕구단계 이론 중 자아실현과 존중의 욕구 수준에 상응하는 내용으로 적합한 것은?

① Alderfer의 ERG 이론 중 존재욕구
② Herzberg의 2요인 이론 중 위생요인
③ McClelland의 성취동기 이론 중 성취동기
④ Adams의 공정성 이론 중 인정동기

해설

맥클리랜드(McClelland)의 성취동기(욕구) 이론은 무엇이 동기를 부여하는지 밝히고 있다.

맥클리랜드의 3가지 욕구

- 성취욕구(Need for Achivevemant) : 높은 기준을 설정하고 이를 달성하고자 하는 욕구
- 권력욕구(Need for Power) : 다른 사람에게 영향을 미치고 통제하려는 욕구
- 친화욕구(Need for Affiliation) : 대인관계에서 밀접하고 친밀한 관계를 맺고자 하는 욕구

68 직무만족에 대한 2요인 이론의 설명으로 틀린 것은?

① 낮은 수준의 욕구를 만족하지 못하면 직무불만족이 생긴다.
② 자아실현의 실패로 직무불만족이 생기는 것은 아니다.
③ 동기요인은 높은 수준의 성과를 얻도록 자극하는 요인이다
④ 위생요인은 직무만족과 관련된 직접적인 요인이다.

해설

2요인 이론(동기-위생 이론)은 허즈버그(Herzberg)가 정립한 이론으로 직무만족과 동기를 종합한 것이다.

① 동기요인 : 직무만족을 산출해내는 요인으로 일의 내용, 성취감, 책임의 수준, 개인적 발전과 향상 등을 포함
② 위생요인 : 직무불만족을 가져오는 요인으로 조직의 정책, 관리규정, 감독형태, 대인관계, 조직혜택, 작업조건, 작업환경 등을 포함

69 Herzberg의 직무동기이론에서 동기요인에 해당하는 것은?

① 회사정책과 관리
② 직무 그 자체
③ 개인 상호 간의 관계
④ 지위 및 안정

70 작업동기를 노력, 성과 그리고 도구성과의 관계로 설명하는 이론은?

① 형평이론　② 강화이론
③ 욕구이론　④ 기대이론

71 다음 중 진로의사결정 모델(이론)에 해당하는 것은?

① Parsons의 특성-요인 이론
② Vroom의 기대이론
③ Super의 발달이론
④ Krumboltz의 사회학습이론

해설

브룸(Vroom)의 기대이론은 기술적 진로의사결정 모델이다.

72 동기의 강도는 어떤 결과에 부여하는 가치와 특정한 행동이 그 결과를 가져다 줄 것이라고 믿는 것을 곱한 것과 같다고 설명하는 이론은?

① 형평이론　② 강화이론
③ 욕구이론　④ 기대이론

해설

간단히 생각해서 노력하면 높은 수행을 기대할 수 있고 높은 수행이 있으면 높은 성과를 기대할 수 있고 높은 성과는 높은 유인가(성과들이 지니고 있는 긍정적 가치)를 얻을 수 있는 관계로 설명하는 작업동기이론이 기대이론(또는 기대, 유인가이론)이다.

정답 67 ③ 68 ④ 69 ② 70 ④ 71 ② 72 ④

73 Locke가 주장했던 "자신의 직무나 직무경험에 대한 평가로부터 비롯되는 유쾌하거나 정적인 감정상태"를 무엇이라고 하는가?

① 직무만족 ② 직업적응
③ 작업동기 ④ 직업수행

해설

직무만족은 직무에 대한 감정에 관한 것, 즉 좋아함과 싫어함의 쾌락적인 반응이다.

74 금전적 보상이 직무동기를 낮출 수도 있다고 설명하는 이론은?

① 기대이론 ② 내적 동기이론
③ 사회학습이론 ④ 목표 설정이론

해설

내적 동기이론(내재적 동기이론)은 데시(Deci, 1975)가 제안한 이론으로서 외재적 동기화가 되면 외재적 보상을 원하고 내재적 동기화가 되면 직무수행에 대한 고유한 즐거움을 원한다고 보았다. 데시는 또 외재적 보상이 있다면 내재적 동기가 감소할 수도 있다고 믿었다.

정답 73 ① 74 ②

CHAPTER

2 직업심리검사 개론

2-1 직업심리학의 연구방법

1 직업심리학의 연구방법

역사적 연구, 실험적 연구, 현장 연구

(1) 실증적 연구의 과정

문제 진술 → 연구방법 설계 → 변인 측정 → 자료 분석 → 결론 도출

(2) 내적 타당도와 외적 타당도

연구방법들은 내적 타당도와 외적 타당도라는 측면에서 각기 장단점을 갖는다.

① 내적 타당도 : 연구결과로 나타난 종속변인의 차이를 과연 그 연구의 독립변인 조작에 의한 것이라고 해석할 수 있느냐의 정도를 말하는 것이다. 내적 타당도가 높다는 것은 동일한 조건에서 다시 실험했을 때도 같은 결과가 나올 가능성이 높다는 것을 뜻한다.

② 외적 타당도 : 연구에서 발견한 독립변인과 종속변인의 관계를 해당 연구 장면과는 다른 시간, 다른 환경에서 관찰해도 같게 나타나느냐의 정도를 말한다. 이를 일반화 가능성이라고 하며 연구환경이 자연상태에 가까울수록 외적 타당도가 높게 나타난다.

2 연구방법의 예

1) 실험실 실험

실험실 실험이란 객관적인 조건을 엄격하게 통제한 실험실에서 이루어지는 실험방법을 말한다. 이론적인 연구들은 대부분 실험실 실험을 선호한다.

(1) 실험의 세 가지 과정

① 독립변인의 조작

② 종속변인의 측정

③ 가외변인의 통제

구분	내용
독립변인	연구자가 '원인'이라고 생각하는 변인을 의미한다.
종속변인	연구자가 '결과'라고 간주하는 변인을 의미한다.
가외변인	독립변인이 아니면서도 종속변인에 영향을 미치는 모든 변인을 말한다.

(2) 실험실 실험의 장단점

구분	내용
장점	• 가외변인에 대한 엄격한 통제를 통해 종속변인의 차이를 독립변인의 차이 때문이라고 해석할 수 있는 가능성이 가장 높다. • 엄격한 측정에 의해 정확성이 높다. • 연구의 객관성을 높일 수 있다.
단점	• 현실성이 떨어진다. 즉, 실험결과의 외적 타당도가 낮다. • 실험실 연구로 모든 주제를 다룰 수 없다.

2) 현장실험

(1) 현장실험과 실험실 실험의 비교

실험실 실험에 비해 가외변인이 개입할 여지가 많고, 독립변인의 조작이 어려운 경우도 많지만, 연구결과를 일반화할 수 있는 가능성은 더 높다. 직업상담 장면에서 이루어지는 연구들은 대체로 실험실 실험보다는 현장실험의 형태를 띤다.

(2) 현장실험의 장단점

구분	내용
장점	• 연구가 자연상태에서 이루어지기 때문에 매우 현실적이고 또 결과의 일반화 가능성이 높다. • 적절한 실험설계를 사용하면 인과적 결론을 내리는 것도 가능하다. • 실험실 실험과는 달리 실제상황의 복잡한 행동들에 관해 광범위한 자료를 얻을 수 있다.
단점	• 실험과정 전체를 엄격하게 통제하는 것이 어렵기 때문에 연구결과의 내적 타당성이 낮다. 연구기간 동안 상황 변화 등의 통제가 어렵다. • 연구자들이 실제 현장상황에서 실험을 하는 데 필요한 협조를 얻는 것이 어렵다.

(3) 현장연구와 표본조사

① 현장연구의 의의 : 현장연구는 현장에서 이루어지는 연구로서 독립변인을 조작하지 않고, 현장에서 관찰이나 면접, 설문조사 등을 통해 이루어지는 연구이다.

② 표본조사

㉠ 표본조사 : 표준화된 방법으로 많은 사람들의 자료를 얻는 방법이다.

㉡ 표본 : 모집단의 일부로서 직접적인 관찰대상이 되는 사람들을 말한다. 이 방법에서 변인들은 조작되는 경우가 없고 모두 단순히 측정될 뿐이다.

2-2 정질적 자료수집법

직업상담 과정에서 사용되는 질적 측정도구 3가지를 쓰고 설명하시오. 2차

1 정질적 연구

정량적 연구의 대안으로 제시된 정질적 연구는 훨씬 덜 체계적이고 수치를 덜 중시하며, 관찰과 주관적 해석을 강조하는 특징이 있다.

2 정질적 자료수집법의 유형

정질적 자료수집법의 유형에는 생애진로사정, 직업카드분류법, 자기효능감의 측정 등이 있다.

| 쌤의 핵심포인트 |

질적 측정도구가 아닌 것은 '욕구 및 근로가치 설문'이나 '경력진단 검사'를 틀린 지문으로 제시하고 있다.

(1) 생애진로사정

① 생애진로사정은 부분적으로 아들러(Adler)의 개인주의 심리학에 기반을 두고 있다.

② 생애진로사정은 내담자에 관한 가장 기초적인 직업상담정보를 얻는 질적 평가 절차다.

(2) 직업카드분류법(Vocational Card Sort)

① 홀랜드(Holland) 이론을 적용, 홀랜드의 6가지 유형별로 직업카드를 주고, 혐오군, 중성군, 선호군으로 분류하도록 한다.

② 내담자의 직업에 대한 선호 및 흥미, 직업선택의 동기와 가치를 질적으로 탐색하는 방법이다.

(3) 자기효능감의 측정

① 자기효능감 : 반두라(Bandura)가 제안한 개념으로서 '어떤 과제를 특정 수준까지 해낼 수 있다는 개인의 판단(행동과 심리, 인지적 요인)'을 뜻한다.

② 그 과제의 난이도와 자신이 그 과제를 잘 수행할 수 있는지의 확신도를 말하도록 한 다음, 수준을 측정하는 과정으로 이루어진다.

(4) 역할놀이(역할극, Role Playing)

① 진로 및 직업상담에서 역할놀이는 주로 내담자에게 가상 상황을 제시하여 취업에 필요한 면담이나 사용자와의 대화 등 다양한 영역에서 발휘되는 내담자의 사회적 기술들을 측정하기 위해 활용된다.

② 내담자의 수행행동을 나타낼 수 있는 업무상황을 제시해 주는 것으로, 구두보고를 대신할 수 있는 방법이다.

(5) 직업가계도(제노그램, Genogram)

① 직업과 관련된 내담자의 가계력을 알아보는 도구이다.

② 내담자의 가족 내 직업적 계보를 통해 내담자의 직업에 대한 고정관념이나 직업가치 및 흥미 등의 근본 원인을 파악한다.

2-3 변인의 측정

변인(Variable)이란 서로 다른 수치를 부여할 수 있는 모든 사건이나 대상의 속성을 말한다. 직업상담에서 주요 변인은 연령, 지능, 성격특성, 태도 등과 같이 피험자의 속성에 관한 개인차 변인들을 말한다.

1 변인의 종류

(1) 연속변인과 불연속변인

① 연속변인 : 무한히 많은 값을 취할 수 있는 변인
예 키, 몸무게 등

② 불연속변인 : 한정된 수치만을 할당할 수 있는 변인
예 가정 내 자녀의 수 등

(2) 양적 변인과 질적 변인

① 양적 변인 : 변인에 할당된 수치들이 그 자체로 양적인 차이를 나타낼 수 있는 변인
예 나이나 시간, 길이나 무게 등은 양의 차이를 나타내는 변인

② 질적 변인 : 수치의 차이가 질의 차이를 나타내는 변인
예 성별, 출신학교, 지역, 인종 등

(3) 독립변인과 종속변인

① 독립변인 : 어떤 다른 변인에 원인이 되는 것을 말한다.

② 종속변인 : 그 독립변인의 결과가 되는 변인을 말한다.

(4) 예언변인과 준거변인

① 예언변인 : 그 변인의 값을 통해 어떤 다른 변인의 값을 예언하려는 용도로 사용되는 변인

② 준거변인 : 예언변인으로 예측하고자 하는 변인

2 척도의 종류

직업심리검사에서 측정의 기본 단위인 척도(Scale)의 4가지 유형을 쓰고 의미를 간단히 설명하시오. 2차

일정한 규칙을 가지고 대상의 속성이나 특성을 일련의 기호 또는 숫자로 나타낸 것을 측정이라고 하며, 이때 사용되는 측정도구를 척도라고 한다.

(1) 명명척도

숫자의 차이로 측정한 속성이 대상에 따라 같고 다르다는 것만 나타내는 척도이다.

예 남자 1, 여자 2로 정리한 경우 1과 2는 성별이 다른 사람이라는 정보만을 나타낼 뿐 그 외에 아무런 정보를 갖고 있지 못하다.

(2) 서열척도

서열척도는 숫자의 차이가 측정한 속성의 차이에 관한 정보뿐 아니라 그 순위관계에 대한 정보도 포함하고 있는 척도이다.

예 학급의 석차이다. 1등, 2등, 3등이라는 숫자는 세 사람의 성적이 서로 다르다는 차이정보를 제공하는 것은 물론, 1등은 2등보다 성적이 더 좋다는 서열정보를 제공한다.

(3) 등간척도

대상의 속성이나 순위관계뿐만 아니라 수치 사이의 간격이 동일하다는 정보를 나타내는 척도이다.

예 온도계로 기온을 측정하였다고 가정하자. 오전 5시 기온이 0도에서 5도로, 오후 5시 기온이 15도에서 20도로 올랐다면, 오늘의 기온이 어제의 기온에 비해 전반적으로 5도 올랐다고 볼 수 있다.

(4) 비율척도

비율척도는 차이정보와 서열정보, 등간정보 외에 수의 비율에 관한 정보도 담고 있는 척도로 절대 '0'의 값(절대영점)을 가진다.

예 저울을 이용하여 무게를 측정할 때 사용되는 척도로 아무것도 올려 있지 않았을 때는 절대영점이었다가 비율적으로 1근, 2근 올려졌다면 그것은 비율척도의 성격과 같은 무게인 등간척도의 정보도 담고 있다고 할 것이다.

2-4 자료의 분석

1 분포 · 평균 · 표준편차

(1) 정상분포(가우스 분포)

① 자료를 정확하게 제시하는 기본적인 방법은 분포를 제시하는 것으로 분포의 제시는 일단 점수대를 구분지어 놓고 각 점수대에 속하는 점수의 빈도를 정리하여 빈도 분포도를 만드는 것이다.

② 관찰 사례수가 충분할 경우 정상분포라 부르는 종모양의 분포도를 형성하게 된다.

③ 분포의 중앙에 한 개의 정점을 갖는 좌우대칭의 모양을 형성하는데, 정상분포의 정중앙에 해당되는 값이 평균이며, 분포가 평균을 중심으로 얼마나 모여 있는지의 정도를 표현하는 값이 표준편차이다.

④ 평균이 100, 표준편차가 15인 정상분포인 경우, <u>85~115점(평균±1SD) 안에 전체 사례의 약 68.3%, 70~130점(평균±2SD) 안에 전체 사례의 약 95.4%</u>가 속하게 된다는 것이다.

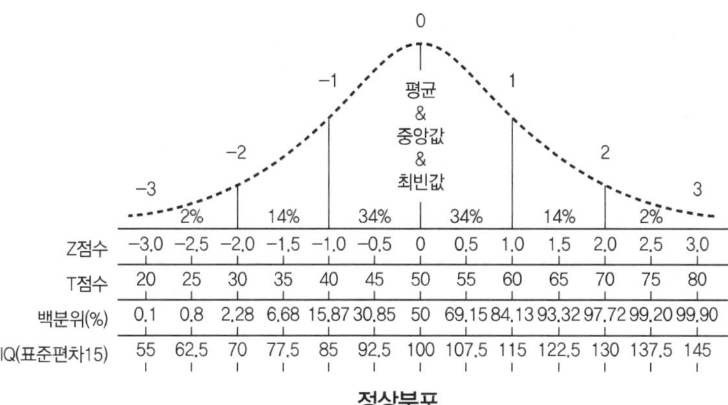

정상분포

(2) 평균

① 집단의 특성을 나타내는 대푯값에는 중앙치, 최빈치, 평균치 등이 있는데, 가장 많이 이용되는 것이 평균치이다.

② 평균치는 집단에 속한 모든 점수를 합해서 사례의 수로 나눈 값이다.

$$M = \frac{X_1 + X_2 + X_3 + \cdots\cdots + X_n}{n}$$

• 중심경향치로서 대푯값

(3) 분산 정도를 판단하기 위한 기준

① <u>범위(Range)</u> : 집단의 점수분포 정도를 알아보기 위한 방법으로 점수분포에 있어서 최고 점수에서 최저 점수까지의 거리를 의미한다(최고 점수－최저 점수).

② <u>분산 또는 변량(Variance)</u> : 한 변수(변인)의 분포에 있는 모든 변수값들을 통해 흩어진 정도를 추정하는 것이다.

③ <u>표준편차 : 각 점수가 평균값에서 얼마나 떨어져 있는지를 알 수 있도록 해 준다.</u> 편차를 제곱하여 모두 합한 후 사례수로 나눈 값(분산)의 제곱근을 의미한다.

어떤 집단의 심리검사 점수가 분산되어 있는 정도를 판단하기 위하여 사용되는 기준 3가지를 쓰고 각각에 대해 간략히 설명하시오. 2차

④ 사분위편차 : 자료들이 중간부분에 얼마나 집중되어 있는가를 나타내는 퍼짐의 정도를 나타낸다.

(4) 표준오차와 측정의 표준오차

측정의 신뢰성을 높이기 위해서는 측정오차를 최소로 줄여야 한다. 이를 위한 구체적인 방법을 3가지만 쓰시오. 2차

① 표준오차(SE ; Standard Error) : 검사의 표준오차는 검사 점수의 신뢰도를 나타내는 수치로 작을수록 좋다. 표준오차를 고려할 때 오차 범위 안의 점수 차이는 무시해도 된다.

② 측정의 표준오차(SEM ; Standard Error of Measurement) : 어떤 검사를 매번 실시할 때마다 달라질 수 있는 오차의 범위를 말한다. 즉, 각 샘플들의 평균이 전체 평균과 얼마나 차이를 보이는가를 알 수 있는 통계치로 표준편차를 표본크기의 양의 제곱근으로 나눈 값이다. 신뢰도계수가 높을수록 표준오차는 줄어든다.

측정의 표준오차는 측정된 관찰점수에 얼마 만한 오차가 있는가를 알려 줄 뿐만 아니라 검사점수를 확고부동한 하나의 정확한 점수로 해석할 것이 아니고 점수의 범위로 해석되어야 한다는 것 또한 경고해 주고 있다. 따라서 오차 범위 안의 점수 차이는 중요하게 받아들이지 않는다.

2 상관계수와 결정계수

① 상관계수(Correlation Coefficient) : 두 변인이 서로 관계되어 있는 정도를 나타내는 지수로서, 한 변인이 변해감에 따라 다른 변인이 얼마만큼 함께 변하는가를 보여주는 것이다.

㉠ '−1'에서 '+1' 사이의 값을 갖는다.
㉡ '+1' 측정의 오차가 없음을 의미하는 '정적 상관'
㉢ '0'은 '상관없음', '−1'은 '부적 상관'

② 결정계수(Coefficient of Detemination) : 크기가 다른 여러 상관계수를 비교하고자 할 때 변량을 가지고 비교하는 것을 말한다. 상관계수를 제곱한 것으로서, 두 변수가 공유하고 있는 변량의 비를 나타낸다.

예 지능검사 점수와 학교에서의 성적 간의 상관계수가 0.3일 경우

⇨ 학교에서의 성적에 관한 변량의 9%(0.30을 제곱한 0.09, 즉 9%)가 지능검사에 의해 설명될 것이다.

CHAPTER 2

출제예상문제

2-1 직업심리학의 연구방법

01 직업상담 연구방법 중 해당되지 않는 것은?

① 역사적 연구방법
② 분석적 방법
③ 기술적 방법
④ 실험적 방법

해설

직업심리학의 연구방법에는 역사적 연구, 실험적 연구, 기술적 연구, 현장 연구가 있다.

02 직업심리학의 주요 연구방법 중 하나인 실험실 연구가 있다. 실험실연구는 독립변인의 조작, 종속변인의 측정 그리고 가외변인의 통제를 통해 이루어진다. 다음 중 연구자가 결과로 간주하는 변인은?

① 독립변인
② 종속변인
③ 가외변인
④ 독립변인과 종속변인

해설

① 독립변인 : 어떤 다른 변인에 원인이 되는 것을 말한다.
② 종속변인 : 그 독립변인의 결과가 되는 변인을 말한다.

03 직업심리학의 연구방법 중 변인들에 대한 통제가 가장 많이 적용되는 방법은?

① 현장연구
② 실험실 실험
③ 조사(Survey)연구
④ 관찰연구

04 직업심리학을 연구할 때 사용하는 방법 중 현장 실험 연구법을 옳게 설명한 것은?

① 인위적으로 만든 실험실에서 독립변수의 조작을 통해 행해지는 실험이다.
② 자연상태에서 실시되므로 연구결과의 일반화 범위가 넓고 외적 타당도가 높다.
③ 변수에 대한 조작이나 통제가 없기 때문에 인과성 추론을 거의 할 수가 없다.
④ 가외변수의 영향을 엄격히 통제할 수 있고 피험자나 실험조건의 무선배치가 가능하다.

2-2 정질적 자료수집법

05 다음 중 직업상담에 사용되는 질적 측정도구가 아닌 것은?

① 역할놀이
② 제노그램
③ 카드분류
④ 욕구 및 근로가치 척도

정답 01 ② 02 ② 03 ② 04 ② 05 ④

해설

역할놀이, 제노그램(직업가계도), 직업카드분류, 생애진로평가(LCA)는 직업상담에 사용되는 질적 평가도구이다.

2-3 변인의 측정

06 분류변인에 관한 설명으로 옳은 것은?

① 인과성의 추론이 가능하다.
② 분류변인을 독립변인으로 사용하면 외적 타당도가 높아진다.
③ 연령, 지능, 성격 특성, 태도 등과 같이 피험자의 속성에 관한 개인차 변인들을 말한다.
④ 내적 타당도가 높다.

해설

변인이란 서로 다른 수치를 부여할 수 있는 모든 사건이나 대상의 속성을 말한다. 직업상담 연구에서의 주요 변인은 연령, 지능, 성격, 흥미, 스트레스 수준, 직무만족, 직업선호도 등 피험자의 속성에 관한 개인차 변인들이다.

07 어떤 일정한 규칙에 따라 대상이나 사건에 수치를 할당하는 과정은?

① 표준화 ② 평가
③ 측정 ④ 척도

해설

측정
일정한 규칙에 따라 특정분석단위(대상이나 사건)에 수치를 할당하는 과정

08 심리검사에서 사용되는 원점수에 관한 설명으로 틀린 것은?

① 그 자체로는 거의 아무런 정보를 주지 못한다.
② 기준점이 없기 때문에 특정 점수의 크기를 표현하기 어렵다.
③ 척도의 종류로 볼 때 등간척도에 불과할 뿐 사실상 서열척도가 아니다.
④ 서로 다른 검사의 결과를 동등하게 비교할 수 없다.

해설

척도의 종류로 볼 때 서열척도에 불과할 뿐 사실상 등간척도가 아니다.

09 기초통계치 중 명명척도로 측정된 자료에서는 파악할 수 없고 서열척도 이상의 척도로 측정된 자료에서만 파악할 수 있는 것은?

① 중앙치 ② 최빈치
③ 표준편차 ④ 평균

해설

척도의 종류
① 명명척도 : 숫자의 차이로 측정한 속성이 대상에 따라 다르다는 것만 나타내는 척도. 통계적 기법에 이용은 무의미
예 남자 1, 여자 2로 정리한 경우 1과 2는 성별이 다른 사람이라는 정보만을 나타낼 뿐
② 서열척도 : 숫자의 차이가 측정한 속성의 차이에 관한 정보뿐 아니라 그 순위관계에 대한 정보도 포함하고 있는 척도. 일부 통계적 기법에 이용 가능
예 10명의 학생을 성적순으로 1등, 2등, 3등이라는 수치를 주는 것. 이러한 척도에 이용할 수 있는 통계적 방법으로는 중앙치, 백분위, 등위상관계수, 사분편차 등이 있음. 가감승제산은 불가능

2-4 자료의 분석

10 평균이 100, 표준편차가 15이고 정상분포를 이루고 있는 검사의 경우, 전체 사례의 68%가 속하게 되는 점수의 범위는?

① 85～115 ② 70～130
③ 65～145 ④ 50～160

정답 06 ③ 07 ③ 08 ③ 09 ① 10 ①

해설

전체 사례의 68%가 속하는 범위는 평균으로부터 표준편차의 1배에 해당하는 범위이다.
즉, 100± 15이므로 85~115 사이가 된다.

11 정규분포를 따르는 적성검사에서 철수는 규준에 비추었을 때 중앙값을 얻었다. 이러한 결과가 의미하는 바를 가장 잘 설명하고 있는 것은?

① 100점 만점에서 50점을 획득하였다.
② 자신이 얻을 수 있는 최고 점수를 얻었다.
③ 적성검사에서 도달해야 할 준거점수를 얻었다.
④ 같은 또래 집단의 점수분포에서 평균 점수를 얻었다.

해설

중앙값
모든 점수를 크기순으로 배열했을 때 서열상 가장 중앙에 해당하는 점수

12 A군은 지능검사에서 원점수가 110점이었다. 전체 집단의 평균이 100점이고 표준편차가 10일 때 A군의 표준점수(T점수)는?

① 50　② 60
③ 70　④ 80

해설

- 표준점수(Z점수) = 원점수에서 평균을 뺀 후 표준편차로 나눈 값
- 표준화 점수(T점수) = $10 \times Z + 50$

13 다음 중 표준점수에 대한 설명으로 옳은 것은?

① 표준점수는 음수(−) 값을 가질 수 없다.
② 표준점수는 원점수에서 표준편차를 빼고 평균으로 나눈 값이다.
③ T점수의 평균은 50이고, 표준편차는 10이다.
④ 표준점수의 분포는 항상 정상분포가 된다.

해설

표준점수는 원점수에서 평균을 빼고 표준편차로 나눈 값이다. 따라서 원점수가 평균보다 낮을 경우 음의 값을 가진다. 또한 표준점수의 분포는 항상 정상분포를 나타내지는 않는다.

14 다음 중 표준편차에 대한 설명으로 옳은 것은?

① 최저점과 최고점의 점수차
② 최빈치와 최소치 간 점수차의 평균
③ 각 점수들이 평균에서 벗어난 평균면적
④ 평균치에서 각 수치들이 평균적으로 이탈된 정도

해설

표준편차가 0일 때는 관측값의 모두가 동일한 크기이고 표준편차가 클수록 관측값 중에는 평균에서 떨어진 값이 많이 존재한다. 따라서 표준편차는 관측값의 산포(散布)의 정도를 나타낸다.

15 지능검사 점수와 학교에서의 성적 간의 상관계수가 0.30일 때 이에 대한 설명으로 옳은 것은?

① 지능검사를 받은 학생들 중 30%가 높은 학교성적을 받을 것이다.
② 지능검사를 받은 학생들 중 9%가 높은 학교성적을 받을 것이다.
③ 학교에서의 성적에 관한 변량의 9%가 지능검사에 의해 설명될 것이다.
④ 학교에서의 성적에 관한 변량의 30%가 지능검사에 의해 설명될 것이다.

해설

상관계수는 결정계수로 비교가 가능하며, 결정계수는 상관계수의 제곱으로 나타낼 수 있다.
따라서 $0.3^2 \times 100 = 9$이므로 변량은 9%이다.

정답 11 ① 12 ② 13 ③ 14 ④ 15 ③

CHAPTER 3 직업심리검사

3-1 직업심리검사의 이해

1 심리검사의 특성

1) 개요

| 쌤의 핵심포인트 |
평가기법에 대해 교육을 받고 관련 학문을 전공한 사람이라도 검사를 사용하면 안 된다.

① 인간 내적 변인을 개념화하고 측정하는 체계적인 절차이다.

② 측정하고자 하는 특정한 행동을 체계적으로 표준화된 방식에 따라 양적으로 측정하여, 개인 간 또는 개인 내 비교도 가능하도록 해주는 심리측정법이다.

③ 인간의 능력이나 성격, 흥미, 태도와 같은 인간의 심리적 속성이나 심리적 구성개념을 수량화하기 위해 행동표본을 측정하는 표준화된 도구이다.

④ 객관적인 측정을 위해서 표준화된 절차에 따라 실시된다.

⑤ 심리전문가라고 하더라고 각 검사에 대한 훈련을 마친 후에 그 검사를 사용해야 한다.

2) 심리검사의 목적

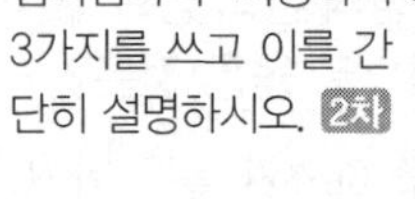

심리검사의 사용목적 3가지를 쓰고 이를 간단히 설명하시오. 2차

① 개인행동의 예측 : 심리검사의 결과는 한 개인이 수행할 행동을 예측하도록 도와준다. 예를 들면 기업에서 인사 선발 및 배치에서 실시하는 인적성검사가 있다.

② 분류 및 진단 : 심리검사는 한 개인의 행동상의 원인적인 요인을 진단하는 것이다. 적절한 심리검사의 사용을 통해 행동에서 나타나는 결함이나 결점뿐만 아니라 그 원인을 찾을 수가 있다.

③ 자기이해의 증진 : 심리검사는 개인의 특징을 발견하여 자기이해 또는 자기발전에 도움을 준다.

3) 심리검사의 용도

| 쌤의 핵심포인트 |
회사에서 인사선발 및 배치와 관련하여 심리검사를 실시하는 경우는 심리검사의 용도 중 '예측'에 해당된다.

① 교육장면 : 심리검사를 개발하게 된 이유는 정신지체를 감별하기 위해서였다. 현재는 정신지체아나 영재아를 찾아낼 때, 낙제자를 진단할 때나 교육 및 직업상담을 해 줄 때 사용되고 있다.

② 임상/상담 장면 : 심리적 질환자의 진단과 감별을 위해 심리검사가 이용되고 있다.

③ 산업장면 : 채용과 업무 배정, 부서이동, 승진, 퇴직 등의 문제에서 심리검사를 이용하고 있다.

4) 심리검사의 특성(표준화 검사의 구비 조건)

(1) 표준화(Standardization)

① 검사 실시에 영향을 미치는 외적 변수들을 가능한 한 제거하는 것이 목표이다.

② 표준화의 이유는 검사의 시행과 채점 및 해석에서 모든 조건이 모든 피검사자에게 동일하게 함으로써 측정된 검사를 가지고 상호 비교할 수 있게 하려는 것이며, 검사자의 주관적인 의도 및 해석의 개입을 방지해야 한다.

③ 검사의 재료, 검사받는 시간, 피검사자에게 주어지는 지시, 피검사자의 질문에 대한 검사자의 처리(대응방식), 검사 장소 및 분위기까지도 모두 통일되어 있어야 한다.

④ 검사자 변인, 채점자 변인, 실시상황 변인은 통제가 가능하나, 수검자 변인은 통제가 불가능하다.

표준화 검사

행동을 표집하는 데 있어서 객관화되고 표준화된 절차에 따라 측정함으로써 행동의 전체 집단을 미루어 짐작하고 그것을 기초로 하여 두 사람 이상의 행동을 비교하는 체계적인 절차라고 정의할 수 있다.
즉, 임의로 만들어서 실시하는 검사가 아니라 누가 사용하더라도 평가의 실시, 채점 및 결과의 해석이 동일하도록 모든 절차와 방법을 일정하게 만들어 놓은 검사를 의미한다.

표준화 검사의 특징

① 측정하려는 영역의 내용을 체계적으로 표준화하여 만든 검사로서, 신뢰도와 객관도가 매우 높다.
② 표준화된 검사내용을 가지고 있다.
③ 객관적으로 채점된다.
④ 검사 실시를 위한 일정한 지시와 검사 시간의 제한 및 검사실시 환경의 표준화가 요구된다.

(2) 타당도(Validity)

① 그 검사가 '무엇을 측정하는가'와 또 그 검사가 '그것을 얼마나 잘 측정하였는지'에 관한 것이다.

② 그 검사가 측정하고 의도하고자 하는 속성을 어느 정도나 정확하게 측정하고 있는가를 말한다.

③ 특정한 종류의 한 검사로 측정하려는 행동 표본이 삶의 곳곳에 나타나는 행동을 얼마나 잘 대표하는지에 대한 문제를 해결하려는 과정을 타당화 과정이라 한다.

(3) 신뢰도(Reliability)

① 검사점수가 시간의 변화에도 불구하고 얼마나 일관성 있게 나타나는가의 정도를 말한다.
② 검사의 신뢰 정도를 말하며, 신뢰도계수를 측정해서 평가한다.

(4) 객관도(Objectivity)

객관성이라고 하는 것은 주로 채점이 객관적인 것을 말하며, 정답과 오답의 구분이 명확하고, 채점이 용이한 것이 표준화 검사로서 바람직하다.

(5) 실용도(Usability)

① 아무리 타당도나 신뢰도가 높다 해도 사용하기가 불편하다면 그리 바람직한 것이 못되므로 실시하기가 쉬운 검사를 택해야 한다.
② 실시를 위한 특별한 훈련이나 준비가 필요하다든지, 고도의 기술을 필요로 하는 등의 테스트는 피해야 하며, 검사에 소요되는 시간도 고려해야 한다.

5) 심리검사의 주요 개념

(1) 행동표본

심리검사는 개인의 어떤 행동표본에 대한 객관적이고 표준화된 측정도구이다. 즉, 개인의 행동에 대한 표본 관찰이라고 할 수 있다.

(2) 측정

어떤 대상이나 사건에 대해 일정한 규칙에 따라 수치를 할당하는 과정을 말한다. 지능검사, 성격검사도 지적능력이나 성격을 '수치'로 표현해 주는 도구이다.

(3) 규준

특정 검사 점수의 해석에 필요한 기준이 되는 자료이다.

(4) 심리적 구성물

특정의 구체적인 행동을 나름대로 관찰 가능한 형태로 정의하며, 이를 토대로 개인의 행동을 관찰하여 개인의 심리적 구성물을 형성한다.

2 심리검사의 분류

1) 실시방식에 따른 분류

(1) 실시시간을 기준으로 하는 분류

내용	구분
속도검사 (Speed Test)	• 시간제한을 두는 검사이며, 보통 쉬운 문제로 구성 • 제한된 시간에서 수행능력을 측정하는 것으로 문제해결력보다는 숙련도를 측정하는 것
역량검사 (Power Test)	어려운 문제들로 구성되며 숙련도보다는 문제해결력을 측정하는 검사

○ 직업심리검사의 실시방법에 따른 분류 3가지를 쓰시오. 2차

○ 직업심리검사 중 역량검사와 속도검사에 대해서 설명하시오. 2차

(2) 수검자의 수에 따른 분류

내용	구분
개인검사 (Individual Test)	• 검사할 때 한 사람씩 해야 하는 검사 • 한국판 웩슬러 지능검사(K-WAIS), 일반 직업적성검사(GATB), TAT, 로샤검사
집단검사 (Group Test)	• 한 번에 여러 명에게 실시할 수 있는 검사 • 다면적 인성검사(MMPI), 성격유형검사(MBTI), 캘리포니아 심리검사

(3) 검사도구에 따른 분류

내용	구분
지필검사 (Paper-pencil Test)	• 종이에 인쇄된 문항에 연필로 응답하는 방식 • 운전면허시험의 필기시험, 질문지 및 검사의 바꿔쓰기
수행검사 (Performance Test)	• 수검자가 대상이나 도구를 직접 다루도록 하는 검사 • 운전면허시험의 주행시험, K-WAIS의 차례 맞추기, 모양 맞추기 등

2) 사용목적에 따른 분류

검사점수를 다른 대표적인 집단의 점수와 비교해서 해석하는가 아니면 특정기준을 토대로 해석하고 사용하는가의 차이에 따라 구분한다.

○ 검사는 사용목적에 따라 규준참조검사와 준거참조검사로 분류될 수 있다. 규준참조검사와 준거참조검사의 의미를 설명하고 각각의 예를 들으시오. 2차

내용	구분
규준참조검사 (상대평가)	• 심리검사는 대개 규준참조검사이다. • 개인의 점수를 다른 사람들의 점수와 비교해서 상대적으로 어떤 수준인지를 알아보는 것이 주목적이다. • 각종 심리검사나 선발검사 등
준거참조검사 (절대평가)	• 준거참조검사는 어떤 절대 기준점수와 비교해서 이용하려는 목적을 갖는다. • 규준을 갖고 있지 않으며, 특정의 당락점수만 가지고 있다. • 대부분의 국가자격시험

3) 측정내용에 따른 분류

극대수행검사와 습관적 수행검사를 설명하고 대표적 유형 2가지를 쓰시오. 2차

인지적 검사(성능검사)와 정서적 검사(성향검사)

대분류	중분류	직업상담에 적합한 심리검사의 예	특징 비교
인지적 검사 (능력검사)	지능검사	• 한국판 웩슬러 성인용 지능검사(K-WAIS) • 한국판 웩슬러 지능검사(KWIS)	• 극대수행검사 • 문항에 정답이 있음 • 응답의 시간제한 있음 • 최대한의 능력발휘 요구
	적성검사	• GATB 일반적성검사 • 기타 다양한 특수적성검사	
	성취도검사	TOEFL, TOEIC	
정서적 검사 (성격검사)	성격검사	• 직업선호도 검사 중 성격검사 • 캘리포니아 성격검사(CPI) • 성격유형검사(MBTI)	• 습관적 수행검사 • 문항에 정답이 없음 • 응답의 시간제한 없음 • 최대한의 정직한 응답 요구
	흥미검사	직업선호도 검사 중 흥미검사	
	태도검사	직무만족도 검사 등 매우 다양	

| 쌤의 핵심포인트 |

극대수행검사는 검사의 실시 목적에 따라 지능검사, 적성검사와 성취도검사로 구분된다.

심리검사도구를 검사장면에 따라 분류한 준거축소상황검사, 모의장면검사, 경쟁장면검사에 대해 설명하시오. 2차

4) 검사장면에 따른 분류

(1) 실제장면검사(Situation Test)

피검사자의 실제적 생활상황 또는 직업장면에서 수행하는 행동과 그 결과를 관찰하고 측정하는 검사이다.

(2) 축소상황검사(In-Basket Test)

실제적인 장면과 같지만 구체적인 과제나 직무를 매우 축소시켜 제시하고 그 수행 또는 그 결과를 관찰하고 평가하는 검사이다.

(3) 모의장면검사(Simulation Test)

실제 상황과 거의 유사한 장면을 인위적으로 만들어 놓고 그 장면에서 피검사자의 수행과 그 성과를 관찰하고 평가하는 검사이다.

(4) 경쟁장면검사(Competition Test)

작업장면과 같은 상황에서 실제 문제 또는 작업을 제시하고 문제해결을 요구하여 경쟁적으로 수행하도록 하는 검사이다.

3-2 규준과 점수해석

1 규준의 개념 및 필요성

(1) 원점수(Row Score)

① 실시한 심리검사를 채점해서 얻는 최초의 점수를 말한다. 즉, 채점한 점수를 그대로 기록한 것이다.

② 원점수의 단점

㉠ 원점수는 그 자체로는 거의 아무런 정보를 주지 못한다.

㉡ 원점수로는 서로 다른 검사의 결과를 동등하게 비교할 수 없다.

㉢ 원점수들은 척도의 종류로 볼 때 서열척도에 불과할 뿐 사실상 등간척도가 아니다.

㉣ 기준점이 없기 때문에 특정 점수의 크기를 표현하기 어렵다.

(2) 규준(Norm)의 개념

① 특정검사 점수의 해석에 필요한 기준이 되는 자료로서, 어떤 대표집단에게 실시한 검사점수를 일정한 분포도로 작성한 것이다.

② 규준은 어떤 개인이나 집단의 검사점수를 그 개인이나 집단이 속해 있는 모집단에 비추어 어떤 위치에 속하는지, 즉 해당 점수가 대표집단의 평균에 해당하는지, 더 높은지 낮은지 등을 해석한다.

③ 규준은 특정 개인의 점수가 어떤 의미를 가지고 있는지에 관한 정보를 제공한다.

(3) 규준의 필요성

① 심리검사점수는 흔히 표준화된 집단의 검사점수와 비교함으로써 그 의미를 해석하는데, 특정 검사점수의 해석에 필요한 기준이 되는 자료를 규준이라고 한다.

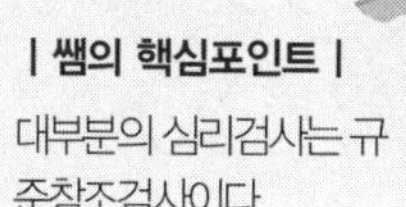

| 쌤의 핵심포인트 |
대부분의 심리검사는 규준참조검사이다.

② 대표집단의 사람들에게 실시한 검사점수를 일정한 분포도로 작성한 후에 개인의 점수가 이 분포의 어느 위치에 해당하는지를 찾아냄으로써 해석한다.

③ 예를 들면 지능검사를 많은 사람들에게 실시해서 점수의 분포도를 작성한 결과, 평균이 100점이고, 표준편차가 20점인 경우 개인의 지능점수가 100점이면 평균수준의 지능이고 지능점수가 150점이면 매우 우수한 지능을 뜻한다는 것이다.

(4) 규준 사용 시 고려사항

① 규준은 절대적 · 보편적 · 영구적인 것이 아니며, 규준집단이 모집단을 잘 대표하여야 한다.

② 규준집단이 충분히 다양한 변인들을 잘 고려해서 구성한 것인지 확인해야 한다.

③ 규준을 제작한 시기가 너무 오래된 것이면 해석에 특히 주의를 해야 한다.

④ 각종 심리검사가 특정 집단에 불리하고 편파적으로 사용되지 않도록 하기 위한 방안

㉠ **규준집단의 특성 및 표준방법을 잘 파악하여 결과를 해석한다.**

㉡ 편파에 의해서 불이익을 당할 가능성이 있는 대상에게 계속적으로 불리한 결과가 나타날 것으로 판단되는 경우 **검사 사용 자체를 제고한다.**

확률표집방법 3가지를 쓰고 설명하시오. 2차

(5) 규준 제작 시 사용되는 확률표집방법

① 단순무선표집

㉠ 구성원들에게 일련의 번호를 부여하여 무선적으로 필요한 만큼 표집하는 것으로 가장 기초적인 방법이다.

㉡ 모집단의 구성원들이 표본에 속할 확률이 동일하도록 표집하는 방법이다.

② 층화표집

㉠ 단순무선표집을 응용한 표집으로 규모가 다른 몇 개의 모집단이 이질적으로 하위집단을 구성한 경우 사용한다.

㉡ 예를 들어 모집단이 여러 종교를 가진 신도들이라면 모집단에는 여러 종파의 신도들이 포함되게 되는데, 이때 각 종파별로 나누어서 해당 종파 내에서 필요한 만큼 무선표집하는 방법이다.

③ 집락표집

㉠ 모집단을 서로 동질적인 하위집단으로 구분하여 집단 자체를 표집하는 방법이다.

㉡ 예를 들어 고등학교 3학년용 검사의 규준을 개발할 때, 표집단위를 개인으로 하는 것이 아니라 반으로 하는 것이 가능하다. 즉, 전국의 고등학교 3학년의 반을 일련번호를 갖도록 정리한 후 필요한 표본수를 채울 수 있도록 반을 체계적으로 표집했다면, 이는 집락표집이다.

④ 계통표집(체계적 표집)

㉠ 모집단 목록에서 구성요소에 대해 일정한 순서에 따라 매 K번째 요소를 추출하는 방법이다.

㉡ 회원번호가 8번으로 끝난다면, 18, 28, 38 등의 번호로 표본을 선정한다.

2 규준의 종류

1) 발달 규준 = 개인의 규준

(1) 연령 규준/정신연령 규준

개인의 점수를 규준집단에 있는 사람들의 연령과 비교해서 몇 살에 해당되는지를 해석하는 방법이다. 일반지능검사에서 개인점수를 확인한 다음 연령표를 통해 정

신연령을 계산한다. 각 연령의 아동들이 얻은 점수의 평균이나 중앙치를 정리하여 특정 아동의 점수가 어떤 연령의 평균에 해당하는지를 알아볼 수 있게 한다.

(2) 학년 규준/성취도 검사

어떤 학생의 능력수준을 같은 학년의 학생들과 비교하는 것도 중요하지만 그 학생의 능력수준이 몇 학년에 해당하는지 알아보는 것도 중요하다.
어떤 학생의 언어이해력 수준이 3학년 학생들의 평균과 같다면 실제 언어이해력 수준은 학년과 관계없이 3학년 수준이라고 해석할 수 있다.

(3) 서열 규준

발달검사 과정에서 검사자는 수검자의 행동을 관찰하여 행동의 발달관계상 어느 수준에 위치하는지 알 수 있다.

2) 집단 내 규준

> 표준화된 심리검사의 집단 내 규준 3가지를 쓰고 설명하시오. 2차

(1) 백분위점수

① 개인이 표준화된 집단에서 차지하는 상대적 위치를 말한다.
② 백분위는 100명의 집단에서 순위를 정하는 것이다.
③ 최저 점수부터 정하기 시작하므로 백분위가 낮아질수록 개인 성적은 더욱 나쁘게 나온다. 백분위는 점수계산이 쉽고, 모든 심리검사에 보편적으로 이용할 수 있다.
④ 백분위(%)가 99라는 것은 100명 중에서 자기보다 낮은 사람의 %가 99%라는 것이다.

(2) 표준점수

① 표준점수는 분포의 표준편차를 이용하여 개인이 평균으로부터 벗어난 거리를 의미한다.
② 원점수를 표준점수로 변환함으로써 **상대적인 위치를 짐작하고 검사 결과를 비교할 수도 있다.**

$$Z점수 = \frac{원점수 - 평균}{표준편차} \qquad T = (10 \times Z) + 50$$

㉠ Z점수 : 평균 0, 표준편차 1로 설정, (원점수, 평균)/표준편차
㉡ T점수 : Z점수가 소수로 나오는 불편을 해소하기 위해 만들어진 것으로, Z점수에 10을 곱한 후, 50을 더하면 된다(평균 50, 표준편차 10).

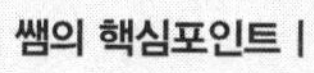

| 쌤의 핵심포인트 |

제2차 세계대전 중에 미국 공군에서 개발한 것으로, 모든 원점수를 1~9까지의 한 자리 숫자체계로 변환하였다 하여 스태나인이라고 한다.

(3) 표준등급

① 표준등급은 스태나인이라고도 불리는데, 이는 'Standard+Nine'의 합성어이다.

② 학교에서의 성취도검사와 적성검사의 결과에 사용된다. 성적을 등급제로 표시하는 내신등급제는 표준등급을 응용한 대표적인 예이다.
③ 학생들 간의 점수차가 적을 때 생길 수 있는 지나친 확대해석을 미연에 방지할 수 있다.

3 객관적 검사와 투사적 검사

(1) 객관적 검사(자기보고형 검사)의 의의 및 특징

① 검사과제가 구조화되어 있는 검사로 '구조적 검사'라는 용어로 불리기도 한다.
② 문항의 내용, 의미가 객관적으로 명료화되어 있다.
③ 모든 사람에게 동일한 시행과 동일한 해석을 기대할 수 있게 하는 검사임을 의미한다.
④ 객관적 검사는 개인의 독특성을 측정하기보다는 개인마다 공통적으로 지니고 있는 특성이나 차원을 기준으로 하며 상대적 비교를 가능하게 한다.
⑤ 한국판 웩슬러 성인용 지능검사(K-WAIS), 한국판 웩슬러 아동용 지능검사(K-WISC), 미네소타 다면적 인성검사(MMPI), 마이어스-브릭스 성격유형검사(MBTI) 등이 해당한다.

(2) 투사적 검사의 의의 및 특징

① 검사과제가 비구조화되어 있는 검사로 '비구조적 검사'라는 용어로 불리기도 한다.
② 검사지시방법이 간단하고 일반적 방식으로 수행된다.
③ 개인의 독특한 심리적 특성을 측정한다.
④ 수검자의 특성은 모호한 검사자극에 대한 수검자의 비의도적, 자기노출적 반응으로 나타난다.
⑤ 검사내용이 불분명하여 수검자 내면적인 욕구나 성향을 외부에 자연스럽게 투사할 수 있도록 유도한다.
⑥ 로샤검사(Rorschach Test), 주제통각검사(TAT), 집-나무-사람검사(HTP), 문장완성검사(SCT) 등이 해당한다.

(3) 객관적 검사와 투사적 검사의 장단점 비교

심리검사에서 예, 아니오 형식이나 객관적 자기보고식형(설문지 형식)의 장단점을 쓰시오. 2차

구분	객관적 검사	투사적 검사
장점	• 표준화되어 있어 타당도와 신뢰도가 높다. • 시행, 채점, 해석이 표준화되어 있다. • 검사자나 상황 변인의 영향이 적다. • 무응답이나 검사목적에 부합하지 않는 응답을 줄인다.	• 방어가 독특하다. • 방어가 어렵다. • 반응이 풍부하다. • 무의식적 내용이 반영된다.

구분	객관적 검사	투사적 검사
단점	• 사회적 바람직성에 맞추어 반응하려는 반응 경향이 있다. • 긍정 혹은 부정적으로 응답하려는 반응의 경향이 있다. • 수검자 자신의 이해관계와 관계없이 협조적인 대답으로 일관하는 경향이 있다(묵종경향성). • 상태변인, 성격 특성을 고려하지 못한 문항 내용의 제한성이 있다.	• 신뢰도와 타당도의 검증이 어렵다. • 검사자의 높은 전문성이 요구된다. • 상황적 요인의 영향을 받는다.

직업심리검사 중 투사적 검사의 장단점을 3가지씩 쓰시오. 2차

3-3 신뢰도

1 신뢰도의 개념

(1) 신뢰도의 의미

① 검사의 신뢰도란 검사를 동일한 사람에게 실시했을 때, '검사조건이나 검사시기에 관계없이 얼마나 점수들이 일관성이 있는가, 비슷한 것을 측정하는 검사의 점수와 얼마나 일관성이 있는가'하는 것을 말한다.

② 점수가 얼마나 일관성 있게 나오는지를 측정한 것이다. 따라서 측정의 오차가 작을수록 신뢰도는 높은 경향이 있다.

③ 신뢰도가 높다고 타당도가 높은 것은 아니다.

| 쌤의 핵심포인트 |

어떤 직업상담사가 내담자의 지능을 알아보기 위해 정확도가 보장된 체중계로 내담자의 몸무게를 측정했다면 타당도는 낮지만 신뢰도는 높은 측정이다.

(2) 신뢰도 계수

① 결과의 일관성을 보여주는 값으로, '0'에서 '1' 사이의 값을 갖는다. 이때 '0'에 가까울수록 신뢰도가 낮은 반면, '1'에 가까울수록 신뢰도가 높은 것을 의미한다.

② 신뢰도 계수는 개인차가 클수록 커진다. 만약 수검자의 개인차가 전혀 없다면 신뢰도 계수는 '0'이 된다.

③ 일반적으로 표준화된 지능검사가 표준화된 성취검사나 태도검사에 비해 높은 신뢰도 계수를 기대할 수 있다.

2 검사－재검사 신뢰도(안정성 계수)

(1) 의의 및 특징

① 동일한 검사를 동일한 사람에게 서로 다른 시기에 두 번 실시하여 얻은 점수들 간의 상관계수로 신뢰도를 추정하는 것을 말한다.

② 검사점수가 시간의 변화에 따라 얼마나 일관성이 있는지를 나타내는 계수로서, 시간에 따른 안정성을 나타내는 안정성 계수라고 한다.

③ 서로 다른 시기에 측정한 두 검사 점수의 차이는 두 검사의 시간 사이에 발생하는 다양한 요인들에 영향을 받는다. 예를 들면, 성숙, 질병, 피로, 심리상태 등 개인적 요인과 날씨, 소음, 기타 방해 요인 등과 같은 환경적 차이에 의해 발생한다.

(2) 검사-재검사를 통한 신뢰도 추정 시 충족 조건

검사-재검사를 통해 신뢰도를 추정할 때 충족되어야 할 요건 3가지를 쓰시오. 2차

① 일정 시간이 경과하더라도 변하지 않는다고 가정할 수 있어야 한다.

② 앞서 받은 검사 경험이 뒤에 받은 검사의 점수에 영향을 미치지 않는다는 확신이 있어야 한다.

③ 어떤 학습활동이 두 번째 검사의 점수에 영향을 미치지 않는다고 가정할 수 있어야 한다.

㉠ 연습효과(기억효과) : 검사를 실시함에 있어서 시간간격이 짧으면 연습, 기억 효과에 따라 신뢰도가 낮아질 우려가 있다.

㉡ 환경요인 : 내담자의 기분 상태 및 변화, 주변적 환경 요인이 신뢰도에 영향을 미친다.

㉢ 성숙요인 : 내담자가 속성에 반복적으로 노출됨에 따라서 변화할 수 있다.

(3) 검사-재검사법으로 신뢰도 추정치를 구할 경우 주요 단점

신뢰도 측정방법 중 사람들이 하나의 검사에 대해 다른 시점에서 얼마나 일관성 있게 반응하지를 알아보는 방법인 검사-재검사법의 단점(영향을 끼치는 요인) 4가지를 쓰시오. 2차

① 성숙효과 : 내담자가 속성에 반복적으로 노출됨에 따라서 변화할 수 있다.

② 반응민감성 : 반응민감의 영향으로 검사를 치르는 경험이 후속 반응에 영향을 줄 수 있다.

③ 이월효과(기억효과) : 두 검사 사이의 시간 간격이 너무 짧을 경우 앞에서 답한 것을 기억해서 뒤의 응답 시 활용할 수 있다.

④ 시간 및 비용 소요 : 동일 검사를 두 번 실시하는 것은 그만큼 시간도 오래 걸리고 경비도 이중으로 든다.

⑤ 물리적 환경요인 : 내담자의 기분 상태 및 변화, 주변적 환경 요인이 신뢰도에 영향을 미친다.

3 동형검사 신뢰도(Parallel-foram Reliability)

(1) 동형검사 신뢰도의 개념

① 동형의 두 검사를 동일한 사람에게 실시하여 얻은 두 점수 간의 상관계수로 신뢰도를 추정하는 것을 말한다.

② 이미 신뢰성이 입증된 유사한 검사점수와의 상관관계를 검토하는 것으로, 이때 상관계수가 두 검사의 동등성 정도를 나타낸다고 하여 동등성 계수라고 한다.

③ 시간에 따른 안정성과 반응의 안정성을 모두 포함한 좋은 신뢰도 측정방법이다.

(2) 동형검사 신뢰도의 제한점

① 실제로 완벽한 동형검사를 제작하기가 매우 어렵다.
② 동일한 난이도의 문항을 표집하는 데 어려움이 있다.
③ 동일한 검사를 두 번 실시하는 것보다는 연습효과를 줄일 수 있겠지만, 연습효과를 완전히 제거하지 못했다.

> 어떤 사람의 직업적성을 알아보기 위해 같은 명칭의 A적성검사와 B적성검사를 두 번 반복 실시했는데 두 검사의 점수가 차이를 보여 이 사람의 정확한 적성을 판단하기 매우 어려운 상황이 발생하였다. 이와 같은 동일명의 유사한 심리검사의 결과가 서로 다르게 나타날 수 있는 원인 3가지를 쓰시오. 2차

(3) 동형검사 신뢰도를 통한 신뢰도 추정 시 충족 조건

① 두 검사가 근본적으로 측정하려 하는 영역에서 동일한 내용이 표집되어야 한다.
② 동일한 문항 수와 동일한 형식으로 표현되어야 한다.
③ 문항의 난이도(곤란도)가 동등해야 한다.
④ 검사의 지시내용, 시간제한, 구체적인 설명까지 모두 동등성이 보장되어야 한다.

4 반분신뢰도(Split-half Reliability)

(1) 반분신뢰도의 개념

① 해당 검사를 문항수가 같도록 반씩 나눠서 개인별로 두 개의 점수를 구하여 두 점수 간의 상관계수를 계산한 것이다.
② 검사를 한 번만 실시하기 때문에 시간적 안정성은 포함되지 않는다.
③ 두 개로 구분된 문항들의 내용이 얼마나 일관성이 있는가를 측정한 것으로서 내적 합치도 계수라고도 한다.

(2) 반분신뢰도 추정을 위한 주요 방법

> 반분신뢰도의 추정방법 3가지를 쓰고 설명하시오. 2차

① 전후절반법/전후양분법

한 검사의 문항을 배열된 순서에 따라 전반부와 후반부로 나누는 방법이다.

② 기우절반법/기우양분법

검사 문항의 번호가 홀수인지 짝수인지에 따라서 검사를 두 부분으로 나누는 방법이다.

③ 짝진 임의배치법/임의적 짝짓기법

㉠ 각 문항 난이도와 문항-총점 간 상관계수 산출
㉡ 두 통계치를 좌표축으로 하여 산포도 작성
㉢ 산포도에서 비교적 가까이 있는 문항끼리 짝지은 다음 각 짝에서 한 문항씩 임으로 선택 검사를 양분하는 법

(3) 반분신뢰도의 제한점

① 문항의 수를 무조건 증가시킨다고 해서 검사의 신뢰도가 증가하는 것은 아니다.
② 검사의 신뢰도가 낮을 경우 신뢰도를 높이기 위해 기존 검사에 포함된 문항들 중 이질적인 문항들을 제거하거나, 동질적인 문항을 개발하여 새로 부가할 필요가 있다.

5 문항내적합치도(Item Internal Consistency)

① 피검사자가 각 문항에 반응하는 일관성, 합치성에 기초를 두어 추정하는 신뢰도를 말한다.
② 검사에 포함된 문항 하나하나를 모두 독립된 한 개의 검사로 생각하여 그들 간의 합치도, 동질성, 일치성을 종합하는 신뢰도. Kuder-richardson 방법이라고 한다.
③ 동일한 개념을 측정하기 위해 여러 개의 항목으로 구성된 척도를 사용하는 경우, 신뢰도를 저해하는 항목을 찾아내어 측정도구에서 제외시킴으로써 신뢰도를 높이는 방법이다.
④ 반분법이 지닌 문제점이 단일의 신뢰도 계수를 계산할 수 없다는 데 착안, 가능한 모든 반분법 신뢰도를 구한 다음 그 평균값을 추정하는 것으로 가장 널리 쓰이는 방법이며 Chronbach α 계수라고도 한다.
⑤ 크론바하 알파 계수는 0(신뢰도 없음)에서 1(완벽한 신뢰도) 사이의 값을 나타내며 대개 0.7 이상이면 신뢰도가 높다고 인정한다.

| 쌤의 핵심포인트 |

알파값(Chronbach α)이 크다는 것은 검사문항들이 동질적이라는 것을 나타낸다.

6 채점자 신뢰도

(1) 의의

<u>채점자 신뢰도는 한 집단의 검사용지를 두 명의 채점자가 각자 독립적으로 채점해서 찾아내는 것</u>으로 이것은 개개의 수검자들에게서 관찰해 낸 두 개의 점수를 가지고 통상적인 방법에 따라 상관관계를 따져보는 것이다.

| 쌤의 핵심포인트 |

채점자 간 신뢰도가 가장 높은 유형은 사지선다형 검사이다.

(2) 채점자(평정자)로 인한 오차

① <u>후광효과</u>로 인한 오류 : 피평정자에 관한 다른 정보가 평정에 긍정적 또는 부정적으로 영향을 미칠 수 있으며, 한 평정요소에 대한 평정자의 판단이 피평정자의 다른 요소의 평정에도 영향을 미치는 현상이다.

② 중앙 집중화 오류 : 극단적으로 높거나 낮은 점수보다는 중간 점수를 많이 주는 경향성이다. 방지책으로는 강제 배분식이 효과적이나 평가에 심리적 부담을 느끼는 평정자의 책임회피 수단이 된다.

③ 논리적 오류 : 논리적으로 연결된 것처럼 보이는 두 가지 항목에 대해 유사한 평가를 하는 경향을 말한다.

④ 관대화(관용) 및 엄격화의 오류 : 관대화 경향은 평정자가 피평정자와의 관계를 의식하여 친분이 있는 피평정자를 지나치게 높게 평정하는 현상이며, 엄격화 경향은 평정자가 싫어하는 피평정자를 지나치게 엄격히 평정함으로써 전반적으로 낮은 점수를 주는 현상이다.

⑤ 대비오류 : 평정자가 많은 사람을 평정할 때 평정대상을 어떻게 보는가에 따라 자신과 정반대로 평가하거나 아니면 아주 비슷하게 평가하는 양면성을 말한다.

⑥ 근접오류 : 시간적 또는 공간적으로 근접해 있는 항목들에 대해서는 멀리 떨어져 제시된 항목들보다 비슷하게 평가하는 경향성이다.

7 신뢰도의 영향 요인 및 제고방법

(1) 신뢰도 계수에 영향을 미치는 요인

심리검사의 신뢰도에 영향을 주는 요인 5가지를 쓰시오. 2차

① 개인차

수검자의 개인차가 전혀 없는 경우에는 검사점수가 모두 동일하게 나타나 신뢰도 계수는 0이 된다. 반면에 개인차가 충분히 클 경우에는 검사점수가 매우 낮은 점수부터 상당히 높은 점수까지 널리 분포하여 신뢰도 계수는 높게 나타난다.

② 문항 수

검사 문항 수가 여러 개라는 것은 하나의 특성을 여러 번 측정한다는 것을 의미한다. 따라서 검사의 문항 수가 많을 때가 적을 때보다 신뢰도는 더 높게 나타난다.

그러나 문항 수를 늘린다고 해서 검사의 신뢰도가 정비례하여 늘어나는 것은 아니며, 어느 정도 이상이 되면 문항 수가 늘어나도 신뢰도는 거의 증가하지 않는다.

또한 문항 수가 너무 많아지면 실시와 채점 등에 상당한 부담이 되므로 문항 수를 늘려서 신뢰도를 높이고자 할 때는 손익을 충분히 계산해서 결정해야 한다.

③ 문항에 대한 반응 수

개인의 직무만족, 조직의 몰입도 등의 태도검사는 대부분 설문지를 이용하게 된다. 이 경우 5점 또는 7점 척도를 이용하는데 문항의 반응 수가 5나 7을 넘게 되면 검사의 신뢰도는 더 이상 올라가지 않고 평행선을 그린다.

④ 검사 유형(속도 검사의 신뢰도)

어떤 신뢰도 계수는 검사 유형에 따라 다르게 나타날 수 있다. 예를 들어 시간 제한이 있는 속도 검사의 경우에는 앞서 설명했듯이 수검자들이 0점을 받는 문항들은 반분 신뢰도를 계산할 때 양쪽으로 나뉘어 상관계수의 값을 증가시키기 때문에 반분 신뢰도보다는 검사-재검사신뢰도 계수를 측정하여 사용하는 것이 더 바람직하다.

⑤ 신뢰도 검증방법에 따른 요인

같은 검사라도 어떤 종류의 신뢰도를 측정했는가에 따라 측정오차가 조금씩 다를 수 있기 때문에 신뢰도 계수가 다르게 나타난다.

(2) 신뢰도 추정 시 고려사항

① 심리적 특성의 불안정성

불안정한 심리적 특성의 신뢰도를 정확히 추정하기 위해서는 검사-재검사를 거의 동시에 실시해야 한다.

② 속도검사와 역량검사

신뢰도 추정에 영향을 미치는 요인은 상관계수에 영향을 미치는 요인과 유사하다. 표본의 동질성 신뢰도는 두 평형검사의 관찰점수 간 상관으로 정의되므로, 상관계수에 영향을 미치는 요인이 곧 신뢰도 추정에 영향을 미친다.

3-4 타당도

1 타당도(Validity)의 개념

① 타당도란 그 검사가 측정하고자 의도하는 속성을 어느 정도나 정확하게 측정하고 있는가를 말한다.

② 어떤 검사의 신뢰도의 크기는 이론적으로 그 검사의 타당도의 최댓값이며, 검사의 타당도는 신뢰도보다 더 클 수는 없다.

③ 타당도가 높을수록 검사가 사용목적에 맞게 사용되고 있음을 의미한다.

④ 검사가 측정하고자 하는 심리적 구인(구성 개념)을 정확하게 측정하는 것이다.

⑤ 직업상담사의 자격시험 문항 중 대학수학능력을 측정하는 문항이 섞여 있을 경우 타당도가 문제시된다.

2 내용타당도(Content Validity)

① 검사의 문항들이 측정하고자 하는 내용영역을 얼마나 잘 반영하고 있는지를 말하는 것으로, 흔히 성취도검사의 타당도를 평가하는 방법으로 많이 쓰인다.

② 보통 내용타당도는 해당 분야 전문가들의 주관적 판단을 토대로 결정하기 때문에 타당도의 계수를 산출하기 어렵다. 즉, 내용타당도를 나타내는 통계치는 없다고 할 수 있다.

③ 만약 고용주가 직무수행에 필요한 지식, 기술, 능력 등을 평가하는 검사들을 개발한다고 가정할 때, 내용타당도를 살펴보아야 한다.

3 안면타당도(Face Validity, 액면타당도 · 표면타당도)

① 실제로 무엇을 재는가의 문제가 아니라, 검사가 잰다고 말하는 것을 재는 것처럼 보이는가의 문제이다. 즉, 일반인이나 검사를 받는 사람들에게 그 검사가 타당한 것처럼 보이는가를 뜻한다.

② 수검자들의 수검동기나 수검자세에 영향을 미친다.

4 준거타당도(Criterion Validity)

① 어떤 검사가 특정 준거와 어느 정도 관련성이 있는가를 통해 이 검사가 타당한가를 검증하는 방법이다.

② 그 검사가 직무성과나 학업성적 등의 특정 활동영역의 준거를 얼마나 잘 예측해 주는지의 정도를 말한다.

준거 관련 타당도의 의미와 준거 관련 타당도에 속하는 타당도의 종류를 2가지 제시하고 간략히 설명하시오. 2차

(1) 준거타당도의 분류

내용	구분
예언(예측) 타당도	한 검사에서의 점수와 나중에 그 사람이 실제로 직무를 수행할 때의 수행 간의 관계를 추정하는 타당도로, 예측타당도는 검사가 미래의 행위를 얼마나 잘 예측하느냐의 문제이다. ※ 검사를 하고 일정 기간이 지나야 타당도를 판단할 수 있게 된다. 즉, 타당도를 구하는 데 시간이 많이 걸린다는 단점이 있다. 예 흥미검사에서 유형의 점수에 따라 사람을 선별하여 그에 맞는 업무를 시켰을 때, 시간이 흐른 뒤에 그들이 업무성적이 우수하다면 이 검사는 예언타당도가 높은 것이다.
동시 타당도	새로 개발된 검사와 이미 타당도가 인정된 기존의 동일한 속성을 측정하는 검사의 상관관계를 구하여 타당도를 측정하는 방법이다(시간이 오래 걸리는 예측타당도를 보완하기 위한 타당도). 예 외국어시험을 새로 만들어 시행할 때 TEPS나 TOEFL 같은 공인된 시험을 같이 시행하고 상호 비교하여 시험점수가 높이 나오면 새로 만든 외국어 시험의 동시타당도는 높은 것이다.

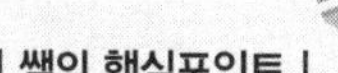

| 쌤의 핵심포인트 |

타당도 중에서 수치(타당도 계수)로 나타낼 수 있는 것은 예언타당도와 동시타당도이다.

준거타당도는 직업상담이나 산업장면에서 검사를 사용할 때 다른 어떤 타당도보다 중요하다. 준거타당도의 의미를 쓰고 준거타당도가 낮은 검사를 사용하는 것이 왜 문제가 되는지 설명하시오. 2차

(2) 준거타당도가 직업상담에서 중요한 이유

① 명확한 준거를 갖고 미래의 행동을 예측할 수 있다.

② 선발, 배치, 훈련 등의 인사관리에 설득력을 제공한다.

(3) 준거타당도가 낮은 검사를 직업상담이나 산업장면에서 사용하면 안 되는 이유

① 선발이나 평가과정의 효율성을 떨어뜨린다.

② 인사관리에 관한 의사결정의 공정성을 저해한다.

준거타당도 계수의 크기에 영향을 끼치는 요인을 3가지만 쓰고 각각에 대해 설명하시오. 2차

(4) 준거타당도 계수의 크기에 영향을 미치는 요인

① 표집오차 : 표본이 모집단을 잘 대표하지 못하면 표집오차가 커져서 준거타당도 계수가 낮아지게 된다.

② 준거측정치의 신뢰도 : 어떤검사의 준거측정치의 신뢰도가 낮으면 준거타당도도 낮아지게 된다.

③ 준거측정치의 타당도 : 준거측정치가 해당 개념을 얼마나 잘 반영하는가에 대한 타당도가 영향을 미침. 준거왜곡(준거결핍 : 내용을 충분히 반영하지 못하는 경우, 준거오염 : 관계없는 내용을 포함하고 있는 경우)이 일어나면 준거타당도 계수도 낮아질 수 있다.

④ 범위제한 : 준거타당도의 계산을 위해 얻은 검사점수와 준거점수의 자료들이 전체 범위를 포괄하지 못하고 일부 범위만을 포괄하는 경우. 이렇게 자료에 의해 얻은 상관계수는 실제의 상관계수 크기보다 작아진다.

예 새로 입사한 70명의 신입사원들에 대한 적성검사의 타당도 계수가 0.50이었다고 가정할 때, 입사하지 못한 사람들도 포함해서 모든 응시자를 대상으로 하면, 이 검사의 타당도 계수는 높아진다.

5 구성타당도(구인타당도)

① 구성타당도는 그 검사가 해당 이론의 구성개념이나 특성을 잘 측정하는 정도를 말하는 것이다.

② 객관적으로 관찰 가능하지 않은 추상적 개념(적성, 지능, 흥미 등)을 얼마나 잘 측정하는지를 나타낸 것이다.

구성타당도를 분석하는 방법 3가지를 제시하고 각 방법에 대해 설명하시오. 2차

③ 구성타당도를 분석하는 방법 3가지

내용	구분
수렴타당도	관계있는 변인들과 비교해서 상관계수를 구하는 방법으로 상관계수가 높을수록 수렴타당도가 높다. 예 지능지수(IQ)와 학교성적과 같이 검사 결과가 이론적으로 연관되어 있는 변수들 간의 상관관계를 측정하는 경우

내용	구분
변별타당도	관계없는 변인들과 비교해서 상관계수가 낮을수록 변별타당도가 높다. 예 지능지수(IQ)와 외모와 같이 검사 결과가 이론적으로 연관되어 있지 않은 변수들 간의 상관관계를 측정하는 경우
요인분석법	검사를 구성하는 문항들 간의 상호 상관관계를 분석해서 서로 상관이 높은 문항들을 묶어주는 통계적인 방법이다. 예 수학과 과학 문항들을 혼합하여 하나의 시험으로 치르는 경우, 수학을 잘 하는 학생의 경우 수학 문항들에 대해, 과학을 잘 하는 학생의 경우 과학 문항들에 대해 좋은 결과를 나타내 보일 것이므로 해당 문항들은 두 개의 군집, 즉 요인으로 추출될 것이다.

④ 중다특성-중다방법 행렬표(MTMM ; MultiTrait-Multimethod Matrix)

㉠ 수렴타당도와 변별타당도를 동시에 확인할 수 있는 방법이며 둘 이상의 특성을 둘 이상의 방법으로 그 결과를 분석하고 측정한다.

㉡ 동일한 특성을 이질적인 방법으로 측정한 점수들 간의 상관계수(수렴타당도)가 높고 정적인 상관인가를 확인한다.

㉢ 상관계수들이 이질적인 특성을 동일한 방법으로 측정한 점수들 간의 상관계수(변별타당도)보다 높은가를 확인한다.

중다특성-중다방법 행렬표(MTMM)로 확인하는 절차에 대해 설명하시오. 2차

3-5 심리검사의 개발

1 문항분석

(1) 의의

① 문항분석은 검사의 각 문항들에 대한 응답을 분석함으로써 문항의 난이도나 변별도, 추측도 등에 관한 자료를 얻는 것이다.

② 검사개발에서 문항분석이 중요한 이유는 그 과정을 통해 검사의 길이를 줄일 수 있을 뿐만 아니라 검사의 신뢰도와 타당도를 높일 수 있기 때문이다.

(2) 주요 개념

문항의 난이도, 문항의 변별도, 오답의 능률도가 갖는 의미를 각각 설명하시오. 2차

① 문항의 난이도/곤란도(Item Difficulty) : 문항의 쉽고 어려운 정도. 총 피험자 중 정답을 맞힌 피험자의 비율 혹은 문항에 정답을 제시할 확률을 의미한다.

② 문항의 변별도(Item Discrimination) : 높은 점수를 얻은 사람과 낮은 점수를 얻은 사람을 식별 또는 구별할 수 있는 변별력을 의미한다.

③ 문항의 추측도(Item Guessing) : 능력이 전혀 없음에도 불구하고 문항의 답을 맞힐 확률을 의미한다.

④ 오답의 능률도(Effectiveness of Distractors) : 오답지를 정답으로 선택할 수 있는 가능성을 의미한다.

(3) 문항 난이도 수준

① 전체 응답자 중 특정 문항을 맞힌 사람들의 비율로서 보통 'P'로 표시한다.

$$P = \frac{R}{N} \times 100$$

여기서, R : 어떤 문항에 정답을 한 수 N : 총 사례 수

② 0.00에서 1.00 사이의 값. 문항 난이도 지수가 높을수록 쉬운 문제이다.

③ 문항 난이도가 0.50일 때 검사 점수의 분산도가 최대가 된다. 반은 맞고 반은 틀림으로써 변화 폭이 클 가능성이 많아짐을 의미한다.

심리검사 제작을 위한 예비문항 작성 시(고려) 바람직한 태도 3가지를 기술하시오. 2차

(4) 예비문항 제작 시 고려해야 할 사항

① 문항의 적절성(기회 균등성) : 문항은 성별, 인종, 지역, 문화 등의 차이에 따라 특정 집단에 유리하거나 불리하지 않도록 균등하게 제작해야 한다.

② 문항의 난이도(곤란도) : 수검자의 수준에 따라 너무 낮지도 높지도 않게 적절하게 구성해야 한다.

③ 문항의 구조화 : 문항의 질문내용은 모호하지 않고 구체적이며 명확해야 한다.

2 검사의 개발

(1) 검사 개발의 일반적인 과정

검사의 사용목적 파악 → 구성개념을 대표하는 행동 파악 → 범주별 상대적 중요도 결정 → 문항 검토 → 사전검사 실시 → 검사 실시 → 자료 분석 → 검사의 규준화 → 발행 및 수정(개정)

(2) 문항의 주요 반응양식

① 진위형 : 하나의 문항에 대해 두 가지 선택지(예/아니요)

② 중다선택(사지선다)형 : 네 가지 혹은 그 이상의 선택지가 주어지고 그 가운데 정답 하나를 선택

③ 리커트 양식(응답자 중심) : 5점 척도(아주 좋다-좋다-보통-나쁘다-아주 나쁘다), 3~5점 척도 등으로 응답자의 개인차를 알아보기 위해 쓰인다.

④ 서스톤 양식(자극 중심) : 체크 박스를 제시하고, 선택된 표시를 통해 응답자의 자극 특성을 알아보는 양식이다.

예 커피 좋아 ☑, 홍차 좋아 ☐, 녹차 좋아 ☐

3 심리검사의 실시

(1) 심리검사 제작 순서

① 구성개념의 영역 규정 : 측정대상을 개념화한다.

② 문항표본 작성 : 문항을 만드는 과정으로 탐색적 조사가 많이 사용되며 문항을 정확하고 세련되게 편집한다.

③ 사전검사 자료수집 : 문항편집을 통해 확정한 문항을 이용해서 사전검사를 실시해야 한다.

④ 측정의 세련화 : 측정의 세련화를 위해서는 문항분석을 하게 되는데, 보통은 각 문항과 전체점수의 상관관계를 살펴보거나 내적합치도를 살펴보게 된다.

⑤ 본검사 자료수집 : 문항들을 수정 · 첨가 · 삭제하여 적절한 요건을 충족시키는 문항군을 구성한 후 새로운 표본을 이용하여 본검사 자료를 수집한다.

⑥ 신뢰도 · 타당도 평가 : 어느 정도 세련화된 표본으로 새로운 사람들에게 실시하여 신뢰도와 타당도를 평가해야 한다.

⑦ 규준개발 : 최종검사지를 제작한 후 검사규준을 마련하고 규준집단을 표집해야 하는데, 규준은 인구통계변인에 의해 집단별로 제작하는 것이 일반적이다.

(2) 사전준비

① 철저한 사전준비를 위해 검사의 정확한 구두 지시사항을 미리 충분히 암기하고 검사재료를 미리 준비해두어야 한다.

② 일반적으로 검사자는 해당 지시사항을 읽어주고, 수검자들이 시간을 지키도록 주의를 주는 등 검사장 전체를 장악할 책임이 있다.

③ 심리검사의 윤리적 고려사항

㉠ 수검자를 차별하는 도구로 사용해서는 안 된다.

㉡ 수검자에게 검사의 목적과 절차에 관해 사전 동의를 받아야 한다.

㉢ 자격을 갖춘 검사자만이 사용해야 한다(관련 학문 전공자가 아니어도 교육만 받으면 가능).

㉣ 검사내용이 수검자에게 미리 알려져서는 안 된다.

㉤ 수검자의 사생활은 보호되어야 한다.

> 심리검사의 윤리적 고려사항을 4가지 이상 작성하시오. 2차

(3) 검사조건

① 검사조건은 검사점수에 상당한 영향을 주는데, 표준화된 검사절차에는 구두 지시사항과 시간제한, 검사재료들뿐 아니라 검사환경도 포함된다.

② 검사실은 지나친 소음과 방해자극이 없는 곳이어야 하고, 적당한 조명과 통풍, 착석시설 및 수검자에게 편한 작업공간을 갖춰야 한다.

심리검사와 관련하여 준수해야 할 윤리강령이 있다. 이 중 평가기법과 관련하여 준수해야 할 윤리강령 3가지를 기술하시오. 2차

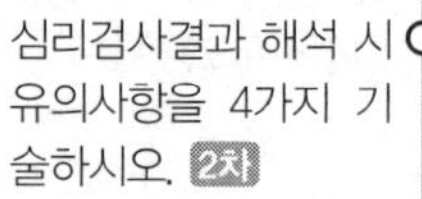

내담자의 직업능력을 파악하기 위해 검사도구를 사용하고자 할 때 가장 우선적으로 해야 할 일은 검사를 하고자 하는 내담자의 목적을 탐색하는 것이다.

(4) 검사의 도입과 실시

① 검사 도입과정에서는 무엇보다 수검자와 친밀교감(Rapport)을 형성하는 것이 중요한데, 친밀교감이란 수검자에 대한 관심과 협조, 검사를 통해 수검자로 하여금 검사를 성실히 하도록 하려는 노력을 말한다.

② 대부분의 검사는 수검자의 자기보고에 의존하는데, 능력검사의 경우에는 자신의 능력을 발휘하도록 하는 것이 중요하고, 성격검사는 솔직하고 정직하게 답하는 것이 중요하다.

③ 검사 도입 시 수검자가 검사에 불안을 느끼지 않도록 배려해야 한다.

④ 직업상담에서 검사지 선택 시 고려사항

㉠ 검사를 사용할 것인지 결정한다.

㉡ 검사 선택은 내담자와 함께 하도록 한다.

㉢ 신뢰도와 타당도를 살펴본다.

㉣ 상담목적에 부합해야 한다.

㉤ 내담자 특성에 적합해야 한다.

⑤ 심리검사의 실시, 채점, 해석 시 윤리적 고려사항

㉠ 알아듣기 쉬운 방식으로 충분히 설명해야 한다.

㉡ 심리검사나 평가기법을 개발할 때 과학적 과정을 따라야 한다.

㉢ 평가 결과가 시대에 뒤떨어질 수 있음을 인정하고 측정치가 잘못 사용되지 않도록 한다.

㉣ 해석을 내릴 때 절차의 타당성에 대한 증빙자료를 제시해야 한다.

㉤ 전문적 교육과 훈련을 받지 않은 사람이 자유롭게 이용해서는 안 된다.

(5) 채점과 해석

심리검사결과 해석 시 유의사항을 4가지 기술하시오. 2차

① 채점 시에는 검사요강이 정한 판단기준과 절차를 철저히 따르는 것이 가장 중요하다.

② 채점에 채점자의 주관적 판단이 개입하는 경우에는 전문가의 감독을 통한 수련이 필요하다.

③ 해석은 매우 전문적인 문제로 특히 규준표의 해석에 주의해야 한다.

④ 심리검사 해석 시 유의사항

㉠ 내담자가 이해하기 쉬운 언어를 사용한다.

㉡ 검사점수를 등수보다는 수준 범위로 말해주는 것이 좋다.

㉢ 주관적인 판단을 배제하고 객관적으로 이야기한다.

㉣ 내담자의 반응을 고려해야 한다.

㉤ 검사 결과가 악용되어서는 안 된다.

㉥ 피검자가 스스로 생각할 시간을 준다.

㉦ 동기를 부여한다.

(6) 틴슬리와 브래들리(Tinsley & Bradley)가 제시한 심리검사 결과 해석의 4단계

① 해석준비단계 : 상담자는 내담자가 검사결과의 의미를 충분히 이해하고 있는지 숙고한다.
② 수용준비단계 : 상담자는 내담자가 검사결과를 받아들일 수 있도록 노력한다.
③ 정보전달단계 : 상담자는 내담자에게 검사결과를 전달한다.
④ 추후활동단계 : 내담자와 상담결과에 대해 이야기를 나누면서 내담자가 어떻게 이해했는지 확인한다.

틴슬리와 브래들리가 제시한 심리검사 결과 해석의 4단계를 쓰시오. 2차

(7) 검사결과의 통보

① 검사결과는 적절한 해석을 담은 설명과 함께 전달해야 한다.
② 검사결과에 관해 상담이나 토의를 할 기회가 없이 점수만 아는 것은 정서적 혼란을 초래하는 등 수검자에게 해로울 수도 있다.
③ 검사결과를 적절하게 통보하기 위해서는 검사결과의 통보를 상담의 한 부분으로 간주하고 전반적인 상담자 · 내담자 관계 속으로 끌어들여야 하며, 검사결과를 가능한 한 내담자가 제기한 특정문제에 대한 설명이나 해결책으로 해석하는 것이 바람직하다.

(8) 부정적인 심리검사 결과가 나온 내담자에게 검사결과를 통보하는 방법

① 내담자가 충격을 받지 않도록 유의한다.
② 내담자에게 검사결과를 전달할 때 기계적으로 해선 안 되며, 일상적 용어로 쉽게 설명한다.
③ 내담자의 방어를 최소화하기 위해 해석의 기회를 갖는다.
④ 타인에게 부정적 결과가 알려지지 않도록 비밀보장에 유의한다.

부정적인 심리검사 결과가 나온 내담자에게 검사결과를 통보하는 방법에 대해서 설명하시오. 2차

3-6 주요 심리검사

1 성인지능검사

(1) 개념

① 지능은 일반적으로 학습능력, 적응능력 또는 복잡하고 추상적인 자료를 적절히 취급하는 종합적인 능력 등 독특한 능력을 대변하는 심리적 구성물로 간주된다.
② 지능검사는 **인지적 검사**에 해당하는 것으로 개인의 **지적인 능력 수준을 평가**하며, **인지기능의 특성을 파악**할 수 있도록 한다.

(2) 지능검사를 통해서 얻을 수 있는 정보

① 개인의 지적인 능력수준을 평가함으로써 학업이나 직업적 성취를 예측할 수 있다.

② 개인의 인지적 · 지적 기능의 특성을 파악할 수 있다. 또한 인지적 특성과 관련된 정보를 가지고 환경에 대한 적응 여부를 예측할 수 있다.

③ 기질적인 뇌손상 유무, 뇌손상으로 인한 인지적 손상 유무를 알 수 있다.

(3) 지능의 2요인설(Spearman)

스피어만(Spearman)의 2요인 이론인 일반요인과 특수요인을 설명하시오. 2차

① 일반요인(General Factor) : 모든 개인이 공통적으로 가지고 있는 능력으로서, 여러 가지 지적 활동에 공통적으로 적용하는 요인이다.

② 특수요인(Special Factor) : 특정 분야에 대한 능력으로서, 어떤 특정한 상황이나 과제에서만 발휘되는 요인이다.

(4) 유동성 지능과 결정성 지능(Cattell)

| 쌤의 핵심포인트 |

카텔의 결정적 지능이론은 성인기에 지능이 쇠퇴한다고 단정지었던 과거의 관점을 수정한 이론이다.

① 유동성 지능(Fluid Intelligence) : 개인의 독특한 신체구조와 과정에 기초한 선척적인 지능이다.

② 결정성 지능(Crystallized Intelligence) : 유동성 지능을 바탕으로 개인의 문화적 · 교육적 경험에 따라 영향을 받으며 환경에 따라 40세까지 혹은 그 이후에도 발전 가능한 지능이다.

(5) 지능지수의 계산공식

① 비율 IQ의 공식(Ratio IQ)

$$RIQ = \frac{MA(정신연령)}{CA(생활연령)} \times 100$$

⇨ 연령이 적은 경우 과대평가, 연령이 많은 경우 과소평가

예 5살인 아동의 정신연령이 6살인 경우 RIQ는 120

② 편차 IQ 공식(DIQ)

$$DIQ = 15Z + 100$$

$$여기서,\ Z = \frac{원점수 - 평균}{표준편차}$$

⇨ Z 점수에 일정수(15)의 편차를 곱하고 평균치를 100으로 정하여 더한 것이다.

(6) 스탠포드 – 비네 지능검사

① 초등교육을 받을 수 없는 정신지체아를 구별하기 위한 최초의 지능검사로 볼 수 있다.

② 1905년 비네와 시몽은 '비네-시몽 검사'를 개발하였다. 미국 스탠포드대학의 심리학자 터만(Lewis Terman)은 비네와 시몬의 검사를 개정해 1916년에 스탠포드-비네(Stanford-Binet) 검사를 출간했다.

③ 스탠포드-비네 검사는 '지능지수(IQ ; Intelligence Quotient)'의 개념을 처음으로 도입한 검사로, 개인의 지적 능력을 정신연령과 생활연령의 대비를 통해 비율로써 나타냈다.

(7) 한국판 웩슬러 성인지능검사 (K-WAIS ; Korean Wechsler Adult Intelligence Scale)

① 한국판 웩슬러 성인지능검사의 특징

㉠ 반응양식이나 검사행동양식으로 개인의 독특한 심리 특성도 파악할 수 있다.

㉡ 신뢰도와 타당도가 높다.

㉢ 편차지능지수 방식을 사용하며, 평균 100, 표준편차 15를 적용하여 산출한다.

② 한국판 웩슬러 성인지능검사의 구성

언어성 검사와 동작성 검사로 대별되며, 총11개의 하위검사(소검사)로 구성되어 있다.

③ 실시와 채점

㉠ 한국판 웩슬러 성인지능검사(K-WAIS)의 실시에는 대략 1시간 내지 1시간 반 정도가 소요된다. 검사과정이 단순하지 않으므로 미리 검사요강의 실시요령을 숙지하고, 사전연습을 통해 실시과정에서 능숙함을 보여야 한다.

㉡ 표준절차에 따라 검사를 실시하면서 수검자의 행동을 관찰하여 의미 있거나 특이한 행동을 메모해 두었다가 나중에 그 의미를 찾아볼 수 있게 해야 한다.

| 쌤의 핵심포인트 |

숫자 외우기는 청각적 단기기억과 주의력을 측정하는 것으로, 피검자의 상태에 따라 변동·손상되기 쉬운 검사이다.

한국판 웩슬러 성인지능검사의 구성

하위검사명		측정내용	문항 수
언어성 검사	기본 지식	개인이 가지는 기본 지식의 정도	29
	숫자 외우기	청각적 단기기억, 주의력	14
	어휘문제	일반지능의 주요 지표, 학습능력과 일반 개념 정도	35
	산수문제	수개념 이해와 주의집중력	16
	이해문제	일상경험의 응용능력, 도덕적·윤리적 판단능력	16
	공통성 문제	유사성 파악능력과 추상적 사고능력	14

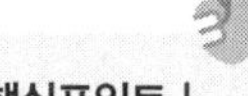

| 쌤의 핵심포인트 |

언어성 검사는 결정적 능력, 동작성 검사는 유동성 능력을 측정한다.

하위검사명		측정내용	문항 수
동작성 검사	빠진 곳 찾기	사물의 본질과 비본질 구분 능력, 시각예민성	20
	차례 맞추기	전체 상황에 대한 이해와 계획 능력	10
	토막 짜기	지각적 구성능력, 공간표상능력, 시각 · 운동 협응능력	9
	모양 맞추기	지각능력과 재구성능력, 시각 · 운동 협응능력	4
	바꿔 쓰기	단기기억 및 민첩성, 시각 · 운동 협응능력	93

㉢ 채점과정

- 각 문항에서 얻은 점수를 합해서 소검사의 원점수를 구한다.
- 각 소검사의 원점수를 검사지의 환산점수산출표를 토대로 환산점수로 바꾼다(이 환산점수는 표준점수로서 평균 10, 표준편차 3으로 변환한 것이다).
- 언어성 검사와 동작성 검사에 속하는 각 소검사들의 환산점수를 합해서 각기 언어성 검사와 동작성 검사의 환산점수를 구하고 이를 다시 합해서 전체 검사점수의 환산점수를 구한다.
- 각 환산점수를 검사요강의 연령별 지능지수 산출표를 참고해서 언어성 IQ, 동작성 IQ, 전체 IQ로 바꾼다.

④ 해석

㉠ 언어성 IQ가 동작성 IQ보다 현저하게 높은 경우 : 우울, 불안, 강박증, 신경쇠약 등의 대부분 신경증환자, 정신병 특히 정신분열증환자, 노인, 뇌손상이 의심되는 경우에는 우반구에 손상이 있는 사람들에게 흔히 관찰된다는 보고가 있다.

㉡ 동작성 IQ가 언어성 IQ보다 현저하게 높은 경우 : 반사회적 자기애적 성격경향이 강한 사람, 교육적 성취도나 독서능력이 낮고 생각보다는 행동을 선호하는 사람, 비행청소년, 뇌손상이 의심되는 경우에는 좌반구에 손상이 있는 사람에게서 흔히 관찰된다는 보고가 있다.

2 GATB 직업적성검사

(1) 개념

① 인간의 능력을 일반적 능력과 특수적 능력으로 구분하는 방법이 널리 사용되고 있는데, 여기서 일반적 능력을 지능, 특수적 능력을 적성이라고 할 수 있다.

② 적성이란 일반적으로 어떤 특정한 활동이나 작업을 수행하는 데 필요한 능력이 어느 정도 있으며 그러한 능력의 발현 가능성이 어떠한가를 문제 삼는 것으로

지능이 일반적이고 개괄적인 능력의 가능성을 가리키는 데 비하여 구체적인 특정 활동이나 작업에 대한 미래의 성공 가능성을 예언하는 것이다.

③ 직업적성검사는 한 개인이 어떤 적성을 가지고 있으며, 어떤 직업에서 일을 성공적으로 수행할 수 있는지를 파악하기 위한 검사이다.

(2) 적성검사의 효용성

① 시간절약이 가능하다.
② 경제적 이득이 있다.
③ 자기 이해를 증진시킬 수 있다.
④ 확신감을 부여한다.
⑤ 직업선택 및 목표설정의 가능성을 제공한다.

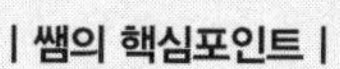

| 쌤의 핵심포인트 |
원하는 취업분야의 적성을 키우는 데 도움을 주지는 않는다.

(3) 적성검사의 기능(Gibson & Mitchell)

① 개인이 미처 인식하지 못하고 있는 잠재력을 발견할 수 있다.
② 개인의 특수능력이나 잠재력을 개발하도록 격려할 수 있다.
③ 학업이나 진로를 결정하는 데 중요한 정보를 제공할 수 있다.
④ 개인의 미래 학업이나 직업에 있어서의 성공 가능성을 예측할 수 있다.
⑤ 다른 발달이나 교육적인 목적에 따라서 학생들을 적성별로 분류할 수 있다.

(4) 일반적성검사 또는 일반 직업적성검사

① 검사의 구성

㉠ 미국에서 개발한 일반적성검사(GATB ; General Aptitude Test Battery)를 토대로 표준화한 검사들이 'GATB 직업적성검사' 또는 '적성종합검사'라는 이름으로 사용되고 있다.

㉡ 모두 15개의 하위검사를 통해서 9개 분야의 적성을 측정할 수 있도록 제작된 것이다.

㉢ 15개의 하위검사 중 11개는 지필검사, 4개는 수행검사로 이루어져 있다.

㉣ 현재 국내의 GATB는 검사의 타당화에 대한 연구가 별로 없어서 타당도에 대한 증거가 미흡하다.

② GATB의 하위검사별 검출되는 적성 요인

GATB는 하위검사들을 조합해서 모두 9개의 적성을 검출해 내도록 되어 있다.

하위검사명(15개)	검출되는 적성	측정방식
기구대조검사	형태지각(P)	지필검사
형태대조검사		
명칭비교검사	사무지각(Q)	

| 쌤의 핵심포인트 |
사무지각적성을 측정하기 위한 검사는 명칭비교검사이다.

| 쌤의 핵심포인트 |

둘 이상의 적성을 검출하는 검사는 산수추리검사, 어휘검사, 입체공간검사이다.

하위검사명(15개)	검출되는 적성	측정방식
타점속도검사	운동반응(K)	지필검사
표식검사		
종선기입검사		
평면도 판단검사	공간적성(S)	
입체공간검사	공간적성(S), 지능(G)	
어휘검사	언어능력(V), 지능(G)	
산수추리검사	수리능력(N), 지능(G)	
계수검사	수리능력(N)	
환치검사	손의 재치(M)	동작검사
회전검사		
조립검사	손가락 재치(F)	
분해검사		

③ 검출되는 적성

일반직업적성검사(GATB) 검사 시 측정되는 적성에 대해서 설명하시오. 2차

㉠ 지능(General Intelligence, G) : 일반적인 학습능력이나 지도내용과 원리를 이해하는 능력, 추리 · 판단하는 능력, 새로운 환경에 빨리 순응하는 능력이다.

㉡ 언어능력(Verbal Aptitude, V) : 언어의 뜻과 그에 관련된 개념을 이해하고 사용하는 능력, 언어 상호 간의 관계와 문장의 뜻을 이해하는 능력, 보고 들은 것이나 자신의 생각을 발표하는 능력을 말한다.

㉢ 사무지각(Clerical Perception, Q) : 문자나 인쇄물, 전표 등의 세부를 식별하는 능력, 잘못된 문자나 숫자를 찾아 교정하고 대조하는 능력, 직관적인 인지능력의 정확도나 비교 · 판별하는 능력을 말한다.

㉣ 운동반응(Motor Coordination, K) : 눈과 손을 함께 사용해서 빠르고 정확한 운동을 할 수 있는 능력이며, 눈으로 겨누면서 정확하게 손이나 손가락의 운동을 조절하는 능력을 말한다.

㉤ 공간적성(Spatial Aptitude, S) : 공간상의 형태를 이해하고 평면과 물체의 관계를 이해하는 능력을 말한다.

㉥ 형태지각(Form Perception, P) : 실물이나 도해 또는 표에 나타나는 것을 세부까지 바르게 지각하는 능력이며, 시각으로 비교 · 판별하는 능력, 도형의 형태나 음영, 근소한 선의 길이나 넓이 차이를 지각하는 능력, 시각의 예민도 등을 말한다.

㉦ 수리능력(Numerical Aptitude, N) : 빠르고 정확하게 계산하는 능력을 말한다.

ⓞ 손의 재치(Manual Dextrity, M) : 손을 마음대로 정교하게 조절하는 능력이며, 물건을 집고, 놓고 뒤집을 때 손과 손목을 정교하고 자유롭게 운동할 수 있는 능력을 말한다.

ⓩ 손가락 재치(Finger Dextrity, F) : 손가락을 정교하고 신속하게 움직이는 능력이며, 작은 물건을 정확 · 신속히 다루는 능력을 말한다.

3 흥미검사

(1) 개념

① 특정분야에 대한 흥미를 비교하기 위한 검사로 활동이나 직업에 대한 좋고 싫음을 표시한다.

② 스트롱 · 캠벨 흥미검사, 직업선호도 검사가 대표적이다.

③ 흥미검사는 특정 직업 활동에 대한 호오(好惡)나 선호를 측정하기 위해 만들어진 것이다.

(2) 직업흥미검사의 주요 종류

① 스트롱－캠벨 흥미검사(SCII)

② 쿠더 직업흥미검사(KOIS)

③ 홀랜드의 직업선택이나 적응이론을 기반으로 한 자기방향탐색/자기흥미탐색(SDS), 직업선호도검사(VPI), 경력의사결정검사(CDM) 등

(3) 스트롱 진로탐색검사

'1부 진로성숙도검사'와 '2부 직업흥미검사'로 구성되어 있다.

(4) 스트롱 직업흥미검사

① 일반직업분류(GOT ; General Occupational Themes) : 홀랜드의 이론에 의해 6가지 주제 RIASEC으로 구성, 수검자의 흥미에 관한 포괄적인 전망을 제공할 수 있다.

② 기본흥미척도(BIS ; Basic Interest Scales) : 일반직업분류를 세분화한 것으로 수검자의 특정한 흥미분야에 더 집중된 전망을 제공한다.

③ 개인특성척도(PSS ; Personal Style Scales) : 일상생활과 일의 세계에 관련된 광범위한 특성에 대해 개인이 선호하고 편안하게 느끼는 것을 측정하는 4개의 척도(업무유형, 학습유형, 리더십유형, 모험심유형)로 구성되어 있다.

스트롱이 제시한 직업흥미검사의 척도를 3가지 쓰고 각각에 대해 간략히 설명하시오. 2차

(5) 홀랜드의 직업선호도검사

① 직업선호도검사는 다양한 분야의 선호도를 측정하여 그들이 어떤 분야에 적합한지를 판단하기 위해 실시한다.

② 워크넷에서 제공되는 직업선호도검사는 L형과 S형으로 구분된다. L형은 흥미검사, 성격검사, 생활사검사로 구성되는 반면, S형은 진로 및 직업상담 장면에서 가장 많이 활용되는 흥미검사로만 구성되어 있다.

③ 홀랜드의 6가지 흥미 유형

㉠ 현실형 : 현장에서 몸으로 하는 활동을 좋아하며, 사교적이지 못하고, 흥미유형 중 사회경제적으로 가장 낮은 위치에 속하는 편이다.

㉡ 탐구형 : 사람보다는 아이디어를 강조하고, 추상적인 사고능력을 가지고 있다. 6가지 유형 중 학력수준은 가장 높다.

㉢ 예술형 : 창의성을 지향하고 아이디어와 재료를 사용해서 자신을 새로운 방식으로 표현하는 작업을 하며, 학력수준은 탐구형 다음으로 높다.

㉣ 사회형 : 타인과 협동하여 일하는 것을 지향하며, 대인관계기술이 좋고 부드러움을 특징으로 한다.

㉤ 진취형 : 물질이나 아이디어보다 사람에게 관심이 있으며, 특정목표를 달성하기 위해 타인을 통제하고 지배하는 데 관심이 있다.

㉥ 관습형 : 잘 짜여진 구조 속에서 일하는 데 익숙하고 세밀하고 꼼꼼한 일에 능숙하며, 특히 여성의 비율이 높다.

④ 흥미의 육각형 모형 : 육각형의 모양은 흥미의 방향을 결정하고, 육각형의 크기는 흥미의 정도를 나타낸다.

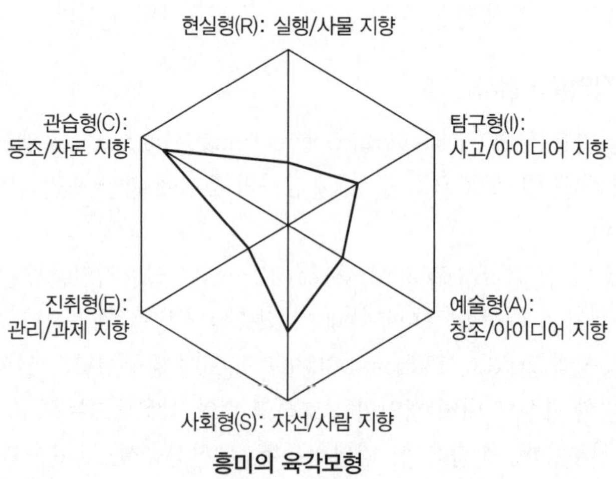

흥미의 육각모형

흥미의 육각형 모형 특징

구분		육각형의 모양	
		한쪽으로 찌그러진 모양	정육각형에 가까운 모양
육각형의 크기	크다	• 특정 분야에 뚜렷한 관심을 보인다. • 흥미가 잘 발달되어 있고 안정적인 형태이다. • 수검자의 성격, 능력, 경험 등이 관심분야와 조화로운지 살펴보는 것이 바람직하다.	• 관심분야가 폭넓은 경우이다. • 거의 모든 분야에 호기심이 있지만 자신의 진정한 흥미분야가 무엇인지는 잘 모를 수 있다. • 능력, 성격, 경험 등을 고려하여 흥미분야를 좁혀보는 것이 바람직하다.
	작다	• 대체로 흥미발달이 잘 이루어지지 않았다. • 특정분야에 관심이 있긴 하지만 그 정도가 크지 않다. • 조금이라도 관심이 있는 분야에 대한 적극적인 탐색을 시도해 보는 것이 바람직하다.	• 뚜렷한 관심분야가 없다. • 무엇에 관심이 있는지, 무엇을 잘 할 수 있는지 등과 같은 자기 이해가 부족한 경우이다. • 과거에 즐거워했거나 잘 할 수 있었던 작은 경험부터 떠올려 본다.

4 성격검사

(1) 개념

① 올포트(Allport)는 "환경에 대한 한 개인의 독특한 적응방식을 결정하는 정신적 · 물리적 제조직의 역동적 체제"로 규정하였다.

② 성격에는 개인의 욕구, 자아개념, 성취동기, 포부수준, 대인관계 등 다양한 요인들이 포함되어 작용한다.

③ 성격 유형 검사는 시간이 흐르거나 환경이 바뀌어도 변하지 않고 일관되게 나타나는 개인의 행동특성을 측정한다.

(2) 16성격 요인검사

① 16성격 요인검사(16PF ; Sixteen Personality Factor Questionnaire)는 1949년 카텔(Cattell) 자신의 성격이론을 입증하기 위해 고안한 검사도구이다.

② 성격 특성과 연관된 4,500여 개의 개념들에게서 최소한의 공통요인으로 추출한 16개의 요인을 토대로 정상인의 성격을 측정한다.

16성격 요인검사(16PF)의 16가지 요인

① 온정성(Warmth)
② 추리력(Reasoning)
③ 정서적 안정성(Emotional Stability)
④ 지배성(Dominance)
⑤ 쾌활성(Liveliness)
⑥ 규칙 준수성(Rule Consciousness)

⑦ 대담성(Social Boldness)	⑧ 예민성(Sensitivity)
⑨ 불신감(Vigilance)	⑩ 추상성(Abstractedness)
⑪ 개인주의(Privateness)	⑫ 걱정(Apprehension)
⑬ 변화 개방성(Openness to Change)	⑭ 독립성(Self-reliance)
⑮ 완벽주의(Perfectionism)	⑯ 긴장감(Tension)

고용노동부 성격검사는 성격 5요인 모델에 근거하고 있다. 5요인을 열거하고 각 요인을 간단히 설명하시오. 2차

(3) 성격 5요인(Big-5) 검사

1981년 골드버그(Goldberg)는 기존의 다양한 학자들에 의해 시도된 성격 5요인 모델을 새롭게 발전시켰으며, 이를 'Big Five(Big-5)'라는 명칭으로 불렀다.

① 외향성 : 타인과의 상호작용을 원하고 타인의 관심을 끌고자 하는 정도
② 호감성 : 타인과 편안하고 조화로운 관계를 유지하는 정도
③ 성실성 : 사회적 규칙, 규범, 원칙들을 기꺼이 지키려는 정도
④ 정서적 불안정성 : 정서적으로 얼마나 안정되어 있고, 자신이 세상을 얼마나 통제할 수 있으며, 세상을 위협적이지 않다고 생각하는 정도
⑤ 경험에 대한 개방성 : 자기 자신을 둘러싼 세계에 관한 관심, 호기심, 다양한 경험에 대한 추구 및 포용력 정도

| 쌤의 핵심포인트 |
정서적 개방성이 아니라 정서적 불안정성이다.

5요인 검사의 구성

요인	소검사	문항 수	비고
외향성	온정성, 사교성, 리더십, 적극성, 긍정성	29문항	5개 하위척도
호감성	타인에 대한 믿음, 도덕성, 타인에 대한 배려, 수용성, 겸손, 휴머니즘	33문항	6개 하위척도
성실성	유능감, 조직화 능력, 책임감, 목표지향성, 자기통제성, 완벽성	44문항	6개 하위척도
정서적 불안정성	불안, 분노, 우울, 자의식, 충동성, 스트레스, 취약성	37문항	6개 하위척도
경험에 대한 개방성	상상력, 문화, 정서, 경험추구, 지적 호기심	29문항	5개 하위척도

(4) 마이어스-브릭스 성격유형검사

① 마이어스-브릭스 성격유형검사(Myers-Briggs Type Indicator)는 융(C. G. Jung)의 심리유형이론을 토대로 마이어스와 브릭스(Myers & Briggs)가 제작한 객관식 검사이다.
② MMPI와 달리 MBTI는 인간의 건강한 심리에 기초를 두어 만들어진 심리검사 도구로서, 인간 성격의 일관성 및 상이성에 근거한다.

③ MBTI는 수검자로 하여금 자신의 성격 유형을 파악하도록 하며 자신을 보다 깊이 이해하며, 진로나 직업을 선택하는 데 도움을 제공한다. 또한 수검자의 타인에 대한 이해 및 대인관계 향상에 긍정적인 영향을 미치는 것을 목표로 한다.

④ 개인이 비교적 쉽게 응답할 수 있는 자기보고식의 문장들을 통해 선호 경향들을 추출한 다음 그러한 경향들이 행동에 어떠한 영향을 미치는지 파악한다.

⑤ 개인의 성격을 4개의 양극 차원에 따라 분류하고 각 차원별로 2개의 선호 중 하나를 선택하도록 함으로써 총 16가지의 성격유형으로 구분한다.

⑥ 총 95개의 문항으로 구성되어 있으며, 검사에만 약 30분 정도의 시간이 소요된다.

⑦ 4가지 양극 차원

4가지 척도	구분	특성
에너지의 방향	외향형 (E)xtraversion	타인에게 감정 지식을 발산함으로써 에너지를 얻으며 사고적이고 활동적이다.
	내향형 (I)ntroversion	감정이나 지식을 지각하는 깊이에서 에너지를 얻고 조용하다. 깊이 있는 대인관계를 유지하며 신중하다.
정보수집 방법	감각형 (S)ensing	눈앞의 상황이나 감성으로 인식하고 현실적이다. 일처리를 철저하게 한다.
	직관형 i(N)tuition	눈앞의 것을 토대로 미래의 것을 인식하고 직관적이다. 일처리를 신속하게 한다.
판단하는 방식	사고형 (T)hinking	옳다고 여기는 것을 중시하며 대인관계보다는 일과 목표 중심으로 한다. 분석적이고 논리적이다.
	감정형 (F)eeling	나 또는 집단의 만족을 중시하며, 목표보다는 사람 관계에 관심을 갖는다.
생활의 패턴	판단형 (J)udging	질서정연하며 철저하고 계획적이다.
	인식형 (P)erceiving	자율적이고 융통성이 있으며 유유자적한 편이다.

MBTI 4가지 양극 차원의 선호부분을 적으시오. 2차

(5) 미네소타 다면적 인성검사(MMPI ; Minnesota Multiphasic Personality Inventory)

① 검사의 목적

㉠ MMPI는 세계에서 가장 널리 쓰이고 가장 많이 연구되어 있는 객관적 성격검사이다.

㉡ 이 검사는 미네소타 대학의 심리학자 해서웨이와 정신과 의사인 맥킨리(Hathaway & Mckinley)가 제작하였으며, 비정상적인 행동과 증상을 객관적으로 측정하여 임상진단에 관한 정보를 제공해 주는 것이 주목적이다.

㉢ MMPI의 일차 기능은 정신과적 진단과 분류를 위한 것이고 일반적인 성격특성을 측정하는 것은 아니다.

㉣ 20세기 초반 대다수의 심리검사들이 이론적 · 논리적 제작방법에 의해 고안된 반면, MMPI는 실제 환자들의 반응을 토대로 **경험적 제작방법**에 의해 만들어졌다.

다면적 인성검사(MMPI)의 타당성 척도 중 무응답척도, L척도, F척도, K척도의 의미와 용도를 쓰시오. 2차

② 검사의 내용

MMPI는 550개 문항을 포함하고 있는데, 이 중 16문항이 중복되어 총 566문항으로 구성되어 있다. 수검자는 각 문항에 대하여 '그렇다' 혹은 '아니다'의 두 가지 답변 중 하나를 택하여 반응하게 되어 있다. 이와 같은 반응은 주요 비정상 행동을 측정하는 10가지 임상척도와 수검자의 검사태도를 측정하는 4가지 타당척도에 따라 채점된다.

타당도 척도란 검사 반응에 대한 태도를 재는 것으로 일관된 모습으로 반응하는 정도를 보여 준다.

㉠ 무응답척도(?, Can not say Scale) : 문항에 응답을 안했거나 '예, 아니오.에 모두 응답한 경우로 내담자가 문자를 읽고 이해할 능력이 없을 수도 있어서 이 척도 T점수가 70점 이상이면 검사결과는 무효일 가능성이 크다.

㉡ L척도(Lie Scale) : 피검자가 자신을 다시 고의적으로 좋게 보이려고 하는 심리적 상태를 측정하는 척도이다. 척도 점수가 70점 이상이면 자신을 지나치게 억압, 부인하는 경우로 히스테리, 건강염려증, 편집증 환자일 우려가 있다.

| 쌤의 핵심포인트 |

MMPI는 평균 50, 표준편차 10을 쓰고 있으므로 점수가 70이라는 것은 평균보다 높다는 것을 의미한다.

㉢ F척도(Frequency Scale) : 일반적인 사람의 생각, 행동과 다른 비전형적인 행동 정도를 측정하는 척도이다. 척도 점수가 70점 이상이면 극도로 불안해하며 자아정체감으로 고민하는 청소년은 특히 상담의 대상이다.

㉣ K척도(Defensiveness Scale) : 정신장애가 분명한데 정상프로필을 보이는 사람을 가려내는 척도이다. 자신의 방어성과 경계성을 나타낸다.

③ 임상척도

㉠ 건강염려증(Hs ; Hypochondriasia) : 건강에 대한 불안과 집착 정도
신체기능에 대한 과도한 불안이나 집착 같은 신경증적인 걱정이 있는지를 알아보려는 것이다. 실제로 기질적인 원인이 있는지 없는지와 관계없이 '신체적 증상에 대한 과도한 관심과 염려'를 나타낸다.

㉡ 우울증(D ; Depression) : 슬픔의 정도 측정
우울증상을 측정하기 위한 것으로 슬픔, 사기저하, 미래에 대한 비관적인 생각, 무기력 및 절망감 등을 나타낸다.

㉢ 히스테리(Hy ; Hysteria) : 어려움이나 갈등을 회피하는 정도
심리적 고통을 회피하는 방법으로 부인을 사용하는 정도를 측정한다.

㉣ 반사회성(Pd ; Psychopatic Diviate) : 반사회성 비도덕성의 정도
공격성의 정도를 나타내고, 가족이나 권위적 대상에 대한 불만, 일탈행동, 성문제, 자신 및 사회와의 괴리, 일상생활에서의 권태 등이 이 척도에서 측정하는 주요 대상이다.

㉤ 남성성－여성성(Mf ; Masculinity－Feminity) : 남성성, 여성성의 정도
직업과 취미에 대한 흥미, 심미적이고 종교적인 취향, 능동성과 수동성 그리고 대인관계에서의 감수성에 대한 내용을 포함하고 있다.

㉥ 편집증(Pa ; Paranoia) : 민감성 의심의 정도
대인관계, 예민성, 피해의식, 만연한 의심, 경직된 사고, 관계망상 등을 포함하는 편집증의 임상적 특징을 평가하는 것이 주된 목적이다.

㉦ 강박증(Pt ; Psychasthenia) : 만성적인 불안
강박적 행동을 측정하는 것 외에 자기비판, 자신감의 저하, 주의집중 곤란, 우유 부단 및 죄책감 등을 측정한다.

㉧ 정신분열증(Sc ; Schizophrenia) : 정신적 혼란 정도
이 척도의 점수가 높을수록 정신적으로 혼란되어 있음을 반영한다.

㉨ 경조증(Ma ; Hypomania) : 정신적 에너지의 정도
정신적 에너지를 측정하는 척도로서 이 척도가 높은 사람들은 정력적이고 자신만만하며 자신을 과대평가한다.

㉩ 내향성(Si ; Social introversion) : 사회적 고립의 정도이며 0번 척도라고 한다.
그 사람이 혼자 있는 것을 선호하는가, 아니면 다른 사람들과 함께 있는 것을 선호하는가를 측정하는 척도이다.

5 진로성숙검사

1) 진로성숙의 개념

슈퍼는 "한 개인이 속해 있는 연령단계에서 이루어야 할 직업적 발달과업에 대한 준비도"로 보는 반면, 크리츠는 "동일한 연령층의 학생들과의 비교를 통해 나타나는 상대적인 직업준비 정도"로 개념화하고 있다.

2) 진로성숙 검사(CMI ; Career Maturity Inventory)

① 크리츠(Crites)가 개발한 것으로서, 초등학교 6학년부터 고등학교 3학년을 대상으로 표준화한 검사도구이다.

② 진로탐색 및 직업선택에 있어서 태도 및 능력이 얼마나 발달하였는지를 측정하는 표준화된 진로발달 검사도구로서 최초로 점수화된 도구이다.

| 쌤의 핵심포인트 |

직업적응이론과 관련하여 개발된 검사 도구가 아니다.

진로성숙도검사(CMI) 측정내용인 태도척도, 능력척도의 측정내용을 2가지씩 적으시오. 2차

③ 진로성숙 검사도구(CMI)는 태도척도와 능력척도로 구성되어 있으며, 태도척도에는 선발척도와 상담척도 두 가지가 있다.

④ 검사의 내용

㉠ 태도척도 : 진로선택 과정에 대한 피험자의 태도와 진로결정에 영향을 미치는 성향에 반응하는 경향성을 측정한다.

ⓐ 선발척도 : 직업발견, 진로설정과 관련된 긍정적 진술과 부정적 진술 50개로 이루어져 있다.

ⓑ 상담척도 : 75개 문항으로 구성되어 있는데, 그중 50개 문항은 선발척도 문항과 같다. 이들 75개 문항들은 다음 5개 하위척도로 나뉜다.

| 쌤의 핵심포인트 |

성실성을 틀린 지문으로 제시하고 있다.

- 결정성(Decisiveness) : 선호하는 진로의 방향에 대한 확신의 정도
  (나는 선호하는 진로를 자주 바꾸고 있다.)
- 참여도(Involvement) : 진로선택과정에의 능동적 참여의 정도
  (나는 졸업할 때까지는 진로선택 문제를 별로 신경쓰지 않겠다.)
- 독립성(Independence) : 진로선택을 독립적으로 할 수 있는 정도
  (나는 부모님이 정해주는 직업을 선택하겠다.)
- 성향(Orientation) : 진로결정에 필요한 사전 이해와 준비의 정도
  (일하는 것이 무엇인지에 대해 생각한 바가 거의 없다.)
- 타협성(Compromise) : 진로선택 시에 욕구와 현실을 타협하는 정도
  (나는 하고 싶기는 하나 할 수 없는 일을 생각하느라 시간을 보내곤 한다.)

㉡ 능력척도

ⓐ 자기평가(Self-apprasisal) : 자신의 흥미, 성격, 태도를 명확히 지각하는 능력

ⓑ 직업정보(Occupational Information) : 직업세계에 대한 지식, 고용정보를 평가하는 능력

ⓒ 목표선정(Goal Selection) : 자아와 직업세계 지식으로 합리적인 선택을 하는 능력

ⓓ 계획(Plannng) : 직업목표 선정 후 이를 달성하기 위한 계획을 수립하는 능력

ⓔ 문제해결(Problem Solving) : 진로선택에서 경험하는 다양한 문제들의 해결 능력

3) 진로발달검사(CDI ; Carrer Development Inventory)

(1) 진로발달 검사도구(CDI)의 개요

① 슈퍼(Super)의 진로발달의 이론적 모델에 기초하여 진로발달 검사도구(CDI)가 제작되었다.

② 이 연구의 핵심은 진로성숙, 진로유형, 진로발달 단계 및 직업적 자아개념 등에 관한 것이다.

③ 진로발달 검사도구(CDI)는 건전한 직업적 선택을 위한 학생들의 준비도를 측정하기 위하여 고안되었다.

(2) 진로발달 검사도구(CDI)의 개발 목적

① 학생들의 진로발달과 직업 또는 진로성숙도를 측정하기 위해서 개발

② 학생들의 교육 및 진로계획 수립에 도움을 주기 위해서 개발

③ 진로결정을 위한 준비도를 측정하기 위해서 개발

(3) 진로발달 검사도구(CDI)의 하위 척도

① CP : 진로계획 또는 경력계획(Career Planning)

② CE : 진로탐색 또는 경력탐색(Career Exploration)

③ DM : 의사결정(Decision－making)

④ WW : 일의 세계에 대한 정보 또는 직업분야 정보(World of Work Information)

⑤ PO : 선호직업군에 대한 지식(Knowledge of Preferred Occupational Group)

⑥ CDA : 진로발달(경력발달)－태도(Attitude) → CP＋CE

⑦ CDK : 진로발달(경력발달)－지식과 기술(Knowledge and Skills) → DM＋WW

⑧ COT : 총체적인 진로성향 또는 경력지향성 전반(Career Orientation Total) → CP＋CE＋DM＋WW

(4) 진로발달 검사도구(CDI)의 활용

① 개인 상담 시 분석적 데이터 및 예언적 정보를 제공할 뿐만 아니라 상담을 필요로 하는 특별영역을 찾아내는 데 유용하다.

② 진로교육 프로그램 시행결과를 측정하기 위한 도구로 유용하다.

③ 진로발달 검사도구(CDI)를 통하여 얻은 정보는 적성개발, 흥미검사, 학력검사 등에서 얻은 정보와 함께 사용된다면 학생들을 위한 진로발달을 계획할 때 유용하다.

6 경력진단검사

(1) 개념

① 경력진단은 경력개발상의 문제를 측정하는 것을 말한다.

② 경력진단검사들은 연구에도 쓰이지만 경력개발이나 경력의사결정 절차를 제한하거나 지연시키는 문제가 무엇인지 결정하는 데도 유용한 것으로 나타났다.

| 쌤의 핵심포인트 |

'CDS'는 내담자의 진로결정성, 'MVS'는 직업선택 환경과 개인적 장애, 'CBI'는 자아인식 및 세계관 등과 연관된다.

(2) 주요 경력진단검사

① 진로결정척도/경력결정척도(CDS ; Career Decision Scale)

㉠ 오시포(Osipow)가 고등학생부터 성인 대상으로 진로 혹은 경력 관련 의사결정 실패에 관한 정보를 제공하기 위해 개발되었다.

㉡ '확신/확실성'과 '비결정/미결정성'의 두 가지 하위 척도를 통해 파악할 수 있도록 한다.

㉢ 개인의 진로결정에 장애가 되는 요인을 파악하고 교육 및 진로 미결정의 선행 요인을 알아내기 위한 목적으로 사용된다.

② 자기직업상황/개인직업상황검사(MVS ; My Vocational Situation)

㉠ 홀랜드 등이 개발한 것으로, 주로 직업적 정체성 형성 여부를 파악하기 위한 것이다.

㉡ '직업정체성', '직업정보', '장애'의 세 가지 하위 척도 점수를 통해 직업선택에 필요한 정보 및 환경, 개인적인 장애가 무엇인지 알 수 있다.

③ 경력태도검사/진로신념검사(CBI ; Career Beliefs Inventory)

㉠ 크롬볼츠가 개발한 것으로, 고등학생부터 성인까지를 대상으로 한다.

㉡ 내담자로 하여금 자아인식 및 세계관에 대한 문제를 확인하도록 돕기 위한 것이다. 즉, 내담자의 진로목표 성취를 방해할 수 있는 진로신념을 확인할 수 있도록 한다.

CHAPTER 3

출제예상문제

3-1 직업심리검사의 이해

01 다음 중 심리검사를 사용할 때 지켜야 할 윤리강령에 해당하지 않는 것은?

① 평가기법을 이용할 때 심리학자는 이에 대해 고객에게 충분히 설명해 주어야 한다.
② 새로운 기법을 개발하고 표준화할 때 기존의 과학적 절차를 충분히 따라야 한다.
③ 평가결과가 시대에 뒤떨어질 수 있음을 인정해야 한다.
④ 여러 가지 평가기법에 대해 교육을 받고 관련 학문을 전공한 사람들이 검사를 시행해야 한다.

해설

평가기법에 대해 교육을 받고 관련 학문을 전공한 사람도 검사를 사용하면 안 된다.

02 다음 중 비표준화 검사와 비교할 때 표준화 검사의 특징과 가장 거리가 먼 것은?

① 검사의 실시와 채점이 객관적이다.
② 체계적 오차는 있어도 무선적 오차는 없다.
③ 신뢰도와 타당도가 비교적 높다.
④ 규준집단에 비교해서 피검사자의 상대적 위치를 알 수 있다.

해설

무선적 오차(모집단에서 표본을 추출할 때 단순히 우연하게 생기는 오차)도 존재한다.

03 다음 (　) 안에 알맞은 것은?

> (　　　)란 심리검사의 실시와 채점절차의 동일성을 유지하는 데 필요한 세부사항들이 잘 정리되어 있는 것을 말한다.

① 표준화　② 독립변인
③ 종속변인　④ 규준

해설

표준화의 이유는 검사의 시행과 채점 및 해석에서 모든 조건이 모든 피검사자에게 동일하게 함으로써 측정된 검사를 가지고 상호 비교할 수 있게 하려는 것이다.

04 다음 중 구직자의 인지적 능력을 측정할 수 있는 검사는?

① 5요인 성격검사　② 일반적성검사
③ 직업선호도 검사　④ 다면적 인성검사

해설

대분류	중분류	직업상담에 적합한 심리검사의 예	특징 비교
인지적 검사 (능력 검사)	지능 검사	• 한국판 웩슬러 성인용 지능검사(K-WAIS) • 한국판 웩슬러 지능검사(KWIS)	• 극대 수행검사 • 문항에 정답이 있음 • 응답의 시간제한 있음 • 최대한의 능력 발휘 요구
	적성 검사	• GATB 일반적성검사 • 기타 다양한 특수적성검사	
	성취도 검사	TOEFL, TOEIC	

정답 01 ④ 02 ② 03 ① 04 ②

대분류	중분류	직업상담에 적합한 심리검사의 예	특징 비교
정서적 검사(성격검사)	성격검사	• 직업선호도 검사 중 성격검사 • 캘리포니아 성격검사(CPI) • 성격유형검사(MBTI)	• 습관적 수행검사 • 문항에 정답이 없음 • 응답의 시간제한 없음 • 최대한의 정직한 응답 요구
	흥미검사	직업선호도 검사 중 흥미검사	
	태도검사	직무만족도 검사 등 매우 다양	

05 심리검사에 관한 설명으로 틀린 것은?

① 심리검사는 준거참조검사이다.
② 측정의 오차가 작을수록 신뢰도는 높은 경향이 있다.
③ 검사의 신뢰도가 높으면 타당도도 높게 나타나지만, 항상 그런 것은 아니다.
④ 검사가 측정하고자 하는 심리적 구인(구성개념)을 정확하게 측정하는 것은 타당도의 개념이다.

해설

대부분의 심리검사는 규준참조검사이다.

3-2 규준과 점수해석

06 직업적성검사에서 20점 만점 중 15점을 받아 그 점수가 그대로 기록되었다면 이 점수는?

① 백분위점수 ② 표준점수
③ 진점수 ④ 원점수

07 심리검사에서 사용되는 원점수에 대한 설명으로 틀린 것은?

① 원점수는 그 자체로는 거의 아무런 정보를 주지 못한다.
② 원점수는 기준점이 없기 때문에 특정 점수의 크기를 표현하기 어렵다.
③ 원점수는 척도의 종류로 볼 때 등간척도에 불과할 뿐 사실상 서열척도가 아니다.
④ 원점수는 서로 다른 검사의 결과를 동등하게 비교할 수 없다.

해설

원점수는 서열척도이다.

08 다음 중 심리검사의 규준에 관한 설명으로 틀린 것은?

① 규준이란 한 개인의 점수를 다른 사람들의 점수와 비교할 때, 비교가 되는 점수를 뜻한다.
② 한 개인의 점수가 70점일 때, 이 점수보다 낮은 점수를 받은 사람들이 전체의 60%라면, 백분위 점수는 60이다.
③ 평균이 50점이고 표준편차가 10점인 표준점수 체계에서, 한 개인의 점수가 70점이라면 상위 20%에 해당한다.
④ 연령규준은 한 개인의 검사 점수를 규준 집단에 있는 사람들의 연령과 비교해서 몇 살에 해당되는지를 해석하는 규준을 뜻한다.

해설

평균이 50이고 표준편차가 10점인 경우 개인의 점수가 70점이었다면 표준편차의 2배만큼 떨어진 경우이다. 그러므로 상위 2%에 해당된다.

정답 05 ① 06 ④ 07 ③ 08 ③

09 심리검사에서 규준이란?

① 한 집단의 특성을 가장 간편하게 표현하기 위한 개념으로 그 집단의 대푯값을 말한다.
② 한 집단의 수치가 얼마나 동질적인지를 표현하기 위한 개념으로 점수들이 그 집단의 평균치로부터 벗어난 평균거리를 말한다.
③ 서로 다른 체계로 측정한 점수들을 동일한 조건에서 비교하기 위한 개념으로 원점수에서 평균을 뺀 후 표준편차로 나눈 값을 말한다.
④ 원점수를 표준화된 집단의 검사점수와 비교하기 위한 개념으로 대표집단의 검사점수 분포도를 작성하여 개인의 점수를 해석하기 위한 것이다.

해설

①항 평균, ②항 표준편차, ③항 표준점수

10 다음은 어떤 규준의 종류에 대한 설명인가?

> 학교에서 실시하는 성취도 검사나 적성검사의 결과를 나타낼 때 주로 사용되며, 이 방법은 학생들의 점수를 정해진 범주에 넣음으로써 학생들 간의 점수차가 작을 때 생길 수 있는 지나친 확대해석을 미연에 방지할 수 있다.

① 백분위점수 ② 표준점수
③ 표준등급 ④ 학년규준

해설

①항 백분위점수 : 개인이 표준화된 집단에서 차지하는 상대적 위치를 말한다. 백분위는 100명의 집단에서 순위를 정하는 것이다.
②항 표준점수 : 표준점수는 분포의 표준편차를 이용하여 개인이 평균으로부터 벗어난 거리를 표시하는 것
④항 학년규준 : 주로 성취검사에서 이용하기 위해 학년별 평균이나 중앙치를 이용해서 규준을 제작하는 방법

11 다음 중 공간지각 적성검사에서 철수의 백분위(%)가 56일 때 그 의미로 가장 적절한 것은?

① 철수는 그 검사를 온 56명의 학생보다 높은 점수를 얻었다.
② 철수는 그 검사를 본 사람들 중 56번째이다.
③ 철수의 점수는 그 검사를 본 사람들의 56%보다 높다.
④ 철수의 점수는 평균점수보다 6점 높다.

해설

철수보다 낮은 점수의 사람들이 전체의 56%이다.

12 검사결과로 제시되는 백분위 "95"에 대한 의미로 알맞은 것은?

① 검사점수를 95% 신뢰할 수 있다는 의미
② 전체 문제 중에서 95%를 맞혔다는 의미
③ 내담자의 점수보다 높은 사람들이 전체의 95%가 된다는 의미
④ 내담자의 점수보다 낮은 사람들이 전체의 95%가 된다는 의미

3-3 신뢰도

13 100명의 학생들이 오늘 어떤 심리검사를 받고 한 달 후에 동일한 검사를 다시 받았는데 두 번의 검사에서 각 학생의 점수는 동일했다. 이 경우에 검사-재검사 신뢰도는 얼마인가?

① 0.00 ② −1.00
③ +0.50 ④ +1.00

해설

검사의 점수가 동일하면 신뢰도는 1.00이 된다.

정답 09 ④ 10 ③ 11 ③ 12 ④ 13 ④

14 다음 중 동일한 검사를 동일한 피검자 집단에 일정 시간 간격을 두고 두 번 실시하여 얻은 두 검사 점수의 상관계수에 의하여 신뢰도를 측정하는 방법은?

① 동형검사 신뢰도
② 재검사 신뢰도
③ 반분검사 신뢰도
④ 문항 내적 일관성 신뢰도

15 검사-재검사법을 이용한 신뢰도 측정에 대한 설명과 가장 거리가 먼 것은?

① 시간 간격이 너무 클 경우 측정대상의 속성이나 특성이 변화할 수 있다.
② 반응민감성의 영향으로 검사를 치르는 경험이 후속 반응에 영향을 줄 수 있다.
③ 앞에서 답한 것을 기억해서 뒤의 응답 시 활용할 수 있다.
④ 문항 간의 동질성이 높은 검사에서 적용하는 것이 좋다.

해설

④는 동형검사 신뢰도에 대한 설명이다.

16 다음 중 검사의 신뢰도와 타당도에 대한 설명으로 틀린 것은?

① 동일한 사람에게 두 번 실시해서 얻는 점수들의 상관계수는 안정성 계수이다.
② 내적합치도 계수의 크기를 결정짓는 원인은 두 검사 시행 간의 시간 간격이다.
③ 검사를 구성하고 있는 문항들이 전체 내용 영역의 문항들을 얼마나 잘 대표하는가에 관한 정도를 나타낸 것이 내용 타당도이다.
④ 해당 검사가 이론적 구성개념이나 특성을 측정할 수 있는 정도를 나타낸 것이 구성개념 타당도이다.

해설

반분신뢰도(내적합치도 계수)는 해당 검사를 문항 수가 같도록 반씩 나눠서 실시한 두 개의 점수를 구하여 두 점수 간의 상관계수를 구한 것으로, 검사를 한 번만 실시해서 구하기 때문에 시간적 안정성은 포함하지 않는다.

17 다음 중 어떤 검사의 문항들이 내적으로 얼마나 일관성이 있는가를 나타내는 신뢰도는?

① 검사-재검사 신뢰도
② 동형검사 신뢰도
③ 반분신뢰도
④ 채점자 간 신뢰도

해설

반분신뢰도는 둘로 구분된 문항들의 내용이 얼마나 일관성이 있는가를 측정한 것으로서, 내적 합치도 계수라고 부른다.

18 검사의 신뢰도 중의 하나인 알파값(Cronbach's α)이 크다는 것이 나타내는 의미는?

① 검사 문항들이 동질적이라는 것을 나타낸다.
② 검사의 예언력이 높다는 것을 의미한다.
③ 시간이 흐르더라도 검사 점수가 변하지 않는다는 것을 의미한다.
④ 검사의 채점 과정을 신뢰할 수 있다는 것을 나타낸다.

해설

크론바흐의 알파계수는 내적 일관도를 측정하는 방법으로 이용된다.

정답 14 ② 15 ④ 16 ② 17 ③ 18 ①

19 검사의 신뢰도에 영향을 주는 요인이 아닌 것은?

① 개인차 ② 문항 수
③ 규준집단 ④ 문항에 대한 반응 수

해설

신뢰도에 영향을 주는 요인에는 개인차, 검사 문항 수, 문항 반응 수, 속도검사의 신뢰도 등이 있다.

20 신뢰도의 크기에 영향을 주는 요인에 관한 설명으로 틀린 것은?

① 문항 수가 많을수록 신뢰도가 높게 나타날 가능성이 높다.
② 개인차가 클수록 신뢰도가 높게 나타날 가능성이 높다.
③ 신뢰도 계산 방법에 따라 신뢰도의 크기가 달라질 가능성이 높다.
④ 응답자 수가 많을수록 신뢰도가 높게 나타날 가능성이 높다.

해설

응답자 수가 아니라 문항 수가 많을수록 신뢰도가 높다.

3-4 타당도

21 다음은 심리검사의 타당도 중 어떤 것을 설명한 것인가?

- 논리적 사고에 입각한 논리적인 분석과정으로 판단하는 주관적 타당도이다.
- 본질적으로 해당 분야 전문가의 판단에 의존한다.

① 내용타당도 ② 구성타당도
③ 예언타당도 ④ 동시타당도

해설

보통 내용타당도는 해당 분야 전문가들의 주관적 판단을 토대로 결정하기 때문에 타당도의 계수를 산출하기 어렵다.

22 고용주는 직무수행에 필요한 지식, 기술, 능력들을 평가하는 검사들을 개발한다. 이러한 검사의 내용이 실제 직무와 얼마나 관련되어 있는지를 살펴보기 위해서는 무엇을 살펴보아야 하는가?

① 구성타당도
② 내용타당도
③ 안면타당도
④ 준거 관련 타당도

해설

검사의 문항들이 측정하고자 하는 내용영역을 얼마나 잘 반영하고 있는지를 말하는 것

23 다음 중 타당도 계수를 산출하기 어려운 타당도는?

① 예언타당도
② 준거 관련 타당도
③ 수렴타당도
④ 내용타당도

해설

내용타당도
검사의 문항들이 측정하고자 하는 내용영역을 얼마나 잘 반영하고 있는지를 말하는 것으로, 해당 분야 전문가들의 주관적 판단을 토대로 결정하기 때문에 타당도의 계수를 산출하기 어렵다. 즉, 내용타당도를 나타내는 통계치는 없다고 할 수 있다.

정답 19 ③ 20 ④ 21 ① 22 ② 23 ④

24 다음은 타당도의 종류 중 무엇에 관한 설명인가?

> 검사의 문항들이 그 검사가 측정하고자 하는 내용영역을 얼마나 잘 반영하고 있는지를 의미하며, 흔히 성취도 검사의 타당도를 평가하는 방법으로 많이 사용된다.

① 준거타당도　② 내용타당도
③ 예언타당도　④ 구성타당도

25 심리검사를 받은 피검사자들이 자신들이 받은 심리검사가 측정하고자 하는 것을 제대로 측정하는 것이라고 판단하다면 이 검사는 어떤 타당도가 높다고 할 수 있는가?

① 안면타당도
② 내용타당도
③ 구성타당도
④ 준거 관련 타당도

26 다음 중 타당도에 관한 설명으로 틀린 것은?

① 안면타당도는 전문가가 문항을 읽고 얼마나 타당해 보이는지를 평가하는 방법이다.
② 검사의 신뢰도는 타당도 계수의 크기에 영향을 준다.
③ 구성타당도를 평가하는 방법으로는 요인분석 방법이 있다.
④ 예언타당도는 타당도를 구하는 데 시간이 많이 걸린다.

해설
안면타당도는 수검자가 문항을 읽고 얼마나 타당해 보이는지를 평가하는 방법이다.

27 한 검사에서의 점수와 나중에 그 사람이 실제로 직무를 수행할 때의 수행수준 간의 관련성이 높을 때 그 검사는 어떤 타당도가 높다고 하는가?

① 구성타당도　② 내용타당도
③ 예언타당도　④ 동시타당도

해설
예언타당도란 검사가 미래의 행위를 얼마나 잘 예측하느냐의 문제이다.

28 산업 장면에서 실시하는 심리검사에 관한 설명으로 틀린 것은?

① 배치 및 분류목적으로 심리검사를 사용하려면 각 배치에 대한 검사의 차별적 타당도가 확립되어 있어야 한다.
② 인사 결정을 위해 사용되는 검사의 내용 타당도를 입증하려면 검사내용이 직무내용과 밀접한 관계가 있음을 보여주어야 한다.
③ 장애인의 경우, 검사 실시의 표준 절차를 벗어날 수 있다.
④ 특정 검사가 직무 수행의 성공과 밀접한 관련성이 있음이 입증되었다면, 그 검사는 신뢰도가 확립된 검사이다.

해설
예언타당도와 관련이 있다.

29 다음 중 구성타당도를 평가하는 방법에 해당하지 않는 것은?

① 수렴타당도　② 변별타당도
③ 요인분석　④ 공인타당도

해설
공인타당도는 동시타당도, 공존타당도라고도 하며 준거타당도(기준타당도)를 평가하는 방법이다.

정답 24 ② 25 ① 26 ① 27 ③ 28 ④ 29 ④

30 어떤 검사가 측정하고 있는 것이 이론적으로 관련이 깊은 속성과는 높은 상관을 실제로 보여주고, 관계가 없는 것과는 낮은 상관을 보여 주는 타당도는 어떤 것인가?

① 준거 관련 타당도
② 동시타당도
③ 수렴 및 변별 타당도
④ 예언타당도

해설

구성타당도를 분석하는 방법 3가지

수렴타당도	관계있는 변인들과 비교해서 상관계수를 구하는 방법으로 상관계수가 높을수록 수렴타당도가 높다.
변별타당도	관계없는 변인들과 비교해서 상관계수가 낮을수록 변별타당도가 높다.
요인분석법	검사를 구성하는 문항들 간의 상호상관관계를 분석해서 서로 상관이 높은 문항들을 묶어주는 통계적인 방법이다.

3-5 심리검사의 개발

31 문항 난이도에 관한 설명으로 틀린 것은?

① 특정 문항을 맞힌 사람들의 비율로서 0.00에서 1.00의 값을 갖는다.
② 문항이 어려울수록 검사점수의 변량이 낮아져서 검사의 신뢰도가 낮아진다.
③ 문항의 난이도가 0.50일 때 검사점수의 분산도가 최대가 된다.
④ 문항 난이도 계수값이 높을수록 어려운 문제이다.

해설

문항의 난이도 계수$=\frac{\text{정답자}}{\text{전체문항}}$, 즉 난이도가 높을수록 쉬운 문제이다.

32 내담자의 직업능력을 파악하기 위해서 검사도구를 사용하고자 할 때 가장 먼저 해야 할 일은?

① 내담자의 요구에 충족하는 검사가 개발되어 있는지 조사한다.
② 검사를 하고자 하는 내담자의 목적을 탐색한다.
③ 해당 검사도구의 심리측정적 속성을 검토한다.
④ 검사의 선택에 내담자를 포함시킨다.

해설

검사를 하고자 하는 내담자의 문제점과 상담목적을 확인한다.

33 직업상담에 있어 검사도구에 대해 내담자가 비현실적 기대를 가지고 있을 때 상담자가 취할 수 있는 적절한 행동은?

① 즉시 검사를 실시한다.
② 검사 사용 목적에 대하여 내담자에게 설명한다.
③ 검사종류의 선택을 독단적으로 한다.
④ 심리검사는 상담관계를 방해하므로 실시하지 않는다.

34 직업상담사는 각종 심리검사가 특정 집단에 불리하고 편파적으로 사용되지 않도록 노력할 의무가 있다. 다음 중 그런 노력으로서 적절하지 않은 것은?

① 하나의 검사에만 의존하지 않고 여러 방법들을 평가하여 결과의 일치성을 확인한다.
② 검사에 대한 경험과 자기표현 동기가 부족한 수검자에 대한 라포 형성에 노력한다.
③ 규준집단의 특성 및 표집방법을 잘 파악하여 결과를 해석한다.
④ 편파에 의해서 불이익을 당할 가능성이 있는 대상은 사전에 검사대상에서 제외시킨다.

해설

검사대상에서 제외시키는 것은 적합하지 않다.

정답 30 ③ 31 ④ 32 ② 33 ② 34 ④

35 심리검사 해석 시에 주의사항으로 틀린 것은?

① 검사결과를 내담자에게 이야기해 줄 때 가능한 한 이해하기 쉽게 해주어야 한다.
② 내담자에게 검사의 점수를 말해주기보다는 내담자의 진점수의 범위를 말해주는 것이 좋다.
③ 검사결과를 내담자와 함께 해석하는 것은 검사전문가로서 해서는 안 되는 일이다.
④ 내담자의 방어를 최소화하기 위해 상담자는 중립적이고 무비판적이어야 한다.

해설

심리검사 해석 시 균형과 공정성을 잃어서는 안 되며, 검사자가 일방적으로 해석하기보다 내담자 스스로 생각해서 결정하도록 돕는다.

36 직업상담에서 직무성향이나 직무능력을 평가하는 검사를 사용하고 해석하는 방법에 대한 설명 중 옳은 것은?

① 직무성향이나 능력을 평가할 수 있는 가장 좋은 방법은 검사이다.
② 검사점수를 알려줄 때는 이 영역에서 "당신의 점수는 75점입니다."라는 식으로 정확하게 알려준다.
③ 검사를 해석할 때에는 해석한 후 내담자의 반응을 잘 살펴서 상처를 받지 않게 해야 한다.
④ 내담자의 기분을 상하게 하거나 내담자의 생각과 다를 것 같은 내용은 가능한 한 말하지 않는다.

해설

① 검사결과를 결정적 · 획일적 · 절대적인 것으로 해석하지 않는다.
② 상담자의 주관적 판단은 배제하고 검사점수에 대하여 중립적인 입장을 취한다.
③ 검사결과에 너무 의존하지 않고 검사자의 직관과 판단에 따라 융통성 있게 활용한다.
④ 검사의 한계와 특징, 범위 내에서 사용하고 객관적으로 해석한다.
⑤ 검사자가 일방적으로 해석하기보다 내담자 스스로가 생각해서 진로를 결정하도록 돕는다.
⑥ 내담자에게 직업선택에 대한 동기를 부여하고 자신감과 용기를 주는 것이 필요하다.
⑦ 내담자의 희망직업, 흥미를 느끼는 분야를 중요하게 여기고 각종 심사 결과가 서로 일치하지 않을 경우 어느 한쪽도 부정하거나 강요를 하지 않는다.
⑧ 검사결과에 대한 내담자의 방어를 최소화하도록 한다.
⑨ 모든 직업, 모든 유형, 내담자 모두가 가치가 있으며 존중되어야 한다.
⑩ 해석에 대한 내담자의 반응을 고려하여야 한다.

37 투사법 성격검사가 아닌 것은?

① 로샤(Rorschach)검사
② TAT검사
③ 문장완성검사
④ MBTI

해설

투사적 검사는 비구조적인 관계를 제시하고 수검자가 자유롭게 응답하도록 하여 개인의 인격의 특성을 반영하는 비구조적 방식으로, 자유연상검사를 비롯해서 문장완성검사(ISB – Incomplete Sentences Blank), 주제통각검사(TAT – Thematic Apperception Test)와 로샤 잉크반점검사(RIT – Rorschach Inkblot Test)가 대표적이다.

38 속도 검사(Speed Test)에서 적용해서는 안 되는 신뢰도는?

① 검사 – 재검사 신뢰도
② 반분신뢰도
③ 동형검사 신뢰도
④ 채점자 간 신뢰도

해설

검사의 시간제한이 있는 속도검사에서 반분신뢰도는 적합하지 않다. 전후반분법의 경우 후반에 시간이 모자라는 경우가 있을 수 있다.

정답 35 ③ 36 ③ 37 ④ 38 ②

39 동일한 채점자가 자유 반응형 검사를 채점할 때 신뢰도를 높이기 위하여 배제해야 할 것과 관련이 없는 것은?

① 후광효과(Halo Effect)의 오류
② 관용(Leniency)의 오류
③ 혼착성(Confusion)의 오류
④ 중앙집중경향(Concentraction Tendency)의 오류

해설

어떤 검사가 측정하려고 하는 내용이 아닌 불순물이 검사점수에 끼어든 것을 검사점수의 혼착성(Confusion)이라 하는데 이것은 검사 결과를 해석할 때 영향을 미친다.

3-6 주요 심리검사

40 K-WAIS의 언어성 검사에 해당되지 않는 것은?

① 바꿔 쓰기 ② 숫자 외우기
③ 산수문제 ④ 이해문제

해설

① 언어성 검사 : 기본 지식, 숫자 외우기, 어휘문제, 산수문제, 이해문제, 공통성문제
② 동작성 검사 : 빠진 곳 찾기, 차례 맞추기, 토막짜기, 모양 맞추기, 바꿔 쓰기

41 한국판 웩슬러 성인지능검사의 특징이 아닌 것은?

① 언어성 검사와 동작성 검사로 이루어져 있다.
② 반응양식, 검사행동양식으로 개인의 독특한 심리특성도 파악할 수 있다.
③ 신뢰도와 타당도가 높다.
④ 숫자 외우기, 추리력, 어휘문제 등의 소검사가 포함되어 있다.

해설

추리력은 포함되어 있지 않다.

42 K-WAIS의 동작성 검사에 해당되지 않는 것은?

① 바꿔 쓰기 ② 토막 짜기
③ 공통점 찾기 ④ 빠진 곳 찾기

해설

하위검사명		측정내용
언어성 검사	기본 지식	개인이 가지는 기본 지식의 정도
	숫자 외우기	청각적 단기기억, 주의력
	어휘문제	일반지능의 주요 지표, 학습능력과 일반개념 정도
	산수문제	수개념 이해와 주의집중력
	이해문제	일상경험의 응용능력, 도덕적 · 윤리적 판단능력
	공통성 문제	유사성 파악능력과 추상적 사고능력
동작성 검사	빠진 곳 찾기	사물의 본질과 비본질 구분능력, 시각예민성
	차례 맞추기	전체 상황에 대한 이해와 계획 능력
	토막 짜기	지각적 구성능력, 공간표상능력, 시각 · 운동 협응능력
	모양 맞추기	지각능력과 재구성능력, 시각 · 운동 협응능력
	바꿔 쓰기	단기기억 및 민첩성 시각 · 운동 협응능력

43 다음 중 편차지능지수(Deviation IQ)에 관한 설명으로 틀린 것은?

① 일반적으로 표준편차를 15 또는 16으로 사용한다.
② 정신연령(MA)과 신체연령(CA)의 비율이다.
③ 편차는 지능지수의 분표형태와 관련된다.
④ 집단용 지능검사에 사용된다.

해설

IQ에는 편차 IQ와 비율 IQ가 있다.
편차 IQ는 Z점수에 일정수(15)의 편차를 곱하고 평균치를 100으로 정하여 더한 것이다.
DIQ = 15Z + 100

정답 39 ③ 40 ① 41 ④ 42 ③ 43 ②

비율 IQ	• 전통적으로 처음 IQ를 산출할 때 사용함 • 비네검사가 대표적 • 개인의 지적능력을 정신연령(MA ; Mental Age)과 생활연령(CA ; Chronological Age)과 대비시켜 그 비율을 지능지수(IQ ; Intelli-gence Quotient)로 산출한 것 • IQ = MA/CA × 100
편차 IQ	• 보편적으로 사용되는 IQ 계산법 • 웩슬러 지능검사가 대표적 • 편차 IQ는 지능검사에서 받은 원점수를 해당 연령집단의 규준에 비추어 표준점수화하여 산출 • 표준점수 = 원점수에서 평균을 뺀 후 표준편차로 나눈 값. 웩슬러는 표준편차를 15로 사용한다.

44 다음 중 적성검사에 관한 설명으로 틀린 것은?

① 적성검사는 지능검사에 비하면 훨씬 더 후천적이며 획득적인 능력을 측정하는 검사라고 할 수 있다.
② 적성검사는 어떤 분야에서 이미 획득, 사용하고 있는 능력의 현재 수준을 측정하는 것이다.
③ 적성검사는 지능검사와 인자 분석법이 합쳐 낳은 일종의 부산물이다.
④ 지능검사는 일반능력검사, 적성검사는 특수능력검사라고 할 수 있다.

해설

어떤 분야에서 이미 획득, 사용하고 있는 능력의 현재 수준을 측정하는 것은 지능검사이다.

45 직업적성검사(GATB)에서 사무지각 적성(Clerical Perception)을 측정하기 위한 검사는?

① 표식검사　② 계수검사
③ 명칭비교검사　④ 평면도 판단검사

해설

사무지각 적성을 측정하기 위한 하위검사는 명칭비교검사이다.

46 일반적성검사(GATB)에서 측정하는 직업적성이 아닌 것은?

① 손가락 정교성　② 언어적성
③ 사무지각　④ 과학적성

해설

하위검사명(15개)	검출되는 적성	측정방식
기구대조검사	형태지각(P)	지필검사
형태대조검사		
명칭비교검사	사무지각(Q)	
타점속도검사	운동반응(K)	
표식검사		
종선기입검사		
평면도 판단검사	공간적성(S)	
입체공간검사	공간적성(S), 지능(G)	
어휘검사	언어능력(V), 지능(G)	
산수추리검사	수리능력(N), 지능(G)	
계수검사	수리능력(N)	
환치검사	손의 재치(M)	동작검사
회전검사		
조립검사	손가락 재치(F)	
분해검사		

47 직업적성검사 중 다양한 직업에 필요한 인간의 능력을 9가지 영역으로 구분하여 측정하는 것은?

① 미네소타 직업평가척도(MORS)
② 직업선호도 검사(VPI)
③ 일반적성검사(GATB)
④ 마이어 · 브릭스 유형검사(MBTI)

해설

일반적성 검사는 15개의 하위검사를 통해서 9개 분야의 적성을 측정할 수 있도록 제작된 것이다. 15개의 하위검사 중 11개는 지필검사, 4개는 수행검사이다.

정답 44 ② 45 ③ 46 ④ 47 ③

48 GATB 직업적성검사의 하위검사 중에서 둘 이상의 적성을 검출하는 데 이용되는 검사는?

① 기구대조검사
② 평면도 판단검사
③ 어휘검사
④ 계수검사

해설

어휘검사는 언어능력과 지능의 두 가지 적성을 검출할 수 있다.

49 다음은 어떤 검사를 설명한 것인가?

- 미국에서 개발한 검사를 토대로 표준화한 것으로서 여러 특수검사를 포함하고 있다.
- 11개의 지필검사와 4개의 기구검사로 구성되어 있으며, 이들 하위검사들을 조합해서 모두 9개의 적성을 검출해 내도록 되어 있다.

① GATB 검사
② MBTI 검사
③ 직업선호도 검사
④ MMPI 검사

50 다음 중 직업적성검사에 속하는 심리검사는?

① GATB ② MMPI
③ TAT ④ K-WAIS

해설

②항 다면적 인성검사
③항 주제통각검사
④항 한국판 웩슬러 성인지능검사

51 직업선호도 검사에 관한 설명으로 틀린 것은?

① 직업흥미검사, 지능검사, 생활사 검사로 구성된다.
② 직업흥미검사의 목적은 개인에게 적합한 직업선정에 있다.
③ 생활사 검사는 개인의 과거 또는 현재의 생활특성을 통해 직업선택 시 고려될 수 있는 정보를 제공한다.
④ 시간상 제약이 있을 경우에는 직업흥미검사만으로도 직업 선정이 가능하다.

해설

직업흥미검사, 성격검사(Big 5), 생활사 검사로 구성된다.

52 직업선호도 검사에 관한 설명으로 틀린 것은?

① 직업흥미검사, 성격검사, 생활사 검사로 구성되어 있다.
② 직업흥미검사는 Holland의 모형을 기초로 개발한 검사이다.
③ 생활사 검사는 개인의 과거 또는 현재의 생활특성을 파악한다.
④ 직업흥미유형을 크게 현실형, 사회형, 탐구형, 예술형, 인내형, 진취형으로 구분한다.

해설

직업흥미유형은 현실형, 탐구형, 예술형, 사회형, 진취형, 관습형으로 구분한다. 인내형이 아니다.

53 다음 중 직업에 관련된 흥미를 측정하는 직업흥미검사가 아닌 것은?

① Strong Interest Inventory
② Vocational Preference Inventory
③ Kuder Interest Inventory
④ California Psychological Inventory

해설

캘리포니아 성격검사(CPI)

정답 48 ③ 49 ① 50 ① 51 ① 52 ④ 53 ④

54 Strong 검사에 대한 설명으로 옳은 것은?

① 기본흥미척도(BIS)는 홀랜드의 6가지 유형을 제공한다.
② 스트롱 진로탐색검사는 진로성숙도 검사와 직업흥미검사로 구성되어 있다.
③ 업무, 학습, 리더십, 모험심을 알아보는 기본흥미척도(BIS)가 포함되어 있다.
④ 개인특성척도(PSS)는 일반직업분류(GOT)의 하위척도로서 특정흥미분야를 파악하는 데 도움이 된다.

해설

①항 일반직업분류(GOT)는 홀랜드의 6가지 유형을 제공한다.
③항 업무, 학습, 리더십, 모험심을 알아보는 개인특성척도(PSS)가 포함되어 있다.
④항 기본흥미척도(BIS)는 일반직업분류(GOT)의 하위척도로서 특정흥미분야를 파악하는 데 도움이 된다.

55 다음은 어떤 검사의 내용을 다룬 것인가?

• 외향성과 내향성	• 감각과 직관
• 사고와 감정	• 판단과 인식

① GATB ② VPT
③ CPI ④ MBTI

56 MBTI(Myers-Briggs Type Indicator)의 4개의 차원 중에서 정보를 평가하는 방식과 가장 관련이 깊은 차원은?

① 내향성(I)-외향성(E)
② 감각형(S)-직관형(N)
③ 사고형(T)-감정형(F)
④ 판단형(J)-지각형(P)

해설

① 세상에 대한 일반적인 태도(힘의 근원에 대한 선호경향)
  • 외향형(E) : 외부로부터 에너지를 끌어오는 선호경향
  • 내향형(I) : 내부로부터 에너지를 끌어오는 선호경향
② 지각적 또는 정보수집과정(사물을 보는 관점에 대한 선호경향)
  • 감각형(S) : 오감(五感)을 통해 정보를 수집하는 선호경향
  • 직관형(N) : 육감(肉感)을 통해 정보를 수집하는 선호경향
③ 선택 또는 판단과정(의사결정의 근거에 대한 선호경향)
  • 사고형(T) : 논리적 · 객관적 방식으로 정보를 평가하는 선호경향
  • 감정형(F) : 개인적 · 가치지향적 방식으로 정보를 평가하는 선호경향
㉣ 생활양식에 대한 선호경향
  • 판단형(J) : 예정된 계획, 조직화된 생활의 선호경향
  • 지각형(P) : 자율적, 융통성 있는 생활의 선호경향

57 다음 중 다면적 인성검사(MMPI)에 관한 설명으로 틀린 것은?

① 대부분의 문항들이 경험주의적 접근보다는 논리적 제작방법에 의해 만들어졌다.
② 객관형 검사도구이지만 임상가의 풍부한 경험이 결과해석에 매우 중요하다.
③ 검사의 일차적 목적은 정신과적 진단분류이지만, 일반적 성격특성에 관한 유추도 어느 정도 가능하다.
④ 검사에 타당도 척도가 포함되어 있어 피검사자의 수검태도를 측정할 수 있다.

해설

MMPI는 경험적 방법으로 제작된 검사이다.

정답 54 ② 55 ④ 56 ③ 57 ①

58 다음 중 성격검사가 아닌 것은?

① MMPI ② WISC
③ MBTI ④ 16PF

해설

WISC는 웩슬러 어린이용 지능검사를 말한다.

59 성격의 5요인 이론(Big Five 모형)에서 제시하는 성격의 기본 차원이 아닌 것은?

① 외향성 ② 경험에 대한 개방성
③ 호감성 ④ 진취성

해설

성격의 5요인(Big 5)
외향성, 호감성, 정서적 불안정성, 성실성, 경험에 대한 개방성

60 다음 중 정상인의 성격을 기술하는 기본 차원이라고 말하는 'Big Five'에 해당되지 않는 것은?

① 경험에 대한 개방성
② 외향성
③ 정확성
④ 호감성

61 Big－Five 이론을 토대로 개발된 성격검사의 기본 차원 중에서 상상력, 문화, 정서, 지적 호기심 등을 측정하는 소검사로 구성된 차원은?

① 외향성
② 호감성
③ 경험에 대한 개방성
④ 성실성

해설

성격의 5요인(Big 5)과 소검사

외향성	온정성, 사교성, 리더십, 적극성, 긍정성
호감성	타인에 대한 믿음, 도덕성, 타인에 대한 배려, 수용성, 겸손, 휴머니즘
정서적 불안정성	불안, 분노, 우울, 자의식, 충동성, 스트레스, 취약성
성실성	유능감, 조직화 능력, 책임감, 목표지향성, 자기통제성, 완벽성
경험에 대한 개방성	상상력, 문화, 정서, 경험 추구, 지적 호기심

62 진로성숙 검사도구(CMI)의 특징이 아닌 것은?

① 태도척도는 선발척도와 상담척도 두 가지가 있다.
② 진로선택 과정에 대한 피험자의 태도와 진로결정에 영향을 미치는 성향적 반응경향성을 측정한다.
③ 능력척도는 자기평가, 직업정보, 목표선정, 계획의 4개 영역을 측정한다.
④ 초등학교 6학년부터 고등학교 3학년을 대상으로 표준화되었다.

해설

능력척도
진로의사결정에서 가장 중요한 것으로 간주되는 지식영역으로 자기평가, 직업정보, 목표선정, 계획 그리고 문제해결 능력 등 5개 영역을 측정하는 문항들로 구성되어 있다.

정답 58 ② 59 ④ 60 ③ 61 ③ 62 ③

63 진로성숙도검사(CMI) 중 태도척도의 하위영역과 문항의 예가 잘못 연결된 것은?

① 결정성 – 나는 선호하는 진로를 자주 바꾸고 있다.
② 참여도 – 나는 졸업할 때까지는 진로선택 문제에 별로 신경을 쓰지 않을 것이다.
③ 타협성 – 나는 하고 싶기는 하나 할 수 없는 일을 생각하느라 시간을 보내곤 한다.
④ 독립성 – 일하는 것이 무엇인지에 대해 생각한 바가 거의 없다.

해설

① 독립성(Independence) : 진로선택을 독립적으로 할 수 있는 정도(나는 부모님이 정해주는 직업을 선택하겠다.)
② 성향(Orientation) : 진로결정에 필요한 사전 이해와 준비의 정도(일하는 것이 무엇인지에 대해 생각한 바가 거의 없다.)

64 경력진단검사에 관한 설명으로 틀린 것은?

① 경력결정검사(CDS)는 경력 관련 의사결정 실패에 관한 정보를 제공하기 위해 개발되었다.
② 개인직업상황검사(MVS)는 직업적 정체성 형성 여부를 파악하기 위한 것이다.
③ 경력개발검사(CDI)는 경력 관련 의사결정에 대한 참여 준비도를 측정하기 위한 것이다.
④ 경력태도검사(CBI)는 직업선택에 필요한 정보 및 환경, 개인적인 장애가 무엇인지를 알려준다.

해설

① 자기직업상황검사(MVS ; My Vocational Situation) : 홀랜드(Holland)가 개발한 검사도구 중 하나로 간단하며 스스로 실시 가능하다. 주로 식업직 정체성 형성 여부를 파악하기 위한 것이며, 직업선택에 필요한 정보 및 환경, 개인적인 장애가 무엇인지 알 수 있다.
② 경력개발검사(CDI ; Career Development Inventory) : 슈퍼(Super)가 제시한 검사도구로 건전한 직업적 선택을 위한 학생들의 준비도를 측정하기 위하여 고안된 것이다.
③ 진로(경력)결정검사(CDS ; Career Decision Scale) : 오시포(Osipow)가 개발, 진로의사 결정의 실패 여부를 설명하는 데 필요한 정보를 준다. 하위척도는 확인(Certainity)과 미결정성(Indedision)으로 구성되고 미결정성의 이유를 알아내도록 제작되었다.
④ 진로신념(태도)검사(CBI ; Career Belief Inventory) : 자기 지각관과 세계관의 문제점 파악을 위한 것으로 크롬볼츠가 개발하였다.

65 진로선택과 관련된 태도와 능력의 발달 정도를 진단, 기술하는 검사는?

① 진로적성검사
② 진로흥미검사
③ 진로성격검사
④ 진로성숙도 검사

해설

진로성숙도 검사는 진로선택과 관련된 태도와 능력의 발달 정도를 측정하는 검사이다.

정답 63 ④ 64 ④ 65 ④

CHAPTER 4 직무분석

4-1 직무분석의 제개념

1 직무분석의 이해

(1) 개요

① 직무분석(Job Analysis)이란 직무의 내용을 체계적으로 해명하여 조직에서 필요한 직무정보를 제공하는 과정을 말한다.

② 직무에 관한 정보를 수집하고, 분석하여 직무내용을 파악하고 각 직무의 수행에 필요한 지식, 능력, 숙련, 책임 등의 여러 요건을 명확히 하는 과정을 말한다.

③ 테일러의 시간연구와 길브레스의 동작연구에서 시작되었다.

④ 제1차 세계대전 중 미군의 인사분류위원회에서 직무분석의 용어를 가장 먼저 사용한 것으로 전해진다.

⑤ 직무내용과 그 직무를 수행하기 위하여 요구되는 직무조건을 조직적으로 밝히는 절차이다.

(2) 관련 용어

① 요소작업 또는 작업요소(Element) : 어떤 직무와 연관된 동작, 움직임, 정신적 과정 등 더 이상 나뉠 수 없는 최소단위의 작업을 말한다.

② 일(Task) 또는 작업 : 독립된 목적으로 수행되는 하나의 명확한 작업 활동을 말한다.

③ 직위(Position) : 한 사람에 의해서 수행되고 있는 산업상의 일

④ 직무(Job) : 한 사람이 수행하는 임무와 일을 말한다.

| 쌤의 핵심포인트 |
직위란 직무상의 지위를 의미하는 것으로, 직무가 조직 내의 직무체계 안에서 차지하는 지위를 말한다.

(3) 직무분석을 하는 주된 목적

① 인사관리나 노무관리를 원활히 수행해 나가기 위해 필요한 정보를 제공하는 것이다.

② 직무평가, 조직의 합리화, 채용 및 승진 등 인사관리, 교육훈련, 정원관리를 위해 사용된다.

③ 안전교육 및 훈련, 직무설계를 위해 사용된다.

④ 작업관리, 작업방법 및 작업공정의 개선을 위해 사용된다.

⑤ 해당 직무에서 어떤 활동이 이루어지고 작업조건이 어떠한지를 기술하고, 직무를 수행하는 사람에게 요구되는 지식, 기술, 능력 등의 정보를 활용하는 데 있다.

| 쌤의 핵심포인트 |

직무분석은 진로상담을 목적으로만 사용되는 것이 아니라 다양한 목적으로 사용되어야 한다.

(4) 직무분석 자료의 특성

① 가장 최신의 정보를 반영해야 한다.
② 사실 그대로를 반영하여야 한다.
③ 가공하지 않은 원상태의 자료이어야 한다.
④ 논리적으로 체계화해야 한다.
⑤ 여러 가지 목적으로 활용될 수 있어야 한다.

직무분석 자료의 용도 5가지를 쓰시오. 2차

(5) 직무분석을 통해 얻어진 정보의 용도

① 모집 및 선발 : 종업원 선발을 위한 방법을 결정
② 배치 및 경력개발 : 선발된 사람을 적합한 직무에 배치
③ 교육 및 훈련 : 교육의 내용 및 목표를 결정
④ 직무평가 및 직무수행평가(인사고과) : 직무평가와 직무수행평가의 기초자료를 제공
⑤ 정원관리, 안전관리 및 기타 작업조건의 개선 등

| 쌤의 핵심포인트 |

절친한 동료 종업원 수는 포함되지 않는다.

(6) 직무분석 자료의 일반적인 출처

① 직무 현직자
② 현직자의 상사
③ 직무 분석가
④ 고객

2 직무분석의 과정 및 기법

(1) 직무분석의 주요 원칙

① 직무의 정확 · 완전한 확인(직무를 정확하고 완전하게 확인한다)
② 직무군에 있는 일의 완전 · 정확한 기록(직무를 이루는 작업을 완전하고 정확하게 기록한다)
③ 완전하게 수행하기 위하여 직무가 작업자에게 요구하는 요건 명시(직무수행에 필요한 요건을 명시한다)

(2) 직무분석의 3단계

① 제1단계 – 직업분석(Occupational Analysis)

㉠ 채용, 임금결정, 조직관리 등을 목적으로 직업행렬표를 작성하여, 인력의 과부족과 분석대상 직업들의 관련성을 분석한다.

㉡ 채용하는 직업이 요구하는 연령, 성, 교육과 훈련의 경험, 정신적, 신체적 특징, 채용 후의 책임과 권한 등을 명시한 직업명세서를 작성한다.

② 제2단계 – 직무분석(Job Analysis)

㉠ 해당 직무를 수행하는 작업자가 갖추어야 할 자격요건을 기록한다.

㉡ 직무기술과 작업들을 열거한 작업알림표를 기술하기 위해 직무명세서를 작성한다.

㉢ 직무명세서를 토대로 각 작업마다 작업명세서를 작성한다.

㉣ 작업명세서는 작업요소, 작업표준, 작업조건, 사용하는 기계 및 공구, 재료, 전문지식, 일반지식, 안전 등으로 구성된다.

③ 제3단계 – 작업분석(Task Analysis)

㉠ 공정관리와 작업개선을 하기 위하여 작업요소별 동작이나 시간을 카메라, 스톱워치 등으로 분석하여 불필요한 동작을 제거한다.

㉡ 생산성 향상을 위해 작동, 운반, 검사, 정체, 저장 등을 의미하는 기호를 사용하여 작업공정을 흐름도로 나타낸다.

(3) 직무분석 단계

① 1단계 행정 준비 – 어떤 직무를 분석할지 결정, 수집할 정보의 종류와 범위는 명시

② 2단계 직무분석 설계 – 직무에 관한 자료를 얻을 출처 및 분석 인원수 결정

③ 3단계 자료수집과 분석 – 직무분석 목적에 따라 어떤 정보를 수집할지 분명히 설정

④ 4단계 결과 정리 – 직무기술서 작성

⑤ 5단계 직무분석 결과 검토 – 직무분석 결과 조직 내 실제 사용할 관련 부서에 배포

⑥ 6단계 통제(최신 정보로 수정) – 시간 흐름에 따른 직무상 변화 반영 및 직무 정보 최신화 변경

(4) 직무분석의 절차

직무분석 목적의 결정 → 배경정보의 수집 → 직무정보의 수집 → 직무정보의 검토 → 직무기술서 및 직무명세서(작업자 명세서) 작성

(5) 직무분석의 유형

① 과업(과제) 지향적 직무문석

㉠ 직무 자체를 분석하여 직무기술서를 작성하는 것이다.

㉡ 기능적 직무분석의 세 가지 차원은 자료, 사람, 사물이다.

㉢ 직무의 자료취급-인간관계-사물조작을 부호(DPT)로 분석한다.

② 작업자 지향적 직무분석

| 쌤의 핵심포인트 |

PAQ는 표준화된 분석도구이다. 비표준화 분석도구를 틀린 지문으로 제시하고 있다.

㉠ 지식, 기술, 능력, 경험과 작은 작업자의 개인적 요건들을 분석하여 직무명세서를 작성하는 것이다.

㉡ 작업자 직무분석의 대표적인 예로는 직무(직책)분석 질문지(PAQ)가 있다.

㉢ 직무분석 질문지는 직무수행에 요구되는 인간의 특성들을 기술하는 데 사용되는 194개의 문항으로 구성되어 있다.

㉣ 직무수행에 관한 6가지 주요 범주 : 정보입력, 정신과정, 작업결과, 타인들과의 관계, 직무맥락, 직무요건-각 직무에서 이루어지는 과제가 활동들이 서로 다르더라도 모든 직무 각각에 대해 표준화된 분석도구를 만들 수 있다.

(6) 직무분석 자료의 특성(직무분석 자료 분석 시 고려사항)

① 최신의 정보를 반영한다(오래된 자료는 남기지 않는다.)

② 논리적으로 체계화되어야 한다.

③ 가공하지 않은 원상태의 정보여야 한다.

④ 여러 가지 목적으로 사용되어야 한다.

⑤ 사실 그대로를 나타내어야 한다.

(7) 직무분석을 위한 면접 시 면접진행을 위한 지침 및 유의사항

직무분석을 위한 면접 시 면접진행을 위한 지침 및 유의사항 5가지를 나열하시오. 2차

① 작업자가 말하는 내용에 대하여 의견대립을 보이지 말아야 한다.

② 노사 간의 불만이나 갈등에 관한 주제에 어느 한쪽 편을 들지 말아야 한다.

③ 직무에서의 임금분류체계에 관심을 보이지 말아야 한다.

④ 면접 내내 정중하고 공손한 태도를 보여야 한다.

⑤ 작업자를 얕보는 투로 이야기하지 말아야 한다.

⑥ 면접자의 개인적인 견해나 선호가 개입되지 말아야 한다.

| 쌤의 핵심포인트 |

'예' 또는 '아니오'로 대답할 수 있는 폐쇄형 질문보다는 정확한 정보를 얻기 위하여 개방형 질문을 하도록 한다.

⑦ 사적인 감정을 배제해야 하며, 조직이나 작업방법에 대해 비판하지 말고, 개선을 제안하지 말아야 한다.

⑧ 상사나 감독자의 허락을 먼저 받고 작업자와 면접한다(면접대상자들에게 상사를 통하여 대상자들에게 면접을 한다는 사실과 일정을 알려주도록 한다).

⑨ 완결된 분석에 대해 검토하는 과정을 거친다.

⑩ 검사를 해석할 때는 내담자의 반응을 잘 살펴서 상처받지 않게 해야 한다.

⑪ 작업자의 이야기를 요약하거나 질문을 반복함으로써 대화가 끊기지 않도록 한다.

⑫ 가급적 폐쇄형 질문(예, 아니오로 대답할 만한)은 하지 않는다.

(8) 향후 직무분석의 변화 방향

① 직무의 내용이 빨리 변화하므로 분석의 단위를 보다 넓혀서 역량을 중심으로 분석할 필요가 있다.

② 직무정보를 수집할 때 직접관찰이나 면접, 설문지법보다 자동적으로 수행을 기록하는 장비들의 사용이 증가될 것이다.

③ 다른 부서의 작업자와 같은 내부고객이나 조직 밖의 외부고객으로부터 직무에 관한 정보를 얻을 필요성이 증가될 것이다.

④ 과거에는 직무분석에서 과제수행 자체를 중심으로 자료를 수집하였지만, 앞으로는 과제 외 수행에 초점을 두어 자료를 수집할 필요성이 증가될 것이다.

⑤ 과제수행의 인지적 능력 외에 성격적 요인에 대한 분석의 필요성도 증가되고 있다.

3 직무기술서와 직무명세서(작업자 명세서)

1) 직무기술서(Job Descriptions)

(1) 의의

① 직무분석의 결과로 얻은 직무에 관한 모든 중요한 사실, 정보, 자료, 직무의 성격, 내용, 수행방법 등을 간략하게 정리하여 기록한 문서이다.

② 직무기술서의 내용은 일반적으로 해당 직무의 특징과 그 직무에 필요한 요건으로 구성된다.

(2) 직무기술서에 포함되는 정보

직무기술서에 포함되는 정보 5가지를 적으시오. 2차

① 직무명

② 직무활동과 절차

③ 직업조건과 물리적 환경

④ 사회적 환경

⑤ 고용의 조건

(3) 직무기술서 작성 시 주의사항

① 직무와 그 책임의 한계가 명백해야 한다.

② 감독 책임을 명시해야 한다.

③ 간결하고 직접적인 문체로 기술되어야 한다.
④ 항상 현재형의 시제를 사용해야 한다.
⑤ 과제를 수행하는 사람은 작업자이므로 능동형의 문장을 사용해야 한다.
⑥ 구체적 행위를 나타내는 동사를 사용해서 과제를 기술해야 한다.
⑦ 가급적 수량을 나타내는 용어를 사용한다.
⑧ 직무 담당자들에게 친숙한 용어를 쓰고 은어나 속어 등의 용어는 배제한다.

2) 직무명세서/작업자 명세서(Job Statement)

(1) 의의

① 직무를 만족스럽게 수행하는 데 필요한 작업자의 지식, 기술, 능력 및 기타 특성 등을 정리해 놓은 문서를 말한다.
② 또한 직무 그 자체 내용이 아닌 직무를 수행하는 사람의 인적요건에 초점을 맞춘 것이 특징이다.

(2) 직무명세서

| 쌤의 핵심포인트 |
작업자 명세서에 애착, 동기는 포함되지 않는다.

① 직무명칭
② 직무의 소속직군, 직종
③ 요구되는 교육수준
④ 요구되는 기능, 기술 수준
⑤ 요구되는 지식
⑥ 요구되는 정신적 특성
⑦ 요구되는 육체적 능력
⑧ 요구되는 작업경험
⑨ 책임의 정도

4 직무분석 방법

직무분석 방법 3가지를 쓰고 설명하시오. 2차

1) 최초분석법

분석할 대상 작업에 대한 자료가 드물고, 그 분야에 대한 많은 경험과 지식을 갖춘 사람이 거의 없을 경우, 직접 작업현장을 방문하여 실시하는 방법이다.

(1) 면담법

전문지식과 숙련된 기술을 보유하고 있는 작업자를 방문하여 면담(개별 혹은 집단)을 통하여 분석하는 방법이다.

① 장점

㉠ 조사자가 유연성, 융통성을 발휘할 수 있다.

㉡ 직무수행자의 정신적 활동까지도 파악할 수 있어 가장 많이 활용

② 단점

직무수행자가 직무분석의 결과로 인해 피해를 입을지도 모른다는 판단하에 해당 직무에 대한 정확한 정보제공을 기피하는 경우가 발생할 수 있다.

(2) 관찰법

분석자가 직접 사업장을 방문하여 직무활동을 상세하게 관찰하고 그 결과를 기술하는 방법

① 장점

㉠ 행동에 대한 정확하고 세밀한 자료 수집이 가능하다.

㉡ 직무수행자가 자신의 행동이 관찰되는지 모르는 상태에서 관찰할 경우 오염되지 않은 실제 행동에 대한 정확한 자료를 수집할 수 있다.

② 단점

㉠ 정신적인 활동은 관찰할 수 없다.

㉡ 많은 시간이 소요되는 직무에는 적용하기 곤란하다.

㉢ 신뢰도의 문제(직무수행자가 자신의 직무가 관찰되고 있다고 인지할 경우, 직무 수행의 왜곡현상이 나타날 수 있다)

㉣ 관찰자에 따라 기록과 해석이 다를 수 있다.

(3) 체험법

분석자 자신이 직무활동에 참여, 체험함으로써 생생한 직무분석 자료를 얻는 방법이다.

① 장점 : 직무활동에서의 의식의 흐름, 감각적인 내용, 피로의 상태 등 내부 구조까지 분석이 가능하다.

② 단점 : 분석자가 체험하는 것이 실제로 그 직무에 종사하고 있는 담당자의 심리 상태에 도달하기까지는 한계가 있을 수 있다.

(4) 설문법(질문지법)

현장의 작업자 또는 감독자에게 설문지를 배부하여 직무내용을 기술하게 하는 방법

① 장점 : 관찰법이나 면접법과는 달리 양적인 정보를 얻는 데 적합하며 많은 사람으로부터 짧은 시간 내에 정보를 얻을 수 있다.

직무분석방법에는 최초분석법, 비교확인법, 데이컴 등이 있다. 이 가운데 최초분석법은 어느 경우에 적합하며, 구체적인 방법으로는 어떤 것들이 있는지 4가지 이상 기술하시오. 2차

| 쌤의 핵심포인트 |

실험법이나 요소비교법은 사용되지 않는다.

② 단점 : 응답자의 주관이 반영되어 객관적으로 기술하는 데 어려움이 따르며, 성의 있게 응답하지 않을 확률이 높고 회수율이 낮다.

(5) 녹화법

반복되는 단순 직무이면서, 작업환경이 소음, 분진, 진동, 습윤 등으로 인하여 장시간 관찰하기 어려운 경우, 비디오테이프 등으로 작업 장면을 보면서 분석하는 방법

① 장점 : 반복적으로 볼 수 있어 철저한 분석이 가능하다.
② 단점 : 녹화를 하기 위한 기계와 촬영 전문가를 확보해야 한다.

(6) 중요사건법(결정적 사건법)

직무수행자의 직무 행동 가운데 성과와 관련하여 효과적인 행동과 비효과적인 행동을 구분하여 직무를 분석하는 방법

직무분석방법 중에서 결정적 사건법의 단점 3가지를 쓰시오. 2차

① 장점
  ㉠ 수행직무에 필요한 중요한 지식, 기술, 능력 등을 사례별로 체계적으로 분석할 수 있다.
  ㉡ 직무행동과 성과 간의 관계를 파악할 수 있다.

② 단점
  ㉠ 일상적인 수행과 관련된 지식, 기술, 능력들이 배제될 수 있다.
  ㉡ 응답자들이 과거에 일어났던 결정적 사건을 왜곡해서 기술할 가능성이 있다.
  ㉢ 추론하는 과정에서의 주관성이 개입될 수 있다.
  ㉣ 분류 평가하는 데 많은 시간과 노력이 필요하고, 포괄적인 정보를 획득하는 데 한계가 있다.

(7) 구조적 면접법과 비구조적 면접법의 의미와 장단점

직무분석의 구조적 면접법, 비구조적 면접법 각각의 의의와 장단점을 쓰시오. 2차

① 구조적 면접법
숙련된 직무분석자가 직접 면담해서 작업의 내용과 필요한 모든 사항을 청취하고 기록하는 방법. 면접조사표에 의해 진행되므로 질문을 바꾸거나 새로운 문제를 도입하는 등의 수정을 할 수 없는 표준화된 면접법이다.

㉠ 장점
- 직무에 관한 안전하고도 정확한 지식을 확보할 수 있다.
- 직무 기술을 하는 데 따른 어려움을 제거할 수 있다.
- 질문지에 적당히 기입하는 폐단을 방지할 수 있다.

• 분석자는 자료의 중요성 정도를 평가할 수 있다.
• 사실을 수집할 때 표준적인 분류가 가능하다.

㉡ 단점
• 어떤 종류의 직무를 분석해야 할 경우에 많은 노력과 시간이 소요된다.
• 광범위한 실시는 불가능하다.
• 면접자의 특성이나 분위기에 따라 융통성 있게 수행되지 못한다.

② **비구조적 면접법**

조사할 직무의 범위만 정하고 질문의 순서와 내용은 정하지 않는다. 개방형의 질문으로 응답자의 내적 감정과 생각을 밝히는 데 사용되는 면접법이다.

㉠ 장점 : 융통성 있게 사용되며 형식에 얽매이지 않아서 보다 많은 자료를 얻을 수 있고 타당도가 높다.

㉡ 단점 : 면접결과의 정리와 분류, 부호화에 의한 시간과 인력의 투입으로 비용 지출이 많다. 동일 내용의 질문이 반복되어도 응답내용이 달라질 수 있기 때문에 일관성이 없는 결과가 나올 위험성이 있다.

2) 비교확인법

① 역사가 오래되어 많은 자료가 수집될 수 있는 직업으로서 수행하는 작업이 다양하고 직무의 폭이 넓어 단시간의 관찰을 통해 분석하기 어려운 경우에 사용한다.

② 대상 직무에 대한 참고문헌과 자료가 충분하며, 일반적으로 널리 알려진 경우 사용한다.

3) 그룹토의법(교육과 연관)

(1) 데이컴법(DACUM)

① 교육과정 개발을 위한 직무분석 기법이다.

② 교육목표와 내용을 비교적 단시간 내에 추출하는 데 효과적이다.

③ 10년 이상 경력을 쌓은 숙련 근로자 10여 명을 분석 협조자로 선정하여 데이컴 위원회를 구성한다.

④ 2박 3일 정도의 집중적인 워크숍을 실시하여 데이컴 차트를 작성한다.

⑤ 소집단의 브레인스토밍 기법을 활용하여 특정 직업분야의 윤곽을 파악하는 과정이다.

⑥ 진행은 분석가가 맡게 되며 진행과정에서 서기나 옵저버의 의견은 반영되지 않는다.

| 쌤의 핵심포인트 |

브레인스토밍
직무분석 대상에 대한 소규모 전문가 집단의 자유로운 토의를 통해 직무분석을 하는 방법이다.

5 직무평가

| 쌤의 핵심포인트 |

직무분석에 의하여 작성된 직무기술서 및 직무명세서를 기초로 하므로 직무분석이 선행되어야 한다.

1) 개요

① 기업이나 기타의 조직에 있어서 각 직무가 지닌 상대적 가치를 결정하는 과정을 말한다.
② 직무분석에 의하여 작성된 직업명세서, 직무명세서, 작업명세서를 기초로 이루어진다.
③ 직무 간의 내용과 성질에 따라 임금 형평성을 결정할 수 있다.
④ 직무의 상대적 가치를 결정하므로 직무분석과는 달리 직무에 대한 가치 판단을 할 수 있다.
⑤ 직무평가방법들 간의 차이는 조직 성공 기여도, 노력 정도, 작업조건 등 주로 비교과정에 어떠한 준거를 사용하는지에 달려 있다.

2) 직무평가방법

(1) 질적 평가방법

① 서열법

㉠ 직무의 상대적 가치에 기초를 두고 각 직무의 중요도와 장점에 따라 순서를 정하는 평가방법이다.
㉡ 단점으로는 직무에 있어서 어떤 요소가 중요한 역할을 하는지를 구분하지 않고 단지 직무의 상대적인 가치를 전체적으로 판단하는 것, 방법이 주관적이기 때문에 서열을 판별할 확실하고 일관성이 있는 기준이 없으며, 직무가 단순히 순서대로 서열화되기 때문에 서열 간의 차이를 알 수 없는 것이 있다.

② 분류법

㉠ 평가하려는 직무를 종합적으로 판단하여 미리 정해둔 등급에 따라 분류하는 방법이다.
㉡ 직무의 내용이 충분히 표준화되어 있지 않은 직무의 경우에도 비교적 용이하게 평가할 수 있다.
㉢ 간단하다는 장점을 가지고 있어 소규모의 작업장이나 기업에서 유용하다.
㉣ 단점으로는 분류의 객관성이 보장될 수 없고, 분류 자체가 정확하지 않으면 한 직무가 두 등급에 속할 수 있는 경우가 생기기도 한다. 그리고 직무가 많아지고 그 내용이 복잡해지면 정확한 분류가 너욱 어려워지는 단점이 있다.

(2) 양적 평가방법

① 요소비교법

㉠ 먼저 조직 내의 가장 중심이 되는 직무, 즉 대표직무를 선정하여 요소별 직

무평가를 한 다음, 평가하고자 하는 직무를 대표직무 요소에 결부시켜 이들을 상호 비교함으로써 조직 내에서 이들이 차지하는 상대적 가치를 분석적으로 판단하는 방법이다.

㉡ 장점으로는 평가범위에 따라 전체 직무의 평가가 용이하고, 직무의 상대적 가치를 결정함에 있어 유사 직무 간의 상호비교가 가능하며, 기업의 특수목적에 적합하도록 설계할 수 있다.

㉢ 단점으로는 기준직무에 대한 직무평가의 정확성이 결여되면 이것이 전체조직의 평가에 영향을 미치고, 기준직무의 평가에 정확성을 기하기 어려우며, 평가의 척도에는 편견이 개입될 가능성이 있다. 그리고 가치척도의 구성이 복잡하여 종업원이 이해하는 데 어려움이 따른다.

② 점수법

㉠ 평가의 대상이 되는 직무 상호 간의 여러 가지 요소를 뽑아내어 각 요소의 척도에 따라 직무를 평가하는 방법이다.

㉡ 장점으로는 비교적 정확한 평가를 통해 판단의 오류를 최소화하고 동일 노동시장에서의 직무 간 가치를 비교할 수 있는 것과 조작의 개입이 적다는 것이다.

㉢ 단점으로는 요소선정과 점수배정이 어렵고 만족할 만한 입증이 곤란하며, 제도개발에 많은 시간과 비용을 요구한다는 것이다.

㉣ 기능, 노력, 책임, 직무조건 등 평가요소와 이 요소를 세분화한 하위요소에 점수로 비중을 두고 다시 각 요소를 등급별로 나누어 점수화한다.

직무평가방법

구분		내용
질적 방법 (정성적 방법)	서열법	직무의 상대적 가치를 전체적이고 포괄적으로 파악한 뒤 순위를 정한다.
	분류법	미리 규정된 등급이나 어떠한 분류에 대해 평가하려는 직무를 배정한다.
양적 방법 (정량적 방법)	점수법	직무를 여러 가지 구성요소로 나누어 중요도에 따라 점수를 부여한 후 전체 점수를 산출한다.
	요소비교법	기업 조직 내에서 가장 기준이 되는 기준, 직무를 정하고 평가하고자 하는 직무에 대한 평가요소를 비교하여 상대적 가치를 결정한다.

3) 직무수행평가

(1) 의의 및 특징

① 작업자의 직무수행 수준을 평가하는 절차이다.

② 직무수행평가의 목적은 직원들이 직무를 얼마나 잘 수행하는지를 알아내어 인사관리와 개인발전 및 연구에 활용하는 데 있다.

직무분석, 직무평가, 직무수행평가의 관계

분류	특징	예
직무분석	직무 관련 정보(직무 내용 및 직무수행 요건)를 수집하는 절차	이 직무를 수행하기 위해 작업자에게는 어떤 능력이 요구되는가?
직무평가	직무의 내용과 성질을 고려하여 직무들 간의 상대적 가치를 결정하는 절차	이 직무는 다른 직무에 비해 얼마나 더 중요한가?
직무수행평가	작업자의 직무수행 수준을 평가하는 절차	작업자가 얼마나 우수한 수행을 보였는가?

CHAPTER 4
출제예상문제

4-1 직무분석의 제개념

01 직무내용과 그 직무를 수행하기 위하여 요구되는 직무조건을 조직적으로 밝히는 절차는?

① 직무분석
② 직무평가
③ 직무개괄
④ 직무탐색

02 직무분석에 대한 설명으로 틀린 것은?

① 직무분석은 제2차 세계대전을 계기로 획기적으로 발달하였다.
② 직무분석이란 직무내용과 직무조건을 조직적으로 규명하는 절차이다.
③ 직무분석을 통해 인사관리나 노무관리를 수행하기 위한 필요한 정보를 얻을 수 있다.
④ 직무분석은 교육훈련, 정원관리, 안전관리 등에 사용된다.

해설

직무분석은 제1차 세계대전을 계기로 발달되었다.

03 다음 중 직무분석에 대한 설명으로 틀린 것은?

① 직무와 관련된 자료는 숙련된 직무분석가에 의하여 다양한 경로를 통해 수집되어야 한다.
② 해야 할 과제, 임무 및 활동 등이 분석에 포함되어야 한다.
③ 직무수행을 하는 사람의 지식, 기술 및 능력이 명시되어야 한다.
④ 전문가적 직무수행의 요구조건이 명시되어야 한다.

해설

직무분석은 전문가적 직무수행의 요구조건이 명시되는 것이 아니라 직무를 수행하는 담당자에게 요구되는 지식, 능력, 기술, 경험, 책임 등이 무엇인지를 과학적이고 합리적으로 알아낸다.

04 다음 중 직무분석 시 직무 관련 내용이 아닌 것은?

① 지도성(Leadership)
② 과업(Task)
③ 직위(Position)
④ 직무(Job)

해설

②항 일(Task) 또는 작업 : 독립된 목적으로 수행되는 하나의 명확한 작업 활동
③항 직위(Position) : 한 사람에 의해서 수행되고 있는 산업상의 일
④항 직무(Job) : 한 사람이 수행하는 임무와 일

정답 01 ① 02 ① 03 ④ 04 ①

05 직무에 대한 하위개념 중 특정 목적을 수행하는 작업활동으로 직무분석의 가장 작은 단위가 되는 것은?

① 임무 ② 작업
③ 직위 ④ 직군

해설

① 일(Task) 또는 작업 : 독립된 목적으로 수행되는 하나의 명확한 작업 활동
② 직위(Position) : 한 사람에 의해서 수행되고 있는 산업상의 일
③ 직무(Job) : 한 사람이 수행하는 임무와 일
④ 직무군(Job Family) : 유사한 직무 임무를 지닌 두 개 이상 직무들의 모임

06 직무수행을 위한 선발, 훈련, 과업 배분의 단위가 되는 것은?

① 직업(Occupation)
② 직무(Job)
③ 직군(Job Family)
④ 요소작업(Elements)

해설

직무는 한 사람이 수행하는 임무와 일을 말하며 직무분석자료는 모집공고와 인사선발, 교육 및 훈련, 배치, 경력개발 및 진로상담 등에 활용된다.

07 직무분석 결과의 질을 좌우하는 것은 직무에 관한 정보의 정확성과 완전성이다. 직무분석을 할 때는 다양한 사람들로부터 직무에 관한 정보를 얻을 필요가 있다. 다음 중 직무에 관한 정보를 얻기 위해 일반적으로 이용되는 출처가 아닌 것은?

① 현재 직무를 수행하는 사람
② 현재 직무를 수행하는 사람의 상사
③ 현재 직무를 수행하는 사람의 고객
④ 현재 직무를 수행하는 사람의 가족

08 다음 중 직무분석 문항에 포함되지 않는 것은?

① 정신 건강의 정도
② 절친한 동료 종업원의 수
③ 그 직무에서 전환 가능한 직무명
④ 같은 직무에 종사하는 종업원의 수

09 다음 중 직무분석의 결과가 활용되는 용도와 가장 거리가 먼 것은?

① 신규작업자의 모집
② 종업원의 교육훈련
③ 인력수급계획수립
④ 종업원의 사기조사

해설

① 인사관리나 노무관리를 원활히 수행해 나가기 위해 필요한 정보를 제공하는 것이다.
② 직무평가, 조직의 합리화, 채용 및 승진 등 인사관리, 교육훈련, 정원관리를 위해 사용된다.
③ 안전교육 및 훈련, 직무설계를 위해 사용된다.
④ 작업관리, 작업방법 및 작업공정의 개선을 위해 사용된다.
⑤ 해당 직무에서 어떤 활동이 이루어지고 작업조건이 어떠한지를 기술하고, 직무를 수행하는 사람에게 요구되는 지식, 기술, 능력 등의 정보를 활용하는 데 있다.

10 다음 중 직무분석의 원칙이 아닌 것은?

① 직무에 대한 정확하고 완전한 확인
② 조직의 체질 개선을 위한 전반적 요구 분석
③ 직무에 포함되어 있는 과제들에 대한 완전하고 정확한 기록
④ 직무 수행을 위해 작업자에게 요구되는 요건의 명시

해설

조직의 체질 개선은 컨설턴트의 업무이다.

정답 05 ② 06 ② 07 ④ 08 ② 09 ④ 10 ②

11 다음 중 직무분석 자료의 특성으로 틀린 것은?

① 최신의 정보를 반영해야 한다.
② 논리적으로 체계화되어야 한다.
③ 한 가지 목적으로만 사용되어야 한다.
④ 가공하지 않은 원상태의 정보이어야 한다.

해설

여러 가지 목적으로 활용될 수 있어야 한다.

12 다음 중 직무분석의 단계를 올바르게 나열한 것은?

① 직업분석 → 직무분석 → 작업분석
② 작업분석 → 직무분석 → 직업분석
③ 작업분석 → 직업분석 → 직무분석
④ 직업분석 → 작업분석 → 직무분석

13 다음 중 직위분석질문지(PAQ)에 대한 설명으로 틀린 것은?

① 작업자 중심 직무분석의 대표적인 예이다.
② 직무수행에 요구되는 인간의 특성들을 기술하는 데 사용되는 194개의 문항으로 구성되어 있다.
③ 직무수행에 관한 6가지 주요 범주는 정보입력, 정신과정, 작업결과, 타인들과의 관계, 직무맥락, 직무요건 등이다.
④ 비표준화된 분석도구이다.

해설

표준화된 직무분석 설문지의 대표적인 예가 직위분석질문지(PAQ)이다.

14 다음 중 직무분석 절차를 바르게 나열한 것은?

A. 배경정보의 수집
B. 직무정보의 수집
C. 직무정보의 검토
D. 직무분석 목적의 결정
E. 직무기술서 및 직무명세서의 작성

① A → B → C → D → E
② D → A → B → E → C
③ D → A → B → C → E
④ A → B → D → C → E

15 직무분석을 위한 기법들에 대해 바르게 설명한 것은?

① 현장에서 직무수행을 직접 관찰할 때는 가급적 근접해서 정확히 관찰해야 한다.
② 면접은 시간과 노력을 절약하고 수량화된 정보를 얻을 수 있다.
③ 표준화된 질문지는 분석대상 직무에 대한 관찰 및 작업자 면담을 통한 사전정보에 기초하여 제작된다.
④ 여러 직무에 공통적인 표준화된 질문지는 각 직무의 특성을 살리는 상세한 정보를 얻어낸다.

해설

①항 작업자와 지나치게 근접되어 있으면 정상적인 직무수행을 방해할 가능성이 있다.
②항 면접은 시간과 노력이 많이 들고 수량화된 정보를 얻기가 힘들다.
④항 여러 직무에 공통적인 표준화된 질문지는 각 직무의 특성을 살리는 상세한 정보를 얻을 수 없다.

정답 11 ③ 12 ① 13 ④ 14 ③ 15 ③

16 직무분석 후 직무기술서 작성 시 주의할 사항이 아닌 것은?

① 항상 현재형 시제를 사용해야 한다.
② 가급적 수동형의 문장은 사용하지 않는다.
③ 직무 현직자에게 친숙한 용어를 사용해야 한다.
④ 가급적 수량을 나타내는 용어는 사용하지 않는다.

해설

가급적 수량을 나타내는 용어를 사용하고, 간결하고 직접적인 문체를 사용해야 하며, 구체적인 행위를 나타내는 동사를 사용하여 과제를 기술해야 한다.

17 다음 중 직무분석을 통해 작성되는 결과물로서, 해당 직무를 수행하는 작업자가 갖추어야 할 자격요건을 기록한 것은 무엇인가?

① 직무기술서(Job Description)
② 직무명세서(Job Specification)
③ 직무프로파일(Job Profile)
④ 직책기술서(Position Desciption)

18 작업자 명세서에 일반적으로 포함되지 않는 것은?

① 지식　② 능력
③ 흥미　④ 동기

해설

직무명세서(작업자 명세서)에 포함되는 정보들은 직무수행에 필요한 개인적 특성이나 능력에 관한 인적 요건들을 명시해 놓은 것으로서 작업자에게 요구되는 적성, 지식, 기술, 능력, 성격, 흥미, 태도 등에 관한 내용이다.

19 다음 중 직무분석의 방법에 해당하지 않는 것은?

① 설문조사법
② 투사법
③ 작업일지법
④ 중요사건법

20 직무분석 기업 중 직무 수행자의 직무 행동 가운데 성과와 관련하여 효과적인 행동과 비효과적인 행동을 구분하여 직무를 분석하는 방법은?

① 작업수행조사체계(WPSS)
② 중요사건기법(CIT)
③ 강제 선택 체크리스트(FCCL)
④ 기능적 직무 분석(DPT)

해설

결정적 사건법이라고도 하며 직무수행에 결정적인 역할을 한 사건(결정적으로 잘한 사건이나 결정적으로 실수한 사건)이나 사례를 중심으로 구체적 행동을 범주별로 분류, 분석하여 직무 요건들을 추론해 내는 방법이다.

21 다음 설명과 같은 직무분석 방법은?

> 아시아에 파견된 주재원들에게 자신들이 현지에서 업무 처리를 하던 중 생긴 인상깊은 일들을 적게 하였다. 그 다음 이 기록들을 토대로 러시아 주재원의 직무 특성을 정리하였다.

① 결정적 사건법
② 작업일지법
③ 작업자 중심법
④ 관찰법

정답　16 ④　17 ②　18 ④　19 ②　20 ②　21 ①

22 직무분석을 위해 면접을 실시할 때 유의해야 할 사항이 아닌 것은?

① 면접대상자들의 상사를 통하여 대상자들에게 면접을 한다는 사실과 일정을 알려주도록 한다.
② 보다 정확한 정보를 얻기 위하여 응답자들이 가급적 "예" 또는 "아니오"로 답하도록 한다.
③ 노사 간의 불만이나 갈등에 관한 주제에 어느 한쪽으로 편을 들지 않는다.
④ 작업자가 방금 한 이야기를 요약하거나 질문을 반복함으로써 작업자와의 대화가 끊기지 않도록 한다.

해설

폐쇄형 질문보다 개방형 질문이 적합하다.

23 다음 중 참고자료가 충분하고 단기간에 관찰이 불가능한 직무에 적합한 직무분석 방법은?

① 최초분석법 ② 데이컴법
③ 그룹토의법 ④ 비교확인법

해설

①항 최초분석법 : 분석할 대상 작업에 대한 자료가 드물고, 그 분야에 대한 많은 경험과 지식을 갖춘 사람이 거의 없을 경우, 직접 작업현장을 방문하여 실시하는 방법이다.
②항 데이컴법 : 교육과정의 개발을 위한 직무분석기법, 교육목표와 내용을 비교적 단시간 내에 추출하는 데 효과적이다.
③항 그룹토의법 : 소그룹을 편성한 후 주제에 대한 서로의 의견을 교환함으로써 올바른 결론에 도달하는 방법이다.

24 교과과정을 개발하는 데 활용되며, 교육훈련을 목적으로 교육목표와 교육내용을 비교적 단시간 내에 추출하는 데 효과적인 직무분석 방법은?

① 데이컴법 ② 비교확인법
③ 관찰법 ④ 체험법

해설

데이컴법(DACUM ; Developing a Curriculum Method) 교과과정을 개발하는 데 활용되어 온 직무분석의 한 가지 방법으로서 교육훈련을 목적으로 교육목표와 교육내용을 비교적 단시간 내에 추출하는 데 효과적이다.

25 직무분석의 방법 중 비교확인법의 설명으로 맞는 것은?

① 분석자 자신이 직무활동에 직접 참여하여 생생한 작업분석 자료를 얻는 방법이다.
② 분석자가 작업장을 방문하여 직무활동을 관찰하고 그 결과를 기술하는 방법이다.
③ 현장의 작업자 또는 감독자에게 설문지를 배부하여 이들로 하여금 직무내용을 기술하게 하는 방법이다.
④ 수행하는 직업이 다양하고 직무의 폭이 넓어 단시간의 관찰을 통해서 분석하기 어려운 경우에 적합한 방법이다.

해설

① 체험법, ② 관찰법, ③ 설문지법이며 모두 최초분석법에 해당된다.

26 직무분석 대상에 대한 전문가 집단의 자유로운 토의를 통해 직무분석을 하는 방법은?

① 데이컴법
② 비교확인법
③ 브레인스토밍법
④ 최초확인법

해설

집단의 자유로운 토의를 통해서 사안의 분석이나 대책을 강구하는 방법이 브레인스토밍법이다.

정답 22 ② 23 ④ 24 ① 25 ④ 26 ③

27 국내기업에서 실시하고 있는 임금 성과급제 또는 연봉제 실시와 관련하여, 공정하고 객관적인 임금수준을 결정하기 위해서 직장 내 여러 직무들 각각이 조직효율성에 기여하는 상대적 가치를 판단하도록 해주는 것은?

① 직무분석
② 직무평가
③ 직무수행평가
④ 준거개발

해설

① 기업이나 기타의 조직에 있어서 각 직무가 지닌 상대적인 가치를 결정하는 과정을 말한다.
② 직무분석에 의하여 작성된 직업명세서, 직무명세서, 작업명세서를 기초로 이루어진다.
③ 직무 간의 내용과 성질에 따라 임금 형평성을 결정할 수 있다.
④ 직무의 상대적 가치를 결정하므로 직무분석과는 달리 직무에 대한 가치 판단이 개재될 수 있다.
⑤ 직무평가방법들 간의 차이는 조직 성공 기여도, 노력 정도, 작업조건 등 주로 비교과정에 어떠한 준거를 사용하는지에 달려 있다.

28 직무분석에 관한 설명 중 틀린 것은?

① PAQ는 작업자 중심 직무분석을 위한 대표적인 도구이다.
② 직무분석을 할 때 직무에 관한 정보를 얻는 가장 중요한 출처는 주제 관련 전문가(SME)이다.
③ 고객도 직무분석을 위한 중요한 정보의 출처이다.
④ 직무분석을 위해서는 직무평가가 이루어져야 한다.

해설

직무평가는 직무분석에 의하여 작성된 직업명세서, 직무명세서, 작업명세서를 기초로 이루어진다.

29 직무분석 절차 중 작업자 지향적 절차는 직무를 성공적으로 수행하는 데 요구되는 인적 속성들을 조사함으로써 직무를 이해하려고 한다. 다음 중 인적 속성에 해당되지 않는 것은?

① 태도 ② 지식
③ 기술 ④ 능력

해설

직무를 수행하는 데 요구되는 지식, 능력, 기술, 경험, 책임 등이 무엇인지를 과학적이고 합리적으로 알아낸다.

30 점수법에 의한 직무평가 시 일반적으로 고려되는 요인이 아닌 것은?

① 정신적 및 육체적 노력의 정도
② 신체조건
③ 기술이 요구되는 정도
④ 작업조건

해설

직무에서 발휘되는 정신적 및 육체적 노력의 정도, 기술이 요구되는 정도, 책임감의 정도, 문제해결능력이 요구되는 정도, 작업조건 등이 일반적으로 고려되는 요인들이다.

31 직무평가에 관한 설명으로 틀린 것은?

① 직무의 상대적 가치를 결정하므로 직무분석과는 달리 직무에 대한 가치 판단을 할 수 있다.
② 직무 간의 내용과 성질에 따라 임금 형평성을 결정할 수 있다.
③ 대표적인 직무평가 방법 중 하나는 식역특성분석이다.
④ 직무평가 방법들 간의 차이는 조직 성공 기여도, 노력 정도, 작업조건 등 주로 비교과정에 어떠한 준거를 사용하는지에 달려 있다.

해설

직무평가방법에는 서열법, 분류법, 점수법, 요소비교법 등이 있다.

정답 27 ② 28 ④ 29 ① 30 ② 31 ③

CHAPTER

5 경력개발과 직업전환

5-1 조직에서의 경력개발

1 경력개발의 이해

(1) 개요

① 개인이 일생 동안 일과 관련된 경험, 즉 개인이 입사하여 퇴사할 때까지의 전 과정 중 조직에서 축적한 개인 특유의 직무, 직위, 경험들로서 이력서에 나타난 직무들의 집합을 경력이라 한다.

② 개인이 경력목표를 설정하고, 이를 달성하기 위한 경력계획을 수립하여 조직의 요구와 개인의 요구가 합치될 수 있도록 각 개인의 경력을 개발하고 지원해 주는 활동을 경력개발의 정의라 할 수 있다.

③ 미래의 경력개발의 방향은 수평적 이동, 평생직업, 다양한 능력개발이다.

(2) 경력개발의 목적

① 개인적 차원

㉠ 능력을 개발해 경력욕구를 충족

㉡ 자기개발을 통해 일로부터의 심리적 만족

㉢ 직장에 대해 안정감을 가지고 개인의 능력을 발휘하도록 성취동기 유발

② 조직적 차원

㉠ 조직 내의 적합한 곳에 개인능력을 활용함으로써 조직의 유효성을 높인다.

㉡ 인력계획, 교육훈련, 직무분석, 인사고과, 승진관리 등 여러 인적 자원의 관리과정 및 효율적인 확보 · 배치를 통해 조직의 효율성을 높인다.

(3) 경력개발의 과정

① 경력계획 : 구성원의 인적 자료 수집, 직무분석과 인력개발 및 인력계획, 경력기회에 대한 커뮤니케이션

② 경력개발 : 경력상담과 경력목표 설정, 경력경로의 설정과 경력개발의 추구

③ 평가 · 피드백 : 결과분석 및 경력개발계획의 조정

2 경력개발 프로그램

(1) 경력개발 프로그램 개발을 위한 조사연구

① 요구분석(요구조사)/니즈평가(Need Assessment or Needs Analysis)

㉠ 현 시점에서 어떤 훈련이 필요한지에 대한 요구분석이다.

㉡ 누구를 대상으로, 어떤 프로그램을 만들 것인지 우선적으로 알아보는 평가이다.

② 파일럿 연구(Pilot Study)

㉠ 특정 경력개발 프로그램을 대규모로 적용하기 전에 소규모 집단에 시범적으로 실시하는 과정을 말한다.

㉡ 프로그램 참여자로부터 프로그램에 대한 평가와 피드백을 받은 후, 그에 대한 대책을 마련하여 개발된 경력개발프로그램을 본격적으로 정착시키는 데 활용된다.

(2) 경력개발 프로그램의 종류

① 경력워크숍(Career Workshop)

신입사원을 대상으로 부서 배치 후 6개월 이내에 자신이 도달하고 싶은 미래의 모습을 경력목표로 정하고 목표에 도달하기 위한 계획을 작성 · 제출하도록 하여 자율적으로 경력목표를 달성할 수 있도록 지원하는 것이다.

② 개인상담

상담의 내용은 주로 종업원의 흥미, 목표, 현 직무활동, 수행, 경력목표 등에 초점을 둔다.

③ 정보제공

㉠ 사내공모제(Job Posting) : 조직에서 자리가 공석이 생길 경우 그 자리를 충원하기 위해 조직 내의 게시판, 뉴스레터 등 기타 발간물을 통하여 조직 내 모든 종업원들에게 알려주고, 그 자리를 원하는 사람으로부터 지원서를 받은 후 적합한 사람을 결정하는 제도를 말한다.

㉡ 기술목록 : 종업원의 기술, 능력, 경험, 교육에 관한 자세한 정보를 기술한 자료를 말한다.

㉢ 경력자원기관 : 종업원의 경력개발을 위해 다양한 자료를 비치하고 있는 소규모의 도서관 형태를 말하며, 주로 비치자료는 직무기술서, 조직구조차트, 경력계획 및 퇴직계획 등에 대한 안내책자 등이다.

④ 종업원 평가

종업원평가제도는 능력이 뛰어나다고 판단되는 종업원을 미리 발견하여 이들에게 집중 투자함으로써 경력개발비용을 줄일 수 있다는 장점이 있으나, 다른 능력이 있는 종업원들의 경력개발기회를 제한하게 되는 문제점이 발생할 수 있다.

㉠ 평가기관(Assessment Center) : 1950년대 말 미국의 AT & T사에서 처음 운영한 이래 관리자 선발을 위해 종업원의 관리능력을 평가하기 위한 방법으로 널리 사용되어 왔다. 일반적으로 2~3일간에 걸쳐 지필 검사, 면접, 리더 없는 집단토의, 경영게임 등 다양한 형태로 실습한 뒤 전문가에게 개인능력, 성격, 기술 등에 대해 종합적인 평가를 받는다.

㉡ 심리검사 : 심리검사를 통해 종업원은 자신의 흥미, 적성, 성격, 작업태도 및 다른 개인 특성을 파악하여 스스로의 경력개발에 필요한 기초자료로 활용하게 된다.

㉢ 조기발탁제 : 잠재력이 높은 종업원을 초기에 발견하여 그들에게 특별한 경력경험을 제공하여 상위조직으로의 승진 가능성을 높게 하기 위한 것이다.

| 쌤의 핵심포인트 |
종업원 평가프로그램과 종업원 개발프로그램의 구분을 학습하여야 한다.

⑤ 종업원 개발

㉠ 훈련프로그램(Trainging Program)

- 기술교육에서부터 대인관계훈련까지 조직에서 실시하는 다양한 내용의 훈련프로그램을 말한다.
- 개인의 성취도와 자아실현에 초점을 두는 교육을 강조하고 있다.

㉡ 후견인프로그램(Mentoring Program) 또는 멘토링(Mentorship System) : 종업원이 조직에 쉽게 잘 적응하도록 상사가 후견인이 되어 도와주는 과정을 말하며, 후견인프로그램은 크게 두 가지 기능을 하게 된다.

- 경력기능 : 종업원이 상사와의 관계를 통해 해당 조직에서 경력을 쌓는 데 도움을 받는 것이다.
- 심리사회적 기능 : 상사가 종업원을 따뜻하게 대해주고, 어려울 때 상담 등을 해주어 종업원이 심리적 안정감을 얻을 수 있도록 돕는 것이다.

㉢ 직무순환제(Job Rotation) : 종업원에게 다양한 직무를 경험하게 함으로써 여러 분야의 능력을 개발시키는 데 목적이 있으며, 특히 한 분야에서의 전문가보다는 다기능 전문가를 키워야 한다는 최근의 흐름에 발맞추어 순환보직을 제도화하는 기업이 늘고 있다.

직무 확대, 직무 확충, 직무 재분류의 정의

① 직무 확대 : 직무를 양적으로 확대하는 것
② 직무 확충 : 직무를 질적으로 확대하는 것
③ 직무 재분류 : 직무의 종류 및 중요도에 따라 단위직무를 재분류하는 것

(3) 다운사이징 시대의 경력개발

① 다운사이징의 의미

㉠ 조직의 '소형화' 혹은 '축소화'를 의미하는 것이다.

㉡ 미르비스와 홀은 계속되는 다운사이징과 조직구조의 변화로 인해 다운사이징 조직에서의 경력개발에 있어서 전통적인 경력개발 방향을 전환시켜야 한다고 제안하였다.

② 다운사이징 시대의 경력개발 방향

㉠ 조직구조의 수평화로 개인의 자율권 신장과 능력개발에 초점을 두어야 한다.

㉡ 기술, 제품, 개인의 숙련주기가 짧아져서 경력개발은 단기, 연속, 학습단계로 이루어진다.

㉢ 일시적이 아니라 계속적이고, 평생학습으로의 경력개발이 요구된다.

㉣ 장기고용이 어려워지고 고용기간이 점차 짧아진다.

㉤ 경력개발은 수평이동에 중점을 두어야 한다.

3 경력개발의 단계

일반적으로 경력단계는 초기, 중기, 말기 경력으로 구분할 수 있다. 경력단계별로 경력 개발 프로그램의 예를 각 1가지씩 제시하시오. 2차

① 경력개발을 위한 교육훈련을 실시할 때에는 현 시점에서 어떤 훈련이 필요한지에 대한 요구분석을 가장 먼저 고려하여야 한다.

② 경력개발의 단계에서는 경력상담과 경력목표 설정, 경력경로의 설정과 경력개발 추구의 방법이 있다.

(1) 경력 초기단계

① 초기경험을 통해 개인은 조직에서 스스로 자리를 확립하는 기회를 갖는다. 핵심작업자인 경우 작업장에 유입되는 흥분의 시기이다.

② 경력 초기단계의 중요 과제 : 캠벨(Campbell)과 호퍼만(Hofferman)은 다음과 같은 중요 과제를 정리하였다.

㉠ 조직에 적응토록 방향을 설정한다.

㉡ 지위와 책임을 알고 만족스런 수행을 증명해 보인다.

㉢ 개인적인 목적과 승진기회의 관점에서 경력계획을 탐색한다.

㉣ 승진 또는 지위변경의 계획을 실행한다.

③ 초기 경력의 개발프로그램

㉠ 인턴십

㉡ 사전직무안내

㉢ 종업원 오리엔테이션 프로그램

④ 경력 초기단계의 문제점

㉠ 현실의 충격과 평가 및 적절한 피드백의 결여는 조직이 개인을 좌절시키는 주요 원인이 된다고 와노스(Wanous)는 제언하였다.

㉡ 경력 초기단계에 있는 사람들 중에는 비현실적으로 기대가 높은 사람도 있고, 업무를 향한 도전성이 결여됐거나 상사에게 제대로 된 피드백을 받지 못하는 사람도 있다.

(2) 경력 중기단계

① 개인의 작업생애와 사회 · 정서적 욕구의 중간 국면에 해당한다.

② 새롭고 이질적인 기술, 생산수요, 노동시장의 변화 등과 같은 다양한 원인들로부터 변화가 생긴다.

③ 개인이 경력에 대한 장기적인 차원을 점점 더 깨달아 가는 시기이고, 또 일의 세계에서 개인 역할로 초점을 옮겨가는 시기이다.

④ 개인과 일의 역할 간 우선순위가 변동할 때 바람직한 태도는 역할의 균형이다.

⑤ 중기 경력의 개발프로그램

㉠ 직무순환제도

㉡ 첨단기술에 대한 교육

㉢ 특정 전문분야에 대한 교육

| 쌤의 핵심포인트 |

직업몰입 및 승진기회의 관점에서 경력계획을 탐색하는 것은 경력 중기단계의 과제이다.

(3) 경력 후기단계

① 개인은 외부의 흥미를 구축하고 조직으로부터 직접 멀리 떨어져 나가기 시작하며, 조직활동에 있어 권력역할이 사소한 역할로 바뀌게 된다.

② 후기단계에서의 정서적 지지는 일차적으로 동료 그리고 특히 오랜 친구로부터 나온다.

③ 말기 경력의 개발프로그램

㉠ 조기퇴직에 대한 보상

㉡ 은퇴 전 프로그램

㉢ 유연작업계획(파트타임, 변형근무제, 직무순환)

(4) 경력발달의 과정(Hall)

① 탐색기(25세 미만) : 자아개념을 정립하고 경력지향을 결정하는 단계

② 확립기(25～45세) : 특정 직무영역에 정착하는 시기(전진단계)

③ 유지기(45～65세) : 생산의 시기/확고한 지위를 유지하려고 하는 단계

④ 쇠퇴기(65세 이후) : 은퇴를 준비하는 시기/조직생활을 통합하려고 노력하는 단계

○ 홀(Hall)의 경력발달 4단계를 기술하시오. 2차

5-2 직업전환

1 직업의식과 직업전환

1) 직업의식

(1) 의의

① 일에 대한 신념체계와 가치를 형성하는 것이다.

② 다양한 신념체계로 구성된 태도이며, 일에 대해 반복되는 행동 습관이다.

(2) 직업의식의 범위

| 쌤의 핵심포인트 |

'직업에 대한 출신성분'은 직업의식의 범위에 포함되지 않는다.

특정 직업에 대해 사람들이 가지고 있는 특유한 태도나 도덕관, 가치관 등을 의미한다. 즉, 개인의 직업에 대한 태도, 직업에 의견, 직업에 대한 가치를 포함하고 있으며, 유래되는 사상에 의해 형성되는 직업에 대한 관습 및 습관을 포함한다.

2) 직업전환

(1) 의의

① 실업이나 기타 이유에 의해 다른 직업으로 전환하는 것을 직업전환이라 한다.

② 직업을 전환하고자 하는 내담자에게서 반드시 우선적으로 탐색해야 할 사항은 변화에 대한 인지능력이다.

③ 개인의 적성과 흥미 또는 성격과 직업적 요구의 차이로 인해 내담자가 직업적응문제를 나타낼 때 이러한 문제해결을 위한 가장 바람직한 방법은 직업전환이다.

(2) 직업전환을 촉진하는 요인

① 전체 노동인구 중 젊은층의 비율이 높을 경우

② 경제구조가 완전고용의 상태일 경우

③ 단순직 근로자의 비율이 높을 경우

④ 여성근로자의 비율이 높을 경우

2 직업전환 상담과 프로그램의 유형

1) 직업전환 상담

(1) 실업자의 직업전환

① 실업자는 나이가 많을수록 취업 제의를 받는 비율이 감소한다.

② 조직에서는 청년기, 중년기, 정년 전 등 직업경력의 전환점에서 적절한 훈련 내지 지도조언을 실시하는 경력개발계획을 추진할 필요가 있다.

③ 직업상담에서 실업자에게 생애훈련적 사고를 갖도록 조언하고, 촉구하고, 참여하도록 권고하여야 한다.

| 쌤의 핵심포인트 |

직업전환이 어렵다고 해서 한 직업에 계속해서 종사하도록 유도하는 것은 바람직하지 않다.

(2) 직업생활의 적응 또는 직업전환을 위한 프로그램

① 인간관계 높이기 프로그램

② 직업스트레스 완화 프로그램

③ 자기관리 프로그램

④ 직업전환 프로그램

(3) 실업자의 직업전환 상담

실직에 대처하는 방식은 문제 위주의 대처행동과 징후 위주의 대처행동으로 구분된다.

① 실직에 대한 충격완화

② 직업선택 및 직업문제에 대한 직업상담

③ 직업적응을 위한 직업상담프로그램

④ 의사결정을 위한 직업정보제공

⑤ 은퇴 후의 진로경로계획 돕기

(4) 직업전환 상담 시 고려사항

① <u>우선적으로 내담자의 변화에 대한 인지능력을 탐색한다.</u>

② <u>전환될 직업에 대한 기술과 능력, 나이와 건강</u>을 일차적으로 고려한다.

③ <u>직업을 전환하는 데 동기화가 되어 있는지 여부를 파악한다.</u>

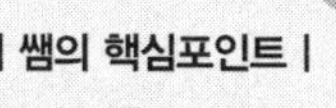

| 쌤의 핵심포인트 |

부모의 기대와 아동기 경험은 고려하지 않는다.

2) 직업상담 프로그램의 유형

(1) <u>직장스트레스 대처 프로그램</u>

① 직무에서 오는 긴장과 불안에 대한 문제인식과 이를 해결하기 위한 적절한 기술을 발견하고 여가활동을 계획하며 건강한 삶을 유지하기 위한 태도를 기른다.

② <u>전직을 예방하기 위해 퇴직의사 보유자에게 실시하는 직업상담 프로그램이다.</u>

(2) 직업적응 프로그램

변화가 가속화되는 직무에 적응하기 위한 태도 변화를 배우고, 이에 대한 경쟁력을 확보하고 적극적이고 긍정적인 태도를 높인다.

(3) 직업전환 프로그램

유사직무의 정보를 탐색하여 직업전환을 가능하게 하고 유사직무에서 새로이 요구되는 자질을 갖추기 위해 계획하고 전환할 직무에 필요한 직업훈련을 안내한다.

(4) 생애계획 프로그램

생애주기의 변화를 파악하고, 중장기 생애계획을 구축하여 이를 추가, 수정, 보완하여 합리적인 생애계획이 이루어지도록 한다.

(5) 은퇴 후 진로경로계획 프로그램

정년 또는 은퇴 이후에 새로운 진로경로 개척을 위한 계획을 세우고 계획이 구체화되도록 수정, 보완하며 계획을 실천에 옮길 수 있는 신념을 확인하도록 하는 프로그램이다.

(6) 실업충격완화 프로그램

| 쌤의 핵심포인트 |
실직자 위기 상담의 목적은 긴장감 제거와 적응 능력의 회복이다.

<u>실업에 대한 긍정적 이해와 실업에서 오는 정신적 충격을 치유, 완화시키는 기술을 제공하는 프로그램이다.</u>

(7) 취업알선 프로그램

취업처의 조직문화, 노동시장 등의 정보를 제공하고, 취업준비에 필요한 기술을 제공하는 등 취업을 위한 프로그램이다.

(8) 사후상담 프로그램

취업알선 후 직장적응에 대한 도움을 주며, 직장적응력을 높이기 위해서 대인관계, 대화법 같은 프로그램을 제공하는 프로그램이다.

(9) 직업복귀(훈련) 프로그램

장기실업자에 대해 직업복귀를 위한 준비사항을 제공하고 필요시 직업훈련 프로그램을 안내하여 직업관이나 윤리관을 정립시키는 프로그램이다.

(10) <u>자신에 대한 탐구 프로그램</u>

<u>직업지도 및 직업상담 프로그램에서 가장 중요하고 기본적인 프로그램으로서, 진로미결정자나 우유부단한 내담자에게 가장 우선되어야 할 프로그램이다.</u>

(11) 직업세계 이해 프로그램

개인의 일 경험, 직업 및 직업세계의 탐색, 자격 및 면허 조건, 노동시장의 관행, 작업환경 및 근로조건, 최신 고용동향 및 유망직종 등 직업세계에 관한 다양한 정보들을 내담자에게 제공한다.

| 쌤의 핵심포인트 |
직업세계 이해 프로그램에 포함되는 활동으로 합리적인 직업선택법을 틀린 지문으로 제시하고 있다.

5-3 실업자의 직업상담과 직업지도 프로그램

1 실업자의 직업상담

① 실업자는 직업상담을 통하여 과거 자신의 직업의식을 되돌아보는 시간을 갖도록 하여야 한다.
② 새로운 직업에 도전하는 인생의 전환점으로 삼아 생애설계를 하도록 도와주는 진로지도가 필요하다.
③ 실업자 위기상담의 목표는 불안을 감소시키고, 긴장감 제거와 적응능력의 회복에 있다.

2 실업 관련 프로그램

① 실업충격 완화 프로그램
② 실업스트레스 대처 프로그램
③ 직업전환(훈련) 프로그램
④ 직업복귀(훈련) 프로그램
⑤ 취업동기 증진 프로그램
⑥ 구직활동 증진 프로그램

| 쌤의 핵심포인트 |
인사고과 프로그램은 재직자를 대상으로 한다.

3 직업지도 프로그램

(1) 개요

① 직업의식을 촉진시키고 미래와 직업 그리고 자신에 대한 이해의 폭을 넓히기 위한 과정이다.
② 직업지도와 직업상담은 직업발달이론을 기초로 실시 · 운영되어야 한다.
③ 직업탐색, 직업준비 · 적응 · 전환 및 퇴직 등을 도와주기 위해 특별히 구조화된 조직적인 상담체계이다.
④ 최근에는 컴퓨터화된 프로그램 개발을 시도하고 있다.

⑤ 운영절차 및 평가방법이 존재
⑥ 가급적 시간절약을 위해 개발된 프로그램 중 하나를 선정하여 활용하는 것이 좋지만 새롭게 개발해야 할 경우도 있다.
⑦ 직업지도이론은 직업지도 훈련프로그램의 구성요소와 전개과정에 대한 기본 원리와 그 바탕을 제시하여 준다.
⑧ 집단상담방식으로 실시가 용이해야 한다.
⑨ 직업지도 프로그램의 개발단계 : 내담자 필요조사 → 목표 설정 → 방법 탐색 → 내용 선정 → 지원체제 강구

(2) 직업지도 프로그램 선정 시 고려사항

① 활용하고자 하는 목적에 부합하여야 한다.
② 프로그램의 효과를 평가할 수 있어야 한다.
③ 활용할 프로그램은 비용이 적게 드는 경제성을 지녀야 한다.

(3) 직업지도 프로그램 개발의 중점사항

① 미래사회를 보는 시각
② 노동시장과의 연계
③ 생애주기 변화에 대한 인식 제고

(4) 직업지도 프로그램 대상에 따른 구분

① 청소년 직업지도 프로그램 : 자기이해 프로그램, 직업정보탐색 프로그램, 취업 기술지도 프로그램 등
② 재직근로자를 위한 프로그램 : 인간관계훈련 프로그램, 스트레스관리 프로그램, 갈등관리 프로그램 등
③ 직업전환 및 재취업자를 위한 프로그램 : 전문지식 습득, 향상을 위한 교육기관 안내, 여성 직업복귀 프로그램
④ 실직자를 위한 프로그램 : 실업충격완화 프로그램, 실직자 심리상담, 치료프로그램
⑤ 은퇴자를 위한 프로그램 : 생활 변화에 따른 개인적 욕구, 태도, 가치 상담, 생산적인 일에 참여하고 싶은 욕구 충족 프로그램을 동시에 실시

청소년 진로교육 모형(진로교육 실시를 위한 지도단계)

① 진로인식단계 – 진로탐색단계 – 진로준비단계 – 취업
② 진로인식 → 진로탐색 → 진로준비 → 진로 전문화
③ 진로인식 → 진로탐색 → 진로계획 → 진로준비 → 진로 유지 및 개선

진로수첩이 내담자에게 미치는 유용성

① 진로수첩은 진로와 관련된 정보와 자료를 명확하고 쉽게 스스로 정리하도록 돕기 위한 목적으로 제작된 소책자
② 자기 평가를 통해 자신감과 자기 인식을 증진시키는 동시에 일 관련 태도 및 흥미에 대한 지식을 증진
③ 다양한 경험들이 어떻게 직무 관련 태도나 기술로 전환될 수 있는지에 대해 이해를 발전

(5) 직업지도 프로그램 과정

- 제1단계 : 직업탐색 및 정보수집
- 제2단계 : 직업선택
- 제3단계 : 조직문화 조사
- 제4단계 : 직업상담
- 제5단계 : 취업준비
- 제6단계 : 직업적응

| 쌤의 핵심포인트 |
제6단계인 '직업적응 단계'를 주로 시험에서 출제하고 있다.

(6) 여성 직업복귀훈련 프로그램

① 내용

㉠ 사회참여와 직업인의 자세
㉡ 직장인의 건강관리
㉢ 자녀양육 및 대화법

② 여성의 직업복귀 의사결정 단계

상황을 명확히 한다. → 대안을 탐색해 본다. → 기준을 확인한다. → 대안을 평가하고 결정을 내린다. → 계획을 수립하고 그대로 수행한다.

실업과 관련된 야호다(M. Johoda)의 박탈이론

일반적으로 고용상태에 있게 되면 실직상태에 있는 것보다 여러 가지 잠재효과가 있다고 한다.
① 시간의 조직화 : 시간을 계획적이고 조직적으로 사용할 수 있게 해준다.
② 사회적 접촉 : 가족 이외의 사람들과 접촉하며 사회적 활동 범위를 넓힐 수 있다.
③ 공동의 목표 : 공동의 기획이나 계획에 참여함으로써 자신의 가치를 느낄 수 있다.
④ 사회적 정체감과 지위 : 직장에 소속되어 자신의 정체감을 느끼고 지위를 가질 수 있다.
⑤ 활동성 : 의미 있는 정규활동을 통해 생활에 활력을 불어넣어준다.

실업과 관련된 야호다의 박탈이론에 따르면, 일반적으로 고용상태에 있게 되면 실직상태에 있는 것보다 여러 가지 잠재효과가 있다고 한다. 5가지 잠재효과를 기술하시오. 2차

전직 · 실직에 대비한 직업상담 영역

구분		대상	처치방법	프로그램명
전직	전직 예방	결근, 지각, 불평불만자, 퇴직욕구나 퇴직의사 보유자	직업문제 처치	• 직장스트레스 대처 프로그램 • 직업적응 프로그램
	전직 대비	퇴직의사 보유자	의사결정기법	• 생애계획 프로그램 • 직업전환 프로그램
실직	실업 전	명예퇴직자 조기퇴직자	스트레스해소법	• 조기퇴직계획 프로그램 • 은퇴 후 경력계획 프로그램
	실업 후	휴 · 폐업의 근로자	충격완화법	• 실업 충격완화 프로그램 • 직업복귀 프로그램 • 취업알선 프로그램 • 사후상담 프로그램

CHAPTER 5

출제예상문제

5-1 조직에서의 경력개발

01 다음 중 경력개발프로그램의 하나인 종업원 개발 프로그램에 해당되지 않는 것은?

① 훈련프로그램
② 평가프로그램
③ 후견인 프로그램
④ 직무순환

해설

①항 훈련프로그램 : 기술교육에서부터 대인관계 훈련까지 조직에서 실시하는 다양한 내용의 훈련프로그램을 말한다. 개인의 성취도와 자아실현에 초점을 두는 교육을 강조하고 있다.
③항 후견인 프로그램(멘토링) : 종업원이 조직에 쉽게 잘 적응하도록 상사가 후견인이 되어 도와주는 과정을 말한다.
④항 직무순환제 : 종업원에게 다양한 직무를 경험하게 함으로써 여러 분야의 능력을 개발시키는 데 목적이 있으며, 특히 한 분야에서의 전문가보다는 다기능 전문가를 키워야 한다는 최근의 흐름에 발맞추어 순환보직을 제도화하는 기업이 늘고 있다.

02 경력개발을 위해 종업원들에게 다양한 직무를 경험하게 함으로써 여러 분야의 능력을 개발시키려는 제도는?

① 사내공모제 ② 조기발탁제
③ 후견인제 ④ 직무순환제

03 다음 중 생애주기를 분석할 때 중요하게 고려해야 하는 사항과 가장 거리가 먼 것은?

① 평균수명의 변화 ② 초혼연령의 변화
③ 잔여기간의 변화 ④ 직장선택의 변화

04 경력개발을 위한 교육훈련을 실시할 때 가장 먼저 고려해야 하는 사항은?

① 사용 가능한 훈련방법에는 어떤 것들이 있는지에 대한 고찰
② 현 시점에서 어떤 훈련이 필요한지에 대한 요구분석
③ 훈련프로그램의 효과가 어떻게 나타났는지를 평가하기 위한 평가계획 수립
④ 훈련방법에 따른 구체적인 훈련프로그램 개발

해설

어떠한 훈련이 필요한지에 대한 요구분석이 먼저 고려되어야 한다.

05 경력개발과정 중 경력개발단계에 해당하는 것은?

① 경력상담과 경력목표 설정
② 구성원의 인적 자료 수집
③ 직무분석과 인력개발 및 인력계획
④ 경력기회에 대한 커뮤니케이션

해설

경력개발의 단계
① 경력목표 : 개인이 경력상 도달하고 싶은 미래의 지위를 의미한다.

정답 01 ② 02 ④ 03 ④ 04 ② 05 ①

② 경력계획 : 경력목표를 설정하고 이 경력목표를 달성하기 위한 경력경로를 구체적으로 선택하는 과정으로 구성원의 인적 자료 수집, 직무분석과 인력개발 및 인력계획, 경력기회에 대한 커뮤니케이션이 이루어져야 한다.
③ 경력개발 : 개인적인 경력계획을 달성하기 위하여 개인 또는 조직이 실제적으로 참여하는 활동으로 경력상담과 경력목표 설정, 경력경로의 설정과 경력개발의 촉구가 이루어져야 한다.
④ 평가 · 피드백단계 : 경력개발에 대한 결과분석 및 경력개발계획의 조정이 이루어진다.

06 경력개발프로그램에 대한 설명으로 틀린 것은?

① 대상자의 특성이 파악되어야 한다.
② 프로그램의 효과를 검증할 수 있어야 한다.
③ 대상자 모두에게 동일한 내용을 실시하여야 한다.
④ 프로그램 참여자의 응집력을 높일 수 있어야 한다.

해설

각 개인에게 적합한 경력개발프로그램을 실시해야 한다.

07 다음은 어떤 경력개발프로그램 개발 과정에 해당하는가?

> 특정 경력개발프로그램을 대규모로 적용하기 전에 소규모 집단에 시범적으로 실시하는 과정을 말한다. 프로그램 참여자로부터 프로그램에 대한 평가와 피드백을 받은 후, 그에 대한 대책을 마련하여 개발된 경력개발프로그램을 본격적으로 정착시키는 데 활용된다.

① 요구조사(Need Assessment)
② 자문(Consulting)
③ 팀－빌딩(Team－Building)
④ 파일럿 연구(Pilot Study)

08 미국 AT&T사에서 처음 운영한 이래 직원들의 관리능력을 평가하기 위한 방법으로 사용된 것으로, 수일간에 걸쳐 면접, 리더 없는 집단토의, 비즈니스게임 등 다양한 형태의 리더십, 의사소통 능력 등을 평가하는 방식은?

① 평가기관
② 경력 워크숍
③ 조기발탁제도
④ 후견인 프로그램

09 다운사이징과 조직구조의 수평화로 대변되는 조직 변화에 적합한 종업원의 경력개발 프로그램으로 적합하지 않은 것은?

① 직무를 통해서 다양한 능력을 본인 스스로 학습할 수 있도록 많은 프로젝트에 참여시킨다.
② 표준화된 작업규칙, 고정된 작업시간, 엄격한 직무기술을 강화한 학습 프로그램에 참여시킨다.
③ 불가피하게 퇴직한 사람들을 위한 퇴직자 관리 프로그램을 운영한다.
④ 새로운 직무를 수행하는 데 요구되는 능력 및 지식과 관련된 재교육을 실시한다.

해설

조직구조의 수평화로 수직승진과 장기고용이 사라지고 개인의 자율권 신장과 자신의 능력개발에 초점을 두어야 한다.

10 다운사이징 시대의 경력개발 방향으로 틀린 것은?

① 조직구조의 수평화로 개인의 자율권 신장과 능력개발에 초점을 두어야 한다.
② 기술, 제품, 개인의 숙련주기가 짧아져서 경력개발은 단기, 연속 학습단계로 이어진다.
③ 일시적이 아니라 계속적이고 평생학습으로의 경력개발이 요구된다.
④ 경력 변화의 기회가 많아져서 조직 내 수직적 이동과 장기고용이 용이해진다.

정답 06 ③ 07 ④ 08 ① 09 ② 10 ④

해설

수평이동과 단기고용이 증가한다.

11 직업심리학에서 인간의 생애주기를 연구하는 목적이 아닌 것은?

① 최근 직업에 종사하는 사람들이 직업보다는 가정생활에 더 큰 의미를 두기 때문
② 최근에는 은퇴 후에도 직업복귀 경향이 높아지고 있기 때문
③ 직업에 종사하는 기간이 길어지고, 오랜 직업생활을 유지하려는 욕구가 강해지고 있기 때문
④ 개인의 직업의식이나 가치관이 급격하게 변하고 있기 때문

해설

최근 직업에 종사하는 사람들이 가정생활보다는 직업에 더 큰 의미를 두기 때문

5-2 직업전환

12 다음 중 성인기의 직업전환을 촉진하는 요인과 가장 거리가 먼 것은?

① 전체 노동인구 중 젊은층의 비율이 적을 경우
② 경제구조가 완전고용의 상태일 경우
③ 단순직 근로자의 비율이 높을 경우
④ 여성근로자의 비율이 높을 경우

해설

젊은층의 비율이 높을수록 직업전환을 촉진한다.

13 직업을 전환하고자 하는 내담자에게서 반드시 우선적으로 탐색해야 하는 것은?

① 변화에 대한 인지능력
② 새로운 직업에서 성공기대 수준
③ 직업상담에 대한 기대
④ 기존에 가지고 있던 직업에 대한 애착 수준

해설

직업을 전환하고자 하는 내담자의 경우는 우선적으로 변화에 대한 인지능력을 탐색해야 한다.

14 실업자의 직업전환에 대한 설명이 틀린 것은?

① 실업자는 나이가 많을수록 취업제의를 받는 비율이 감소한다.
② 조직에서는 청년기, 중년기, 정년 전 등 직업경력의 전환점에서 적절한 훈련 내지 지도 · 조언을 실시하는 경력개발계획을 추진할 필요가 있다.
③ 직업상담에서 실업자에게 생애훈련적 사고를 갖도록 조언하고 촉구하고 참여하도록 권고하여야 한다.
④ 직업전환은 어려운 일이기 때문에 한 직업에 계속해서 종사해야 한다.

15 개인의 적성과 흥미 또는 성격과 직업적 요구와의 차이로 인해 내담자가 직업적응문제를 나타낼 때 이러한 문제해결을 위해 가장 바람직한 방법은?

① 스트레스 관리 방안 모색
② 직업전환
③ 인간관계 개선 프로그램 제공
④ 전근

해설

개인의 적성과 흥미 또는 성격과 직업적 요구와의 차이로 인해 내담자가 직업적응문제를 나타낼 때는 직업전환을 고려해야 한다.

정답 11 ① 12 ① 13 ① 14 ④ 15 ②

16 다음 중 직업의식의 범위 내에 포함되지 않는 항목은?

① 직업에 대한 가치
② 직업에 대한 태도
③ 직업에 대한 의견
④ 직업에 대한 출신성분

17 직업전환을 원하는 내담자를 상담할 때 일차적으로 고려해야 할 사항이 아닌 것은?

① 나이와 건강을 고려해야 한다.
② 부모의 기대와 아동기 경험을 분석한다.
③ 직업을 전환하는 데 동기화가 되어 있는지 알아본다.
④ 내담자가 직업을 바꾸는 데 필요한 기술을 가지고 있는지 평가해야 한다.

해설

부모의 기대와 아동기 경험에 대한 분석은 직업전환을 원하는 내담자가 아니라 첫 직업을 갖게 되는 내담자에게서 파악되어야 한다.

5-3 실업자의 직업상담과 직업지도 프로그램

18 직업지도 프로그램을 선정할 때 고려해야 할 사항이 아닌 것은?

① 활용하고자 하는 목적에 부합하여야 한다.
② 실시가 어렵더라도, 효과가 뚜렷한 프로그램이어야 한다.
③ 프로그램의 효과를 평가할 수 있어야 한다.
④ 활용할 프로그램은 비용이 적게 드는 경제성을 지녀야 한다.

해설

실시가 어렵다면 직업지도 프로그램으로 선정하기 어렵다.

19 다음 중 실업자를 위한 실업 관련 프로그램과 거리가 먼 것은?

① 직업전환 프로그램
② 인사고과 프로그램
③ 실업충격 완화 프로그램
④ 직업복귀훈련 프로그램

해설

인사고과 프로그램은 재직자를 위한 프로그램이다.

20 다음 중 전직을 예방하기 위한 퇴직의사 보유자에게 실시하는 직업상담 프로그램으로 가장 적합한 것은?

① 직장스트레스 대처 프로그램
② 생애계획 프로그램
③ 조기퇴직계획 프로그램
④ 실업충격완화 프로그램

해설

전직을 예방하기 위해서는 직무에 대한 불만이나 스트레스에 대처하는 프로그램이 적합하다.

21 직업세계이해 프로그램에 대한 설명 중 옳은 것은?

① 프로그램을 통해 직업정보를 충분히 제공할 수 있어야 한다.
② 프로그램 종료 후 내담자의 직업선택으로 곧바로 연결되어야 한다.
③ 내담자가 소화할 수 있는 정도의 정보가 제공된다.
④ 직업정보를 스스로 수집하고 분석할 수 있도록 한다.

해설

직업세계이해 프로그램은 내담자가 진로계획을 수립하는 데 필요한 정보가 빈약하거나, 더 상세한 정보를 알고 싶어하는 정보의 확장을 가져오거나 왜곡된 정보를 수정하도록 돕는 데 의의가 있다.

정답 16 ④ 17 ② 18 ② 19 ② 20 ① 21 ③

CHAPTER 6 직업과 스트레스

6-1 스트레스 이해

1 스트레스의 의미와 유형

(1) 스트레스의 개요

① 스트레스란 외부의 압력과 이에 대항하는 긴장이라는 두 가지 의미에서 이해해야 한다.

② 스트레스는 직무만족에 직접적인 영향을 준다.

(2) 스트레스의 유형

① 자극으로서의 스트레스 : 개인이 삶 속에서 부딪치는 다양한 자극이나 사건들 자체가 스트레스이다.

② 반응으로서의 스트레스 : 생물학적 · 생리학적 또는 정서적 · 행동적 항상성의 붕괴로 인해 유발되는 스트레스이다.

③ 개인과 환경 간의 상호작용으로서의 스트레스 : 환경적 자극 요인과 개인의 개별 특징적 반응 간의 상호작용으로 나타나는 스트레스이다.

2 스트레스의 발생 원인

(1) 좌절(Frustration)

원하는 목표가 지연되거나 차단될 때 경험하는 부정적인 정서 상태이다.

(2) 과잉부담(Overload)

개인의 능력을 벗어난 일이나 요구로 인해 경험하는 부정적인 정서 상태이다.

(3) 갈등(Conflict)

두 가지의 동기들이 갈등을 일으킬 때 경험하는 정서 상태이다.

① 접근－접근 갈등 : 두 가지의 동일한 가치의 매력적인 것 중에서 하나를 선택해야 할 때 경험하는 것

예 여름휴가를 산으로 갈지 바다로 갈지 갈등하는 경우

② 접근－회피 갈등 : 긍정적인 목표 달성이 부정적인 면을 함께 가지고 있을 때 경험하는 것

예 승진을 하려면 지방근무를 해야만 하고, 서울근무를 계속하려면 승진기회를 잃는 경우

③ 회피－회피 갈등 : 두 가지의 동일한 가치의 안 좋은 것 중에서 하나를 선택해야 할 때 경험하는 것

예 학교에 가기 싫어하는 학생이 부모에게 꾸중을 들을까 봐 집에 있을 수도 없어 갈등하는 경우

④ 이중 접근－회피 갈등 : 두 가지 목표가 각각 매력적인 것과 불쾌한 것을 같이 포함하고 있을 때

예 친구는 같이 술을 마시자고 하고 아내는 집에 빨리 들어오라고 하는 경우, 만약 친구의 뜻에 따르면 아내가 싫어할 것이고, 아내의 뜻에 따르면 친구가 싫어할 것이 예상되어 갈등하는 경우

(4) 생활의 변화(Life Change)

평소 익숙하던 생활환경이 바뀔 때 경험하는 정서 상태이다.

(5) 탈핍성 스트레스(Deprivational Stress)

원하는 만큼의 자극이 없을 경우 스트레스를 받게 된다.

예 무료함, 외로움도 스트레스의 원인으로 작용하며, 특히 독신자, 미망인, 이혼자들이 배우자와 함께 사는 사람들보다 사망률이 높은 이유이다.

(6) 압력/압박감(Pressure)

압력(압박감)은 우리가 어떤 방식으로 행동하기를 원하는 기대들 혹은 요구들을 말한다.

3 스트레스의 기능

직장스트레스가 주는 행동변화에 대하여 설명하시오. 2차

(1) 순기능

① 개인의 심신활동을 촉진시킨다.

② 문제해결에 있어 창조력을 발휘한다.

③ 동기유발이 증가하며 생산성을 향상시키는 데 기여한다.

(2) 역기능

① 스트레스가 과도하게 누적되면 심신을 황폐하게 하거나 직무성과에 부정적인 영향을 미친다.

② 스트레스로 유출된 에너지가 개인의 정상적 능력 이상으로 초과하여 소모하게 되면 부정적 영향을 미치게 되어 목표는 물론 미래의 목표를 달성하고자 하는 개인의 능력을 감소시킨다.

③ 작업의 집중력 저하를 유발하여 산업재해의 원인이 된다.

4 스트레스에 대한 주요 연구

(1) 스트레스 연구의 배경

① 근로시간에 발생하는 스트레스는 근로자와 밀접한 관련이 있으며, 산업사회에서는 스트레스에 대한 연구가 중요하다.

② 건강한 생활과 직장에서의 만족감 강화를 위하여 사람의 스트레스 연구에 대한 관심이 증가하고 있다.

③ 선진국에서는 직무 스트레스에 의한 산업체의 손실을 줄이기 위해 노력이 증가하고 있으며, 우리나라도 스트레스 연구에 대한 관심이 증가하고 있다.

(2) 셀리에(Selye)의 일반적응증후군(GAS ; General Adaptation Syndrome)

① 일반적 : 스트레스의 결과가 신체부위에 영향을 준다.

② 적응 : 스트레스의 원인으로부터 신체를 대처 또는 적응시킨다는 의미

③ 증후 : 스트레스 결과에 의해 어떤 반응이 일어난다는 의미

④ 일반적응증후의 3단계

㉠ 경계(경고)단계 : 정신적 혹은 육체적 위험 앞에 갑자기 노출되었을 때 나타나는 최초의 즉각적인 반응단계를 말하며, 이는 쇼크단계와 역쇼크단계를 거친다.

- 쇼크단계 : 스트레스에 대한 저항력이 일시적으로 떨어지는 현상이며, 체온과 혈압이 떨어지고 심장박동이 빨라진다.
- 역쇼크단계 : 쇼크현상 반응 후 우리 신체가 스트레스에 대한 방어력을 즉시 회복하여 그것에 대항하게 되는 일련의 자동적 방어기제의 작동하게 된다.

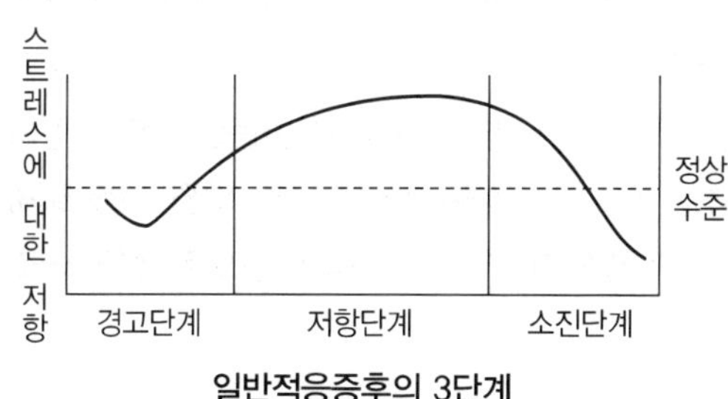

일반적응증후의 3단계

㉡ 저항단계

- 경고반응이 일어났는데도 스트레스가 지속되면 저항단계가 일어난다.
- 저항단계의 특징은 애초에 제시된 스트레스 유발인에 대한 저항은 증가되지만, 신체의 전반적인 저항력은 저하된다.

㉢ 탈진(소진)단계 : 유해한 스트레스에 대한 노출이 장기간 계속된다면, 이것이나 다른 새로운 스트레스에 대한 신체의 저항력은 결국 붕괴된다.

(3) 라자루스와 포크만(Lazarus & Folkman)의 스트레스 인지적 평가이론

① 스트레스를 유발하는 사건 자체보다 그 사건에 대한 개인의 지각 및 인지 과정을 중시한다.

② 스트레스 여부는 상황에 대한 개인의 주관적 해석에 의존한다.

③ 스트레스원에 대한 인지적 평가 과정은 다음의 3단계로 이루어진다.

구분	내용
1차 평가	사건에 대한 평가
2차 평가	사건에 대해 개인이 실행할 수 있는 유효한 대처전략 또는 자신의 대처능력을 평가
3차 평가(재평가)	1차 평가 및 2차 평가와 크게 다르지 않다.

(4) 여키스-도슨(Yerkes-Dodson)의 역U자형 가설

직무에 대한 스트레스가 너무 높거나 반대로 너무 낮은 경우 직무수행능력이 떨어지는 역U자형 양상을 보이게 된다.

(5) 스트레스에 관한 생리적 연구

① 17-OHCS(당류부신피질 호르몬)는 스트레스의 생리적 지표로서, 대표적으로 코티졸이 이 호르몬에 포함된다.

② 코티졸은 스트레스 발생 시 분비되는 호르몬이므로 '스트레스 호르몬', '스트레스 통제 호르몬'으로 불린다.

③ 코티졸이 과다 분비되어 피로감, 근육통, 기억력 및 집중력 저하 등 만성피로 증후군을 유발한다.

(6) 홈스와 레어(Holmes & Rahe)의 사회재적응척도(SRRS)와 생활변화단위(LCU)

① 홈스와 레어가 사회재적응척도(SRRS)를 개발하였다.

② 사회재적응척도는 생활변화단위/생활변동단위로 측정하도록 되어 있다.

③ 생활의 변화는 평소 익숙하던 생활환경이 바뀐 때를 말하는 것, 본래의 항정상태로 돌아가는 데 필요한 기간과 노력의 양으로 설명하였다.

④ 0~150 미만은 생활위기와 관련된 지병의 발생 가능성이 없는 반면, 150~199는 경도의 생활 위기, 200~299는 중등도의 생활 위기, 300 이상인 사람은 중증도의 생활 위기로 인해 질병의 발생 가능성이 있음을 나타낸다.

일 중독증과 소진

장시간 근로로 인한 면역체계 이상, 혈관계 질환 등 신체적으로 부정적인 영향을 미치는 것은 물론 과도한 스트레스로 인한 우울증과 신경증 그리고 소진 등 심리적으로도 부정적인 영향을 미칠 수 있다.

구분	내용
일 중독증 (Workaholic)	• '과잉 적응 증후군'이라고도 한다. • 점심을 먹으면서도 서류를 본다. • 아무것도 하지 않고 쉬면 견딜 수 없다. • 주말이나 휴일에도 쉴 수가 없다.
소진 (Burnout)	• '탈진 증후군'이라고도 한다. • 열심히 일을 했지만 성취감보다는 허탈감을 느낀다. • 인생에 환멸을 느낀다. • 불면증이 생긴다.

6-2 스트레스의 원인과 조절변인

1 스트레스의 원인(스트레스원)

(1) 개인 관련 스트레스원

① A/B 성격 유형

㉠ A형 성격 유형 : 능동적 · 공격적인 성향으로 직무를 수행할 때 경쟁 및 성취지향, 신속성, 완벽함을 추구한다.

- 시간을 철저하게 지키고 항상 긴박감을 느낀다.
- 평소 활동이 공격적이고 적대적이며 참을성이 없다.
- 성취지향적이고 적극적이다.
- 경쟁적이고 승부에 집착한다.
- 한꺼번에 여러 가지 일을 하며 아무 일도 하지 않으면 죄책감까지 느낀다.
- 심미안과 감정이 결여되어 있다.
- 스트레스 상황에서 과제를 더 빨리 포기한다.
- 관상동맥성 심장병(CHD)에 걸릴 확률이 높다.

㉡ B형 성격 유형 : 수동적 · 방어적인 성향으로 직무를 수행할 때 느긋하고 차분하며 일처리에 있어서 여유로운 대처, 상황의 수용 등을 특징으로 한다.

- 차분한 성격과 평온함을 특징으로 한다.

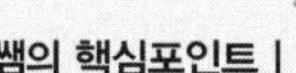

| 쌤의 핵심포인트 |

스트레스 상황에 노출되면 A유형이 B유형보다 더 많은 부정과 투사기제를 사용한다.

- 시간에 대한 관심이 없으며 절대로 서두르지 않는다.
- 일처리에 있어서 여유 있게 대처하며 마감시간에 쫓기는 일이 많다.
- 털털하게 사람을 사귄다.
- 참을성이 있고, 행동이 부드러우며, 허풍을 떨지 않는다.
- A형 성격 유형과 달리 각종 질병의 발병률이 낮은 편이다.

㉢ A형 성격 유형의 사람들은 B형보다 성취욕구와 포부수준이 더 높기 때문에 일로부터 스트레스를 느낄 가능성이 많다.

② 통제 위치 또는 통제 소재

성패의 원인이 내부에 있는가 또는 외부에 있는가에 따라 구분된다.

㉠ 내적 통제자(내재론자) : 문제 중심의 대응행동을 통해 스트레스 상황에 적절히 대처한다.

- 어떤 행위의 결과가 자신의 행동에 달려 있다고 보는 사람
- 자신의 통제력을 보다 많이 발휘한다고 판단한다.
- 스트레스 상황에서 크게 위험을 느끼지 않는다.
- 지나칠 정도로 적대적 반응을 하지 않는다.
- 역할 갈등이 없으며 직무만족이 크다.

㉡ 외적 통제자(외재론자) : 부정적 사건에 민감하게 반응하고 자기방어적인 성향을 보임으로써 스트레스 상황에 대한 대처능력이 떨어지고 실제 생활에서 비교적 높은 수준의 스트레스를 경험하는 것으로 나타나고 있다.

- 행위의 결과를 행운, 기회, 운명, 다른 사람에 의한 것으로 해석하는 사람

③ 인구통계적 변인

연령, 교육수준, 성, 사회경제적 지위 등이 인구통계적 변인에 해당된다. 보통 여성 직장인이 남성 직장인보다 스트레스 수준이 높다.

직무 관련 스트레스 요인 세 가지를 쓰고 설명하시오. 2차

(2) 직무 및 조직 관련 스트레스 원인

① 과제 특성(복잡한 과제/과제곤란도)

㉠ 복잡한 과제 : 정보과부하 조건을 요구하고, 상대적으로 높은 인지활동이 필요하다.

㉡ 단순반복 과제 : 일에 대한 흥미와 참여의식, 도전의식을 상실하게 하며 단순노동직 여성에게 많다. 현기증, 두통, 구토, 호흡곤란 등의 증세를 동반한다. 지루함과 단조로움도 기계화 및 자동화 시대에 살고 있는 오늘날 가장 위험한 스트레스 요인이 될 수 있다.

② 역할갈등(Role Conflict)

역할담당자가 자신의 지위(역할)와 역할전달자의 역할기대가 상충되는 상황에서 지각하는 심리적 상태이다.

구분	내용
개인 간 역할갈등	직업에서의 요구와 직업 이외의 요구 간의 갈등에서 발생하는 갈등 → 오해, 경쟁, 역할수행, 가치관 차이 예 결혼기념일의 회사 야근
개인 내 역할갈등	개인이 수행하는 직무의 요구와 가치관이 다를 때 발생하는 갈등 → 좌절, 목표 갈등, 스트레스, 역할 갈등 예 공인회계사에게 세금을 줄이기 위해 2중 장부를 처리하게 하는 경우
송신자 간 갈등	사람 대 사람의 요구(2명 이상의 요구)가 갈등을 일으킬 때 발생 예 팀 생산성을 높이기 위해서 부하들을 철저히 감독하라는 사장의 요구와 작업능률을 높이려면 자신들이 자발적으로 일할 수 있는 분위기를 만들어 주어야 한다는 부하들의 요구 사이에서 갈등하는 팀장의 스트레스
송신자 내 갈등	업무 지시자가 서로 배타적이고, 양립할 수 없는 요구를 할 때 발생하는 갈등 예 영업장이 영업사원들에게 영업실적을 올리라고 하면서 동시에 영업을 위해 필수적인 외근시간은 줄이라고 요구하는 경우

③ 역할모호성

역할이 불명확하거나 일관성 있는 기대 없이 수행되는 상태 또는 현상일 때 스트레스가 높아진다.

④ 역할과다/역할과소

기대와 직무가 요구하는 바가 역할 담당자의 능력을 벗어날 때는 역할과다가, 능력을 충분히 활용하지 못할 때는 역할과소가 나타난다.

⑤ 산업의 조직문화와 풍토

집합주의/개인주의 산업문화의 충돌은 근로자에게 스트레스원이 된다.

집합주의 문화(우리나라)	개인주의 문화(미국)
• 연고주의 • 도덕적 관점 중시 • 관리자와 경영주의 유대 중시	• 능력주의 • 계약적 관점 중시 • 직무와 보상 중시

(3) 물리적 환경 관련 스트레스원

조명, 소음, 온도, 음파와 진동, 공기오염, 사무실 설계, 사회적 밀도 등도 스트레스의 원인이 된다.

2 스트레스의 조절변인

(1) A, B 성격 유형

성취지향, 완벽주의를 추구하는 A형 성격 유형이 조화, 느긋함과 차분함을 추구하는 B형 성격 유형보다 스트레스를 받는다.

직무스트레스의 조절변인을 3가지 쓰고 설명하시오. 2차

| 쌤의 핵심포인트 |

A, B 성격 유형과 통제의 위치는 개인 관련 스트레스의 원인(스트레스원)에 해당하지만, 스트레스의 조절변인이기도 하다.

(2) 통제의 위치

사건의 원인을 내부(개인의 성실성, 마음가짐 등)에서 찾는 유형보다 외부(환경, 운, 기회)에서 찾는 외적 통제자가 더 스트레스를 받는다.

(3) 사회적 지원

사회적 지원을 받지 않는 유형이 그렇지 않는 사람에 비해 스트레스에 더 취약하다.

6-3 스트레스의 결과 및 예방

1 스트레스의 결과

(1) 개인적 결과

① 심리적 반응 : 불안, 분노와 공격성, 인지적 손상, 무감각과 우울증 등
② 행동적 반응 : 흡연, 알코올 남용, 약물남용, 돌발적인 사고, 격렬, 식욕부진 등
③ 의학적 결과 : 소화기 궤양증, 심장병 및 심장마비, 두통, 암, 당뇨, 근골격계 질환, 폐질환, 피부질환 등

(2) 조직의 결과

① 직무수행 감소 : 초기 수행실적은 스트레스 수준이 증가함에 따라 높아지지만, 일정시점 이후에 스트레스 수준이 증가하면 수행실적은 오히려 감소하는 역U자형 관계이다.
② 결근 및 이직 : 지각이나 결근 등은 스트레스로 인한 가장 명백한 손실 가운데 하나이며, 결근은 여러 가지 다양한 조건에 의해 일어나지만 심리적 건강이 좋지 않을 때 주로 나타난다. 이러한 결근이 지속되면 이직으로 전환될 가능성이 높다.
③ 직무불만족 : 직무스트레스는 직무만족에 직접적인 영향을 준다.
④ 직무소외(Alienation) : 시만(Seeman)의 개념적 틀을 이용하여 4가지 비소외적 상태를 먼저 규정하고, 이를 통해 4가지 소외 양상을 열거하였다.

비소외적 상태	소외 양상
• 자유와 통제(Freedom and Control) • 목적(Purpose) • 사회적 통합(Social Integration) • 자기몰입(Self－involvement)	• 무기력감(Powerlessness) • 무의미감(Meaninglessness) • 고립감(Isolation) • 자기상실감 혹은 자기소원감 (Self－estrangement)

| 쌤의 핵심포인트 |

브라우너는 노동자가 작업 과정을 자유롭게 통제하지 못하고 목적의식을 상실하며, 통합된 조직에 소속되지 못하고 자기몰입의 기회를 가지지 못함으로써 직무소외에 놓이게 된다고 보았다.

⑤ 생존자증후군(Layoff Survivor Syndrome) : 구조조정으로 실업을 걱정하는 사람이 실제로 해고를 당한 사람보다 더 많은 스트레스를 받아 발생하는 트라우마로, 해고 생존자들에게 나타나는 특징적 양상을 가리키는 것이다.

구조조정이나 조직 감축에서 살아남은 구성원들의 전형적인 반응

① 살아남은 구성원들도 종종 조직에 대한 신뢰감을 상실한다.
② 일부 구성원들은 다른 직무나 낮은 수준의 직무로 이동하는 것을 감수한다.
③ 더 많은 일을 해야 하기 때문에 과로하며 종종 불이익도 감수하려고 한다.
④ 조직 몰입에 어려움을 겪는다.

2 스트레스 예방관리전략

(1) 1차적 관리 – 스트레스 요인 중심(출처지향적 관리전략)

직무스트레스의 출처 수와 강도를 줄이고 예방한다. 즉, 조직수준의 스트레스 관리전략이다.

- 직무재설계, 직무확대 등

예 은행원들이 창구에 줄 서서 기다리는 고객들에게 가능한 한 빨리 서비스를 제공하고자 스트레스를 많이 받았었는데, 고객 대기표(번호표) 시스템을 도입한 이후 이러한 스트레스를 많이 줄일 수 있게 되었다.

(2) 2차적 관리 – 스트레스 반응 중심(반응지향적 관리전략)

① 직무스트레스로 인한 다양한 반응을 완화한다. 즉, 개인수준의 스트레스 관리전략이다.
② 이완훈련, 바이오피드백(명상, 기수련, 조깅 등), 스트레스 관리훈련(회피 → 직면 → 도전하는 정신), 대처기술 등
③ 사고 중지=생각을 멈추는 훈련=현실요법

(3) 3차적 관리 – 스트레스 증후 중심(증후지향적 관리전략)

① 직무스트레스로 인해 생긴 부정적 결과를 치료한다.
② 종업원지원프로그램, 의학적 치료, 상담 및 심리치료, 경력상담 등

3 스트레스 예방 및 대처

(1) 대처를 위한 조건

① 적절한 스트레스는 우리에게 도움을 준다는 명제를 받아들여야 한다.

② 긍정적 스트레스는 적극적 노력에 의해서만 획득될 수 있음을 인식해야 한다.

③ 자신의 스트레스 상황을 의식하고 확인하는 일은 매우 중요하다.

④ 스트레스 상황은 내 자신의 내면에 있다는 점을 인식해야 한다.

⑤ 긴장방출률(TDR ; Tension Discharge Rate)을 최대한 높여야 한다.

(2) 예방 및 대처전략

① 가치관을 전환시켜야 한다.

② 목표지향적 초고속심리에서 과정중심적 사고방식으로 전환한다.

③ 스트레스에 정면으로 도전하는 마음이 있어야 한다.

④ 가슴속에 있는 한을 털어내야 한다.

⑤ 균형 있는 생활을 하며, 취미 · 오락을 통해 생활장면을 전환하는 활동을 규칙적으로 해야 한다.

⑥ 운동을 통하여 스트레스를 해소한다.

CHAPTER 6

출제예상문제

6-1 스트레스 이해

01 스트레스 요인과 상황에 관한 설명으로 틀린 것은?

① 좌절(Frustration) – 원하는 목표가 지연되거나 차단될 때이다.
② 과잉부담(Overload) – 개인의 능력을 벗어난 일이나 요구일 때이다.
③ 갈등(Conflict) – 두 가지의 긍정적인 일들이 갈등을 일으킬 때이다.
④ 생활의 변화(Life Change) – 부정적인 사건이 제한된 시간 내에 많을 때이다.

해설

생활의 변화
부정적 사건뿐 아니라 긍정적 생활 변화도 생활방식에 적응하기 위한 스트레스의 원인이 될 수 있다.

02 다음 중 Selye가 제시한 일반적응증후군(GAS ; General Adaptation Syndrome)의 반응단계에 해당하지 않는 것은?

① 경고단계 ② 적응단계
③ 저항단계 ④ 소진단계

해설

경계단계(경고단계) → 저항단계 → 탈진(소진)단계

03 스트레스에 관한 설명으로 틀린 것은?

① 일반적응증후의 3단계는 경계단계, 저항단계, 회복단계이다.
② 스트레스 수준 또는 강도와 건강 및 생산성 간의 관계는 역U자 관계이다.
③ Selye가 "일반적응증후군"이라는 개념을 제시하면서 최초의 학문적 연구가 시작되었다.
④ 스트레스 정보의 전달은 자율신경계를 통한 과정과 뇌하수체를 경유하는 뇌분비계에 의한 전달과정으로 구분될 수 있다.

해설

일반적응증후의 3단계는 경계단계, 저항단계, 탈진단계이다.

04 Lazarus의 스트레스 이론에 관한 설명으로 틀린 것은?

① 스트레스 사건 자체보다 지각과 인지 과정을 중시하는 이론이다.
② 1차 평가는 사건이 얼마나 위협적인지를 평가하는 것이다.
③ 2차 평가는 자신의 대처 능력에 대한 평가이다.
④ 3차 평가는 자신의 스트레스 반응에 대한 평가이다.

해설

라자루스(Lazarus)는 단순한 자극이나 반응 대신에 환경에서의 자극을 개인이 어떻게 인지적으로 평가하는가를 강조하였다.

정답 01 ④ 02 ② 03 ① 04 ④

즉, 개인이 경험하는 스트레스는 객관적인 스트레스 자극 자체가 아니라 유기체가 그 자극을 어떻게 평가하는가에 따라서 달라진다는 것이다.
그는 인지적 평가를 1차 평가와 2차 평가, 그리고 재평가로 구분하고 있다.

① 1차 평가 : 사건을 자신의 안녕과의 관계에서 평가는 것이다. 예를 들어 발생한 사건이 자신의 안녕과 관련이 없을 경우에는 무관한 평가로, 만약 자신에게 유익할 경우에는 이로운 평가로, 자신에게 해로울 경우에는 스트레스적인 평가로 내리게 된다.
② 2차 평가 : 스트레스 사건에 대한 대처 자원과 관련된 평가이다. 다시 말하면 1차 평가가 '그 사건이 나에게 어떤 의미를 주는가?'에 초점이 놓여 있는 반면, 2차 평가는 '내가 스트레스 사건에 대하여 무엇을 할 수 있는가?'에 초점이 놓여 있다.
③ 재평가 : 발생한 문제가 해결될 때까지 개인과 환경 간의 교섭관계에 대한 평가를 반복하는 것을 의미한다.

05 스트레스와 직무수행의 관계에 관한 설명으로 가장 적합한 것은?

① 스트레스가 높아질수록 수행실적도 함께 증가한다.
② 스트레스 수준이 아주 낮으면 수행실적이 증가한다.
③ 스트레스는 직무만족에 직접적인 영향을 준다.
④ 지각이나 결근은 스트레스와는 상관이 없다.

해설

스트레스 수준이 적당하면 작업능률이 최대가 되고 직무수행도 원활이 이루어지지만, 스트레스 수준이 너무 낮거나 높으면 작업능률 및 직무수행이 떨어진다. 스트레스가 많을수록 지각이나 결근이 증가한다.

06 직무 및 일반스트레스에 대한 설명으로 옳은 것은?

① 17－OHCS라는 당류부신피질 호르몬은 스트레스의 생리적 지표로서 매우 중요하게 사용된다.
② B형 성격 유형이 A형 성격 유형보다 높은 스트레스 수준을 유지한다.
③ 여키스와 다슨(Yerkes & Dodson)의 역U자형 가설은 스트레스 수준이 낮으면 작업능률이 높아진다는 가설이다.
④ 일반적응증후군(GAS)은 경고단계, 저항단계, 소진단계를 거치면서 사람에게 나쁜 결과를 가져다 준다.

해설

②항 A형 성격 유형이 B형 성격 유형보다 높은 스트레스 수준을 유지한다.
③항 여키스와 다슨(Yerkes & Dodson)의 역 U자형 가설은 스트레스 수준이 너무 높거나 낮으면 작업 능률이 낮아진다는 가설이다(최적 스트레스 수준에서 능률이 가장 높다).
④항 일반적응증후군(GAS)은 경고단계, 저항단계, 소진단계를 거치면서 사람에게 좋은 결과를 주기도 하고 나쁜 결과를 가져다 주기도 한다.
※ 17－OHCS라는 당류부신피질 호르몬은 경계단계에서 신체 내의 나트륨, 칼륨, 염소 등의 무기질 수준을 조절함으로써 긴급상황에 대처하도록 해 준다고 한다.

07 다음 행동 특성이 올바르게 연결된 것은?

A	• 점심을 먹으면서도 서류를 본다. • 아무것도 하지 않고 쉬면 견딜 수 없다. • 주말이나 휴일에도 쉴 수가 없다.
B	• 열심히 일을 했지만 성취감보다는 허탈감을 느낀다. • 인생에 환멸을 느낀다. • 불면증이 생긴다.

① A－내적 통제소재, B－외적 통제소재
② A－A형 성격, B－B형 성격
③ A－과다 과업지향성, B－과다 인간관계지향
④ A－일 중독증, B－소진

정답 05 ③ 06 ① 07 ④

6-2 스트레스의 원인과 조절변인

08 직무스트레스에 대한 설명으로 틀린 것은?

① 직장 내 소음, 온도와 같은 물리적 요인이 직무스트레스를 유발할 수 있다.
② 직무스트레스를 일으키는 심리사회적 요인으로 역할 갈등, 역할 과부하, 역할 모호성 등이 있다.
③ 사회적 지지가 제공되면 우울이나 불안 같은 직무스트레스 반응이 감소한다.
④ A유형 성격과 B유형 성격을 가진 사람은 직무스트레스에 취약하다.

해설

A유형 행동이 B유형 행동보다 훨씬 더 빨리 과제를 포기하고 보다 많은 무력감을 느끼게 되어 더 많은 스트레스(쉽게 화를 냄)를 받는다.

09 다음 중 개인 관련 스트레스 요인인 A유형 행동을 보이는 사람의 특성에 해당하지 않는 것은?

① 책임을 피한다.
② 쉽게 화를 낸다.
③ 많은 일을 성취하려 한다.
④ 늘 경쟁적 성취욕으로 가득 차 있다.

해설

A유형 행동이 B유형 행동보다 빨리 과제를 포기하고 보다 많은 무력감을 느끼게 되어 더 많은 스트레스를 받으며 극단적으로 공격적 · 적대적이고, 시간에 쫓기며 경쟁적이고 성취욕에 가득 차 있다.

10 프리드먼과 로젠만은 관상동맥성 심장병이 특정 성격과 관련되어 있다고 주장한다. 짧은 시간 내에 더 많은 일을 하려 하고, 지칠 줄 모르는 노력을 경주하는 특징을 가진 성격은?

① A형 성격 ② B형 성격
③ O형 성격 ④ AB형 성격

해설

① 극단적으로 공격적 · 적대적이고, 시간에 쫓기며 경쟁적이고 성취욕에 가득 차 있다.
② A유형 행동이 B유형 행동보다 훨씬 더 빨리 과제를 포기하고 보다 많은 무력감을 느끼게 되어 더 많은 스트레스(쉽게 화를 냄)를 받는다.
③ 산업사회의 발달과 함께 A유형의 행동 비중이 커지고 있다.

11 다음 중 A유형의 행동 특징에 대한 설명으로 틀린 것은?

① 근무시간을 철저하게 지키고, 항상 긴박감을 느낀다.
② 평소 활동이 공격적이고 적대적이며, 참을성이 없다.
③ 시간에 대하여 걱정을 덜 하고, 여유를 가진다.
④ 사내의 활동이 경쟁적이며, 승부에 집착한다.

해설

③은 B유형 행동 특징이다.

12 직업 관련 스트레스에 대한 설명으로 옳지 않은 것은?

① 스트레스는 사람들에게 긍정적인 측면도 있기 때문에 스트레스를 줄이는 것만이 좋은 것은 아니다.
② 인지상담가 엘리스(Ellis)에 의하면 스트레스의 주요인은 개인의 비합리적 신념이다.
③ 성격을 A유형과 B유형으로 나눌 때 A유형보다는 B유형이 스트레스를 많이 받는다.
④ 조직 내에서 역할의 갈등이나 역할의 모호성 같은 것도 스트레스의 원인이 된다.

해설

B유형보다는 A유형이 스트레스를 많이 받는다.

정답 08 ④ 09 ① 10 ① 11 ③ 12 ③

13 다음 중 직무 및 조직 관련 스트레스 요인이 아닌 것은?

① 과제 특성
② 역할갈등과 역할모호성
③ 산업의 조직문화와 풍토
④ A유형 행동

해설

A유형은 개인 관련 스트레스 요인이다.

14 직무와 관련된 스트레스 요인 중 기계화 및 자동화시대에 살고 있는 오늘날 가장 위험한 스트레스 요인이 될 수 있는 것은?

① 지루함　② 역할갈등
③ 생산압력　④ 개인주의

해설

오늘날 가장 위험한 스트레스 요인은 단조로움으로 인한 지루함이다.

15 직장에서 역할 관련 갈등으로 인하여 받는 스트레스는 스트레스의 원인 중 어디에 속하는 것인가?

① 직무 관련 스트레스원
② 개인 관련 스트레스원
③ 조직 관련 스트레스원
④ 물리적 환경 관련 스트레스원

16 스트레스 요인의 역할갈등 중 직업에서의 요구와 직업 이외의 요구 간의 갈등에서 발생하는 것은?

① 개인 내 역할갈등
② 개인 간 역할갈등
③ 송신자 내 갈등
④ 송신자 간 갈등

해설

① 개인 내 역할갈등 : 개인이 수행하는 직무의 요구와 가치관이 다를 때 발생하는 갈등 → 좌절, 목표갈등, 스트레스, 역할갈등
  예 공인회계사에게 세금을 줄이기 위해 2중 장부를 처리하게 하는 경우
② 개인 간 역할갈등 : 직업에서의 요구와 직업 이외의 요구 사이에서 발생하는 갈등 → 오해, 경쟁, 역할수행, 가치관 차이
  예 결혼기념일의 회사 야근
③ 송신자 내 갈등 : 업무지시자가 서로 배타적이고, 양립할 수 없는 요구를 할 때 발생하는 갈등
  예 영업장이 영업사원들에게 영업실적을 올리라고 하면서 동시에 영업을 위해 필수적인 외근시간은 줄이라고 요구하는 경우
④ 송신자 간 갈등 : 사람 대 사람의 요구(2명 이상의 요구)가 갈등을 일으킬 때 발생
  예 팀 생산성을 높이기 위해서 부하들을 철저히 감독하라는 사장의 요구와 작업능률을 높이려면 자신들이 자발적으로 일할 수 있는 분위기를 만들어 주어야 한다는 부하들의 요구 사이에서 갈등하는 팀장의 스트레스

17 다음이 설명하고 있는 직무 및 조직 관련 스트레스 요인은?

> 역할담당자가 자신의 지위와 역할전달자의 역할기대가 상충되는 상황에서 지각하는 심리적 상태이다.

① 역할갈등　② 산업의 조직문화
③ 과제 특성　④ 역할모호성

18 개인이 수행하는 직무의 요구와 개인의 가치관이 다를 때 발생하는 역할갈등 요인은?

① 송신자 내 갈등
② 개인 간 역할 갈등
③ 개인 내 역할갈등
④ 송신자 간 갈등

정답　13 ④　14 ①　15 ①　16 ②　17 ①　18 ③

19 직무스트레스를 조절하는 매개요인에 관한 설명으로 틀린 것은?

① 성격요인으로 A유형과 B유형으로 구분하며 A유형의 사람들은 성취욕구가 높고 더 높은 포부수준을 갖고 있기 때문에 일로부터 스트레스를 느낄 가능성이 적다.
② 내적 통제자보다 외적 통제자들은 자신의 삶에 있어 중요한 사건들이 주로 타인이나 외부에 의해 결정된다고 보기 때문에 스트레스 영향력을 감소시키려는 노력을 하지 않는 편이다.
③ 스트레스 자체를 없애기는 어렵기 때문에 스트레스 출처를 예측하는 것이 스트레스를 완화시키는 중요한 역할을 한다.
④ 사회적 지원은 스트레스 출처를 약화시키지만 스트레스 출처로부터 야기된 권태감, 직무불만족 자체를 감소시키는 것은 아니다.

해설

A유형 행동이 B유형 행동보다 훨씬 더 빨리 과제를 포기하고 보다 많은 무력감을 느끼게 되어 더 많은 스트레스(쉽게 화를 냄)를 받는다.

20 다음 중 직무스트레스의 매개변인으로 볼 수 없는 것은?

① 성격의 유형 ② 역할 모호성
③ 통제의 위치 ④ 사회적 지원

해설

매개변인이란 독립변인과 종속변인 사이에 끼어들어 영향을 미치는 변인을 말한다. 실험 연구에서 종속변인의 결과가 실험자가 처치한 독립변인의 영향이 아니라 다른 변인으로 인한 것일 가능성은 항상 있는데 이 때문에 주의 깊은 연구설계가 필요하다. 즉, 매개변인을 가능한 한 통제할 수 있는 실험설계가 필요하다.

21 스트레스에 관한 설명으로 옳은 것은?

① 스트레스에 대한 일반적응증후는 경계, 저항, 탈진 단계로 진행된다.
② 1년간 생활변동단위(Life Change Unit)의 합이 90인 사람은 대단히 심한 스트레스를 겪는 사람이다.
③ A유형의 사람은 B유형의 사람보다 훨씬 느긋하고 덜 적대적이어서 상대적으로 스트레스에 인내력이 있다.
④ 스트레스의 대처와 극복에 미치는 사회적 지지의 영향력은 거의 없다.

해설

②항 1년간 생활변동단위의 합이 150~199점이면 경미한 위기, 200~299점이면 견딜 만한 위기, 300점 이상이면 심각한 위기에 해당한다.
③항 A유형은 극단적으로 공격적 · 적대적이고, 시간에 쫓기며 경쟁적이고 성취욕에 가득 차 있다.
④항 사회적 지지는 긍정적으로 작용한다.

6-3 스트레스의 결과 및 예방

22 다음 중 직무스트레스의 결과가 조직에 미치는 영향과 가장 거리가 먼 것은?

① 직무수행 감소
② 직무불만족
③ 상사의 부당한 지시
④ 결근 및 이직

해설

상사의 부당한 지시는 스트레스의 원인이다.

정답 19 ① 20 ② 21 ① 22 ③

23 조직감축으로부터 살아남은 종업원들이 전형적으로 조직에 대해 반응하는 행동이 아닌 것은?

① 살아남은 자들도 종종 조직에 대한 신뢰감을 상실하곤 한다.
② 더 많은 일을 해야 하기 때문에 과로하며 종종 불이익도 감수하려고 한다.
③ 일부 사람들은 다른 직무나 낮은 수준의 직무로 이동하는 것을 감수한다.
④ 조직감축에서 살아남은 데 만족하며 조직 몰입을 더욱 많이 한다.

해설

① 직무 혹은 고용에 대한 불안감이 증가한다.
② 조직의 분위기가 침체되고 사기가 급격히 저하된다.
③ 감원이 불공정하다고 느끼는 경우 종업원들은 분노나 공격적 성향을 드러내어 인간관계가 악화되기 쉽다.
④ 인력 구조조정의 대상이 되지 않기 위하여 실패할 우려가 있는 혁신적인 업무나 변화를 기피하는 현상이 생기기도 한다.
⑤ 조직구성원들의 이직 의도나 이직률이 높아지는 등 이탈현상이 발생할 수 있다.
⑥ 조직과 경영층에 대한 불신이 팽배해지는 경우가 발생한다.
⑦ 직무에 대한 만족도의 저하, 과도한 업무부담에 대한 불만 및 창의성이 저하된다.

24 개인의 변화를 목표로 하는 이차적 스트레스 관리전략에 해당하지 않는 것은?

① 이완훈련
② 바이오피드백
③ 직무재설계
④ 스트레스 관리훈련

해설

스트레스 관리전략
① 1차적 관리전략 : 조직수준의 스트레스 관리전략(직무재설계)
② 2차적 관리전략 : 개인수준의 스트레스 관리전략

25 다음 중 스트레스 상황에 대처하는 행동으로 적합하지 않은 것은?

① 친구를 만나 실컷 수다를 떤다.
② 이불을 뒤집어 쓰고 잠을 자버린다.
③ 정해진 시간을 꼭 지키려 애쓴다.
④ 현실을 직시하고 타협이나 양보를 한다.

26 스트레스에 대처하기 위한 포괄적인 노력과 가장 거리가 먼 것은?

① 과정중심적 사고방식에서 목표지향적 초고속 사고로 전환해야 한다.
② 가치관을 전환시켜야 한다.
③ 스트레스에 정면으로 도전하는 마음이 있어야 한다.
④ 균형 있는 생활을 해야 한다.

해설

목표지향적 초고속사고에서 과정중심적 사고로 전환해야 한다.

정답 23 ④ 24 ③ 25 ③ 26 ①

3

직업정보론

1. 직업정보의 제공
2. 직업 및 산업분류의 활용
3. 직업 관련 정보의 이해
4. 직업정보의 수집 및 분석

CHAPTER 1 직업정보의 제공

1-1 직업정보의 이해

1 직업정보의 의의

(1) 직업정보의 의미

직업과 관련된 모든 정보를 의미하며 구인, 구직 등 취업정보는 물론이고 노동시장의 고용동향, 노동의 수요와 공급, 직업구조의 변화, 임금 등이 직업정보로 구성된다.

(2) 직업정보의 내용

① 직업별로 수행되는 직무와 이에 필요한 학력, 적성, 흥미, 자격조건 등의 **직업 명세 사항**

② 각 직업별로 고용동향, 인력수급 현황 및 고용 전망 등의 **노동시장 정보**

(3) 직업정보의 기능과 역할

① 노동시장 측면 : 미취업 청소년의 진로탐색 및 진로선택 시 참고자료로 이용되며, **구직자에게는 구직활동을 촉진시키는 기능을** 한다.

② 기업적인 측면 : 직업별 수행직무를 정확하게 파악하도록 함으로써 **합리적인 인사관리를 촉진**하고 **직무분석을 기초로** 한 과학적인 안전관리로 **산업재해를 예방하는 기능을 수행**한다.

③ 국가적인 측면 : 체계적인 직업정보를 기초로 하여 직업훈련 기준의 설정 및 적절한 직업훈련 정책을 입안하며 **고용정책을 결정하는 기초로 활용**된다.

직업정보란 국내외 각 종직업에 관련된 다양한 정보를 체계화한 것이라고 할 수 있다. 그 구체적 내용을 2가지로 대별하여 설명하고 이의 기능과 역할을 노동시장, 기업, 국가 측면에서 기술하시오. 2차

(4) 직업정보 사용목적

① 동기부여, 흥미유발, 태도변화를 가져오게 한다.

② 지식전달 : 전에 알지 못했던 직업에 대해 알게 되고, 회사나 공장의 유형 및 한 직업에서 일하는 활동과 일의 과정, 환경 등에 관해 알게 된다.

③ 비교 · 분석 : 한 직업에서 더 좋은 근로자의 생활 형태를 비교 · 분석한다.

④ 역할 모형 제공 : 학교나 대학 졸업자, 중도 탈락자 등 동일시할 수 있는 근로자 등을 제시함으로써 역할 모형을 제공한다.

| 쌤의 핵심포인트 |

은퇴 후 취미활동 등에 필요한 정보를 얻을 수 없다.

2 직업정보 생산의 주체

(1) 공공직업정보

공공직업정보의 특성을 3가지만 쓰시오. 2차

① 공공직업정보는 정부 및 공공단체와 같은 비영리 기관에서 공익적인 목적으로 생산 · 제공된다.

② 특정한 시기에 국한되지 않고 지속적으로 조사, 분석하여 제공되며 장기적인 계획 및 목표에 따라 정보체계의 개선작업 수행이 가능하다.

③ 특정분야 및 대상에 국한되지 않고 전체 산업 및 업종에 걸친 직종을 대상으로 한다.

| 쌤의 핵심포인트 |
공공직업정보와 민간직업정보는 매회 비교하는 방식으로 출제되고 있으니 꼭 구분할 필요가 있다.

④ 국내 또는 국제적으로 인정되는 객관적인 기준에 근거한 직업분류가 이루어진다.

⑤ 직업별로 특정한 직업만을 강조하지 않고 보편적인 항목으로 이루어진 기초적인 직업정보체계로 구성한다.

⑥ 관련 직업정보 간의 비교, 활용이 가능하고, 공식적인 노동시장 통계 등 관련 정보와 결합하여 제반정책 및 취업알선 정보와 같은 공공목적에 사용 가능하다.

⑦ 정부 및 공공기관 주도로 생산, 운영되므로 무료로 제공된다.

⑧ 광범위한 이용 가능성에 따라 공공직업정보체계에 대한 직접적이고 객관적인 평가가 가능하다.

(2) 민간직업정보

① 필요한 시기에 최대한 활용되도록 한시적으로 신속하게 생산되어 운영된다.

② 특정한 목적에 맞게 해당 분야 및 직종이 제한적으로 선택된다.

③ 정보생산자의 임의적 기준에 따라 또는 시사적인 관심이나 흥미를 유도할 수 있도록 해당 직업을 분류해서 정보 자체의 효과가 큰 반면 부가적인 파급효과는 적다.

④ 객관적이고 공통적인 기준에 따라 분류되지 않았기 때문에 다른 정보와의 비교가 적고 활용성이 낮다.

⑤ 민간의 특정직업에 대하여 구체적이고 상세한 정보를 제공하기 위해서는 조사, 분석, 정리 및 제공에 상당한 시간 및 비용이 소요되므로 해당 직업정보는 유료로 제공된다.

3 직업정보의 유형

(1) 직업정보 유형

직업정보를 전달하는 방식으로는 인쇄물, 시청각자료, 전문가와의 면접(면담), 관찰, 직업경험, 직업체험 등이 있다.

(2) 직업정보 유형별 특징

종류	비용	학습자 참여도	접근성
인쇄물	저	수동	용이
시청각자료	고	수동	제한적
면접	저	적극	제한적
관찰	고	수동	제한적
직업경험	고	적극	제한적
직업체험	고	적극	제한적

1-2 한국직업사전

1 직업사전의 이해

(1) 직업사전의 필요성

한국직업사전은 급속한 과학기술 발전과 산업구조 변화 등에 따라 변동하는 직업세계를 체계적으로 조사 · 분석하여 표준화된 직업명과 기초직업정보를 제공할 목적으로 발간된다.

한국직업사전은 청소년과 구직자, 이 · 전직 희망자에게는 직업선택을 위해, 기업 인사담당자에게는 근로자 선발을 위해, 직업훈련담당자에게는 직업훈련과정 개발을 위해, 연구자에게는 직업분류체계 개발과 기타 직업연구를 위해, 그리고 노동정책 수립자에게는 노동정책 수립을 위한 기초자료로 사용될 수 있다.

(2) 발간절차

조사대상 산업 및 대상 직무에 대한 예비분석을 통해 적절한 조사업체를 선정하고, 현장 직무조사를 실시하여 직무명세조사표를 작성하였다.

고용보험 적용 사업체 및 「사업체기초통계조사보고서」(통계청), 「광업 · 제조업 통계조사보고서」(통계청) 및 「전국기업체 총람」(대한상공회의소) 등에 수록된 업체를 기준으로 하였으며, 부가적으로 기타 협회 및 단체, 연구소 등의 등록 업체와 인터넷, 서적, 잡지 등에서 인지도가 검증된 업체를 추가하였다.

한 개의 직업당 3개의 사업체에서 직무조사를 실시하는 것이 원칙이나, 해당 직업이 존재하는 업체가 2개 이하인 경우는 예외적으로 1~2개 업체에서만 직무조사를 실시하였다.

직무조사방법으로 관찰법, 면담법, 비교분석법 등을 사용하였으며, 조사 직업에 따라 하나의 방법 또는 여러 조사방법을 함께 사용하였다.

DM, FAX, WEB, 전화상담, 직접방문, 담당자 E-mail 등을 활용하였으며, 조사 일정에 따라 고려된 지역, 산업체에 우편공문을 발송하고, 전화상담(방문가불, 조사대상 직무 존재, 방문조사일자, 특이사항) 문의 후, 현장조사원의 직무조사가 이루어졌다.

직무조사는 사업장의 사장, 인사담당자, 공장장, 작업반장 등 현직 종사자를 대상으로 하였다.

(3) 2012 한국직업사전 주요 개정내용

① 한국고용정보원이 발간하였다.

② 2004년부터 11년간 산업별로 조사한 직업들에 대한 직무내용을 전면 재검토 및 통합하고, 산업별 직무조사 과정에서 누락된 직업이나 녹색직업 등 새로운 기술과 서비스의 등장으로 새롭게 등장한 직업에 대한 추가 조사를 실시하여 국내의 전체 직업을 총망라하였다.

③ 직업분류기준으로서 이전 연도까지 사용되어 왔던 '한국표준직업분류'를 대신하여 한국고용직업분류(KECO)를 사용함으로써 우리나라의 노동시장 현실을 제대로 반영하고 일-훈련-자격 체계의 일관성을 도모하였다.

④ 기존 부가직업정보(산업분류, 정규교육, 숙련기간, 직무기능, 작업강도, 작업장소, 조사 연도) 외에 한국고용직업분류와 연계한 한국표준직업분류코드 및 한국표준산업분류코드를 부여하였다.

| 쌤의 핵심포인트 |

실제 직업 수는 9,298개이다(본직업+관련 직업).

⑤ 11,655개의 직업명 수록(본직업명 5,385개, 관련 직업 3,913개, 유사직업명 2,357개)되었다.

2 한국직업사전의 구성

| 쌤의 핵심포인트 |

한국직업사전에서는 임금수준, 노동시간 자료는 제공되지 않는다.

한국직업사전에 수록된 직업들은 직무분석을 바탕으로 조사된 정보들로서 수많은 일을 조직화된 방식으로 고찰하기 위하여 유사한 직무를 기준으로 분류한 것이다.

한국직업사전에서 수록하고 있는 정보는 전국적인 사업체에서 유사한 직무가 어떻게 수행되는가에 대한 포괄적인 조사, 분석, 연구의 결과이다.

수록된 직업 관련 정보들은 크게 다섯 가지의 체계적인 형식으로 구성된 항목으로 이루어져 있다.

직업상담원

① 직무개요 : 구직자나 미취업자에게 직업 및 취업정보를 제공하고, 직업선택, 경력설계, 구직활동 등에 대해 조언한다.

② 수행직무 : 직업의 종류, 전망, 취업기회 등에 관한 자료를 수집하고 관리한다. 구직자와 면담하거나 검사를 통하여 취미, 적성, 흥미, 능력, 성격 등의 요인을 조사한다. 적성검사, 흥미검사 등 직업심리검사를 실시하여 구직자의 적성과 흥미에 알맞은 직업정보를 제공한다. 구직자에게 적합한 취업정보를 제공하고 직업선택에 관해 조언한다. 비디오, 슬라이드 등의 시청각장비를 사용하여 직업정보 및 직업윤리 등을 교육하기도 한다. 청소년, 여성, 중고령자, 실업자 등을 위한 직업지도 프로그램 개발과 운영을 담당하기도 한다.

③ 부가직업정보

- 정규교육 : 14년 초과~16년 이하(대졸 정도)
- 숙련기간 : 2년 초과~4년 이하
- 직무기능 : 자료(조정)/사람(자문)/사물(관련 없음)
- 작업강도 : 아주 가벼운 작업
- 육체활동 : –
- 작업장소 : 실내
- 직업환경 : –
- 유사명칭 : 직업상담사
- 관련 직업 : 진로지도상담원, 직업지도상담원
- 자격/면허 : 직업상담사(1급, 2급)
- 고용직업분류 : [2314] 직업상담사
- 표준직업분류 : [2473] 직업상담사
- 표준산업분류 : [N751] 고용알선 및 인력공급업
- 조사 연도 : 2017년

1) 직업코드

특정 직업을 구분해 주는 단위로서 「한국고용직업분류(KECO)」의 세분류 4자리 숫자로 표기하였다.

다만, 동일한 직업에 대해 여러 개의 직업코드가 포함되는 경우에는 직무의 유사성 등을 고려하여 가장 타당하다고 판단되는 직업코드 하나를 부여하였다.

직업코드 4자리에서 첫 번째와 두 번째 숫자는 「한국고용직업분류(KECO)」의 24개 중분류를 나타내며, 세 번째 숫자는 소분류, 네 번째 숫자는 세분류를 나타낸다. 세분류 내 직업들은 가나다 순으로 배열된다.

※ 직업분류체계의 기준은 2011년까지 한국표준직업분류(통계청)를 사용해 왔으나, 우리나라의 노동시장 현실을 반영하고 일–훈련–자격 체계의 일관성을 도모하기 위해 2012 한국직업사전부터는 한국고용직업분류(KECO)를 사용하였다.

○ 한국직업사전에 수록된 직업기술의 구성요소 5가지를 서술하시오. 2차

2) 본직업명

"본직업명칭"은 산업현장에서 일반적으로 해당 직업으로 알려진 명칭으로 한국직업사전에 그 직무내용이 기술된 명칭이다.

① 사업주가 근로자를 모집할 때 사용하는 명칭
② 사업체 내에서 일반적으로 통용되는 명칭
③ 구직자가 취업하고자 할 때 사용하는 명칭
④ 해당 직업 종사자 상호 간 호칭
⑤ 그 외 각종 직업 관련 서류에 쓰이는 명칭
⑥ 특별히 부르는 명칭이 없는 경우에는 직무내용과 산업의 특수성 등을 고려하여 누구나 쉽게 이해할 수 있는 명칭

실제로 현장 근로를 대상으로 하는 직무조사의 경우 작업자 스스로도 자신이 무엇으로 불리는지 알지 못하는 경우가 있는데, 이는 작업자들 간에 사용하는 호칭과 기업 내 직무편제상의 명칭이 다르기 때문이다.
따라서 직업명칭은 해당 작업자의 의견뿐만 아니라 상위 책임자 및 인사담당자의 의견을 수렴하여 결정하였다. 또한 가급적 외래어를 피하고 우리말로 표기하되, 우리말 표기가 현장감이 없을 경우에는 교육부에서 정한 외래어표기법에 따라 외래어 표기를 하였다.

3) 직무개요

"직무개요"는 주로 직무담당자의 활동, 활동의 대상 및 목적, 직무담당자가 사용하는 기계, 설비 및 작업보조물, 사용된 자재, 만들어진 생산품 또는 제공된 용역, 수반되는 일반적 전문적 지식 등을 간략히 포함한다.

4) 수행직무

"수행직무"는 직무담당자가 직무의 목적을 완수하기 위하여 수행하는 구체적인 작업(Task) 내용을 작업순서에 따라 서술한 것이다. 단, 공정의 순서를 파악하기 어려운 경우에는 작업의 중요도 또는 작업빈도가 높은 순으로 기술하였다.
작업을 수행하면서 수반되는 작업요소(Task Element)는 직무를 기술하는 데 필요한 것이라면 포함한다. 직무의 특징적인 작업을 명확히 하기 위하여 작업자가 사용하는 도구, 기계와 관련시켜 작업자가 무엇을, 어떻게, 왜 하는가를 정확하게 표현하되 평이한 문체로 이해하기 쉽게 기술하였다.
작업과 작업요소는 상대적인 개념으로 어떤 직업에서는 작업요소인 활동이 다른 직업에서는 작업(Task)이 될 수 있고 또 어떤 근로자에게는 하나의 직무가 될 수 있으므로 직무특성에 따라 적절히 판단하였다.

문장기술의 통일성을 확보하기 위하여 조사자는 다음의 원칙을 고려하여 수행직무를 기술하였다.

① 해당 작업원이 주어일 때는 주어를 생략하나, 다른 작업원이 주어일 때에는 주어를 생략하지 않는다.
② 작업의 본질을 표현하는 동사와 그것을 규정하는 수식어를 적절히 사용하여 문장을 완성한다. 직무의 특성이 나타나지 않는 일반적인 문장은 가급적 피한다.
③ 문체는 항상 현재형으로 기술한다. 즉, "……한다", "……이다"의 형식이 된다.
④ 작업의 내용을 기술할 때 추상적인 언어는 사용하지 않는다.
⑤ 문체는 간결한 문장으로 한다.
⑥ 내용기술은 시간적 순서(작업순서)로 작성한다.
⑦ 작업 내용순서를 구체적으로 기술한다.
⑧ 전체를 정확히 파악하여 주요한 내용을 모두 기술한다.
⑨ 주된 직무보다 빈도나 중요도는 낮으나 수행이 가능한 작업에 대해서는 수행직무에서 "~하기도 한다."로 표현한다. "~하기도 한다."라는 문장은 이 직업에 종사하는 사람이 가끔 이런 작업을 수행할 것이라는 의미가 아니라 다른 사업체에 있는 이 직업에 종사하는 사람이 일반적으로 수행하거나 수행 가능한 작업을 나타낸다.
⑩ 외래어의 정확한 이해를 위해 원어(原語)를 함께 표기한다.

5) 부가직업정보

(1) 정규교육

① 정규교육은 해당 직업의 직무를 수행하는 데 필요한 일반적인 정규교육수준을 의미하는 것으로 해당 직업 종사자의 평균 학력을 나타내는 것은 아니다.
② 현행 우리나라 정규교육과정의 연한을 고려하여 그 수준을 다음과 같이 6개로 분류하였으며 독학, 검정고시 등을 통해 정규교육과정을 이수하였다고 판단되는 기간도 포함한다.

수준	교육 정도	수준	교육 정도
1	6년 이하(초졸 정도)	4	12년 초과~14년(전문대 졸 정도)
2	6년 초과~9년(중졸 정도)	5	14년 초과~16년(대졸 정도)
3	9년 초과~12년(고졸 정도)	6	16년 초과(대학원 이상)

○ 한국직업사전(2012)에 수록된 부가직업정보의 종류를 5가지 쓰시오. 2차

(2) 숙련기간

① 숙련기간은 정규교육과정을 이수한 후 해당 직업의 직무를 평균적인 수준으로 스스로 수행하기 위하여 필요한 각종 교육, 훈련, 숙련기간을 의미한다.

② 해당 직업에 필요한 자격 · 면허를 취득하는 취업 전 교육 및 훈련기간뿐만 아니라 취업 후에 이루어지는 관련 자격 · 면허 취득 교육 및 훈련기간도 포함한다.

③ 또한 자격 · 면허가 요구되는 직업은 아니지만 해당 직무를 평균적으로 수행하기 위한 각종 교육 · 훈련기간, 수습교육, 기타 사내교육, 현장훈련 등이 포함된다. 단, 해당 직무를 평균적인 수준 이상으로 수행하기 위한 향상훈련(Further Training)은 숙련기간에 포함되지 않는다.

수준	숙련기간	수준	숙련기간
1	약간의 시범 정도	6	1년 초과~2년 이하
2	시범 후 30일 이하	7	2년 초과~4년 이하
3	1개월 초과~3개월 이하	8	4년 초과~10년 이하
4	3개월 초과~6개월 이하	9	10년 초과
5	6개월 초과~1년 이하		

한국직업사전에서는 각 직업에 대한 부가직업정보를 제공한다. 부가직업정보 중에서 직무기능의 자료, 사람, 사물(Data, People, Thing)에 대해 설명하시오. 2차

(3) 직무기능(DPT ; Data · People · Thing)

① 직무기능은 해당 직업 종사자가 직무를 수행하는 과정에서 자료(Data), 사람(People), 사물(Thing)과 맺는 관련된 특성을 나타낸다. 각각의 작업자 직무기능은 광범위한 행위를 표시하고 있으며 작업자가 자료, 사람, 사물과 어떤 관련을 가지고 있는지를 보여준다.

② 세 가지 관계 내에서의 배열은 아래에서 위로 올라가면서 단순한 것에서 차츰 복잡한 것으로 향하는 특성을 보여주지만 그 계층적 관계가 제한적인 경우도 있다. 자료와 관련된 기능은 정보, 지식, 개념 등 세 가지 종류의 활동으로 배열되어 있는데 어떤 것은 광범위하며 어떤 것은 범위가 협소하다. 또한 각 활동은 상당히 중첩되어 배열 간의 복잡성이 존재한다.

사람과 관련된 기능은 위계적 관계가 없거나 희박하다. 서비스 제공이 일반적으로 덜 복잡한 사람 관련 기능이며 나머지 기능들은 특정한 순서를 표시하는 수준을 가지고 있는 것은 아니다. 사물 기능은 작업자가 기계와 장비를 가지고 작업하는지 혹은 기계와 관련 없는 도구와 작업 보조구를 가지고 작업하는지에 기초하여 분류된다. 또한 작업자의 업무에 따라 사물과 관련되어 요구되는 활동수준이 달라진다.

수준	자료	사람	사물
0	종합	자문	설치
1	조정	협의	정밀작업
2	분석	교육	제어조작

수준	자료	사람	사물
3	수집	감독	조작운전
4	계산	오락 제공	수동조작
5	기록	설득	유지(관리)
6	비교(대조)	말하기 · 신호	투입 · 인출
7	–	서비스 제공	단순작업
8	관련 없음	관련 없음	관련 없음

㉠ 자료 : "자료"와 관련된 기능은 만질 수 없으며 숫자, 단어, 기호, 생각, 개념 그리고 구두상 표현을 포함한다.

0. 종합(Synthesizing) : 사실을 발견하고 지식개념 또는 해석을 개발하기 위해 자료를 종합적으로 분석한다.
1. 조정(Coordinating) : 데이터의 분석에 기초하여 시간, 장소, 작업순서, 활동 등을 결정한다. 결정을 실행하거나 상황을 보고한다.
2. 분석(Analyzing) : 조사하고 평가한다. 평가와 관련된 대안적 행위의 제시가 빈번하게 포함된다.
3. 수집(Compiling) : 자료, 사람, 사물에 관한 정보를 수집 · 대조 · 분류한다. 정보와 관련한 규정된 활동의 수행 및 보고가 자주 포함된다.
4. 계산(Computing) : 사칙연산을 실시하고 사칙연산과 관련하여 규정된 활동을 수행하거나 보고한다. 수를 세는 것은 포함되지 않는다.
5. 기록(Copying) : 데이터를 옮겨 적거나 입력하거나 표시한다.
6. 비교(Comparing) : 자료, 사람, 사물의 쉽게 관찰되는 기능적 · 구조적 · 조합적 특성(유사성 또는 표준과의 차이)을 판단한다.

㉡ 사람 : "사람"과 관련된 기능은 인간과 인간처럼 취급되는 동물을 다루는 것을 포함한다.

0. 자문(Mentoring) : 법률적으로나 과학적 · 임상적 · 종교적 · 기타 전문적인 방식에 따라 사람들의 전인격적인 문제를 상담하고 조언하며 해결책을 제시한다.
1. 협의(Negotiating) : 정책을 수립하거나 의사결정을 하기 위해 생각이나 정보, 의견 등을 교환한다.
2. 교육(Instructing) : 설명이나 실습 등을 통해 어떤 주제에 대해 교육하거나 훈련(동물 포함)시킨다. 또한 기술적인 문제를 조언한다.
3. 감독(Supervising) : 작업절차를 결정하거나 작업자들에게 개별 업무를 적절하게 부여하여 작업의 효율성을 높인다.

4. 오락 제공(Diverting) : 무대공연이나 영화, TV, 라디오 등을 통해 사람들을 즐겁게 한다.
5. 설득(Persuading) : 상품이나 서비스 등을 구매하도록 권유하고 설득한다.
6. 말하기-신호(Speaking-Signaling) : 언어나 신호를 사용해서 정보를 전달하고 교환한다. 보조원에게 지시하거나 과제를 할당하는 일을 포함한다.
7. 서비스 제공(Serving) : 사람들의 요구 또는 필요를 파악하여 서비스를 제공한다. 즉각적인 반응이 수반된다.

㉢ "사물"과 관련된 기능은 사람과 구분되는 무생물로서 물질, 재료, 기계, 공구, 설비, 작업도구 및 제품 등을 다루는 것을 포함한다.

0. 설치(Setting Up) : 기계의 성능, 재료의 특성, 작업장의 관례 등에 대한 지식을 적용하여 연속적인 기계가공작업을 수행하기 위한 기계 및 설비의 준비, 공구 및 기타 기계장비의 설치 및 조정, 가공물 또는 재료의 위치조정, 제어장치 설정, 기계의 기능 및 완제품의 정밀성 측정 등을 수행한다.
1. 정밀작업(Precision Working) : 설정된 표준치를 달성하기 위하여 궁극적인 책임이 존재하는 상황하에서 신체부위, 공구, 작업도구를 사용하여 가공물 또는 재료를 가공, 조종, 이동, 안내하거나 또는 정위치시킨다. 그리고 도구, 가공물 또는 원료를 선정하고 작업에 알맞게 공구를 조정한다.
2. 제어조작(Operating-Controlling) : 기계 또는 설비를 시동, 정지, 제어하고 작업이 진행되고 있는 기계나 설비를 조정한다.
3. 조작운전(Driving-Operating) : 다양한 목적을 수행하고자 사물 또는 사람의 움직임을 통제하는 데 일정한 경로를 따라 조작되고 안내되어야 하는 기계 또는 설비를 시동, 정지하고 그 움직임을 제어한다.
4. 수동조작(Manipulating) : 기계, 설비 또는 재료를 가공, 조정, 이동 또는 위치할 수 있도록 신체부위, 공구 또는 특수장치를 사용한다. 정확도 달성 및 적합한 공구, 기계, 설비 또는 원료를 산정하는 데 어느 정도의 판단력이 요구된다.
5. 유지(Tending) : 기계 및 장비를 시동, 정지하고 그 기능을 관찰한다. 체인징가이드, 조정타이머, 온도게이지 등의 계기의 제어장치를 조정하거나 원료가 원활히 흐르도록 밸브를 돌려주고 빛의 반응에 따라 스위치를 돌린다. 이러한 조정업무에 판단력은 요구되지 않는다.
6. 투입-인출(Feeding-Off Bearing) : 자동적으로 또는 타 작업원에 의하여 가동, 유지되는 기계나 장비 안에 자재를 삽입, 투척, 하역하거나 그 안에 있는 자재를 다른 장소로 옮긴다.

7. 단순작업(Handling) : 신체부위, 수공구 또는 특수장치를 사용하여 기계, 장비, 물건 또는 원료 등을 정리, 운반, 처리한다. 정확도 달성 및 적합한 공구, 장비, 원료를 선정하는 데 판단력은 요구되지 않는다.

(4) 작업강도

① "작업강도"는 해당 직업의 직무를 수행하는 데 필요한 육체적 힘의 강도를 나타낸 것으로 5단계로 분류하였다. 그러나 심리적 · 정신적 노동강도는 고려하지 않았다.

② 각각의 작업강도는 "들어올림", "운반", "밂", "당김" 등을 기준으로 결정하였는데, 이것은 1차적으로 힘의 강도에 대한 육체적 요건이며, 일반적으로 이러한 활동 중 한 가지에 참여한다면 그 범주를 기준으로 사용한다.

㉠ 들어올림 : 물체를 주어진 높이에서 다른 높이로 올리거나 내리는 작업

㉡ 운반 : 손에 들거나 팔에 걸거나 어깨에 메고 물체를 한 장소에서 다른 장소로 옮기는 작업

㉢ 밂 : 일정한 방향으로 움직이도록 반대쪽에서 힘을 가하는 작업(때리고, 치고, 발로 차고, 페달을 밟는 일도 포함)

㉣ 당김 : 물체에 힘을 가하여 자기쪽이나 일정한 방향으로 가까이 오게 하는 작업

작업강도 구분

구분	정의
아주 가벼운 작업	• 최고 4kg의 물건을 들어올리고, 때때로 장부, 소도구 등을 들어올리거나 운반한다. • 앉아서 하는 작업이 대부분을 차지하지만 직무수행상 서거나 걷는 것이 필요할 수도 있다.
가벼운 작업	• 최고 8kg의 물건을 들어올리고 4kg 정도의 물건을 빈번히 들어 올리거나 운반한다. • 걷거나 서서 하는 작업이 대부분일 때 또는 앉아서 하는 작업일지라도 팔과 다리로 밀고 당기는 작업을 수반할 때에는 무게가 매우 적을지라도 이 작업에 포함된다.
보통 작업	최고 20kg의 물건을 들어올리고 10kg 정도의 물건을 빈번히 들어올리거나 운반한다.
힘든 작업	최고 40kg의 물건을 들어올리고 20kg 정도의 물건을 빈번히 들어올리거나 운반한다.
아주 힘든 작업	40kg 이상의 물건을 들어올리고 20kg 이상의 물건을 빈번히 들어올리거나 운반한다.

○ 한국직업사전의 부가 직업정보 중 작업강도는 해당 직업의 직무를 수행하는 데 필요한 육체적 힘의 강도를 나타낸 것으로 5단계로 분류하였다. 이 5단계를 쓰시오. 2차

(5) 육체활동

① "육체활동"은 해당 직업의 직무를 수행하기 위해 필요한 신체적 능력을 나타내는 것으로 균형감각, 웅크림, 손사용, 언어력, 청각, 시각 등이 요구되는 직업인지를 보여준다.

② "육체활동"은 조사대상 사업체 및 종사자에 따라 다소 상이할 수 있으므로 전체 직업 종사자의 "육체활동"으로 일반화하는 데는 무리가 있다.

구분	정의
균형감각	손, 발, 다리 등을 사용하여 사다리, 계단, 발판, 경사로, 기둥, 밧줄 등을 올라가거나 몸 전체의 균형을 유지하고 좁거나 경사지거나 또는 움직이는 물체 위를 걷거나 뛸 때 신체의 균형을 유지하는 것이 필요한 직업이다. 예 도장공, 용접원, 기초구조물설치원, 철골조립공 등
웅크림	허리를 굽히거나 몸을 앞으로 굽히고 뒤로 젖히는 동작, 다리를 구부려 무릎을 꿇는 동작, 다리와 허리를 구부려 몸을 아래나 위로 굽히는 동작, 손과 무릎 또는 손과 발로 이동하는 동작 등이 필요한 직업이다. 예 단조원, 연마원, 오토바이 수리원, 항공기 엔진 정비원, 전기도금원 등
손사용	일정기간의 손사용 숙련기간을 거쳐 직무의 전체 또는 일부분에 지속적으로 손을 사용하는 직업으로 통상적인 손사용이 아닌 정밀함과 숙련을 필요로 하는 직업에 한정한다. 예 해부학자 등 의학 관련 직업, 의료기술종사자, 기악연주자, 조각가, 디자이너, 미용사, 조리사, 운전 관련 직업, 설계 관련 직업 등
언어력	말로 생각이나 의사를 교환하거나 표현하는 직업으로 개인이 다수에게 정보 및 오락 제공을 목적으로 말을 하는 직업이다. 예 교육 관련 직업, 변호사, 판사, 통역가, 성우, 아나운서 등
청각	단순히 일상적인 대화내용 청취 여부가 아니라 작동하는 기계의 소리를 듣고 이상 유무를 판단하거나 논리적인 결정을 내리는 청취활동이 필요한 직업이다. 예 피아노조율사, 음향 관련 직업, 녹음 관련 직업, 전자오르간검사원, 자동차 엔진 정비원 등
시각	일상적인 눈 사용이 아닌 시각적 인식을 통해 반복적인 판단을 하거나 물체의 길이, 넓이, 두께를 알아내고 물체의 재질과 형태를 알아내기 위한 거리와 공간 관계를 판단하는 직업이다. 또한 색의 차이를 판단할 수 있어야 하는 직업이다. 예 측량기술자, 제도사, 항공기조종사, 사진작가, 의사, 심판, 보석감정사 및 위폐감정사 등의 감정 관련 직업, 현미경 및 망원경 등의 정밀광학기계를 이용하는 직업, 촬영 및 편집 관련 직업 등

(6) 작업장소

"작업장소"는 해당 직업의 직무가 주로 수행되는 상소를 나타내는 것으로 실내, 실외 종사비율에 따라 구분한다.

① 실내 : 눈, 비, 바람과 온도 변화로부터 보호를 받으며 작업의 75% 이상이 실내에서 이루어지는 경우

② 실외 : 눈, 비, 바람과 온도 변화로부터 보호를 받지 못하며 작업의 75% 이상이 실외에서 이루어지는 경우

③ 실내외 : 작업이 실내 및 실외에서 비슷한 비율로 이루어지는 경우

(7) 작업환경

한국직업사전(2009)의 부가직업정보 중 작업환경을 나타내는 '위험내재'는 작업자가 제반 위험에 노출되어 있는지 결정한다. 제반 위험의 종류를 5가지 쓰시오. 2차

① "작업환경"은 해당 직업의 직무를 수행하는 작업자에게 직접적으로 물리적 · 신체적 영향을 미치는 작업장의 환경요인을 나타낸 것이다.

② 작업자의 작업환경을 조사하는 담당자는 일시적으로 방문하고 또한 정확한 측정기구를 가지고 있지 못한 경우가 일반적이기 때문에 조사 당시에 조사자가 느끼는 신체적 반응 및 작업자의 반응을 듣고 판단한다.

③ 온도, 소음 · 진동, 위험 내재 및 대기환경이 미흡한 직업은 근로기준법, 산업안전보건법 등의 법률에서 제시한 금지직업이나 유해요소가 있는 직업 등을 근거로 판단할 수 있다. 그러나 이러한 기준도 산업체 및 작업장에 따라 달라질 수 있으므로 절대적인 기준이 될 수 없다.

구분	정의
저온	신체적으로 불쾌감을 느낄 정도로 저온이거나 두드러지게 신체적 반응을 야기시킬 정도의 저온으로 급변하는 경우
고온	신체적으로 불쾌감을 느낄 정도로 고온이거나 두드러지게 신체적 반응을 야기시킬 정도의 고온으로 급변하는 경우
다습	신체의 일부분이 수분이나 액체에 직접 접촉되거나 신체에 불쾌감을 느낄 정도로 대기 중에 습기가 충만한 경우
소음 · 진동	심신에 피로를 주는 청각장애 및 생리적 영향을 끼칠 정도의 소음, 전신을 떨게 하고 팔과 다리의 근육을 긴장시키는 연속적인 진동이 있는 경우
위험 내재	신체적 손상의 위험에 노출되어 있는 상황으로 기계적 · 전기적 위험, 화상, 폭발, 방사선 등의 위험이 있는 경우
대기환경미흡	직무를 수행하는 데 방해가 되거나 건강을 해칠 수 있는 냄새, 분진, 연무, 가스 등의 물질이 작업장의 대기 중에 다량 포함된 경우

(8) 유사 명칭

유사직업명은 직업현장에서 본직업명을 명칭만 다르게 부르는 것으로 본직업명과 사실상 동일한 직업이다.

예 '택시운전원'의 유사직업명인 '택시운전사', '택시기사'는 '택시운전원'과 동일한 직업이며, 직업 수 집계에서 제외된다.

(9) 관련 직업

관련 직업은 본 직업과 기본적인 직무에 있어서 공통점이 있으나 직무의 범위, 대상 등에 따라 나뉘는 직업이다. 하나의 본직업에는 두 개 이상의 관련 직업이 있을 수 있으며 직업 수 집계에 포함된다.

(10) 자격 · 면허

① 자격 · 면허는 해당 직업에 취업 시 소지할 경우 유리한 자격증 또는 면허를 나타내는 것으로 현행 국가기술자격법 및 개별법령에 의해 정부주관으로 운영하고 있는 국가자격 및 면허를 수록한다.

② 한국산업인력공단 및 대한상공회의소에서 주관 · 수행하는 시험에 해당하는 자격과 각 부처에서 개별적으로 시험을 실시하는 자격증을 중심으로 수록하였다. 그러나 민간에서 부여하는 자격증은 제외한다.

(11) 한국표준산업분류 코드

① 해당 직업을 조사한 산업을 나타내는 것으로 『한국표준산업분류(제9차 개정)』의 소분류(3-digits) 산업을 기준으로 하였다.

② 두 개 이상의 산업에 걸쳐 조사된 직업에 대해서도 해당 산업을 모두 표기하였다.

③ 대분류 기준의 모든 산업에 포함되는 일부 직업은 대분류의 소분류 산업을 모두 표기하는 것이 아니라 '제조업', '도매 및 소매업' 등 대분류 산업을 기준으로 표기하였다.

④ '산업분류'는 수록된 산업에만 해당 직업이 존재함을 의미하는 것이 아니며, 그 직업이 조사된 산업을 나타내고 있다. 따라서 타 산업에서도 해당 직업이 존재할 수 있다.

(12) 한국표준직업분류 코드

해당 직업의 「한국고용직업분류(KECO)」 세분류 코드(4-digits)에 해당하는 「한국표준직업분류」(통계청)의 세분류 코드를 표기한다.

(13) 조사 연도

'조사 연도'는 해당 직업의 직무조사가 실시된 연도를 나타낸다.

3 수록직업 검색방법

직업사전에서는 다음 두 가지 방법으로 원하는 직업을 찾을 수 있다.

(1) 직업명 색인에서 찾기

가나다순에 따라 배열된 직업명 색인(부록)에서 원하는 직업을 찾는다. 직업명에 해당하는 페이지를 찾아 수행직무를 보고, 찾고자 하는 직업인지를 확인한다.

(2) 한국고용직업분류로 찾기

① 직업분류에 따라 직업을 찾는 방법은 직업분류체계와 직업에 대한 충분한 지식이 있는 경우에 효율적이다. 먼저 각 단원의 앞부분에 기술되어 있는 「한국고용직업분류(KECO)」의 중분류에 대한 설명을 읽은 후 찾고자 하는 직업의 직무내용이 포함될 것 같은 중분류(4자리 코드 중 첫 번째와 두 번째 숫자)를 찾는다.

② 다음으로 찾고자 하는 직업의 직무유형(Skill Type)과 직무수준(Skill Level)을 고려하여 차례로 소분류(세 번째 숫자), 세분류(네 번째 숫자)를 찾는다.

③ 적합한 세분류를 발견하면 해당 세분류에 속한 직업들 중에서 찾고자 하는 직업의 직무내용과 가장 적합한 직업을 선택한다.

1-3 한국직업전망서

1 의의

① 한국고용정보원은 급변하는 직업세계의 변화에 현명하게 대응하고, 직업 및 진로 선택과 결정에 도움을 주고자 2019 한국직업전망을 발간하게 되었다.

② 한국직업전망은 1999년부터 격년으로 발간되며, 우리나라 대표직업 약 200개에 대한 직업정보(하는 일, 근무환경, 되는 길, 적성과 흥미 등)와 향후 10년간의 일자리 전망에 관한 종합적인 정보를 수록하고 있다.

2 발간 목적

① 2019 한국직업전망은 우리나라를 대표하는 17개 분야 196개 직업에 대한 상세 정보를 수록하고 있다. 본 책자는 진로와 직업을 탐색하고 결정하고자 하는 청소년 및 구직자에게 직업정보를 제공하기 위해 기획되었다. 그 외에 청소년의 진로와 진학을 상담하는 진로진학상담교사, 구직자의 취업을 돕는 고용센터 직업상담원, 노동시장 정책 입안자, 연구자에게도 중요한 자료로 활용될 것으로 기대된다.

② 2019 한국직업전망은 하는 일, 근무환경 등 일반적인 직업정보 외에 10년간(2018~2027년)의 일자리 전망과 이유를 제공함으로써 이용자들이 미래의 직업세계 변화에 대한 이해도를 높이도록 하였다는 점에 의의가 있다.

3 수록직업 선정

① 2019 한국직업전망의 수록직업 선정은 「한국고용직업분류(KECO)」의 세분류(4-digits) 직업에 기초하여 종사자 수가 일정 규모(3만 명) 이상인 경우를 원칙으로 하며, 그 밖에 청소년 및 구직자의 관심이 높거나 직업정보를 제공할 가치가 있다고 판단되는 직업을 추가 선정하였다.

② 2019 한국직업전망의 직업 선정 시, KECO의 세분류 직업 중 승진을 통해 진입하게 되는 관리직은 제외하였다. 또 직무가 유사한 직업들은 하나로 통합하거나 소분류(3-digits) 수준에서 통합하였다. 예를 들어 건설 관련직 중 '강구조물 가공원 및 건립원'과 '경량철골공'은 철골공으로 통합하였고, 한식 · 중식 · 일식 · 양식으로 나뉘는 주방장 및 조리사의 경우도 '주방장 및 조리사'로 통합하였다.

4 일자리 전망

(1) 고용전망 결과

2019 한국직업전망은 10년간(2018~2027년) 해당 직업의 일자리 규모에 대한 전망과 변화 요인을 제공하고 있다. 일자리 전망 결과는 10년간의 연평균 고용증감률을 -2% 미만(감소), -2% 이상 -1% 이하(다소 감소), -1% 초과 +1% 미만(현 상태 유지), 1% 이상 2% 이하(다소 증가), 2% 초과(증가) 등 5개 구간으로 구분하여 제시하였다.

(2) 고용전망 요인

고용전망 결과를 설명할 수 있는 요인들을 제시하였다. 고용에 영향을 미치는 요인들은 인구구조 및 노동인구 변화, 산업특성 및 산업구조 변화, 과학기술 발전, 기후 변화와 에너지 부족, 가치관과 라이프스타일 변화, 대내외 경제 상황 변화, 기업의 경영전략 변화, 정부정책 및 법 · 제도 변화 등 8가지 범주를 바탕으로 하되, 직업에 따라 유연하게 활용하였다.

고용전망 결과를 설명할 수 있는 요인들을 제시하기 위해 「정성적 직업전망 조사」, 산업경기전망 등 각종 보고서, 통계청 · 협회 등의 통계자료, 산업전문가 자문, 현장전문가 인터뷰 등을 활용하였다.

| 쌤의 핵심포인트 |
불확실성 요인으로는 대내외 경제상황, 기업의 경영전략변화, 정부의 정책 및 법제도 변화가 있다.

※ 유의사항 : 직업별 일자리 전망 자료는 진로 및 직업 선택 시, 결정적 요인으로 간주하기보다는 참고자료로만 활용하기 바란다. 고용전망은 불확실한 요인들이 복합적으로 작용하고 다양한 원인으로 급변할 수 있기 때문이다.

(3) 직업별 일자리 전망 도출과정

① 1차 과정 : 먼저, 정량적 전망과 정성적 전망을 종합적으로 분석하여 직업별 고용전망 결과 1차안을 도출하였다.

㉠ 정량적 전망은 한국고용정보원의 2016~2026 중장기 인력수급전망을 참고하였고, 정성적 전망은 2018년 정성적 직업전망 조사, 산업경기 전망 관련 각종 연구보고서, 통계청 · 협회 등의 통계자료 등을 참조하였다.

㉡ 직업별 고용전망의 방향성은 기본적으로 「중장기 인력수급전망 2016~2026」(한국고용정보원, 2017)의 취업자 증감률(2016~2026년)을 바탕으로 하였다. 중장기 인력수급전망에서 제시하지 않은 직업의 경우에는 정성적 직업전망 조사 등의 정성적 조사 결과와 관련 협회, 연구보고서, 전문가 의견 등을 종합적으로 분석하여 판단하였다.

㉢ 「2018년 정성적 직업전망 조사」는 한국의 대표적인 직업 약 200개를 80개 직업군으로 묶은 후 각 직업군별로 경력 10년 이상의 현직자 또는 학계, 협회 등의 전문가 두 명을 대상으로 진행하였으며, 구조화된 설문지를 바탕으로 주제초점집단 면접법(FGI)과 심층면접법(In-depth Interview), 자기기입식 설문법 등을 통해 고용변동 요인별 전망, 직무 변화 등에 대해 조사하였다.

② 2차 과정 : 1차 분석 과정을 통해 정리된 전망 결과와 그 요인에 대해 직업별로 관련 협회나 연구소 등의 산업 또는 현장전문가로부터 검증을 받았다. 1차안과 배치되는 의견에 대해서는 재검토하여 수정하였다.

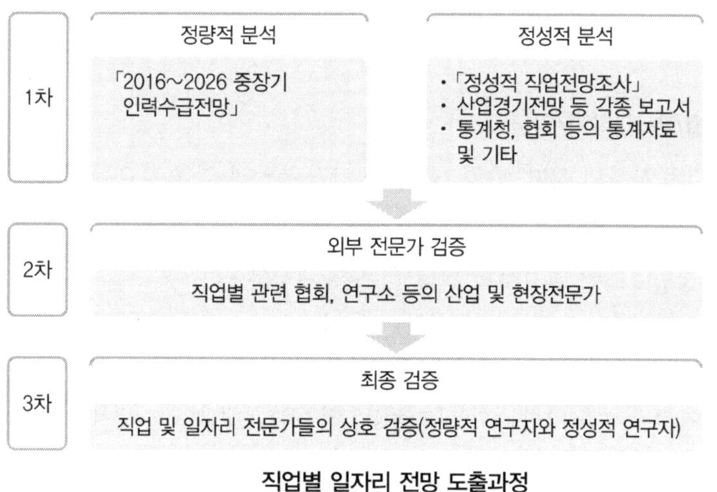

직업별 일자리 전망 도출과정

③ 3차 과정 : 마지막으로 외부 전문가로부터 검증받아 2차로 도출된 전망 결과에 대해 직업전문가들로 구성된 내부 연구진의 토론을 통해 상호 검증 과정을 거쳤다. 특히, 중장기 인력수급전망 결과와 연구진 분석(정성적 전망 등) 간 차이가 큰 직업에 대해 집중적으로 논의하였다. 이상의 3차에 걸친 과정을 통해 최종 전망 결과를 확정하였다.

5 직업정보전망의 구성 및 내용

2019 한국직업전망은 직업별로 대표직업명, 하는 일, 근무환경, 성별 · 연령 · 학력 분포 및 평균 임금, 되는 길(교육 및 훈련, 관련 학과, 관련 자격 및 면허, 입직 및 경력개발), 적성 및 흥미, 경력개발, 일자리 전망, 관련 직업, 분류코드, 관련 정보처 등으로 구성하였다.

1) 일반정보

(1) 대표직업명

직업명은 가능한 한 KECO의 세분류 수준의 명칭을 사용하였는데, 이는 다른 직업정보나 통계자료와의 연계성을 높이기 위함이다. 여러 세분류 직업들이 합쳐진 경우에는 소분류 수준의 명칭을 사용하였다. 산업현장에서 실제 불리는 명칭이 대표직업명과 다른 경우는 대표직업명과 병기하거나 내용 중 포함하였다.

(2) 하는 일

해당 직업 종사자가 일반적으로 수행하는 업무 내용과 과정을 서술하였다. 여러 직업을 포함하는 경우에는 세부 직업별로 하는 일을 서술하였다.

※ 근무환경 : 해당 직업 종사자의 일반적인 근무시간, 근무형태(교대근무, 야간근무 등), 근무장소, 육체적 · 정신적 스트레스 정도, 산업안전 등에 대해 서술하였다.

(3) 성별/연령/학력/임금

직업 종사자의 성별, 연령, 학력 등 인적 특성과 임금 자료는 통계청의 「지역별 고용조사(2017년)」 자료를 활용하였다.

① 성별 : 직업 종사자의 남녀 비율을 제시하였다.

② 연령 : '20대 이하(29세 이하)', '30대(30~39세)', '40대(40~49세)', '50대(50~59세)', '60대 이상(60세 이상)'으로 구분하여 제시하였다.

③ 학력 : '고졸 이하', '전문대 졸(2~3년제)', '대졸(4~5년제)', '대학원 졸 이상'으로 구분하여 제시하였다.

④ 임금 : 임금 구간을 네 개의 구간('25% 미만', '25% 이상 50% 미만', '50% 이상 75% 미만', '75% 이상')으로 구분한 후, '하위 25%', '중위 50%', 75% 이상은 '상위 25%'로 구분하는 값을 표기하였다. 다만, 통계조사 표본 수가 30명 미만으로 적은 직업의 경우는 통계의 신뢰성을 고려하여 임금을 제시하지 않았다.

지역별 고용조사(2017년)

통계청에서 지역 고용정책 수립을 지원하기 위해 시 · 군 단위의 고용 현황과 산업 · 직업에 대한 세분화된 자료를 생산하기 위해 수행하는 조사이다. 다만, 제시된 통계는 취업자 전부를 조사하는 전수조사가 아니고 집단의 일부를 조사하는 표본조사이기 때문에 실제 근로자 특성을 온전히 대표하지는 못한다.
「지역별 고용조사(2017년)」는 최근 3개월간 월평균 임금을 조사하고 있는데, 임금 정보의 사용에 주의할 필요가 있다. 동일 직업이라 하더라도 기업 규모나 산업 업종, 지역 등의 사업체 특성, 성별이나 연령, 경력, 학력 등 인적 특성 그리고 직급, 근로시간, 특별급여(상여금 등) 등에 따라 편차가 크기 때문이다.

(4) 되는 길

① 관련 학과 : 일반적 입직 조건을 고려하여 대학에 개설된 대표 학과명을 수록하거나, 특성화고등학교, 직업훈련기관, 직업전문학교의 학과명을 수록하였다.

② 관련 자격 : 해당 직업에 종사하기 위해 반드시 필요하거나 취업에 유리한 국가자격(기술, 전문)을 수록하였다. 그 외에 민간공인자격이나 외국자격 중 업무수행이나 취업에 필요하거나 유용한 것도 수록하였다.

㉠ 국가기술자격 : 법령에 따라 국가가 신설하여 관리 · 운영하는 국가자격 중 산업과 관련이 있는 기술 · 기능 및 서비스 분야의 자격을 말한다. 기술 · 기능 분야는 기술사, 기능장, 기사, 산업기사, 기능사 5개 등급으로 구분된다. 기술계 자격은 산업기사 → 기사 → 기술사 단계로 구성되며, 기능계 자격은 기능사 → 산업기사 → 기능장 단계로 구성된다.

㉡ 국가전문자격 : 정부부처, 즉 보건복지부, 환경부, 고용노동부, 법무부 등에서 개별 법률에 따라 주관하는 자격으로, 개별 부처의 필요에 의해 신설 및 운영된다. 예를 들면, 보건복지부의 의사, 간호사, 사회복지사, 국토교통부의 건축사, 고용노동부의 공인노무사 등이 있다.

㉢ 공인민간자격 : 자격의 관리 · 운영 수준이 국가자격과 같거나 비슷한 민간자격 중에서 주무부장관이 공인한 자격이다.

| 쌤의 핵심포인트 |
국가전문자격과 국가기술자격에 대하여 자격증 명칭으로 출제하고 있다. 대표적으로 주택관리사보, 문화재수리기능자는 국가전문자격이다.

(5) 적성 및 흥미

해당 직업에 취업하거나 업무를 수행하는 데 필요하거나 유리한 적성, 성격, 흥미, 지식 및 기술 등을 수록하였다.

(6) 경력개발

해당 직업 관련 활동 분야(취업처)나 이 · 전직 가능 분야를 수록하였다. 직업에 따라 승진이나 창업 등 경력개발 내용이 포함되는 경우도 있다.

2) 부가직업정보

(1) 관련 직업

워크넷 직업 · 진로[한국직업정보시스템(KNOW)]에서 서비스하는 약 800개 직업을 중심으로 자격이나 전공, 경력 등을 고려하여 곧바로 혹은 추가 교육훈련을 통해 진입이 가능한 직업을 제시하였다.

(2) 분류코드

「한국고용직업분류(KECO)」와 「한국표준직업분류(KSCO)」의 세분류(4-digits) 코드를 제공하였다. 해당 직업이 소분류(3-digits) 수준이라면 하위에 포함된 분류코드 여러 개가 제공된다.

(3) 관련 정보처

직업정보와 관련된 정부부처, 공공기관, 협회, 학회 등의 기관명칭, 전화번호, 홈페이지 주소를 제공하였고, 유용한 웹 사이트도 수록하였다.

03 직업상담사 및 취업알선원

직업상담사는 구직자나 미취업자에게 적절한 직업정보를 제공하고, 경력 설계, 직업 선택, 구직활동 등에 대한 전문적인 도움을 준다. 또 직업 전환, 직업 적응, 실업 및 은퇴 등의 과정에서 발생하는 다양한 문제에 대해 적절히 대처할 수 있도록 정보를 제공하고, 전문적인 상담을 수행한다. 취업알선원은 구직자에게 알맞은 일자리 정보를 제공하고, 구인을 희망하는 업체에는 적절한 인력을 공급해 준다.

하는 일

고용노동부가 운영하는 고용센터에 근무하는 직업상담사는 주로 구직자를 대상으로 취업지원 및 직업소개, 직업지도, 고용보험 등 고용 지원 업무를 수행한다. 그 외 시군구청 취업정보센터나 여성·청소년·노인 관련 단체, 대학교의 취업정보실 등에서 근무하며 직업 및 취업 관련 정보를 제공하고 상담하는 직업상담사도 있다.

직업상담사의 주된 업무는 직업 관련 상담과 직업 소개, 직업 관련 검사 실시 및 해석, 직업지도 프로그램 개발과 운영, 직업상담 행정업무 등이다. 이들은 근로기준법을 비롯한 노동관계법규 등 노동시장에서 발생하는 직업과 관련된 법적인 사항에 대한 상담과 구인·구직상담, 창업상담, 경력개발상담, 직업적응상담, 직업전환상담, 은퇴 후 상담 등을 진행한다. 또한, 취업이 어려운 구직자(장애인, 고령자, 경력단절여성, 자활대상자 등)에게 더 많은 취업 기회를 제공하고 구인난을 겪는 기업에게 다양한 인력을 소개하기 위하여 구인처를 개척한다. 대학 및 직업훈련기관 등에서 취업특강 및 취업박람회를 기획하고 운영한다. 적성검사, 흥미검사 등 직업심리검사를 실시하여 구직자의 적성과 흥미에 맞는 직업정보를 제공하고, 구직자에게 적합한 취업정보를 제공한다. 청소년, 여성, 중고령자, 실업자 등을 위한 직업지도 프로그램 개발과 운영을 담당하며, 이를 통해 구직자에게 신속한 취업을 지원하고, 구인을 희망하는 기업에게 적합한 인재를 알선한다. 반복적인 실직이나 구직실패로 인해 심리적으로 어려움을 겪는 구직자를 대상으로 심층상담을 수행하기도 한다.

취업알선원은 직업소개소 및 헤드헌팅업체 등에서 일하며 구직자와 구인자 서로에게 적합한 대상자를 선정하여 소개하는 일을 한다. 경비, 건설노동자, 경리, 운전기사, 식당종사자 등 단순 인력부터 중견간부급 이사, 전문경영인, 고급기술자 등에 이르기까지 다양한 인력을 알선하고 관리한다. 이중 고급인력을 주로 관리하면서 기업체가 원하는 인력을 선정·평가·알선하는 사람을 헤드헌터라고 한다. 이들은 보통 컨설턴트와 리서처로 구분된다. 컨설턴트는 구인처 발굴을 위해 기업체를 대상으로 영업활동을 하며, 추천자의 최종 평가 및 고객관리 업무를 담당한다. 리서처는 구인업체 및 구직자의 요구에 상응하는 대상자를 조사하여 컨설턴트에게 추천하는데, 규모가 작은 업체에서는 한 명이 구인처를 발굴하고 적합 대상자를 찾아 연결하는 업무를 함께 수행한다. 1997년 헤드헌팅이 합법화된 이후 관련 시장이 계속 커졌지만, 헤드헌터 양성을 위한 시스템 마련, 수수료 관련 기준 마련, 윤리경영 등과 관련하여 구심점 역할을 할 협회가 없어 이의 필요성이 증가하고 있는 상황이다. 종합 서치펌을 운영하는 기업이 다수이긴 하지만 최근에는 의료, 법조, IT, 코스메틱 등 분야에 따라 알선업체가 전문화되는 추세이다.

| 근무 환경 | 상담업무가 몰리는 취업 시즌이나 취업박람회 같은 각종 행사 등을 앞두고는 초과근무, 야간근무를 많이 한다. 상담업무를 수행하기 때문에 실내근무가 많으며, 직업지도, 취업특강, 취업처 발굴 등을 위하여 출장을 가기도 한다. 상담자와 대면 또는 전화로 상담하면서 컴퓨터 입력을 동시에 해야 할 때가 많아 눈이나 목, 손, 어깨 등에 통증을 느끼기도 한다.

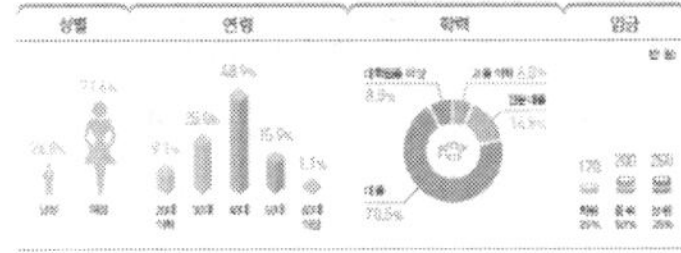

자료 : 통계청(2017) 「지역별고용조사」

직업상담사 및 취업알선원은 여성비율이 높고, 30~40대 근로자의 비율이 높다. 학력은 대졸 이상인 경우가 많으며, 임금 중위수는 월 200만 원으로 나타났다.

| 적성 및 흥미 | 직업을 알선하여 채용으로 연결하는 것이 주 업무로 상담자의 적성이나 흥미 등을 잘 파악하여 맞는 직업을 찾아줄 수 있어야 한다. 상담이 기본이 되기 때문에 타인의 이야기를 잘 듣고 공감할 수 있어야 하며, 각종 진로지도 프로그램을 운영하기 때문에 타인과의 소통이 원활하고 적극적인 사람에게 적합하다.

| 경력 개발 | 직업상담원은 고용노동부, 지방자치단체, 대학, 기타 여성·청소년·군인·고령자 유관기관 등에서 근무할 수 있다. 고용노동부 고용(복지플러스)센터, 시군구청 취업정보센터, 공공 직업훈련기관, 국방취업지원센터 등의 공공 직업안정기관과 각 지자체가 운영하는 취업지원센터, 여성·청소년·노인 관련 단체, 대학교의 취업정보실 등에서 직업상담원을 공개채용 방식으로 채용하고 있다. 고용노동부 고용지원센터의 직업상담사는 9급에서부터 시작하여 근속연수 및 내부 평가 등을 통해 승진이 이뤄진다.

취업알선원은 주로 유료직업소개소, 고급인력 알선업체(헤드헌팅업체), 인력파견업체 등에서 활동한다. 헤드헌터 업체에 입사한 경우 리서처로 입사하여 5~6년 정도가 지나면 컨설턴트로 승진할 수 있고 일정 경력을 쌓은 후 헤드헌팅업체를 설립할 수도 있다.

일자리 전망

[향후 10년간 취업자 수 전망]

(연평균 증감률 %)

향후 10년간 직업상담사 및 취업알선원의 고용은 다소 증가할 것으로 전망된다.

「2016~2026 중장기 인력수급전망」(한국고용정보원, 2017)에 따르면, 직업상담사 및 취업알선원은 2016년 약 30.8천 명에서 2026년 약 37.5천 명으로 향후 10년간 6.6천 명(연평균 2.0%)정도 증가할 것으로 전망된다.

기업의 채용문화가 열린채용, 직무중심채용 등으로 다변화되면서 구인자·구직자 모두로부터 채용방식 변경에 따른 직업상담 수요가 증가하고 있다. 또한, 베이비부머의 은퇴와 노인인구의 증가 등으로 은퇴 이후에도 취업을 원하는 사람이 증가하고 있으며, 외국이민여성 등 외국인력 유입, 청년 실업자 증가, 경력단절여성 등 취업 및 진로상담에 대한 요구가 꾸준히 늘고 있다. 초·중·고등학교 학생을 대상으로 진로상담의 필요성이 증대하여 직업상담사가 진로상담이나 강의 등을 제공하는 사례도 증가하고 있다.

[인력 공급 및 고용알선업 사업체 및 종사자 현황]

(단위 : 명, 개소)

연도	계		고용알선업		인력공급업	
	사업체 수	종사자 수	사업체 수	종사자 수	사업체 수	종사자 수
2011	11,991	378,970	6,327	24,669	5,664	354,301
2012	12,904	407,721	7,024	32,891	5,880	374,830
2013	13,775	435,796	7,347	33,005	6,428	402,791
2014	14,581	447,601	7,680	29,274	6,901	418,327
2015	14,125	484,504	7,296	35,609	6,829	448,895
2016	14,482	511,469	7,830	28,840	6,652	482,269

자료 : 통계청, 전국사업체조사 2016

통계청의 「전국사업체조사」에 따르면, 인력공급 및 고용알선업 사업체 수는 2011년 11,991개소에서 2016년 14,482개소로 지난 5년간 20.7% 증가하였으며, 사업체 종사자 수도 2011년 378,970명에서 2016년 511,469명으로 34.9% 증가하였다.

[직업상담사 자격 발급 건수]

(단위 : 건)

연도	2012	2013	2014	2015	2016	2017
직업상담사 1급	25	30	50	109	91	51
직업상담사 2급	2,403	3,872	4,011	5,039	5,313	5,227
계	2,428	3,902	4,061	5,148	5,404	5,278

자료 : 한국산업인력공단, 자격연보통계

직업상담사 자격증 발급 건수도 증가하고 있다. 2012년 1년 동안 2,428명이 직업상담사 자격을 취득하였으나 2017년에 5,278명이 자격을 취득하여 5년간 117.3% 증가하였다.

기존의 직업상담사 및 취업알선원의 업무가 일자리를 소개하는 수준에 그쳤다면 최근에는 이미지 컨설팅, 경력관리, 이력서 작성 및 면접관리 등 취업에 필요한 거의 모든 내용을 조언하고 설계하는 업무로 활동영역이 확장되며 역할이 전문화되고 있다. 공공부문에서는 청년, 경력단절여성, 고령자, 은퇴자 등으로 나누어 서비스를 제공하고 있고, 민간시장에서는 임원 등 고급은퇴인력, 기술전문인력 등 분야 및 인력 특성에 따라 사업을 세분하여 전문화하는 추세이다. 특히 평생직장의 개념이 사라지면서 은퇴인력 외에도 이·전직을 원하는 중간관리자, 기술전문인력 등의 수요가 증가하고 있어 민간시장에서 일자리 창출이 더욱 증가할 것으로 보인다. 한편에서는 인공지능 기반의 취업알선 시스템이 취업알선원의 업무를 일부 대체할 것으로 예상된다.

고용노동부의 직업상담사 신규 채용은 많지 않으나, 지자체의 취업지원사업이 활성화되면서 일자리센터에서의 인력 충원이 꾸준히 발생하고 있어 공공과 민간부문에서 직업상담사 및 취업알선원의 일자리가 증가할 것으로 전망된다.

되는 길

직업상담사가 되기 위해서는 4년제 대학 이상을 졸업하고, 한국산업인력공단이 시행하는 직업상담사 자격증을 취득하는 것이 유리하다. 외국기업을 주요 고객으로 하는 고급인력 알선업체에는 석사학위 이상의 근무자도 많으며, 외국어 능력을 요구한다. 특히 헤드헌터 중 컨설턴트는 대개 해당 분야의 관련 경력이 있어야 업무수행이 가능하다.

- 관련 학과 심리학과, 상담학과, 교육학과, 사회학과, 직업학과, 교육학과, 아동·청소년복지학과, 특수교육학과 등
- 관련 자격 직업상담사 1/2급(한국산업인력공단)

전망 요인	증가요인	감소요인
인구구조 및 노동인구 변화	· 베이비부머, 외국이민여성 등 다양성 증가	
가치관과 라이프스타일 변화	· 진로상담 중요성 인식	
국내외 경기	· 산업구조조정, 산업 구조 변화 등에 따른 이·전직 수요 증가	
과학기술 발전		· 인공지능 기반 취업알선 시스템 개발
기업의 경영전략 변화	· 채용문화 변경	
법·제도 및 정부정책	· 공공고용서비스 확대	

종합하면, 인구구조의 다양성 증가, 진로상담 중요성 인식 등의 영향에 따라 향후 10년간 직업상담사 및 취업알선원 취업자 수는 다소 증가할 것으로 전망된다.

관련 정보

- 관련 직업 커리어코치, 헤드헌터, 취업지원관, 상담전문가
- 분류 코드 한국고용직업분류(KECO) : 2314
  한국표준직업분류(KSCO) : 2473
- 관련 정보처 고용노동부 1350 www.moel.go.kr
  고용복지+센터 www.work.go.kr/jobcenter
  (사)한국직업상담협회 (02)584-4220 www.kvoca.org

직업상담사 및 취업알선원 관련 정보 예

| 쌤의 핵심포인트 |

'산업전망'이나 '연도별 산업동향'은 구성체계에 해당하지 않는다.

1-4 한국고용직업분류

(1) 의미

한국고용직업분류(KECO ; Korea Employment Classification of Occupations)는 노동시장 상황과 수요, 현실적 직업구조 등을 반영하여 직무를 체계적으로 분류한 것이다. 이는 고용 관련 행정 DB나 통계조사자료의 결과를 집계하고 비교하기 위한 통계 목적으로 활용되고 있다.

(2) 개발 목적

| 쌤의 핵심포인트 |

한국고용직업분류는 '직능유형'을 우선 분류하였다.

① 현대적 개념의 직업분류는 직능유형과 직능수준으로 결정된다.

㉠ 직능유형(Skill Type) : 그 일을 하기 위해 필요한 지식, 능력, 기질(KSA ; Knowledge · Skill · Altribute)로 과학, 교육, 서비스판매, 제조 등을 일컫는다.

㉡ 직능수준(Skill Level) : KSA의 수준을 말하는 것으로 전문직, 일반직(사무, 기능, 조작, 숙련), 단순직으로 구분하는 것이다.

② 한국표준직업분류는 직능수준을 우선으로 한 분류로 여러 개의 대분류에 걸쳐 관련 직업들이 배치되어 있어 전체 분류체계를 외우고 있어야 정확한 분류가 가능했다. 한국고용직업분류는 이런 단점을 극복하고자 **직능유형을 우선분류 방식으로 채택함으로써** 동일한 대분류 안에 관련 직업들이 모두 포함되도록 하여 누구나 쉽게 이해하고 사용할 수 있도록 하였다.

(3) 구성 체계 변화

| 쌤의 핵심포인트 |

2018년 개정에 따라 중분류 중심체계에서 대분류 중심체계로 전환하였다.

① 사용자가 직관적으로 쉽게 직업을 분류할 수 있도록 **대분류 10개 항목 중심 분류체계로 간소화하였다**(대분류 10개, 중분류 35개, 소분류 136개, 세분류 450개).

② 4차 산업혁명 등 산업환경 변화에 따른 새로운 직업수요를 반영하여 직업분류를 신설하는 등 분류체계를 정비하였다.

③ 포괄성 : 존재하는 모든 직무는 예외 없이 특정 직업으로 반드시 분류되어야 한다.

④ 배타성 : 모든 동일한 직무는 동일한 하나의 직업으로 분류될 수 있어야 하며, 여타의 직업으로도 분류될 수 있는 여지가 가능한 한 적어야 한다.

(4) 주요 개정내용

① 직능유형 구분기준의 변경

직능유형의 구분기준은 기존 '직무수행의 결과물'에서 '직무활동의 내용'으로 변경하고, 이에 따라 대분류에 '연구직 및 공학기술직'과 '건설 · 채굴직', '설치 · 정비 · 생산직' 등을 신설하였다.

② '연구직 및 공학기술직', '건설 · 채굴직' 및 '설치 · 정비 · 생산직' 대분류 항목 신설

㉠ '연구직 및 공학기술직' 항목은 신기술 연구개발과 기획을 담당할 연구 · 기술 인력의 중요성을 고려하여 신설하였다.

㉡ '건설 · 채굴직'과 '설치 · 정비 · 생산직' 항목은 고유한 직무적 특성, 고용규모, 외국분류의 사례 등을 고려하여 건설 및 제조 현장의 생산 직무를 수행하는 직업을 묶어 신설하였다.

③ '관리직'과 '군인'은 중분류로 배치

㉠ '관리직'은 국제표준직업분류, 한국표준직업분류와 대부분 국가에서 대분류 항목으로 분류하고 있으나, 국내 노동시장의 고용규모나 구인 · 구직 현장에서 해당 분류항목의 활용도, 통계조사 및 사용자 활용 시 잘못 분류하는 사항 등을 고려하여 중분류 항목으로 분류하고 대분류 '경영 · 사회 · 금융 · 보험직' 하위에 배치하였다.

㉡ '군인'은 국방을 책임지는 특수한 분야로서 대부분 국가에서 대분류 항목으로 분류하고 있지만, 구인 · 구직 현장에서 거의 활용이 되지 않아 대분류에서 제외하였다. 공공서비스 영역인 경찰, 소방, 교도가 분류된 대분류 '교육 · 법률 · 사회복지 · 경찰 · 소방직 및 군인'의 하위 중분류로 배치하였다.

④ '돌봄 서비스직(간병 · 육아)' 중분류 항목 신설

간병인과 육아도우미 직업은 구인 · 구직 현장의 알선 규모가 지속적으로 증가하고 있음을 고려하고 개인 서비스로서의 성격이 강하여 대분류 '미용 · 여행 · 숙박 · 음식 · 경비 · 청소직' 하위에 '돌봄 서비스직' 중분류 항목으로 신설하였다.

⑤ 간명성을 위한 항목명의 간략화

㉠ 사용자가 직업을 직관적으로 쉽게 찾을 수 있도록 분류 항목명을 현장에서 사용하는 용어로 간단명료하게 변경하였다.

㉡ '문화', '레크리에이션' 명칭은 제외하여도 '예술 · 디자인 · 방송 · 스포츠직'으로 분류하는 등 축약된 명칭만으로 구분 가능한 용어인 경우는 직업명 표기에서 제외하였다.

㉢ 대분류, 중분류 단위의 직업명은 직업 묶음이라는 의미로 '~직'으로 통일하여 사용하였고, '~종사자', '~(직무)가/자/원' 등의 표기는 사용하지 않았다.

㉣ 소분류 단위는 '~종사자', '~(직무)가/자/원'을, 세분류 단위는 '~종사원', '~(직무)가/자/원' 등 구체적 수행 직무에 따라 명칭을 표기하였다.

(5) 한국고용직업분류표

대분류	중분류	소분류	세분류
10	35	136	450
0. 경영 · 사무 · 금융 · 보험직	01. 관리직(임원 · 부서장)	6	24
	02. 경영 · 행정 · 사무직	9	32
	03. 금융 · 보험직	3	14
1. 연구직 및 공학기술직	11. 인문 · 사회과학연구직	1	2
	12. 자연 · 생명과학연구직	2	5
	13. 정보통신 연구개발직 및 공학기술직	6	14
	14. 건설 · 채굴 연구개발직 및 공학기술직	1	7
	15. 제조 연구개발직 및 공학기술직	9	25
2. 교육 · 법률 · 사회복지 · 경찰 · 소방직 및 군인	21. 교육직	5	16
	22. 법률직	2	6
	23. 사회복지 · 종교직	3	9
	24. 경찰 · 소방 · 교도직	1	3
	25. 군인	1	4
3. 보건 · 의료직	31. 보건 · 의료직	7	23
4. 예술 · 디자인 · 방송 · 스포츠직	41. 예술 · 디자인 · 방송직	7	30
	42. 스포츠 · 레크리에이션직	1	5
5. 미용 · 여행 · 숙박 · 음식 · 경비 · 청소직	51. 미용 · 예식서비스직	2	11
	52. 여행 · 숙박서비스직	4	7
	53. 음식서비스직	2	13
	54. 경호 · 경비직	2	5
	55. 돌봄서비스직(간병 · 육아)	1	2
	56. 청소 및 기타 개인서비스직	2	11
6. 영업 · 판매 · 운전 · 운송직	61. 영업 · 판매직	7	20
	62. 운전 · 운송직	4	15
7. 건설 · 채굴직	71. 건설 · 채굴직	6	24
8. 설치 · 정비 · 생산직	81. 기계설치 · 정비 · 생산직	7	21
	82. 금속 · 재료설치 · 정비 · 생산직 (판금 · 단조 · 주조 · 용접 · 도장 등)	6	19
	83. 전기 · 전자 설치 · 정비 · 생산직	6	11
	84. 정보통신 설치 · 정비직	2	6
	85. 화학 · 에너지 · 환경설치 · 정비 · 생산직	3	9
	86. 섬유 · 의복생산직	4	16
	87. 식품가공 · 생산직	3	12
	88. 인쇄 · 목재 · 공예 및 기타 설치 · 정비 · 생산직	5	15
	89. 제조단순직	1	1
9. 농림어업직	90. 농림어업직	5	13

| 쌤의 핵심포인트 |

군인은 대분류가 아니라 중분류이다.

1-5 국가직무능력표준(NCS)

1 국가직무능력표준의 개념

국가직무능력표준(NCS ; National Competency Standards)은 산업현장에서 직무를 수행하기 위해 요구되는 지식 · 기술 · 태도 등의 내용을 국가가 체계화한 것이다.

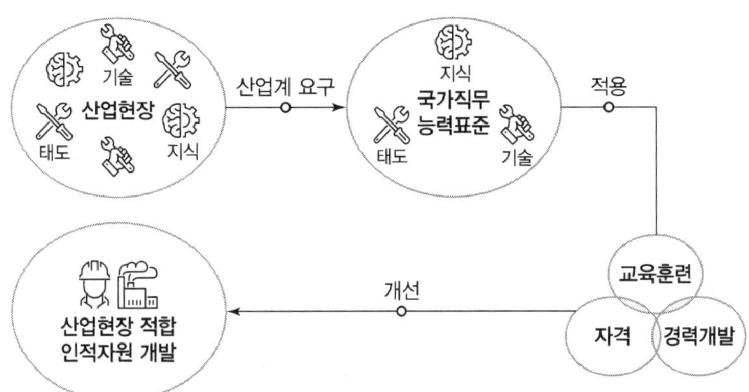

국가직무능력표준 개념도

2 국가직무능력표준의 분류

① 국가직무능력표준의 분류는 직무의 유형(Type)을 중심으로 국가직무능력표준의 단계적 구성을 나타내는 것으로, 국가직무능력표준 개발의 전체적인 로드맵을 제시했다.

② 한국고용직업분류(KECO ; Korean Employment Classification of Occupations) 등을 참고하여 분류하였으며 '대분류(24) → 중분류(79) → 소분류(253) → 세분류(1,001개)'의 순으로 구성된다.

※ 분류 마련을 위해 직업분류, 산업분류 및 자격분류 전문가, 해당 산업분야 전문가를 대상으로 의견을 수렴하였고, 이를 통해 직종구조분석이 시행되었다.

3 국가직무능력표준의 능력단위 구성

① 직무는 국가직무능력표준 분류의 세분류를 의미하고, 원칙상 세분류 단위에서 표준이 개발되었다.

② 능력단위는 국가직무능력표준 분류의 하위단위로서 국가직무능력표준의 기본 구성요소에 해당되며, 능력단위요소(수행준거, 지식 · 기술 · 태도), 적용범위 및 작업상황, 평가지침, 직업기초능력으로 구성한다.

| 쌤의 핵심포인트 |

능력단위는 능력단위요소와 수행준거로 구성된다.

정보통신 – 정보기술 개발분야(분류 예시)

4 국가직무능력표준의 수준체계

① 국가직무능력표준의 수준체계는 산업현장 직무의 수준을 체계화한 것으로, '산업현장 · 교육훈련 · 자격' 연계, 평생학습능력 성취 단계 제시, 자격의 수준체계 구성에서 활용했다.

수준	정의
8수준	해당 분야에 대한 최고도의 이론 및 지식을 활용하여 새로운 이론을 창조할 수 있고, 최고도의 숙련으로 광범위한 기술적 작업을 수행할 수 있으며 조직 및 업무 전반에 대한 권한과 책임이 부여된 수준
7수준	해당 분야의 전문화된 이론 및 지식을 활용하여, 고도의 숙련으로 광범위한 작업을 수행할 수 있으며 타인의 결과에 대하여 의무와 책임이 필요한 수준
6수준	독립적인 권한 내에서 해당 분야의 이론 및 지식을 자유롭게 활용하고, 일반적인 숙련으로 다양한 과업을 수행하며, 타인에게 해당 분야의 지식 및 노하우를 전달할 수 있는 수준
5수준	해당 분야의 이론 및 지식을 자유롭게 사용할 수 있으며, 매우 복잡하고 비일상적인 과업을 수행할 수 있는 수준
4수준	일반적인 권한 내에서 해당 분야의 이론 및 지식을 제한적으로 사용하여 복잡하고 다양한 과업을 수행하는 수준

수준	정의
3수준	제한된 권한 내에서 해당 분야의 기초이론 및 일반지식을 사용하여 다소 복잡한 과업을 수행하는 수준
2수준	일반적인 지시 및 감독하에 해당 분야의 일반 지식을 사용하여 절차화되고 일상적인 과업을 수행하는 수준
1수준	구체적인 지시 및 철저한 감독하에 문자이해, 계산능력 등 기초적인 일반식을 사용하여 단순하고 반복적인 과업을 수행하는 수준

② 국가직무능력표준 개발 시 8단계의 수준체계에 따라 능력단위 및 능력단위요소별 수준을 평정하여 제시한다.

5 국가직무능력표준의 분류번호 체계

국가직무능력표준의 분류번호는 국가직무능력표준의 구성단위인 능력단위에 대한 식별번호로 대분류, 중분류, 소분류, 세분류, 능력단위 및 개발 연도, 버전으로 구성된다.

① 대분류 : 대분류의 2자리 숫자(2digits)
② 중분류 : 대분류 중 중분류의 2자리 숫자(2digits)
③ 소분류 : 중분류 중 소분류의 2자리 숫자(2digits)
④ 세분류 : 소분류 중 세분류의 2자리 숫자(2digits)
⑤ 능력단위 : 세분류 중 능력단위 연번으로 2자리 숫자(2digits)

0101010101_12v1분류번호 체계

01	01	01	01	01	–	12	v1
대분류	중분류	소분류	세분류	능력단위	–	개발 연도	버전

⑥ 개발 연도 : 능력단위 개발 · 보완 연도 2자리 숫자(2012년 → 12)로 작성하되, 앞의 분류와 구분하기 위하여 "_" 이후에 연도 기입
⑦ 버전 : 표준 개발 순서 2자리(첫 번째 → v, 두 번째 → 숫자)/(2digits)

CHAPTER 1

출제예상문제

1-1 직업정보의 이해

01 직업상담 시 제공하는 직업정보의 기능과 역할에 대한 설명으로 틀린 것은?

① 여러 가지 직업적 대안들의 정보를 제공한다.
② 내담자의 흥미, 적성, 가치 등을 파악하는 것이 직업정보의 주기능이다.
③ 경험이 부족한 내담자에게 다양한 직업들을 간접적으로 접할 기회를 제공한다.
④ 내담자가 자신의 선택이 현실에 비추어 부적당한 선택이었는지를 점검하고 재조정해 볼 수 있는 기초를 제공한다.

해설

직업정보의 3가지 기능(Brayfield)
정보제공의 기능(①), 동기화 기능(③), 재조정기능(④)

02 직업정보 제공에 관한 설명으로 옳은 것은?

① 모든 내담자에게 직업정보를 우선적으로 제공한다.
② 상담사는 다양한 정보를 수집하기 위해 지속적으로 노력한다.
③ 진로정보 제공은 상담의 초기단계에서 이루어지며 이 경우 내담자의 피드백은 고려하지 않는다.
④ 내담자가 속한 가족, 문화보다는 표준화된 정보를 우선적으로 고려하여 정보를 제공한다.

03 직업정보에 대한 설명으로 틀린 것은?

① 현재 고려 중인 직업의 선택의 수를 줄이기 위해서 사용할 수 있다.
② 직업정보를 제공하는 인쇄매체는 직업체험보다 학습자 참여도가 수동적이다.
③ 직업정보를 수집할 때는 항상 최신의 자료인가 확인한다.
④ 직업정보 수집을 목적으로 할 때 직업체험은 인쇄매체보다 접근성이 우수하다.

해설

직업체험은 인쇄매체보다 접근성이 제한적이다.

04 직업정보를 정보의 생산 및 운영 주체에 따라 민간직업정보와 공공직업정보로 구분할 때 공공직업정보의 특성이 아닌 것은?

① 전체 산업 및 업종에 걸친 직종을 대상으로 한다.
② 조사분석 및 정리, 제공에 상당한 시간 및 비용이 소요되므로 유료제공의 원칙이 적용된다.
③ 지속적으로 조사분석하여 제공되며 장기적인 계획 및 목표에 따라 정보체계의 개선작업 수행이 가능하다.
④ 직업별로 특정한 정보만을 강조하지 않고 보편적인 항목으로 이루어진 기초적인 직업정보체계로 구성된다.

해설

공공직업정보는 무료로 제공된다.

정답 01 ② 02 ② 03 ④ 04 ②

05 다음 중 민간직업정보의 특성과 가장 거리가 먼 것은?

① 필요한 시기에 최대한 활용되도록 한시적으로 신속하게 생산되어 운영된다.
② 국제적으로 인정되는 객관적인 기준에 근거하여 직업을 분류한다.
③ 특정한 목적에 맞게 해당 분야 및 직종을 제한적으로 선택한다.
④ 시사적인 관심이나 흥미를 유도할 수 있도록 해당 직업을 분류한다.

해설

국제적으로 인정되는 객관적인 기준에 근거하여 직업을 분류하는 것은 공공직업정보의 특성이다.

06 다음 직업정보 유형별 특징에 관한 표의 (　　) 안에 들어갈 알맞은 것은?

종류	비용	학습자 참여도	접근성
인쇄물	(A)	수동	용이
면접	저	(B)	제한적
직업경험	(C)	적극	제한적
직업체험	고	적극	(D)

① A－고, B－적극, C－고, D－용이
② A－고, B－수동, C－저, D－제한적
③ A－저, B－적극, C－고, D－제한적
④ A－저, B－수동, C－저, D－용이

해설

종류	비용	학습자 참여도	접근성
인쇄물	저	수동	용이
면접	저	적극	제한적
직업경험	고	적극	제한적
직업체험	고	적극	제한적

1-2 한국직업사전

07 한국직업사전의 부가직업정보 중 '수준 5'에 해당하는 숙련기간은?

① 시범 후 30일 이하
② 3개월 초과－6개월 이하
③ 6개월 초과－1년 이하
④ 4년 초과－10년 이하

해설

수준	숙련기간
1	약간의 시범 정도
2	시범 후 30일 이하
3	1개월 초과~3개월 이하
4	3개월 초과~6개월 이하
5	6개월 초과~1년 이하
6	1년 초과~2년 이하
7	2년 초과~4년 이하
8	4년 초과~10년 이하
9	10년 초과

08 한국직업사전의 직업명세 중 자료(Data)와 관련된 직무기능에 관한 설명으로 틀린 것은?

① 종합－사실을 발견하고 지식개념 또는 해석을 개발하기 위해 자료를 종합적으로 분석한다.
② 조정－데이터의 분석에 기초하여 시간, 장소, 작업 순서, 활동 등을 결정한다.
③ 계산－수를 세거나 사칙연산을 실시하고 사칙연산과 관련하여 규정된 활동을 수행하거나 보고한다.
④ 수집－자료, 사람, 사물에 관한 정보를 수집, 대조, 분류한다.

해설

계산(Computing)
사칙연산을 실시하고 사칙연산과 관련하여 규정된 활동을 수행하거나 보고한다. 수를 세는 것은 포함되지 않는다.

정답 05 ② 06 ③ 07 ③ 08 ③

09 다음 중 한국직업사전에서 알 수 없는 자료는?

① 해당 직업이 주로 존재하는 산업명, 해당 직무를 수행하는 데 필요한 일반적인 지식 정도
② 유사직업명, 작업장소의 환경과 제약조건
③ 수행하는 직무기술, 수행하는 작업에 필요한 힘의 강도 및 신체적 제반동작
④ 노동시간, 해당 직무를 수행하는 데 필요한 직무지식

해설

직업사전은 임금이나 노동시간은 알 수 없다. 직업사전에 수록된 직업 관련 정보들은 크게 다섯 가지의 체계적인 형식으로 구성되어 있다.

① 직업코드
② 본직업명
③ 직무개요
④ 수행직무
⑤ 부가직업정보

10 한국직업사전에서 수록하고 있는 직업정보 주요 내용에 관한 설명으로 틀린 것은?

① 직업코드－한국고용직업분류(KECO)의 세분류 체계를 기준으로 4자리의 숫자로 표기된다.
② 본직업명칭－산업현장에서 일반적으로 사용되고 있으며 해당 직업으로 알려진 명칭, 혹은 그 직무에 통상적으로 호칭되는 것을 선정하였다.
③ 직무개요－주로 직무담당자의 활동, 활동의 대상 및 목적, 사용하는 기계, 설비 및 작업보조물 등을 간략히 포함하였다.
④ 수행직무－직무담당자가 직무의 목적을 완수하기 위하여 수행하는 구체적인 작업내용을 작업의 중요도가 높은 순서를 원칙으로 기술하였다.

해설

직무담당자가 직무의 목적을 완수하기 위하여 수행하는 구체적인 작업(Task) 내용을 작업순서에 따라 서술한 것이다. 단, 공정의 순서를 파악하기 어려운 경우에는 작업의 중요도 또는 작업빈도가 높은 순으로 기술하였다.

11 한국직업사전을 발간하기 위해 주로 사용하는 직무조사 실시 방법은?

① 직업전문가 자문조사
② 설문지 조사
③ 현직 종사자 직무관찰 및 면접
④ 동영상 촬영

해설

한국직업사전은 현장 직무조사를 거쳐 제작한 가장 방대한 직업정보 데이터베이스로 직업의 변화와 특성을 가늠해 볼 수 있는 유일의 자료이다.

12 한국직업사전에 수록된 부가직업정보에 해당하는 것은?

① 직업코드
② 직무개요
③ 한국표준산업분류코드
④ 본직업명칭

해설

부가직업정보

• 정규교육
• 직무기능
• 육체활동
• 작업환경
• 관련 직업
• 한국표준산업분류코드
• 한국표준직업분류코드
• 조사 연도
• 숙련기간
• 작업강도
• 작업장소
• 유사명칭
• 자격/면허

정답 09 ④ 10 ④ 11 ③ 12 ③

13 다음 설명에 해당하는 한국직업사전에서의 작업 강도는?

> 최고 8kg의 물건을 들어올리고 4kg 정도의 물건을 빈번히 들어올리거나 운반한다. 걷거나 서서 하는 작업이 대부분일 때 또는 앉아서 하는 작업일지라도 팔과 다리로 밀고 당기는 작업을 수반할 때에는 무게가 매우 적을지라도 이 작업에 포함한다.

① 아주 가벼운 작업
② 가벼운 작업
③ 보통 작업
④ 힘든 작업

해설

작업강도	구분
아주 가벼운 작업	최고 4kg의 물건을 들어올리고 때때로 장부, 대장, 소도구 등을 들어올리거나 운반한다. 앉아서 하는 작업이 대부분을 차지하지만 직무수행상 서거나 걷는 것이 필요할 수도 있다.
가벼운 작업	최고 8kg의 물건을 들어올리고 4kg 정도의 물건을 빈번히 들어올리거나 운반한다. 걷거나 서서 하는 작업이 대부분일 때 또는 앉아서 하는 작업일지라도 팔과 다리로 밀고 당기는 작업을 수반할 때에는 무게가 매우 적을지라도 이 작업에 포함된다.
보통 작업	최고 20kg의 물건을 들어올리고 10kg 정도의 물건을 빈번히 들어올리거나 운반한다.
힘든 작업	최고 40kg의 물건을 들어올리고 20kg 정도의 물건을 빈번히 들어올리거나 운반한다.
아주 힘든 작업	40kg 이상의 물건을 들어올리고 20kg 이상의 물건을 빈번히 들어올리거나 운반한다.

14 한국직업사전의 부가직업정보 중 작업환경에 대한 설명으로 틀린 것은?

① 작업환경은 해당 직업의 직무를 수행하는 작업원에게 직접적으로 물리적 · 신체적 영향을 미치는 작업장의 환경요인을 나타낸 것이다.
② 작업환경의 측정은 조사자가 느끼는 신체적 반응 및 작업자의 반응을 듣고 판단한다.
③ 작업환경은 저온 · 고온, 다습, 소음 · 진동, 위험내재, 대기환경으로 구분한다.
④ 작업환경은 사업체의 규모와 특성에 따라 달라질 수 있으나 동일 사업체의 경우에는 작업장마다 절대적인 기준이 된다.

해설

이러한 기준도 산업체 및 작업장에 따라 달라질 수 있으므로 절대적인 기준이 될 수는 없다.

15 다음 중 직업별 임금 관련 정보를 제공하지 않는 것은?

① 한국직업전망 ② 한국직업사전
③ Job Map ④ 한국직업정보시스템

해설

직업사전에 임금, 노동시장 자료는 포함되지 않는다.

16 한국직업사전의 부가직업정보에 해당되지 않는 것은?

① 직무기능(DPT) ② 숙련기간
③ 자격/면허 ④ 직무개요

해설

부가직업정보
- 정규교육 • 숙련기간 • 직무기능
- 작업강도 • 육체활동 • 작업장소
- 작업환경 • 유사명칭 • 관련 직업
- 자격/면허 • 조사 연도
- 한국표준산업분류코드
- 한국표준직업분류코드

정답 13 ② 14 ④ 15 ② 16 ④

17 한국직업사전의 본직업명칭에 관한 설명으로 틀린 것은?

① 산업현장에서 일반적으로 사용되고 있으며 해당 직업으로 알려진 명칭 혹은 그 직무에 통상적으로 호칭되는 것으로 선정하였다.
② 특별히 부르는 명칭이 없는 경우에는 직무내용과 산업의 특수성 등을 고려하여 누구나 쉽게 이해할 수 있는 명칭을 부여하였다.
③ 실제로 현장 근로자를 대상으로 하는 직무조사의 경우 작업자들 간에 사용하는 호칭과 기업 내 직무편제상의 명칭이 다른 경우 직업명칭은 상위 책임자 및 인사 담당자의 의견으로 결정하였다.
④ 가급적 외래어를 피하고 우리말로 표기하되 우리말 표기가 현장감이 없을 경우에는 외래어를 교육인적자원부에서 정한 외래어표기법에 따라 표기하였다.

해설

실제로 현장 근로자를 대상으로 하는 직무조사의 경우 작업자 스스로도 자신이 무엇으로 불리는지 알지 못하는 경우가 있는데, 이는 작업자들 간에 사용하는 호칭과 기업 내 직무편제상의 명칭이 다르기 때문이다. 따라서 직업명칭은 해당 작업자의 의견뿐만 아니라 상위 책임자 및 인사 담당자의 의견을 수렴하여 결정하였다.

18 한국직업사전에 수록된 용어 설명으로 틀린 것은?

① 자료－자료와 관련된 기능은 만질 수 없으며 숫자, 단어, 기호, 생각, 개념 그리고 구두상 표현을 포함한다.
② 조사 연도－조사 연도의 명기는 직업사전 수요자들에게 조사시점과 사용시점의 차이에서 오는 직업정보의 오해를 제거하기 위해 제시되며 해당 직업의 최초 조사 연도이다.
③ 육체활동－해당 직업의 직무를 수행하기 위해 필요한 신체적 능력을 나타내는 것으로 균형감각, 웅크림, 손, 언어력, 청각, 시각 등이 요구되는 육체활동인지 여부를 나타낸다.
④ 작업강도－해당 직업의 직무를 수행하는 데 필요한 육체적 힘의 강도를 나타낸 것으로 심리적, 정신적 노동강도는 고려하지 않는다.

해설

'조사 연도'는 해당 직업의 직무조사가 실시된 연도를 나타낸 것이다.

19 한국직업사전의 부가직업정보에서 정규교육에 관한 설명으로 틀린 것은?

① 해당 직업의 직무를 수행하는 데 필요한 일반적인 정규 교육 수준을 의미한다.
② 현행 우리나라 정규교육과정의 연한을 고려하여 그 수준을 6개로 분류하였다.
③ 해당 직업종사자의 평균 학력을 나타낸 것이다.
④ 독학, 검정고시 등을 통해 정규교육과정을 이수하였다고 판단되는 기간도 포함된다.

해설

'정규교육'은 해당 직업의 직무를 수행하는 데 필요한 일반적인 정규교육수준을 의미하는 것으로 해당 직업 종사자의 평균 학력을 나타내는 것은 아니다. 현행 우리나라 정규교육과정의 연한을 고려하여 그 수준을 6개로 분류하였으며 독학, 검정고시 등을 통해 정규교육과정을 이수하였다고 판단되는 기간도 포함된다.

20 한국직업사전 작업환경에 대한 설명에서 위험내재에 포함되지 않는 것은?

① 방사선　　② 기계
③ 가스　　④ 전기

정답 17 ③ 18 ② 19 ③ 20 ③

해설

위험내재는 신체적인 손상의 위험에 노출되어 있는 상황으로 기계적 위험, 전기적 위험, 화상 · 폭발 · 방사선 등의 위험이 있는 경우이다.

21 한국직업사전의 부가정보 중 "자료"에 관한 설명으로 틀린 것은?

① 종합 : 사실을 발견하고 지식개념 또는 해석을 개발하기 위해 자료를 종합적으로 분석한다.
② 분석 : 조사하고 평가하며 평가와 관련된 대안적 행위의 제시가 빈번하게 포함된다.
③ 계산 : 사칙연산을 실시하고 사칙연산과 관련하여 규정된 활동을 수행하거나 보고한다. 수를 세는 것도 포함된다.
④ 기록 : 데이터를 옮겨 적거나 입력하거나 표시한다.

해설

사칙연산을 실시하고 사칙연산과 관련하여 규정된 활동을 수행하거나 보고한다. 수를 세는 것은 포함되지 않는다.

22 한국직업사전에 수록되어 있는 정보 중 유사명칭에 대한 설명으로 틀린 것은?

① 직업 수 집계에서 제외된다.
② 본직업명을 명칭만 다르게 해서 부르는 것이다.
③ 한국직업사전의 부가직업정보에 해당한다.
④ 본직업명을 직무의 범위, 대상 등에 따라 나눈 것이다.

해설

관련 직업은 본직업명과 기본적인 직무에 있어서 공통점이 있으나 직무의 범위, 대상 등에 따라 나뉘는 직업이다. 하나의 본직업명에는 두 개 이상의 관련 직업이 있을 수 있으며 직업 수 집계에 포함된다.

23 한국직업사전에서 알 수 있는 직업 관련 정보가 아닌 것은?

① 작업강도　② 직무개요
③ 수행직무　④ 임금수준

해설

직업사전에 임금, 노동시장 자료는 포함되지 않는다.

24 한국직업사전의 부가직업정보에 관한 설명으로 틀린 것은?

① '한국표준산업분류코드'는 해당 직업을 조사한 산업을 나타내는 것으로 한국표준산업분류의 소분류 산업을 기준으로 했다.
② '정규교육'은 독학, 검정고시 등을 통해 정규교육과정을 이수하였다고 판단되는 기간도 포함한다.
③ '숙련기간'은 해당 직무를 평균적인 수준 이상으로 수행하기 위한 향상훈련도 포함한다.
④ '직무기능'은 해당 직업 종사자가 직무를 수행하는 과정에서 자료, 사람, 사물과 맺는 관련된 특성을 나타낸다.

해설

정규교육과정을 이수한 후 해당 직업의 직무를 평균적인 수준으로 스스로 수행하기 위하여 필요한 각종 교육, 훈련, 숙련기간을 의미한다.
숙련기간에 향상훈련은 포함되지 않는다.

25 한국직업사전의 부가직업정보에 대한 설명으로 옳은 것은?

① "한국표준산업분류코드"는 한국표준산업분류 대분류 산업을 기준으로 하였다.
② "정규교육"은 독학, 검정고시 등은 제외하였다.
③ "숙련기간"에는 해당 직무를 평균적인 수준 이상으로 수행하기 위한 향상훈련도 포함된다.
④ "직무기능"은 해당 직업 종사자가 직무를 수행하는 과정에서 자료, 사람, 사물과 맺는 관련된 특성을 나타낸다.

정답 21 ③ 22 ④ 23 ④ 24 ③ 25 ④

26 한국직업사전의 부가직업정보에 대한 설명으로 옳은 것은?

① 정규교육 : 해당 직업 종사자의 평균 학력을 나타낸다.
② 조사 연도 : 해당 직업의 직무조사가 실시된 연도를 나타낸다.
③ 작업강도 : 해당 직업의 직무를 수행하는 데 필요한 육체적 · 심리적 · 정신적 힘의 강도를 나타낸다.
④ 유사명칭 : 본직업명과 기본적인 직무에 있어서 공통점이 있으나 직무의 범위, 대상 등에 따라 나누어지는 직업이다.

해설

①항 해당 직업의 직무를 수행하는 데 필요한 일반적인 정규교육수준을 의미하는 것으로 해당 직업 종사자의 평균 학력을 나타내는 것은 아니다.
③항 해당 직업의 직무를 수행하는 데 필요한 육체적 힘의 강도를 나타낸 것으로 5단계로 분류하였다.
④항 본직업명을 명칭만 다르게 부르는 것으로 본직업명과 사실상 동일하다. 따라서 직업 수 집계에서 제외된다.

27 한국직업사전의 직무기능 중 사물(T)에 해당하는 것은?

① 조작운전 ② 분석
③ 계산 ④ 자문

해설

②, ③은 자료, ④는 사람에 해당한다.

28 한국직업사전의 직무기능(DPT) 내용을 의미하는 '조정－자문－정밀작업'에 해당하는 수준들의 합은?

① 2 ② 3
③ 4 ④ 5

해설

조정(1)－자문(0)－정밀작업(1)

29 한국직업사전에 수록된 플라스틱 제품 기술자의 부가직업정보에 대한 설명으로 틀린 것은?

- 정규교육 : 14년 초과~16년 이하(대졸 정도)
- 직무기능 : 자료(종합)/사람(협의)/사물(정밀작업)
- 작업강도 : 가벼운 작업
- 작업장소 : 실내

① 정규교육은 해당 직업종사자의 평균 학력을 의미한다.
② 종합은 사실을 발견하고 지식개념 또는 해석을 개발하기 위해 자료를 종합적으로 분석하는 것을 의미한다.
③ 가벼운 작업은 최고 8kg의 물건을 들어올리고 4kg 정도의 물건을 빈번히 들어올리거나 운반한다.
④ 실내는 눈, 비, 바람, 온도 변화로부터 보호를 받으며 작업의 75% 이상이 실내에서 이루어지는 경우이다.

해설

'정규교육'은 해당 직업의 직무를 수행하는 데 필요한 일반적인 정규교육수준을 의미하는 것으로 해당 직업 종사자의 평균 학력을 나타내는 것은 아니다.

30 한국직업사전에서 '정책을 수립하거나 의사결정을 하기 위해 생각이나 정보, 의견 등을 교환한다'가 관련되는 직무기능은?

① 자료 ② 사람
③ 사물 ④ 조정

해설

사람(People)과 관련된 기능 중 협의(Negotiating)에 해당된다.

정답 26 ② 27 ① 28 ① 29 ① 30 ②

1-3 한국직업전망서

31 한국직업전망에 관한 설명으로 틀린 것은?

① 진로와 직업을 결정하고자 하는 청소년이나 일반구직자들이 다양한 직업정보를 살펴보고 자신에게 맞는 직업을 선택할 수 있도록 도움을 주기 위해 기획되었으며 우리나라를 대표하는 17개의 분야 약 200개 직업에 대한 상세정보를 수록하고 있다.
② 하는 일, 근무환경, 교육/훈련/자격, 적성과 흥미 및 향후 3년간 수록직업에 대한 전망을 제공함으로써 각 직업에 대한 상세한 정보를 얻을 수 있도록 구성되었다.
③ 수록 직업 선정은 한국고용직업분류(KECO)의 세분류(4－digits) 직업에 기초하여 종사자 수가 일정 규모(3만 명) 이상인 경우를 원칙으로 하며, 그 밖에 청소년 및 구직자의 관심이 높거나 직업정보를 제공할 가치가 있다고 판단되는 직업을 추가 선정하였다.
④ 한국고용직업분류(KECO)의 세분류 직업 중 승진을 통해 진입하게 되는 관리직은 제외하였다.

해설

한국직업전망은 1999년부터 격년으로 발간되며, 우리나라 대표직업 약 200개에 대한 직업정보(하는 일, 근무환경, 되는 길, 적성과 흥미 등)와 향후 10년간의 일자리 전망에 관한 종합적인 정보를 수록하고 있다.

32 한국직업전망의 구성체계에 관한 설명으로 틀린 것은?

① 적성과 흥미는 해당 직업에 종사하는 데 유리한 성격, 흥미, 적성 등을 수록하였다.
② 종사현황에 대한 자료는 실제 종사자 수와 차이가 있을 수 있다.
③ 수입은 해당 직업종사자의 월평균임금, 상위 25% 등 2개 영역으로 구분하여 제시하였다.
④ 직업전망은 향후 10년간의 고용전망을 중심으로 기술하였다.

해설

임금 구간을 네 개의 구간(25% 미만, 25% 이상 50% 미만, 50% 이상 75% 미만, 75% 이상)으로 구분한 후, 하위 25%, 중위 50%, 75% 이상은 상위 25%로 구분하는 값을 표기하였다. 다만, 통계조사 표본 수가 30명 미만으로 적은 직업의 경우는 통계의 신뢰성을 고려하여 임금을 제시하지 않았다.

33 한국직업전망의 수록직업 선정에 대한 설명으로 틀린 것은?

① 수록직업 선정은 한국고용직업분류(KECO)의 세분류(4－digits) 직업에 기초하여 종사자 수가 일정 규모(3만 명) 이상인 경우를 원칙으로 하며, 그 밖에 청소년 및 구직자의 관심이 높거나 직업정보를 제공할 가치가 있다고 판단되는 직업을 추가 선정하였다.
② 한국고용직업분류의 세분류 직업 중 승진을 통해 진입하게 되는 관리직은 제외하였다.
③ 이용자들이 원하는 직업정보를 쉽고 간편하게 찾아볼 수 있도록 17개 분야로 구분하여 제시하였다.
④ 직무가 유사한 직업들은 소분류 수준에서 개별적으로 수록하였다.

해설

직무가 유사한 직업들은 하나로 통합하거나 소분류(3－digits) 수준에서 통합하였다.

34 한국직업전망에서 정의한 고용변동 요인 중 불확실성 요인에 해당하는 것은?

① 인구구조 및 노동인구 변화
② 정부정책 및 법 · 제도 변화
③ 과학기술 발전
④ 가치관과 라이프스타일 변화

정답 31 ② 32 ③ 33 ④ 34 ②

해설

고용변동 요인의 8가지 범주
① 확실성 요인 : 인구구조 및 노동인구 변화, 산업 특성 및 산업구조 변화, 과학기술 발전, 기후 변화와 에너지 부족, 가치관과 라이프스타일 변화
② 불확실성 요인 : 대내외 경제상황 변화, 기업의 경영전략 변화, 정부정책 및 법 · 제도 변화

35 한국직업전망의 직업별 정보 구성체계에 해당하지 않는 것은?

① 하는 일
② 근무환경
③ 산업전망
④ 관련 정보처

해설

한국직업전망 구성체계는 하는 일, 근무환경, 되는 길, 적성 및 흥미, 성별/연령/학력 분포 및 임금, 고용전망, 관련 직업, 직업코드, 관련 정보처이다.

36 한국직업전망에 관한 설명으로 옳은 것은?

① 한국직업전망은 2001년부터 발간되기 시작하였다.
② 한국직업전망의 수록직업 선정기준은 한국표준직업분류의 세분류에 근거한다.
③ 직업에 대한 고용전망은 감소, 다소 감소, 다소 증가, 증가 등 4개 구간으로 구분하여 제시한다.
④ 해당 직업 종사자의 일반적인 근무시간, 근무형태, 육체적 · 정신적 스트레스 정도 등을 근무환경으로 서술한다.

해설

①항 한국직업전망은 1999년부터 발간되기 시작하였다.
②항 한국직업전망의 수록직업 선정기준은 한국고용직업분류 세분류에 근거한다.
③항 해당 직업에 대한 고용전망은 감소, 다소 감소, 현 상태 유지, 다소 증가, 증가 등 5가지 수준으로 구분하여 제시한다.

37 다음은 한국직업전망에 수록된 직업 중 무엇에 관한 설명인가?

> 질병의 예방이나 진단, 치료를 위해 가검물 검사를 비롯하여 생리학적 검사 등 각종 의학적 검사를 수행하고 분석하는 사람으로 이들이 제시하는 각종 데이터는 의사가 환자의 치료방법을 결정하는 데 중요한 역할을 한다.

① 임상심리사
② 임상병리사
③ 방사선사
④ 응급구조사

해설

임상병리사
① 질병의 예방이나 진단, 치료를 돕기 위해 환자의 혈액, 소변, 체액, 조직 등을 이용하여 각종 의학적 검사를 수행하고 분석한다.
② 응고, 착색 등의 기법을 적용하여 인체의 기관, 조직, 세포, 혈액, 분비물 등의 검사물을 준비하고 검사, 분석, 실험한다.
③ 검사용 시약을 조제하고, 혈액을 채혈하거나 제조 · 조작하고 보존하며, 그 검사와 실험 과정을 정확하게 기록하여 의사에게 제공한다.

정답 35 ③ 36 ④ 37 ②

38 한국직업전망의 흥미 항목 및 정의에 관한 설명으로 틀린 것은?

① 사회형 – 정해진 원칙과 계획에 따라 자료들을 기록, 정리, 조작하는 일을 좋아하고, 체계적인 직업환경에서 사무적, 계산적 능력을 발휘하는 활동들에 흥미를 보인다.
② 현실형 – 분명하고 질서정연하고, 체계적인 것을 좋아하고, 연장이나 기계의 조작을 주로 하는 활동 내지 신체적인 기술들에 흥미를 보인다.
③ 예술형 – 변화와 다양성을 좋아하고 틀에 박힌 것을 싫어하고, 모호하고, 자유롭고, 상징적인 활동들에 흥미를 보인다.
④ 진취형 – 조직의 목적과 경제적인 이익을 얻기 위해 타인의 선도, 계획, 통제, 관리하는 일과 그 결과로 얻어지는 위신, 인정, 권위에 흥미를 보인다.

해설

사회형은 타인과 협동하여 일하는 것을 지향하며, 대인관계기술이 좋고 부드러움을 특징으로 한다.

39 한국직업전망의 수록직업 선정에 관한 설명으로 틀린 것은?

① 수록직업은 한국표준직업분류의 중분류 직업에 기초하여 종사자 수가 일정 규모 이상인 경우를 원칙으로 선정하였다.
② 청소년 및 구직자의 관심이 높거나 직업정보를 제공할 가치가 있다고 판단되는 직업을 추가 선정하였다.
③ 직업선정 시 KECO의 세분류 직업 429개 중 승진을 통해 진입하게 되는 관리직은 제외하였다.
④ 직무가 유사한 직업들은 하나로 통합하거나 소분류(3 – digits) 수준에서 통합하였다.

해설

한국직업전망의 수록직업은 한국고용직업분류(KECO)의 세분류(4 – digits) 직업에 기초하여 종사자 수가 일정 규모(3만 명) 이상인 경우를 원칙으로 선정하였다.

40 한국고용정보원에서 발간한 한국직업전망에 관한 설명으로 틀린 것은?

① 본서는 향후 10년간 직업에 대한 전망을 제공하고 있다.
② 변리사 등 관련 자격이 있어야 입직이 가능한 직업도 수록되어 있다.
③ 직업전망은 "감소, 현 상태 유지, 증가" 3가지 영역으로 나누었다.
④ 직업정보와 관련된 협회, 공공기관, 학회 등의 전화번호와 홈페이지를 수록하였다.

해설

'직업전망'은 향후 10년간 해당 직업의 고용전망을 중심으로 '감소', '다소 감소', '현 상태 유지', '다소 증가', '증가' 등 5가지 수준으로 구분하여 제시하였다.

41 다음은 무엇에 대한 설명인가?

> 직업선택의 길잡이 역할 및 향후 해당 직업의 미래를 가늠할 수 있도록 우리나라의 대표성 있는 직종을 그룹으로 분류해서 종합적이고 상세한 직업정보를 제공하며, 향후 예상되는 직업전망을 통해 산업구조 및 고용구조 등 전반적인 노동시장의 변화를 조망함

① 직업지도 핸드북
② 직업의 세계(시청각 자료)
③ 미래의 직업정보전달체계 KNOW
④ 한국직업전망서

정답 38 ① 39 ① 40 ③ 41 ④

해설

한국직업전망서는 우리나라를 대표하는 17개 분야 약 200개 직업에 대한 상세정보를 수록하고 있다. 진로와 직업을 결정하고자 하는 청소년이나 일반구직자들이 다양한 직업정보를 살펴보고 자신에게 맞는 직업을 선택하는 데 도움을 주기 위해 기획되었다.

1-4 한국고용직업분류

42 한국고용직업분류(KECO)의 분류 원칙에 대한 설명으로 옳은 것은?

① 직업분류에서 일반적으로 사용하는 10진법을 준용하였다.
② 직능수준(Skill Level)을 분류의 우선적인 기준으로 사용하였다.
③ 직업분류의 기본 원칙인 포괄성과 배타성을 고려하여 분류하였다.
④ 최소 고용인원을 고려하여 모든 직무를 일괄적으로 직업단위로 분류하였다.

해설

①항 직업분류에서 중분류 중심은 10진법을 무시하였다(2018년 대분류 체계로 변경).
②항 직능유형(Skill Type)을 분류의 우선적인 기준으로 사용하였다.
④항 최소 고용과 노동시장을 우선으로 하며, 최소 고용인원이 있는 단위직업으로 분류하였다.

43 한국고용직업분류(2018)의 개정 방향 및 주요 개정내용에 대한 설명으로 틀린 것은?

① 대분류 및 중분류 단위는 직능수준을 우선적으로 고려하였으며, 직능유형은 소분류 단위에서 고려되었다.
② 기존 24개의 중분류 중심 분류체계에서 10개의 실질적인 대분류 중심 체계로 전환하였다.
③ 대분류, 중분류 단위의 직업명은 직업묶음이라는 의미로서의 '~직'으로 통일하여 사용하였다.
④ 우선적으로 널리 통용되는 직업명칭을 사용하였으며, 의미전달이라는 언어 수단 본래의 목적에 부합되도록 가능한 한 간명한 직업명을 사용하였다.

해설

대분류 및 중분류 단위는 직능유형을 우선적으로 고려하였으며, 직능수준은 소분류 단위에서 고려되었다.

44 한국고용직업분류(KECO)에 대한 설명으로 틀린 것은?

① 10진법 중심의 분류이다.
② 직능유형(Skill Type) 중심이다.
③ 대분류보다는 중분류 중심체계이다.
④ 직업분류의 기본원칙인 포괄성과 배타성을 고려하여 분류하였다.

해설

대분류 중심체계이다.

1-5 국가직무능력표준(NCS)

45 국가직무능력표준에 대한 설명과 가장 거리가 먼 것은?

① 능력단위요소는 적용범위와 작업상황으로 구성된다.
② 직무의 하위구성요소는 능력단위이다.
③ 직무능력표준이란 직무를 수행하기 위하여 요구되는 지식, 기술, 소양 등의 내용을 국가가 산업부문별, 수준별로 체계화한 것이다.
④ 능력단위별로 평가지침과 직업기초능력을 규정한다.

정답 42 ③ 43 ① 44 ③ 45 ①

해설

능력단위요소는 수행준거와 지식, 기술, 태도 등으로 구성된다.

46 국가직무능력표준(NCS)에 관한 설명으로 틀린 것은?

① 산업현장에서 직무를 수행하기 위해 요구되는 지식 · 기술 · 태도 등의 내용을 국가가 체계화한 것이다.
② 한국고용직업분류를 중심으로 분류하였으며, 대분류 → 중분류 → 소분류 → 세분류 순으로 구성되어 있다.
③ 능력단위는 NCS 분류의 하위단위로서 능력단위요소, 수행준거 등으로 구성되어 있다.
④ 직무는 NCS 분류의 중분류를 의미하고, 원칙상 중분류 단위에서 표준이 개발된다.

해설

직무는 NCS 분류의 세분류를 의미하고, 원칙상 세분류 단위에서 표준이 개발된다.

47 국가직무능력표준(NCS)에 대한 설명으로 틀린 것은?

① 국가직무능력표준은 산업현장에서 직무를 수행하기 위해 요구되는 지식, 기술, 태도 등의 내용을 국가가 체계화한 것이다.
② 국가직무능력표준 분류는 직무의 유형(Type)을 중심으로 단계적으로 구성하였다.
③ 국가직무능력표준을 활용하여 교육 · 훈련 프로그램 및 자격종목을 설계할 수 있다.
④ 국가직무능력표준의 수준체계는 1수준~5수준의 5단계로 구성된다.

해설

국가직무능력표준의 수준체계는 1수준~8수준의 8단계로 구성된다.

정답 46 ④ 47 ④

CHAPTER 2 직업 및 산업분류의 활용

2-1 한국표준직업분류

1 한국표준직업분류 개요

1) 직업의 정의

국제표준직업분류(Isco－08)에서 직무(Job)는 '자영업을 포함하여 특정한 고용주를 위하여 개별 종사자들이 수행하거나 또는 수행해야 할 일련의 업무와 과업(Tasks And Duties)'으로 설정하고 있으며, 직업(Occupation)은 '유사한 직무의 집합'으로 정의된다. 여기에서 유사한 직무란 '주어진 업무와 과업이 매우 높은 유사성을 갖는 것'을 말한다.

한국직업분류(2007)에서 직업(활동)으로 간주되기 위해 갖추어야 할 요건을 4가지 쓰고 각각에 대해 간략히 설명하시오. 2차

2) 직업(활동)으로 간주되기 위해 갖추어야 할 요건

(1) 일의 계속성

직업은 유사성을 갖는 직무를 계속해서 수행하는 계속성을 가져야 하는데 일의 계속성이란 일시적인 것을 제외한 다음에 해당하는 것을 의미한다.

한국표준직업분류에서 일의 계속성에 대해 해당하는 경우를 4가지 쓰시오. 2차

① 매일, 매주, 매월 등 주기적으로 행하는 것
② 계절적으로 행해지는 것
③ 명확한 주기는 없으나 계속적으로 행해지는 것
④ 현재 하고 있는 일을 계속적으로 행할 의지와 가능성이 있는 것

(2) 경제성

경제적인 거래 관계가 성립하는 활동을 수행해야 함을 의미한다. 따라서 무급 자원봉사와 같은 활동이나 전업학생의 학습행위는 경제활동 혹은 직업으로 보지 않는다. 직업의 성립에는 비교적 엄격한 경제성의 기준이 적용되는데, 노력이 전제되지 않는 자연발생적인 이득의 수취나 우연하게 발생하는 경제적인 과실에 전적으로 의존하는 활동은 직업으로 보지 않는다.

| 쌤의 핵심포인트 |
'동일성', '사회보장성'이나 '우연성'을 틀린 지문으로 출제하고 있다.

(3) 사회성, 윤리성

비윤리적인 영리행위나 반사회적인 활동을 통한 경제적인 이윤추구는 직업 활동으로 인정되지 못한다는 것이다.

사회성은 보다 적극적인 것으로서 모든 직업 활동은 사회 공동체적인 맥락에서 의미 있는 활동, 즉 사회적인 기여를 전제조건으로 하고 있다는 점을 강조한다.

(4) 자율성

속박된 상태에서의 제반활동은 경제성이나 계속성 여부와 상관없이 직업으로 보지 않는다.

다음 10가지 활동은 직업으로 보지 않는다.

① 이자, 주식배당, 임대료(전세금, 월세금)와 같은 자산 수입이 있는 경우
② 연금법, 국민기초생활보장법, 국민연금법 및 고용보험법 등의 사회보장이나 민간보험에 의한 수입이 있는 경우
③ 경마, 경륜, 복권 등에 의한 배당금이나 주식투자에 의한 시세차익이 있는 경우
④ 예·적금 인출, 보험금 수취, 차용 또는 토지나 금융자산을 매각하여 수입이 있는 경우
⑤ 자기 집의 가사활동에 전념하는 경우
⑥ 교육기관에 재학하며 학습에만 전념하는 경우
⑦ 시민봉사활동 등에 의한 무급 봉사적인 일에 종사하는 경우
⑧ 사회복지시설 수용자의 시설 내 경제활동
⑨ 수형자의 활동과 같이 법률에 의한 강제노동을 하는 경우
⑩ 도박, 강도, 절도, 사기, 매춘, 밀수와 같은 불법적인 활동

> 한국표준직업분류(2007)에서 직업으로 인정되지 않는 활동 6가지를 쓰시오. **2차**

3) 직업 분류의 개념과 기준

수입(경제활동)을 위해 개인이 하고 있는 일을 그 수행되는 일의 형태에 따라 체계적으로 유형화한 것이 직업분류이며, 우리나라 직업구조 및 실태에 맞도록 표준화한 것이 한국표준직업분류(KSCO ; Korean Standard Classification of Occupations)이다.

> 한국표준직업분류에서 직능, 직능수준, 직능유형에 대해 설명하시오. **2차**

(1) 직능(Skill)

주어진 직무의 업무와 과업을 수행하는 능력으로서 한국표준직업분류는 직능을 근거로 편제되며 직능수준과 직능유형을 고려한다.

(2) 직능수준(Skill Level)

① 직무수행능력인 지식, 능력, 기질의 높낮이를 말하는 것으로 정규교육, 직업훈련, 직업경험, 선천적 능력, 사회문화적 환경 등에 의해 결정되며, 직무를 수행하는 데 필요한 특정업무의 수행능력이다.
② 직능수준은 국제적 특성을 고려하여 4개의 직능수준으로 구분하며, 직능수준에 의한 직업분류는 **전문가, 일반직(사무, 기능, 조작, 숙련), 단순직**이다.

(3) 직능유형(Skill Specialization)

① 직능유형은 그 일을 하기 위해 필요한 지식, 능력, 기질을 말하며 직무수행에 요구되는 지식의 분야, 사용하는 도구 및 장비, 투입되는 원재료, 생산된 재화나 서비스의 종류와 관련된다.

② 직능유형에 의한 직업분류는 **과학, 교육, 서비스, 판매, 제조** 등이다.

한국표준직업분류에서 유사직무를 구분하는 4가지 기준을 쓰시오. 2차

유사직무 기준

① 해당 직무를 수행하는 사람에게 필요한 지식(Knowledge), 경험(Experience), 기능(Skill)
② 직무수행자가 입직을 하기 위해서 필요한 요건(Skill Requirements)
③ 직업 종사자가 주로 일하는 기업의 특성
④ 생산과정이나 최종산출물

4) 직업분류의 목적과 활용

(1) 직업분류의 목적

직업분류는 경제활동인구조사, 인구주택총조사, 지역별 고용조사 등 고용 관련 통계조사나 각종 행정자료를 통하여 얻어진 직업정보를 분류하고 집계하기 위한 것이다. 직업 관련 통계를 작성하는 모든 기관이 통일적으로 사용하도록 함으로써 통계자료의 일관성과 비교성을 확보할 수 있다. 또한 각종 직업정보에 관한 국내통계를 국제적으로 비교 · 활용할 수 있도록 하기 위하여 ILO의 국제표준직업분류(ISCO)를 근거로 설정되고 있다.

(2) 직업분류의 활용

직업분류는 고용 관련 통계 및 장 · 단기 인력수급정책 수립과 직업연구를 위한 기초자료 작성에 활용되며, 다음의 경우에도 기준자료로 활용되고 있다.

① 각종 사회 · 경제통계조사의 직업단위 기준
② 취업알선을 위한 구인 · 구직안내 기준
③ 직종별 급여 및 수당지급 결정기준
④ 직종별 특정질병의 이환율, 사망률과 생명표 작성 기준
⑤ 산재보험요율, 생명보험요율 또는 산재보상액, 교통사고 보상액 등의 결정 기준

5) 직업분류 원칙

한국표준직업분류(2007)에서 직업분류의 일반원칙을 2가지 쓰시오. 2차

(1) 직업분류의 일반원칙

① 포괄성의 원칙 : 우리나라에 존재하는 모든 직무는 어떤 수준에서든지 분류에 포괄되어야 한다. 특정한 직무가 누락되어 분류가 불가능할 경우에는 포괄성의 원칙을 위배한 것으로 볼 수 있다.

② 배타성의 원칙 : 동일하거나 유사한 직무는 어느 경우에든 같은 단위직업으로 분류되어야 한다는 점이다. 하나의 직무가 동일한 직업단위 수준에서 2개 혹은 그 이상의 직업으로 분류될 수 있다면 배타성의 원칙을 위반한 것이라 할 수 있다.

(2) 포괄적인 업무에 대한 분류

동일한 직업일지라도 사업체의 규모에 따라 관련 있는 두 가지 이상의 직무를 수행하는 경우

① 주된 직무 우선원칙 : 2개 이상의 직무를 수행하는 경우 – 수행되는 직무내용과 관련 분류 항목에 명시된 직무내용을 비교 · 평가하여 관련 직무 내용상의 상관성이 가장 많은 항목에 분류한다.

예 교육과 진료를 겸하는 의과대학 교수는 강의, 평가, 연구 등과 진료, 처치, 환자 상담 등의 직무내용을 파악하여 관련 항목이 많은 분야로 분류한다.

② 최상급 직능수준 우선원칙 : 가장 높은 수준의 직무능력을 필요로 하는 일에 분류한다.

예 조리와 배달의 직무비중이 같을 경우에는, 조리의 직능수준이 높으므로 조리사로 분류한다.

③ 생산업무 우선원칙 : 재화의 생산과 공급이 같이 이루어지는 경우 생산단계에 관련된 업무를 우선적으로 분류한다.

예 한 사람이 빵을 생산하여 판매도 하는 경우에는, 판매원으로 분류하지 않고 제빵사 및 제과원으로 분류하여야 한다.

> 한국표준직업분류(2007)의 포괄적인 업무에 대한 직업분류 원칙을 적용분류의 우선원칙을 적용하는 순서대로 쓰고 각각에 대해 설명하시오. 2차

> 한국표준직업분류의 '포괄적인 업무에 대한 직업분류 원칙' 중 '주된 직무 우선 원칙'의 의미를 설명하고, 사례를 예시하시오. 2차

(3) 다수직업 종사자와 분류

다수직업 종사자란 한 사람이 전혀 상관없는 두 가지 이상의 직업에 종사하는 자를 말한다.

① 취업시간우선의 원칙 : 먼저 가장 긴 시간을 투자하는 직업으로 결정한다.
② 수입 우선의 원칙 : 위의 경우로 분별이 어려울 때 수입이 많은 직업으로 결정한다.
③ 조사 시 최근의 직업 원칙 : 위의 두 가지 경우로 판단할 수 없는 경우 조사시점을 기준으로 최근에 종사한 직업으로 결정한다.

> 한국표준직업분류에서 말하는 '다수직업 종사자'란 무엇인지 설명하고, 이 직업을 결정하는 일반적인 원칙을 순서대로 나열하시오. 2차

(4) 순서배열 원칙

동일한 분류수준에서 직무단위의 분류는 다음의 원칙을 가능한 한 준수하여 배열하였다.

① 한국표준산업분류(KSIC) : 동일한 직업단위에서 산업의 여러 분야에 걸쳐 직업이 있는 경우에 한국표준산업분류의 순서대로 배열하였다.

> 한국표준직업분류의 동일한 분류수준에서 직무단위를 분류하는 순서배열 원칙을 3가지 설명하시오. 2차

② 특수 – 일반분류 : 직업의 구분이 특수와 그 특수 분야를 포함하는 일반이 있을 경우에는 특수를 먼저 배열하고 일반을 나중에 배열하였다.

예 생명과학 연구원을 먼저 위치시키고, 곧이어 자연과학 연구원을 배열하였다.

③ 고용자 수와 직능수준, 직능유형 고려 : 직능수준이 비교적 높거나 고용자 수가 많은 직무를 우선하여 배치한 것을 말한다.
또한 직능유형이 유사한 것끼리 묶어 분류하였는데, 이는 직업분류의 용이성과 활용성을 높이기 위함이다.

예 대분류 1 관리자의 중분류에서 공공 및 기업고위직을 먼저 배열한 것은 이 분야가 직능수준이 상대적으로 높아 관리자를 관리하는 직종이기 때문이다.

6) 특정 직종의 분류 요령

(1) 행정 관리 및 입법적 기능 수행업무 종사자

| 쌤의 핵심포인트 |

관공서의 기관장은 직급과 상관없이 관리자 직군으로 분류된다.

① 행정 관리 및 입법기능을 수행하는 자는 '대분류 1 관리자'에 분류된다. 따라서 주된 업무가 정책 결정, 법규 등의 입안 업무를 주로 하는 중앙 및 지방정부 고위공무원 및 공 · 사기업 관리자가 여기에 분류된다.

② 대규모의 농업, 도 · 소매업 및 음식 · 숙박업 등의 관리자, 고용주 중에서 기획, 조정, 통제, 지시 업무를 주로 하는 자 등이 여기에 포함된다.

③ 현업을 겸하는 경우에는 다른 사람의 직무수행을 감독 및 관리하는 직무에 평균 근무시간의 80% 이상을 종사하는 자만 관리자로 분류된다.

(2) 자영업주 및 고용주의 직종

① 자영업주 및 고용주는 수행되는 일의 형태나 직무내용에 따른 정의가 아니라 고용형태 또는 종사상 지위에 따라 정의된 개념이다.

② 직업분류에서 자영업주 및 고용주의 직업은 그들이 주로 수행하는 직무내용이 관리자가 하는 일과 유사한가 아니면 동일 분야에서 종사하는 다른 근로자와 유사한 일을 하는가, 즉 주된 직무 우위 원칙에 따라 수행하는 직무 중 투자하는 시간이 가장 많은 직무로 분류된다.

③ 소규모 상점을 독립적으로 또는 소수의 타인의 지원을 받아 소유하고 운영하는 자를 분류하기 위해 신설된 '소규모 상점 경영자'는 예외로 한다. 그러나 게스트하우스, 민박, 음식점, 카페 등의 소규모 업체 운영자들은 관리가 주된 업무가 아닌 경우, 조리사, 웨이터처럼 하는 일의 주된 업무에 따라 분류해야 한다.

(3) 감독 직종

① 반장 등과 같이 주로 수행된 일의 전문, 기술적인 통제업무를 수행하는 감독자는 그 감독되는 근로자와 동일 직종으로 분류한다.

② 주된 업무가 본인 감독하에 있는 일이나 근로자의 일상 작업 활동을 기획, 조정, 통제, 지시하는 업무인 경우에는 관리직으로 보아 '12. 행정 · 경영 지원 및 마케팅 관리직', '13. 전문 서비스 관리직', '14. 건설 · 전기 및 생산 관련 관리직', '15. 판매 및 고객 서비스 관리직'으로 각각 분류된다.

③ 편의점 등 프랜차이즈 소매점이나 백화점, 쇼핑센터 내에 단일 매장 내의 인력을 지휘하고, 판매 및 관리 업무 전반을 일선 관리하는 자를 분류하기 위해 제7차 개정에서 신설된 '소규모 상점 일선 관리 종사원'은 예외로 한다.

(4) 연구 및 개발 직종

연구 및 개발업무 종사자는 '대분류 2. 전문가 및 관련 종사자'에서 그 전문분야에 따라 분류된다. 다만, 연구자가 교육에 종사할 경우에는 '25. 교육 전문가 및 관련직'으로 분류한다.

(5) 군인 직종

군인은 별도로 '대분류 A. 군인'에 분류된다. 이것은 수행된 일의 형태에 따라 분류되어야 한다는 일반원칙보다는 자료수집상의 현실성에 따라 분류된 것이다.

(6) 기능원과 기계 조작원의 직무능력 관계

① 하나의 제품이 기능원에 의해 제조되는지 또는 대량 생산기법을 유도하는 기계를 사용해서 제조되는지에 따라 필요로 하는 직무능력에 대단한 영향을 미친다.

② 기능원은 재료, 도구, 수행하는 일의 순서와 특성 및 최종제품의 용도를 알아야 하는 반면에, 기계 조작원은 복잡한 기계 및 장비의 사용방법이나 기계에 어떤 결함이 발생할 때 이를 대체하는 방법을 알아야 한다. 또한 기계 조작원은 제품 명세서가 바뀌거나, 새로운 제조기법이 도입될 때 이를 적용할 수 있는 직무능력을 갖추고 있어야 한다.

③ 직업분류에서는 이러한 직무능력 형태의 차이를 반영하여 대분류 7, 8을 설정하였다. '대분류 7. 기능원 및 관련 기능 종사자'는 목공예원, 도자기 공예원, 보석 세공원, 건축 석공, 전통 건물 건축원, 한복 제조원과 같은 장인 및 수공 기예성 직업으로 분류하였고, '대분류 8. 장치 · 기계 조작 및 조립 종사자'는 제품의 가공을 위한 기계 지향성 직업으로 분류하였다. 최근 전자 · 제어 기술과 자동화 기계의 발전에 따라 기능직무 영역은 축소되고 조작직무 영역이 증가하는 추세이다.

(7) 직능수준과 아동 돌봄 관련 직종 분류

① 영유아 교육 관련 종사자인 '대분류 2. 전문가 및 관련 종사자' 이하 '유치원 교사'나 '보육교사'는 영유아를 대상으로 일련의 놀이나 교육계획을 수립하고, 정해진 계획에 따라 교육과정 전반을 운영한다.

② 아동 복지시설, 어린이 카페, 탁아기관 등 보육 관련 시설에서 일하는 '대분류 4. 서비스 종사자' 이하 '보육 관련 시설 서비스 종사원'은 놀이나 교육적 활동 전반을 계획하거나 조직하는 업무를 수행하지 않으며, 주로 돌봄 대상 영유아를 보호하거나 몸을 씻고 옷을 입고 먹는 등의 기초생활을 원활하게 영위할 수 있도록 돕는 것에 직무의 초점이 맞추어져 있다.

(8) 직능수준과 음식 조리 및 준비 관련 직종 분류

① 음식을 준비하거나 조리하는 직업 중 '대분류 2. 전문가 및 관련 종사자' 이하 '주방장'은 조리법을 정하고, 새로운 메뉴의 요리를 개발하는 한편, 조리 관련 업무 전반을 책임지는 자로서, 음식점의 경영계획에 참여한다.

② '대분류 4. 서비스 종사자' 이하 '조리사'는 음식을 만들기 위한 재료를 준비하고 조리하지만 주방장의 감독 또는 정해진 조리법에 따라 음식을 조리하는 '생산' 측면에 직무의 초점을 두고 있다.

③ '대분류 9. 단순노무 종사자' 이하 '패스트푸드 준비원'과 '주방 보조원'은 주로 음식을 조리하는 데 자격이 특별히 요구되지 않으며, 직무를 수행하는 데 필요한 훈련이나 경험의 수준에 있어 조리사와 구별된다.

7) 분류체계 및 분류번호

(1) 분류체계

① 직업분류는 세분류를 기준으로 상위는 **소분류 – 중분류 – 대분류**로 구성되어 있으며, 하위분류는 세세분류로 구성되어 있다.

② 각 항목은 대분류 10, 중분류 52, 소분류 149, 세분류 429, 세세분류 1,206개로 구성되며 계층적 구조로 되어 있다.

(2) 분류번호

① 아라비아 숫자와 알파벳 A로 표시하며 **대분류 1자리, 중분류 2자리, 소분류 3자리, 세분류 4자리, 세세분류는 5자리**로 표시한다.

② 동일 분류에 포함된 끝 항목의 숫자 9는 '기타(그 외)'를 표시하여 위에 분류된 나머지 항목을 의미한다. 또한 끝자리 0은 해당 분류수준에서 더 이상 세분되지 않는 직업을 의미한다.

2 한국표준직업분류(2017)의 주요 개정내용

1) 주요 특징

(1) 전문 기술직의 직무영역 확장 등 지식 정보화 사회 변화상 반영

① 4차 산업혁명 등 ICTs 기반의 기술 융·복합 및 신성장 직종을 분류체계에 반영하여 데이터 분석가, 모바일 애플리케이션 프로그래머, 산업 특화 소프트웨어 프로그래머 등을 신설하였다.

② 문화·미디어 콘텐츠와 채널의 생산 및 유통구조가 다변화됨에 따라 신성장 직종인 미디어 콘텐츠 창작자, 사용자 경험 및 인터페이스 디자이너, 공연·영화 및 음반 기획자 등을 신설하거나 세분하였다.

③ 과학기술 고도화에 따라 로봇공학 기술자 및 연구원을 상향 조정하고, 대형재난 대응 및 예방의 사회적 중요성을 고려하여 방재 기술자 및 연구원을 신설하였다.

| 쌤의 핵심포인트 |

'ICTs'는 정보통신기술서비스(Information and Communications Technology Services)를 말한다.

| 쌤의 핵심포인트 |

사용자 경험(User Experience)은 모바일 사용자가 서비스를 직·간접적으로 이용하면서 느끼고 생각하게 되는 총체적인 경험을 말한다.

(2) 사회 서비스 일자리 직종 세분 및 신설

① 저출산·고령화에 따른 돌봄·복지 일자리 수요 증가를 반영하여 노인 및 장애인 돌봄 서비스 종사원, 놀이 및 행동치료사를 신설하고, 임상심리사, 상담전문가 등 관련 직종을 상향 조정하였다.

② 여가 및 생활 서비스 일자리 수요 증가를 반영하여 문화·관광 및 숲·자연환경 해설사, 반려동물 훈련사, 개인 생활 서비스 종사원 등을 신설하였다.

| 쌤의 핵심포인트 |

사용자 인터페이스(User Interface)는 모바일 사용자와 모바일 기기 사이에서 의사소통을 할 수 있도록 만들어진 물리적·가상적 매개체를 말한다.

(3) 고용규모 대비 분류항목이 적은 사무 및 판매·서비스직 세분

이제까지 포괄적 직무로 분류되어 온 사무직의 대학 행정 조교, 증권 사무원, 기타 금융 사무원, 행정사, 중개 사무원을 신설하고, 판매·서비스직의 소규모 상점 경영 및 일선 관리 종사원, 대여 제품 방문 점검원 등의 직업을 신설 또는 세분하였다.

(4) 자동화·기계화 진전에 따른 기능직 및 기계 조작직 직종 통합

제조 관련 기능 종사원, 과실 및 채소 가공 관련 기계 조작원, 섬유 제조 기계 조작원 등은 복합·다기능 기계의 발전에 따라 세분화된 직종을 통합하였다.

(5) 분류명칭의 현실 반영

관련 제도의 변화를 반영하고, 외래어는 알기 쉬운 명칭으로 바꾸는 등 우리말 순화를 위해 노력을 기울이기도 하였다.

예
- 제도 변경 : 언어치료사 → 언어재활사, 소년보호관 → 소년원 학교 교사
- 명칭 순화 : 큐레이터 → 학예사, 캐드원 → 제도사, 부동산중개인 → 부동산중개사

(6) 항목 체계 개정

지난 개정 이후 시간 경과를 고려하여 전면 개정 방식으로 추진하되, 중분류 이하 단위 분류체계를 중심으로 개정을 추진하였다.

대분류 항목 체계 개정

구분류	신분류	국제표준직업분류(ISCO)
0. 의회의원, 고위임직원 및 관리자 1. 전문가 2. 기술공 및 준전문가 3. 사무 종사자 4. 서비스 종사자 5. 판매 종사자 6. 농업, 임업 및 어업숙련 종사자 7. 기능원 및 관련 기능 종사자 8. 장치 · 기계조작 및 조립 종사자 9. 단순노무 종사자 A. 군인	1. 관리자 2. 전문가 및 관련 종사자 3. 사무 종사자 4. 서비스 종사자 5. 판매 종사자 6. 농림어업 숙련 종사자 7. 기능원 및 관련 기능 종사자 8. 장치 · 기계 조작 및 조립 종사자 9. 단순노무 종사자 A. 군인	1. 관리자, 고위임원 및 의회의원 2. 전문가 3. 기술공 및 준전문가 4. 사무 종사자 5. 서비스 및 판매 종사자 6. 숙련 농어업 종사자 7. 기능원 및 관련 기능 종사자 8. 장치 · 기계 조작 및 조립 종사자 9. 단순노무 종사자 0. 군인

2) 분류단계별 항목 및 직능수준

국제표준직업분류(ISCO)에서 정의한 직능수준(Skill Level)은 정규교육을 통해서만 얻을 수 있는 것은 아니며, 비정규적인 직업훈련과 직업경험을 통하여서도 얻게 된다. 따라서 분류에서 사용되는 기본개념은 정규교육 수준에 의해 분류되는 것이 아니라, 직무를 수행하는 데 필요한 특정 업무의 수행능력이다. 이러한 기본개념에 의하여 설정된 분류체계는 국제적 특성을 고려하여 4개의 직능수준으로 구분하고, 직무능력이 정규교육(또는 직업훈련)을 통하여서 얻어지는 것이라고 할 때 국제표준교육분류(ISCED−11)상의 교육과정 수준에 의하여 다음과 같이 정의하였다.

| 쌤의 핵심포인트 |

ISCED−11단계
- 0단계 : 영유아 교육
- 1단계 : 초등교육
- 2단계 : 전기중등교육
- 3단계 : 후기중등교육
- 4단계 : 중등 후 비고등교육
- 5단계 : 단기고등교육
- 6단계 : 학사학위 또는 이에 상응하는 교육단계
- 7단계 : 석사학위 또는 이에 상응하는 교육단계
- 8단계 : 박사학위 또는 이에 상응하는 교육단계

(1) 제1직능 수준

일반적으로 단순하고 반복적이며 때로는 육체적인 힘을 요하는 과업을 수행한다. 간단한 수작업 공구나 진공청소기, 전기장비들을 이용한다. 과일을 따거나 채소를 뽑고 단순 조립을 수행하며, 손을 이용하여 물건을 나르기도 하고 땅을 파기도 한다. 이러한 수준의 직업은 최소한의 문자이해와 수리적 사고능력이 요구되는 간단한 직무교육으로 누구나 수행할 수 있다. 제1직능 수준의 일부 직업에서는 초등교육이나 기초적인 교육(ISCED 수준 1)을 필요로 한다.

(2) 제2직능 수준

일반적으로 완벽하게 읽고 쓸 수 있는 능력과 정확한 계산능력 그리고 상당한 정도의 의사소통 능력을 필요로 한다. 보통 중등 이상 교육과정의 정규교육 이수(ISCED 수준 2, 수준 3) 또는 이에 상응하는 직업훈련이나 직업경험을 필요로 한다. 이러한 수준의 직업에 종사하는 자는 일부 전문적인 직무훈련과 실습과정이 요구되며, 훈련실습기간은 정규훈련을 보완하거나 정규훈련의 일부 또는 전부를 대체할 수 있다. 운송수단의 운전이나 경찰 업무를 수행하기도 한다. 일부의 직업은 중등학교 졸업 후 교육(ISCED 수준 4)이나 직업교육기관에서의 추가적인 교육 및 훈련을 요구할 수도 있다.

국제표준직업분류(ISCO)에서 정의한 제2직능 수준을 국제표준교육분류(ISCED)를 포함하여 설명하시오. 2차

(3) 제3직능 수준

복잡한 과업과 실제적인 업무를 수행할 정도의 전문적인 지식을 보유하고 수리계산이나 의사소통 능력이 상당히 높아야 한다. 이러한 수준의 직업에 종사하는 자는 일정한 보충적 직무훈련 및 실습과정이 요구될 수 있으며, 정규훈련과정의 일부를 대체할 수도 있다. 또한 유사한 직무를 수행함으로써 경험을 습득하여 이에 해당하는 수준에 이를 수도 있다. 시험원과 진단과 치료를 지원하는 의료 관련 분류나 스포츠 관련 직업이 대표적이다. 일반적으로 중등교육을 마치고 1~3년 정도의 추가적인 교육과정(ISCED 수준 5) 정도의 정규교육 또는 직업훈련을 필요로 한다.

(4) 제4직능 수준

매우 높은 수준의 이해력과 창의력 및 의사소통 능력이 필요하다. 이러한 수준의 직업에 종사하는 자는 일정한 보충적 직무훈련 및 실습이 요구된다. 또한 유사한 직무를 수행함으로써 경험을 습득하여 이에 해당하는 수준에 이를 수도 있다. 분석과 문제해결, 연구와 교육 그리고 진료가 대표적인 직무분야이다. 일반적으로 4년 또는 그 이상 계속하여 학사, 석사나 그와 동등한 학위가 수여되는 교육수준(ISCED 수준 6 혹은 그 이상)의 정규교육 또는 훈련을 필요로 한다.

표준직업분류와 직능수준의 관계

대분류	중분류	소분류	세분류	세세분류	직능수준
1. 관리자	5	15	24	77	제4직능 수준 혹은 제3직능 수준
2. 전문가 및 관련 종사자	8	41	153	445	제4직능 수준 혹은 제3직능 수준
3. 사무 종사자	4	9	26	57	제2직능 수준
4. 서비스 종사자	4	10	33	73	제2직능 수준
5. 판매 종사자	3	4	13	38	제2직능 수준
6. 농림어업 숙련 종사자	3	5	12	29	제2직능 수준

대분류	중분류	소분류	세분류	세세분류	직능수준
7. 기능원 및 관련 기능 종사자	9	20	73	201	제2직능 수준
8. 장치 · 기계조작 및 조립 종사자	9	31	65	235	제2직능 수준
9. 단순노무 종사자	6	12	24	48	제1직능 수준
A. 군인	1	2	3	3	**제2직능 수준**
10	52	149	426	1,206	

3) 직업 대분류별 개념

대분류 1	관리자

| 쌤의 핵심포인트 |
관리자는 반드시 상당한 하부조직을 가져야 하며, 이러한 하부조직원의 업무를 지휘 및 조정하는 것이 주 업무인 경우에 해당된다.

① 의회 의원처럼 공동체를 대리하여 법률이나 규칙을 제정하고, 정부를 대표, 대리하며 정부 및 공공이나 이익단체의 정책을 결정하고 이를 지휘 · 조정한다. 정부, 기업, 단체 또는 그 내부 부서의 정책과 활동을 기획, 지휘 및 조정하는 직무를 수행한다.

② 현업을 겸할 경우에는 직무시간의 80% 이상을 다른 사람의 직무를 분석, 평가, 결정하거나 지시하고 조정하는 데 사용하는 경우에만 관리자 직군으로 분류한다.

③ 이 대분류에 포함되는 대부분의 직업은 제4수준과 제3수준의 직무능력을 필요로 한다.

대분류 2	전문가 및 관련 종사자

① 특정 분야의 전문지식과 경험을 바탕으로 개념과 이론을 이용하여 해당 분야에 대한 연구 · 개발, 자문, 지도(교수) 등 전문 서비스를 제공하는 자를 말한다.

② 주로 자료의 분석과 관련된 직종으로 물리, 생명과학 및 사회과학 분야에서 높은 수준의 전문적 지식과 경험을 기초로 과학적 개념과 이론을 응용하여 해당 분야를 연구하고 개발 및 개선하며 집행한다.

③ 전문지식을 이용하여 의료 진료활동과 각 급 학교 학생을 지도하고 예술적인 창작활동이나 스포츠 활동 등을 수행한다. 또한 전문가의 지휘하에 조사, 연구 및 의료, 경영에 관련된 기술적인 업무를 수행한다.

④ 대분류에 포함되는 대부분의 직업은 제4수준과 제3수준의 직무능력을 필요로 한다.

대분류 3	사무 종사자

① 관리자, 전문가 및 관련 종사자를 보조하여 경영방침에 의해 사업계획을 입안하고 계획에 따라 업무를 추진하며, 당해 작업에 관련된 정보(Data)의 기록, 보관, 계산 및 검색 등의 업무를 수행한다.

② 금전취급 활동, 법률 및 감사, 상담, 안내 및 접수와 관련하여 사무적인 업무를 주로 수행한다.

③ 대분류에 포함되는 대부분의 직업은 제2수준의 직무능력을 필요로 한다.

대분류 4	서비스 종사자

① 공공안전이나 신변보호, 돌봄, 보건 · 의료분야 보조 서비스와 미용, 혼례 및 장례, 운송, 여가, 조리와 관련된 공공 사회서비스 및 개인 생활 서비스 등 대인 서비스를 제공하는 업무를 주로 수행한다.

② 대분류에 포함되는 대부분의 직업은 제2수준의 직무능력을 필요로 한다.

대분류 5	판매 종사자

① 영업활동을 통해 상품이나 서비스를 판매하거나 인터넷 등 통신을 이용하거나, 상점이나 거리 및 공공장소에서 상품을 판매 또는 임대한다.

② 상품을 광고하거나 상품의 품질과 기능을 홍보하며, 매장에서 계산을 하거나 요금정산 등의 활동을 수행한다.

③ 대분류에 포함되는 대부분의 직업은 제2수준의 직무능력을 필요로 한다.

대분류 6	농림어업 숙련 종사자

① 자기 계획과 판단에 따라 농산물, 임산물 및 수산물의 생산에 필요한 지식과 경험을 기초로 작물을 재배 · 수확하고 동물을 번식 · 사육하며, 산림을 경작, 보존 및 개발하고, 물고기 및 기타 수생 동 · 식물을 번식 및 양식하는 직무를 수행한다.

② 대분류에 포함되는 대부분의 직업은 제2수준의 직무능력을 필요로 한다.

대분류 7	기능원 및 관련 기능 종사자

① 광업, 제조업, 건설업 분야에서 관련된 지식과 기술을 응용하여 금속을 성형하고 각종 기계를 설치 및 정비한다. 또한 섬유, 수공예 제품과 목재, 금속 및 기타 제품을 가공한다.

② 작업은 손과 수공구를 주로 사용하며 기계를 사용하더라도 기계의 성능보다 사람의 기능이 갖는 역할이 중요하다. 자동화된 기계의 발전에 따라 직무영역이 축소되는 추세인데, 생산과정의 모든 공정과 사용되는 재료나 최종 제품에 관련된 내용을 알 수 있어야 한다.

③ 대분류에 포함되는 대부분의 직업은 제2수준의 직무능력을 필요로 한다.

대분류 8	장치 · 기계조작 및 조립 종사자

① 기계를 조작하여 제품을 생산하거나 대규모적이고 때로는 고도의 자동화된 산업용 기계 및 장비를 조작하고 부분품을 가지고 제품을 조립하는 업무로 구성된다.
② 작업은 기계 조작뿐만 아니라 컴퓨터에 의한 기계 제어 등 기술적 혁신에 적응할 수 있는 능력을 포함하여 기계 및 장비에 대한 경험과 이해가 요구되며, 기계의 성능이 생산성을 좌우한다. 또한 여기에는 운송장비의 운전업무도 포함된다.
③ 대분류에 포함되는 대부분의 직업은 제2수준의 직무능력을 필요로 한다.

대분류 9	단순노무 종사자

① 주로 간단한 수공구의 사용과 단순하고 일상적이며, 어떤 경우에는 상당한 육체적 노력이 요구되고, 거의 제한된 창의와 판단만을 필요로 하는 업무를 수행한다.
② 몇 시간 혹은 몇 십 분의 직무 훈련(On the Job Training)으로 업무수행이 충분히 가능한 직업이 대부분이며, 일반적으로 제1수준의 직무능력을 필요로 한다.
③ 직능수준이 낮으므로 단순노무직 내부에서의 직업 이동은 상대적으로 매우 용이한 편이라고 할 수 있다.

대분류 A	군인

| 쌤의 핵심포인트 |

군인은 최신(2017) 개정에서 의무 복무 여부를 불문하였다.

① 의무 복무 여부를 불문하고 현재 군인 신분을 유지하고 있는 군인을 말한다. 직업정보 취득의 제약 등 특수 분야이므로 직무를 기준으로 분류하는 것이 아니라, 계급을 중심으로 분류하였다.
② 국방과 관련된 정부기업에 고용된 민간인, 국가의 요청에 따라 단기간 군사훈련 또는 재훈련을 위해 일시적으로 소집된 자 및 예비군은 제외된다.
③ 대분류에 포함되는 대부분의 직업은 제2수준 이상의 직무능력을 필요로 한다.

직업 대분류별 개념

1. 관리자
- 11. 공공기관 및 기업 고위직
- 12. 행정 · 경영지원 및 마케팅 관리직
- 13. 전문서비스 관리직
- 14. 건설 · 전기 및 생산 관련 관리직
- 15. 판매 및 고객서비스 관리직

예 국회의원, 기획관리자, 대학총장, 부서관리자, 회원단체관리자 등

2. 전문가 및 관련 종사자
- 21. 과학 전문가 및 관련직
- 22. 정보통신 전문가 및 기술직
- 23. 공학 전문가 및 기술직
- 24. 보건 · 사회복지 및 종교 관련직
- 25. 교육 전문가 및 관련직
- 26. 법률 및 행정 전문직
- 27. 경영 · 금융 전문가 및 관련직
- 28. 문화 · 예술 · 스포츠 전문가 및 관련직

예 생명과학연구원, 시스템개발자, 건축가, 의사, 교수, 변호사, 관세사, 작가 등

3. 사무종사자
- 31. 경영 및 회계 관련 사무직
- 32. 금융 사무직
- 33. 법률 및 감사 사무직
- 39. 상담 · 안내 · 통계 및 기타 사무직

예 행정사무원, 보험심사원, 특허사무원, 모니터요원 등

4. 서비스 종사자
- 41. 경찰 · 소방 · 보안 관련 서비스직
- 42. 돌봄 · 보건 · 개인생활 서비스직
- 43. 운송 및 여가 서비스직
- 44. 조리 및 음식 서비스직

예 경호원, 간병인, 여행안내원, 조리사 등

5. 판매종사자
- 51. 영업직
- 52. 매장 판매 및 상품 대여직
- 53. 통신 및 방문 · 노점 판매 관련직

예 보험설계사, 매장계산원, 텔레마케터 등

6. 농림어업 숙련 종사자
- 61. 농축산 숙련직
- 62. 임업 숙련직
- 63. 어업 숙련직

예 병아리감별사, 벌목원, 해녀 등

7. 기능원 및 관련 기능 종사자
- 71. 식품가공 관련 기능직
- 72. 섬유 · 의복 · 가죽 관련 기능직
- 73. 목재 · 가구 · 악기 · 간판 관련 기능직
- 74. 금속성형 관련 기능직
- 75. 운송 및 기계 관련 기능직
- 76. 전기 및 전자 관련 기능직
- 77. 정보통신 및 방송장비 관련 기능직
- 78. 건설 및 채굴 관련 기능직
- 79. 기타 기능 관련직

예 제빵원, 재단사, 악기수리원, 용접원, 자동차정비원, 전기공, 도배공, 인터넷수리원, 방역원 등

8. 장치 · 기계 조작 및 조립 종사자
- 81. 식품가공 관련 기계조작직
- 82. 섬유 및 신발 관련 기계조작직
- 83. 화학 관련 기계조작직
- 84. 금속 및 비금속 관련 기계조작직
- 85. 기계제조 및 관련 기계조작직
- 86. 전기 및 전자 관련 기계조작직
- 87. 운전 및 운송 관련직
- 88. 상하수도 및 재활용처리 관련 기계조작직
- 89. 목재 · 인쇄 및 기타 기계조작직

예 도정기조작원, 직조기조작원, 사출기조작원, 판금기조작원, 자동조립라인조작원, 발전터빈조작원, 자동차운전원, 소각로조작원, 인쇄기조작원 등

9. 단순노무 종사자
- 91. 건설 및 광업 관련 단순노무직
- 92. 운송 관련 단순노무직
- 93. 제조 관련 단순노무직
- 94. 청소 및 경비 관련 단순노무직
- 95. 가사 · 음식 및 판매 관련 단순노무직
- 99. 농림어업 및 기타 서비스 단순노무직

예 건설단순노무자, 배달원, 포장원, 경비원, 가사도우미, 검침원 등

A. 군인

2-2 한국표준산업분류

1 표준산업분류 개요

1) 산업의 정의

한국표준산업분류에서 산업과 산업활동의 정의를 쓰고 산업활동의 범위를 설명하시오. 2차

① 산업이란 "유사한 성질을 갖는 산업활동에 주로 종사하는 생산단위의 집합"이다.
② 산업활동이란 "각 생산단위가 노동, 자본, 원료 등 자원을 투입하여, 재화 또는 서비스를 생산 또는 제공하는 일련의 활동과정"이라 정의된다.
③ 산업활동의 범위에는 영리적 · 비영리적 활동이 모두 포함되나, 가정 내의 가사활동은 제외된다.

2) 분류목적

| 쌤의 핵심포인트 |
통계작성기관은 선택적이 아니라 의무사용이다.

① 한국표준산업분류는 생산단위(사업체단위, 기업체단위 등)가 주로 수행하는 산업활동을 그 유사성에 따라 체계적으로 유형화한 것이다.
② 한국표준산업분류는 산업활동에 의한 통계 자료의 수집, 제표, 분석 등을 위해서 활동 분류 및 범위를 제공하기 위한 것으로 통계법에서는 산업통계 자료의 정확성, 비교성을 위하여 모든 통계작성기관이 이를 의무적으로 사용하도록 규정하고 있다.
③ 한국표준산업분류는 통계작성 목적 이외에도 일반 행정 및 산업정책 관련 법령에서 적용대상 산업영역을 한정하는 기준으로 준용되고 있다.

3) 분류범위

| 쌤의 핵심포인트 |
국민계정(SNA)은 국민경제 전반에 대한 종합적인 분석을 위해 경제주체들의 경제활동 결과와 국민경제 전체의 자산 및 부채상황 등을 체계적으로 정리한 회계기준 또는 체계를 말한다.

① 한국표준산업분류는 산업활동의 유형에 따른 분류이므로 이 분류의 범위는 국민계정(SNA)에서 정의한 것처럼 경제활동에 종사하고 있는 단위에 대한 분류로 국한하고 있다.
② 국제표준산업분류(ISIC)에서도 규정하고 있는 982(자가 소비를 위한 가사 서비스 활동)는 SNA 생산영역 밖에 있지만 가구의 생계활동을 측정하기 위한 중요한 틀이 되기 때문에 981(자가 소비를 위한 가사 생산 활동)과 병행하여 분류하고 있다. 이들 분류는 일반적인 사업체 조사에서는 이용되지 않으나, 이를 통해 노동력조사 같은 가구대상 조사에서 KSIC의 다른 산업활동 영역으로 분류하기 어렵거나 불가능한 가계활동을 분류할 수 있다.

4) 분류기준

산업분류는 생산단위가 주로 수행하고 있는 산업활동을 그 유사성에 따라 유형화한 것으로 이는 다음과 같은 분류기준에 의하여 적용된다.

① 산출물(생산된 재화 또는 제공된 서비스)의 특성
  ㉠ 산출물의 물리적 구성 및 가공단계
  ㉡ 산출물의 수요처
  ㉢ 산출물의 기능 및 용도
② 투입물의 특성 : 원재료, 생산공정, 생산기술 및 시설 등
③ 생산활동의 일반적인 결합 형태

한국표준산업분류의 산업분류는 생산단위가 주로 수행하고 있는 산업활동을 그 유사성에 따라 유형화한 것으로 3가지 분류기준에 의해 분류된다. 이 3가지 분류기준을 쓰시오. 2차

5) 통계단위

(1) 개념

통계단위란 생산단위의 활동(생산, 재무활동 등)에 관한 통계작성을 위하여 필요한 정보를 수집 또는 분석할 대상이 되는 관찰 또는 분석단위를 말한다. 관찰단위는 산업활동과 지리적 장소의 동질성, 의사결정의 자율성, 자료수집 가능성이 있는 생산단위가 설정되어야 한다. 생산활동과 장소의 동질성의 차이에 따라 통계단위는 다음과 같이 구분된다.

구분	하나 이상의 장소	단일 장소
하나 이상의 산업활동	기업집단	지역단위
	기업체 단위	
단일 산업활동	활동유형단위	사업체 단위

※ 하나의 기업체 또는 기업집단을 전제함

한국표준산업분류(2008)에서 통계단위는 생산단위의 활동에 관한 통계작성을 위하여 필요한 정보를 수집 또는 분석할 대상이 되는 관찰 또는 분석단위를 말한다. 표에 들어갈 생산활동과 장소의 동질성 차이에 따른 통계단위를 쓰시오(왼쪽 표 참조). 2차

(2) 사업체 단위의 정의

① 사업체 단위는 공장, 광산, 상점, 사무소 등으로 산업활동과 지리적 장소의 양면에서 가장 동질성이 있는 통계단위이다.
② 일정한 물리적 장소에서 단일 산업활동을 독립적으로 수행하며, 영업잉여에 관한 통계를 작성할 수 있고 생산에 관한 의사결정에 자율성을 갖고 있는 단위이므로 장소의 동질성과 산업활동의 동질성이 요구되는 생산통계 작성에 가장 적합한 통계단위라고 할 수 있다.
③ 그러나 실제 운영 면에서 사업체 단위에 대한 정의가 엄격하게 적용될 수 있는 것은 아니다. 실제 운영상 사업체 단위는 "일정한 물리적 장소 또는 일정한 지역 내에서 하나의 단일 또는 주된 경제활동에 독립적으로 종사하는 기업체 또는 기업체를 구성하는 부분단위"라고 정의할 수 있다.
④ 기업체 단위란 재화 및 서비스를 생산하는 법적 또는 제도적 단위의 최소결합체로서 자원배분에 관한 의사결정에서 자율성을 갖고 있다. 기업체는 하나 이상의 사업체로 구성될 수 있다는 점에서 사업체와 구분되며, 재무 관련 통계작성에 가장 유용한 단위이다.

6) 통계단위의 산업결정

(1) 생산단위의 활동 형태

한국표준산업분류의 활동단위는 보조단위로 보아서는 안 되며, 활동 단위를 별개의 독립된 활동으로 보는 4가지 유형을 쓰시오. 2차

① 생산단위의 산업활동은 일반적으로 주된 산업활동, 부차적 산업활동 및 보조적 활동이 결합되어 복합적으로 이루어진다.

② 주된 산업활동이란 산업활동이 복합 형태로 이루어질 경우 생산된 재화 또는 제공된 서비스 중에서 부가가치(액)가 가장 큰 활동을 말하며, 부차적 산업활동은 주된 산업활동 이외의 재화 생산 및 서비스 제공활동을 말한다. 이러한 주된 활동과 부차적 활동은 **보조 활동의 지원 없이는 수행될 수 없으며** 보조 활동에는 회계, 창고, 운송, 구매, 판매 촉진, 수리 서비스 등이 포함된다.

③ 경제활동에 따라 단위 분류를 결정하기 위한 기본 개념인 부가가치는 산출물과 중간 소비 간의 차이로 정의되며, 국내총생산(GDP)에 대한 각 경제단위의 기여 수준을 측정하는 방법으로 사용된다.

④ 보조활동은 모 생산단위에서 사용되는 비내구재 또는 서비스를 제공하는 활동으로서 생산활동을 지원해 주기 위하여 존재한다. 생산활동과 보조활동이 별개의 독립된 장소에서 이루어질 경우 지역 통계작성을 위하여 보조단위에 관한 정보를 별도로 수집할 수 있다.

⑤ 다음과 같은 활동단위는 **보조단위로 보아서는 안 되며 별개의 활동**으로 간주하여 그 자체활동에 따라 분류하여야 한다.

㉠ 고정자산을 구성하는 재화의 생산, 예를 들면 자기계정을 위한 건설활동을 하는 경우 이에 관한 별도의 자료를 이용할 수 있으면 건설활동으로 분류한다.

㉡ 모 생산단위에서 사용되는 재화나 서비스를 보조적으로 생산하더라도 그 생산되는 재화나 서비스의 대부분을 다른 시장(사업체 등)에 판매하는 경우

㉢ 모 생산단위가 생산하는 생산품의 구성 부품이 되는 재화를 생산하는 경우, 예를 들면 모 생산단위의 생산품을 포장하기 위한 캔, 상자 및 유사 제품의 생산활동

㉣ 연구 및 개발활동은 통상적인 생산과정에서 소비되는 서비스를 제공하는 것이 아니므로 그 자체의 본질적인 성질에 따라 전문, 과학 및 기술 서비스업으로 분류되며 SNA 측면에서는 고정자본의 일부로 고려된다.

(2) 산업결정방법

통계단위의 산업결정방식 3가지를 쓰시오. 2차

① 생산단위의 산업활동은 그 생산단위가 수행하는 **주된 산업활동**(판매 또는 제공하는 재화 및 서비스)의 종류에 따라 결정된다. 이러한 주된 산업활동은 산출물(재화 또는 서비스)에 대한 부가가치(액)의 크기에 따라 결정되어야 하나, 부가가치(액) 측정이 어려운 경우에는 산출액에 따라 결정한다.

② 상기의 원칙에 따라 결정하는 것이 적합하지 않을 경우에는 그 해당 활동의 종업원 수 및 노동시간, 임금 및 급여액 또는 설비의 정도에 따라 결정한다.
③ 계절에 따라 정기적으로 산업을 달리하는 사업체의 경우에는 조사시점에서 경영하는 사업과는 관계없이 **조사대상 기간 중 산출액이 많았던 활동**에 따라 분류한다.
④ 휴업 중 또는 자산을 청산 중인 사업체의 산업은 영업 중 또는 청산을 시작하기 이전의 산업활동에 따라 결정하며, 설립 중인 사업체는 개시하는 산업활동에 따라 결정한다.
⑤ 단일사업체의 보조단위는 **그 사업체의 일개 부서로 포함하며**, 여러 사업체를 관리하는 중앙 보조단위(본부, 본사 등)는 별도의 사업체로 처리한다.

7) 산업분류의 적용 원칙

| 쌤의 핵심포인트 |
산출물을 제외하면 안 된다.

| 쌤의 핵심포인트 |
대분류부터 정확히 결정해야 한다.

① 생산단위는 **산출물뿐만 아니라** 투입물과 생산공정 등을 함께 고려하여 그들의 활동을 가장 정확하게 설명된 항목에 분류해야 한다.
② 복합적인 활동단위는 우선적으로 **최상급 분류단계(대분류)를 정확히 결정**하고, 순차적으로 중 · 소 · 세 · 세세분류 단계 항목을 결정하여야 한다.
③ 산업활동이 결합되어 있는 경우에는 그 활동단위의 주된 활동에 따라서 분류하여야 한다.
④ 수수료 또는 계약에 의하여 활동을 수행하는 단위는 동일한 산업활동을 자기계정과 자기책임하에서 생산하는 단위와 **같은 항목에 분류**하여야 한다.
⑤ 자기가 직접 실질적인 생산활동은 하지 않고, 다른 계약업자에 의뢰하여 재화 또는 서비스를 자기계정으로 생산하게 하고, 이를 자기명의로, 자기 책임 아래 판매하는 단위는 이들 재화나 서비스 자체를 직접 생산하는 단위와 동일한 산업으로 분류하여야 한다. 다만, 제조업의 경우에는 이들 이외에 제품의 성능 및 기능, 고안 및 디자인, 원재료 구성 설계, 견본 제작 등에 중요한 역할을 하고 자기계정으로 원재료를 제공하여야 한다.
⑥ 각종 기계장비 및 용품의 개량, 개조 및 재제조 등 재생활동은 일반적으로 그 기계장비 및 용품 제조업과 동일 산업으로 분류하지만, 산업 규모 및 중요성 등을 고려하여 별도의 독립된 분류에서 구성하고 있는 경우에는 그에 따른다.
⑦ 자본재로 주로 사용되는 산업용 기계 및 장비의 전문적인 수리활동은 경상적인 유지 · 수리를 포함하여 "34. 산업용 기계 및 장비 수리업"으로 분류한다. 자본재와 소비재로 함께 사용되는 컴퓨터, 자동차, 가구류 등과 생활용품으로 사용되는 소비재 물품을 전문적으로 수리하는 산업활동은 "95. 개인 및 소비용품 수리업"으로 분류한다. 다만, 철도 차량 및 항공기 제조 공장, 조선소에서 수행하는 전문적인 수리활동은 해당 장비를 제조하는 산업활동과 동일하게 분류하며,

고객의 특정 사업장 내에서 건물 및 산업시설의 경상적인 유지관리를 대행하는 경우는 "741. 사업시설 유지관리 서비스업"에 분류한다.

⑧ 동일 단위에서 제조한 재화의 소매활동은 별개 활동으로 분류하지 않고 제조활동으로 분류되어야 한다. 그러나 자기가 생산한 재화와 구입한 재화를 함께 판매한다면 그 주된 활동에 따라 분류한다.

⑨ "공공행정 및 국방, 사회보장 사무" 이외의 교육, 보건, 제조, 유통 및 금융 등 다른 산업활동을 수행하는 정부기관은 그 활동의 성질에 따라 분류하여야 한다. 반대로, 법령 등에 근거하여 전형적인 공공행정 부문에 속하는 산업활동을 정부기관이 아닌 민간에서 수행하는 경우에는 공공행정 부문으로 포함한다.

⑩ 생산단위의 소유 형태, 법적 조직 유형 또는 운영방식은 산업분류에 영향을 미치지 않는다. 이런 기준은 경제활동 자체의 특징과 관련이 없기 때문이다. 즉, 동일 산업활동에 종사하는 경우, 법인, 개인사업자 또는 정부기업, 외국계 기업 등인지에 관계없이 동일한 산업으로 분류한다.

⑪ 공식적 생산물과 비공식적 생산물, 합법적 생산물과 불법적인 생산물을 달리 분류하지 않는다.

8) 분류구조 및 부호체계

① 분류구조는 대분류(알파벳 문자 사용/Section), 중분류(2자리 숫자 사용/Division), 소분류(3자리 숫자 사용/Group), 세분류(4자리 숫자 사용/Class), 세세분류(5자리 숫자 사용/Sub-Class) 5단계로 구성된다.

② 부호처리를 할 경우에는 아라비아 숫자만을 사용하도록 했다.

③ 권고된 국제분류 ISIC Rev.4를 기본체계로 하였으나, 국내 실정을 고려하여 국제분류의 각 단계 항목을 분할, 통합 또는 재그룹화하여 독자적으로 분류항목과 분류부호를 설정하였다.

④ 분류항목 간에 산업 내용의 이동을 가능한 한 억제하였으나 일부 이동 내용에 대한 연계분석 및 시계열 연계를 위하여 부록에 수록된 신구 연계표를 활용하도록 하였다.

⑤ 중분류의 번호는 01~99까지 부여하였으며, 대분류별 중분류 추가 여지를 남겨놓기 위하여 대분류 사이에 번호 여백을 두었다.

⑥ 소분류 이하 모든 분류의 끝자리 숫자는 "0"으로 시작하여 "9"에서 끝나도록 하였고, "9"는 기타 항목을 의미하며 앞에서 명확하게 분류되어 남아 있는 활동이 없는 경우에는 "9" 기타 항목이 필요 없는 경우도 있다. 또한 각 분류 단계에서 더 이상 하위분류가 세분되지 않을 때는 "0"을 사용한다(예를 들면, 중분류 02/임업, 소분류/020).

한국표준산업분류표

현행	개정
A. 농업, 임업, 어업	A. 농업, 임업, 어업
B. 광업	B. 광업
C. 제조업	C. 제조업
D. 전기, 가스, 증기 및 수도사업	D. 전기, 가스, 증기 및 공기조절 공급업
E. 하수 및 폐기물, 환경재생 및 환경복원업	E. 수도, 하수 및 폐기물처리, 원료 재생업
F. 건설업	F. 건설업
G. 도매 및 소매업	G. 도매 및 소매업
H. 운수업	H. 운수 및 창고업
I. 숙박 및 음식점업	I. 숙박 및 음식점업
J. 출판, 영상, 방송통신 및 정보서비스업	J. 정보통신업
K. 금융 및 보험업	K. 금융및 보험업
L. 부동산업 및 임대업	L. 부동산업
M. 전문 과학 및 기술서비스업	M. 전문 과학 및 기술서비스업
N. 사업시설관리 및 사업지원서비스업	N. 사업시설관리, 사업지원 및 임대 서비스업
O. 공공행정, 국방 및 사회보장행정	O. 공공행정, 국방 및 사회보장행정
P. 교육서비스업	P. 교육서비스업
Q. 보건업 및 사회복지서비스업	Q. 보건업 및 사회복지서비스업
R. 예술, 스포츠 및 여가 관련 서비스업	R. 예술, 스포츠 및 여가 관련 서비스업
S. 협회 및 단체, 수리 및 기타 개인서비스업	S. 협회 및 단체, 수리 및 기타 개인서비스업
T. 가구 내 고용활동 및 달리 분류되지 않은 자가소비를 위한 재화 및 서비스 생산활동	T. 가구 내 고용활동 및 달리 분류되지 않은 자가소비를 위한 재화 및 서비스 생산활동
U. 국제 및 외국기관	U. 국제 및 외국기관

※ 대분류 21개, 중분류 77개, 소분류 232개, 세분류 495개, 세세분류 1,196개

2 제10차 개정의 주요 내용

1) 주요 특징

(1) 국제표준산업분류 4차 개정안(ISIC Rev.4) 추가 반영

① 2007년 9차 개정작업에 이어, 국제표준산업분류 4차 개정안을 추가로 반영하여 부동산 이외 임대업 중분류를 부동산업 및 임대업 대분류에서 사업시설 관리 및 사업지원 서비스업 대분류 하위로 이동하였고, 수도업 중분류를 전기, 가스, 증기 및 수도업 대분류에서 수도, 하수 및 폐기물 처리, 원료재생업 대분류 하위로 이동하였다.

② 자본재 성격의 기계 및 장비 수리업 소분류는 수리 및 기타 개인 서비스업 대분류에서 제조업 대분류로 이동하고 중분류를 신설하였다. 출판, 영상, 방송통신 및 정보서비스업 대분류는 정보통신업으로 명칭을 변경하였다.

(2) 국내 산업구조 변화 특성을 반영한 분류 신설 및 통합

① 국내 산업활동의 변화상과 특수성을 고려하여 미래 성장 산업, 기간산업 및 동력산업 등은 신설 또는 세분하였고 저성장 산업 및 사양산업은 통합하는 등 전체 분류체계를 새롭게 설정하였다.

② 〈미래성장산업 신설〉 바이오연료, 탄소섬유, 에너지 저장장치, 디지털 적층 성형기계(3D 프린터), 무인 항공기(드론) 제조업과 태양력 발전업, 전자상거래 소매 중개업 등을 신설하였다. 〈기간 · 동력산업 세분〉 반도체, 센서류, 유기발광 다이오드 표시장치, 자동차 부품류, 인쇄회로기판 제조업, 대형마트, 면세점, 요양병원 등은 기존 분류체계에서 세분하였다.

③ 일부 광업과 청주, 코르크 및 조물제품, 시계 및 관련 부품, 나전칠기, 악기 제조업 등은 통합하였다.

(3) 관련 분류 간 연계성, 통합성 및 일관성 유지

산업분류는 경제활동 관련 모든 분류와 연관되어 있으므로 한국재화 및 서비스 분류(KCPC), 국민계정 경제활동별 분류(SNA 분류체계), 산업별 생산품목(광업 및 제조업통계조사), 한국표준무역분류(SKTC), 관세 및 통계통합품목분류(HS), 한국상품용도분류(BEC) 등을 동시에 고려하여 분류의 포괄범위, 명칭 및 개념 등을 조정하였고, 결과적으로 통합경제분류 연계표 작성 및 활용을 위한 기본 틀을 구축하고 경제분석을 종합적으로 수행할 수 있는 기초를 마련하였다.

2) 대분류별 주요 개정내용

대분류 A	농업, 임업 및 어업

채소작물 재배업에 마늘, 딸기 작물 재배업을 포함하였으며, 어업에서 해면은 해수면으로, 수산 종묘는 수산 종자로 명칭을 변경하였다.

대분류 B	광업

① 국내 생산활동 감소 추세를 반영하여 비철금속 광업은 우라늄 및 토륨 광업, 금 · 은 및 백금광업, 연 및 아연광업, 그 외 기타 비철금속 광업 등을 통합하여 분류하였다.

② 석회석 광업과 고령토 및 기타 점토광업, 건설용 석재 채굴업과 건설용 쇄석 생산업, 원유 및 천연가스 채굴 관련 서비스업과 기타 광업 지원 서비스업 등을 통합하였다.

대분류 C	제조업

① 안경 및 안경렌즈 제조업을 사진장비 및 기타 광학기기 제조업에서 의료용 기기 제조업으로 이동하였다.

② 운송장비용 의자 제조업은 가구제조업에서 자동차, 항공기, 철도 등 운송장비 제조업 중 해당 장비 또는 부품 제조업으로 이동하였다.

③ 산업용 기계 및 장비 수리업은 ISIC 분류에 맞춰 수리업에서 제조업 중 중분류를 신설(34)하여 이동하였다.

④ 원모피 가공업은 의복, 의복 액세서리 및 모피제품 제조업에서 가죽, 가방 및 신발 제조업으로, 전사처리업은 기타 제품 제조업에서 인쇄 및 기록매체 복제업으로, 석유 정제과정에서 생산되는 아스팔트 관련 제품은 비금속광물제품 제조업에서 코크스, 연탄 및 석유정제품 제조업으로 이동하였다.

⑤ 하위 분류에서는 관련 산업통계 시계열 자료 등을 기초로 전문화율 및 포괄률, 사업체 수, 출하액, 종사자 수 등 산업 규모 수준, 산업별 증감률 추세 등을 고려하여 분류를 신설, 세분 또는 통합하였다.

⑥ 주요 신설 부문은 바이오 연료 및 혼합물, 탄소섬유, 에너지 저장장치, 디지털 적층 성형기계, 자동차 구조 및 장치 변경, 무인항공기 및 무인 비행장치 제조업 등이다.

대분류 D	전기, 가스, 증기 및 공기조절 공급업

수도업은 국내 산업 연관성을 고려하고 ISIC에 맞춰 대분류 E로 이동하였으며, 산업 성장세를 고려하여 태양력 발전업을 신설하였고, 전기자동차 판매 증가 등 관련 산업 전망을 감안하여 전기 판매업 세분류를 신설하였다.

대분류 E	수도, 하수 및 폐기물처리, 원료재생업

수도업을 전기, 가스, 증기 및 공기조절 공급업 대분류에서 이동하여 포함하고 대분류 명칭을 변경하였으며, 금속 및 비금속 원료재생업 소분류는 원료 수집, 운반 이후 처리 수준을 고려하여 해체, 선별업과 원료재생업으로 세분하였다.

대분류 F	건설업

① 전문직별 공사업에서 2종 이상의 공사 내용으로 수행하는 개량 · 보수 · 보강공사를 시설물 유지관리 공사업으로 신설하였다.

② 주거용 건물 건설업을 단독주택 건설업과 기타 공동주택 건설업으로, 기타 시설물 축조 관련 전문공사업을 지붕, 내 · 외벽 축조 관련 전문공사업과 기타 옥외 시설물 축조 관련 전문공사업으로 세분하였다.

대분류 G	도매 및 소매업

① 세분류에서 종이 원지 · 판지 · 종이상자 도매업, 면세점, 의복 소매업을 신설하였다.
② 세세분류는 도매업에서 자동차 전용 신품 부품, 자동차용 전기 · 전자 · 정밀기기 부품, 자동차 내장용 부품 판매업, 목재 및 건축자재, 연료 · 광물 · 1차 금속 · 비료 및 화학제품 중개업, 과실류 및 채소류 · 서류 · 향신작물류, 건어물 · 젓갈류 및 신선 · 냉동 및 기타 수산물, 커피 · 차류 및 조미료, 의료기기 및 정밀기기 · 과학기기, 전지 및 케이블 등 도매업을 세분하였다.
③ 소매업은 대형마트, 면세점, 건어물 및 젓갈류, 조리 반찬류, 남자용 및 여자용 겉옷, 셔츠 · 블라우스 및 가죽 · 모피의복, 의복 액세서리 및 모조 장신구 등을 세분하였다.

대분류 H	운수 및 창고업

① 화물자동차 운송업과 기타 도로화물 운송업을 통합하였으며, 철도운송업을 철도 여객과 화물 운송업으로 세분하였고, 항공운송업을 항공 여객과 화물 운송업으로 변경하였다.
② 하위분류에서는 산업 규모를 고려하여 용달 및 개별 화물자동차 운송업, 통관 대리 및 관련 서비스업을 세분하였으며, 내륙 수상 여객 운송업과 화물 운송업은 통합하였다.

대분류 I	숙박 및 음식점업

① 산업 규모를 고려하여 한식 음식점업 세분류를 일반한식, 면요리, 육류요리, 해산물 요리 전문점으로 세분하였고, 주점업 세분류에서 생맥주 전문점을, 비알코올 음료점업 세분류에서 커피 전문점을 세분하였다.
② 교육 프로그램을 중심으로 운영하는 숙박시설을 갖춘 청소년 수련시설은 교육서비스업으로 이동하였다.

대분류 J	정보통신업

대분류 명칭을 출판, 영상, 방송통신 및 정보서비스업에서 정보통신업으로 변경하였으며, 온라인 · 모바일 게임 소프트웨어 개발 및 공급업을 유선 온라인 게임과 모바일 게임 소프트웨어 개발 및 공급업으로 세분하였고, 무선통신업과 위성통신업은 통합하였다.

대분류 K	금융 및 보험업

산업 규모를 고려하여 상호저축은행 및 기타 저축기관을 통합하였고, ISIC 분류에 맞춰 금융 및 보험업 대분류의 금융지주회사와 전문, 과학 및 기술 서비스업 대분류에서 포함하던 비금융지주회사를 통합하여 분류하였으며, 자산운용회사는 신탁업 및 집합투자업으로 변경하였다.

대분류 L	부동산업

부동산 이외 임대업 중분류는 사업시설 관리, 사업 지원 및 임대 서비스업 대분류로 이동하였고, 부동산 자문 및 중개업은 산업 규모를 고려하여 부동산 중개 및 대리업과 부동산 투자 자문업으로 세분하였다.

대분류 M	전문, 과학 및 기술 서비스업

① 연구개발업 융합 추세를 반영하여 자연과학 및 공학 융합 연구개발업 세분류를 신설하였고, 전문 서비스업 융합 추세를 고려하여 기타 전문 서비스업을 세분하였다.

② 상업용 사진 촬영업에서 분류하던 인쇄회로 사진원판 제작은 제조업으로 이동하였으며, 마이크로필름 처리 서비스는 사업지원 서비스업에서 기타 전문, 과학 및 기술 서비스업으로 이동하였다.

대분류 N	사업시설 관리, 사업지원 및 임대 서비스업

① 국제표준산업분류(ISIC) 체계에 맞춰 부동산 이외 임대업의 소속 대분류를 변경하여 포함하였으며, 인력 공급업은 임시 및 일용인력 공급업과 상용 인력 공급 및 인사관리 서비스업으로 세분하였고, 국내 여행사업은 일반 및 국외 여행사업과 통합하였다.

② 산업용 기계 및 장비 임대업 중 용접장비 임대업은 기타 산업용 기계 및 장비 임대업으로 이동하였다.

대분류 O	공공행정, 국방 및 사회보장 행정

포괄범위를 고려하여 통신행정을 우편 및 통신행정으로 변경하였으며, 나머지 행정 부문은 정부 직제 및 기능 등을 고려하여 기존 분류를 유지하였다.

대분류 P	교육 서비스업

① 숙박업 대분류에서 구분하던 청소년 수련시설은 교육 프로그램 운영이 주된 산업활동인 경우 교육 서비스업으로 이동하였다.

② 일반 교습학원은 초 · 중 · 고등학생 진학 및 보습용 학원으로 구분하고, 일반 외국어학원 및 기타 교습학원은 기타 교육기관으로 이동하였다.
③ 스포츠 교육기관은 태권도 및 무술 교육기관과 기타 스포츠 교육기관으로, 예술학원은 음악학원, 미술학원, 기타 예술학원으로 세분하였다.

대분류 Q	보건업 및 사회복지 서비스업

주로 장기 입원환자를 대상으로 진료하는 요양병원을 신설하였으며, 증가하는 사회복지서비스 수요를 반영하여 비거주 복지서비스업 세분류에 종합복지관 운영업, 방문 복지서비스업, 사회복지 상담 서비스업을 신설하였다.

대분류 R	예술, 스포츠 및 여가 관련 서비스업

갬블링 및 배팅업 세분류 명칭을 사행시설 관리 및 운영업으로, 경주장 운영업 세세분류 명칭을 경주장 및 동물 경기장 운영업으로 변경하였다.
단역 배우 공급업은 공연 및 제작 관련 서비스업에서 사업지원 서비스업으로 이동하였다.

대분류 S	협회 및 단체, 수리 및 기타 개인 서비스업

① 자본재 성격의 산업용 기계 및 장비 수리업은 제조업으로 이동하였고, 의복 및 기타 가정용 직물제품 수리업과 가죽 · 가방 및 신발 수리업을 세분하였다.
② 기타 미용 관련 서비스업은 체형 등 기타 신체관리 서비스업으로 명칭을 변경하였고, 마사지업은 발 마사지, 스포츠 마사지 등도 포함하도록 변경하였으며, 맞선 주선 및 결혼상담업은 결혼 준비 서비스업을 포함하여 결혼 상담 및 준비 서비스업으로 변경하였다.

한국표준산업분류

A. 농업, 임업 및 어업
- 01. 농업
- 02. 임업
- 03. 어업

B. 광업
- 05. 석탄, 원유 및 천연가스 광업
- 06. 금속광업
- 07. 비금속광물 광업
- 08. 광업지원 서비스업

C. 제조업
- 10. 식료품 제조업
- 11. 음료 제조업
- 12. 담배 제조업
- 13. 섬유제품 제조업
- 14. 의복, 모피제품 제조업
- 15. 가죽, 가방, 신발 제조업
- 16. 목재 및 나무제품 제조업
- 17. 펄프 · 종이 · 종이 제품 제조업
- 18. 인쇄 및 기록매체 복제업

- 19. 코크스 · 연탄 · 석유정제품 제조업
- 20. 화학물질 · 화학제품 제조업
- 21. 의료용 물질 · 의약품 제조업
- 22. 고무 · 플라스틱제품 제조업
- 23. 비금속 광물제품 제조업
- 24. 1차 금속 제조업
- 25. 금속가공제품 제조업
- 26. 전자 · 컴퓨터 · 통신장비 제조업
- 27. 의료 · 정밀 · 광학기 · 시계 제조업
- 28. 전기장비 제조업
- 29. 기타 기계 및 장비 제조업
- 30. 자동차 · 트레일러 제조업
- 31. 기타 운송장비 제조업
- 32. 가구 제조업
- 33. 기타 제품 제조업
- 34. 산업용 기계 및 장비 수리업

D. 전기, 가스, 증기 및 공기조절 공급업
- 35. 전기 · 가스 · 증기 · 공기조절 공급업

E. 수도, 하수 및 폐기물처리, 원료재생업
- 36. 수도업
- 37. 하수 · 폐수 · 분뇨 처리업
- 38. 폐기물 수집 · 처리 · 원료재생업
- 39. 환경정화 및 복원업

F. 건설업
- 41. 종합건설업
- 42. 전문직별 공사업

G. 도매 및 소매업
- 45. 자동차 및 부품 판매업
- 46. 도매 및 상품중개업
- 47. 소매업

H. 운수 및 창고업
- 49. 육상운송 · 파이프라인 운송업
- 50. 수상운송업
- 51. 항공운송업
- 52. 창고 및 운송 관련 서비스업

I. 숙박 및 음식점업
- 55. 숙박업
- 56. 음식점 및 주점업

J. 정보통신업
- 58. 출판업
- 59. 영상 · 오디오 기록물 제작 및 배급업
- 60. 방송업
- 61. 우편 및 통신업
- 62. 컴퓨터 · 시스템통합 및 관리업
- 63. 정보 서비스업

K. 금융 및 보험업
- 64. 금융업
- 65. 보험 및 연금업
- 66. 금융 및 보험 관련 서비스업

L. 부동산업
- 68. 부동산업

M. 전문, 과학 및 기술 서비스업
- 70. 연구개발업
- 71. 전문서비스업
- 72. 건축기술 및 과학기술 서비스업
- 73. 기타 전문 · 과학기술 서비스업

N. 사업시설 관리, 사업지원 및 임대 서비스업
- 74. 사업시설관리 및 조경 서비스업
- 75. 사업지원 서비스업
- 76. 임대업(부동산 제외)

O. 공공행정, 국방 및 사회보장 행정
- 84. 공공행정 · 국방 · 사회보장 행정

P. 교육 서비스업
- 85. 교육 서비스업

Q. 보건업 및 사회복지 서비스업
- 86. 보건업
- 87. 사회복지 서비스업

R. 예술, 스포츠 및 여가 관련 서비스업
- 90. 창작 · 예술 · 여가 관련 서비스업
- 91. 스포츠 · 오락 관련 서비스업

S. 협회 및 단체, 수리 및 기타 개인 서비스업
- 94. 협회 및 단체
- 95. 개인 및 소비용품 수리업
- 96. 기타 개인 서비스업

T. 가구 내 고용활동 및 달리 분류되지 않는 자가소비 생산활동
- 97. 가구 내 고용활동
- 98. 달리 구분되지 않는 자가소비를 위한 가구의 재화 · 서비스 생산활동

U. 국제 및 외국기관
- 99. 국제 및 외국기관

CHAPTER 2

출제예상문제

2-1 한국표준직업분류

01 한국표준직업분류에서 포괄적인 업무에 대해 적용하는 직업분류 원칙을 순서대로 바르게 나열한 것은?

① 주된 직무 → 최상급 직능수준 → 생산업무
② 최상급 직능수준 → 주된 직무 → 생산업무
③ 최상급 직능수준 → 생산업무 → 주된 직무
④ 생산업무 → 최상급 직능수준 → 주된 직무

02 한국표준직업분류의 대분류 항목과 직능수준과의 관계가 바르게 짝지어진 것은?

① 전문가 및 관련 종사자－제4직능 수준 혹은 제3직능 수준 필요
② 사무 종사자－제3직능 수준 필요
③ 단순노무 종사자－제2직능 수준 필요
④ 군인－제1직능 수준 필요

해설

① 관리자 : 제4직능 수준 혹은 제3직능 수준 필요
② 전문가 및 관련 종사자 : 제4직능 수준 혹은 제3직능 수준 필요
③ 사무 종사자 : 제2직능 수준 필요
④ 서비스 종사자 : 제2직능 수준 필요
⑤ 판매 종사자 : 제2직능 수준 필요
⑥ 농림어업 숙련 종사자 : 제2직능 수준 필요
⑦ 기능원 및 관련 기능 종사자 : 제2직능 수준 필요
⑧ 장치 · 기계조작 및 조립 종사자 : 제2직능 수준 필요
⑨ 단순노무 종사자 : 제1직능 수준 필요
⑩ 군인 : 제2직능 수준 이상 필요

03 한국표준직업분류의 목적 및 활용에 해당하지 않는 것은?

① 취업알선을 위한 구인 · 구직 안내 기준
② 직종별 급여 및 수당지급 결정기준
③ 실직자의 직업훈련을 지원하기 위한 기준
④ 산재보험률, 생명보험률 또는 교통사고 보상액 등의 결정 기준

해설

① 각종 사회 · 경제통계조사의 직업단위 기준
② 취업알선을 위한 구인 · 구직 안내 기준
③ 직종별 급여 및 수당지급 결정기준
④ 직종별 특정 질병의 이환율, 사망률과 생명표 작성 기준
⑤ 산재보험률, 생명보험률 또는 산재보상액, 교통사고 보상액 등의 결정 기준

04 한국표준직업분류에서 다수직업 종사자에 대한 분류 원칙을 바르게 나열한 것은?

- A : 수입 우선의 원칙
- B : 취업시간 우선의 원칙
- C : 조사 시 최근 직업의 원칙

① A → B → C　　② B → A → C
③ B → C → A　　④ C → A → B

정답 01 ① 02 ① 03 ③ 04 ②

05 한국표준직업분류의 제2직능 수준이 요구되는 대분류에 해당하지 않는 것은?

① 전문가 및 관련 종사자
② 사무종사자
③ 서비스종사자
④ 기능원 및 관련 기능 종사자

해설

전문가 및 관련 종사자
제4직능 수준 혹은 제3직능 수준 필요

06 한국표준직업분류에서 다음이 의미하는 것은?

자영업을 포함하여 특정한 고용주를 위하여 개별종사자들이 수행하거나 또는 수행해야 할 일련의 업무와 과업

① 직군 ② 직렬
③ 직업 ④ 직무

07 한국표준직업분류의 대분류 중 관리자에 관한 설명으로 틀린 것은?

① 5개 중분류로 구성되어 있다.
② 관리자는 개개인이 수행하는 업무의 특성에 의한 것이 아니라 직위나 직급에 따라 분류되어야 한다.
③ 현업을 겸할 경우에는 정책을 결정하고 관리, 지휘, 조정하는 데 직무시간의 80% 이상을 사용하는 경우에만 관리자 직군으로 분류한다.
④ 관리자는 반드시 상당한 하부조직을 가져야 하며, 이러한 하부조직원의 업무를 지휘 및 조정하는 것이 주업무인 경우에 해당된다.

해설

관리자는 개개인이 수행하는 업무의 특성에 따라 분류한다.

08 한국표준직업분류에서 직업을 분류하는 기준은?

① 직무와 직종 ② 직무와 직능
③ 직무와 자격 ④ 직능과 직종

09 한국표준직업분류의 군인직종에 대한 설명으로 틀린 것은?

① 별도로 대분류 A로 분류되어 있다.
② 직무를 기준으로 분류한다.
③ 민간 기업의 예비군 중대장은 3127 총무 사무원으로 분류한다.
④ 의무 복무 중인 사병 및 장교도 직업활동에 포함한다.

해설

의무 복무 여부를 불문하고 현재 군인 신분을 유지하고 있는 군인을 말한다. 직업정보 취득의 제약 등 특수 분야이므로 직무를 기준으로 분류하는 것이 아니라, 계급을 중심으로 분류하였다.

10 한국표준직업분류상 직업활동에 해당하는 경우는?

① 명확한 주기는 없으나 계속적으로 동일한 형태의 일을 하여 수입이 있는 경우
② 연금법, 생활보호법, 국민연금법 및 고용보험법 등의 사회보장에 의한 수입이 있는 경우
③ 이자, 주식배당, 임대료(전세금, 월세금) 등과 같은 자산 수입이 있는 경우
④ 예금 인출, 보험금 수취, 차용 또는 토지나 금융자산을 매각하여 수입이 있는 경우

해설

다음과 같은 활동은 직업으로 보지 않는다.

① 이자, 주식배당, 임대료(전세금, 월세금) 등과 같은 자산 수입이 있는 경우
② 연금법, 국민기초생활보장법, 국민연금법 및 고용보험법 등의 사회보장이나 민간보험에 의한 수입이 있는 경우

정답 05 ① 06 ④ 07 ② 08 ② 09 ② 10 ①

③ 경마, 경륜, 복권 등에 의한 배당금이나 주식투자에 의한 시세차익이 있는 경우
④ 예 · 적금 인출, 보험금 수취, 차용 또는 토지나 금융자산을 매각하여 수입이 있는 경우
⑤ 자기 집의 가사 활동에 전념하는 경우
⑥ 교육기관에 재학하며 학습에만 전념하는 경우
⑦ 시민봉사활동 등에 의한 무급 봉사적인 일에 종사하는 경우
⑧ 사회복지시설 수용자의 시설 내 경제활동
⑨ 수형자의 활동과 같이 법률에 의한 강제노동을 하는 경우
⑩ 도박, 강도, 절도, 사기, 매춘, 밀수와 같은 불법적인 활동

11 한국표준직업분류의 포괄적인 업무에 대한 직업분류 원칙에 해당되지 않는 것은?

① 주된 직무 우선 원칙
② 최상급 직능수준 우선 원칙
③ 생산업무 우선 원칙
④ 수입 우선의 원칙

해설

포괄적 업무의 분류원칙은 주된 직무 우선 원칙, 최상급 직능수준 우선 원칙, 생산업무 우선 원칙이다.

12 한국표준직업분류에서 직업의 성립 조건에 해당하지 않는 것은?

① 경제성　② 윤리성
③ 사회성　④ 우연성

해설

① 직업은 유사성을 갖는 직무를 계속하여 수행하는 계속성을 가져야 하는데, 일의 계속성이란 일시적인 것을 제외한 다음에 해당하는 것을 말한다.
- 매일, 매주, 매월 등 주기적으로 행하는 것
- 계절적으로 행해지는 것
- 명확한 주기는 없으나 계속적으로 행해지는 것
- 현재 하고 있는 일을 계속적으로 행할 의지와 가능성이 있는 것

② 직업은 또한 경제성을 충족해야 하는데, 이는 경제적인 거래 관계가 성립하는 활동을 수행해야 함을 의미한다. 따라서 무급 자원봉사와 같은 활동이나 전업학생의 학습행위는 경제활동 혹은 직업으로 보지 않는다. 직업의 성립에는 비교적 엄격한 경제성의 기준이 적용되는데, 노력이 전제되지 않는 자연발생적인 이득의 수취나 우연하게 발생하는 경제적인 과실에 전적으로 의존하는 활동은 직업으로 보지 않는다.
③ 직업 활동은 전통적으로 윤리성과 사회성을 충족해야 하는 것으로 보고 있다. 윤리성은 비윤리적인 영리행위나 반사회적인 활동을 통한 경제적인 이윤추구는 직업 활동으로 인정되지 못한다는 것이다. 사회성은 보다 적극적인 것으로서 모든 직업 활동은 사회 공동체적인 맥락에서 의미 있는 활동, 즉 사회적인 기여를 전제 조건으로 하고 있다는 점을 강조한다.

13 다음은 한국표준직업분류의 직무능력수준 중 무엇에 관한 설명인가?

> 일반적으로 17, 18세에 시작하여 2~3년 정도 계속되는 교육으로서 ISCED상의 제5수준의 교육과정(기술전문 교육과정 수준) 정도의 정규교육 또는 훈련을 필요로 하며, 이러한 교육과정의 수료로 초급대학 학위와 동등한 학위가 수여되는 것은 아니다.

① 제1직능 수준　② 제2직능 수준
③ 제3직능 수준　④ 제4직능 수준

해설

제3직능 수준
복잡한 과업과 실제적인 업무를 수행할 정도의 전문적인 지식을 보유하고 수리계산이나 의사소통 능력이 상당히 높아야 한다. 이러한 수준의 직업에 종사하는 자는 일정한 보충적 직무훈련 및 실습과정이 요구될 수 있으며, 정규훈련과정의 일부를 대체할 수도 있다. 또한 유사한 직무를 수행함으로써 경험을 습득하여 이에 해당하는 수준에 이를 수도 있다.

정답 11 ④ 12 ④ 13 ③

시험원과 진단과 치료를 지원하는 의료 관련 분류나 스포츠 관련 직업이 대표적이다. 일반적으로 중등교육을 마치고 1~3년 정도의 추가적인 교육과정(ISCED 수준 5) 정도의 정규교육 또는 직업훈련을 필요로 한다.

14 한국표준직업분류의 직무능력수준 중 제2직능수준이 요구되는 직업 대분류는?

① 관리자
② 전문가 및 관련 종사자
③ 단순 노무 종사자
④ 농림어업 숙련 종사자

15 한 사람이 전혀 상관이 없는 두 가지 이상의 직업에 종사할 경우 그 사람의 직업을 결정하는 일반적 원칙이 아닌 것은?

① 취업시간이 많은 직업을 택한다.
② 수입이 많은 직업을 택한다.
③ 경력이 많은 직업을 택한다.
④ 최근의 직업을 택한다.

16 다음은 한국표준직업분류의 분류 원칙상 무엇에 근거한 것인가?

제빵원이 빵을 제조하고 이를 판매한 경우 판매원으로 분류하지 않고 제빵원으로 분류

① 수적 우위 원칙
② 최상급 직능수준 우선 원칙
③ 최하급 직능수준 우선 원칙
④ 생산업무 우선 원칙

2-2 한국표준산업분류

17 한국표준산업분류의 산업분류 적용분류 적용원칙에 대한 설명으로 틀린 것은?

① 생산단위는 투입물과 생산공정을 제외한 산출물을 고려하여 그들의 활동을 가장 정확하게 설명된 항목에 분류해야 한다.
② 복합적인 활동단위는 우선적으로 최상급 분류단계를 정확히 결정하고, 순차적으로 중, 소, 세, 세세분류 단계 항목을 결정하여야 한다.
③ 산업활동이 결합되어 있는 경우에는 그 활동단위의 주된 활동에 따라서 분류하여야 한다.
④ 수수료 또는 계약에 의하여 활동을 수행하는 단위는 자기계정과 자기책임하에서 생산하는 단위와 동일 항목에 분류되어야 한다.

해설

생산단위는 산출물뿐만 아니라 투입물과 생산공정 등을 함께 고려하여 그들의 활동을 가장 정확하게 설명된 항목에 분류해야 한다.

18 한국표준산업분류에서 통계단위의 산업결정방법에 대한 설명으로 틀린 것은?

① 생산단위의 산업활동은 그 생산단위가 수행하는 주된 산업활동의 종류에 따라 결정된다.
② 단일사업체의 보조단위는 그 사업체의 일개부서로 포함한다.
③ 계절에 따라 정기적으로 산업을 달리하는 사업체의 경우에는 조사시점에 경영하는 사업으로 분류된다.
④ 휴업 중 또는 자신을 청산 중인 사업체의 산업은 영업 중 또는 청산을 시작하기 전의 산업활동에 의하여 결정한다.

해설

계절에 따라 정기적으로 산업을 달리하는 사업체의 경우에는 조사시점에서 경영하는 사업과는 관계없이 조사대상기간 중 산출액이 많았던 활동에 의하여 분류된다.

정답 14 ④ 15 ③ 16 ④ 17 ① 18 ③

19 한국표준산업분류의 통계단위는 생산활동과 장소의 동질성의 차이에 따라 다음과 같이 구분된다. (　　) 안에 들어갈 가장 알맞은 것은?

구분	하나 이상의 장소	단일 장소
하나 이상의 산업활동	×××	×××
	×××	
단일 산업활동	(　　)	××××

① 기업집단　　② 지역단위
③ 기업체 단위　　④ 활동유형단위

해설

구분	하나 이상의 장소	단일 장소
하나 이상의 산업활동	기업집단	지역단위
	기업체 단위	
단일 산업활동	활동유형단위	사업체 단위

20 한국표준산업분류의 적용원칙에 관한 설명으로 틀린 것은?

① 생산단위는 산출물뿐만 아니라 투입물과 생산공정 등을 함께 고려하여 그들의 활동을 가장 정확하게 설명된 항목에 분류해야 한다.
② 복합적인 활동단위는 우선적으로 최상급 분류단계(대분류)를 정확히 결정하고, 순차적으로 중, 소, 세, 세세분류 단계 항목을 결정하여야 한다.
③ 산업활동이 결합되어 있는 경우에는 그 활동단위의 주된 활동에 따라서 분류하여야 한다.
④ 수수료 또는 계약에 의하여 활동을 수행하는 단위는 자기계정과 자기책임하에서 생산하는 단위와 별도 항목으로 분류되어야 한다.

해설

수수료 또는 계약에 의하여 활동을 수행하는 단위는 자기계정과 자기책임하에서 생산하는 단위와 동일 항목에 분류되어야 한다.

21 한국표준산업분류의 산업분류기준에 해당되지 않는 것은?

① 투입물의 특성
② 생산활동의 일반적인 결합 형태
③ 생산된 재화 또는 제공된 서비스의 특징
④ 생산단위가 수행하는 산업활동의 차별성

해설

① 산출물(생산된 재화 또는 제공된 서비스)의 특성
- 산출물의 물리적 구성 및 가공단계
- 산출물의 수요처
- 산출물의 기능 및 용도

② 투입물의 특성 : 원재료, 생산 공정, 생산기술 및 시설 등
③ 생산활동의 일반적인 결합 형태

22 한국표준산업분류의 분류목적에 관한 설명으로 틀린 것은?

① 산업활동에 의한 통계자료의 수집, 제표, 분석 등을 위해서 활동카테고리를 제공한다.
② 일반 행정 및 산업정책 관련 법령에서 적용대상 산업영역을 한정하는 기준으로 준용한다.
③ 취업 알선을 위한 구인 · 구직 안내 기준으로 준용된다.
④ 산업통계 자료의 정확성 · 비교성을 위하여 모든 통계작성기관이 의무적으로 사용해야 한다.

해설

직업분류의 목적
직업분류는 행정자료 및 인구총조사 등 고용 관련 통계조사를 통하여 얻어진 직업정보를 분류하고 집계하기 위한 것으로, 직업 관련 통계를 작성하는 모든 기관이 통일적으로 사용하도록 하여 통계자료의 일관성과 비교성을 확보하는 데 목적이 있다. 또한 각종 직업정보에 관한 국내통계를 국제적으로 비교 · 이용할 수 있도록 하기 위하여 ILO의 국제표준직업분류(ISCO)를 근거로 설정되고 있다. 이러한 직업 관련 통계는 각종 장 · 단기 인력수급정책 수립과 직업연구를 위한 기초자료뿐만 아니라 다음과 같은 자료로 활용되고 있다.

정답　19 ④　20 ④　21 ④　22 ③

① 각종 사회 · 경제통계조사의 직업단위 기준
② 취업 알선을 위한 구인 · 구직 안내 기준
③ 직종별 급여 및 수당지급 결정기준
④ 직종별 특정질병의 이환율, 사망률과 생명표 작성 기준
⑤ 산재보험률, 생명보험률 또는 산재보상액, 교통사고 보상액 등의 결정 기준

23 한국표준산업분류의 분류구조 및 부호체계에 관한 설명으로 옳은 것은?

① 부호처리를 할 경우에는 알파벳 문자와 아라비아 숫자를 함께 사용토록 했다.
② 권고된 국제분류 ISIC(Rev.4)를 기본체계로 하였으나, 국내 실정을 고려하여 독자적으로 분류항목과 분류부호를 설정하였다.
③ 중분류의 번호는 001~999까지 부여하였으며, 대분류별 중분류의 추가 여지를 남겨 놓기 위하여 대분류 사이에 번호 여백을 두었다.
④ 소분류 이하 모든 분류의 끝자리 숫자는 01에서 시작하여 99에서 끝나도록 하였다.

해설

① 분류구조는 대분류(알파벳 문자 사용/Section), 중분류(2자리 숫자 사용/Division), 소분류(3자리 숫자 사용/Group), 세분류(4자리 숫자 사용/Class), 세세분류(5자리 숫자 사용/Sub-Class) 5단계로 구성된다.
② 부호처리를 할 경우에는 아라비아 숫자만을 사용하도록 했다.
③ 권고된 국제분류 ISIC Rev.4를 기본체계로 하였으나, 국내 실정을 고려하여 국제분류의 각 단계 항목을 분할, 통합 또는 재그룹화하여 독자적으로 분류항목과 분류부호를 설정하였다.
④ 분류항목 간에 산업내용의 이동을 가능한 한 억제하였으나 일부 이동 내용에 대한 연계분석 및 시계열 연계를 위하여 부록에 수록된 신구 연계표를 활용하도록 하였다.
⑤ 중분류의 번호는 01~99까지 부여하였으며, 대분류별 중분류의 추가 여지를 남겨 놓기 위하여 대분류 사이에 번호 여백을 두었다.
⑥ 소분류 이하 모든 분류의 끝자리 숫자는 "0"에서 시작하여 "9"에서 끝나도록 하였으며 "9"는 기타 항목을 의미하며 앞에서 명확하게 분류되어 남아 있는 활동이 없는 경우에는 "9" 기타 항목이 필요 없는 경우도 있다. 또한 각 분류 단계에서 더 이상 하위분류가 세분되지 않을 때는 "0"을 사용한다.
예 중분류 02/임업, 소분류/020

24 한국표준산업분류에서 각 생산단위가 노동, 자본, 원료 등 자원을 투입하여, 재화 또는 서비스를 생산 또는 제공하는 일련의 활동과정은?

① 산업 ② 산업활동
③ 생산활동 ④ 생산

해설

산업이란 "유사한 성질을 갖는 산업활동에 주로 종사하는 생산단위의 집합"이라 정의되며, 산업활동이란 "각 생산단위가 노동, 자본, 원료 등 자원을 투입하여, 재화 또는 서비스를 생산 또는 제공하는 일련의 활동과정"이라 정의된다. 산업활동의 범위에는 영리적 · 비영리적 활동이 모두 포함되나, 가정 내의 가사활동은 제외된다.

25 한국표준산업분류의 분류 목적에 대한 설명으로 틀린 것은?

① 생산단위가 주로 수행하는 산업활동을 그 유사성에 따라 체계적으로 유형화한다.
② 산업활동에 의한 통계자료의 수집, 제표, 분석 등을 위해서 활동카테고리를 제공한다.
③ 통계법에서는 산업통계자료의 정확성 · 비교성을 위하여 모든 통계작성기관이 이를 선택적으로 사용하도록 규정하고 있다.
④ 일반 행정 및 산업정책 관련 법령에서 적용대상 산업영역을 한정하는 기준으로 준용되고 있다.

정답 23 ② 24 ② 25 ③

해설

통계법에서는 산업통계 자료의 정확성, 비교성을 위하여 모든 통계작성기관이 이를 의무적으로 사용하도록 규정하고 있다.

26 한국표준산업분류의 개요에 대한 설명으로 틀린 것은?

① 산업활동의 범위에 영리적 · 비영리적 활동 및 가사활동 모두 포함된다.
② 한국표준산업분류는 통계목적 이외에도 일반 행정 및 산업정책 관련 법령에서 그 법령의 적용대상 산업영역을 한정하는 기준으로 준용되고 있다.
③ 산업분류는 산출물 · 투입물의 특성, 생산활동의 일반적인 결합 형태와 같은 기준에 의하여 분류된다.
④ 사업체 단위는 공장, 광산, 상점, 사무소 등으로 산업활동과 지리적 장소의 양면에서 가장 동질성이 있는 통계단위이다.

해설

산업활동의 범위에는 영리적 · 비영리적 활동이 모두 포함되나, 가정 내의 가사활동은 제외된다.

27 한국표준산업분류 통계단위의 산업결정에 관한 설명으로 틀린 것은?

① 부차적 산업활동은 주된 산업활동 이외의 재화생산 및 서비스 제공 활동을 말한다.
② 주된 산업활동과 부차적 산업활동은 보조활동의 지원 없이 수행될 수 있다.
③ 생산단위의 산업활동은 그 생산단위가 수행하는 주된 산업활동의 종류에 따라 결정된다.
④ 모 생산단위에서 사용되는 재화나 서비스를 보조적으로 생산하더라도 그 생산되는 재화나 서비스의 대부분을 다른 산업체에 판매하는 경우 별개의 사업체로 간주하여 그 자체활동에 따라 분류하여야 한다.

해설

주된 활동과 부차 활동은 보조활동의 지원 없이는 수행될 수 없으며, 보조활동에는 회계, 창고, 운송, 구매, 판매촉진, 수리업무 등이 포함된다.

28 한국표준산업분류의 적용 원칙으로 틀린 것은?

① 생산단위는 산출물뿐만 아니라 투입물과 생산공정 등을 함께 고려하여 그들의 활동을 가장 정확하게 설명된 항목에 분류해야 한다.
② 산업활동이 결합되어 있는 경우에는 그 활동단위의 주된 활동에 따라서 분류해야 한다.
③ 수수료 또는 계약에 의하여 활동을 수행하는 단위는 동일한 산업활동을 자기계정과 자기책임하에서 생산하는 단위와 같은 항목에 분류해야 한다.
④ 공식적 생산물과 비공식적 생산물, 합법적 생산물과 불법적인 생산물을 달리 분류해야 한다.

해설

공식적 생산물과 비공식적 생산물, 합법적 생산물과 불법적인 생산물을 달리 분류하지 않는다.

정답 26 ① 27 ② 28 ④

CHAPTER 3 직업 관련 정보의 이해

3-1 직업훈련 정보의 이해

1 직업훈련 제도의 개요

(1) 정책 방향

1995년 7월 고용보험법에 의한 직업능력개발사업의 도입으로 직업훈련의 중점이 기능인력 양성에서 근로자의 평생직업능력개발로 확대, 발전하는 한편 직업훈련의 환경 변화에 적극적으로 대처하기 위해 1998년 국회에서 직업훈련기본법을 폐지하고 이를 대체하는 근로자직업훈련촉진법을 제정했다. 2004년 근로자직업능력개발법, 2021년 국민 평생 직업능력 개발법으로 변경되었으며, 현재까지 시행되고 있다.

(2) 직업능력 개발정책의 3대 방향

직업훈련은 인적자원개발을 통한 경쟁력 제고 및 고용안정과 근로자의 평생능력개발을 위한 지원체제 구축을 위해 다음의 3가지 정책방향을 수립했다.

① 근로자의 평생능력개발체제 구축
- ㉠ 기업 및 근로자에 대한 정부지원 범위의 확대 및 다양화
- ㉡ 취약계층의 직업훈련 접근성 제고
- ㉢ 기능인에 대한 사회적 우대 분위기 조성
- ㉣ 자격제도 개선 및 직업훈련 인프라 확충

② 민간자율성 확대 및 직업훈련의 질적 제고
- ㉠ 훈련사상 진입규제 대폭 환화
- ㉡ 정부지원 행정절차의 간소화
- ㉢ 성과 연계적 평가시스템의 도입

③ 공공훈련의 효율성 제고 및 내실화
- ㉠ 인력부족 직종 및 취약계층 위주의 특성화
- ㉡ 직업훈련 국제협력 강화

| 쌤의 핵심포인트 |
정부 주도의 직업능력 개발 강화가 아니라 민간 자율에 따라 직업능력이 확대된다.

2 고용 관련 정책 및 제도

1) 분야별 정책

(1) 일자리 창출 지원

① 고용유지지원금 : 경영악화 등 고용조정이 불가피하게 된 사업주가 고용유지조치(휴업, 휴직, 무급휴업·휴직 등)를 실시하는 경우 지원금을 지원함으로써 근로자의 실업 예방 및 생계안정 유지를 도모한다.

| 쌤의 핵심포인트 |

일자리 창출 정책과 고용안정망 확충 정책을 구분하여야 한다.

② 고용창출장려금 : 통상적 조건하에 취업이 어려운 취약계층 및 장년을 신중년 적합직무에 고용한 사업주, 교대제 개편, 근로시간 단축 등 근무형태를 변경하여 고용기회를 확대한 사업주를 지원한다.

구분	내용
일자리 함께하기 지원	주근로시간 단축, 교대제 도입·확대, 실근로시간 단축, 일자리 순환제 등 일자리 함께하기 제도를 새로 도입하거나 확대함으로써 새로운 일자리를 만들어 근로자 수가 증가하는 경우 지원한다.
국내복귀기업 고용지원	국내복귀기업 지정 후 3년 이내인 기업의 사업주가 근로자를 신규로 고용하는 경우 인건비의 일부를 지원한다.
신중년 적합직무 고용지원	신중년의 전문성·경험·노하우를 활용할 수 있는 적합직무에 만 50세 이상 구직자를 고용하는 기업에 인건비를 지원함으로써 신중년의 재취업 촉진을 도모하는 경우 지원한다.
고용촉진장려금	여성가장·장애인 등 노동시장의 통상적인 조건하에서 취업이 특히 곤란한 취업 취약자의 고용 촉진을 도모하기 위하여 취업 취약자를 채용한 사업주에게 지원금을 지원한다.

③ 고용안정장려금 : 근로시간 단축·유연근무제 등을 도입하여 근로자의 일·생활 균형을 지원하거나, 고용이 불안정한 기간제 근로자 등을 정규직으로 전환 또는 재고용하여 고용을 안정시키는 사업주에게 인건비·간접노무비 등을 지원하여 근로자 고용안정을 도모한다.

구분	내용
노동시간 단축 정착지원	노동시간 단축 계획을 수립하여 모범적으로 단축한 중소기업 사업주(300인 미만)에게 장려금을 지급한다.
워라밸일자리 장려금	전일제 근로자가 필요한 때(가족돌봄, 본인건강, 은퇴준비, 학업 등)에 소정근로시간 단축을 활용할 수 있도록 시원한다.
일·가정 양립 환경개선 지원 (일家양득 지원)	일하는 시간과 장소가 유연한 근무제도를 도입·확대하는 기업을 지원하여 장시간 근로관행 개선 및 일·생활 균형의 고용문화를 확산한다.

구분	내용
정규직 전환 지원	신분이 불안정한 기간제 근로자 등을 정규직으로 전환한 사업주에게 임금증가액 · 간접노무비 등을 지원하여 비정규직근로자의 처우 개선 및 고용안정을 도모한다.
출산육아기 고용안정 지원	육아휴직 또는 육아기 근로시간 단축 부여에 따른 사업주의 노무비용 부담을 완화하여 근로자의 고용안정을 도모한다.

④ 사회적 기업

구분	내용
사회적 기업 육성	사회적 기업을 육성하기 위해 인건비(사업주 부담 사회보험료 포함) 및 사업개발비, 경영컨설팅, 모태펀드 등 직 · 간접적 인프라 확충을 지원한다.
사회적 기업가 육성	사회적 기업가로서의 자질이 있고 혁신적인 창업 아이디어를 보유하고 지속적인 활동의지가 있는 예비 창업자(팀) 또는 창업 1년 미만 초기창업자(기업)를 대상으로 창업공간, 창업비용, 창업 관련 교육 및 멘토링 등을 지원한다.

⑤ 지역고용

구분	내용
지역산업 맞춤형 일자리 창출 지원	자치단체가 지역 및 산업별 특성에 맞는 고용계획의 수립, 일자리 창출 및 일자리 질 개선 등 일자리사업을 발굴, 추진할 수 있도록 지원한다.
지역일자리 목표 공시제	자치단체장이 해당 지역의 주민들에게 임기 중 추진할 일자리 목표 및 대책을 수립하여 공표토록 하며 중앙정부는 자치단체의 일자리 대책이 원활하게 추진될 수 있도록 지원하고, 추진성과를 확인하여 우수자치단체에 인센티브를 제공한다.
고용위기지역 지정	고용사정이 현저히 악화되거나 악화될 우려가 있는 지역에 대한 지정기준과 지원수준을 정하여 고용안정과 일자리 창출 등 사업의 원활한 추진 및 지역고용 활성화를 도모한다.

| 쌤의 핵심포인트 |

지역의 고용 관련 비영리법인 등과 컨소시엄을 구성하여 지역의 고용 관련 현안문제를 정부 주도가 아니라 자치단체 주도로 해결한다.

⑥ 일자리 안정자금 : 최저임금 인상에 따른 소상공인 및 영세중소기업의 경영부담을 완화하고 노동자의 고용불안을 해소하기 위한 지원사업으로, 지급방식은 직접 지급 또는 사회보험료 대납 중 선택할 수 있다.

원칙적으로 노동자를 30인 미만으로 고용하는 사업주에 대해 지원하나, 공동주택 경비 · 청소, 55세 이상 고령자, 고용위기지역 · 산업위기대응지역, 사회적 기업 · 장애인직업재활시설 · 자활기업 등에 대해서는 30인 이상인 경우에도 지원한다.

(2) 고용안전망 확충

① 고용보험제도 : 근로자(보수의 0.65%)와 사업주(보수총액의 0.9~1.5%)가 공동 부담하여 마련한 기금으로 실업 예방, 고용 촉진 및 근로자의 직업능력개발 · 향상, 실직근로자의 생활안정 및 재취업을 지원한다.

② 소규모사업장 저임금근로자 사회보험료 지원(두루누리사업) : 소규모사업장, 저임금근로자의 사회보험(고용보험 · 국민연금) 보험료 부담분의 일부를 지원하여 사회보험 가입 확대 및 사회안전망 강화를 도모한다.

③ 자영업자 고용보험 : 비자발적으로 폐업한 자영업자가 재취업 · 재창업활동을 하는 동안 실업급여 지급 및 직업훈련 지원을 통해 생활안정 및 재취업을 지원한다.

④ <u>실업크레딧 지원</u> : 실업자의 노후소득 보장을 강화하기 위해 구직급여 수급 기간 동안 국민연금보험료의 일부를 지원하고 그 기간을 연금 가입기간으로 산입한다.

⑤ 건설근로자 퇴직공제제도 : 사업주가 건설근로자를 피공제자로 하여 건설 근로자공제회에 공제부금을 내고 그 피공제자가 건설업에서 퇴직하는 등의 경우에 건설근로자공제회가 퇴직공제금을 지급한다.

⑥ 건설일용근로자 기능 향상 지원 : 건설업의 특성상 일이 없는 동절기 등에 건설기능훈련을 실시함으로써 건설일용근로자의 직업능력 향상 및 생활안정을 지원한다.

⑦ 산재보험제도 : 근로자의 업무상 재해에 대해 국가가 사업주로부터 소정의 보험료를 징수하여 그 기금으로 사업주를 대신하여 보상해주는 제도이다.

2) 대상자별 정책

(1) <u>청년 대상 고용정책</u>

① 장기근속 및 자산 형성 지원 부문

㉠ <u>청년 추가고용 장려금</u> 지원사업 : 청년을 정규직으로 추가 고용한 중소 · 중견기업에 인건비를 지원함으로써 양질의 청년 일자리를 창출한다.

㉡ <u>청년내일채움공제 : 중소기업 등에 정규직으로 취업한 청년에게 자산형성 방식의 지원을 통해 장기근속을 유도하기 위한 것으로, 청년 · 기업 · 정부가 공동으로 공제금을 적립하여 성과보상금 형태로 만기공제금을 지급한다.</u>

㉢ <u>청년구직활동지원금</u> : 자기주도적 구직활동을 하는 미취업 청년(만 18~34세)에게 청년구직활동지원금을 지원하여 노동시장에 원활히 진입할 수 있도록 지원한다.

| 쌤의 핵심포인트 |

청년내일채움공제의 온라인 신청방법

워크넷의 청년공제 홈페이지(www.work.go.kr/youngtomorrow)에서 참여 신청 → (운영기관의 워크넷 승인 완료 후) 중소기업진흥공단 홈페이지(www.sbcplan.or.kr)에서 청약 신청 순으로 이루어진다.

② 진로탐색 부문

대학일자리센터 운영 : 대학 내 진로지도 및 취 · 창업 지원 기능의 공간적 일원화, 기능적 연계 등 원스톱 고용서비스 전달체계 구축 지원으로, 대학의 취 · 창업 지원역량 강화 및 청년의 원활한 노동시장 이행을 지원한다.

③ 직무능력 키우기 부문

㉠ 청년취업아카데미 : 산업현장에서 요구하는 맞춤형 교육과정을 대학생 졸업(예정)자에게 제공하여 청년의 노동시장 조기진입 등 청년고용을 창출한다.

㉡ 일학습병행제 : 기업이 청년 등을 선채용 후 NCS 기반 현장훈련을 실시하고, 학교 · 공동훈련센터의 보완적 이론교육을 통해 숙련 형성 및 자격취득까지 연계하는 새로운 현장 중심의 교육훈련제도이다.

④ 일경험기회 부문

중소기업탐방프로그램 : 청년들에게 다양한 직업세계 및 산업현장에 대한 체험기회를 제공하고, 우수한 중소 · 강소기업에 대한 정보제공을 통해 중소기업 인력 미스매치 해소 및 노동시장으로의 조기진입을 유도한다.

⑤ 해외취업 부문

해외취업지원 : 해외취업 희망 청년을 대상으로 맞춤형 연수 등 구인수요에 맞는 인재로 양성, 해외일자리 매칭 등을 통하여 해외취업으로 연계한다.

(2) 중장년 대상 고용정책

① 60세 이상 고령자고용지원금 : 고령자를 일정비율 이상 고용하는 사업주를 지원하여 장년의 고용 안정 및 고용 유지를 도모한다.

② 사회공헌활동 지원 : 퇴직인력의 사회적 기업 및 비영리단체 등에서의 사회공헌활동을 지원한다.

③ 중장년 일자리희망센터 : 퇴직(예정)하는 40세 이상 중장년층에게 생애설계, 재취업 및 창업, 사회참여기회 등 고용지원서비스를 제공하여 중장년층의 고용안정 및 취업촉진을 도모한다.

④ 생애경력설계서비스 : 40세부터 생애경력설계를 통해 미래를 위한 경력관리 · 능력개발 등을 지원하고 사회참여 기회를 확대하여 장기적으로 경제적 안정을 추구하도록 한다.

⑤ 고령자 인재은행 : 민간의 무료직업소개사업을 수행하는 비영리법인 또는 공익단체를 고령자인재은행으로 지정하여 고령자 고용안정 및 인력수급 활성화를 도모한다.

⑥ 고령자 계속 고용장려금 : 중소중견기업의 근로자가 정년 이후 주된 일자리에서 계속 일할 수 있도록 정년 이후 계속고용제도를 도입한 사업주를 지원한다.

3) 취업성공패키지

(1) 의의 및 목적

| 쌤의 핵심포인트 |

취업지원 유형
- A유형 : 통합지원형
- B유형 : 훈련중심형
- C유형 : 일경험 중심형
- D유형 : 조기취업형
- E유형 : 해외취업형
- F유형 : 창업창작형

① 일정 소득수준 이하의 저소득층의 취업지원을 목적으로 하는 통합적인 취업지원제도이다.

② 저소득층의 취업에 대한 간접적인 지원 내지 유인제도인 자활사업이나 재정에 의한 일자리 지원사업 및 근로장려세제 등과는 내용적인 측면에서 차이가 있다.

③ '중위소득 60% 이하'인 '차차상위계층' 및 '중위소득 100% 이하'인 '중-장년층'까지를 정책대상으로 설정하고 있는 제도이다.

④ 상대적 빈곤선 이상의 빈곤 위험계층까지를 포함하는 근로빈곤층 관련 포괄적인 취업지원제도이다.

⑤ 차상위계층까지만을 정책대상으로 하는 '자활사업'이나 '근로장려세제'와는 정책대상의 범위에 있어 **근본적 차이가 존재한다.**

(2) 추진방향

① 지원대상자에 대한 개인별 취업지원 관리를 보다 강화한다.

② 단계별 통합적인 취업지원 서비스를 제공한다.

③ 취업성공수당을 지급함으로써 취업 촉진을 도모한다.

(3) 지원대상자(참여대상자) 범위

① 취업성공패키지 I(만 18세~69세)

취업성공패키지 I 범위

① 기초생활수급자 중 자활사업 참여를 전제로 생계급여를 지급받는 기초생활수급자
② 차차상위 이하 저소득층

가구원수별 '건강보험료' 납입액(부과액) 상한(원/월)

구분	1인 가구	2인 가구	3인 가구	4인 가구	5인 가구	6인 가구	7인 가구
중위소득(A)	1,757,194	2,991,980	3,870,577	4,7479,174	5,627,771	6,506,368	7,389,715
소득인정액 (B=A×0.6)	1,054,316	1,795,188	2,322,346	2,849,504	3,376,663	3,903,821	4,433,829
보험료 (B×0.03335)	35,161	59,870	77,450	95,031	112,612	130,192	147,868

- 8인 이상 가구의 '중위소득' : 1인 증가 시마다 883,347원씩 증가(8인 가구 : 8,273,062원)
- (직장가입자) 보험료 : 중위소득 100% 금액×0.03335(직장건강보험료율)
- 지역가입자의 경우도 건강보험료 부과액을 기준으로 판단('18년 이전 적용된 조정계수 폐지)

③ 노숙인 등 비주택거주자
④ 거주지 보호기간(5년) 이내에 있는 북한이탈주민
⑤ 신용회복지원자
⑥ 결혼이민자
⑦ 위기청소년(만 15세~24세)
⑧ 니트(NEET)족 : 최근 2년 동안 교육 · 훈련에 참여하지도 않고, 일도 하지 않은 청년
⑨ 가족 또는 동거인을 부양하고 있는 여성가정
⑩ 특수형태 근로자
⑪ 취업성공패키지 사업 참여 이전 180일 중 30일 이상을 건설일용직으로 근로한 자
⑫ 그 밖에 FTA 피해 실직자, 맞춤 특기병, 미혼모 · 한부모 등

② 취업성공패키지 II(청 · 장년층)

구분	내용
청년층 (만 18~34세 이하)	• 고등학교 이하 졸업자 중 비진학 미취업 청년 • 고등학교 3학년 2학기 재학생 • 대학교 및 대학원 마지막 학기 재학생(휴학생 포함) • 대졸 이상(전문대 포함) 미취업자
중 · 장년층 (만 35~69세 이하)	• 기준 중위소득 100% 이하의 가구원으로서 미취업자 • 영세자영업자(연간 매출액 1억 5천만 원 이하) • 고용촉진특별구역 및 고용재난지역 등 이직자

(4) 취업지원

① 1단계 – 진단 · 경로 설정 : 개인별 취업활동계획(IAP ; Individual Action Plan) 수립을 목적으로 집중상담, 직업심리검사, 집단상담, 취업역량평가 등을 수행함으로써 개인의 취업역량, 구직의욕 및 적성 등을 정확히 진단하며, 이를 토대로 개인별 취업지원경로를 설정한다.

② 2단계 – 의욕 · 능력 증진 : 지원대상자의 실질적인 취업역량 제고를 목적으로 개인별 취업활동계획(IAP)에 따라 집단상담, 직업훈련, 일 경험 프로그램(단기일자리 제공), 창업지원프로그램 등 역량 증진을 위한 세부 프로그램에 참여하도록 한다.

③ 3단계 – 집중 취업알선 : 동행면접 실시 등 지원대상자에 대한 취업알선을 집중적으로 실시하는 과정으로, 일부 지원대상자에 대해서는 민간기관을 통해 서비스를 제공하게 된다.

(5) 지원금

① 참여수당

대상	1단계(진단 · 경로 설정) 과정을 성실히 참여하여 개인별 취업활동계획(IAP)을 수립하고 1단계를 수료한 참여자에게 식비 및 교통비 지원 차원에서 지급
금액	취업성공패키지 I의 경우 최대 25만 원, 취업성공패키지 II의 경우 최대 20만 원

② 훈련참여수당(훈련참여수당)

대상	직업훈련 및 창업교육 참여자에게 훈련기간 동안 지급
금액	1개월(단위기간) 기준 훈련일수 1일당 18,000원을 지급하되, 월 최대금액은 284,000원(최대 6개월)

③ 취업성공수당

대상	취업성공패키지 I 유형 참여자로서 동 사업을 통해 취(창)업에 성공한 자에 대하여 일정한 요건 충족을 전제로 취업인센티브 차원에서 지급
금액	최대 150만 원[근속기간에 따라 3차례로 나누어 1회차(3개월) 30만 원, 2회차(6개월) 40만 원, 3회차(12개월) 80만 원 지급]

3-2 훈련소개

1 국민내일배움카드

1) 직업능력개발 혁신방안

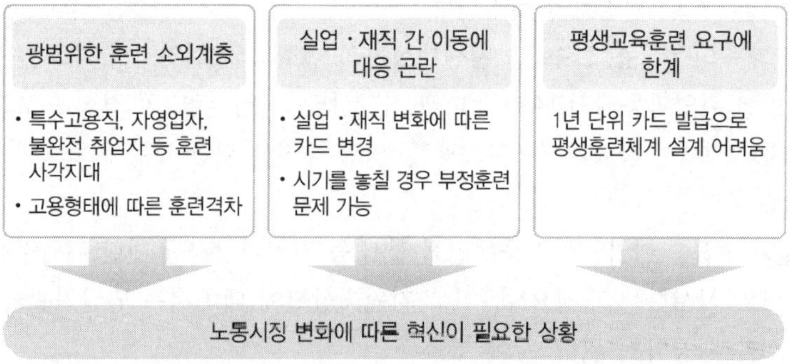

광범위한 훈련 소외계층	실업 · 재직 간 이동에 대응 곤란	평생교육훈련 요구에 한계
• 특수고용직, 자영업자, 불완전 취업자 등 훈련 사각지대 • 고용형태에 따른 훈련격차	• 실업 · 재직 변화에 따른 카드 변경 • 시기를 놓칠 경우 부정훈련 문제 가능	1년 단위 카드 발급으로 평생훈련체계 설계 어려움

↓

노동시장 변화에 따른 혁신이 필요한 상황

① 2008년 이후 실업자와 재직자로 구분해서 운영해왔던 내일배움카드는 특수형태근로종사자 · 자영업자 · 불완전취업자 등의 증가, 실업과 재직 간 변동 증가 등 변화한 노동시장에는 맞지 않는다는 지적이 있어 왔다.

② 국민내일배움카드는 현장의 요구와 노동시장의 환경 변화에 따라 수요자 중심으로 훈련서비스를 대대적으로 개편하는 작업으로 훈련을 희망하는 국민들은 누구나 신청이 가능하여 훈련의 사각지대가 사라지고, 경제협력개발기구(OECD) 내 다른 국가에 비해 부족한 성인들의 역량수준을 한 단계 제고하는 계기를 마련하였다.

2) 국민내일배움카드 시행계획의 주요 내용

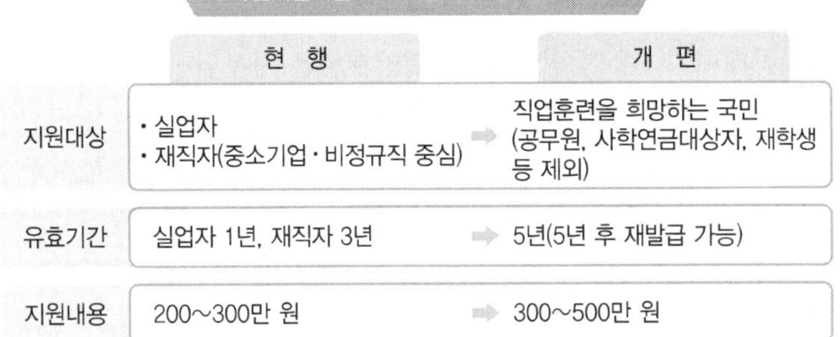

국민내일배움카드 도입으로 달라지는 점

	현 행	개 편
지원대상	· 실업자 · 재직자(중소기업 · 비정규직 중심)	직업훈련을 희망하는 국민 (공무원, 사학연금대상자, 재학생 등 제외)
유효기간	실업자 1년, 재직자 3년	5년(5년 후 재발급 가능)
지원내용	200~300만 원	300~500만 원

(1) 분리 운영되었던 실업자 · 재직자 내일배움카드를 하나로 통합

재직, 휴직, 실업 등 경제 활동 상태에 따라 카드를 바꾸는 불편 없이 하나의 카드로 계속 이용할 수 있다.

(2) 훈련을 희망하는 국민들은 누구나 신청 가능(일정 소득 이상인 자는 제외)

① 실업자, 재직자, 특수형태근로종사자(월 평균 임금이 300만 원 미만), 자영업자(연매출액 1억 5천만 원 미만) 등 여부에 관계없이 직업훈련이 필요하면 적극 지원한다.

② 훈련의 사각지대를 없애고 평생능력개발이 요구되는 환경에 맞도록 개인 주도의 훈련을 확대한다.

③ 지원대상 : 실업자, 재직자, 특수형태근로종사자(월 평균 임금이 300만 원 미만), 자영업자(연매출액 1억 5천만 원 미만) 등 여부에 관계없이 직업훈련이 필요하면 적극 지원한다.

④ 지원 제외 : 공무원, 사립학교 교직원, 75세 이상자 등은 제외된다.

(3) 지원 기간은 길어지고, 지원 규모는 확대

① 유효기간을 '1~3년'에서 '5년'(재발급 가능)으로 연장하여 정부 지원 훈련비를 본인이 필요한 시기에 탄력적으로 활용할 수 있도록 한다.

② 지원한도도 유효기간 연장에 맞추어 현행 '200~300만 원'에서 '300~500만 원'으로 높인다.

③ 훈련생은 직업훈련포털(HRD-Net)을 통해 훈련 계좌 잔액, 수강 과정명, 유효기간 등을 실시간으로 확인할 수 있게 된다.

(4) 취약 계층 및 특화 훈련 등 지원 계속 강화

① 취업성공패키지 I 유형 참여자 등 취약계층은 자부담을 면제한다.

② 국가기간 · 전략직종훈련 및 4차 산업혁명 양성훈련 등 정책적 지원이 크게 요구되는 훈련 분야는 지원한도에 관계없이 전액 지원한다(정부지원 훈련비 대비 계좌잔액이 부족한 경우도 포함). 다만, 다음 유형에 해당하는 경우 계좌한도가 소진된 이후 '100~200만 원'의 계좌한도를 추가로 지원하고, 자부담을 면제한다.

구분	계좌한도의 추가액
1. 기간제, 파견, 단시간 근로자	100만 원
2. 우선지원대상기업 재직자	
3. 고용위기지역 및 특별고용지원업종 종사자	
4. 당해 연도 기준 중위소득의 50% 초과 60% 이하인 자	
5. 당해 연도 기준 중위소득의 50% 이하인 자	200만 원

(5) 훈련과정의 질 높이기 병행

① 기업 수요를 반영하여 맞춤형으로 훈련과정을 설계 · 운영하고 훈련 심사평가 시 산업계 참여를 강화하는 등 직업훈련이 취업에 실질적 도움이 될 수 있도록 한다.

※ 역량이 검증된 기관 중심으로 기업수요를 고려한 질 높은 훈련 제공, 훈련기관 · 협약 기업이 원하는 훈련생을 선발할 수 있도록 자율권 보장

② 과정 운영 역량이 부족한 기관의 진입 차단, 저성과 운영기관 배제, 부정 훈련기관 퇴출 등 촘촘한 관리도 병행한다.

(6) 자기 부담은 합리적으로 재설계

① 실업자, 재직자 등 여부에 관계없이 동일한 자부담을 적용하되, 직종별 취업률을 고려하여 다르게 적용한다.

<table>
<tr><th rowspan="2">구분</th><th colspan="5">직종평균 취업률(2016~2018년 종료 과정)</th><th rowspan="2">외국어
·
법정직무</th><th rowspan="2">국기 등
특화</th></tr>
<tr><th>70%
이상</th><th>60
~70%</th><th>50
~60%</th><th>40
~50%</th><th>40%
미만</th></tr>
<tr><td>근로장려금
수급자</td><td>7.5%</td><td>12.5%</td><td>17.5%</td><td>22.5%</td><td>27.5%</td><td>50%</td><td rowspan="4">0%</td></tr>
<tr><td>일반훈련생</td><td rowspan="2">15%</td><td rowspan="2">25%</td><td>35%</td><td>45%</td><td>55%</td><td rowspan="3"></td></tr>
<tr><td>취업성공패키지
Ⅱ유형</td><td>30%</td><td>40%</td><td>50%</td></tr>
<tr><td>취업성공패키지
Ⅰ유형</td><td>0%</td><td>0%</td><td>0%</td><td>0%</td><td>20%</td></tr>
</table>

② 저소득 재직자(예 근로장려금 수급)에게는 자부담률 50%를 경감할 예정이다.

③ 한편 취약계층은 자비부담을 면제 또는 경감하여 훈련에 따른 경제적 부담을 완화하고자 하였다.

④ 실업자 중 취업성공패키지Ⅰ유형 참여자는 자부담 미부과, 재직자 중 근로장려금 수급자는 50% 경감된다.

국가기간 전략산업직종 훈련 및 4차 산업혁명 특화 훈련 등 인력 양성이 크게 요구되는 분야에는 자부담을 부과하지 않는다.

(7) 수강할 수 있는 직업훈련과정

① 국민내일배움카드는 직업능력심사평가원(한기대 소속)의 심사평가 절차를 거친 훈련과정을 수강하였을 때 지원하며, 구체적 과정은 직업훈련포털(HRD-Net)을 통해 확인 가능하다.

② 취미, 순수 자기계발 등 취업 이외 목적의 훈련은 허용되지 않으며, 고용센터 상담 과정에서 훈련 후 구체적 취업계획 등을 확인할 예정이다.

③ <u>법정직무 및 외국어 훈련과정 : 고용보험에 가입된 피보험자에 한하여 수강을 허용한다.</u>

④ 동일 직종(NCS 세분류 기준)의 <u>훈련과정은 1년에 최대 3회까지 수강할 수 있다.</u>

(8) 고용센터의 상담 · 심사 절차

2020년부터는 실업자와 재직자 모두 직업훈련포털(HRD-Net)을 통해 카드를 발급받을 수 있으며, 장기훈련(140시간 이상)을 받고자 하는 경우에는 고용센터 상담 · 심사 절차(2주 소요)를 거친 후 수강 가능하다.

① 실업자가 단기과정 수강 시 상담 생략, 재직자가 장기과정 수강 시 전직 희망 가능성이 크다.

② 향후 누적발급 증가에 따라 개인별 연간 훈련은 5회까지 가능하다.

(9) 훈련과정에서 중도 탈락하는 경우

천재지변, 훈련기관의 폐업, 군입대, 임신 등 불가피한 사유 없이 훈련과정에서 중도 탈락한 경우 '해당' 계좌에서 일정금액을 차감(1회 20만 원, 2회 50만 원, 3회 이상 100만 원)

(10) 훈련장려금 지급기준

① 2020년부터는 '140시간 이상' 훈련과정을 기준(출석률 80% 이상인 경우)으로, 실업 · 재직 등 여부 및 소득수준에 따라 달리 지급된다.

② 재직자 중 저소득 재직자(근로장려금 수급자)도 '140시간 이상' 훈련과정에 참여할 경우 지급된다.

훈련장려금 지급지준

구분		140시간 미만	140시간 이상	비고
실업자		미지급	월 최대 11만 6천 원	
취업성공패키지 I 유형		월 최대 11만 6천 원	월 최대 11만 6천 원	6개월간 28만 4천 원 별도 지급
취업성공패키지 II 유형		미지급	월 최대 11만 6천 원	6개월간 28만 4천 원 별도 지급
재직자	주 15시간 이상	미지급	미지급	
	주 15시간 미만	미지급	월 최대 11만 6천 원	
	EITC 수급자	일 최대 1만 8천 원	일 최대 1만 8천 원	
고용보험 임의가입 자영업자		월 최대 11만 6천 원	월 최대 11만 6천 원	

※ 월 최대 11만 6천 원(5,800원×출석일수)

(11) 출석인정 범위 확대

훈련생 본인 외에도 자녀의 질병 · 입원으로 인한 결석도 출석으로 인정한다(단, 교육과정별 총 훈련일수의 10% 이내에서 허용).

한눈에 보는 국민내일배움카드제

'국민내일배움카드' 시행

○ 국민내일배움카드 주요 내용

1 누구나 국민내일배움카드 신청 가능

* 다만, 공무원, 사립학교 교직원, 졸업예정자 이외 재학생, 연 매출 1억 5천만원 이상의 자영업자, 월 임금 300만원 이상인 대기업근로자(45세 미만)·특수형태근로 종사자는 제외

2 **실업, 재직, 자영업 여부에 관계 없이 국민내일배움카드 한장으로** 5년간 사용 가능

3 **개인당** 300~500만원의 **훈련비용** 지원

* 취업성공패키지 I 참여자 등 저소득계층에게는 500만원 지원
* 국가기간·전략산업직종, 과정평가형 자격과정 등 특화과정은 훈련비 전액 지원

훈련 참여자는 훈련비의 일부를 **자부담**(실업자, 재직자, 자영자 등 자부담 비율 동일)

* 저소득계층 및 국가기간전략산업직종, 과정평가형 자격과정 등 특화과정은 자부담 없음
* 자부담 수준은 직종별 취업률 등에 따라 15~55% 차등 부과
* 자부담 5%p 추가 부과
  ①일반사무, ②회계, ③요양보호사, ④음식조리, ⑤공예,
  ⑥바리스타, ⑦제과제빵, ⑧이·미용, ⑨문화콘텐츠 제작, ⑩간호조무사

4 **국민들은 상담절차를 거쳐** 개인에 맞는 **훈련을 선택하여** 수강

5 **개인의 훈련이력, 계좌잔액 등의 정보는** HRD-Net을 통해 실시간 확인 가능

○ 국민내일배움카드 이용 방법

내일배움카드 신청 ▶ 가까운 고용센터를 방문**하거나** HRD-Net을 통해 신청

훈련과정 수강신청 ▶ 140시간 이상 훈련과정: **고용센터 상담을 통해 신청 가능**
140시간 미만 훈련과정: **HRD-Net을 통해 신청 가능**

2 직업능력개발훈련의 구분

(1) 훈련의 목적에 따른 구분

① 양성(養成)훈련 : 근로자에게 작업에 필요한 기초적 직무수행능력을 습득시키기 위하여 실시하는 직업능력개발훈련

② 향상훈련 : 양성훈련을 받은 사람이나 직업에 필요한 기초적 직무수행능력을 가지고 있는 사람에게 더 높은 직무수행능력을 습득시키거나 기술발전에 맞추어 지식 · 기능을 보충하게 하기 위하여 실시하는 직업능력개발훈련

③ 전직(轉職)훈련 : 근로자에게 종전의 직업과 유사하거나 새로운 직업에 필요한 직무수행능력을 습득시키기 위하여 실시하는 직업능력개발훈련

(2) 훈련방법에 따른 구분

① 집체(集體)훈련 : 직업능력개발훈련을 실시하기 위하여 설치한 훈련전용시설이나 그 밖에 훈련을 실시하기에 적합한 시설(산업체의 생산시설 및 근무장소는 제외한다)에서 실시하는 방법

② 현장훈련 : 산업체의 생산시설 또는 근무장소에서 실시하는 방법

③ 원격훈련 : 먼 곳에 있는 사람에게 정보통신매체 등을 이용하여 실시하는 방법

④ 혼합훈련 : 위의 세 가지 훈련방법을 2개 이상 병행하여 실시하는 방법

| 쌤의 핵심포인트 |

잡맵(Job Map)
통계청에서 실시한 〈지역별 고용조사〉 결과를 바탕으로 재구성된 자료로서 228개 산업과 426개 직업별 소득, 종사자 수, 여성비율, 근속연수 등 노동시장 정보를 워크넷 직업 · 진로 자료실을 통해 제공하고 있다.

3-3 워크넷의 이해

1 개요

워크넷(Work-net)이란 다양한 일자리 정보, 인재정보 등 각종 취업 관련 정보와 직업적성 흥미검사, 사이버직업상담, 잡맵(Job Map) 등 다양한 취업지원서비스를 구인업체 및 구직자에게 제공함으로써 정보 부족으로 인한 마찰적 실업을 최소화하기 위하며 운영되었다. 워크넷(www.work.go.kr)은 1998년 서비스를 개시하였으며 신뢰할 수 있는 구인 · 구직정보와 직업 · 진로정보를 서비스하는 대한민국 공공 취업 포털이다.

| 쌤의 핵심포인트 |

워크넷의 잡맵에서 알 수 있는 정보
- 종사자 수
- 임금근로자 평균소득(중위값)
- 평균 근로연수
- 성비(여성비율)

※ 청년구직자 참여비율은 알 수 없다.

2 워크넷의 특징

① 공공과 민간의 통합정보 제공 : 워크넷 공공 · 민간 '일자리정보 통합서비스'(잡코리아, 사람인, 커리어, 서울시 · 경기도 · 인천시의 일자리정보통합) 제공

워크넷 메인 화면

② 직업 진로서비스 : 직업심리검사, 직업정보검색, 진로상담 등의 서비스
③ 직업정보의 다양성 : 여성, 고령자, 장애인, 청년층 등에 대한 서비스
④ 편리한 사용방법 : 모바일 웹 및 애플리케이션 서비스
⑤ 정보의 신뢰성 : 국가기관인 고용노동부에서 제공하는 서비스

| 쌤의 핵심포인트 |

기업회원은 워크넷에서 인재정보를 검색할 수 있고, 인재채용을 위해 온라인상으로 구인신청서를 등록할 수 있다.

3 채용정보

채용정보 상세검색

① 키워드
② <u>직종</u>
③ 지역 : 지역별, 역세권별, 산업단지별
④ 경력 : 신입, 경력, 관계없음
⑤ <u>고용형태</u> : 기간의 정함이 없는 근로계약, 기간의 정함이 없는 근로계약[시간(선택)제], 기간의 정함이 있는 근로계약, 기간의 정함이 있는 근로계약[시간(선택)제], 파견근로, 대체인력 채용
⑥ 학력 : 중졸 이하, 고졸, 대졸(2~3년), 대졸(4년), 석사, 박사, 학력 무관
⑦ <u>희망임금</u> : 연봉, 월급, 일급, 시급
⑧ 워크넷 입사지원

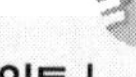

| 쌤의 핵심포인트 |

기업형태별 검색
- 대기업
- 공무원/공기업/공공기관
- 강소기업
- 코스피/코스닥
- 외국계 기업
- 일학습 병행기업
- 벤처기업
- 청년친화강소기업
- 가족친화인증기업

※ 중소기업, 금융권기업, 중견기업, 환경친화기업은 없다.

| 쌤의 핵심포인트 |

검색조건에 소정근로시간은 없다.

⑨ 기업형태
⑩ 채용 구분 : 상용직, 일용직
⑪ 근무형태 : 주 5일, 주 6일, 주 4일, 주 3일, 주 2일, 주 1일, 주 7일, 격일
⑫ 근로시간 단축
⑬ 교대근무 여부 : 2교대, 3교대
⑭ 식사(비) 제공 : 1식, 2식, 3식, 중식비 지급
⑮ 기타 복리후생

채용정보 상세검색

키워드	키워드를 입력하세요 / ☑ 전체 ☐ 제목 ☐ 회사명 ☐ 직무내용 ☐ 역세권명
직종	직종 선택
지역	지역별 / 역세권별 / 산업단지별
경력	☑ 전체 ☐ 신입 ☐ 경력 (년 ~ 년) ☐ 관계없음
고용형태	☐ 기간의 정함이 없는 근로계약 ☐ 기간의 정함이 없는 근로계약(시간(선택)제) ☐ 기간의 정함이 있는 근로계약 ☐ 기간의 정함이 있는 근로계약(시간(선택)제) ☐ 파견근로 ☐ 대체인력채용
학력	☑ 전체 ☐ 중졸이하 ☐ 고졸 ☐ 대졸(2~3년) ☐ 대졸(4년) ☐ 석사 ☐ 박사 ☐ 학력무관
희망임금	선택 만원이상 ~ 만원이하 / ☑ 관계없음
워크넷 입사지원	☐ 워크넷 입사지원 가능
기업형태	☑ 전체 ☐ 대기업 ☐ 공무원/공기업/공공기관 ☐ 강소기업 ☐ 코스피 / 코스닥 ☐ 외국계기업 ☐ 일학습병행기업 ☐ 벤처기업 ☐ 청년친화강소기업 ☐ 가족친화인증기업
채용구분	☑ 상용직 ☐ 일용직
근무형태	☐ 주 5일 ☐ 주 6일 ☐ 주 4일 ☐ 주 3일 ☐ 주 2일 ☐ 주 1일 ☐ 주 7일 ☐ 격일
근로시간단축	☐ 근로시간단축여부
교대근무여부	☐ 2교대 ☐ 3교대
식사(비)제공	☐ 1식 ☐ 2식 ☐ 3식 ☐ 중식비지급
기타 복리후생 (AND / OR)	☐ 통근버스 ☐ 기숙사 ☐ 차량유지비 ☐ 교육비 지원 ☐ 자녀 학자금 지원 ☐ 주택자금 지원 ☐ 기타
우대조건	◉ 전체 ○ 청년층 ○ 장년 ○ 여성
장애인 희망채용	☐ 장애인 병행채용 ☐ 장애인 우대 ☐ 장애인만 채용
병역 특례	☐ 현역병입영대상자 ☐ 사회복무요원 소집대상인 보충역 ☐ 전문연구요원
자격면허	자격증 선택 ☐ 필수자격만 검색
전공	전공 선택

채용정보 검색 화면

⑯ 우대조건 : 청년층, 장년, 여성
⑰ 장애인 희망채용 : 장애인 병행채용, 장애인 우대, 장애인만 채용
⑱ 병역특례 : 현역병입영대상자, 사회복무요원 소집대상인 보충역, 전문연구요원
⑲ 자격면허
⑳ 전공
㉑ 외국어
㉒ 기타 우대사항
㉓ 마감일
㉔ 등록일
㉕ 정보제공처

| 쌤의 핵심포인트 |

「고용상 연령차별금지 및 고령자고용촉진에 관한 법률」이 시행됨에 따라 채용정보에서 연령이 삭제되었다.

4 직업 · 진로

(1) 직업심리검사

고용노동부 직업심리검사는 개인의 능력과 흥미, 성격 등 다양한 심리적 특성을 객관적으로 측정하여 자신에 대한 이해를 돕고 개인의 특성에 보다 적합한 진로분야를 선택할 수 있도록 도와준다.

① 고용노동부는 청소년(8종)과 성인(12종)을 대상으로 총 20여 종의 심리검사를 개발하여 제공하고 있다.
② 직업심리검사는 워크넷 회원가입 후 즉시 가능하며 검사결과는 검사 완료 직후, '검사결과 보기'를 통해 확인할 수 있다.

| 쌤의 핵심포인트 |

청소년 흥미검사 하위척도
- 활동척도
- 자신감척도
- 직업척도

※ 봉사척도, 가치관척도는 없다.

워크넷 〉 직업 · 진로 〉 직업심리검사

③ 워크넷의 청소년 대상 심리검사 중 '대학 전공(학과) 흥미검사', 성인대상 심리검사 중 '준고령자 직업선호도검사', '이주민 취업준비도 검사', '중장년 직업역량검사'는 인터넷을 이용한 온라인 방법으로만 실시 가능하다.

(2) 직업정보 찾기

| 쌤의 핵심포인트 |
'학력수준으로 찾기', '지역별 찾기'는 없다.

① 키워드로 검색

② 조건별 검색

㉠ 평균연봉 : 3,000만 원 미만, 3,000~4,000만 원 미만, 4,000~5,000만 원 미만, 5,000만 원 이상

㉡ 직업전망 : 매우 밝음(상위 10% 이상), 밝음(상위 20% 이상), 보통(중간 이상), 전망 안 좋음(감소 예상직업)

③ 분류별 찾기

④ 지식별 찾기

⑤ 업무수행 능력별 찾기

⑥ 통합 찾기(지식, 능력, 흥미)

⑦ 신직업 · 창직 찾기

⑧ 대상별 찾기

⑨ 이색직업별 찾기(해당 직업 종사자 인터뷰 정보 제공)

⑩ 테마별 찾기

※ 한국직업정보시스템의 직업검색내용－하는 일, 교육/자격/훈련, 임금/직업만족도/전망, 능력/지식/환경, 성격/흥미/가치관, 업무활동, 일자리현황, 관련 직업

| 쌤의 핵심포인트 |
이색직업의 구성항목은 등장배경, 하는 일, 교육과 훈련이며, 표준직업분류코드는 없다.

직업정보 찾기

당신이 궁금한 세상의 모든 직업

우리나라의 대표적인 830여개의 직업에 대한 정보를 소개합니다.
한국고용정보원 미래직업연구팀이 매년 실시하는 재직자 조사 결과를 바탕으로,
각 직업이 어떤 일을 하는지, 그 일을 하기 위해서는 어떤 교육.훈련이나
자격이 필요한지, 각 직업은 어떤 특성을 지니는지 소개합니다.

키워드 검색 | 찾고자하는 직종명을 입력해 보세요. | 검색 | 조건별 검색 | 평균연봉 | 직업전망 | 검색

워크넷 〉 직업 · 진로 〉 직업정보 〉 직업정보 찾기

(3) 학과정보

① 학과정보 검색의 주요 특징

㉠ 해당 학과에서 필요로 하는 적성 및 흥미를 확인할 수 있다.

㉡ 학과공부를 통해 취득할 수 있는 자격(국가자격, 민간자격)이나 면허를 확인할 수 있다.

㉢ 지역별 해당 학과가 개설된 4년제 대학 및 전문대학(홈페이지 링크 연결)을 확인할 수 있다.

㉣ 진출할 수 있는 직업('직업정보 찾기'로 링크 연결)을 확인할 수 있다.

㉤ 해당 학과 지원자 수, 입학자 수, 졸업자 수, 취업률을 한눈에 확인할 수 있다.

| 쌤의 핵심포인트 |
졸업자 평균 연봉은 알 수 없다.

② 계열별 검색

㉠ 인문계열
- 인문계열에는 언어 · 문학과 인문과학이 있다.
- 대표 학과 : 신학과, 철학과, 윤리학과, 국제지역학과, 일본학과, 심리학과, 상담심리학과, 문헌정보학과 등

| 쌤의 핵심포인트 |
계열별 검색에 문화관광계열을 틀린 지문으로 출제하고 있다.

㉡ 사회계열
- 사회계열에는 경영 · 경제, 법률, 사회과학이 있다.
- 대표 학과 : 경제학과, 신문방송학과, 정치외교학과, 의무행정과, 비서학과, 지리학과 등

학과 검색

대학의 학과 정보가 궁금하다면, 학과정보를 검색해 주십시오.

요약보기 : 인포그래픽으로 학과정보를 한번에 파악할 수 있습니다.
학과소개 : 학문에 대한 개괄적 소개와 해당학과에서 필요로 하는 적성 및 흥미를 확인할 수 있습니다.
관련학과/교과목 : 유사한 명칭으로 개설된 관련학과, 학과에서 주로 배우는 교과목,
학과공부를 통해 취득할 수 있는 자격이나 면허를 확인할 수 있습니다.
개설대학 : 지역별 해당 학과가 개설된 4년제 대학 및 전문대학을 확인할 수 있습니다.
진출직업 : 해당학과 졸업 후에 진출할 수 있는 직업을 확인할 수 있습니다.
취업현황 : 해당 학과 지원자수, 입학자수, 졸업자수, 취업률을 한눈에 확인할 수 있습니다.(이색학과정보 제외)

키워드검색 찾고자 하는 학과명을 입력해 주세요 검색 ※ Tip : 학과명, 전공 또는 관련 키워드를 입력해 보세요.

인문계열

사회계열

교육계열

자연계열

공학계열

의약계열

예체능계열

이색학과정보

워크넷 〉 직업 · 진로 〉 학과정보 〉 학과 검색

㉢ 교육계열

- 교육계열은 교육일반, 유아교육, 특수교육, 초등교육, 중등교육으로 구성된다.
- 대표 학과 : 교육학과, 교육공학과, 교육심리학과, 유아교육학과, 보육학과, 초등교육과, 특수교육과, 국어교육과 등

㉣ 자연계열

- 자연계열은 농림 · 수산, 생물 · 화학 · 환경, 생활과학, 수학 · 물리 · 천문 · 지리로 구성된다.
- 대표 학과 : 생명과학과, 생명공학과, 수의학과, 환경(공)학과, 농공학과, 임산공학과, 아동가족학과, 소비자주거학과, 천문우주학과, 화학과, 가정관리학과, 식품공학과, 식품생명학과 등

㉤ 공학계열

- 공학계열은 건축, 토목 · 도시, 교통 · 운송, 기계 · 금속, 전기 · 전자, 정밀 · 에너지, 소재 · 재료, 컴퓨터 · 통신, 산업, 화공, 기타로 나뉜다.
- 대표 학과 : 안경광학과, 건축학과, 메카트로닉스공학과, 조경학과, 교통공학과, 자동차공학과, 해양공학과 등

㉥ 의학계열

- 의약계열은 의료, 간호, 약학, 치료 · 보건으로 구성된다.
- 대표 학과 : 응급구조과, 한의학과, 의료공학과, 치기공과, 임상병리학과 등

㉦ 예체능계열

- 예체능계열은 디자인, 응용예술, 무용 · 체육, 미술 · 조형, 연극 · 영화, 음악으로 구성된다.
- 대표 학과 : 경호학과, 경찰경호과, 경호스포츠과, 경호보안학과, 공예과, 공예디자인학과, 피부미용학과, 실내디자인학과, 성악과, 작곡과, 스포츠과학과 등

㉧ 이색학과정보 : 식품/웰빙/여가, 과학/정보통신, 보건의료/교육, 문화/예술/스포츠, 경영/금융/보안, 방송/이벤트, 기타

※ '이색학과정보'는 워크넷의 학과정보에서 별도의 카테고리 검색항목으로 제시되었으나, 2019년 개편된 학과정보에서 학과 검색의 계열별 검색항목에 포함되었다.

3-4 HRD - Net(직업훈련포털)

직업능력개발정보망(HRD－Net)은 한국고용정보원이 운영하는 국가 직업훈련에 관한 정보를 검색할 수 있는 직업능력개발 정보망으로서, '직업능력지식포털'이라 하였으나 최근에는 '직업훈련포털'로 불린다.

쉽고 빠른 훈련(능력개발) 정보

① 합리적인 훈련과정 선택을 위한 "실시기관 · 취업률 · 실시/수료인원 · 비용 · 평가등급" 등 다양한 정보 제공

② 교육 · 훈련을 처음 신청하는 초보자를 위하여 "훈련참여절차 안내 및 관련 법령 · 서식" 정보 제공

③ 내일배움카드(재직자) 등 계좌카드 온라인 신청 · 발급 및 현황 조회

④ 고용노동부 지원 훈련과정 수강이력, 온라인 훈련문의, 수강평 등록, 수강포기, 출석부, 정산현황 등 개인회원 서비스

| 쌤의 핵심포인트 |

직업정보 제공 관련 인터넷 사이트

- 직업훈련정보 : HRD–Net
- 자격정보 : Q–Net
- 외국인 고용관리정보 : eps.go.kr
- 해외취업정보 : 월드잡플러스

3-5 Q - Net(자격정보시스템)

| 쌤의 핵심포인트 |

ITQ는 국가공인민간자격으로, 한국생산성본부가 관리한다.

| 쌤의 핵심포인트 |

전산회계운용사는 대한상공회의소가 시행한다.

Q-Net은 한국산업인력공단이 운영하는 국가자격 및 시험정보포털이다. 시험일정, 원서접수, 합격자발표조회, 자격정보, 자격증발급신청, 자격취득자정보 등을 서비스하며, 직업능력개발정보망 및 워크넷과 연계하여 자격종목별 직업훈련정보와 취업정보를 제공한다.

(1) 자격정보

① 국가자격 : 국가기술제도, 국가자격종목별 상세정보, 비상대비자원관리종목, 자격종목변천일람표

② 민간자격 : 민간자격종목별 상세정보, 민간자격등록제도, 민간자격국가공인제도, 사업 내 자격제도

③ 외국자격 : 국가별 자격제도 운영 현황(미국, 영국, 독일, 일본, 호주, 프랑스)

| 쌤의 핵심포인트 |

과정평가형 자격은 NCS 능력단위를 기반으로 설계된 교육, 훈련과정을 이수한 후 평가를 통해 국가기술자격을 부여하는 제도로 Q-Net에는 속해 있지 않다.

(2) 국가기술자격 종목별 정보

① 자격취득자에 대한 법령상 우대사항

② 수험자 동향(응시목적별, 연령별 등)

③ 연도별 검정 현황(응시자 수, 합격률 등)
④ 시험정보(수수료, 취득방법 등)

3-6 자격제도의 이해

1 국가기술자격 검정의 기준 및 방법

(1) 자격검정기준

자격등급	검정기준
기술사	응시하고자 하는 종목에 관한 **고도의 전문지식**과 실무경험에 입각한 계획, 연구, 설계, 분석, 조사, 시험, 시공, 감리, 평가, 진단, 사업관리, 기술관리 등의 기술업무를 수행할 수 있는 능력의 유무
기능장	응시하고자 하는 종목에 관한 **최상급 숙련기능**을 가지고 산업현장에서 작업관리, 소속기능인력의 지도 및 감독, 현장훈련, 경영계층과 생산계층을 유기적으로 연계시켜 주는 현장관리 등의 업무를 수행할 수 있는 능력의 유무
기사	응시하고자 하는 종목에 관한 **공학적 기술이론 지식**을 가지고 설계, 시공, 분석 등의 기술업무를 수행할 수 있는 능력의 유무
산업기사	응시하고자 하는 종목에 관한 **기술기초이론지식** 또는 숙련기능을 바탕으로 복합적인 기능업무를 수행할 수 있는 능력의 유무
기능사	응시하고자 하는 종목에 관한 **숙련기능**을 가지고 **제작, 제조, 조작, 운전, 보수, 정비, 채취, 검사 또는 직업 관리 및 이에 관련되는 업무를 수행할 수 있는 능력의 유무**

(2) 자격검정방법

자격등급	검정기준	
	필기시험	면접시험 또는 실기시험
기술사	단답형 또는 주관식 논문형 (100점 만점에 60점 이상)	구술형 면접시험 (100점 만점에 60점 이상)
기능장	객관식 4지 택일형(60문항) (100점 만점에 60점 이상)	주관식 필기시험 또는 작업형 (100점 만점에 60점 이상)
기사	객관식 4지 택일형 과목당 20문항 과목당 40점 이상 전 과목 평균 60점 이상	주관식 필기시험 또는 작업형 (100점 만점에 60점 이상)
산업기사	객관식 4지 택일형 과목당 20문항 과목당 40점 이상 전 과목 평균 60점 이상	주관식 필기시험 또는 작업형 (100점 만점에 60점 이상)
기능사	객관식 4지 택일형(60문항) (100점 만점에 60점 이상)	주관식 필기시험 또는 작업형 (100점 만점에 60점 이상)

| 쌤의 핵심포인트 |
기술사만 필기시험이 단답형이나 논문형으로 진행된다.

2 국가기술자격 응시자격

(1) 기술, 기능 분야 국가기술자격의 응시자격

① 기능사

응시자격 제한 없음

② 산업기사

㉠ 기능사 등급 이상의 자격을 취득한 후 응시하려는 종목이 속하는 동일 및 유사 직무분야에 1년 이상 실무에 종사한 사람
㉡ 응시하려는 종목이 속하는 동일 및 유사 직무분야의 다른 종목의 산업기사 등급 이상의 자격을 취득한 사람
㉢ 관련 학과의 2년제 또는 3년제 전문대학졸업자 등 또는 그 졸업예정자
㉣ 관련 학과의 대학졸업자 등 또는 그 졸업예정자
㉤ 동일 및 유사 직무분야의 산업기사 수준 기술훈련과정 이수자 또는 그 이수예정자
㉥ 응시하려는 종목이 속하는 동일 및 유사 직무분야에서 2년 이상 실무에 종사한 사람
㉦ 고용노동부령으로 정하는 기능경기대회 입상자
㉧ 외국에서 동일한 종목에 해당하는 자격을 취득한 사람

③ 기사

㉠ 산업기사 등급 이상의 자격을 취득한 후 응시하려는 종목이 속하는 동일 및 유사 직무분야에서 1년 이상 실무에 종사한 사람
㉡ 기능사 자격을 취득한 후 응시하려는 종목이 속하는 동일 및 유사 직무분야에서 3년 이상 실무에 종사한 사람
㉢ 응시하려는 종목이 속하는 동일 및 유사 직무분야의 다른 종목의 기사 등급 이상의 자격을 취득한 사람
㉣ 관련 학과의 대학졸업자 등 또는 그 졸업예정자
㉤ 3년제 전문대학 관련 학과 졸업자 등으로서 졸업 후 응시하려는 종목이 속하는 동일 및 유사 직무분야에 1년 이상 실무에 종사한 사람
㉥ 2년제 전문대학 관련 학과 졸업자 등으로서 졸업 후 응시하려는 종목이 속하는 동일 유사 직무분야에서 2년 이상 실무에 종사한 사람
㉦ 동일 및 유사 직무분야의 기사 수준 기술훈련과정 이수자 또는 그 이수예정자
㉧ 동일 및 유사 직무분야의 산업기사 수준 기술훈련과정 이수자로서 이수 후 응시하려는 종목이 속하는 동일 및 유사 직무분야에서 2년 이상 실무에 종사한 사람

ⓩ 응시하려는 종목이 속하는 동일 및 유사 직무분야에서 4년 이상 실무에 종사한 사람
ⓒ 외국에서 동일한 종목에 해당하는 자격을 취득한 사람

④ 기능장

㉠ 응시하려는 종목이 속하는 동일 및 유사 직무분야의 산업기사 또는 기능사 자격을 취득한 후 「국민 평생 직업능력 개발법」에 따라 설립된 기능대학의 기능장과정을 마친 이수자 또는 그 이수예정자
㉡ 산업기사 등급 이상의 자격을 취득한 후 응시하려는 종목이 속하는 동일 및 유사 직무분야에서 5년 이상 실무에 종사한 사람
㉢ 기능사 자격을 취득한 후 응시하려는 종목이 속하는 동일 및 유사 직무분야에서 7년 이상 실무에 종사한 사람
㉣ 응시하려는 종목이 속하는 동일 및 유사 직무분야에서 9년 이상 실무에 종사한 사람
㉤ 응시하려는 종목이 속하는 동일 및 유사 직무분야의 다른 종목의 기능장 등급의 자격을 취득한 사람
㉥ 외국에서 동일한 종목에 해당하는 자격을 취득한 사람

⑤ 기술사

㉠ 기사 자격을 취득한 후 응시하려는 종목이 속하는 직무분야(고용노동부령으로 정하는 유사 직무분야를 포함한다. 이하 "동일 및 유사 직무분야"라 한다)에서 4년 이상 실무에 종사한 사람
㉡ 산업기사 자격을 취득한 후 응시하려는 종목이 속하는 동일 및 유사 직무분야에서 5년 이상 실무에 종사한 사람
㉢ 기능사 자격을 취득한 후 응시하려는 종목이 속하는 동일 및 유사 직무분야에서 7년 이상 실무에 종사한 사람
㉣ 응시하려는 종목과 관련된 학과로서 고용노동부장관이 정하는 학과(이하 "관련 학과"라 한다)의 대학졸업자 등으로서 졸업 후 응시하려는 종목이 속하는 동일 및 유사 직무분야에서 6년 이상 실무에 종사한 사람
㉤ 응시하려는 종목이 속하는 동일 및 유사 직무분야의 다른 종목의 기술사 등급의 자격을 취득한 사람
㉥ 3년제 전문대학 관련 학과 졸업자 등으로서 졸업 후 응시하려는 종목이 속하는 동일 및 유사 직무분야에서 7년 이상 실무에 종사한 사람
㉦ 2년제 전문대학 관련 학과 졸업자 등으로서 졸업 후 응시하려는 종목이 속하는 동일 및 유사 직무분야에서 8년 이상 실무에 종사한 사람
㉧ 국가기술자격의 종목별로 기사의 수준에 해당하는 교육훈련을 실시하는 기관 중 고용노동부령으로 정하는 교육훈련기관의 기술훈련과정(이하 "기사

수준 기술훈련과정"이라 한다) 이수자로서 이수 후 응시하려는 종목이 속하는 동일 및 유사 직무분야에서 6년 이상 실무에 종사한 사람

ⓩ 국가기술자격의 종목별로 산업기사의 수준에 해당하는 교육훈련을 실시하는 기관 중 고용노동부령으로 정하는 교육훈련기관의 기술훈련과정(이하 "산업기사 수준 기술훈련과정"이라 한다) 이수자로서 이수 후 동일 및 유사 직무분야에서 8년 이상 실무에 종사한 사람

ⓩ 응시하려는 종목이 속하는 동일 및 유사 직무분야에서 9년 이상 실무에 종사한 사람

ⓚ 외국에서 동일한 종목에 해당하는 자격을 취득한 사람

(2) 서비스 분야

| 쌤의 핵심포인트 |

소비자전문상담사 1급, 직업상담사 1급, 사회조사분석사 1급, 전자상거래관리사 1급의 응시자격은 동일하다.

종목	응시자격
직업상담사 1급, 사회조사분석사 1급	• 해당 종목의 2급 자격을 취득한 후 해당 실무에 2년 이상 종사한 사람 • 해당 실무에 3년 이상 종사한 사람
컨벤션기획사 1급	• 해당 종목의 2급 자격을 취득한 후 응시하려는 종목이 속하는 동일 직무분야에서 3년 이상 실무에 종사한 사람 • 응시하려는 종목이 속하는 동일 및 유사 직무분야에서 4년 이상 실무에 종사한 사람 • 외국에서 동일한 종목에 해당하는 자격을 취득한 사람
소비자전문상담사 1급	• 해당 종목의 2급 자격 취득 후 소비자상담 실무경력 2년 이상의 사람 • 소비자상담 관련 실무경력 3년 이상의 사람 • 외국에서 동일한 종목에 해당하는 자격을 취득한 사람
임상심리사 1급	• 임상심리와 관련하여 2년 이상 실습수련을 받은 사람 또는 4년 이상 실무에 종사한 사람으로서 심리학 분야에서 석사학위 이상의 학위를 취득한 자 및 취득 예정자 • 임상심리사 2급 자격 취득 후 임상심리와 관련하여 5년 이상 실무에 종사한 사람 • 외국에서 동일한 종목에 해당하는 자격을 취득한 사람
임상심리사 2급	• 임상심리와 관련하여 1년 이상 실습수련을 받은 사람 또는 2년 이상 실무에 종사한 사람으로서 대학졸업자 및 그 졸업예정자 • 외국에서 동일한 종목에 해당하는 자격을 취득한 사람
직업상담사 2급, 사회조사분석사 2급, 컨벤션기획사 2급, 소비자전문상담사 2급	제한 없음

종목	응시자격
국제의료관광 코디네이터	공인어학성적 기준 요건을 충족하고, 다음의 어느 하나에 해당하는 사람 • 보건의료 또는 관광분야의 학과로서 고용노동부장관이 정하는 학과(이하 "관련 학과"라 한다)의 대학졸업자 또는 졸업예정자 • 2년제 전문대학 관련 학과 졸업자 등으로서 졸업 후 보건의료 또는 관광분야에서 2년 이상 실무에 종사한 사람 • 3년제 전문대학 관련 학과 졸업자 등으로서 졸업 후 보건의료 또는 관광분야에서 1년 이상 실무에 종사한 사람 • 보건의료 또는 관광분야에서 4년 이상 실무에 종사한 사람 • 관련 자격증(의사, 간호사, 보건교육사, 관광통역안내사, 컨벤션 기획사 1 · 2급)을 취득한 사람

| 쌤의 핵심포인트 |

국제의료관광코디네이터의 검정기준

의료관광 상담, 진료서비스 지원, 의료행위로 인한 리스크 관리, 관광서비스 지원, 통역, 의료관광 마케팅, 행정절차 수행 등에 관한 업무를 할 수 있는 지식과 능력의 보유 여부, 국제진료 및 의료관광에 관한 전문적인 지식의 숙지 여부이다.

실기시험만 실시할 수 있는 종목

직무분야	중직무분야	자격종목
02. 경영 · 회계 · 사무	023. 사무	한글속기 1급, 2급, 3급
14. 건설	141. 건축	거푸집기능사, 건축도장기능사, 건축목공기능사, 도배기능사, 미장기능사, 방수기능사, 비계기능사, 온수온돌기능사, 유리시공기능사, 조적기능사, 철근기능사, 타일기능사
	142. 토목	도화기능사, 석공기능사, 지도제작기능사, 항공사진기능사
16. 재료	162. 판금 · 제관 · 새시	금속재창호기능사

| 쌤의 핵심포인트 |

한복기능사, 미용사(피부), 정보처리기능사는 필기시험이 있다.

필기시험과 실기시험을 연속 실시하는 국가기술자격 종목

직무분야	중직무분야	자격종목
02. 경영 · 회계 · 사무	023. 사무	워드프로세서

CHAPTER 3

출제예상문제

3-1 직업훈련 정보의 이해

01 다음 중 직업능력개발 정책방향이라고 볼 수 없는 것은?

① 근로자의 평생능력개발 체제 구축
② 직업훈련의 질적 제고
③ 정부 주도 직업능력개발 강화
④ 공공훈련의 효율성 제고 및 내실화

해설

직업능력개발정책의 3대 방향
① 근로자의 평생능력개발 체제 구축
② 민간자율성 확대 및 직업훈련의 질적 제고
③ 공공훈련의 효율성 제고 및 내실화

02 일자리 안정자금에 대한 설명으로 틀린 것은?

① 최저임금 인상에 따른 소상공인 및 영세중소기업의 경영부담을 완화하고 노동자의 고용불안을 해소하기 위한 지원사업이다.
② 일자리 안정자금의 지급방식은 직접 지급 또는 사회보험료 대납 중 선택할 수 있다.
③ 노동자를 30인 미만으로 고용하는 사업주에 대해 지원하나 공동주택 경비 · 청소원 고용사업주에 대해서는 30인 이상인 경우도 지원한다.
④ 고용보험 가입대상자는 고용보험에 가입하여야 지원하고, 법률상 고용보험 적용대상이 아닌 경우에는 지원에서 제외된다.

해설

고용보험 가입대상자는 고용보험에 가입하여야 지원하고, 법률상 고용보험 적용대상이 아닌 경우에는 가입 없이 지원이 가능하다.

03 고용정책을 대상자별로 구분할 때 청년을 대상으로 한 고용정책이 아닌 것은?

① 고용허가제도
② 일학습병행제
③ 강소기업탐방 프로그램
④ 고용디딤돌 프로그램

해설

고용허가제도는 외국인을 대상으로 하는 고용정책이다.

04 다음 고용안정사업 중 고용조정지원에 해당하지 않는 것은?

① 근로자에 대한 휴업
② 직업전환에 필요한 직업능력개발훈련
③ 인력 재배치
④ 육아휴직장려금

해설

고용노동부장관은 경기의 변동, 산업구조의 변화 등에 따른 사업 규모의 축소, 사업의 폐업 또는 전환으로 고용조정이 불가피하게 된 사업주가 근로자에 대한 휴업, 직업전환에 필요한 직업능력개발 훈련, 인력의 재배치 등을 실시하거나 그 밖에 근로자의 고용안정을 위한 조치를 하면 대통령령으로 정하는 바에 따라 그 사업주에게 필요한 지원을 할 수 있다.

정답 01 ③ 02 ④ 03 ① 04 ④

05 고용조정지원을 위한 고용안정사업에 해당하는 것은?

① 고용유지지원금
② 정규직 전환지원금
③ 고용촉진지원금
④ 세대 간 상생고용지원금

해설

고용유지지원금
경기의 변동, 산업구조의 변화 등으로 생산량, 매출액이 감소하거나 재고량이 증가하는 등의 고용조정이 불가피하게 된 사업주가 근로자를 감원하지 않고 근로시간 조정, 교대제 개편, 휴업, 훈련, 휴직과 같은 고용유지조치를 실시하고 고용을 유지하는 경우 임금 및 훈련비를 지원한다.

06 다음 고용안정사업 중 성격이 다른 하나는?

① 고용환경 개선 지원금
② 일자리 함께하기 지원금
③ 시간제 일자리 지원금
④ 고용유지지원금

해설

고용안정사업 중 고용창출의 지원사업에는 일자리 함께하기 지원, 고용환경 개선 지원, 시간제 일자리 지원 등이 있다. 고용유지지원금은 사업자가 근로시간 조정, 교대제 개편, 휴업 등을 통하여 고용유지 조치를 한 경우 지원하는 지원금이다.

07 단계별 일자리 지원프로그램인 취업성공패키지 사업에 관한 설명으로 틀린 것은?

① 일정 소득수준 이하인 저소득층의 취업지원을 목적으로 하는 통합적인 취업지원제도이다.
② 차상위층까지를 정책대상으로 하는 자활사업이나 근로장려세제와 정책대상의 범위에 있어 동일하다.
③ 지원대상자의 개인별 취업역량 등에 대한 정확한 진단을 토대로 원칙적으로 1년의 기간 내에서 단계별로 통합적인 취업지원을 실시한다.
④ 일정 요건을 충족한 참여자에게는 참여수당, 취업성공수당 등을 지급한다.

해설

차차상위층까지를 정책대상으로 하며 지원대상의 범위도 다르다.

08 청년취업성공패키지의 사전단계에서 향후 취업지원 경로 설정에 활용하기 위해 취업의욕 및 직무능력을 기준으로 분류한 취업지원 유형이 아닌 것은?

① A유형(통합지원형)
② B유형(훈련중심형)
③ C유형(일경험중심형)
④ D유형(취업지원중단형)

해설

D유형은 조기취업형이다.

3-2 훈련소개

09 평생학습계좌제(www.all.go.kr)에 관한 설명으로 틀린 것은?

① 개인의 다양한 학습경험을 온라인 학습이력관리시스템에 기록 · 누적하여 체계적인 학습설계를 지원한다.
② 개인의 학습결과를 학력이나 자격인정과 연계하거나 고용정보로 활용할 수 있게 한다.
③ 평생학습계좌제 개설대상은 전 국민으로 한다.
④ 온라인으로 계좌개설이 가능하며 방문신청은 전국고용센터에 방문하여 개설한다.

해설

온라인으로 계좌개설이 가능하며 방문신청은 평생교육진흥원에 방문하여 개설한다.

정답 05 ① 06 ④ 07 ② 08 ④ 09 ④

10 구직자에게 일정한 금액을 지원하여 그 범위 이내에서 직업능력개발훈련에 참여할 수 있도록 하고, 훈련이력 등을 개인별로 통합관리하는 제도는?

① 훈련계좌발급제 ② 직업능력훈련제도
③ 내일배움카드 ④ 직업능력카드

해설

직업능력개발계좌제(내일배움카드)
고용노동부장관이 실업자 등의 직업능력개발을 지원하기 위하여 직업능력개발훈련 비용을 지원하는 계좌를 발급하고 이들의 직업능력개발에 관한 이력을 종합적으로 관리하는 제도를 말한다.

11 직업능력개발계좌제에 대한 설명으로 틀린 것은?

① 단위기간이란 훈련개시일로부터 매 1개월을 단위로 하는 기간을 말한다.
② 수료란 소정훈련일수의 100분의 80 이상을 출석한 것을 말한다(인터넷원격훈련과정 제외).
③ 계좌의 유효기간은 계좌 발급일로부터 5년으로 한다.
④ 계좌적합훈련과정의 인정 요건은 훈련기간과 훈련시간이 각각 15일 이상이고 60시간 이상이어야 한다.

해설

훈련기간과 훈련시간이 각각 10일 이상이고 40시간 이상일 것

12 직업능력개발훈련 대상자의 선발기준으로 틀린 것은?

① 국민 평생 직업능력 개발법 규정에 의하여 수강제한 처분을 받을 사실이 있는 경우에는 그 처분 종료 후 6월이 지날 것
② 훈련 중 수강을 포기한 사실이 있는 경우 포기한 날부터 4월이 지날 것
③ 구직등록을 한 후 취업 시까지 우선선정직종 훈련을 3회 이상 수강한 사실이 없을 것
④ 정부로부터 훈련비 등의 지원을 받는 훈련과정의 수강 중에 있는 자가 아닐 것

해설

훈련수강 중 중도에 포기할 경우(중도탈락)는 중도탈락일로부터 3개월간 모든 실업자훈련을 수강할 수 없다.

3-3 워크넷의 이해

13 워크넷(직업 · 진로)에서 제공하는 학과정보가 아닌 것은?

① 관련 학과/교과목
② 개설대학
③ 진출직업
④ 졸업자 평균연봉

해설

워크넷(직업 · 진로)에서 제공하는 학과정보는 학과소개(적성과 흥미), 관련 학과/교과목[주요 교과목, 취득자격(국가자격, 민간자격)], 개설대학, 진출분야, 진출직업, 취업현황으로 구성되어 있다.

14 워크넷에서 제공하는 직업선호도검사 L형과 S형의 공통적인 하위검사는?

① 성격검사 ② 흥미검사
③ 생활사검사 ④ 구직동기검사

해설

① L형 : 흥미검사, 성격검사, 생활사검사
② S형 : 흥미검사

정답 10 ③ 11 ④ 12 ② 13 ④ 14 ②

15 워크넷에서 제공하는 직업선호도검사 L형의 하위검사가 아닌 것은?

① 흥미검사
② 성격검사
③ 작업강도생활사검사
④ 구직취약성적응도검사

16 워크넷에서 제공하는 청소년 직업흥미검사의 하위척도가 아닌 것은?

① 활동 ② 자신감
③ 직업 ④ 봉사

해설

①항 활동 척도 : 다양한 직업 및 일상생활 활동을 묘사하는 문항들로 구성되어 있으며 해당 문항 활동을 얼마나 좋아하는지 혹은 싫어하는지의 선호를 측정한다.
②항 자신감 척도 : 활동 척도와 동일하게 직업 및 일상생활 활동을 묘사하는 문항들로 구성되어 있으며, 다양한 문항의 활동에 대해서 개인이 얼마나 잘 할 수 있다고 느끼는지의 자신감 정도를 측정한다.
③항 직업 척도 : 다양한 직업명의 문항들로 구성되어 있으며, 각 문항의 직업명에는 해당 직업에서 수행하는 일에 관한 설명이 함께 제시된다.

17 워크넷의 청소년 대상 심리검사의 종류 중 지필방법으로 실시할 수 없는 것은?

① 청소년 직업흥미검사
② 고교계열 흥미검사
③ 고등학생 적성검사
④ 청소년 진로발달검사

해설

고교계열 흥미검사와 대학전공(학과) 흥미검사는 인터넷으로만 실시할 수 있다.

18 워크넷(직업 · 진로)에서 제공하는 학과정보에 관한 설명으로 틀린 것은?

① 학과별로 진출분야정보를 제공한다.
② 학과별로 관련 직업정보를 제공한다.
③ 학과별 취득자격은 민간자격정보를 제외한 국가자격정보만 제공한다.
④ 학과별 개설대학 홈페이지로 바로 연결될 수 있는 링크를 제공한다.

해설

학과별 취득자격은 민간자격정보와 국가자격정보를 제공한다.

19 워크넷(직업 · 진로)에서 제공하는 학과정보 중 공학계열에 해당하지 않는 것은?

① 조경학과 ② 안경광학과
③ 교통공학과 ④ 임산공학과

해설

임산공학과는 자연계열이다.

20 다음 ( ) 안에 알맞은 것은?

한국직업정보시스템(워크넷/직업 · 진로)에서 직업의 전망조건을 '매우 밝음'으로 선택하여 직업정보를 검색하면 직업전망이 상위 ( ) 이상인 직업만 검색된다.

① 10% ② 15%
③ 20% ④ 25%

해설

매우 밝음(상위 10% 이상), 밝음(상위 20% 이상), 보통(중간 이상), 전망 안 좋음(감소예상직업)

정답 15 ④ 16 ④ 17 ② 18 ③ 19 ④ 20 ①

21 워크넷(직업 · 진로)에서 제공하는 학과정보 중 사회계열에 해당하지 않는 학과는?

① 경영정보학과 ② 유통학과
③ 종교학과 ④ 지리학과

해설

종교학과는 인문계열이다.

22 워크넷(직업 · 진로)에서 제공하는 학과정보 중 의학계열에 해당하는 학과가 아닌 것은?

① 수의예과 ② 한의학과
③ 임상병리과 ④ 치기공과

해설

수의학과(수의예과)는 자연계열이다.

3-4 HRD - Net(직업훈련포털)

23 국가직업훈련에 관한 정보를 검색할 수 있는 정보망은?

① JT−Net ② HRD−Net
③ T−Net ④ Training−Net

24 직업 관련 주요 정보망과 운영기관이 바르게 짝지어진 것은?

A. 직업능력지식포털(HRD−Net)−한국직업능력개발원
B. 민간자격정보서비스(pqi)−한국고용정보원
C. 해외취업정보서비스(WORLD JOB)−한국산업인력공단

① A ② B
③ C ④ A, B, C

해설

① 직업능력지식포털(HRD−Net)−한국고용정보원
② 민간자격정보서비스(pqi)−한국직업능력개발원

3-5 Q - Net(자격정보시스템)

25 Q−Net에서 제공하는 자격정보가 아닌 것은?

① 사업내자격 종목별 상세정보
② 국가기술자격 종목별 상세정보
③ 등록민간자격 종목별 상세정보
④ 외국자격 종목별 상세정보

해설

Q−Net에서 제공하는 자격정보는 국가자격, 민간자격, 외국자격, 자격검정통계이다.

26 Q−Net(www.q−net.or.kr)에서 제공하는 국가기술자격 종목별 정보를 모두 고른 것은?

ㄱ. 자격취득자에 대한 법령상 우대 현황
ㄴ. 수험자 동향(응시목적별, 연령별 등)
ㄷ. 연도별 검정 현황(응시자 수, 합격률 등)
ㄹ. 시험정보(수수료, 취득방법 등)

① ㄱ, ㄴ ② ㄷ, ㄹ
③ ㄱ, ㄴ, ㄹ ④ ㄱ, ㄴ, ㄷ, ㄹ

해설

국가자격 종목별 상세정보에서는 시험정보, 기본정보, 우대 현황, 훈련 · 취업정보, 수험자 동향의 내용을 제공한다.

정답 21 ③ 22 ① 23 ② 24 ③ 25 ① 26 ④

3-6 자격제도의 이해

27 다음은 국가기술자격 어떤 등급의 검정기준인가?

해당 국가기술자격의 종목에 관한 고도의 전문지식과 실무경험에 입각한 계획, 연구, 설계, 분석, 조사, 시험, 시공, 감리, 사업관리, 기술관리 등의 업무를 수행할 수 있는 능력 보유

① 기술사　② 기능장
③ 기사　④ 산업기사

해설

① 기술사 : 해당 국가기술자격의 종목에 관한 고도의 전문지식과 실무경험에 입각한 계획 · 연구 · 설계 · 분석 · 조사 · 시험 · 시공 · 감리 · 평가 · 진단 · 사업관리 · 기술관리 등의 업무를 수행할 수 있는 능력 보유
② 기능장 : 해당 국가기술자격의 종목에 관한 최상급 숙련기능을 가지고 산업현장에서 작업관리, 소속기능인력의 지도 및 감독, 현장훈련, 경영자와 기능인력을 유기적으로 연계시켜 주는 현장관리 등의 업무를 수행할 수 있는 능력 보유
③ 기사 : 해당 국가기술자격의 종목에 관한 공학적 기술이론 지식을 가지고 설계 · 시공 · 분석 등의 업무를 수행할 수 있는 능력 보유
④ 산업기사 : 해당 국가기술자격의 종목에 관한 기술기초이론 지식 또는 숙련기능을 바탕으로 복합적인 기초기술 및 기능업무를 수행할 수 있는 능력 보유
⑤ 기능사 : 해당 국가기술자격의 종목에 관한 숙련기능을 가지고 제작 · 제조 · 조작 · 운전 · 보수 · 정비 · 채취 · 검사 또는 작업관리 및 이에 관련되는 업무를 수행할 수 있는 능력 보유

28 국가기술자격 중 기사등급의 응시자격이 없는 자는?

① 응시하고자 하는 종목이 속하는 동일 직무분야에서 4년 이상 실무에 종사한 자
② 관련 학과의 대학졸업자 등 또는 그 졸업예정자
③ 관련 학과의 2년제 전문대학 졸업자 등으로서 졸업 후 응시하고자 하는 종목이 속하는 동일 직무분야에서 2년 이상 실무에 종사한 자
④ 기능사 자격을 취득한 후 응시하고자 하는 종목이 속하는 동일 직무분야에서 2년 이상 실무에 종사한 자

해설

① 산업기사 등급 이상+동일 및 유사 직무분야 1년 실무
② 기능사+동일 및 유사 직무분야 3년 실무
③ 동일 및 유사 직무분야의 다른 종목의 기사 등급 이상의 자격을 취득한 사람
④ 관련 학과 대학졸업자 등 또는 그 졸업예정자
⑤ 관련 학과 3년제 졸업+동일 및 유사 직무분야 1년 실무
⑥ 관련 학과 2년제 졸업+동일 및 유사 직무분야 2년 실무
⑦ 동일 및 유사 직무분야 기사 수준의 기술훈련과정 이수자 또는 그 이수예정자
⑧ 동일 및 유사 직무분야 산업기사 수준의 기술훈련과정 이수+동일 및 유사 직무분야 2년 실무
⑨ 동일 및 유사 직무분야 4년 이상 실무
⑩ 외국에서 동일한 종목에 해당하는 자격을 취득한 사람

29 다음 중 응시자격의 제한이 없는 국가기술자격 종목이 아닌 것은?

① 직업상담사 2급
② 컨벤션기획사 2급
③ 사회조사분석사 2급
④ 임상심리사 2급

정답 27 ① 28 ④ 29 ④

해설

응시에 제한이 없는 국가기술자격에는 직업상담사 2급, 사회조사분석사 2급, 전자상거래관리사 2급, 텔레마케팅관리사, 게임프로그래밍전문가, 게임그래픽전문가, 게임기획전문가, 멀티미디어콘텐츠제작전문가, 소비자전문상담사 2급, 스포츠경영관리사, 컨벤션기획사 2급이 있다.

30 국가기술자격 서비스분야의 소비자전문상담사 1급의 응시 자격으로 틀린 것은?

① 해당 종목의 2급 자격취득 후 소비자상담 실무경력이 2년 이상인 자
② 소비자상담 관련 실무경력 3년 이상인 자
③ 대학졸업자 등으로서 졸업 후 응시하고자 하는 종목이 속하는 동일 직무분야에서 2년 이상 종사한 자
④ 외국에서 동일한 종목에 해당하는 자격을 취득한 자

31 실기능력이 중요하여 고용노동부령이 정하는 필기시험이 면제되는 국가기술자격 기능사 종목이 아닌 것은?

① 석공 기능사
② 항공사진기능사
③ 한복기능사
④ 조적기능사

해설

필기시험이 면제되는 기능사 종목에는 한글속기 1급 · 2급 · 3급, 거푸집기능사, 건축도장기능사, 건축목공기능사, 도배기능사, 미장기능사, 방수기능사, 비계기능사, 온수온돌기능사, 유리시공기능사, 조적기능사, 철근기능사, 타일기능사, 도화기능사, 석공기능사, 지도제작기능사, 항공사진기능사, 금속재창호기능사가 있다.

32 서비스분야 국가기술자격 종목별 응시자격 기준으로 틀린 것은?

① 컨벤션기획사 1급 – 응시하고자 하는 종목이 속하는 동일 직무분야에서 5년 이상 실무에 종사한 자
② 소비자전문상담사 1급 – 소비자상담 관련 실무경력 3년 이상인 자
③ 임상심리사 2급 – 임상심리와 관련하여 1년 이상 실습 수련을 받은 자 또는 2년 이상 실무에 종사한 자로서 대학졸업자 및 그 졸업예정자
④ 스포츠경영관리사 – 제한 없음

해설

컨벤션기획사 1급
① 해당 종목의 2급 자격을 취득한 후 응시하려는 종목이 속하는 동일 및 유사 직무분야에서 3년 이상 실무에 종사한 사람
② 응시하려는 종목이 속하는 동일 및 유사 직무분야에서 4년 이상 실무에 종사한 사람
③ 외국에서 동일한 종목에 해당하는 자격을 취득한 사람

33 건설기계기사, 공조냉동기계기사, 메카트로닉스기사 자격이 공통으로 해당되는 직무분야는?

① 건축분야 ② 토목분야
③ 기계분야 ④ 전자분야

해설

기계분야
일반기계기사, 기계설계기사, 건설기계기사, 건설기계정비기사, 메카트로닉스기사, 공조냉동기계기사, 궤도장비정비기사, 농업기계기사, 설비보전기사, 승강기기사, 전기철도기사, 조선기사, 항공기사 등

정답 30 ③ 31 ③ 32 ① 33 ③

CHAPTER 4 직업정보의 수집 및 분석

4-1 직업정보의 처리 및 관리

수집 → 분석 → 가공(체계화) → 제공 → 축적 → 평가

1 직업정보의 수집

(1) 직업정보의 수집과정

① 1단계 : 직업분류 제시하기
② 2단계 : 대안 만들기
③ 3단계 : 목록 줄이기
④ 4단계 : 직업정보 수집하기

(2) 직업정보 수집 시 유의점

① 명확한 목표를 설정한다.
② 직업정보의 제공원을 파악하고 직업정보가 수집되는 흐름을 설정하여 계획적으로 수립해야 한다.
③ 자료의 출처 및 수집일자를 기록한다.
④ 최신 자료인지 확인한다.
⑤ 직업정보 수집 시 신뢰성 있는 직업정보원을 개발, 확보해야 한다.
⑥ 직업정보 수집에 필요한 도구를 사용한다.

정보 수집 방법

구분	내용
질문지법 (Questionnaire, 응답범위 표준화)	• 객관식 문항의 응답 항목은 상호배타적이어야 한다. • 응답하기 쉬운 문항일수록 설문지 앞에 배치하는 것이 좋다. • 이중(Double－Barreled)질문과 유도질문은 피하는 것이 좋다.
면접법 (Interview, 제3자의 영향 배제)	• 표준화 면접 : 정해진 개방형/폐쇄형 질문 * 개방형 질문은 기록 후 전문가들의 해석 필요 • 비표준화 면접 : 면접자가 자유롭게 질문 가능

| 쌤의 핵심포인트 |

표준화 면접은 비표준화 면접보다 신뢰도가 높지만 타당도가 낮다.

| 쌤의 핵심포인트 |

내용분석법으로 직업정보 수집 시 장점
- 장기간의 종단연구가 가능하다.
- 필요한 경우 재조사가 가능하다.
- 역사연구 등 소급조사가 가능하다.

※ 단, 정보제공자의 반응은 낮다.

구분	내용
내용분석법 (Content Analysis)	(문헌연구법의 일종, 재조사, 소급조사 가능) 자료의 성질 및 대상 인물의 성질 탐구에 대한 통찰을 통해 가설 설정 후 가설 검증을 위한 방법
<u>패널조사</u> (Panel Survey)	<u>(8～12명) 조사대상 고정, 동일한 조사대상에 대하여 동일한 질문을 반복적으로 실시</u>

2 직업정보의 분석

직업정보의 분석은 전문가에 의해 이루어져야 한다.

(1) 용도에 따른 분석

① 미래사회 분석
② 직업세계 분석
③ 노동시장 분석
④ 개인 분석

(2) 직업정보 분석 시 유의점

① 동일한 정보일지라도 <u>다각적인 분석을 시도하여 해석을 풍부히 한다.</u>
② <u>전문적인 시각에서 분석한다.</u>
③ 분석과 해석은 원자료의 생산일, 자료표집방법, 대상, 자료의 양 등을 검토하여야 하는 한편 분석비교도 이에 준한다.
④ 직업정보원과 제공원에 대하여 제시한다. 다른 통계와의 관련성 및 여러 측면들을 고려하며, <u>숫자로 표현할 수 없는 정보라도 이를 삭제 혹은 배제하지 않는다.</u>

3 직업정보의 가공(체계화)

① 정보를 공유하는 방법 강구－직업정보를 동일한 조건에서 구조화시켜 정보 비교 가능
② 정보의 활용방법을 선정 · 가공하여 표준방법을 채택, 표준화작업으로 체계화
예 호텔 지배인－가공 · 체계화된 직업정보 직업개요, 근로시간, 승진 및 승급, 자격요건, 학력 및 훈련, 직업전망, 상세한 정보, 문의처 등

직업정보 가공 시 유의점을 4가지 쓰시오. 2차

③ 직업정보 가공(체계화) 시 유의점
㉠ 직업은 그 분야에서 매우 전문적인 면이 있으므로, 전문적인 지식이 없어도 이해할 수 있는 <u>이용자의 수준에 준하는 언어로 가공한다.</u>

㉡ 직업에 대한 장단점을 편견 없이 제공한다.
㉢ 현황은 가장 최신의 자료를 활용하되 표준화된 정보를 활용한다.
㉣ 객관성을 잃는 정보나 문자, 어투는 삼간다.
㉤ 시청각의 효과를 부가한다.
㉥ 적절한 형태로 정보를 제공한다.

| 쌤의 핵심포인트 |
숫자로 표현할 수 없는 정보는 사진, 동영상 등을 이용하여 시청각 효과를 부가한다.

4 직업정보의 제공

(1) 직업정보 제공방법

① 인쇄물, 슬라이드, 필름, 오디오 및 비디오테이프 · CD 등의 매스미디어
② 인터넷 등 컴퓨터의 이용
③ 지역사회 인사와 면담, 직업선택과 지도, 직업정보의 비치 및 열람 등 자료은행 설치
④ 전화서비스 체제
⑤ 직업정보 박람회

(2) 직업정보 제공 시 유의점

① 직업정보는 이용자의 구미에 맞도록 생산되어야 하며, 직업정보의 생산과정은 공개한다.
② 내담자의 필요와 자발적 의사를 고려하여 직업정보를 제공한다.
③ 내담자 개인은 물론 내담자의 직업선택에 영향을 미칠 수 있는 환경에 대해서도 충분히 고려하여 내담자의 흥미와 적성에 부합하는 직업정보를 제공한다.

5 직업정보의 축적

정보관리시스템을 적용하여 정보를 제공 · 교환하며 보급된 정보를 축적하는 과정을 의미한다.

① 예전에는 종이, 테이프나 카드 등을 매체로 사용했으나 최근에는 자기디스크나 광디스크 등을 많이 사용한다.
② 정보검색시스템은 정보 요구자에게 필요하다고 예측되는 정보나 데이터를 미리 수집, 가공, 처리하여 찾기 쉬운 형태로 축적해 놓은 데이터 베이스로부터 요구에 적합한 정보를 신속하게 찾아내어 정보요구자에게 제공하는 시스템이다.

6 직업정보의 평가

직업정보는 정확성, 신뢰성, 효용성을 갖추어야 한다.

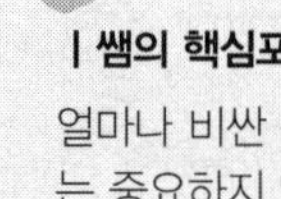

| 쌤의 핵심포인트 |
얼마나 비싼 정보인가는 중요하지 않다.

(1) 직업정보의 일반적인 평가 기준(Hoppock)

① 언제 만들어진 것인가?
② 어느 곳을 대상으로 한 것인가?
③ 누가 만든 것인가?
④ 어떤 목적으로 만든 것인가?
⑤ 자료를 어떤 방식으로 수립하고 제시했는가?

(2) 효용의 관점에서 정보를 평가(R. R. Andrus)

① 형태 효용 : 정보의 형태가 의사결정자의 요구사항에 보다 더 근접하게 맞춰짐에 따라 정보의 가치는 증가된다.
② 시간 효용 : 필요할 때 필요한 정보를 사용할 수 있다면 정보는 의사결정자에게 보다 더 큰 가치를 준다.
③ 장소 효용 : 정보에 쉽게 접근할 수 있거나 전달할 수 있을 때 큰 가치를 갖는다(온라인 시스템은 시간과 장소의 효용 모두를 극대화함).
④ 소유 효용 : 정보소유자는 정보전달을 통제함으로써 정보의 가치를 향상시킨다.

4-2 고용정보의 분석

1 고용정보

(1) 고용정보

고용정보란 직업별 직무내용, 직업전망, 직업별 임금수준 등과 이의 분류에 관한 정보로서 이러한 정보의 수집 · 관리 · 제공까지 해당되며 노동시장에서 직업별로 발생하는 구인 · 구직정보가 포함된다.

고용정보의 구비조건

① 객관성이 있는 정보이어야 한다.
② 필요할 때 필요한 형태로 제공될 수 있는 적시성과 적합성을 가져야 한다.
③ 유동적 · 다면적 · 통합적이어야 한다.

(2) 노동통계 간행물

① 사업체 노동력조사(1～12월) : 매월 노동수요(사업체) 측의 관점에서 종사자 수, 빈 일자리 수, 입직자 및 이직자 수와 임금 및 근로시간에 관한 사항을 조사하여 고용노동정책의 기초자료 활용

② 직종별 사업체 노동력조사(4, 10월) : 상용근로자 5인 이상 사업체의 정상적인 경영활동에 필요한 부족인원의 규모 등을 산업별, 규모별, 직종별로 조사하여 인력 미스매치 해소를 위한 고용정책 기초자료로 제공

③ 기업체 노동비용조사(5.16.～6.15.) : 상용근로자 10인 이상 규모의 기업체가 근로자 고용에 소요되는 제반 비용을 조사 · 파악하여 복지노동행정 구현을 위한 노동정책 입안 자료로 사용하고 기업의 근로자 복지증진을 위한 기초자료로 활용

④ 고용형태별 근로실태조사(7～9월) : 근로자 1인 이상 사업체에 종사하는 근로자의 고용형태별(정규직, 비정규직) 근로자의 근로조건에 관한 실태를 인적 · 사업체 속성별로 조사하여 비정규직 보호대책 등 정책수립, 근로기준 및 노사정책 등 정책 개선 · 개발의 기초자료로 활용

⑤ 사업체 노동실태 현황(매년) : 통계청에서 매년 조사하는 「전국사업체조사」 원시자료를 고용노동부의 행정 기준에 맞게 가공 · 집계하여 사업체 수와 종사자 수에 관한 통계자료를 제공

(3) 워크넷 구인 · 구직 및 취업동향

① 「워크넷 구인 · 구직 및 취업동향」은 한국고용정보원 홈페이지(www.keis.or.kr), 「자료마당」 → 「통계」 → 「구인구직 통계」에서 제공된다.

② 수록된 통계는 전국 고용지원센터, 한국산업인력공단, 시 · 군 · 구 등에서 입력한 자료를 워크넷 DB(Work－Net Database)로 집계한 것이다.

③ 워크넷을 이용한 구인 · 구직자들만을 대상으로 하므로, 통계자료가 노동시장 전체의 수급상황과 일치하지 않을 수도 있으니 이 점에 유의하여 통계를 사용해야 한다.

④ 본 통계는 한국표준산업분류(통계청, 2017년 10차 개정) 및 한국고용직업분류(한국고용정보원, 2018년)를 따르고 있다.

⑤ 통계표에 수록된 단위가 반올림되어 표기되었으므로 전체 수치와 표 내의 합계가 일치하지 않을 수 있다.

2 고용통계

경제활동인구조사

통계청 실시(「경제활동인구연보」, 「경제활동인구월보」)

① 목적

국민의 경제활동, 즉 국민의 취업, 실업 등과 같은 특성을 조사하여 거시경제 분석과 인력자원의 개발 정책 수립에 필요한 기초 자료를 제공

② 조사대상

㉠ 표본조사구 내에 상주하는 자로서, 매월 15일 현재 만 15세 이상인 자(2015년 인구주택총조사 결과를 이용하여 1,737개 표본조사구를 추출하고, 표본조사구 내 3만 5,000가구를 조사)

㉡ 현역군인, 사회복무요원, 형이 확정된 교도소 수감자, 의무경찰 등 제외

③ 조사주기 및 기간(매월 실시)

조사는 매월 15일이 포함된 1주간(일요일~토요일)을 **조사대상주간**으로 하며, 그 다음 주간에 조사를 실시

④ 조사방법

지방사무소 조사담당직원이 조사대상 가구를 직접 방문하여 면접조사

⑤ 조사항목

인적사항, 취업자, 실업자, 비경제활동인구와 관련된 48개 항목

3 고용정보의 주요 용어

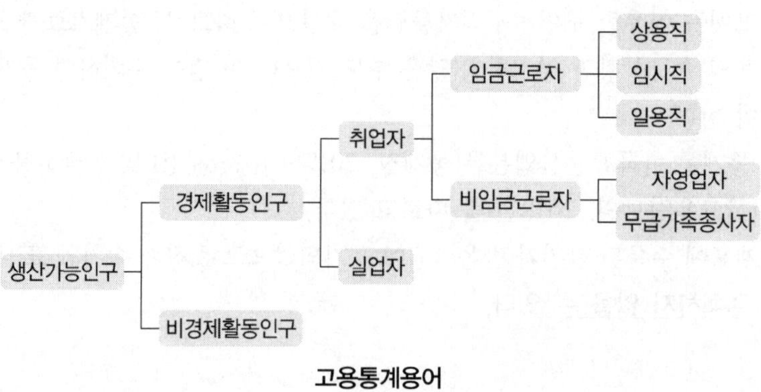

고용통계용어

(1) 생산가능인구(노동가능인구, 만 15세 이상)

조사대상월 15일 현재 만 15세 이상인 자를 말한다.

15세 이상 인구=경제활동인구+비경제활동인구

(2) 경제활동인구(만 15세 이상)

만 15세 이상 인구 중 조사대상기간 동안 상품이나 서비스를 생산하기 위하여 실제로 수입이 있는 일을 한 취업자와 일을 하지는 않았으나 구직활동을 한 실업자를 말한다(단, 현역군인, 단기사병, 전투경찰, 형이 확정된 교도소 수감자, 외국인 제외).

경제활동인구=취업자+실업자

(3) 경제활동 참가율(%)

$$\text{경제활동 참가율} = \frac{\text{경제활동인구(취업자+실업자)}}{\text{15세 이상 인구(생산가능인구)}} \times 100\%$$

(4) 비경제활동인구

만 15세 이상 인구 중 조사대상기간에 취업도 실업도 아닌 상태에 있는 사람으로, 전업주부, 학생, 일을 할 수 없는 연로자 및 심신장애인, 자발적으로 자선사업이나 종교활동에 관여하는 자 등이 해당된다.

비경제활동인구=15세 이상 인구−경제활동인구

(5) 취업자

① 조사대상 주간에 수입을 목적으로 1시간 이상 일한 자
② 동일 가구 내 가구원이 운영하는 농장이나 사업체 수입을 위하여 주당 18시간 이상 일한 무급가족종사자
③ 직업 또는 사업체를 가지고 있으나 일시적인 병 또는 사고, 연가, 교육, 노사분규 등으로 일하지 못한 일시 휴직자

취업자=경제활동인구−실업자=임금근로자 수+비임금근로자 수

(6) 취업률(%)

$$\text{취업률} = \frac{\text{취업자}}{\text{경제활동인구}} \times 100\%$$

(7) 실업자

15세 이상 인구 중 조사대상 주간을 포함한 지난 4주 동안에 수입이 있는 일이 없었고, 일할 의사와 능력을 가지고 있고, 적극적으로 구직활동을 하였으며, 일이 주어지면 즉시 일할 수 있는 사람을 말한다.

실업자＝경제활동인구－취업자

(8) 실업률(%)

$$\text{실업률} = \frac{\text{실업자}}{\text{경제활동인구}} \times 100\%$$

(9) 고용률(%)

만 15세 이상 인구 중 취업자가 차지하는 비율을 말한다.

$$\text{고용률} = \frac{\text{취업자}}{\text{15세 이상 인구}} \times 100\%$$

(10) 종사상 지위

일한 사람이 직무를 수행한 직장(일)과의 관계를 말한다.

| 쌤의 핵심포인트 |

그 사업장에서 근무하는 통산상의 근로자보다 짧은 시간을 근로하게 하는 고용자는 단시간 근로자이다.

① 임금근로자

자신의 근로에 대해 임금, 봉급, 일당 등 어떠한 형태로든 일한 대가를 지급받는 근로자를 말한다.

㉠ 상용직 : 임금 또는 봉급을 받고 고용되어 있으며, 고용계약을 정하지 않았거나 고용계약이 1년 이상인 정규직

㉡ 임시직 : 고용계약이 1개월 이상 1년 미만인 자

㉢ 일용직 : 고용계약이 1개월 미만인 자

② 비임금근로자

㉠ 자영업자 : 고용원이 있는 자영업자와 고용원이 없는 자영업자를 합친 개념이다.

㉡ 무급가족종사자 : 동일 가구 내 가족이 경영하는 사업체, 농장에서 무보수로 일하며, 조사대상기간에 18시간 이상 일한 사람을 말한다.

(11) 구인 · 구직 용어

① 취업건수 : 금월 기간에 워크넷에 취업 등록된 건수

② 신규구직건수 : 해당 월에 워크넷에 등록된 구직건수

③ 취업률

$$\text{취업률}(\%) = \frac{\text{취업건수}}{\text{신규구직자 수}} \times 100$$

④ 신규구인인원 : 해당 월에 워크넷에 등록된 구인인원

⑤ 충족률 : 각 업체가 구인하려는 사람의 충족 여부의 비율

$$\text{충족률}(\%) = \frac{\text{취업건수}}{\text{신규구인인원}} \times 100$$

⑥ 알선건수 : 해당 기간 동안 알선처리한 건수의 합

⑦ 알선율 : 구직신청자 중 알선이 이루어진 건수의 비율

$$\text{알선율}(\%) = \frac{\text{알선건수}}{\text{신규구직자 수}} \times 100$$

⑧ 제시임금 : 구인자가 구직자에게 제시하는 임금

⑨ 희망임금 : 구직자가 구인업체에 희망하는 임금

⑩ 희망임금충족률

$$\text{희망임금충족률}(\%) = \frac{\text{제시임금}}{\text{희망임금}} \times 100$$

⑪ 구인배수 : 구직자 1명에 대한 구인수를 나타내는 것으로 취업의 용이성이나 구인난 등을 판단할 수 있음

$$\text{구인배수} = \frac{\text{신규 구인인원}}{\text{신규 구직건수}}$$

⑫ 일자리경쟁배수 : 신규구인인원 대비 신규구직자 수

$$일자리경쟁배수 = \frac{신규구직자\ 수}{신규구인인원}$$

⑬ 유효구인인원 : 일정 기간 동안 구인신청이 들어온 모집인원 중 해당 월말 알선 가능한 인원수의 합

유효구인인원＝모집인원 수－채용인원 수

⑭ 유효구직자 수 : 구직신청자 중 해당 월말 알선 가능한 인원수의 합

유효구직자 수＝(해당 월말) 등록 마감된 구직자 수－취업된 구직자 수

CHAPTER 4

출제예상문제

4-1 직업정보의 처리 및 관리

01 직업정보시스템의 일반적인 정보관리순서를 바르게 나열한 것은?

① 수집－분석－가공－체계화－제공－평가
② 수집－가공－분석－제공－평가－체계화
③ 수집－분석－평가－가공－체계화－제공
④ 수집－분석－체계화－제공－가공－평가

02 직업정보 수집 시의 유의점으로 틀린 것은?

① 명확한 목표를 세운다.
② 직업정보는 계획적으로 수립해야 한다.
③ 자료를 수집하면 자료의 출처와 저자, 발행연도와 수집일자를 기입해야 한다.
④ 수집한 정보는 항상 유효하기 때문에 불필요한 자료라도 별도 보관하여 활용하도록 한다.

해설

항상 최신의 자료인가를 확인하고 불필요한 자료는 폐기한다.

03 직업정보 분석 시 유의점으로 틀린 것은?

① 전문적인 시각에서 분석한다.
② 직업정보원과 제공원에 대하여 제시한다.
③ 동일한 정보는 한 가지 측면으로 분석하여 단일 해석한다.
④ 분석은 원자료의 생산일, 자료표집방법, 대상, 자료의 양 등을 검토한다.

해설

동일한 정보일지라도 다각적인 분석을 시도하여 해석을 풍부히 한다.

04 직업정보 가공 시 유의사항으로 틀린 것은?

① 직업은 그 분야에서 매우 전문적이므로, 전문적인 지식이 없어도 이해할 수 있는 언어로 가공한다.
② 직업에 대한 장단점을 편견 없이 제공한다.
③ 현황은 가장 최신의 자료를 활용하되, 표준화된 정보를 활용한다.
④ 시청각 효과를 부여하면 혼란이 발생되기 때문에 가급적 삼간다.

해설

시청각의 효과를 부가한다.

05 직업정보에 대한 설명으로 틀린 것은?

① 직업정보의 사용목적은 한 직업에서 근로자의 더 좋은 생활 형태를 비교하기 위한 것이다.
② 직업정보를 제공할 때 자료의 출처는 밝혀야 하나 생산과정은 공개하지 않아도 된다.
③ 직업정보 분석은 관점을 가지고 분석한 형태와 원자료를 가지고 직업정보분석가들에 의하여 다각도로 해석될 수 있는 여지를 갖는 형태로 구분할 수 있다.
④ 분석된 직업정보는 활용하기 쉬운 형태로 보존하거나 내용을 요약 · 정리하여 능동적으로 활용할 수 있도록 편집 · 가공하는 것이 중요하다.

정답 01 ① 02 ④ 03 ③ 04 ④ 05 ②

해설

직업정보는 이용자의 구미에 맞도록 생산되어야 하며, 직업정보의 생산과정은 공개한다.

06 직업정보관리에 대한 설명으로 틀린 것은?

① 직업정보의 범위는 개인에 대한 정보, 직업에 대한 정보, 미래에 대한 정보로 구성되어 있다.
② 대표적인 직업정보원은 정부부처이며, 그 외에 정부투자출연기관, 단체 및 협회, 연구소, 기업과 개인 등이 있다.
③ 직업정보가공 시에는 전문적인 지식이 없어도 이해할 수 있도록 가급적 평이한 언어로 제공되어야 하며 직무의 장단점을 편견 없이 제공하여야 한다.
④ 개인의 정보는 보호되어야 하기 때문에 구직 시에 연령, 학력 및 경력 등은 제공하지 않는 것이 좋다.

해설

구직자에 대한 연령, 학력, 경력 등은 기본적인 사항이므로 제공하는 것이 좋다.

07 앤드루스(Andrus)가 제시한 정보의 효용에 해당되지 않는 것은?

① 장소 효용 ② 형태 효용
③ 시간 효용 ④ 통제 효용

해설

① 장소 효용 : 정보에 쉽게 접근할 수 있으면 장소 효용이 증가
② 형태 효용 : 제공되는 정보가 사용자의 요구에 적합한 형태로 제공될 때 형태 효용이 증가
③ 시간 효용 : 필요한 때(적절한 시긴) 제공되어야 시간 효용이 증가
④ 소유 효용 : 정보소유자가 타인에게 정보전달을 차단함으로써 정보소유자가 가진 정보의 소유효용이 증가

4-2 고용정보의 분석

08 통계청에서 실시하는 경제활동인구조사에 관한 설명으로 틀린 것은?

① 국민의 경제활동을 조사하여 분석에 필요한 기초 자료를 제공한다.
② 현역군인 및 공익근무요원, 형이 확정된 교도소 수감자, 전투경찰(의무경찰 포함)은 조사대상에서 제외한다.
③ 표본조사구 약 33,000가구 내에 상주하는 만 15세 이상인 자를 조사대상으로 한다.
④ 매월 25일이 포함된 1주간(일요일－토요일)을 조사대상 주간으로 한다.

해설

조사주기 및 기간－매월 실시
① 준비조사 기간－조사대상 기간 전 1주간
② 조사대상 기간－매월 15일이 포함된 1주간
③ 실지조사 기간－조사대상 기간 다음 주 1주간

09 한국고용정보원에서 발행하는 워크넷 구인 · 구직 및 취업 동향에 수록된 용어해설에 관한 설명으로 틀린 것은?

① 신규구직자 수－해당 월에 워크넷에 등록된 구직자 수
② 제시임금－구직자가 구인업체에 요구하는 임금
③ 시간제－그 사업장에서 근무하는 통산상의 근로자보다 짧은 시간을 근로하게 하는 고용
④ 구인배수－신규구인인원/신규구직자 수

해설

제시임금은 구인기업이 구직자에게 제시하는 임금을 말하고, 의중임금(보상요구임금, 유보임금)은 구직자가 구인기업에 요구하는 임금을 말한다.

정답 06 ④ 07 ④ 08 ④ 09 ②

10 통계청의 경제활동인구조사에서 취업자에 대한 설명으로 틀린 것은?

① 임시근로자－고용계약기간이 1개월 이상 1년 미만인 자
② 일용근로자－임금 또는 봉급을 받고 고용되어 있으나 고용계약기간이 1개월 미만인 자
③ 자영업주－사업규모에 상관없이 한 사람 이상의 유급고용원을 두거나(고용주), 유급종업원 없이 자기 혼자 또는 무급가족종사자와 함께 일을 하는 자(자영자)
④ 무급가족종사자－자기가족의 일원이 경영하는 사업체에서 일정한 보수 없이 주당 30시간 이상 일한 자

해설

무급가족종사자
동일 가구 내 가구원이 운영하는 농장이나 사업체에서 수입을 위하여 주당 18시간 이상 일한 자

11 워크넷 구인 · 구직 및 취업동향에서 사용하는 용어에 대한 설명으로 틀린 것은?

① 희망임금충족률 : (제시임금 ÷ 희망임금)×100
② 취업건수 : 금월 기간에 워크넷에 취업 등록된 수
③ 시간제 : 그 사업장에서 근무하는 통신상의 근로자보다 짧은 시간을 근로하게 하는 고용
④ 상용직 : 고용계약기간이 1개월 미만인 경우 또는 매일매일 고용되어 근로의 대가로 일급 또는 일당제 급여를 받고 근로하는 고용

해설

① 상용직 : 임금 또는 봉급을 받고 고용되어 있으며, 고용계약을 정하지 않았거나 고용계약이 1년 이상인 정규직
② 일용직 : 고용계약이 1개월 미만인 자

12 일정기간 동안 구인신청이 들어온 모집인원 중 해당 월말 현재 알선 가능한 인원수의 합을 무엇이라 하는가?

① 구인인원
② 유효구인인원
③ 신규구인인원
④ 유효구인배율

해설

유효구인인원
구인신청인원 중 해당 월말 현재 알선 가능한 인원수의 합[전체모집인원수에서 신청 취소, 자체 충족, 기간 만료(60일) 등으로 등록 마감한 인원수와 채용으로 알선 처리한 인원수를 뺀 것]

13 고용정보의 주요 용어해설의 설명으로 틀린 것은?

① 알선건수 : 해당 기간 동안 알선 처리한 건수의 합
② 구인배율 : 신규구인인원/신규구직자 수
③ 알선율 : (신규구인인원/알선건수)×100
④ 유효구직자 수 : 구직신청자 중 해당 월말 현재 알선 가능한 인원수의 합

해설

알선율
(알선건수/신규구직자 수)×100

14 다음 각 용어의 설명으로 맞는 것은?

① 실업률＝(실업자 수/국민총인구)×100
② 취업률＝(취업건수/신규구직자 수)×100
③ 충족률＝(취업건수/유효구인인원)×100
④ 알선율＝(취업건수/신규구직자 수)×100

해설

①항 실업률＝(실업자 수/경제활동인구)×100
③항 충족률＝(취업건수/신규구인인원)×100
④항 알선율＝(알선건수/신규구직자 수)×100

정답 10 ④ 11 ④ 12 ② 13 ③ 14 ②

15 고용정보의 주요 용어설명에 대한 설명으로 틀린 것은?

① '실업률'은 실업자가 경제활동인구에서 차지하는 비율을 의미한다.
② '입직률'은 전월말 근로자 수로 나누어 계산한다.
③ '유효구인자 수'는 구인신청인원 중 해당 월말 현재 알선 가능한 인원수의 합을 의미한다.
④ '비경제활동인구'는 주간에 취업도 실업도 아닌 상태에 있는 사람을 의미한다.

해설

① 유효구인인원 : 해당 기간 동안 구인신청을 한 모집인원 중 현재 알선 가능한 인원수의 합 전체[전체모집인원수에서 신청 취소, 자체 충족, 기간 만료(60일) 등으로 등록 마감한 인원수와 채용으로 알선 처리한 인원수를 뺀 것]
② 유효구직자 수 : 구직신청자 중 해당 기간 말 현재 알선 가능한 인원수의 합[신청 취소, 본인 취업, 기간 만료(90일) 등으로 마감된 구직자, 취업된 구직자를 제외한 수]

16 인구통계에서 "성비 105"의 의미는?

① 남녀 임금차이가 105%란 의미이다.
② 총인구 중 남자 100명당 여자 105명이란 의미이다.
③ 총인구 중 여자 100명당 남자 105명이란 의미이다.
④ 경제활동에 남자가 5% 더 많이 참가하고 있다는 의미이다.

해설

성비＝(남자인구/여자인구)×100

인구의 성별 구조를 나타내는 지표로 여자 100명당 남사의 수를 나타낸다.

17 서울시 마포구 주민 중 일부를 사전에 조사대상으로 선정하고, 이들을 대상으로 6개월 혹은 1년 단위로 고용현황 등 직업정보를 반복하여 수집하는 조사방법은?

① 코호트조사 ② 횡단조사
③ 패널조사 ④ 사례조사

해설

종단적(Longitudinal) 조사방법의 하나로 동일 조사대상으로부터 복수의 시점에서 정보를 얻는 조사법이다. 조사대상을 고정시키고, 동일한 조사대상에 대하여 동일한 질문을 반복하여 조사하며 이때 고정된 조사대상의 전체를 패널이라 한다.

정답 15 ③ 16 ③ 17 ③